Böhlau

Literatur und Leben
Neue Folge
Band 65

Roman Roček

Dämonie des Biedermeier

Nikolaus Lenaus Lebenstragödie

Böhlau Verlag Wien · Köln · Weimar

Gedruckt mit Unterstützung durch
das Bundesministerium für Bildung, Wissenschaft und Kultur und
das Amt der Niederösterreichischen Landesregierung

Auf dem Schutzumschlag:
Lenau in jungen Jahren, Kreidezeichnung von P. E. Peters, Original im SNMM.

Die Deutsche Bibliothek – CIP-Einheitsaufnahme

Ein Titeldatensatz für diese Publikation ist
bei Der Deutschen Bibliothek erhältlich.

ISBN 3-205-99369-1

Das Werk ist urheberrechtlich geschützt.
Die dadurch begründeten Rechte, insbesondere die der Übersetzung, des Nachdruckes,
der Entnahme von Abbildungen, der Funksendung, der Wiedergabe auf fotomechanischem
oder ähnlichem Wege, der Wiedergabe im Internet und der Speicherung in Daten-
verarbeitungsanlagen, bleiben, auch bei nur auszugsweiser Verwertung, vorbehalten.

© 2005 by Böhlau Verlag Ges. m. b. H. & Co. KG, Wien · Köln · Weimar
http://www.boehlau.at

Gedruckt auf umweltfreundlichem, chlor- und säurefreiem Papier

Druck: Dimograf

Für Johanna
sowie für
Dr. Edith und KR Oskar Rosenstrauch,
den Fixsternen in meinem Leben

Inhalt

Vorwort 11

Kapitel I: Gefährdete Kindheit

Leidenschaft und Leichtsinn 21
Trennung von den Seinen 25
Therese Maigraber 27
Zwischen Untreue, Spielleidenschaft und Not 29
Auf großem Fuß 31
Ein melancholisches Kind 34
Jagdvergnügen und Frömmigkeit 38
Im lieblichen Tokaj 44
Kindheit zwischen Gräbern 48
Aus der Not in die Geborgenheit 52

Kapitel II: Faustisches Verlangen oder der ewige Student

Ein umgewandelter Pferdestall 58
Spätaufklärer oder Frühliberale? 61
Schüler einer künftigen Generation 64
So lange sie leben, Mutter 67
Ein Ball, eine Hochzeit und diverse Wohnstätten 70
Aus Wien abgeschafft 73
Vom Geist der Winterreise 78
Preßburg – ein Ausbruchsversuch 82
Von der Philosophie über die Rechtswissenschaft und das Studium
    der Landwirtschaft zurück zur Philosophie und dann weiter zur Medizin 85
Das Silberne Kaffeehaus 91
Erste Gedichte und frühes Leid 94
Zeit des Übergangs 97

Kapitel III: Strahlender Held, zu Tod betrübt

Weltruhm via Stuttgart 110
Ein Schnippchen der Zensur 113
Antrittsbesuch bei Justinus Kerner 116
Überkochende Sympathien 120
Eine Schilfliebe 121
Studien in Heidelberg 123
De profundis 125
Ränkespiele 128
Eine Braut für Amerika? 130
Zwei Schilfproben 132

Kapitel IV: Amerika – Tod und Wiedergeburt

Fluchtwege zum Reichtum 135
Gefährliche Überfahrt 141
Spuren in der Neuen Welt 151
Bericht des Herzogs Bernhard von Sachsen-Weimar über Economy 158
Im Urwald und bei den Sektierern 165
Zu einem höheren Dasein 173
Trügerische Freiheit 176
Glaube, Glück und Ende der Harmonisten 178

Kapitel V: Flucht aus der verlorenen Zukunft

Gleichlaufende Erfahrung 193
Apokalypse 196
Rückfall in tierisches Verhalten 199
Genozid 201
Das Freiheitsgefängnis 207
Bodenlos: Amerikas Handel, Amerikas Humanität 214
Abschied von der Freiheit 218
Göttlicher Niagara 226

Schatten aus Sonnenuntergang 241
Ein Sommeridyll in der Alten Welt 252

Kapitel VI: Die erotische Falle schnappt zu

Ich werde bald wegbleiben 271
Ein österreichischer Dante 275
Der Frühlingsalmanach 279
Lieben, um leiden zu können 289
Daß du vorziehst deine Pfeife 291
Freudig kämpfen und entsagen 294

Kapitel VII: Eine Ästhetik des Schreckens

„Das größte Trauerspiel der Kirche" 305
Eine unsichere Sache, die Sache Gottes 310
Dem Materiellen weit entrückt 312
Eine mißglückte Antithese: Karoline Unger 314
Am Abend nach der Aussprache 320
Stillstand der Seele 324
Absehbares Ende 329
Durchaus verwandte Motive 334

Kapitel VIII: Mit beschleunigtem Tempo talab

Meine gute, alte Guarneri 344
Waldlieder 348
Das vierschrötige Jahr 352

Kapitel IX: Dokumente des Verfalls

a) Tagebuch eines Krankheitsverlaufs 366
   Die Freundin Emma Niendorf berichtet.
   Aufzeichnungen aus dem „vierschrötigen Jahr 1844".

b) Eitel nichts! 370

c) Mit ungarischem Akzent deutsch 371
   Der Freund Ludwig August Frankl besucht
   Lenau in der Heilanstalt Winnenthal bei Stuttgart *(Aus einem Brief)*

d) Tod und Begräbnis 373
   Anton Xaver Schurz an Sophie Löwenthal
   Weidling, den 25. August 1850

Verzeichnisse

a) Herkunft der Bilder 379
b) Verzeichnis der wichtigsten Abkürzungen 379
c) Nikolaus Lenaus Werke und Briefe 380
d) Sekundärliteratur 381
e) Namenregister 391

Vorwort

Das zwanzigste Jahrhundert hat um ihn, den am 13. August 1802 zu Csatád im Banat (heute: Lenauheim, Rumänien) Geborenen, die düsteren Schleier von Melancholie und Weltschmerz gehängt. Teils aus sentimentalem Mißverstehen seiner Lyrik, die sich, radikal, illusionslos und freiheitstrunken, wie sie nun einmal ist, Kopf, Geist und Gefühl an den Barrieren restaurativer Machtansprüche wundgestoßen hat. Teils auch, um *die elementare Wucht dieses Freiheitsdranges zu bemänteln,* sie ins Lyrisch-Private umzudeuten. Denn keiner der großen österreichischen Klassiker, nicht einmal der bissige Aphoristiker Franz Grillparzer und auch nicht Adalbert Stifter, der in den Erstfassungen seiner Studien das biedermeierliche Seelenleben schonungslos aufdeckt und enthüllt, war derart konsequent darum bemüht, die ins Zwielicht gerutschten Triebkräfte ihrer Epoche wieder aufzuhellen und so deren Zwänge und Ideologien stärker hervortreten zu lassen.

1.

Selbstverständlich gehört zu diesen Grundeigenschaften von Lenaus Charakter auch sein leidenschaftliches und in den Jahren seiner Meisterschaft als Dichter beharrlich zugespitztes Fragen nach den dunklen, den Schattenseiten der Seele, als dessen Lehrmeister sein schwäbischer Freund Justinus Kerner uns gilt. Doch könnte man ebensogut Gotthilf Heinrich Schubert dafür verantwortlich machen, dessen Studien „Über die Nachtseite der Wissenschaft" und „Die Symbolik des Traumes" Kerner seinem Freund Lenau mit auf die große Reise nach Amerika gegeben hat. Seither ist die Suche nach den *Spuren des Geistes in der Natur* zu einem der großen Themen von Lenaus Dichten, von Lenaus Denken geworden.

Aber lustvoller noch als der Helligkeit spürt unser Dichter den Schattenseiten des Lebens nach, meist in der unausgesprochenen Gewißheit, daß sich die Runen des Lichts in den dunklen Untergrund sichtbarer und weit beständiger eingraben als in den strahlenden Glanz. „Wo viel Licht ist, ist starker Schatten"[1] läßt Goethe seinen Götz zu Weislingen sagen. In Goethes Anschauung ist das Licht zwar eine der ursprünglichsten von Gott geschaffenen Kräfte und Tugenden; doch wird deren Geltungsbereich, deren Wert nicht von den positiven Energien allein bestimmt, sondern in gleichem Maß vom scheinbar Unwerten, von den Mächten der Finsternis, von der Gewalt des Negativen. Kurz: Licht und Finsternis stehen in einem antithetischen, ja insofern dialektischen Verhältnis zueinander, als sie einander bedingen und jeweils in eine andere Qualität überführen.

2.

Es genügt schon, Goethes Satz umzupolen, um zu erkennen, wie aus einem bestimmten Grad an Dunkelheit unschwer Angaben über das Ausmaß an Licht abgeleitet werden können: „wo starke Schatten sind, da muß viel Licht sein". Wer also das Dunkle, wer die Negativität besingt, sie in suggestiven, farbigen Metaphern einzufangen sucht wie Lenau, der von der Finsternis übermächtig Angezogene, vom Dunkel mehr und mehr Überwältigte, der hat zugleich schon die Schattenlinie überschritten, jenseits derer das Licht sich ausbreitet. Mit einigem Recht mag man unseren Dichter daher einen spätgeborenen Sohn der Aufklärung nennen. Doch kann er mit ebensolchem Recht als elegischer Revolutionär bezeichnet werden, der seinen spontan aufbrechenden Gefühlen im ersten Anlauf nachgibt, um sie sodann durch ausufernde Studien abzusichern, gelegentlich auch wieder zurückzunehmen. Ein unsicherer Kantonist also, ein *schlechter Parteigänger, aber ein bewegter,* die Mitwelt und noch die Nachwelt bewegender Geist von europäischen Ausmaßen.

Sieht man von der vergleichsweise geringen Zahl meist hoch poetischer und daher fast ausnahmslos zu seinem Werk zu zählender Briefen ab, dann hat Lenau so gut wie keine Prosa hinterlassen, vor allem keine theoretische. Lediglich einige Tagebuchstellen sowie die Rezension von Georg Keils Gedichtsammlung „Lyra und Harfe"[2] verraten explizit, wie der Dichter sich selbst gesehen und wie er den eigenen Standort zu definieren gesucht hat. Nahezu alles, was sein Werk an philosophischen Erkenntnissen oder Entwürfen, an Gedankenarbeit oder Kritik transportiert, ist in Versen von kräftiger und unnachahmlicher Kühnheit verdichtet, die nicht nur von seinen Zeitgenossen, sondern noch von Autoren bewundert werden, die zu den modernen Klassikern der deutschsprachigen Literatur des zwanzigsten Jahrhunderts zählen wie Rainer Maria Rilke, Hugo von Hofmannsthal, Ernst Bloch, Ludwig Klages, Hermann Hesse und Peter Härtling.[3]

3.

Gedichte Lenaus haben freilich nicht nur die Dichter interessiert. Unter den Zeitgenossen waren es vor allem die Komponisten Felix Mendelssohn-Bartholdy, Franz Liszt oder Robert Schumann, die darum bemüht gewesen sind, Lenaus Lyrik musikalisch zur Wirkung zu

1 FISCHER sc.: Die drei Zigeuner, Holzschnitt aus dem Jahr 1863, LEAL 1960, nach Seite 1.

bringen und das heißt hier: sie in eine adäquate und doch neue melodisch-rhythmische Gestalt zu erlösen. Vor allem Franz Liszt ist diese Erlösung der in Lenaus Gedicht von den „Drei Zigeunern" schlummernden, jedoch nur in Ansätzen erkennbaren Gefühls- und Ausdrucksqualitäten zur neuen und gültigen Liedgestalt dadurch gelungen, daß er dem realistisch-melancholischen Text einen verhalten gesetzten, von Strophe zu Strophe stark variierten Csárdás unterlegte.

Auch der bereits um eine Generation jüngere Richard Strauss greift wiederholt zu der noch von Anastasius Grün herausgegebenen vierbändigen Werkausgabe Lenaus, um tragfähige Texte und Vorlagen für seine Kompositionen zu finden. Fündig wird er zum Beispiel mit dessen nachgelassener dramatischer Dichtung „Don Juan", in der nicht nur Friedrich Nietzsches ekstatisches Lebensgefühl vorausgeahnt ist, sondern auch dessen Formprinzip der Aphoristik, der knapp zusammenfassenden Andeutung innerer Befindlichkeiten.

Solcher Vorwegnahme, solcher *in die Zukunft wirkender Hellsichtigkeit* wegen hat Lenau auf die nachfolgenden Generationen bis weit ins zwanzigste Jahrhundert in hohem Grade befruchtend gewirkt. Fasziniert von seiner Praxis der Verbindung und Konfrontation überraschender weil scheinbar weit hergeholter Metaphern und kühner Wortverbindungen, ist es ihm gelungen, einen lyrischen *Klang von vertrauter Fremdheit* zu schaffen, wie er in der deutschsprachigen Literatur bis dahin nicht eben häufig zu hören gewesen ist. Dieser Klang ist nicht nur von zahlreichen Lyrikern nachgeahmt worden, er hat auch eine nachgerade gewaltige Zahl von Komponisten des 19. und 20. Jahrhunderts dazu angeregt, seine Gedichte zu vertonen. Mögen die meisten dieser von der Lenau-Gesellschaft erhobenen und in einem Aufsatz zusammengetragenen über *800 Komponisten* mittlerweile auch vergessen sein, so läßt doch deren beeindruckende Zahl erkennen, mit welch suggestiver Kraft der Dichter nicht nur die Zeitgenossen in seinen Bann geschlagen, sondern noch das nachfolgende Jahrhundert mit seinen poetischen Visionen weitgehend beherrscht hat.[4]

Dazu mag aber unter anderem die eruptive Sinnlichkeit seiner Dichtungen beigetragen haben, wie gleichermaßen Lenaus Fähigkeit, den Aufbruch der Gefühle *rational zu bändigen und zu gestalten*.

4.

Es ist Søren Kierkegaard zu danken, daß er uns darauf aufmerksam gemacht hat, *wie die Faustgestalt bei Lenau sich allmählich in die Don Juans wandelt*.[5] Faust, der Verführer des Geistes, Don Juan, der Verführer der Sinne. Eine Metamorphose, die vor allem Musiker sich zunutze gemacht haben. Zwar bleibt Faust auch bei Lenau ein zunächst durch und durch diskursiver Charakter, doch schlüpft er spätestens seit der „Dorfschenke" im „Faust" als Zwilling deutlich hinter die Maske des dämonischen Verführers Don Juan. Wo aber Don Juan in Erscheinung tritt, da kann auch das dionysische Medium von Musik nicht weit sein.[6]

Das hat schon Franz Liszt zu spüren bekommen, als er daranging, aus der soeben erwähnten Tanz-Szene in der „Dorfschenke" eine Symphonische Dichtung zu gestalten. Sehr bald nämlich hat er einsehen müssen, wie das diskursive Wort hinter die wechselnden Rhythmen des Textes zurücktritt und wie es den Musiker zwingt, ganz aus dem – nein, nein, nicht aus dem Geist – als vielmehr ganz aus dem dionysischen Überschwang der Textvorlage heraus, den poetischen Gehalt im anderen Medium neu zu erschaffen. Franz Liszts „Zwei Episoden aus Lenaus ‚Faust' (‚der nächtliche Zug' und ‚der Tanz in der Dorfschenke')" sollte man daher besser als *Transkriptionen der Empfindungsvaleurs des Gedichts* bezeichnen, als auch weiterhin die bisher übliche Bezeichnung „Tonmalerei" zu verwenden. Obwohl Franz Liszt seine Symphonischen Dichtungen fast durchwegs als Versuche verstanden hat, die Musik durch eine „alliance plus intime avec la poésie"[7] zu erneuern, kann man sie ebensogut als Etüden seiner Auseinandersetzung mit der im Vormärz bereits zur Formelhaftigkeit erstarrten Sonatenhauptsatzform der Wiener Klassik begreifen, in die Liszt so manche seiner Erkundungen der Leitmotivtechnik eingebettet hat.

Und noch mit einer weiteren Abweichung von überlieferten musikalischen Techniken ist der Name Nikolaus Lenau verbunden. Es geht um die Entfesselung und Verselbständigung des Klanges: zum ersten Mal verläßt Arnold Schönberg im Juli 1898 den vorgegebenen musikalischen Horizont. Nach einem Gedicht von Nikolaus Lenau entsteht das Fragment der symphonischen Dichtung „Frühlingstod" für großes Orchester, in dem Schönberg mit Hilfe von Lenaus Poesie völlig neue Wege beschreitet: „Es zeigt zum erstenmal die Abweichung von dem Brahms'schen Wege der absoluten Musik, die Wandlung zu den Neudeutschen Idealen schildernder Symphonik nach literarischen Modellen".[8]

Schon nach diesen wenigen Hinweisen mag man erkennen, worauf Lenaus einzigartige Bedeutung in der österreichischen Literatur gründet: auf dem Versuch nämlich, Realismus und Poesie miteinander zur Deckung zu bringen. Relativ früh hat er die reine Stimmungslyrik hinter sich gelassen, wenngleich man auch nicht behaupten kann, daß er sie später ganz aus seinem Dichten ausradiert hätte. Lenau gehört vielmehr zu jenen außerordentlich raren Dichterpersönlichkeiten des neunzehnten Jahrhunderts, die es verstehen, die großen geistigen, die weltbewegenden Spannungen der Menschheits- und der Kulturgeschichte in überraschende Symbole zu modellieren und ihnen solcherart poetische Anschauungskraft, ja visionäre Hellsicht zu verleihen. Daß er dabei nicht selten *rationale Gestaltungsprinzipien zugunsten von Zufallsprinzipien wie der Reihung aufgibt,* mag mit eine der Ursachen dafür gewesen sein, warum er auf Musiker künftiger Generationen derart außerordentlich gewirkt hat. Befinden sich diese Musiker doch auf immer intensiverer *Suche nach einem neuen Ordnungsprinzip,* das ihnen dazu verhelfen soll, die vielfach als obsolet empfundenen Hierarchien von Klassik und Romantik über Bord zu werfen.

Zu diesen Gegensätzen und Spannungen aber gehören in erster Linie auch die im neunzehnten Jahrhundert immer offener, immer handgreiflicher zu tag tretenden Gegensätze zwischen individuellem Daseinsentwurf und gesellschaftlichem Bewußtsein.

5.

Den Kampf um eine gereinigte christliche Lehre hat Lenau, der Schüler von Spätaufklärung und Hochromantik, in seinen Dichtungen wiederholt auszutragen versucht. Und er hat uns damit eine Lehre erteilt, wie sie nachhaltiger von ganz wenigen Denkern und nicht allzu vielen Dichtern der Jahre nach der großen Revolution in Frankreich erteilt worden ist. Namentlich in den knapp fünfzehn Jahren, die ihm zum Schaffen eigentlich vergönnt sind, haben ihn die Auseinandersetzungen mit dem Chiliasmus, dem Bogomilentum und den Tempelrittern den Grundsätzen des Christentums ebenso nähergebracht, wie die Versenkung in die Ketzergeschichte.

Für ihn sind diese Bewegungen einer scheinbaren Abkehr vom Hauptpfad christlicher Dogmatik eigentlich nichts anderes als Indikatoren für die Lebendigkeit und den Fortbestand des integralen Glaubens. Denn anders hätten sie kaum eine Erneuerung aus der Volksfrömmigkeit gefunden. Seine nie versiegende, nie verzagende Liebe zur Mystik verschiedenster Obedienzen entspringt der Glaubensgewißheit an die Existenz eines Schöpfergottes, den er in verschiedenen Gestalten verehrt.

Proteushaft muß der Dichter daher seiner Mitwelt erscheinen. Kaum sind seine „Polenlieder" bekannt geworden, so begrüßt ihn Deutschlands Linke als einen der Ihren. Nur wenige seiner Zeitgenossen wissen freilich, *daß er in den mystisch-verinnerlichten Klängen des „Savonarola" sein persönliches Liebesleid festgeschrieben* hat und wie er es mit diesem Werk zu sublimieren sucht. Den eben erst Gelobten rügt man jetzt wegen angeblichen Mitläufertums, ohne die kritische Grundhaltung des Epos zu erkennen. Auch dem wilden Aufschrei der „Albigenser" liegt als Aufriß ein persönliches Motiv zugrunde: der Versuch der Selbstbefreiung aus einer als erdrückend empfundenen Liebeslast. Und doch sind seine Epen alles andere als private Gefühlsduselei. Denn sie widerspiegeln zugleich und darüber hinaus die geistigen und sozialen Bedrängnisse einer ganzen Epoche.

Aus Amerika, wohin er gesegelt war, um die *frische Brise der Freiheit* zu atmen, kehrt er enttäuscht und voll Abscheu vor der Ausmordung und Vertreibung der Indianer nach Schwaben, das er seine zweite Heimat nennt, und sodann nach Österreich zurück. In einer tiefen Depression hat er drüben, *bei den Harmonisten, psychischen Halt,* Beistand und Zuspruch gefunden. Die Harmonisten, eine mystisch orientierte Sekte ausgewanderter württembergischer Bauern, sind von der baldigen Wiederkunft Christi ebenso überzeugt wie von dem Strafgericht, das dieser dann über Amerika verhängen wird. Liest man die knappen Andeutungen, die Lenau in Briefe an Freunde in Österreich einstreut, dann kann es keinem Zweifel unterliegen, daß damit die Auswirkungen des *menschenverachtenden Liberalismus* gemeint sind. Hautnah hat er ihn während seines Aufenthaltes in Übersee kennengelernt, manche seiner Konsequenzen am eigenen Leib verspürt. Wieder zurück in Europa, vergräbt er sich jahrelang in Hegel, debattiert mit Franz von Baader, Ferdinand von Freiligrath, Friedrich Rückert, David Friedrich Strauß und Ludwig Uhland. Karl Eberhard von Schelling, der Bruder von Hegels großem Gegenspieler, behandelt Lenau nach dessen paralytischem Zusammenbruch in Stuttgart. Mit Justinus Kerner befreundet und mit Anastasius Grün, mit Gustav Schwab, Eduard von Bauernfeld und Moritz von Schwind, stirbt der Dichter am 22. August 1850 in der Heilanstalt für Kopfverletzte in Oberdöbling bei Wien.

6.

Vergeblich wird der Leser für manches des hier nur kurz Angedeuteten nach Belegen in Lenaus Werken und Briefen suchen. Sein Nachlaßverwalter und Schwager Anton Xaver Schurz hat Lenaus Biographie geglättet und manche für damalige Verhältnisse zweifelsohne recht „anstößige" Sachverhalte ausgeschieden. Soweit es ohne Verfälschung der überlieferten Zusammenhänge möglich war, habe ich das Fehlende vorsichtig retuschiert und ergänzt, dabei aber ausschließlich zeitgenössische Reisebeschreibungen und Erinnerungen zu Hilfe genommen. So gelang es mir – hoffentlich – zu zeigen, daß Lenau intensiver als bisher angenommen mit der politischen Wirklichkeit Amerikas in Kontakt gekommen ist und daher mit ihr vertrauter war, als seine Kritiker behaupteten. Auf die Spuren, die ich dabei verfolgte, bin ich eher zufällig gestoßen; sie kreuzten in den vergangenen Jahrzehnten dann und wann meinen Weg, haben mich eine Strecke weit mitgenommen oder in die Irre geschickt. Die ältesten weisen allerdings in die Zeit meiner Kindheit und Jugend zurück, das heißt, in die Zeit rund um das Ende des Zweiten Weltkriegs. Hier nahm auch die systematische Lektüre Lenaus ihren Anfang.

„Die drei Zigeuner" sind das erste Lied nach einem Text von Nikolaus Lenau gewesen, an das ich mich auch heute noch erinnere. Ich habe damals zahllose Lieder gehört; sooft ich aber jetzt daran denke, zurückzudenken versuche, gelingt es mir nicht, die Erinnerung an ein Lenau-Lied heraufzubeschwören, die älter gewesen wäre als gerade diese. Zu tief im Dunkel meiner Kindheit verlieren sich die Melodien und Klänge. Auch mögen nur wenige der von meiner Mutter vorgetragenen Kompositionen über ähnlich markante Texte verfügt haben wie gerade die von den drei Zigeunern, die, jeder für sich, eine charakteristische Art verkörpern, den Widrigkeiten, Enttäuschungen und Verführungen der Außenwelt zu trotzen.

Meine Mutter versuchte auf ihre Weise – noch war die Peripetie des Zweiten Weltkriegs mit der Niederlage von Stalingrad nicht erreicht –, den Verführungs- und Nivellierungstendenzen der Zeit nach Kräften zu trotzen. Sie verfügte damals noch über eine samtene, klangvolle und wohlgeschulte Altstimme, die sie Freunden, Feinden oder Familienangehörigen in klug berechneten didaktischen Dosen darbot. Für mich waren das Abende voll verwirrender, aber beunruhigend elektrisierender Erlebnisse: anziehend geheimnisvoll, aber zugleich von abweisender und überwältigender Fremdheit. Nur eines verstand ich: sie öffneten eine Welt, in die keine Sirenen heulten, keine Sondermeldungen platzten. Unmöglich zu entscheiden, was mich mehr geprägt hat, die Anziehung durch das Geheimnis oder das Erlebnis dieses Abgestoßenwerdens durch das beunruhigend fremde Gefühl.

Das Ehepaar S., Freunde unserer Familie seit Jahrzehnten, erzeugte Luxusschuhe in der Manufaktur im Hof des Gründerzeithauses, in dem es gassenseitig wohnte. Infolge von Materialknappheit und Rationierung war es gezwungen, die Produktion einzuschränken. Mehrere Räume wurden zusammengelegt, Mauern abgetragen und aus akustischen Erwägungen mit Eierkartons beklebt, aus Bierkisten baute man das Podium zusammen, auf das man schließlich einen ziemlich klapprigen Flügel stellte, den ein blinder Klavierstimmer mehrmals im Jahr stimmen mußte. Der kleine Konzertsaal war abgelegen und nur über den Hof zu erreichen. Hier, in dieser akustisch anspruchsvolleren Umgebung, probierte und sang meine Mutter, bis sie eines Tages kategorisch erklärte – es war vermutlich im Spätherbst des Jahres 1947 –, sie habe ausgesungen. Auch wenn es eher der Ausdruck einer Laune gewesen sein mochte als rationale Entscheidung, so hielt sie doch für den Rest ihres Lebens an diesem Entschluß unbeirrbar fest. Und das waren immerhin fast vierzig Jahre.

Davon unabhängig war die Erkundung des Archipels Lenau inzwischen auch weitergegangen. Mein Vater besaß die vierbändige, in braunes Halbleder gebundene Ausgabe der Werke Lenaus, zu der Anastasius Grün, Lenaus Freund, noch die biographische Einleitung geschrieben hatte. Immer wieder bezeichnete mein Vater es als Tragödie, daß selbst die stärksten Gläser und Lupen ihren Dienst vor seinem Gebrechen aufgaben. Sein von einer tuberkulösen Erkrankung der Netzhaut an sich schon getrübtes Augenlicht war vom Scheinwerferlicht der geheimen Staatspolizei bis auf ein Minimum reduziert worden. So blieb er darauf angewiesen, daß einer von uns ihm regelmäßig aus verschiedenen, meist historischen Schriften vorlas. Bald wurde daraus die von mir zunächst nur widerstrebend akzeptierte Gewohnheit, daß ich es war, der ihm jeden Sonntagnachmittag dafür zur Verfügung stehen mußte. Dieser Widerstand lockerte sich, je näher wir mit unserer Lektüre an die Gegenwart heraufrückten. Als schließlich in die Lektüre eines Aufsatzes von Alphons Lhotsky über den Vormärz der Name Lenaus hineinsprang, da blitzte es aus meiner Erinnerung auf wie ein auf dem Grund eines Baches liegender weißer Kiesel. Emotionen hatten Interessen geweckt, und diese wieder führten zu einer vertieften Beschäftigung mit einem Dichter, von dem außer dem „Postillion" damals höchstens noch „Die drei Zigeuner" gekannt wurden. Daß er einen „Faust" oder gar „Die Albigenser" geschrieben hatte, war in einem Land, das den „Don Giovanni" für den Inbegriff der Verführung hielt, so gut wie unbekannt. Und doch waren es erst einige wenige Jahre her, daß der faustische Mensch mit seinem mephistophelischen Zynismus auch unser Land in den Abgrund getrieben hatte.

Gelegentlich half uns mein Schulkollege und Freund, Gerald Bisinger, aus. Er dichtete schon damals, gab über kurz oder lang seine Texte in schmalen, auffallend gestalteten Bändchen heraus und bewährte sich später, nach dem abgebrochenen Studium, als Organisator des von Walter Höllerer gegründeten Literarischen Colloquiums in Berlin. Gerald suchte den leidenschaftlichen Diskurs mit meinem Vater, frei von den Spuren jener Ungeduld und Aggression, die sich bei mir einstellten, sobald ich bemerkte, wie das Urteilen meines Vaters seinem Erkenntnisfortschritt immer wieder davonlief.

Gerald schleppte Berge von Aufsätzen und Büchern aus einem Ramschladen in der Inneren Stadt zu uns, besprach sie, bewertete sie und war unter uns Enthusiasten bald der Dritte im Bund. Aber es dauerte nicht lange, da war uns klar geworden, daß Lenaus Amerika-Erlebnis keineswegs auf die wenigen nichtssagenden Bemerkungen eingedampft werden durfte, wie Anastasius Grün oder Eduard Castle sie hinterlassen hatten. Andererseits erschien uns Ferdinand Kürnbergers Lenau-Bild doch zu sehr von dessen kritischer Phantasie, vor allem aber von dessen Verlangen bestimmt, der populären Amerika-Literatur des Vormärz, in der Amerika als freiheitliches und demokratisches Land dargestellt wurde, die Gegenkonzeption eines von Materialismus und Egoismus geprägten Staates entgegenzustemmen. All das hat Lenau natürlich auch gesehen, aber er hat andere Konsequenzen daraus gezogen.

So also fällt mir als dem einzigen Überlebenden des „Sonntagstriumvirats" die Aufgabe zu, wieder in unsere damaligen Gedankengänge einzudringen und zu versuchen, in sie einzuführen. Das fällt mir indes leichter, als ich selbst noch vor wenigen Jahren gedacht habe. Denn nicht nur Geschichte und Politik haben inzwischen ihr „Grau in Grau" gemalt; auch die Maßstäbe der Germanistik haben sich unterdes nicht unerheblich gewandelt und uns klar gemacht, daß die Normen der Bewertung literarischer Ereignisse keineswegs ausschließlich aus literaturimmanenten Größen resultieren, sondern daß auch gesamtgesellschaftliche Ereignisse ihre Spuren darin hinterlassen haben.

Vielleicht ist es mir solcherart gelungen, unserem Dichter jene Monographie zu erarbeiten, die seinem Rang entspricht.

7.

Ein letztes Wort noch. Ich zitiere die Werke und Briefe Lenaus nach der Historisch-Kritischen Ausgabe, doch gebe ich sie in der heute gebräuchlichen Rechtschreibung wieder mit der Absicht, den Zugang zu Lenaus Werk möglichst zu erleichtern. Alles andere erscheint in der Form, in der es überliefert ist.

Wien, im Juli 2005   Roman Roček

Anmerkungen

1 Johann Wolfgang Goethe: Götz von Berlichingen, in: Werke, München: Verlag C. H. Beck 1981 (Hamburger Ausgabe, Bd. 4), 88.
2 Johann Georg Keil (1781–1857): Übersetzer und Schriftsteller in Leipzig.
3 Peter Härtling hat sogar Lenaus Leben im Stil einer musikalischen Suite durchkomponiert und so die wechselnde Dynamik dieses Lebenslaufs sichtbar gemacht: „Niembsch oder der Stillstand. Eine Suite", Stuttgart: Henry Goverts Verlag GmbH 1964.
4 Ernst Hilmar: Vertonungen von Nikolaus Lenaus Lyrik, in: Lenau Almanach 1969/75. Namens der Internationalen Lenau-Gesellschaft herausgegeben von Prof. Dr. Nikolaus Britz, Wien. Wien/Stuttgart: Wilhelm Braumüller, Universitäts-Verlagsbuchhandlung 1975, 51.
5 Søren Kierkegaard: Tagebücher Bd. I, Düsseldorf/Köln: Eugen Diederichs Verlag 1971, 97: „Das Leben eines Don Juan ist eigentlich musikalisch, und deshalb ist es so richtig, daß Lenau in seinem ‚Faust', da der Augenblick beginnt, in dem Faust Don Juan wiedergibt, Mephistopheles aufspielen läßt …"
6 Vgl. dazu: Carl Gibson: Lenau. Leben – Werk – Wirkung, Heidelberg: Carl Winter Universitätsverlag 1989, Beiträge zur neueren Literaturgeschichte, 3. Folge, Bd. 100, 307.
7 Franz Liszt an Agnes Street-Klindworth, den 16. November 1860.
8 H. H. Stuckenschmidt: Schönberg. Leben – Umwelt – Werk, Zürich: Atlantis 1974, 34 ff.

KAPITEL 1

Gefährdete Kindheit

Jeder Mensch ist mehr als lediglich die Summe seiner Erbanlagen, mehr als das Substrat aller Eigenschaften, das von seinen Vorfahren auf ihn gekommen ist. Denn das individuell Erlebte und Erfahrene bestimmt – in weit höherem Maße als wir selbst dessen gewahr werden – das Schicksal eines jeden von uns. Andererseits darf man nicht vergessen, daß selbst die einschneidendsten Erlebnisse im Charakter eines Menschen nur dann Spuren hinterlassen, wenn dessen Prädispositionen ihn dafür empfänglich machen. Jedenfalls verhält sich das Wechselspiel zwischen erworbenen und vererbten Eigenschaften ganz bestimmt nicht so, wie Doderer uns das in seinem Roman „Ein Mord, den jeder begeht" glauben machen will. 1938 erschienen, steht der Roman deutlich im Bann des biologischen Determinismus, wie die Nationalsozialisten ihn vertraten. Das zeichnet sich bereits im ersten Satz des Buches ab, in dem es heißt: „Jeder bekommt seine Kindheit über den Kopf gestülpt wie einen Eimer. Später erst zeigt sich, was darin war. Aber ein ganzes Leben lang rinnt das an uns herunter, da mag einer die Kleider oder auch Kostüme wechseln wie er will."[1] Unwahrscheinlich die Vermutung, Doderer habe an die menschliche Tragödie seines Urgroßonkels Nikolaus Lenau gedacht, als er den Einleitungssatz zu diesem Buch schrieb. Lenaus relativ kurzes Leben war von den Ausschweifungen seines Vaters ebenso überschattet wie von der Tristesse der von permanenten Krisen geschüttelten Familie.

Leidenschaft und Leichtsinn

Es ist eine Liebesehe, die Nikolaus Lenaus Eltern, Therese Maigraber und Franz von Niembsch, am 6. August 1799 in Pest eingehen. Eine Ehe, geschlossen unter dem Vorzeichen zügelloser Leidenschaft, aber mehr noch eines unbedachten, trotzigen Leichtsinns. Dieser verleitet die jungen Leute dazu, bedenkenlos alle Warnungen ihrer Familien in den Wind zu schlagen. Die beiden lernen einander in Pest kennen, wo Therese im Haus ihrer Mutter wohnt. Ohne lange nach den materiellen Grundlagen für die Gründung einer künftigen Familie zu fragen, beschließen sie überhastet, den Bund fürs Leben einzugehen. Nicht lange danach, nämlich schon am 1. November 1798, wird der großgewachsene, schlanke, ungemein attraktive junge Mann, der von seinen Kumpanen allgemein der „schöne Niembsch" genannt wird, gegen „eigene Anschaffung der Leibesmontur" als Kadett zum leichten Dragonerregiment Lobkowitz Nr. 10, dem späteren Ulanenregiment Nr. 8, assentiert und bei der Reserveeskadron mit dem Sitz in Nagy Körös und in Kecskemét stationiert.

Diese geographische Barriere von ungefähr 80 Kilometern, von der Franz später behaupten wird, sie sei ihm aufgezwungen worden, bietet den beiden Liebenden freilich nicht ausschließlich Schattenseiten. Sie bringt sie vielmehr dazu, ihre Sehnsüchte deutlicher zu artikulieren, ihre Träume schriftlich festzuhalten, bevor sie verfliegen, sowie selbstverständlich auch dazu, einander die Herzen auszuschütten, die Ängste und Sorgen miteinander zu teilen. Geteiltes Leid ist halbes Leid, aber es entfaltet doppelt seine Wirkung, wenn man es immer wieder, schwarz auf weiß, nachlesen kann. Die beiden Verliebten schreiben einander zwar durchaus nicht postwendend, wie sie es noch beim Abschied geschworen haben, doch insgesamt eine derart stattliche Zahl von Briefen, daß wir hinter den Zeilen nicht nur die unterschiedlichen Schichten von Entfremdung ahnen können, die das Verhalten des werdenden Vaters bis zur Lieblosigkeit absacken läßt, sondern auch die seelischen Qualen spüren können, die vor allem Thereses Leben verbittern. Wiederholt beteuert das leidenschaftliche Mädchen ihrem Freund, in den Tod zu gehen, wenn er sie verlassen würde: „Ich konnte aus Liebe schwach sein, aber von dir getrennt werden, dies überlebe ich nicht."[2]

Und sie hat auch jedweden Grund beunruhigt zu sein. Erstens schickt die Post seine Briefe in die Irre, sodaß diese erst Wochen später in ihre Hände gelangen; sodann muß sie es zunächst als plumpe Ausrede ansehen, wenn er ein Rendezvous mit der ihr zunächst fadenscheinig vorkommenden Entschuldigung nicht einhält, sein Pferd „hätt mir bald den Fuß von Leib geschlagen";[3] immer wieder erfindet er neue Finten, um einem Beisammensein auszuweichen. Schließlich aber durchschaut sie das Komplott. Sowohl ihre als auch seine Familie sind gegen die Verbindung und offenbar auch bereit, die Schulden zu übernehmen, die der Offiziersanwärter beim Spiel in der langweiligen Garnisonsstadt aufgehäuft hat: „Das Geld was du schuldig bist, gibt mir der Bruder, wenn's die Mutter bis dahin nicht erlegt."[4] Sie bittet, bettelt und droht, mitunter verklärt sie auch die gemeinsamen Zukunftsaussichten, nur um ihrem Franz den Rücken zu stärken. Denn offenbar hat man ihn kräftig ins Gebet genommen. Thereses drängendste Sorge aber ist, daß sie dem Kind, das sie unter dem Herzen trägt, den Namen seines Vaters geben kann. Darum drängt sie auf baldige Heirat, obwohl sie doch genau weiß, daß auch sie nun ihrer „Mutter Liebe verlohren, durch den Schritt den ich gethan, und deine Eltern haben Schimpf, und Schande über mich gebracht, ich habe nun niemand in der Welt als dich …".[5]

In phantasievollen Varianten versucht sie, Niembsch auf seine Verpflichtungen aufmerksam zu machen, und immer spielt auch die Sorge um ihre Mutter und den Bruder mit hinein, der mitunter als Intrigant erscheint, mitunter als großzügiger Retter in der Not. Offenbar will er nicht einsehen, wieso die Familie dazu herhalten soll, die Spielschulden des „Herrn Baron" (wie er schon damals, wahrscheinlich ironisch, genannt wurde) abzudecken. Klar heben sich die beiden Welten voneinander ab, die hier aufeinanderprallen: die Welt des kleinen Militäradels, voll von Selbstgerechtigkeit und Eigendünkel, der nichts dabei findet, Schulden auf Schulden zu häufen und weit über seine Verhältnisse zu leben. Nicht selten steht einer Familiengründung auch die Kaution entgegen, die erlegt werden muß, wenn Offiziere um Heiratsdispens nachsuchen. Ansonst ist das Leben ein schier endloser Weg von Garnison zu Garnison, überstrahlt nur von der Idee des Diensts am Reich und dem Glauben an Gott und den Kaiser.

Die Niembsche sind eine Familie, die im Verlauf von anderthalb Jahrhunderten zahlreiche Militärs hervorgebracht hat.[6] Nicht gesichert ist hingegen die authentische Schreibweise des Namens (überliefert sind Nimbtz, Niembtz, Niembz, Nimbsch und schließlich Niembsch). Auch das Adelsprädikat „Baron von Niembsch", das einige der Ahnherrn führten, ist durch Adelsbriefe des achtzehnten Jahrhunderts nicht belegbar. Als Patrizier spielten dagegen die Familien der Niembsche in Strehlen, einer Kreisstadt in Preußisch-Schlesien, eine nicht unbedeutende Rolle. Der Großvater Nikolaus Lenaus, Joseph (von) Niembsch, löst früh die Wurzeln aus seiner engeren Heimat, indem er bereits als Knabe in die Wiener Neustädter k.k. Kadettenakademie eintritt. Er heiratet die Freiin Katharina von Kellersperg, die fünf Kinder zur Welt bringt, von denen allerdings allein der in Ober-Ungarn geborene Sohn Franz am Leben bleibt. Als Franz geboren wird, war Joseph Oberleutnant beim Kürassierregiment Serbelloni. Es kann keine glückliche Kindheit gewesen sein, die Franz durchlebt hat. Auch hat er kaum je kontinuierlichen Unterricht genossen. Mit seinen Eltern wandert er von Ort zu Ort und macht zahlreiche Umquartierungen in Ober-Ungarn mit. Denn gewöhnlich wurde die Reiterei in Dörfer verlegt, wo es in dieser Epoche und zumal in Ungarn nur schwer möglich war, Lehrer oder gar Schulstuben für Kinder zu finden.

Andererseits waren Joseph und Katharina Niembsch nicht vermögend genug, um Franz einen eigenen Hofmeister zu halten, wie das in den höheren Ständen sonst üblich war. Die Folge davon war, daß der Knabe die meiste Zeit über sich selbst überlassen blieb, ohne je eine andere Erziehung genossen zu haben als die im Umgang mit den Altersgenossen oder die, die ihm die Eltern angedeihen ließen. Überdies scheint das Verhältnis zwischen den Eltern und ihrem Sohn ein überaus distanziertes, ein auf allen Ebenen emotionaler Beziehung wesentlich unterkühltes gewesen zu sein. Von einem Vertrauensverhältnis jedenfalls kann kaum die Rede sein. Recht anschaulich ist in dieser Hinsicht auch der Bericht, den Anton Xaver Schurz, Lenaus Schwager und erster Biograph, uns liefert:

„Damals war es üblich in den besseren Ständen, daß sich die Eltern von ihren Kindern ‚Euer Gnaden' tituliren ließen. Das mußte sich wie ein Eispanzer ums Herz legen. Der Vater

Niembsch war zwar überaus ehrenhaft und brav und zumal ein tüchtiger Soldat, aber kein guter Hofmeister, was überhaupt ein Vater sehr selten ist.

Die Mutter, eine sehr weltkluge, gewandte, aber auch strenge und heftige Dame, die sich leichter Achtung als Liebe zu erwerben vermochte, war wohl kaum eine stets aufsichtige, sorgfältige und langmüthige Kindererzieherin. Saß sie einmal abends an ihrem Tarok-Tapptische, so mochte Fränzchen, wenn es nicht etwa selbst mitspielte, was es gerne tath, thun und lassen, was ihm eben einfiel. Und so machte denn der aufgeweckte, gut begabte, aber höchst leichtsinnige Junge mit heiteren Officieren und Kadetten frühzeitig alles mit. Vorzüglich aber gewann er Gefallen am Hasardspiel, das ein Keim alles Unheils ist. Die Folgen davon waren leider nicht die besten."[7]

Vergleicht man die Skizze, die Nikolaus Lenaus erster Biograph, sein Schwager Anton Xaver Schurz, vom Familienleben der Niembsche entwirft, mit manchen Eigentümlichkeiten im Verhalten des Dichters, dann tritt sofort scharf und überdeutlich hervor, wie viele davon auf Verhaltensprägungen zurückzuführen sein müssen. Lenaus Neigung etwa, halbe Tage mit scheinbarem Nichtstun oder mit dem Kartenspiel zuzubringen, unter einem Baum zu liegen und Löcher in die Luft zu starren. All das deutet auf die beherrschende Stellung hin, die von einer überaktiven, überpräsenten Mutterpersönlichkeit in den beiden Generationen vor Lenau beansprucht wird. Sowohl Katharina, die Großmutter des Dichters, als auch Therese, seine Mutter, entsprechen voll und ganz den Vorstellungen von einer dominanten – nein, keinesfalls herrschsüchtigen, aber den Alltag immerhin weitgehend beherrschenden – Frau. Sie sind Übermütter, die zu herrschen verstehen, die stets präsent sind, gleichwohl aber nicht auf die Pflegefunktionen vergessen, die sie ihren Kindern schulden. Solch massive Gegenwart eines Mutterbildes prägt die Erwartungshaltungen, die Söhne bei der Wahl ihrer Partnerinnen haben. Sie erzeugt aber auch Widerstand gegen die zu strengen Fesseln. Das gilt sowohl für Franz Niembsch, der sich ins Spiel und immer neue Affären flüchtet, aus Angst, von der sorgenden Liebe Thereses erdrückt zu werden. Aber auch Lenau nimmt Maß an seiner Mutter, sobald er einer Frau begegnet, die sein Interesse stärker beansprucht. Darauf hat schon der Nervenarzt J. Sadger aufmerksam gemacht:

„Ein jedes Weib, das der Dichter lieben und begehren sollte, mußte ihn an seine Mutter erinnern. Sie ist das ewig unsterbliche Vorbild für eine jede folgende Geliebte. Nur welche es traf, ihr ähnlich zu sein oder ähnlich zu werden, vermochte den Dichter dauernd zu fesseln. Liebte er in allen Verkleidungen doch bloß eine einzige, seine Mutter!"[8] Stellvertretend für so manche ähnlich lautende Bestätigung von Lenaus übermächtiger Mutterbindung möge hier eine Stelle aus seinen an Sophie von Löwenthal gerichteten „Liebeszetteln" folgen. Von diesen „Zetteln" hat der Dichter übrigens gesagt, sie seien ihm das Liebste, das er je geschrieben hat: Die Mutter, so heißt es im 123. Stück, „hat mich zurückgelassen als dein vorbestimmtes Erbe. Du darfst es nicht antreten (weil Sophie doch ebenso gebunden und daher für ihn mit einem Tabu belegt ist wie es die Mutter war; ein Umstand, der die Ähnlichkeit selbstverständlich noch verstärkt). Und doch habe ich auf dein Leben einen gewaltigen Eingriff getan; vielleicht es in Trauer gewandelt. Meine Mutter ist schuldlos daran. Sie wird sich aber freuen, an unserem Unglück, an unserer Liebe. Es ist mir doch sehr wohl dabei, so heimlich für dich zu bluten. O du liebes, gewaltiges Weib."9 Zeit seines Lebens wird also das Leid des Entsagens bei Lenau unauflöslich an die Freuden der Liebe gebunden bleiben. Eine schicksalsschwere Prägung des Verhaltens, die ihn im Teufelskreis erfüllender Nichterfüllung gefangenhalten wird.

Komplementär zu dieser starken Dominanz der Mütter, tritt die Bedeutung der Väter in den Hintergrund. Während Franz es versteht, seine Arbeitsplätze in ziemlich rascher Folge und zwar so zu verlegen, daß immer ein gewisser Respektsabstand zwischen ihm, seiner sturmfreien Bude und seiner Frau besteht, reitet sein Vater Joseph als Offizier immer wieder zum Exerzieren und zu Manövern übers Land. Einmal ist er sogar volle sieben Jahre von zu Hause abwesend. Falls man denn überhaupt von einem Haus sprechen kann und nicht eher von einer Unterkunft sprechen sollte.

Trennung von den Seinen

Joseph (von) Niembsch findet mehrmals Gelegenheit, seine Tapferkeit unter Beweis zu stellen. So macht er 1788 den gemeinsam mit Rußland gegen die Türken geführten Feldzug als erster Rittmeister im Heer mit, das unter dem Oberbefehl Kaiser Joseph II. steht. Doch der Feldzug schlägt fehl und mit ihm der Plan, die Türken aus Europa zu vertreiben. Sodann marschiert Joseph (von) Niembsch mit seinem Regiment quer durch Europa gegen das revolutionäre Frankreich, das Österreich soeben den Krieg erklärt hat. Französische Truppen sind in Belgien einmarschiert, um die Revolution und die noch junge Republik gegen ihre Feinde im In- und Ausland zu verteidigen. Es ist übrigens eben derselbe „Zweite Koalitionskrieg", an dem auch J. W. v. Goethe auf Einladung seines Freundes Carl August, des Herzogs von Sachsen-Weimar, mit dem nicht ausdrücklich formulierten Auftrag teilnimmt, von den Ruhmestaten des Heeres zu berichten. Doch zu denen kommt es nicht. Vielmehr wird er später, als er die „Campagne in Frankreich" schreibt, Gelegenheit haben, das enttäuschende Versagen der obersten Führung bloßzustellen.

Obwohl Goethe und der zukünftige Großvater Lenaus im Verlauf des Feldzugs mitunter nur wenige Meilen voneinander stationiert waren, sind sie einander vermutlich nie begegnet. Sie hätten einander im Fall einer Begegnung aber nur wenig zu sagen gehabt. Der das Feldgeschrei stets distanziert beurteilende Olympier hat die Lage des revolutionären Frankreich in der „Campagne" nicht nur mit Gerechtigkeit, sondern sogar mit Wohlwollen gezeichnet. So etwa gelten ihm die Vorgänge, in welche die Koalition verwickelt ist, als Stationen des Kampfes zwischen den Mächten der Revolution und der Restauration. Klar erkennt er: „Von hier und heute geht eine neue Epoche der Weltgeschichte aus, und ihr könnt sagen, ihr seid dabei gewesen."10

Bei Joseph von Niembsch kann von all dem natürlich keineswegs die Rede sein. Er ist ein erprobter Haudegen und nicht unbedingt als gebildeter Mann anzusprechen. Sein praktischer Sinn allerdings wird nur noch von seinem Organisationstalent übertroffen. Das wird ihm vom Hof in dem Diplom ausdrücklich verbrieft, das seine Erhebung in den Adelsstand ausführlich begründet. Beide Eigenschaften stellt er im Verlauf der Feldzüge in diversen kniffligen Situationen mehrfach unter Beweis. Über den Weimarer Minister hätte er sich freilich nicht die geringsten Gedanken gemacht. Zu groß ist die gesellschaftliche Kluft zwischen ihnen, als daß es bei einer Begegnung auch nur zu einem kurzen Wortwechsel gekommen wäre. Selbst wenn es nur schwer zu verhehlen ist, daß die Stimmung im Heer jetzt eindeutig gegen Wien umschlägt und man die Entschlusslosigkeit der kaiserlichen Regierung immer lauter kritisiert, hätten zwei einander fremde Angehörige der Koalitionsarmee es nicht gewagt, über politische Themen des Feldzuges Gedanken auszutauschen.

Ohne Zweifel aber ist die immer lauter werdende Kritik an der Entschlusslosigkeit der kaiserlichen Regierung zu einem der Angelpunkte für die Entscheidung geworden, Belgien schließlich aufzugeben. Es mag daher durchaus kein zufälliges Zusammentreffen sein, wenn wir erkennen müssen, daß die markanteste Leistung Niembschs eigentlich ein Rückzugsgefecht ist. Länger als ein viertel Jahrhundert nach diesem Gefecht wird er schließlich am 24. Dezember 1820 in den erblichen Adelsstand erhoben. Eine späte Wiedergutmachung also? Zumindest muß uns das so erscheinen, wenn wir in der von Joseph Niembsch verfaßten Eingabe lesen: „Nebst dem lohnenden Bewußtsein immer treu erfüllter Pflichten ward mir laut anruhendem Zeugnis B am 16. Oktober des Jahres 1793 (wird mir endlich) die so sehnlich gewünschte Gelegenheit einer Auszeichnung zuteil, als ich vom Herrn Feldmarschall-Leutnant Freiherrn von Lilien aus dem Zentrum der Hauptarmee bey Vattignies (heute Wattignies bei Lille) in den Niederlanden zur Unterstützung des schon zurückgedrängten linken Flügels, des unter den Befehlen des Herrn Feldmarschalleutnants Baron von Terzy gestandenen Armeekorps als Anführer einer Division Kavallerie beordert wurde.

Bei dieser Gelegenheit gelang es mir, durch die Eilfertigkeit des Marsches und durch so klug als zweckmäßig und tapfer ausgeführte Angriffe den Feind wieder zum Weichen zu bringen und zwei vom Feinde schon umrungenen Infanteriebataillons die Gelegenheit zu verschaffen, sich in Ordnung zurückziehen zu können."11

Während all dieser Jahre bleibt Niembsch von den Seinen getrennt. Seine Frau Katharina zieht zu Freunden nach Böhmen, Sohn Franz wird nach Eperjes (heute Presov in der Slowakei) gegeben, wo er die lateinischen Schulen besucht, im übrigen aber, sich selbst überlassen, ein ungebundenes Studentenleben führt. Von den Mühsalen der Feldzüge arg mitgenommen, kommt Joseph Niembsch um Entlassung aus dem aktiven Dienst in der Armee ein. Ab dem 1. August 1795 wird er zur „Militär-Monturs-Ökonomie-Kommission" versetzt und tritt seinen Dienst in Alt-Ofen, einem Dorf in unmittelbarer Nähe Budas, an, das heute der ungarischen Hauptstadt eingemeindet ist. Hierher folgt ihm – jeweils aus einer anderen Himmelsrichtung kommend – bald seine Frau und 1798 schließlich sein Sohn. Und hier lernt Franz auch Therese Maigraber kennen, eine auffallende Schönheit, von der Nikolaus Lenau später sagen wird: „Meine Mutter war eine überaus leidenschaftliche Frau. Sie stammte aus Dalmatien und hatte auch an Augen, Haaren und Hautfarbe das Aussehen einer Raizin."[12] Als Raizen aber wurden zur Zeit der Donaumonarchie die zur orthodoxen Kirche gehörenden Serben bezeichnet, zumal die in den ehemals ungarischen Gebieten Jugoslawiens siedelnden. Der Name leitet sich von dem alten Ras (Rassa) her, der Hauptstadt Serbiens bis zum 13. Jahrhundert und einst Mittelpunkt der Landschaft Raszien. Damit scheint zumindest ein Teil des alten Streites um die ethnische Herkunft Lenaus beigelegt, den der sonst um die Lenauforschung so verdienstvolle Eduard Castle dadurch entfachte, daß er ihn für das Deutschtum zu entscheiden suchte.

Mit dieser Welt des kleinen Militäradels, wie wir sie in der Skizze von Joseph Niembschs Lebenslauf andeutungsweise kennengelernt haben, kollidiert recht unsanft die kleinbürgerliche eines Beamtentums, das sich auf dem Weg zum Besitzbürgertum befindet. Dieser Welt entstammt Therese Maigraber.

Therese Maigraber

„Therese war eine Tochter des damals schon längst verstorbenen Oberfiskals der königlichen Freistadt Pest, Franz Maigraber, und dessen Gattin, Magdalena Schad. Magdalena hatte sich nach dem Tod ihres ersten Mannes Maigraber mit dem Magistratsrat von Pest, Sebastian Mihits, und in dritter Ehe mit dem Rittmeister Albin Grettler verbunden. Aus ihrer ersten Ehe waren drei Kinder vorhanden: Franz Maigraber, zu jener Zeit (1798) schon Controlor der königlichen Cameralherrschaft Kraschowa im Banat; Anna, an den Professor der Rechte an der Pester Universität, Matthias von Marcovics, vermählt, und unsere Therese; dann aus der zweiten: Sebastian Mihits, damals Husarenlieutenant bei der kaiserlichen Armee in Italien; die dritte Ehe endlich blieb kinderlos. Magdalena war auch sehr vermöglich; sie besaß das in Pest am Rathausplatze nebst den Piaristen gelegene Haus Z. 57 ‚Zur Sonne' und noch ein anderes in Alt-Ofen mit großer Wirthschaft und vielen der besten Weingärten. / Der junge Niembsch und Therese Maigraber scheinen sogleich heftig füreinander Feuer gefangen zu haben. Niembsch war bereits am 1. November als Kadett zum damaligen zehnten leichten Dragoner-Regimente Fürst Lobkowitz, jetzt drittes Regiment leichter Reiter, angenommen worden."[13]

In den uns erhaltenen gut vier Dutzend Briefen spiegelt sich der tragische Leidensweg eines unglücklichen Mädchens, das im Begriffe ist, aus der eng umschriebenen gesellschaftlichen Begrenzung seines Lebensraumes auszubrechen. Über einen langen Zeitraum hinweg lehnt Theresens Mutter eine Verbindung mit dem leichtfertigen, blutjungen Adeligen ab. Offenbar hat sie Nachricht über Niembschs Lebenswandel und leichtsinnige Verschwendungssucht erlangt. Jedenfalls wird sich ihr Widerstand bis wenige Wochen vor der Trauung halten, während seine Eltern, die einer alten Soldatenfamilie entstammten, sich aus Standesgründen beharrlich selbst dann noch widersetzten, als der Ehe ihres Sohnes Franz bereits drei Kinder entsprossen waren. Vergleicht man die Haltung von Therese und Franz, so wird man anerkennen müssen, mit welcher Beharrlichkeit sie den leichtfertigen Bräutigam immer wieder für ihre Interessen und die ihres noch ungeborenen Kindes aufzurütteln und zu gewinnen vermag. Dazu kommt, daß sie sehr genau um seine Labilität weiß, auch wenn sie diese seine hervorstechendste Charakterschwäche immer wieder liebend verzeiht. Zwei Wochen vor der Trauung erteilt sie dem unentschlossen das Abschiedsgesuch vor sich herschiebenden Franz eine Lektion, die in Stil und Rhetorik bereits ein wenig auf ihren Sohn, Nikolaus Lenau, vorausweist. „Trachte ich bite dich um Gottes Willen, wegen der Entlassung, den nur mehr vier Wochen, sind auf dem Zeitpunkt, wo ich Mutter werde, wil(l)st du mich so elend machen – daß ich nicht eher dein Weib seyn sol? Kannst du mir das tuen – da ich dir zu lieb schon so gar viel ausgestanden, kannst du den so geschwind alles vergessen, je mehr ich deine zwey Briefe überlese, je mehr schmertzlich ists mir – du redst so – als wenn mann mit dir machen könnte was mann will, als ob du gar keinen Willen mehr hättest. Was sol(l)te aus mir werden?

Leichtsinnig konntest du öfters seyn, ich machte dir noch keinen Vorwurf darüber, aber würdest du lasterhaft, könntest du mich aufopfern – so wäre ich, und dein Kind verlohren, dann ist jede Reue zu spät."[14] Eine Falle, in die Franz über kurz oder lang schließlich noch tappen wird.

Zwischen Untreue, Spielleidenschaft und Not

Ende Juni 1799 reicht Franz Niembsch sein Entlassungsgesuch ein. Aber die Entlassung verzögert sich, und so kann Therese auch nicht an das väterliche Erbe von 2200 Gulden heran, über das sie erst mit ihrer Verehelichung die Verfügungsgewalt erhalten soll. Unmittelbar nach der Trauung erhält Niembsch eine Anstellung als „königlicher cameralherrschaftlicher Amtsschreiber" in Uj-Pecs. Hier wird dem Paar am 28. August die Tochter Magdalena geboren. Knapp ein dreiviertel Jahr nach seiner Anstellung wird Franz (von) Niembsch von Uj-Pecs nach Lippa an der Marosch versetzt, wo am 5. Februar 1801 Theresia Anna zur Welt kommt. Aber auch hier wird Niembsch nicht lange bleiben. Ohne seine Diensteigenschaft zu verändern, wird sein Dienstort in die Kammerherrschaft Csatád verlegt. Und genau hier wird am 13. August 1802 Nikolaus Lenau geboren. Bei seiner Geburt soll es, wie Lenau am 13. August 1837 Sophie von Löwenthal gegenüber erwähnen wird, Komplikationen gegeben haben: „Meiner Mutter war dieser Tag vor 35 Jahren ein banger und froher, wie kein anderer, denn meine Geburt war äußerst schmerzlich und gefährlich, und ich war ihr vom ersten Augenblick meines Lebens das Liebste."[15]

In den Jahren, die auf das Jahr von Lenaus Geburt folgen, leidet die Familie bitterste materielle Not. Rasch ist das kleine, von Thereses Vater ererbte Vermögen hingeschmolzen. Immer tiefer, immer unrettbarer versinkt Franz in einen Sumpf von Schulden. Denn seine krankhafte Spielwut verschlingt nicht nur seine dürftigen Einkünfte, sondern auch bald alles Ersparte. Zu nah gelegen ist die idyllische Stadt Temesvár, als daß Franz sich nicht bei jeder passenden Gelegenheit dorthin absetzen würde, um sein Glück im Hasard und in den Armen käuflicher Frauen zu suchen. Nicht ohne Geschick versteht er es, solche Gelegenheiten mit den Obliegenheiten des Amtes zu verknüpfen. Denn nur zu oft gewährt der Dienst ihm Anlässe mannigfaltigster Art, um der Aufmerksamkeit Theresens zu entschlüpfen. Aber es dauert nicht lange, da hat sie Verdacht geschöpft: als er wieder einmal weit über die festgesetzte Stunde ausbleibt, reist sie ihm aus Eifersucht und Besorgnis nach und erwischt ihn in flagranti mit einer anderen im Bett. Weinend wirft er sich auf die Knie, spielt den Reuevollen oder empfindet tatsächlich reuevolle Zerknirschung. Trotz allen Schuldgefühlen, allen Tränen ist Therese sich aber darüber im klaren, daß ein Schwächling, wie Franz offenbar einer ist, immer wieder rückfällig werden wird. Rückfällig, was das Spiel und was die eheliche Untreue anbelangt. Es kann lediglich eine Frage der Zeit sein.

Diese Zeit ist im Februar 1803 abgelaufen, also nur wenige Wochen mehr als ein halbes Jahr nach der Geburt unseres Dichters: „Lenchen, die nun schon dreijährige Frucht des herben Hochzeitsjahres, war zum großen Kummer beider Eltern schwer erkrankt. Sie litt an der furchtbaren Gehirnhöhlenwassersucht. Wie das arme Kind immer schlechter wurde,

2 Lenaus Geburtshaus in Csatád, GRAU 1.

verloren die Eltern das ganze Vertrauen in den Ortswundarzt, und Niembsch eilte in höchster Eile nach Temesvár, um von dort einen weitberühmten Arzt um jeden Preis schleunigst herbeizubringen. Niembsch bleibt lange über die gesetzte Zeit aus. Die einsame Mutter daheim ist inzwischen die erbarmungswürdige Beute von Angst und Ungeduld. Auch das gemarterte Kind scheint, indem es beständig mit dem einen Händchen nach dem leidenden Haupte schlägt, den säumenden Vater herbeiwinken zu wollen, und stumm um Hülfe zu ringen. Alles vergeblich! Er kommt nicht. Das Kind beginnt schon zu röcheln; o Entsetzen der Mutter! – es stirbt, es ist tot. Da öffnet sich die Türe, und hereintritt ... nicht der Arzt, nicht der Vater, nein, zwei räuberische Spielgesellen des letzteren treten herein mit einer Schuldverschreibung von diesem über 17,000 Gulden, die er an sie verloren, um in die Mutter an der Leiche ihres kaum verschiedenen Kindes wegen Mitunterfertigung zu dringen, widrigenfalls ihr in Temesvár zurückgehaltener Mann unnachsichtlich dem Schuldturme und der Schande überliefert werden sollte.

Vernichtet, bewußtlos verpfändet sie sich wirklich durch ihren Namen zu Opfern, die sie erst mehrere Jahre darauf, nach dem Tode ihrer Mutter, abzutragen vermag."[16] Es mag vielleicht richtig sein, daß die kleine Magdalena nach dem Stand der damaligen Medizin durch Konsultation von noch so vielen hervorragenden Ärzten nicht hätte gerettet werden können. Doch bleibt es Tatsache, daß durch solche Gewissenlosigkeit, wie Franz Niembsch sie an den Tag gelegt hat, die Ehe einen nicht zu kittenden Sprung erhält. Aber auch der Ruf der Familie leidet schwer unter dem Schuldenmachen. Für einen ehemaligen Soldaten gehört das Bezahlen von Spielschulden zum ungeschriebenen Ehrenkodex der Armee; das heißt: sie sind entweder umgehend abzudecken oder deren Abdeckung sicherzustellen. So oder so würde sich der Verbleib der Familie in dieser Region daher nicht unbedingt erfreulich gestalten. So entsagt denn Franz Niembsch, dessen Gesundheit bereits zu dieser Zeit stark erschüttert ist, im Frühjahr 1803 seinem Dienst, verläßt das Banat und zieht mit seiner Frau und den beiden überlebenden Kindern Therese und Nikolaus nach Alt-Ofen zur Mutter seiner Frau.

3 Maria Theresia Antonia Niembsch (1771–1829), geb. Maigraber, Franz Niembschs Ehefrau, Lenaus Mutter, GRAU vor 281.

Auf grossem Fuss

Doch auch hier, am Rande der großen Stadt, hält es Franz Niembsch nicht lange. Magnetisch zieht es ihn nach Wien, angeblich, um eine bessere Zukunft für sich und die Seinen aufzubauen. Tatsache ist es jedoch, daß er nicht im entferntesten daran denkt, eine neue Existenz zu gründen, sondern daß er auch hier wieder alle Anstalten dazu trifft, sich ein Leben auf großem Fuß einzurichten. Irgendwie hat er es verstanden, sich Geld zu verschaffen, hält sich ein Zimmer zur Miete, einen livrierten Bedienten, einen schmucken Reisewagen sogar und trägt einen schweren Brillantring. Seines äußeren Auftretens wegen halten die Wiener ihn für einen Grafen und Witwer und respektieren es, daß er einer jungen und vornehmen Dame lebhaft den Hof macht. Seiner Frau dagegen berichtet er von einem Posten als Handlungskommis, den er in Aussicht habe. Doch verspreche diese geringe Stelle nicht mehr als 600 Gulden Gehalt einzubringen. Die liebende Therese dagegen rät ihm postwendend – noch immer hat sie seine Tricks nicht durchschaut –, die Suche nach einer geeigneten Stellung tunlichst nicht in die Länge zu ziehen, sondern sich allenfalls mit der geringer bezahlten zu begnügen: „Wenn du nicht gewiß überzeugt bist, daß du in sehr kurtzer Zeit angestellt wirst, so bit ich dich gleich in den Handels-Haus einzutreten wir müssen Gott noch dancken, wenn dus erhältst, und es wircklich – vor ein Werk der Vorsehung halten, – denn ohne dem würde unser Unglück noch weit größer.

Daß ich gar nicht mehr wissen darf, wo du logiren wirst – ist sehr sonderbahr, wozu alle diese Dinge, die mich kräncken? Du bestättigst also wircklich, daß du 2000 Gulden von hier mitgenommen, ich sage dir aufrichtig daß ich allen Glauben daran verlohren hatte, weil ich nicht vermuten konnte, daß du mein wiederholtes Begehren mir nur eine Kleinigkeit zu schicken so gantz unerfült solltest lassen. –

Bald werde ich keine 6 Kreutzer mehr haben einen Brief wegzuschicken, es ist wircklich aufs äußerste gekommen.

Ich bite dich mir gleich zu schreiben, ob du deinem Entschluß nicht geändert, damit ich weiß wie ich zu handeln habe.

An mir sols nicht fehlen, mit 600 Gulden auszukommen und du wirst deinem Niki zulieb doch auch ein wenig eingeschränckt leben – . – Es kann sich vielleicht dann auch bald etwas ändern, zu unsern Glück.

Lebe wohl, ein wenig bin ich nun schon vergnügter, weil ich doch nur eine Hoffnung hab schreibe mir nur recht bald, das es zur Wircklichkeit geworden."[17] Wie sehr Therese auch bittet und bettelt, Franz Niembsch trifft keine Anstalten, Wien zu verlassen, um nach Ofen zu den Seinen zu reisen. Offenkundig läßt er sich auch nicht durch ihre listige Erinnerung an den Geburtstag der verstorbenen Magdalena aus seiner Versumpfung aufstören: „Ich bite dich mir die versprochenen 100 Gulden sobald nur möglich ist, zu schicken, denn ich weiß mir nicht zu helfen.

Morgen ist unser armen Leni ihr Geburtsthag – was habe ich durch diese vier Jahre alles gelitten – und es scheint das noch größere Leyden auf mich warten."[18] Mit allen ihren Bemerkungen und Urteilen über ihr Schicksal erweist sich Therese als überaus hellsichtig und begabt zur Diagnose psychischer Vorgänge. Eines ausgenommen: die Beurteilung des von ihr – man wäre geneigt zu sagen blind – geliebten Ehemannes Franz. „Gestehe ich bin ein sonderbahres Weib – trotz allen Beweisen deiner Gleichgültigkeit – lieb ich dich so zärtlich – was würde ich denn vor einem Mann fühlen? Der liebvoll mit mir handelte ich weiß mir wircklich selbst nicht zu antworten. Leb wohl ich küsse dich – auch die Resi küsst dir die Hände – der Niki ist ein Meisterstück."[19]

Sie ist unsagbar traurig, ihr Herz blutet, aber machtlos muß sie zusehen, wie Franz die Familie vernachlässigt. Nicht einmal – und das klingt wie ein weiterer Lockruf des Weibchens –, nicht einmal den wohlgeratenen Niki will er sehen. Dabei beginnt der künftige

Dichter bereits zu laufen. Erst spät, erst Anfang Oktober 1803 kehrt Franz Niembsch zu den Seinen nach Alt-Ofen zurück. Diese Rückkehr steht aber unter einem besonderen Vorzeichen: es ist eine Rückkehr nicht ins Leben, zur Gemeinsamkeit mit Frau und Kindern, sondern eine zum Tode. Zunächst kaum merklich, verfällt er zusehends der Auszehrung. Anton Xaver Schurz, Lenaus Schwager und erster Biograph, nennt die Krankheit, an der Franz schließlich wenige Jahre darauf stirbt, leicht beschönigend „Abzehrung". Ein Begriff, dem kein medizinisches Äquivalent entspricht, sondern lediglich eine Gesamtbefindlichkeit des Körpers. Als Auszehrung wurde von der damaligen Medizin eine Verlaufsform von chronischen Krankheiten wie Tuberkulose, Syphilis oder Aktinomykose bezeichnet. Zu dem Symptomenkreis

4 Franz Niembsch (1777-1807), der schöne Niembsch genannt, Rentamtsschreiber der Kameralherrschaft Altofen, Lenaus Vater, GRAU vor 281.

dieser Krankheiten zählen die Abmagerung, Blässe und Blutarmut der Haut, der allgemeine Kräfteverfall und eine durch nichts zu stimulierende Appetitlosigkeit. Wie ernst Katharina und Joseph Niembsch die Symptome ihres Sohnes einschätzen, mag man daraus ersehen, daß die Eltern aus ihrer Verstimmung treten und dem Sohn ab 1805 regelmäßig Geld zukommen lassen. Meist sind es 200 Gulden, die man ihm in unregelmäßigen Intervallen überweist. Einmal sogar mit dem ausdrücklichen Wunsch, mit der ganzen Familie Kuraufenthalt in Bad Eisenbach (Vichna) unweit Schemnitz zu nehmen. Einem Bad, wo vor allem Stoffwechselerkrankungen behandelt werden.

Anschließend an den Besuch des Bades lebt Franz Niembsch mit seiner Familie auch weiterhin bei der Mutter seiner Frau in Alt-Ofen. Am 27. Juni 1804 erhält die Familie neuen Zuwachs: eine Tochter wird geboren und wird auf den Vornamen der zwei Jahre zuvor verstorbenen Magdalena getauft. Magdalena d. J. entwickelt sich zu einem munteren, aufgeweckten Kind, dem niemand ansieht, daß es – was Gewissenlosigkeit und Leichtsinn betrifft – alsbald in die Fußstapfen des Vaters treten wird. Ende 1806 bietet Joseph Niembsch seinem Sohn die volle Aussöhnung an, sofern dieser es nicht an Reue fehlen lasse. Die Großeltern kommen ihm sogar einen weiteren Schritt entgegen und stellen der fünfköpfigen Familie in Aussicht, sie zu verköstigen und zu beherbergen, sobald Franz nur wieder zu Kräften komme und die Strapazen der Reise nach Brünn auf sich nehmen könne. Gerade ist Joseph Niembsch zum Oberstleutnant-Kommandanten der „Militär-Montur-Ökonomie-Kommission zu Brünn" ernannt worden und steht unmittelbar vor der Übersiedlung in die mährische Hauptstadt. Doch ist der körperliche Verfall des Sohnes Franz in den letzten Monaten bereits derart fortgeschritten, daß ihm auch die Bäder in Eisenbach nichts mehr nützten. Der reizbare Kranke wird bald zur Last des ganzen Haushalts. Eine der wenigen Erinnerungen, die Nikolaus Lenau an seinen Vater bewahren wird, stammt aus dieser Zeit:

„Dem durch seine Krankheit sehr grämlichen Vater fiel sein noch junges, lebhaftes, feuriges Söhnlein durch gewaltigen Lärm nicht selten zur Last und dieß zog sich dadurch beinahe dessen bleibende Abneigung zu. Einmal sogar – es war dieß die einzige deutliche Erinnerung, die Lenau von seinem früh verlorenen Vater behielt – als der Kleine es gar zu toll trieb, sprang der wiederholt umsonst Ruhe heischende Vater plötzlich aus dem Bett und auf den Schreihals zu, und gab ihm eine derbe Maulschelle. Noch als Mann sah Lenau die hohe, hagere, weiße Gestalt dieses furchtbaren Augenblicks mit erhobener Hand vor sich stehen, fast so oft, als er seines Vaters gedachte, was jedoch nur selten und in Gedichten niemals geschah, während er seine stets liebevolle Mutter mehrmalen und so schön und zärtlich besang."[20]

Ein melancholisches Kind

Nur wenige Wochen nach dem Sieg Napoleons über die preußisch-sächsische Armee in der Schlacht bei Jena und Auerstedt hat Joseph Niembsch das Kommando über die „Militär-Montur-Ökonomie-Kommission zu Brünn" übernommen. Ein ruhiger, ein einträglicher Posten, fernab der großen historischen, kulturellen und geistesgeschichtlich relevanten Ereignisse dieser Epoche. Denn während Napoleons Truppen kampflos in Jena einmarschieren, erscheint Georg Wilhelm Friedrich Hegels „Die Phänomenologie des Geistes". Ein Buch, das einmal zum geistigen Rüstzeug von Joseph Niembschs Enkel Nikolaus Lenau gehören wird. Die Kontinentalsperre, von Napoleon verhängt, um die englische Marktherrschaft in die Knie zu zwingen, zeitigt im Inselreich wie bei den anderen Verbündeten ähnliche Folgen: die Landlords und die anderen Mitglieder der herrschenden Schicht verdienen mehr an dem Krieg als jemals im Frieden.[21] Die eigentlichen Verlierer aber sind die Bauern, das Handwerk und die Industrie. Die Unmöglichkeit der Ausfuhr nach Westeuropa und Übersee ruinierte die stark entwickelte Metallfabrikation sowie weite Teile der Textilindustrie. Der Holz- und Getreidehandel, der zuvor England beliefert hatte, kam gänzlich zum Erliegen. Was freilich in dieser Form kaum vorhergesehen wurde, war, daß die wirtschaftliche Krisensituation zum Anwachsen des Widerstandes gegen die napoleonische Fremdherrschaft führte.

Für Franz Niembsch, der bereits seit Monaten bettlägerig war, verschlimmerte sich die Lage aber insofern, als er sich selbst die einfachsten Medikamente aus dem von den Eltern übersandten Etat nicht leisten konnte. Das geht mit erschütternder Deutlichkeit aus einem Brief an seinen Vater Joseph hervor:

„Jetzt muß ich nichts als China Tokayer, China Caffee, nehmen und der Dehel hat befohlen ich möchte das Lublauer Wasser bestellen ich werde es mit Geiß Milch (welche schon beigeschaft) brauchen, werthester Vatter ich benöthige viel dahero in aller unterthänigkeit wolle gebeten haben mich in etwas zu unterstützen, die extra ausgaben habe mit dem Wasser berechnet so kommt es auf 100f.

Gnädigster Vatter glauben Sie mir nicht so schreiben Sie dem Dehel welcher täglichen mit n(e)uen Sahen komt und wocher dann nehmen ich bin jetzt in der traurigsten Laage der Mihics der mir zu Zeiten gelichen ist auch fort und rühren kann ich mich nicht, und So muß ich gerade nur den Dehel immer Maul machen das China Caffe, China Tokayer daß ich genieße und schon ist der 2t Tage daß ich dessen entbehren muß."[22]

Zugrunde gerichtet durch seine ungezügelte Lebensweise, stirbt Franz Niembsch am 23. April 1807 im Alter von dreißig Jahren. Er hinterlässt drei Kinder und eine nicht allein wegen der Schuldenlast verzweifelte Ehefrau. Weit über den Tod hinaus bewahrt Therese ihrem Mann eine fast schon hysterische Liebe. Noch Jahrzehnte nach dem Ableben seines Vaters weiß Nikolaus Lenau folgende Begebenheit zu berichten: „Ich erinnere mich sehr wohl, als mein Vater starb – ich war etwa fünf Jahre alt – stellte sie sich auf eine in den Keller führende Falltüre, raufte ihr Haar und stampfte mit den Füßen, damit die Türe einbreche und sie in den Keller hinabstürze. Auch ihre Liebe zu mir war eine höchst leidenschaftliche."[23]

Diese hysterische Anhänglichkeit (oder sollte ich hier besser von Abhängigkeit sprechen?) bewirkt, daß sie sich nicht und nicht entschließen kann, den Knaben nach Brünn, in die Obhut seiner Großeltern zu schicken. Dabei dürfte die Angst mit im Spiel gewesen sein, Nikolaus könnte sich vom Adelsdünkel anstecken lassen, von dem, wenn schon nicht das Haus seiner Großeltern, so doch mindestens die Großmutter beherrscht ist. Der Aufsicht der ehrgeizigen und ihn abgöttisch liebenden Mutter überlassen, ist Niki – wir schreiben jetzt das Jahr 1809 – zu einem altklugen Kind herangewachsen, dessen männlich gemessenes Gehaben Besucher in Erstaunen setzt. Schon jetzt scheint er sich gewisse Allüren angewöhnt zu haben, die sein Verhalten prägen. Thereses Mutter, die kaum eine Gelegenheit verstreichen läßt, Süßigkeiten, Backwerk und Torten zu naschen, scheint ebenfalls einiges zur Formung seiner Gewohnheiten beigetragen zu haben. Zu Hause verspeist Niki jeden Morgen behaglich und mit gebotener Langsamkeit seine schneeweißen, flaumigen Kipfel, während die beiden Schwestern und die Mutter sich mit einer gewöhnlichen schwarzen Semmel begnügen. So wird er von Kindheit an zur Ausnahmeexistenz erzogen und sein Selbstverständnis genau nach jenem Ideal aristokratischer Lebensführung geformt, dessen Einfluß auf ihn die Mutter dadurch verhindern will, daß sie es ablehnt, ihn den Großeltern zu überlassen. Zum Aristokratischen aber fehlt in diesem Haus vieles; vor allem das Geld. In Pest wohnt die Familie in äußerst dürftigen Verhältnissen, und es fehlt Tag für Tag am Nötigsten. Durch die Bevorzugung aber wird Niki allmählich eigensinnig, ja herrschsüchtig. Eigenschaften seines Charakters, die sich im späteren Leben unangenehm verhärten und zu zornigem Einfordern nicht erfüllter, nicht erfüllbarer Wünsche führen werden.

Anders als sich das die Großeltern Niembsch erträumt hatten, findet indes eine Begegnung mit Niki statt. Vom 18. bis zum 23. April 1809 schlägt Napoleons „Armee in Deutschland" das österreichische Heer bei Abensberg, Landshut und Eggmühl schwer. Erzherzog Karl, der keinen anderen Ausweg sieht, zieht sich über Regensburg nach Böhmen zurück. Damit ist der Weg nach Wien für Napoleons Truppen praktisch frei. Am 13. Mai ziehen die ersten französischen Regimenter in die Stadt ein. Vierzigtausend Mann und fast zehntausend Pferde sind einzuquartieren. Allein die Kosten für die 33 französischen Spitäler betragen während der sechsmonatigen Besetzung über 600.000 Gulden. Dazu kommen noch die Zwangsdarlehen und die Einhebung von Sondersteuern, um die ersten finanziellen Forderungen der Franzosen zu befriedigen. Noch im Juni 1809 muß Wien zwei Drittel einer in der Höhe von 9 Millionen Gulden aufgelegten Anleihe zeichnen. Das sind drakonische Maßnahmen, über die sich die Wiener empören. Dennoch schlägt der Patriotismus in den österreichischen Ländern hohe Wellen.[24] Schon bald sind die Feldzüge des Jahres 1809 unter der Bezeichnung „erster Befreiungskrieg der Deutschen" in aller Munde. „Diesen Krieg, der in der deutschen Geschichte das Zeitalter der Nationalitätenkämpfe eröffnet hat, mußte Österreich allein führen; das Jahr 1809 ist trotz allem Missgeschick ein Jahr der deutschen Großtaten Habsburgs."[25] Damals strömen preußische Emigranten nach Wien, nach Österreich, treten als Offiziere in österreichische Dienste. Heinrich von Kleist hofft auf den Sieg der österreichischen Waffen und predigt in seinem „Katechismus für die Deutschen" den Anschluß Deutschlands an Österreich. In der Schar hochbegabter Literaten und Dichter, die nach Österreich kommen, befinden sich Joseph von Eichendorff, Clemens Brentano und eine Reihe labiler Geister, die in Wien Katholiken und, auf ihre Weise, Österreicher werden. „Die kaiserliche Regierung bemüht sich, Ausländer, Deutsche nach Wien in ihren Dienst zu ziehen. Im 16., 17. und 18. Jahrhundert hatte man in großer Angst vor lutherisch-deutscher Invasion und Subversion Deutsche ausgewiesen bzw. ihre Einreise verhindert oder zumindest stark behindert. Nun begibt sich dies erstaunliche Phänomen: Die amtliche ‚Wiener Zeitung' …, lange Zeit … ein langweiliges offiziöses Organ, bemüht sich um eine Stimmungsmache unter der Leserschaft. Auf Befehl des Kaisers selbst wird ein getarntes Regierungsblatt unter dem Titel ‚Vaterländische Blätter für den österreichischen Kaiserstaat' herausgebracht. Ihre Aufgabe war es, ‚das Nationalgefühl im Innern zu wecken und zu pflegen und andererseits den durch die französische Propaganda verzerrten Ansichten über Österreich im Ausland entgegenzuwirken'."[26]

Zu den Flüchtlingen, die Deutschland jetzt vor dem Ansturm der Franzosen verlassen und nach Österreich oder Ungarn auswandern, gehört auch Walburga, eine schon nicht mehr ganz junge Schwäbin. Sie hat sich im Hause Niembsch zunächst als Kinderfrau verdungen und schon nach kurzer Zeit derart bewährt, daß sie sich bald bei allen häuslichen Verrichtungen unentbehrlich macht. Aus ihrem Mund vernimmt Lenau zum ersten Mal den Tonfall jenes süddeutschen Dialekts, der ihm später an Justinus Kerner, Gustav Pfizer, Karl Mayer, Alexander Graf von Württemberg, Emilie Reinbeck und Gustav Schwab anziehend vertraut klingen wird. Mit Zielstrebigkeit und unermüdlichem Fleiß hat Therese es in den Jahren verstanden, die seit dem Ableben ihres Mannes vergangen sind, sich finanziell freizukämpfen und sich eine gewisse Unabhängigkeit und geregelte Einkünfte dadurch zu sichern, daß sie Aufträge der „Militärs-Montur Ökonomie-Kommission zu Alt-Ofen" übernimmt und erledigt. Sie näht und fertigt Uniformen aus und verdient dabei immerhin so viel, daß sie Walburga sowie einige Frauen, die ihr dabei helfen, entlohnen und ihren kleinen Haushalt finanzieren kann. Bald hat Therese eine hübsche Summe beiseite gelegt.

Als im Frühjahr 1809 der Krieg schließlich ausbricht und die Franzosen auch nach Brünn vordringen, flüchtet Joseph Niembsch, der Großvater Lenaus, mit seiner Frau sowie allen Monturvorräten über die Kleinen Karpaten nach Ungarn. Beim Besuch Alt-Ofens holen sie das längst Fällige nach: sie begrüßen zum ersten Mal ihre Schwiegertochter und ihre Enkelkinder. Besonders Niki hat es ihnen angetan. Verständlich, daß sich jetzt – heftiger als bisher – der Wunsch in ihnen regt, sie zu sich zu nehmen. Zumindest Niki soll – ist erst der Friede mit Napoleon geschlossen – mit nach Brünn kommen.

Früher als man es erwartet hat, wird am 14. Oktober 1809 der Friede geschlossen, der als „Friede von Schönbrunn" in die Geschichte eingehen wird. Die Bedingungen freilich, die Napoleon den Österreichern diktiert, sind drakonisch: die Abtretung von über zweitausend Quadratmeilen Landes mit insgesamt drei Millionen fünfhunderttausend Einwohnern. Dazu kommt noch eine saftige Kriegsentschädigung in der Höhe von 85 Millionen Francs. Für Therese und ihre Familie wirkt sich aber vor allem die radikale Beschränkung von Österreichs Truppenstärke auf höchstens 150.000 Mann wohl am einschneidendsten aus. Ihre Einkünfte gehen derart drastisch zurück, daß sie noch im Jahr 1810 auf das Ersparte zurückgreifen muß. „Früher hatten Frauen für die Heere viel und anhaltend zu nähen bekommen, und bei den gar nicht ungünstigen Preisen, welche die Ausrüstungs-Besorgung zahlte, einen hübschen Verdienst erschwingen können. Im Jahre 1810 aber, nach eben geendigtem Kriege, schmolz dieser Erwerb auf so viel als nichts herab, und zudem durften und konnten der Kinder väterliche Großeltern, da man diesen jene verweigerte, nun auch nicht länger mehr um Beihülfe angegangen werden."[27]

Es liegt hier offenbar eine Verstimmung vor, „in gegenseitigem Groll waren sich bisher Frau Therese, die eifersüchtig nach der Liebe ihrer Kinder geizte, und die Eltern ihres (verstorbenen) Mannes, die etwas von dieser Liebe auch für sich beanspruchten, gegenübergestanden".[28] Freilich bietet Eifersucht allein keine ausreichende oder gar befriedigende Erklärung, das Verhalten Thereses verständlich zu machen. So bleibt also nichts anderes übrig, als nach einer narzißtischen Kränkung Ausschau zu halten, die ihr in früheren Jahren seitens der Schwiegermutter zugefügt worden sein könnte. Und tatsächlich stoßen wir alsbald auf einen Brief, den Therese am 20. Juli 1799, also knapp vor ihrer Hochzeit, an ihren Bräutigam, den „schönen Niembsch", geschrieben hat. Dieser Brief liefert uns nicht nur den deutlichen Hinweis darauf, wie schwer Thereses Selbstwertgefühl tatsächlich verletzt worden ist; vielmehr deutet er zwischen den Zeilen sogar an, daß Niembschs Mutter ihre künftige Schwiegertochter offenbar für ein billiges Flittchen gehalten hat, das ihren einzigen Sohn zu sich, auf die schiefe Bahn, herabgezogen hat: „... ich will von dem schweigen, was sie Mir gethan, wie sie von mir geredt, denn ich müßte mich schämmen, es zu wiederholen, aber tief will ich's mir ins Gedächtniß einprägen und es nie vergessen."[29] Ein Vorsatz, an dem sie mit der Verbissenheit ihres tief gekränkten und verwundeten Herzens noch mehr als ein Jahrzehnt lang festhalten, so wie sie sich an Niki, ihren einzigen Sohn, mit der Kraft ihrer verzweifelten Liebe klammern wird.

Jagdvergnügen und Frömmigkeit

Ein Zustand von Stabilität und Vertrauen hat sich durch den Starrsinn und die nachtragende Empfindlichkeit Thereses natürlich nicht herstellen lassen. Nach wie vor weigert sie sich, die Großeltern an der Erziehung ihrer Enkelkinder mitwirken zu lassen. Teils aus Angst, sie würden deren aristokratische Lebenseinstellung übernehmen, teils aus Angst, sie zu verlieren. Nur undeutlich spürt sie, daß ihre unbeugsame Haltung bereits wesentlich zur Verschärfung der Lage beigetragen hat. Nach damaligem Recht hätte ein Vormundschaftsgericht unmittelbar nach dem Ableben von Franz Niembsch den Erziehungsberechtigten bestellen müssen. Soweit die Dokumente uns noch vorliegen, ist das jedenfalls verabsäumt worden. Das Vormundschaftsgericht wäre freilich auch in dem Fall zu bemühen gewesen, in dem der überlebende Elternteil, im gegenständlichen Fall also: Therese Niembsch, Witwe nach dem Kindesvater Franz Niembsch, sich wieder hätte verehelichen wollen. Genau dieser Fall tritt jetzt ein.

Als Therese daher am 23. September 1811 den Doktor der Medizin und Chirurgie, Karl Vogel, heiratet, bietet sie – wir werden sogleich Gelegenheit haben, darauf zurückzukommen – den Großeltern durch diese Unterlassung eine wirkungsvolle Handhabe, das Vormundschaftsgericht einzuschalten oder zumindest damit zu drohen. Vieles an dieser Eheschließung mutet überstürzt an und weist eine skurrile, wenn nicht sogar makabre Ähnlichkeit mit Abläufen auf, die wir schon von Thereses erster Ehe mit Franz Niembsch kennen. So hat Vogel erst 14 Tage vor der Hochzeit mit Therese „mit aller Empfehlung" seinen Abschied vom vierten Artillerieregiment erhalten. Auch erläßt ihnen Pfarrer Michael Pfingstel – derselbe übrigens, der schon Therese Maigraber mit Franz Niembsch verbunden hat –, die sonst vorgeschriebene Vorgangsweise, das Aufgebot an drei aufeinanderfolgenden Sonntagen von der Kanzel herab zu verkünden. Alles deutet also darauf hin, daß Nachwuchs unterwegs ist. Und tatsächlich wird den beiden noch im selben Jahr ein Mädchen geboren und auf den Namen Wilhelmine getauft. Im Abstand von zwei Jahren folgt sodann, man schreibt jetzt das Jahr 1813, ein weiteres Mädchen, das auf den Namen Maria hört.

Der Ehemann, Doktor Karl Vogel, wird als gutmütig beschrieben, in Dingen des Alltags soll er sich aber als wenig effizient, ja als beschränkt erwiesen haben. Lenau hält seinen Stiefvater sogar für geistlos – allerdings aus der Rückschau nach einem Abstand von mindestens zwanzig Jahren. Man wird jedoch gut daran tun, in diesem Fall Lenaus Objektivität entschieden zu bezweifeln. Ein von seiner Mutter derart verwöhnter Knabe wie Niki, der noch dazu alle Merkmale einer schweren Mutterfixierung aufweist, kann diesen stillen und etwas linkischen Ersatzvater nur als Rivalen ablehnen. Worum es damals tatsächlich gegangen ist, läßt sich der Tagebucheintragung Max von Löwenthals vom 2. März 1838 entnehmen: „Nach dem Tode (Franz) Niembschs wurde sie (Therese) durch Zureden ihrer ganzen Familie bewogen, sich mit einem Arzte namens Vogel zu vermählen, welcher sich durch stilles Wesen und das Versprechen, der Vater ihrer Kinder zu sein, bei ihr einschlich (sic!). Mit diesem hatte sie noch zwei Töchter. Von seiner Geistlosigkeit erzählt Niembsch folgenden Zug: es war einmal davon die Rede, was geschehen würde, wenn die Menschen auch Unsterblichkeit des Körpers besäßen. Jeder kramte seine Vermutung aus. Doktor Vogel aber sagte: O, dann würden die Menschen sich so vermehren, daß der Sohn den Vater tot schlagen würde!"[30] Das Zeitwort „einschleichen" sagt in diesem Zusammenhang nicht nur nichts über Vogel aus (Denn immerhin ist er bereit, Verantwortung für eine Frau mit drei

Kindern zu übernehmen. Daß er sich solcher Verantwortung nicht gewachsen erweist, mag in seiner Jugend begründet sein oder in seinem introvertierten Wesen.), das Wort „einschleichen" weist vielmehr auf den zurück, der es ausspricht: auf Lenau, der damit verrät, daß Eifersucht das Motiv für seine übelwollende Einschätzung seines Stiefvaters ist. Läßt also Lenaus Beurteilung manches an Objektivität vermissen, so ist es überdies falsch, Vogel „Geistlosigkeit" zu unterstellen. Denn schon wenige Jahrzehnte nach diesem Gespräch zeigen Versuche mit Tieren, daß deren Aggressivität zunimmt, sobald die Populationsdichte steigt. Man kann also nur die Hellsichtigkeit des jungen Doktors bewundern.

Worum es Therese bei dieser Eheschließung gegangen sein mag, das kann man am zutreffendsten als Suche nach einer Stütze im Kampf ums Dasein bezeichnen.[31] Einem Mediziner, zumal einem Chirurgen, ist in diesen düsteren, vom Schlachtenlärm zerrissenen Zeiten noch am ehesten zuzutrauen, daß er seine Familie ernährt. Besser ernährt jedenfalls als der angesehene Pester Buchhändler, der sich um sie beworben hat und den sie nach wenigen Wochen schon abblitzen läßt.

Doch Erwägungen wie diese werden sich alsbald als Fehlkalkulation erweisen. Denn im Kampf ums Dasein wird Doktor Karl Vogel seiner Frau so gut wie keinen Beistand bieten. Kaum verirren sich Patienten in seine Praxis; den meisten, die seine Hilfe in Anspruch nehmen wollen, erscheint er zu jung, vielleicht erweckt er auch zu wenig Vertrauen. Der gute Ruf, den er sich beim Heer erworben hat, scheint jedenfalls noch nicht bis zu den Bürgern Alt-Ofens vorgedrungen zu sein. Auch was die Beaufsichtigung und die Erziehung der Kinder betrifft, läßt Doktor Vogel eine nicht eben glückliche Hand erkennen. Meist bleiben diese sich selbst oder einem stundenweise bezahlten Erzieher überlassen. Sooft auch das Verhängnis, das über der kleinen Familie zu walten scheint, mit unerbittlicher Härte zugeschlagen hat: jetzt hält das Schicksal mit einem Mal einen unerwarteten Trost für sie bereit, der ihren Kummer etwas lindert. Nach dem unerwarteten Tod der Mutter, deren ansehnliche Besitzungen sie dem Halbbruder Sebastian hinterläßt, fällt Therese immerhin das kleine Vermögen von zwanzigtausend Gulden zu. Zwar gehen sie zum Großteil auf die Rückzahlung alter Verbindlichkeiten, zum Teil auch auf die Spielschulden auf, für die sie, unvorsichtig, wie sie damals noch war, für ihren Franz gebürgt hat. Der Rest aus dem Erlös des mütterlichen Erbes setzt Therese instand, der Ausbildung ihrer Kinder nachzuhelfen. So erhält Niki im Alter von elf Jahren Unterricht im Geigenspiel, doch ist der Pfarrschullehrer Joseph Cserny derart ungeduldig und barsch, daß er den zartfühlenden Knaben bald verdrießlich macht und entmutigt. Im darauffolgenden Jahr erhält Niki daher von einem aus Friaul stammenden Musiker namens Venantius Godenberg Unterweisungen auf der Gitarre. Lenau soll es im Gitarrespiel zu ebensolcher Meisterschaft gebracht haben wie später im Spiel auf der Violine. Für beides liegen Zeugnisse derer vor, die Gelegenheit hatten, ihn zu hören: „Ich habe nie ein so schönes, nie ein runderes und klingenderes, gedonnerteres wie auch gehauchteres Gitarrespiel gehört", erinnert sich sein Schwager Anton Xaver Schurz.[32]

Godenberg unterwies Niki auch im Vogelfang, einer Freizeitbeschäftigung, der der Knabe mit wahrer Leidenschaft und mit Hingabe nachging. Die dabei erforderlichen, von Gattung zu Gattung unterschiedlichen Listen behagten Nikis angeborener Listigkeit ungemein. Zu dem Instrumentarium des Vogelfanges gehörte auch – unterschiedlich nach Gattung und Art – eine erstaunliche Vielzahl von Lockpfiffen. Lenaus Meisterschaft im Pfeifen erstreckt sich freilich nicht nur auf die Produktion von Naturlauten, sondern fasziniert auch in späteren Tagen durch die makellose Reproduktion eines umfangreichen Repertoires von Themen aus der Kunstmusik.

In schroffem Gegensatz zu Vogelfang und Köpfen von Truthühnern steht Lenaus kindliche Gläubigkeit. „Er betete tagelang sein Morgen- und Abendgebet mit tiefster Inbrunst. Ein Hauptvergnügen für ihn war, vor einem zum Altar hergerichteten Stuhle die Messe zu lesen, wobei ihm seine Schwester Resi dienen mußte. Letzteres tat er späterhin auch selbst gerne dem Priester in der Kirche, wobei ihm aber schon mitunter sehr hoffärtige Gedanken durch das Gehirn schossen, wie in seinem ‚Faust' zu lesen steht.

Lenau predigte auch manchmal als Kind so ergreifend, daß seiner Mutter und noch mehr seiner alten Wärterin, der Schwäbin Walburga, die hellen Tränen über die Wangen rollten. Auch noch als Mann sprach Lenau mit Entzücken von der wahrhaft himmlischen Seligkeit, die ihn durchströmte, als er das erste Mal, rein wie ein Engel, von der Beichte gegangen war. Die Frömmigkeit des Knaben erklärt uns, wie der Mann Lenau vornehmlich auf die Glaubenslehre bezügliche Stoffe zu großen Gedichten wählen mochte (‚Savonarola', ‚Die Albigenser')."[33]

Knapp fünfundzwanzig Jahre nach dieser uns von verschiedenen Gewährsleuten überlieferten Manifestation jugendlicher Gläubigkeit wird Lenau in den Schlußgesang seines „Faust" eine Reminiszenz an die von ihm gemachten liturgischen Erfahrungen einbringen. Eine Reminiszenz allerdings, die für manche Kritiker in einen wenig befriedigenden Pantheismus zu münden scheint, wie Niki ihn – so wird behauptet – in diesem Alter nur schwer hätte erleben können. Noch wahrscheinlicher scheint uns freilich das Gegenteil. Ist doch die Zusammenschau von Ich und Gott, von Natur und Gott, durchaus mit der Empfindungsstruktur eines phantasiebegabten Knaben vereinbar, der vor einem blühenden Apfelbaum im Hof des Hauses in die Knie sinkt, um inbrünstig zu diesem zu beten. Sehen wir uns jetzt aber den Text an:

> Als ich ein frischer Knabe war,
> und einst dem Priester am Altar
> die Mess' bedient' als Ministrant,
> in seine Formeln stimmend ein
> mit unverstandenem Latein,
> das von den Lippen mir gerannt,
> wie's Bächlein über'n Kiesel geht,
> der vom Gemurmel nichts versteht,
> als ich das Glöcklein schellt' und lustig schwenkte
> das rauchende Thuribulum:
> da schien dem Knaben plötzlich alles krumm,
> mein Herz ein stolzer Aerger kränkte,
> daß ich dem Gottesbild zu Füßen
> hab' knie'n und opferrauchen müssen,
> mir schien's an meinem Werthe Spott,
> daß ich nicht lieber selbst ein Gott.[34]

Man mag es als hysterische Übersteigerung nehmen oder vielleicht als Versuch deuten, seine kindlichen Empfindungswelten in allgemein verständliche Symbole zu bringen: eines steht jedenfalls fest, daß das sakrale Ritual in Lenaus Erinnern auch noch im Mannesalter ekstatisch gesteigert und damit emotional besetzt bleibt. So etwa wenn es in einem Brief an Emilie von Reinbeck heißt: „Es gibt einen Pietismus der Freundschaft, dem ich, Ihnen gegenüber, nun einmal heimgefallen bin, die Ängstlichkeit, mit der ich zum Schreiben an Sie gehe, ist ebenso groß, wie jene, mit der ich als Knabe zum heiligen Abendmahl ging, wovon ich Ihnen einmal erzählt habe."[35] Charakteristisch für Lenau ist die Verschneidung sakraler oder liturgischer Themen und Symbole mit profanen Gehalten. Gewiß: Nikis kindlicher Pantheismus entbehrt noch der gedanklichen Durchdringung; aber zur Zeit, als der Dichter die oben zitierten Verse schreibt, hat er bereits Kenntnis von Hegels Denkgebäude erhalten, vor allem aber die Stelle in dessen „Philosophie der Religion" gelesen: „Es ist damit gesetzt, daß die göttliche und menschliche Natur nicht an sich verschieden ist. Gott in menschlicher Gestalt. Die Wahrheit ist, daß nur Eine Vernunft, Ein Geist ist, daß der Geist als endlicher nicht wahrhafte Existenz hat."[36]

Sehr genau erkennt Lenau in diesem Gedanken Hegels die ehrfurchtsvoll als Knabe vor dem blühenden Apfelbaum empfangene Vision der All-Einheit des geistigen und des materiellen Seins oder, wenn man so will, des Pantheismus. Daher setzt er die Verse, die Faust spricht, mit folgendem Selbstbekenntnis fort, dem man den Erinnerungswert durchaus nicht absprechen kann:

> Was noch als Irrlicht, flüchtig, leicht,
> dem Knaben durch die Seele streicht,
> kehrt in die Brust des Manns einmal
> plötzlich zurück als Wetterstrahl.[37]

Sadistisch-aggressive Handlungen wie das Köpfen von Truthühnern, Hühnern oder der Singvogelfang treten bei Lenau nicht selten parallel zu einer stark ausgeprägten, mitunter übertriebenen religiösen Hingabe auf. Wie wir soeben in Fausts Schluß-Monolog entdeckt haben, münden solch religiöse Vorstellungen mitunter deutlich in Allmachtsphantasien („daß ich nicht lieber selbst ein Gott") und machen uns solcherart darauf aufmerksam, daß es sich hier um Symptome einer psychischen Störung handelt, die – man kann es kaum verkennen – ihre Wurzeln in Lenaus Kindheit, vor allem im Verhalten der dominanten, überbetreuenden Mutter haben. Zeit seines Lebens wird *die Mutterimago* ihn daher nicht nur auf der infantil-narzißtischen Entwicklungsstufe festhalten, sondern ihn immer wieder dazu antreiben, alles, was ihm Liebe und Befriedigung spenden könnte, im nächsten Augenblick schon wieder zu zerstören. Nur so ist seine Psyche imstand, die akuten Anlässe für die oft wilden emotionalen Entgleisungen, seine Anfälle von Rivalität, Neid und projizierter Wut, zu beseitigen. Sie dadurch zu bewältigen, daß er sich einer wirkungsvollen Konfliktbewältigung gestellt hätte, kommt nicht in Frage für ihn. Lieber zieht er sich statt dessen auf sein „Größen-Selbst" zurück.

Jetzt mag es vielleicht angebracht erscheinen darauf hinzuweisen, daß die übermäßige Stärke des Aggressionstriebes zum Krankheitsbild der Borderline-Störungen gehört. „Der wichtigste ätiologische Faktor in der Psychogenese dieser Störung scheint aber doch der Einfluß dominierender, kalter, narzißtischer und zugleich überfürsorglicher Mutterfiguren zu sein. Diese Mütter schließen das Kind während bestimmter Phasen seiner frühen Entwicklung in ihre narzißtische Welt mit ein, umgeben es mit einer Aura des ‚Besonderen' und schaffen damit die Grundlage für grandiose Phantasien, aus denen das Größen-Selbst sich herauskristallisiert. Die narzißtische Charakterabwehr schützt den Patienten nicht nur vor der Heftigkeit seiner narzißtischen Wut, sondern verdeckt auch seine tiefen Unwertgefühle und seine erschreckenden Vorstellungen von einer Welt, in der es keine Nahrung und keine Liebe mehr gibt und wo er selbst wie ein hungriger Wolf nur noch auszieht, um zu töten, zu fressen und ums Überleben zu kämpfen."[38]

Intuitiv muß Nikolaus Lenau offenbar Einsicht in die Widersprüchlichkeit der Grundsituation seines Lebens erhalten haben. Von der Konsultation eines Seelenarztes ist jedenfalls nichts bekannt geworden. Es sei denn man rechnet den Aufenthalt in Amerika und den Umgang mit den Harmonisten unter die therapeutischen Faktoren. Jedenfalls hat der Dichter sehr deutlich und bestimmt auf den Zusammenhang zwischen Freude und Selbstzerstörung von Freude, auf den Zusammenhang zwischen Liebe und Liebesverlust sowie schließlich auf die Hilflosigkeit jedes Versuchs menschlicher Selbstbestimmung angesichts des unausweichlichen Ganges der Naturgesetze aufmerksam gemacht. Daß er dieses Gedicht lapidar mit dem Titel „Aus" versehen hat, deutet auf eine der zahlreichen in Lenaus Werk zu findenden Ambivalenzen: auf das Ende, die Selbstaufgabe aller Anstrengungen, zugleich aber insofern auch auf eine neue Qualität hin, als mit der Beschreibung und Formulierung eines Gebrechens bereits der Anfang gesetzt ist, es zu beseitigen.

> Ob jeder Freude seh ich schweben
> Den Geier bald, der sie bedroht;
> Was ich geliebt, gesucht im Leben,
> Es ist verloren oder tot.
>
> Fort riß der Tod in seinem Grimme
> Von meinem Glück die letzte Spur;
> Das Menschenherz hat keine Stimme
> Im finstern Rate der Natur.
>
> Ich will nicht länger töricht haschen
> Nach trüber Fluten hellem Schaum,
> Hab aus den Augen mir gewaschen
> Mit Tränen scharf den letzten Traum.[39]

Im lieblichen Tokaj

Doch zurück nach Alt-Ofen. Nach langem Her und Hin entscheiden sich die Eltern Nikis schließlich dazu, die Wohnung in der Ungargasse zu verlassen. Es gibt hier so viele Ärzte, daß es kaum aussichtsreich ist, die Praxis weiterzuführen. Schon 1811 denkt man daran, nach Lippa überzusiedeln. Ein Jahr danach trägt man sich mit dem Gedanken, Temesvár zum Aufenthaltsort zu machen. Im März 1816 fällt dann die Entscheidung für Tokaj. Rasch verwirklicht man den Entschluß, doch kaum ist man in Tokaj angelangt, entbrennt der zwischen Mutter und Großeltern hartnäckig geführte Kampf um die drei Niembschen Kinder.

Eindringlich macht Joseph von Niembsch darauf aufmerksam, daß Tokaj nicht der richtige Ort sei, in dem man seine Enkelkinder erziehen könne. Offenbar ist hier zuviel Provinz und eine zu geringe Auswahl an Schulen und anderen kulturellen Einrichtungen. Außerdem ist Tokaj ein Weinbaugebiet und mit Recht fürchtet der Großvater die Verführung. Mit behutsam gesetzten Andeutungen versucht Joseph von Niembsch, das dem Stiefvater seiner Enkelkinder verständlich zu machen. Denn er weiß nur zu genau, daß man aufs Land gezogen ist, weil man in den großen Städten ebensowenig Chance für einen jungen Arzt sieht wie in deren näherer Umgebung.

„Wohlgeborner! Da ich überzeugt bin, daß Euer Wohlgeboren als Stiefvater mit aller Aufopferung für die unmündigen Kinder alles getan, so erstatte meinen wärmsten Dank. Und da Sie selbst Vater einer eigenen Familie sind und es Ihnen bei gegenwärtig so teuren Zeiten zur Unmöglichkeit wird, auch fernerhin für unsere Enkel das zu tun, was Sie bisher zu ihrer Erhaltung und Entfaltung mit größter Anstrengung getan, so wiederhole den durch die Großmutter so oft gemachten Antrag, die fernere Ausbildung und Versorgung der drei Kinder zu übernehmen.

Tokaj, welcher Ort mir sehr wohlbekannt, ist nicht geeignet, erwachsene Kinder zu bilden und zu einer anständigen Versorgung zu bringen. Was will die törichte Mutter aus dem Niklas machen? Er ist kein ungarischer Edelmann; was solle er also werden? Wird er uns überlassen, so wird gesorgt werden, daß er seine Studien fortsetze und zu dem Stande, den er sich selbst wählen will, ausgebildet werde. Euer Wohlgeboren haben als Vater eigener Kinder das Recht, die Gattin zu zwingen, unsern Antrag anzunehmen. Sie bleibet ja immer die Mutter. So hart als ihr gegenwärtig die erste Trennung fällt, desto angenehmer wird ihr das Wiedersehen sein, dessen sie gewiß nicht beraubt werden wird. Um sie zu bewegen, finde ich notwendig, Euer Wohlgeboren zu ersuchen, für die Kinder nichts mehr zu tun und nur die Freundschaft zu haben, die Kinder zu uns zu führen. Wir werden Ihnen die Reisekosten mit vielem Danke ersetzen. Will die Mutter die Kinder begleiten – auch dieses wird uns angenehm sein."

Es wäre wahrscheinlich das Vernünftigste gewesen, Niki zu den Großeltern zu geben. Wie wir bereits wiederholt gesehen haben, klammert Therese sich an ihre Kinder, vor allem an Niki, für den sie fürchtet, er könnte durch die anders gearteten gesellschaftlichen Unterschiede und Lebensumstände, die er bei den Großeltern vorfinden würde, der Mutter völlig entfremdet werden. Durch die Übersiedlung nach Tokaj würde der Schüler zwar ein ganzes Jahr lang an regulärem Schulunterricht einbüßen; durch die Schönheit der Landschaft und dadurch, daß die Mutter ihm ein Jahr lang beratend zu Seite stehen würde, könnte der künftige Mensch nur gewinnen. In den üppigen Gärten und Auen Tokajs, zwischen den Silberarmen der beiden dort sich vereinigenden Flüsse Theiss und Bodrog, blühen und duften Rosen in betörender Fülle. Die Nachtigallen schlagen; wer ihrem Gesange lauschen will, braucht nur das Fenster zu öffnen. Die Stadt ist ein Schnittpunkt der Wege, vor der Stadt begegnet man immer wieder Randexistenzen der Gesellschaft: Zigeunern, marodierenden Husaren, Schweinehirten, Fischern, Räubern. Hier ergreifen sie zum ersten Mal von der Phantasie unseres Dichters fordernd Besitz und werden künftig die Bilderwelt seiner Gedichte und kleinen Epen bevölkern. Denn nirgendwo bisher hat er derart dicht beieinander Freiheit und Not gefunden. Zigeuner, Husaren, Fischer und Schweinehirten nehmen in seinem Denken und Dichten daher die Stellenwerte sozialkritischer Symbole ein. Denn seit seinen in Ostungarn verbrachten Jugendjahren interessieren unseren Dichter die am Rand der Gesellschaft lebenden Gruppen außerordentlich und besetzen daher in späteren Jahren immer noch bevorzugte Stellen seiner Kreativität. Bemerkenswert ist dabei aber auch der anschauliche Realismus seiner Verse, der sich nie in vordergründige Schilderungen verliert, sondern stets von Stimmungskomponenten überhöht wird.

> In dem Lande der Magyaren,
> Wo der Bodrog klare Wellen
> Mit der Tissa grünen, klaren,
> Freudig rauschend sich gesellen,
> Wo auf sonnenfrohen Hängen
> Die Tokajertraube lacht:
> Reiten lustig mit Gesängen
> Drei Husaren in der Nacht.
> Und der Fischer, der die leisen
> Netze warf im Mondenstrahl,
> Hört vergnügt die Heldenweisen
> Klingen weithin durch das Tal,
> Höret durch des Liedes Pausen
> Hellen Schlag von Rosseshufen
> Und des Stromes Wellen brausen
> Und das Echo ferne rufen.[40]

Zur Zeit Lenaus soll sich unterhalb der Einmündung der Bodrog in die Theiss ein sogenanntes „Fischlager" befunden haben, ein Eldorado der Lachse, Sterlets, Hausen und Karpfen; oft fischt man auch mehrere Zentner schwere Störe. Ein altes Fischereibuch weiß sogar zu erzählen, daß die Theiss zu zwei Dritteln aus Wasser und zu einem Drittel aus Fischen bestanden habe. Wenn das auch gewaltig übertrieben gewesen sein mag, so deutet doch die Tatsache, daß der sogenannte „Steckerlfisch" in diesen Provinzen weit verbreitet war, auf die Bedeutung des Fischereiwesens hin. In einem selbst ausgehöhlten Baumtrog rudert der Pákász durch die Sümpfe und die im Wasser stehenden Wälder des Flusses. „Manchmal steht er tagelang unbeweglich wie eine Säule auf der Kahnspitze, die fünfzackige Harpune hoch erhoben, und schleudert sie blitzschnell in den großen Fisch, der sich ihm nähert. Man erzählt, daß einmal ein Pákász von einem harpunierten, zwei Zentner schweren Wels an der Harpunenschnur samt seinem Kahne schnell wie ein Torpedoschiff zwei Meilen weit fortgezogen wurde, zum großen Staunen der entgegenkommenden Flößer, die einen von selbst stromaufwärts treibenden Nachen noch nie gesehen hatten … Der Pákász hatte auch seinen ständigen Wohnsitz auf der Insel: einen Palast, aus Rohr gebaut, an den Stamm der ältesten Weide gelehnt, deren Höhlung als Speisekammer diente. In der Hütte hat die ganze Familie Platz, und das Stückchen Erde im Dornenhag, wo der Kohl wächst, zeugt von der Arbeit der Frauenhand und von hochkletternden Ranken hängen die großen Früchte des gelben Kürbisses herab, eine sichere Nahrung für den Winter … (Regelmäßige Gäste dieser Sümpfe waren einst die ‚armen Bursche'), die mit gestohlenen Pferden … die Theiss durchschwammen und sich in den Schatten des Weidendickichts zurückzogen, bis die Komitatspanduren ihre Spur verloren hatten und planlos umherirrten. Mancher derselben hatte hier seinen Schlupfwinkel, wenn er aus diesem oder jenem Gefängnis herauskam, zuweilen ohne Erlaubnis von höherem Orte. Hier verriet ihn niemand, hier suchte ihn niemand."[41]

Lenaus auf Ungarn und seine Folklore bezüglichen Themen haben hier in dieser ursprünglichen Landschaft, in den Gewohnheiten ihrer Bewohner, in den Koloriten der Natur ihren Ursprung. Die Randexistenzen, die der Dichter einst zeichnen wird und die für ihn die Symbolkraft des Dranges nach Freiheit besitzen, sind in keinem der Komitate, die Niki bisher kennengelernt hat, denkbar. Eine urtümliche Landschaft bringt urtümliche Menschen hervor, oder sie zieht sie ganz einfach an. Willig folgt der spätere Dichter den Farben und Klängen dieser Landschaft, überläßt sich ihnen und wird in die Atmosphäre mit hineingezogen. Ein suggestiver Lebensstil, der in der Hitze des pannonischen Klimas seinen Ursprung hat: „Anmutige Mädchen … und der anerkannte König aller irdischen Traubensöhne, (der Tokajer) … Tanzende, sporenklirrende Husaren waren oft auch noch da, und finstere fiedelgewaltige Zigeuner, und einsame melancholische Fischer. Oder im hellsten Sommermondlichte wandelte der fünfzehnjährige Lenau, die liebestönende Laute im Arm, fächelnde braune Schatten entlang, in deren Schirme ganze Mädchengruppen lauschend ihm nachschlichen, worunter zumal eine sehr reizende junge Freundin seiner Schwester Therese."[42] So angenehm verflossen Lenaus erste Tage in der neuen, noch ungewohnten Umgebung. Eine Fülle neuer Eindrücke ergänzt das bisher Geschaute. Es ist der vielleicht größte Umbruch in seinem Leben, der ihn dazu bringt, neue Qualitäten des Schauens und des Beurteilens zu erwerben. So gesehen, ist die Entscheidung seiner Mutter als intuitiv richtig zu bezeichnen. Niki hat, wie schon gesagt, zwar ein Schuljahr verloren. Der spätere Dichter hat dafür eine Fülle neuer Anschauungen gewonnen, die bis in sein Spätwerk fortwirken werden.

„Es war", erzählt Lenau seinem Freund Max von Löwenthal, „eine herrliche, romantische Zeit, die des ersten Erwachens des höheren Bewusstseins. Ich lebte damals in dem so anmutig gelegenen Tokaj und war etwa 14 Jahre alt. Ein griechisch-nichtunierter Pope – er hieß Rudy – gab sich viel mit mir ab, häufig ging er mit mir spazieren und besprach sich bald deutsch, bald ungarisch, bald lateinisch mit mir über Gott und religiöse Gegenstände. Er war ein Freigeist und Verächter aller positiven Religionen, dabei aber auch sonst ein sonderbarer Kauz. Kinder liebte er sehr und machte ihnen gern plötzliches Vergnügen. So pflegte er in einem Zimmer, wo mehrere Kinder beisammen waren, die Türe aufzureißen, einen Sack voll Nüsse hineinzuschütten und dann augenblicklich wieder zu verschwinden. Obwohl ein ganz armer Teufel, pflegte er sich doch so viel vom Munde abzusparen, daß er in der ganzen Umgegend alle Geigen aufkaufen konnte. Diese zerlegte er und setzte die einzelnen Bestandteile nach seiner eigenen Eingebung zusammen, bis sie ein ihm zusagendes Instrument bildeten, das gewöhnlich einen besonders weichen und klagenden Ton hatte. Er zog die Stiefel aus, schritt in den Fußsocken im Zimmer auf und nieder und strich seine wehmütige Geige, dabei liefen ihm die hellen Tränen über die Wange herab."[43]

Kindheit zwischen Gräbern

Ist schon der Entschluß von Nikis Mutter, nach Tokaj zu übersiedeln, als gewagt zu bezeichnen, so muß man den Entschluß tollkühn nennen, den sie jetzt faßt. Weil sie in Tokaj keinen vollwertigen Ersatz für den ebenso gewissenhaften wie kenntnisreichen Nachhilfelehrer Joseph von Kövesdy auftreiben kann, beschließt die impulsive Therese, mit allen fünf Kindern diesem nach und zurück nach Pest zu reisen. Abgesehen von seiner Qualität als Lehrer ist es natürlich auch eine Frage des Geldes, die sie zu dieser überraschenden Entscheidung zwingt. Denn zwischen ihm und Lenaus ältester Schwester Therese hat sich mittlerweile ein zartes Liebesverhältnis angebahnt und es steht zu erwarten, daß Kövesdy – in die Hauptstadt zurückgekehrt, wo die Honorarsätze höher liegen als in der Provinz – seine Forderungen nicht hinaufschrauben wird.

Billig ist selbstverständlich auch die Wohnung, die Therese mietet: ein ebenerdiges Gebäude in einer Gegend, die man damals ruhig als abgelegen bezeichnen konnte; später wer-

5 Kapelle und Leichenkammer des aufgelassenen Soldatenfriedhofes auf der Generalwiese im Kristinenthal bei Ofen (Ungarn). In diesem ziemlich herabgekommenen und unheimlichen Gemäuer wohnt Niki, bevor die Großeltern ihn nach Stockerau holen, mit der Mutter und seinen Schwestern in den Jahren 1817 und 1818. Dass man in der Erde rund um die Gebäude immer wieder Knochen, abgesprengte Schädelkapseln, Borten oder Reste halbverfaulter Uniformen findet, mag die psychische Grundstimmung des Heranwachsenden ebenso geprägt haben wie die religiösen Gespräche, die er mit seinem Onkel Mihitsch führt. Als Niki einmal bei ihm in Altofen übernachtet, soll der alte Husar mitten in der Nacht aufgesprungen sein und auf lateinisch gebrüllt haben: „Und es gibt doch keinen Gott." ÖNAB.

den sich dort der Ofener Südbahnhof sowie einige Regierungsgebäude befinden. Hier zieht die Familie im Herbst 1817 ein. So gesehen, ist das Unternehmen, das Therese plant und durchzieht, um die bestmögliche Ausbildung Nikis zu gewährleisten, nach bestem Wissen und Gewissen abgesichert. Nur einen Haken hat das Ganze: diese ehrgeizige und zielstrebige Frau verurteilt ihren Mann, Dr. Karl Vogel, dazu, allein in Tokaj zurückzubleiben. Kurz und schlecht: die moralische Fragwürdigkeit des ganzen Unternehmens steht außer Zweifel, doch kann man nicht abstreiten, daß Therese damit ihre Ziele weitgehend erreicht hat. Vor allem, was die Schulerfolge Nikis betrifft. Auch hat die neue Bleibe – trotz nicht unbeträchtlicher makabrer Züge dieses Billigstquartiers – ihre idyllischen Annehmlichkeiten. Oder ist es vielleicht gerade die Mischung der Kontraste, an der die Kinder schließlich Gefallen finden. Wie auch immer. Jedenfalls hat sie dazu beigetragen, den Gefühlstonus des Dichters Nikolaus Lenau mitzuformen:

„An dem westlichen Fuße des Ofner Festungsberges liegt das Kristinenthal, das von einer die Ofner Festung im Halbkreise einschließenden Bergkette gebildet wird. Dieß Thal wird von den ländlich freundlichen Häusern und Gärten der Kristinenstadt angenehm durchschnitten. Diese dient wegen ihrer gesunden Luft und niedlichen dörflichen Bauart häufig den Ofnern und Pestern zum Sommeraufenthalte. In einiger Entfernung nördlich von der stattlichen Pfarrkirche breitet sich ein mächtiger Wiesengrund aus, der, weil die Nutznießung dem jeweiligen Befehlshaber der Ofner Festung zusteht, die Generalwiese genannt wird; auch benützt man ihn zu kriegerischen Übungen. Im Westen wird diese Wiese von einem aus dem Ofner Gebirge der Donau zu laufenden Graben und von der Fahrstraße begrenzt, oder vielmehr durchzogen, jenseits deren noch ein kleinerer, beinahe ein Dreieck bildender Wiesenplan liegt, der einst als Soldatenfriedhof gebraucht worden war, und dessen Kapelle, dem heiligen Nikolaus geweiht, nunmehr in ein Wohnhaus umgestaltet ist. Noch jetzt steht dieß Haus einsam; aber noch viel einsamer war es vor vierzig Jahren, da mehrere der oberhalb der Straße gelegenen Gärten und Häuser erst später entstanden. Doch je stiller und abgeschlossener dies Plätzchen ist, desto größer ist der Naturreiz seiner Umgebungen; denn im Angesichte des Häuschens erhebt sich östlich die sechshundertjährige Festung Ofen, vormals der gewöhnliche Wohnsitz der Könige von Ungarn. Gegen Süden, jenseits der freundlichen Kristinenstadt schließt die Aussicht ein schöner Berg, der Blocksberg, von dem durch die Türken dort erbauten Blockhause so genannt, anstatt dessen nun die Sternwarte der Hochschule darauf prangt. Aus Westen lachen die rebenbepflanzten Höhen eines Teils des alten königlichen Thiergartens herüber, der Schwabenberg geheißen, weil bei der Wiedereroberung Ofens im Jahre 1686 die schwäbischen Reichsvölker ihn besetzt hielten. Nördlich endlich, im Thale selbst, begrenzen den Blick jene mächtigen Baumgruppen des den öffentlichen Vergnügungen gewidmeten Stadtmeierhofes, denen sich nordöstlich bis zur Donau auslaufende Gebirge anschließen; dieß ist der Anblick aus den Fenstern des Häuschens; aber einige Schritte nur, und es eröffnen sich die vom Stadtmeierhofe gedeckten Höhen des Johannes- und des Lindenberges, dann die malerischen Gegenden des Sauwinkels, welcher einst Matthias wildsäuereicher Jagdbezirk war, und ‚der schönen Schäferin', wo noch jetzt Mauertrümmer die vormalige Stätte des blühendsten Paulinerklosters Ungarns bezeichnen. Also wetteifern hier die Eindrücke der Naturschönheiten mit jenen einer bewegten und ruhmreichen Vergangenheit.

Näher dem Häuschen auf der Generalwiese verblutete gegen Ende des achtzehnten Jahrhunderts Bischof Martinovich, der nach Frankreichs Beispiel auch Ungarn umzuwälzen versuchte, mit sechs seiner Hauptgenossen; ein Hügel machte ihre Grabstätte noch vor vierzig Jahren kenntlich. Es war aber der Boden unmittelbar um's Häuschen herum selbst einst dicht mit Gräbern bedeckt, und oft steigt noch jetzt mancher zerschrotene Arm, manche klaffende Hirnschale aus der Tiefe empor. Doch auch schon vor vierzig Jahren wehte hohes Gras darüber und neigten Obstbäume ihre saftigen Früchte, zumal goldene rothwangige Marillen (Aprikosen), freundlich darauf herab. Auch das Häuschen, wie heiter es nun auch sieht, behielt noch manchen Zug seiner ernsten Vergangenheit; besonders aber erinnert daran die hohe Nische oberhalb dem vormaligen, nunmehr vermauerten Eingangsthore, die voreinst die Bildsäule des heiligen Beschützers beherbergt haben mag. Das äußerste der niedrigen Nebengebäude links, eine hölzerne Barake, nun der Holzstall, war einst die Leichenkammer.

In dieß schauerlich-romantische Häuschen, damals einer Wittwe Kolb gehörig, zog nun im Herbste 1817 Mutter Therese mit allen ihren fünf Kindern; vornehmlich die Wohlfeilheit war's, was ihr eine ebenerdige Wohnung in abgelegener Gegend empfahl.

In dieser Zeit stiegen Mangel und Entbehrung auf das Äußerste. Die Arbeiten aus der ‚Militär-Monturs-Ökonomie-Kommission zu Alt-Ofen', worauf Therese am meisten gerechnet haben mochte, waren nun nur äußerst spärlich, und wie hätte sie sich selbst und fünf Kinder auch je davon ganz erhalten können! – Wie auch Therese und Resi emsig strickten – es brachte nur wenig ein; was von Tokaj kommen konnte, reichte bei weitem nicht zu, und wenn auch die in Pest wohnende treue Schwester und Tante Markowitsch manchmal einige Lebensmittel ihnen schickte – sie konnten nicht immer satt zu Bette gehen, und ihr Bett war hart und dürftig, und die Beheizung schwach … Oft trieben sich Niki und seine Schwestern auf den verwachsenen Gräbern ganz gemütlich umher; oder diese saßen unter schattigem Nussbaume und horchten dem meisterlichen Spiele seiner Laute; oder es zogen unter lustig schmetternden Tönen endlose Reihen zu kriegerischen Aufführungen herbei, als ob zu einem Schauspiel für die jungen Leute eigens herbestellt."[44]

Aus der Not in die Geborgenheit

Die finanzielle Lage der allzu leidenschaftlichen Mutter und ihrer Kinder, die in der kleinen Kapelle des Soldatenfriedhofs im Christinental in Ofen wohnen, ist äußerst triste. Ihr Bett ist hart und dürftig bezogen, und das Geld langt nur für ein paar Klafter Holz, kaum ausreichend, die Kammern schwach zu erwärmen. Noch Jahre später erlebt Niki den quälenden Ernst der Lage in einem Traum, den er Sophie Löwenthal erzählt: „Bald sah ich im Traume die Stephanskirche schwarz verhangen, bald ging ich in einem Garten spazieren, an schönem Frühlingsabend, und hörte eine Nachtigall schlagen und dachte an deinen Tod und erwachte mit der heftigsten Wehmut. Es war im selben Garten, in welchem ich einst als Knabe so gern und oft einsam ging, der Orzigarten in Pest; dort schloß sich mein Herz zuerst auf, dort erwachte zuerst meine Schwermut. Es ist bedeutend, daß mich der Traum mit meinem letzten Schmerze unter dieselben Bäume führte, wo ich einst meinen ersten Schmerz gefühlt."[45]

Ein Tropfen auf dem heißen Stein sind die kleinen Geldüberweisungen, die Nikis in Tokaj zurückgebliebener Stiefvater Karl Vogel in unregelmäßiger Folge leistet. Doch bilden sie mit den Lebensmittelsendungen, die ihnen Tante Markowitsch, Thereses Schwester, zukommen läßt, eine gewisse dürftige Existenzbasis. Dennoch oder vielleicht gerade deswegen legt Niki beim Studium außerordentlichen Ehrgeiz an den Tag. Und das trägt gleich Früchte in zweierlei Hinsicht: als er in der sechsten Grammatikalklasse (das ist die zweite Humanitätsklasse) bei der Prüfung Stellen aus Horaz und Ovid mit besonderem Feuer vorträgt, prophezeit der Direktor des Pester Gymnasiums, Pater Glycerius Eigel, daß aus ihm einmal ein Dichter werden würde. Noch später weiß Lenau diese von ihm mit großer Liebe und mit Eifer betriebenen Studien zu würdigen. So etwa teilt er seinem Freunde Max von Löwenthal mit, daß die in der Jugend betriebene formale Auseinandersetzung mit der antiken Literatur die wesentliche Voraussetzung für sein Dasein als Dichter darstellt: „Ich danke dem Himmel, daß ich in meiner Jugend die alten Dichter, namentlich Horaz, recht studiert und so den Wert der strengen Form kennengelernt habe."[46]

Stolz sendet Niki seinem Onkel Franz Maigraber eine Abschrift des Zeugnisses und erhält postwendend von ihm – und das ist die andere der beiden Früchte, von denen oben die Rede war – eine Zehnguldenbanknote. Überdies erklärt er ihm seine Bereitschaft, ihm bei einem allfälligen Studium nach Möglichkeit kräftig unter die Arme greifen zu wollen. Der wichtigste von Maigrabers Ratschlägen aber ist, „seinem Großvater und seiner Großmutter auch einen recht schmeichelhaften Brief zu schreiben, seine Testimoniales in Abschrift beizuschließen, sich in ihre großelterliche Liebe, Gnade und Unterstützung zu empfehlen und sie recht inständig zu bitten, sie möchten für sein künftiges Wohl sorgen".[47]

Aus der Not in die Geborgenheit 53

6 Anna Katharina Theresia von Niembsch (1753–1830), geborene von Kellersperg, Lenaus Großmutter, CAST.

7 Joseph Maria Niembsch von Strehlenau (1752–1822), Lenaus Großvater, Oberst und Leiter der k.k. Militärs-Monturs-Ökonomie-Hauptkommission in Stockerau bei Wien, CAST.

Berechtigt oder nicht: wirkliche Not produziert manchmal einen eher eigenen Stolz. Aber mürbe gemacht durch die bittere Entsagung der letzten Monate muß auch die Mutter Nikis einsehen, daß ohne tatkräftige Unterstützung der Großeltern an keine entsprechende Ausbildung ihres Lieblings zu denken ist. Dazu mag andererseits aber auch gekommen sein, daß der Heranwachsende nun selbst zu spüren beginnt, wie notwendig ein Ortswechsel und daher die Loslösung von der Mutter gerade zu diesem Zeitpunkt ist.

Erste greifbare Wendung zum Besseren ist – neben der Übersiedlung zu den Großeltern und der damit verbundenen Gewährung von Kost, Unterkunft und einem nicht gar knausrig bemessenen Taschengeld – die auf seine Enkelkinder bezügliche Veränderung im Testament des Joseph von Niembsch. Als Punkt 5 schließt er seinem letzten Willen, von dem die Enkelkinder bisher ausgenommen waren, folgende Verfügung an: „Sollen die Kinder meines zu Ofen verstorbenen Sohnes Franz Xaver bloß den gesetzlichen Pflichtteil bekommen, dieser aber für sie nutznießlich angelegt und vor erreichter Großjährigkeit unter keinerlei Vorwand ausgefolgt, sondern nur die davon abfallenden Interessen zum Behuf ihrer Erziehung der Vormundschaft verabreicht werden."[48] Es mag mit ein Erfolg des für den späteren Dichter Lenau charakteristischen Verhandlungsgeschickes sein – suaviter in modo fortiter in re –, den Großvater dahin zu bringen, sich für eine Anstellung des glücklos als Arzt in Tokaj dahinvegetierenden Stiefvaters einzusetzen. Stolz teilt Therese Vogel das ihrem Mann unmittelbar nach der Abreise ihres zärtlich geliebten Sohnes mit, nicht ohne zu vergessen, Geld von ihm zu erpressen: „Ich erwarte noch Geld von dir, welches du mir gleich auf der Stelle, nach Empfang dieses Briefes ohne einer Minute Zeitverlust zu schicken musst, um mich nicht noch unglücklicher zu machen – wenn es ja möglich ist noch unglücklicher zu werden."[49] Nikis Entschluß, die vergötterte Mutter zu verlassen, ist die erste nachweisbare kräftige Regung seines eigenen Wollens. Hocherfreut über den Sinneswandel der Schwiegertochter und des Enkelsohnes schicken die Großeltern unverzüglich den „Feldpater der Militär-Montur-Ökonomie-Haupt-Kommission zu Stockerau", Kurat Karl Emmerich Lubisics, nach Ofen, um den Enkel nach Stockerau zu holen. In vorauseilendem Gehorsam und ohne Zweifel durch listiges Taktieren Nikis verführt, nimmt der Pater auch die erst vierzehnjährige, jugendlich unbedachtsame Schwester ohne Wissen der Mutter mit. Vier Tage danach langten die drei in Stockerau ein, wo Niki, von Gewissensbissen geplagt, seine Schwester Magdalena (Leni) veranlasst, der Mutter einen Entschuldigungsbrief zu schreiben: „Ich unterfange mich, um Vergebung zu bitten, daß ich Sie beleidiget habe. Es war eine Übereilung, die ich mir stets vorwerfe. Aber ich weiß, daß Sie mitleidig und gnädig gegen Andere sind, und wage es daher, Sie um Verzeihung zu bitten." Aber da hält es den künftigen Dichter, der seiner Schwester über die Schulter geschaut hat, nicht, und er wirft – erstes Zeugnis seiner schwungvollen Poesie – den einen Satz aufs Papier, dessen Pathos seine Mutter vermutlich zum Lachen bringen wird: „Verehrteste Mutter! Ich nehme mir die ungeheure Kühnheit heraus, mich vor Ihren angebeteten Füßen in den Staub zu werfen, und mit demüthiger Stimme um Gnade zu flehen."[50] Die Situation ist gerettet, die Mutter offenbar beschwichtigt, und ihrer Reise nach Stockerau steht nichts mehr im Weg. Auf der Rückreise nimmt sie ihre drei inzwischen in Ofen verbliebenen Kinder nach Tokaj mit. Sie hat manche ihrer Sorgen abbauen können und ist jetzt überzeugt, daß ihre Kinder von den Großeltern wohl versorgt werden.

Anmerkungen

1 Heimito von Doderer: Ein Mord, den jeder begeht. Roman, München: C. H. Beck'sche Verlagsbuchhandlung 1938, 5.
2 Therese Maigraber an Franz v. Niembsch, am 27. Juli 1799, in: SLLC, 64.
3 Franz v. Niembsch an Therese Maigraber, den 13. Oktober 1798, in: SLLC, 12.
4 Therese Maigraber an Franz v. Niembsch, den 26. Juni 1799, in: SLLC, 48.
5 Ebenda, 47.
6 SXLL, 3 ff.
7 SXLL, 5.
8 Dr. J. Sadger: Aus dem Liebesleben Nicolaus Lenaus, Leipzig/Wien: Franz Deuticke 1909 (Schriften zur angewandten Seelenkunde, Hrsg. Prof. Dr. Sigmund Freud), 20.
9 LFLC, B 2, am 13. August, 11 Uhr, 409.
10 J. W. v Goethe: Campagne in Frankreich, in: Goethes Werke Band 10 (Waltraud Loos/Erich Trunz, Hrsg.), München: Verlag C. H. Beck 1981, 235.
11 Joseph von Niembsch: Majestätsgesuch um Erhebung in den Adelsstand, Stockerau, den 14. November 1820, in: LSWC, Band 5, 265.
12 LFLC, 161.
13 SXLL, Band 1, 6.
14 Ebenda.
15 NL zu Sophie von Löwenthal am 13. August 1837, in: LFLC, Bd. 2, 409.
16 SXLL, 8 ff.
17 SLLC, 75.
18 Ebenda, 77.
19 Ebenda, 78.
20 SXLL, 11.
21 Robert Endres: Geschichte Europas und des Orients, Band 3, Das Zeitalter des bürgerlichen Staates, Wien: Verlag für Jugend & Volk 1952, 270.
22 SLLC, 83.
23 LFLC, Band 1, 161.
24 Vgl. dazu Hanns Leo Mikoletzky: Österreich. Das entscheidende 19. Jahrhundert, Wien: Österreichischer Bundesverlag für Unterricht und Kunst 1972, 132 ff.
25 Heinrich Ritter von Srbik: Deutsche Einheit. Idee und Wirklichkeit vom Heiligen Reich bis Königgrätz. Band 1, München: F. Bruckmann KG. 1940^3, 169.
26 Friedrich Heer: Der Kampf um die österreichische Identität, Wien/Köln/Graz: Hermann Böhlaus Nachf. 1981, 172.
27 SXLL, 13 ff.
28 SLLC, 26.
29 Therese Maigraber an Franz von Niembsch, in: SLLC, 60 ff.
30 Tagebuch von Max Löwenthal, Nr. 55, in: BILL, Band 2, 194.
31 So jedenfalls stellt das Ludwig Wilhelm Vielhaber dar: Der junge Lenau als Mensch und Dichter, Inauguraldissertation der Hohen Philosophischen Fakultät der königlichen Universität Greifswald, Greifswald: F. W. Kunike 1907, 7.
32 Anton Xaver Schurz, in: SLLC, 90.

33 SXLL, 16.
34 NL: „Faust", in LHKG, Bd. 3, 236.
35 NL an Emilie von Reinbeck, den 8. Juni 1832, in: LHKG, Band V/1, 202.
36 G. W. F. Hegel: Vorlesungen über die Philosophie der Religion, Band 2, in: Sämtliche Werke. Jubiläumsausgabe in 20 Bänden, Band 16, Stuttgart: Fr. Frommanns Verlag 1928, 286.
37 NL: „Faust", ebenda, 236.
38 Otto F. Kernberg: Borderline-Störungen und pathologischer Narzißmus, Frankfurt am Main: Suhrkamp 1978, 315 ff.
39 NL: „Aus", in: LHKG, Bd. I, 339.
40 NL: „Mischka", in: LHKG, Bd. II, 15 ff.
41 Koloman Törs: Die Theiss, der Kampf gegen das Hochwasser, in: Die österreichisch-ungarische Monarchie in Wort und Bild. Auf Anregung und unter Mitwirkung weiland seiner kaiserl. und königl. Hoheit des durchlauchtigsten Kronprinzen Erzherzog Rudolf, Ungarn, Band 2, Wien: Druck und Verlag der kaiserlich-königlichen Hof- und Staatsdruckerei 1891, 53 ff.
42 SXLL, Band 1, 21.
43 NL zu Max von Löwenthal am 4. Januar 1839, in: LFLC, 70.
44 SXLL, 22–25.
45 NL: Tagebuchaufzeichnungen für Sophie von Löwenthal, Nr. 29, LHKG VII, 53.
46 NL zu Max von Löwenthal am 21. November 1842, in: LFLC, 237.
47 Vgl. dazu: SXLL Bd. 1, 26 f.
48 CEAS, 106.
49 Ebenda, 107.
50 SXLL, 27.

KAPITEL 2

Faustisches Verlangen oder der ewige Student

Am 8. September 1818 treffen Niki und Leni, Lenaus jüngere Schwester Magdalena, in Stockerau ein. Stockerau, ein „freyer niederösterreichischer Marktflecken an einem Arme der Donau, wird von der Hauptstraße nach Znaym und Horn durchschnitten; mit 2650 Einwohnern, einer geschmackvoll gebauten Pfarrkirche, einer Hauptschule, einem Spitale für arme alte Bürger, einem Armenhause, einem kleinen Krankenhause und zahlreichen Gewerben"[1] sowie mit der Anlage eines knapp ein paar hundert Meter außerhalb der Gemeinde errichteten unübersehbaren Gebäudekomplexes bildet die Gemeinde das wirtschaftliche Zentrum dieser Region. Der Priester, Militärkurator Karl Emmerich Lubisics, hat die beiden jungen Leute in Pest abgeholt, hat sie die fast vier Tage dauernde Reise über begleitet und liefert sie nun bei den Großeltern ab. Diese quartieren ihre Enkel in die Dienstwohnung ein, die von den Großeltern in der „Militär-Montur-Ökonomie-Hauptkommission zu Stockerau" seit 1812 bewohnt wird. Der ursprüngliche Verwendungszweck des unter Kaiser Karl VI. erbauten Gebäudekomplexes ist – wie die Reste ausgedehnter Stallungen noch immer belegen – unverkennbar der einer Kavalleriekaserne. Jetzt ist die „Hauptkommission" mit ihren ausgedehnten Höfen und einer zur Andacht einladenden stimmungsvollen Kapelle hier untergebracht. Zur Zeit Lenaus sind in diesem Gebäudekomplex Hunderte von Militär- und Zivilhandwerkern tätig, die den Bedarf der Armee vor allem an Bekleidung, Leinen- und Lederwaren decken.[2] Den vielfältigen Geschäften der Institution steht Lenaus Großvater vor: „Er muß Verhandlungen mit den Professionisten und Lieferanten des Marktes, dem Bürgermeister und dem Magistrat und der Bevölkerung wegen Einquartierung von Offizieren, Beamten und Mannschaften führen, auf Pflichteifer, Zucht und Ordnung der achtzig zum Wachdienst befohlenen Milizen achten, Streitigkeiten schlichten, Fassungskommandos aus fremden Garnisonen abfertigen, Diebstähle und Schwarzhandel mit ärarischem Gut unterbinden und bestrafen und noch manchen anderen Obliegenheiten, die sein Dienst mit sich brachte, nachgehen. Durch diese Tätigkeit ward Oberst Niembsch zu einer der bedeutendsten und angesehensten Persönlichkeiten Stockeraus im ersten Viertel des neunzehnten Jahrhunderts."[3]

Es ist ein mächtiges, zweigeschoßiges, von alten Kastanienalleen umgebenes Gebäude, das drei Höfe umschließt. „Das Erdgeschoß enthält in weitläufigen Niederlagen die rohen Montursgegenstände, Tuch, Leder und dergleichen, welche hier auch verarbeitet werden. In dem zweiten und dritten Hofe sind die Werkstätten der Arbeiter, und man erhält einen Begriff der Großartigkeit dieser Anstalt, wenn man hört, daß das gesamte Personal bei 300 Köpfe zählt, daher auch ein eigener Priester und Arzt aufgestellt sind. Im ersten Stockwerke sind, außer den Wohnstätten der Offiziere und den Kanzleien, die großen Säle, in denen alle zur Ausrüstung der Armee (mit Ausnahme der Geschützgegenstände) nötigen Artikel, als: Schuhe, Montur, Kopfbedeckungen, Riem- und Sattelzeug, Waffen, Trommeln, Fahnen u.s.w., vorrätig aufbewahrt sind. Man hat bei der Aufstellung auch für geschmackvolle Anordnung Sorge getragen, und wirklich gewähren die Massen kriegerischer Gegenstände einen hübschen Anblick. Von hier erhalten die Monturkommissionen der Armee die benötigten Gegenstände."⁴ Ein Ort, wie geschaffen, die Phantasie und die Neugierde des heranwachsenden Dichters anzuregen: denn das langgestreckte Straßendorf Stockerau liegt zwischen dämmrigen Donauauen und weit ausgedehnten Äckern, deren Stille nur von den Geräuschen des Handwerksfleißes unterbrochen ist. Allerdings wird Niki sich jetzt nur kurze Zeit hier aufhalten; bald soll er weiter nach Wien und erst in den Ferien wiederkehren.

Die Wohnung, in die er mit seiner Schwester einzieht, liegt im zweiten Geschoß, unmittelbar über dem schön gegliederten Torbogen des Hauptportales und vom ausladenden Giebeldreieck überdacht. Die beherrschende Lage dieser Wohnung entspricht durchaus der beherrschenden Stellung, die Großvater Niembsch hier einnimmt. Von Anfang an halten beide Großeltern Niki zum Studium an, denn sie wissen nur zu genau, wie schlecht die Bummelei Lenaus Vater bekommen ist. Schon wenige Tage nach Nikis Ankunft muß er sich daher für die sogenannten philosophischen Grundstudien an der Wiener Universität immatrikulieren. „Das Fachstudium reiht sich damals nicht unmittelbar an die Gymnasialbildung an, sondern diese, deren Zeitraum dafür kürzer bemessen war, wurde zunächst in etwas freierer Form an der Universität oder dem Lyceum fortgesetzt, und erst nach dreijährigen, sogenannten philosophischen Studien, ‚triennium philosophicum', und mehreren bestandenen Examen konnte ein Fachstudium ergriffen werden."⁵

Ein umgewandelter Pferdestall

Diese Übersiedlung nach Wien hat für den jungen Studenten Niembsch denkbar weitreichende Folgen: erstens wird er mit einem Schlag von sämtlichen Einflüssen abgeschnitten, die bisher im Sinne eines frommgläubigen Katholizismus auf ihn gewirkt haben. Dazu kommt, daß er mit der Mutter nur noch dann oder wann brieflich in Kontakt treten darf. An seinen Freund Kövesdy hingegen darf er – vermutlich eine Anordnung der Großeltern, vielleicht besser: der Großmutter – nicht einmal mehr schreiben. So ist er ganz auf sich selbst gestellt, als die Großeltern ihn zu einem Freund des Hauses, dem Hofsekretär Ludwig Creutzer, am Bauernmarkt 625 in Kost und Logis geben. Doch dürfte der junge Student in diesem ersten Jahr in Wien, in dem es ihm materiell zwar weitaus besser geht als in früheren, einen wesentlich geringeren Lerneifer an den Tag gelegt haben. Eine der Ursachen hiefür mag die hübsche Tochter sein, die den Haushalt des Hofsekretärs führt. Die zierliche schwarzäugige Mina fesselt so nachhaltig die Aufmerksamkeit Nikis, daß die Großeltern ihn – rasch entschlossen – bei dem älteren ledigen Hauptmann Friedrich Volz, dem „Verwalter des Filial-Montur-Depots zu Wien", in der Währingergasse 223, unterbringen. Hier kümmert sich eine stille, bejahrte Frau, die Witwe nach einem Offizier, um den Haushalt. Sie wird die Sammlung des Studenten eher fördern als zerstreuen.

Eine weitere Ursache für den mangelnden Lernerfolg sieht Lenaus Schwager Anton Xaver Schurz in der überraschend in Wien einlangenden Nachricht vom Tod seines Freundes József Kövesdy, der an einem Nervenfieber erkrankt und unvermittelt danach in Pest gestorben ist. Zunächst versucht Lenaus Mutter, den Todesfall vor Lenaus Schwester Therese zu verheimlichen, deren große Liebe Kövesdy ist. Als sie schließlich dennoch davon erfährt, versinkt sie in tiefsitzende Depressionen: „Resi ... (ist) seit dem Tode Kövesdys sehr düster geworden."[6] Und schließlich mag zu den Ursachen, die Lenau in diesem ersten Jahr vom Studium abgehalten haben, noch die Bekanntschaft mit der ihm fremden und daher zunächst anziehenden Welt der Burschenschaften gehören. Das deutet zumindest Ludwig August Frankl in seinen Aufzeichnungen über den Dichter an: zu Niembschs Kreis, „der, so viel ich mich erinnere, aus den älteren, stämmigeren, schon durch Bart und Tabakspfeife sich bemerkbar machenden Studenten, mitunter recht burschenartigen Gestalten bestand, deren Mittelpunkt ein hoher, auf uns Jüngere wie eine bemooste Fichte auf das grüne Unterholz herabblickender Ausländer mit schwarzem Samtkäppchen und grünem Flausrocke bildete, in dessen Knopfloche das eiserne Kreuz hing".[7]

Eine bemooste Fichte oder ein bemoostes Haupt nennen Burschenschafter ihre über dem Studium ergrauten Kollegen; das Käppchen aus schwarzem Samt spricht eindeutig für die Herkunft aus der „altdeutschen Tracht", wie die „Gießener Schwarzen" sie verwenden; das eiserne Kreuz schließlich weist seinen Träger als Teilnehmer der Freiheitskriege aus, der seinen Unmut über die nach wie vor bestehende Zerrissenheit und Unfreiheit Deutschlands durch die Zugehörigkeit zu einer radikalen Burschenschaft bekundet. Wenn also Lenaus Prüfungserfolg derart offensichtlich hinter den Erwartungen zurückbleibt, vielleicht sogar derart kläglich ausgefallen ist, daß sich kein Zeugnis darüber erhalten hat, dann sind dafür also nicht nur private Ursachen verantwortlich zu machen, sondern mit Sicherheit auch die gegensätzlichen und widersprüchlichen Eindrücke, mit denen er hier, in der Haupt- und Residenzstadt des Reiches, innerhalb von nur wenigen Tagen konfrontiert wird.

Das gilt auch für den universitären Betrieb, wie Eduard von Bauernfelds Erinnerung an das gemeinsame Studium belegt: „Ein ehemaliger, kaum erträglich metamorphosierter Pferdestall der p. p. Jesuiten war's, wo wir die philosophischen Kollegien hörten. Von den Professoren ist wenig zu sagen. Die meisten waren Pedanten. So der Professor der Weltgeschichte, ein gebrechliches kleines Männchen mit einem schwachen quiekenden Stimmchen und höchst monotonem, wie gedehnt-singendem Vortrage. Zweihundert angehende ‚Philosophen' strampften gewöhnlich mit vierhundert Beinen, sobald der Mann den Lehrstall betrat, und ließen ihn mit Mühe zu Worte kommen. Doch hatten wir das Trampeln bald satt, zogen es vor, wegzubleiben – so las der Mann vor leeren Bänken. – Die Physik tradierte ein Slowake, ein langer, grobkörniger, wild aussehender Mann mit einem Struwelpeterkopf. Seine Vorträge in ungarischem Küchenlatein erheiterten uns ungemein, noch mehr die Experimente, die ihm zu unserem höchsten Entzücken beinahe immer misslangen. Unseren Mithörern, den polnischen und böhmischen Klerikern, welche die ersten Bänke einnahmen, erwies der Mann große Deferenz, redete sie nur immer mit ‚domini reverendi' an. Kein Zweifel, nicht sein mehr als geringes Wissen, sondern einzig und allein sein kirchlich-pfäffisches Wesen hatten den Zyniker als persona grata (dem ‚System' nämlich) auf die Lehrkanzel gehoben.

Der Philologe Anton Stein war ein stämmiger, kräftiger alter Mann, nachlässig gekleidet, mit offener haariger Brust und struppigem Bart. Dieser philologische Diogenes besaß großes Wissen, nur verstand er es durchaus nicht, sich fruchtbar mitzuteilen, oder die Jugend für sich selbst und sein Fach zu interessieren, geschweige zu begeistern. Mit der Erklärung einer einzigen horazischen Ode brachte er wohl an die acht Tage zu; dabei kam er vom Hundertsten aufs Tausendste, schimpfte über die Jugend, übers Billardspielen, übers Biertrinken, wie über das dem Verfasser des ‚amor kapnophilos' besonders verhasste Tabakrauchen.

Reine Mathematik und Geometrie trug der schon damals tüchtige Ettingshausen vor, ohne außer den Vorlesungen weiter mit uns in Berührung zu kommen. – Nur zwei von den Professoren wirkten geistig auf uns junge Leute: Vinzenz Weintridt und Leopold Rembold."[8]

Wie bereits erwähnt, endet das erste Studienjahr Lenaus mit einem eklatanten Mißerfolg in Mathematik bei dem soeben ernannten Professor Andreas Ettingshausen. Dieser, 1796 in Heidelberg geboren, seit 1819 Adjunkt an der Lehrkanzel für Mathematik und Physik der Universität Wien, wird 1821 an die Universität Innsbruck berufen, liest aber bereits 1822 wieder Höhere Mathematik in Wien. Er gilt als ein Günstling Metternichs, welcher „die Erhebung der ‚erwachenden' jungen Deutschen mehr als die Jakobiner"[9] fürchtet und deshalb die frei gewordenen Universitätsstellen mit Vertrauensleuten besetzt. Seit 20. September 1819 sind die Karlsbader Beschlüsse in Kraft, die eine verstärkte Überwachung der Universitäten durch einen staatlich bevollmächtigten Kurator verlangen.

Besonders scharf überwacht und in ihrem Wirkungskreis eingeschränkt werden die Burschenschaften. Ein Pressegesetz sieht die Vorzensur für alle Schriften bis 20 Bogen Umfang vor und schreitet mit einem bis zu fünfjährigen Berufsverbot gegen zuwiderhandelnde Redakteure ein. Zwar richten sich die Karlsbader Beschlüsse in erster Linie gegen nationales und selbstverständlich auch das liberale Gedankengut, wie es seit dem Fest auf der Wartburg einem Flächenbrand gleich in den deutschen Staaten sich verbreitet; doch lassen ihre Bestimmungen sich unschwer in gleichem Maß auf alle unliebsam gewordenen Lehrer oder Studenten anwenden. Vor allem den Burschenschaften, die sich in den ersten Jahrzehnten als revolutionär gegen den aufgeklärt-absolutistischen Staat gerichtete Verbindungen verstehen und dementsprechend agieren, gilt die Hauptstoßrichtung der Beschlüsse. Vordringlich achtet die Polizei deshalb auf allfällige Zirkelbildungen innerhalb der studentischen Jugend, wie auf Fraternisierungen zwischen Lehrern und Schülern. Den neuen Geist mag man an der Distanz erahnen, die Professor Ettingshausen innerhalb wie außerhalb der Vorlesungen zu seinen Hörern hält. Davon abgehoben der Kreis um Vinzenz Weintridt: schon hinsichtlich ihrer Zusammensetzung zählt die Gruppe um ihn zu den interessantesten Zirkeln in Wien. Eine Sozietät von Schwärmern soll Graf Saurau diese Gruppe im Verlauf des Absetzungsverfahrens genannt haben, das man gegen den Prager Mathematiker und Philosophen Bernard Bolzano eingeleitet hat.

Spätaufklärer oder Frühliberale?

Der Philosoph Bolzano ist einer jener raren österreichischen Aufklärer, die sich in die franzisceische Zeit hinüberzuretten vermochten. Im Sinn von Kant kommt es ihm in der Religion vor allem auf das „Tun" an. Diese Berufung auf den Königsberger Philosophen macht ihn der Studienhofkommission allein schon verdächtig, da dessen „staatsgefährliche Ideen" an Österreichs Staatsgrenzen Halt machen müssen. „Der Utilitarist Bolzano wollte diese ‚Aufklärung' zu einer ‚Volksphilosophie' machen, wobei der Endzweck der Bemühungen in der Verwirklichung seines ‚obersten Sittengesetzes' lag. Alles mußte dem ‚Nutzen' untergeordnet werden. Damit begab sich Bolzano auf ein Terrain, wo er der Polizei zwangsläufig begegnen mußte. Denn was Bolzano lehrte, blieb nicht nur Theorie."[10]

Die von Bolzano vorgetragenen, den Studenten vorgelebten Lehren sind Sprengstoff für eine Jugend, die eine Umgestaltung des Denkens und der Politik in Richtung auf eine Zunahme an Liberalität herbeisehnt. Klar erkennt und definiert die Wiener Regierung diese

8 Leopold Kupelwieser (1796–1862): Vinzenz Weintridt (1778–1849), Lenaus Lehrer der Religionswissenschaft und Philosophie an der Universität Wien. Später als Anhänger des Mathematikers und Philosophen Bernard Bolzano (1781–1848) relegiert und nach Retz versetzt. Ihm verdankt Lenau seine Begegnung mit der Aufklärung und dem freisinnigen Denken. NIED 19.

Absichten und schätzt sie insofern auch richtig ein, wenn sie der Studentenbewegung zutraut, ein wirksamer Motor für allfällige gesellschaftspolitische Veränderungen zu sein. Und tatsächlich zeigt der weitere Verlauf des historischen Geschehens, wie diese vom Geist der Aufklärung geprägten Frühliberalen nicht nur kräftig in den Reformkatholizismus hineinwirken, um „die katholische Religion mit der modernen wissenschaftlichen Kultur zu versöhnen",[11] sondern auch, wie fast ohne Ausnahme Persönlichkeiten aus den Kreisen um Bolzano und Weintridt es sein werden, die einst die Franzisko-Josephinische Epoche maßgebend mitgestalten und umgestalten. Einer von ihnen ist der spätere Schulreformer und Landesgouverneur von Böhmen, Graf Leo Thun-Hohenstein.

Was also die Regierung Bolzano vorwirft, sind nicht nur ideologische Abweichungen von den anerkannten Lehrdoktrinen, wie sie etwa im Lehrbuch von Hof- und Burgpfarrer Jakob Frint vertreten werden, sondern der eigentlich klassische Vorwurf, mit dem bereits die Athener Sokrates abserviert haben: daß er nämlich die Jugend verführe. Eindeutig sind es die politisch relevanten Folgen des Wirkens dieser charismatischen Persönlichkeiten auf den Lehrstühlen in Prag und in Wien, denen die Regierung auf den Leib zu rücken beginnt. Mit Besorgnis sieht man da, wie „die Studenten zu Prag in Trinksprüchen Gedanken, die ihrem Sinn nicht frommten, gemeinschaftlich Pereats trinken; und gerade unter den Schülern der Philosophie Vereine sich entspannen mit Grundsätzen denen ähnlich, die bei den Burschenvereinen vorherrschen".[12]

Vinzenz Weintridt und Leopold Rembold, beide Professoren der Philosophie an der Universität Wien, für Religionswissenschaft der eine, der andere für Philosophie, beide aber solidarisch mit Bernard Bolzano was die Fundierung ihrer philosophischen Lehre auf die kritischen Schriften Kants betrifft, stimmen mit ihm auch darin überein, daß die Einheit von Theorie und philosophischer Praxis eigentliches Ziel von Philosophie und Pädagogik ist.

Durch ihre charismatischen Persönlichkeiten wirken sie stark auf die jungen Menschen; denn Methodik und Didaktik ihres Unterrichtens unterscheiden sich erheblich von den verzopften, stark rückwärts gewandten Methoden, die an den meisten Lehrkanzeln in Österreich praktiziert werden. Alphons Lhotzky nennt es das „problematische alte Studiensystem der österreichischen Hohen Schulen. Auf den ersten Blick ergibt sich dabei kein erfreuliches Bild. Der Staat hatte sich, allem Anscheine nach, in völliger Verkennung des ursprünglichen Wesens der Universitäten über alle Rücksichtnahme auf ihre historischen Rechte hinweggesetzt, indem er sie kurzerhand in seinen Verwaltungsapparat einbaute mit der nüchternen Bestimmung, ihm – bloß in leidlicher Durchschnittsqualität – die nötige Menge Beamte, Lehrer, Ärzte und Seelsorger zu produzieren. Schon gar nicht würde man die Entdeckung und Förderung der Genialen für eine Aufgabe des höchsten Schulwesens erachtet haben: was wollte man mit ihnen in einer Beamtenhierarchie beginnen, deren oberste Chefs die Genialität für ihr persönliches Vorrecht hielten? In der gedankenloser Gehorsam mehr galt als Verantwortungsbereitschaft? Dies war der Fluch des mechanistischen Weltbildes der Josephiner. Man wünschte weiter nichts als gut verwendbare Tüchtigkeit: die ‚ersten' Hofräte des Kaisers Franz, der ja auch versicherte, er brauche keine Gelehrten, sondern Beamte."[13]

Im Gegensatz dazu unternimmt Weintridt mit seinen Studenten Ausflüge und Lehr-Exkursionen, scheut aber auch vor gemeinsamen Heurigenbesuchen und der Einkehr in Landgasthäusern nicht zurück. Es ist eine starke, teilweise sogar radikale Aufbruchstimmung in dieser Forderung nach „*universitas magistrorum et scholarium*" zu verspüren, die, vom Neuhumanismus in der Pädagogik des Mittelalters entdeckt und als überzeitliches Axiom des Bildungsprozesses erkannt, alsbald den verzopften Frontalunterricht ablöst. In die Selbstdefinition der modernen Universität eingebracht, wird sie die Jugend der nachnapoleonischen Wendezeit derart nachhaltig begeistern, daß kräftige Impulse davon sich noch in der „Neulandbewegung", in der „Erwachsenenbildung" des zwanzigsten Jahrhunderts sowie in allen Versuchen der Jugendbewegten zwischen 1900 und 1968 nachweisen lassen, den Oberbau an den Universitäten mit dem Mittelbau und der Basis zu versöhnen.

Um jedoch beim engeren Thema zu bleiben, darf man nicht vergessen, daß Weintridt bloß eine Nebenfigur in der rigorosen Auseinandersetzung der Regierung mit Bernard Bolzano ist. Konkret: Weintridt wird für seine akademische Solidarität mit dem Prager Philosophen und Logiker von der Regierung bestraft und von seinem Lehrstuhl entfernt. Ein wesentliches Argument dafür bildet Weintridts wiederholte Teilnahme an Studentenkommersen.[14] An diesen Studentenkommersen nehmen jene Wiener Romantiker teil, die für „geraume Zeit zum Lager der Opposition im österreichischen Vormärz und Biedermeier geworden. Diese Zusammenhänge erschienen dem Ballhausplatz keineswegs so harmlos, wie man sie später in der landläufigen Konfrontierung von Josephinismus und Romantik wahrhaben wollte."[15]

Schüler einer künftigen Generation

Aber man darf eines darüber nicht vergessen, daß die Romantik den Rückweg zum mittelalterlichen universalen Kaisertum als erneuernder Kraft sucht. Wenn daher Achim von Arnim in sein 1817 gerade rechtzeitig zum Wartburgfest erschienenes Romanfragment „Die Kronenwächter" die Hohenstaufenüberlieferung einbringt, dann nur, um die „irdisch entfremdete Welt zu ewiger Gemeinschaft" zu führen. Ein ideologisch-eschatologisches Programm also, geeignet für viele, Auswege aus der Misere der Gegenwart, aus Kleinstaaterei und Uneinigkeit Deutschlands anzudeuten. Allerdings eines, das überraschenderweise, wenn auch spiegelverkehrt, mit der elften und dreizehnten Vorlesung Friedrich Schlegels übereinstimmt, die er 1810 in Wien gehalten hat: „Ein heiliges Reich unter der Kaiserkrone eines Habsburgers sollte Deutschland, Italien und das Papsttum verbinden."[16] Für die Romantik wird also das „christlich-deutsche Mittelalter (zum) Ideal, das sie dem napoleonischen Weltdespotismus gegenüberstellt".[17] Selbstverständlich muß ein derartiger Paradigmenwechsel, der sich hier vor unseren Augen vollzieht, Einfluß nicht nur auf die Politik nehmen, sondern gleichermaßen auf alle Bereiche des objektiven Geistes: auf Kunst, Wissenschaft und Kultur.

Zu Weintridts Schülern gehören – ebenso wie zu den Teilnehmern an seinen Exkursionen, seinen Tafelrunden – Persönlichkeiten, die rund eine Generation später den Staat und das Geistesleben bestimmen werden. Es sind das, um nur einige wenige herauszuheben: Eduard von Bauernfeld (Lustspieldichter, teils mit Stoffen aus der Tagespolitik, bringt am 15. März 1848 gemeinsam mit Anastasius Grün bei Erzherzog Franz Karl die Bitte um Konstitution vor), Leopold von Kupelwieser (Bildnis- und Historienmaler, tritt 1819 der Burschenschaft von Johann Chrysostomus Senn bei), Kasimir Graf Lanckoroński-Brzezie, Joseph Othmar Rauscher (später Fürsterzbischof von Wien, Kardinal, Mitglied des Herrenhauses, Vorverhandlungen zum Konkordat 1855), Moritz von Schwind (Zeichner und Maler, bevorzugt altdeutsche und märchenhafte Themen, Repräsentant der Münchner Romantik), Franz Seraph Graf Stadion-Warthausen (Sohn des Außen- und späteren Finanzministers, selbst Innenminister, Gouverneur des Küstenlandes Istrien-Triest, Gemeindepolitiker), Franz Schubert und last, but not least, Nikolaus Lenau. Gerade von letzterem, der uns so gar nicht in das Klischee eines Burschenschaftsbewegten zu passen scheint, ist eine Momentaufnahme erhalten, die alle Merkmale einer Minimensur aufweist – ohne die erforderliche Örtlichkeit, versteht sich. Wir erfahren aus diesem Bericht, der im Jahr 1838 zu Papier gebracht wird, also rund zwanzig Jahre nach dem Ereignis selbst, daß der Dichter sich davon distanziert, ja daß er den Vorgang verdrängt hat: „Ich hatte in meiner Jugend gar wilde Leidenschaften", sagte Niembsch. „Neulich erinnerte mich jemand an einen Zug, den ich gänzlich vergessen. Ich pflegte nämlich in der Zwischenzeit von einer Vorlesung zur andern mit meinem Schulnachbar mit Federmessern zu duellieren, und nicht selten rann meinem Gegner das Blut zum Rockärmel heraus."[18]

Die Erinnerungen von Ludwig August Frankl – denn aller Wahrscheinlichkeit nach kann nur dieser es gewesen sein, der Lenau daran erinnert – halten einen Messerkampf fest, den der düster blickende Lenau mutig mit einem älteren Schulkameraden austrägt. Es mag sein, daß in solchen Versuchen, Spannungen abzureagieren, tatsächlich sadistische Neigungen zum Zug kommen, wie J. Sadger behauptet.[19] Wahrscheinlicher ist es jedoch, daß die Studenten in den Pausen zwischen dem Unterricht ihre aufgestauten Aggressionspotentiale abzureagieren suchen: „Bei einem solchen Versuche überraschten meine Blicke eines Nachmittags den blassen, dunkelhaarigen, schon damals düster schauenden Niembsch. Sein Federmesser mit halb offener Klinge in drohend erhobener Hand saß er da – seine beiden Nachbarn gleich bewaffnet und gleich gerüstet, etwa anderthalb Schuh weit von ihm weg und gegen ihn Fronte machend. Es galt – soviel ich gar bald zu meinem nicht geringen Entsetzen wahrnahm, ein Turnier im Kleinen, das übrigens, so beschränkt der Raum und so kleinlich die Waffen waren, im schlimmen Falle doch bedenklich enden konnte. Ganz bedrohlich zuckten die blanken Klingen hin und wieder, mancher Hieb flog rechts und links; die Umsitzenden bedachten in ihrer neugierigen Aufgeregtheit nicht, welch Unheil ein unglücklicher Aderschlag herbeiführen könnte, und hetzten daher an, statt abzuwehren. Niembsch aber saß ruhig, mit unheimlich rollenden Augen, bald geschickt ausbeugend, bald rasch ausfallend, und ließ, obwohl bereits warmes Blut ihm aus dem Ärmel rieselte, nicht eher ab, als bis seine ebenfalls blutenden Gegner freiwillig die Waffen streckten. Mir wollte dies Bild lange nicht aus dem Sinne, und mit einer gewissen Scheu betrachtete ich von diesem Augenblicke an den ärmsten, wortkargen Klingenfechter, dem ich, obwohl ich seinen zweckvollen Mutwillen mißbilligte, dennoch Energie und Unerschrockenheit zugestehen mußte. In nähere Berührung kam ich mit ihm damals nur wenig, da ich meinem Kreis anhing, wie er dem seinen."[20]

Eines ist charakteristisch für den jungen Niembsch, nämlich „daß er nicht Student war, wie wir übrigen, die wir einen praktischen Lebenszweck vor Augen hatten und daher mit gewissenhafter Ängstlichkeit innerhalb der ausgesteckten Grenzen uns bewegten, sondern mehr als Liebhaber oder als Gast, der nur das, was ihm eben mundet, mit vollen Zügen schlürft und alles, was ihn anekelt, mit unverhohlenem Mißbehagen beiseite schiebt. Daher kam es auch, daß er in die vorgeschriebenen Formen, die seinem unruhigen Geist eine beengende Fessel waren, sich nicht zu fügen wußte und bald da, bald dort anstieß."[21]

Obwohl nicht zu verkennen ist, wie sehr Eduard von Bauernfeld von der Persönlichkeit seines Lehrers Vinzenz Weintridt beeindruckt ist, läßt seine Beschreibung eines sehr deut-

9 Josef Kriehuber (1800–1876): Porträt von Eduard von Bauernfeld, Lithographie 1841. Lenaus Studienkollege im „Pferdestall der Jesuiten". Kritischer Theaterdichter des Vormärz. ADAU.

lich erkennen, in welchem Ausmaß dessen Auftreten und Unterrichtsmethode den engeren Zirkel beeinflußt hat und daher persönlichkeitsformend geworden ist. Für ihn, aber auch für Nikolaus Lenau, der, gemeinsam mit Friedrich Halm, das Kollegium Religionswissenschaft bei Weintridt über mindestens zwei Semester besucht: „Er war Weltpriester, aber auch Weltmann. Früher Hofmeister bei den Stadions, gewandt, auch redegewandt, mit einer stattlichen Gestalt und einem kräftigen Organ begabt, von feinen Manieren, weniger tief wissenschaftlich als ästhetisch gebildet, schob er die vorgeschriebene Dogmatik nicht selten beiseite, hielt freie Vorträge, halb aus dem Stegreif. Wenn er nun über Bildung sprach, über die dreieinige Idee des Wahren, Guten und Schönen, über das Göttliche, welches sich auch in dem Drei-Einklang der Künste manifestiere, da fühlten wir uns gehörig gehoben und sogen begierig die mehr schöngeistigen als religiösen Vorträge ein. Hie und da entschlüpfte ihm wohl auch ein Wort, welches mit dem streng orthodoxen, sonst äußerst mittelmäßigem Lehrbuche des Hofburgpfarrers Frint nicht völlig im Einklang stand, doch gab er sich als Geistlicher kaum eine eigentliche Blöße. Die Aufführung des ‚Nathan' im Burgtheater veranlaßte ihn sogar, eine kleine Philippika gegen Lessings Indifferentismus loszulassen, die zuletzt gar nicht so ernsthaft gemeint war; auch machte uns das nicht irre an unserer Begeisterung für den humanen Juden und für den edlen ‚Saladin', der uns als eine Art türkischer Kaiser Joseph galt.

Der Exhofmeister wußte die Jugend an sich zu ziehen. Er spielte gern den Meister unter seinen Jüngern, zu denen auch Schwind und ich gehörten. Freund Moritz hatte unserem Gönner einige seiner genialen Jugendskizzen überbracht und bei dem Manne, der zugleich Sammler war und gern für einen Kunstkenner galt, große Lobsprüche dafür geerntet. Auch meine ersten poetischen Versuche fanden Gnade vor Weintridts Augen …

Wir lebten ziemlich angenehm, auch ungeniert mit unserem Meister, der uns bei Landpartien freihielt, mich zuerst mit den Freuden und Leiden einer Zigarre bekanntmachte, es auch nicht übelnahm, wenn dieser oder jener von den Jüngern bei Erörterungen über Poesie und Kunst eine weit mehr heidnische als christliche Weltanschauung an den Tag legte.

Bereits im November 1819 hatte mir Weintridt anvertraut, es sei eine Anzeige gegen ihn eingelaufen, er führe die Studenten in Bierhäuser und singe ihnen Schelmlieder vor. Das klang nun allerdings lächerlich! Allein im Laufe des nächsten Winters wurde Professor Bolzano in Prag abgesetzt, und zwar seiner ‚allzu freien Vorträge' wegen; Weintridt war von einem ähnlichen Schicksal bedroht, welches ihn auch bald nach dem ersten Semester 1820 ereilte. Seine Verbindung mit Bolzano war die Hauptanklage, die man gegen ihn erhob."[22] Aber für nicht weniger wichtig erachtete die Studienhofkommission die Anteilnahme, die Weintridt dem Leben und Treiben der Burschenschaften entgegenbrachte, also sein politisches Engagement im Sinne eines Verfassungsstaates.

So lange sie leben, Mutter

Um diese Zeit bekommen die Briefe Lenaus, in denen er seiner Mutter von seinem Erleben berichtet, einen zergrübelten Ton. Es ist nicht zu verkennen: Lenau bemüht sich, ihr homöopathische Dosen von der Formelhaftigkeit wissenschaftlichen Denkens und Schreibens zu schmecken zu geben. Ein wenig Imponiergehabe mag freilich mit im Spiel sein. Gelegentlich trägt sein Stil etwas zu bombastisch auf, oder er prahlt mit seinen Lernfortschritten. Denn es gilt, das verlorene Jahr auch im Bewußtsein der Mutter wettzumachen. Daß er es wiederholen muß, schreibt die Prüfungsordnung vor.

Zur liebsten Unterhaltung zählt Lenau nach wie vor die „treue Gitarre". Sie ist das entsprechende Mittel, seine Empfindungen und Schwärmereien zu gestalten und auszudrücken. Zumindest behauptet er das in einem Brief an die Mutter.[23] Es ist eine der wenigen ausgleichenden Betätigungen, auf die er hinweist, eine emotionale Kompensation für die ihm abverlangte Anstrengung des Begrifflichen, dem er sich jetzt vermehrt unterwerfen muß. Nur beiläufig erwähnt er, daß er hofft, sich mit Hilfe der Lehren eines weisen Mannes zu einem selbständigen Charakter heranzubilden. Damit ist ohne Zweifel der Philosoph Leopold Rembold gemeint, der übrigens ein ähnliches Schicksal wie Weintridt erleiden wird. Die wenigen, scheinbar flüchtig hingeworfenen Passagen, in denen Lenau über neue Freunde berichtet, also offenbar über die Burschenschafter, zu deren Kreis er gefunden hat, sind mit Liebeserklärungen an die Mutter strategisch gut abgesichert – als habe Niki Angst, ihre Eifersucht zu erregen: „Ich habe einige Freunde im wahren Sinne, brave Bursche, und doch bin ich nicht recht heiter ohne Euch." Knapp ein halbes Jahr danach heißt es, deutlich auf die Studienkollegen anspielend: „Um mich dreht sich ein eigner Kreis – ich steh' an der Stufe der Katastrophe meines Lebens – nun denkt man mehr, und denkt man viel – schafft sich eine Welt in der eignen Brust – Wenn man weiß daß man noch einen Menschen hat der einen liebt – Nicht leicht hat mich irgendeine Idee lebhafter ergriffen als diese. So lange sie leben bin ich froh – Gott gebe sie lebten noch recht, recht lange meine gute Mutter!"[24]

Und berührend ist, was Nikis Mutter dem Sohn antwortet, so als würde sie spüren, daß es jetzt um ganz andere Gerichte geht: „Teurer, einzig geliebter Sohn! ... O, mein Gott! Wie glücklich war ich, als ich dich noch nach einer Prüfung mit einem Milchreis bewirten konnte! Entrissen ist mir alles, alles, jede Freude meines Lebens! Komm gewiß!"[25] Um ihren Kindern näher zu sein und allenfalls Kurzbesuche leichter einfordern zu können, ist Lenaus Mutter, Therese Vogel, mit den zwei kleinsten ihrer Kinder von Pest nach Preßburg gezogen. Ihren Mann, den Arzt Karl Vogel, hat Therese in Tokaj zurückgelassen. Er wird als geduldiger, langmütiger Mann beschrieben, der seine Frau nur gelegentlich, die eigenen Kinder selten und seine Stiefkinder nur alle heiligen Zeiten einmal sieht. Dennoch schickt er, sooft es ihm möglich ist, Geld, seit geraumer Zeit nicht mehr nach Pest, sondern jetzt eben nach Preßburg. Dann und wann quält Therese Vogel das schlechte Gewissen, und sie verspricht ihrem Ehemann im darauffolgenden Brief, sich bei Oberst Niembsch für ihn einzusetzen. Der würde bestimmt eine gut gehende Praxis irgendwo auftreiben können.

Alles, was mit Niki zu tun hat, wird von Therese in die Länge gezogen, als habe sie Angst, das ohnehin labile Gleichgewicht der familiären Beziehungen zu stören. Für sie steht der Sohn im Zentrum ihres Weltbildes. Sie verklärt all seine Leistungen, seine Fähigkeiten, sein Tun ins Megalomanische. Man darf sich daher auch nicht wundern, wie empfindlich Lenau später auf Störungen seines Selbstwertgefühls reagieren konnte: „Nichts vertrug er so schlecht als eine auch nur vermeintliche Geringachtung und Verletzung seines Stolzes. Selbst Männer, die er bewundern oder gar lieben mußte, wie Uhland, Graf Württemberg und Anastasius Grün, hatten dies wiederholt zu erfahren Gelegenheit. Ja, sogar Sophie Löwenthal schrieb er einmal: ‚Es erweckt mir immer eine peinliche Empfindung, wenn ich auch nur im Scherz meinen Charakter gegen Dich verteidigen soll. Demütige mich nicht, auch nicht scherzend! Das ist eine Verletzung, die immer Blut gibt, wenn man sie noch so leise ritzt.' Launen und Grillen duldete er einzig nur an sich selbst, bei jedem anderen machten sie seiner Liebe unweigerlich ein Ende. Nie verzieh er ein einziges rauhes Wort, auch wenn es einer zornigen Aufwallung entsprungen, nie gar einen Vorwurf, auch wenn man sofort um Entschuldigung bat. Denn die Mutter hatte ihm niemals im Leben Vorwürfe gemacht, ihm nie ein Rauhwort zu hören gegeben, ja selbst als sie sich in Todesschmerzen wand, jede Leidesäußerung unterdrückt, sowie der Sohn in ihr Zimmer trat. Und sie hat mit ihrer unendlich opferfähigen Liebe nur eins erzielt, daß nach Schurzens Wort ihr verzogenes Hätschelkind ‚ich- und herrschsüchtig, eigen- und eisenwillig wurde und blieb und griesgrämig ward, wenn ihm einmal das launenhafte Schicksal nicht immer sogleich, wie die gefügige Mutter, nach vollem Wunsch und Willen tat'."[26]

Es wäre gewiß nicht fair, Thereses Erziehungsfehler aus einer Distanz von zweihundert Jahren abzuurteilen, zumal wir gar nicht in der Lage wären zu entscheiden, ob sie mit dem Größenwahn, den sie ihrem Sohn anerzog, ihm nicht zugleich schon ein wesentliches Instrument vermittelt hätte, sich in einer derart zwiespältigen und aufgeregten Epoche zu behaupten, wie es die Jahre des Vormärz sind. Seinem Größenwahn eignen also, neben einer gewissen Entlastungsfunktion, entschieden alle Vorteile der Lebensbewältigung. Daß er über all dem nicht auch noch zum Einzelgänger geworden ist, verdankt er der starken Fixierung auf die Mutter. Auf die durch sie erfahrene Verhaltensprägung ist es zurückzuführen, wenn Lenau zeit seines Lebens bemüht sein wird, sich unausgesetzt Ersatznester und Ersatzmütter im Freundeskreis zu schaffen. Als Ersatzmutter in Stuttgart wird später Emilie von Reinbeck wirken; in Wien wird – um nur diese beiden Frauen in Lenaus Lebensumfeld hier zu nennen – Sophie von Löwenthal diese Funktion ausfüllen. Eine anschauliche Umrißzeichnung von Lenaus Alltag hat Eduard von Bauernfeld in seinen Erinnerungen verfertigt: „Die ganze Familie dieser Dame war zugleich gewohnt, den Dichter als den eigentlichen Mittelpunkt ihres geselligen und gemütlichen Seins zu betrachten und danach zu behandeln, ihm auch alle äußere Behaglichkeit und Bequemlichkeit zu schaffen, jede seiner Launen nicht nur zu befriedigen, sondern sie zu erraten und ihnen zuvorzukommen, was dem Gefeierten nicht eben unangenehm war. Auch in Stuttgart, wohin er sich häufig begab, erwartete ihn ein ähnliches, poetenbegeistertes Haus, das er wie sein eigenes ansehen durfte. Bei solcher Verzärtelung von Seiten seiner Verehrer und Verehrerinnen, die jedes rauhe Lüftchen von ihm abzuwehren sich bemühten, mochte es kein Wunder nehmen, wenn er sich einer Art Quietismus ergab und der Anbetung, die man ihm angedeihen ließ, kein unübersteigliches Hindernis in den Weg legte."[27]

Dieser Blick in die Zukunft war notwendig, um die überraschenden Haken, die Lenau bald schlagen wird, auch verstehen zu können. Nichts in seinem Leben ist je abgeschlossen, nichts – mit Ausnahme von Gedichten – wird sich je ganz abschließen lassen. Auch wenn er selbst als körperlich träge beschrieben wird, als ein Mensch, der gern ganze Tage im Bett zubringt: sein Geist schaltet nie ab, ist rege, ja von einer geradezu beklemmenden Inkonstanz. Er hat eine proteushafte Natur, die es ihm ermöglicht, sich über sich selbst lustig zu machen. Freilich auf eine sublime Weise, die nicht jeder seiner Gesprächspartner durchschaut und die auch heute noch Germanisten in die Irre führt.

Ein Ball, eine Hochzeit und diverse Wohnstätten

10 Theresia Schurz, geborene Niembsch (1801–1878), Lenaus Lieblingsschwester, verehelicht mit Anton Xaver Schurz im Jahr 1821, GRAU.

Die Ferien bringt Lenau in Stockerau zu. Noch immer ist der Vogelfang seine Hauptunterhaltung, denn in den bis unmittelbar an das Monturdepot heranreichenden Feldern und in den nahen Donauauen findet er reichlich Gelegenheit, seine Leidenschaft auszuleben. Auch bietet das ärarische Gebäude durch die darin untergebrachten Handwerker vielfältige Anreize für ihn. Zur Wohnung des Großvaters gehört übrigens ein kleiner Festsaal, in dem Therese, Nikis älteste Schwester, und Anton Xaver Schurz, sein künftiger Biograph, 1820 einander während eines Hausballs kennenlernen.

Diesen Ball veranstalten die Großeltern am 25. Dezember 1820 anläßlich der Erhebung des Obersten Joseph Niembsch in den erblichen Adelsstand: „Am heiligen Christabend unterzeichnete … Kaiser Franz die Urkunde, womit jenem in Berücksichtigung seiner zweiundfünfzigjährigen verdienstvollen Dienstleistung, dann insbesondere für seine erfolgreiche Heldentat bei Vattignies (heute Wattignies bei Lille), und endlich für während fünfundzwanzig, großenteils kriegerischen Jahren mitbesorgte, ja meist selbst geleitete wohl entsprechende Bekleidung und Ausrüstung einiger hunderttausend Krieger."[28]

Es ist ein Fest mit Musik und Tanz, zu dem Freunde aus der näheren und ferneren Umgebung zusammenkommen. Der Augenzeuge Anton Xaver Schurz berichtet darüber: „Ich hatte einen geliebten Schwager in Stockerau, Hans Michel Plöch, Schuldirektor. Den besuchten wir Brüder Schurz öfters, was denn auch zu Weihnachten 1820 von mir nebst zwei jüngeren Brüdern geschah. Am Christtag nachmittags war Plöch samt den erwarteten Schwägern zu einer kleinen Unterhaltung bei Oberst Niembsch geladen. Wir ließen uns dies sehr gern gefallen, zumal, da Plöch besonders warm über die ältere Enkelin des Hauses, Therese, die seine eifrige Schülerin auf dem Flügel war, sich äußerte. Wir traten zur gesetzten Stunde dort ein, voran Plöch, dann ich im wertherblauen Frack mit goldig glänzenden Knöpfen. Siehe, da schwebte sogleich Therese auf mich zu und begrüßte mich

11 Adelsstandesdiplom des Obersten Joseph von Niembsch (1752–1822), vom 24. Dezember 1820, SÄWE.

12 Anton Xaver Schurz (1794–1859), verehelicht mit Theresia Niembsch im Jahr 1821, Lenaus Schwager, GRAU.

freundlich als einen schon alten Bekannten aus Erzählungen Plöchs. Wir waren uns daher schon beim ersten Anblick nicht mehr fremd, was unsere Annäherung ungemein förderte. Die Unterhaltung begann. Therese mußte, bevor es ihre Füße auf den Dielen durften, die Hände über die Tasten tanzen lassen, was sie mit glücklichem Ausdruck und überraschender Geläufigkeit vollbrachte. Dann spielte ihr Bruder Lenau gar wacker auf der Geige. Er genoß seit einiger Zeit des Unterrichtes eines der ersten Bogenhelden Wiens, Joseph von Blumenthal, von welchem er wohl seinen klingenden markdurchdringenden Strich gewann. Verdienst und Beifall hielten sich die Wage. Vornehmlich leuchtete das heiterste Vergnügen über des geliebten einzigen Enkels reißende Fortschritte auf dem edlen offenen Antlitz des seinen weiten Armstuhl mächtig ausfüllenden Großvaters. Hierauf ward getanzt. Darauf geschah dem Leibe sein Recht, wobei auch die Torte zum Vorschein kam, und Theresens auffallend kleine Händchen erhielten auch hier das gebührende Lob. Nun sollten aber auch die Gäste steuern. Mein zweitjüngerer Bruder Joseph, tastengewaltig, löste alsbald sich ehrlich fiei. Man wußte, daß ich dichtete und auch ‚Darschreier' wäre. Nichts half mir meine Heiserkeit, und daß ich nichts auswendig wüsste; ich sollte nur, so gut es ginge, mein neues Weinlied sagen, das ich in der Tasche trüge. Hierauf erbat sich die stattliche weltgewandte

Großmutter durchaus noch Schillers ‚Lied von der Glocke'. Ich läutete denn diese gar schmählich herunter. Fürder hieß ich im Niembschen Kreise gewöhnlich nur mehr ‚der Dichter'. Auch Niembsch erfreute mich mit seinem Beifall. Das erste Wort, dessen ich mich aus seinem Munde entsinne, war, nach vollendetem Vortrag meines Weinliedes, sein achtungsvoll anerkennendes: ‚Eine tüchtige Feder!'"[29]

Das Verhältnis Lenaus zu seinen Großeltern wird in diesen Tagen zunehmend dissonanter und gespannter. Sie verkörpern für ihn so etwas wie das Realitätsprinzip, das dieses jugendlich ungestüme Leben in die Schranken zu weisen sucht. Der ausschweifend lebende und daher allzu früh verstorbene Vater ist, wie wir erfahren haben, dieser pädagogischen Verpflichtung nie nachgekommen. Nicht zu Unrecht fürchten deshalb die Großeltern die Spätfolgen des Versäumten und suchen sie durch konsequente Strenge auszugleichen. Der künftige Dichter hat aber durch anhaltende Verzärtelung und Verwöhnung seitens der Mutter einen Grad von Realitätsverweigerung erreicht, der es ihm schlechterdings unmöglich macht, das Wollen anderer anzuerkennen. Aus den Briefen an die Mutter geht ziemlich eindeutig hervor, wie klar sich Niki bewußt ist, sein renitentes Verhalten könne dazu beitragen, ihn um das Erbe seiner Großeltern zu bringen.

Dagegen geht der künftige Dichter der harten Wirklichkeit gern aus dem Weg. Durch Scheingehorsam erkauft er sich aber ein hohes Maß an Freiheit. Nicht wählerisch in seinen Mitteln angestrebte Ziele zu erreichen, heuchelt er den Großeltern Krankheit der Mutter vor und erlangt schließlich die Erlaubnis sie zu besuchen. Für die Mutter faßt er räsonierend zusammen: „… Die Stockerauer sind getröstet – der Handel war fein gesponnen, bei gefühllosen Leuten kann man an kein Gefühl appellieren; deshalb kam ich mit Lügen, welche den besten Ausschlag gaben …"[30] Knapp nach seiner Rückkunft um den 7. April 1820 muß Lenau Prüfungen in Religion, praktischer Philosophie, Physik und Universalgeschichte ablegen und bewältigt sie tatsächlich mit großer Bravour. Er legt jetzt eine nervöse Unrast an den Tag, sein Studium möglichst schnell abzuschließen. Eine der Ursachen hiefür ist sein schlechtes Verhältnis zur Großmutter, das buchstäblich von Tag zu Tag unerfreulicher wird. Mit einem Schlag ist sein Realitätssinn zu ungeahnter Intensität erwacht, die ihn dazu anstachelt, der Großmutter gegenüber Zuneigung zu heucheln, wo keine ist. Der Mutter verrät er, wie sehr er sich darüber im klaren ist, daß er heuchelt, und gesteht im selben Atemzug auch ein, warum er es tut: um einst das nicht unbeträchtliche Vermögen der Großeltern für sich und die Seinen zu retten.

Inzwischen hat sich Therese von Niembsch, die ältere Schwester Nikis, zur Freude der Großeltern mit dem Rechnungsbeamten Anton Xaver Schurz verlobt. Thereses Brief, in dem sie die Mutter um Heiratserlaubnis ersucht, hat die Großmutter um so lieber mitunterschrieben, als sie ja die Familie Schurz bereits kennt. Der Vater, Johann Paul Schurz, verheiratet mit Eleonore, geb. Nonner, ist Herrschaftsverwalter bei den Grafen Breuner im nur wenige Meilen südwestlich von Retz gelegenen Schrattenthal.³¹ Deshalb bewahrheitet sich die Furcht von Nikis Mutter nicht, die Großmutter könnte ihr gegenüber wieder ein herabwürdigendes Verhalten an den Tag legen: „Die alte Frau äußerte (vielmehr selbst) den Wunsch, auch Sie … beim Hochzeitstage zu sehen", beeilt Niki sich, ihr zu versichern.³² Eine Familienoper, voll hochdramatischer Episoden, nicht ohne lyrische Passagen, mit zärtlichen Aussprachen und insgesamt gewaltigem Pomp.

Am 15. August 1821 ist es endlich soweit. Der Geistliche, Kurat Karl Emmerich Lubisics, der Niki und seine Schwester Magdalena aus Pest abgeholt und zu den Großeltern nach Stockerau gebracht hat, traut Therese Niembsch und Franz Xaver Schurz in der unter Kaiser Karl VI. erbauten Kapelle der Kavallerie-Kaserne in Korneuburg. Es wird eine gute Ehe werden, eine harmonische, eine liebevolle, in der lediglich der Bruder der Frau für Unruhe und oft peinliche Überraschungen sorgt und für nicht immer vorangekündigte Ankünfte in ihrem Heim. Ihre erste Wohnung in Wien beziehen die Neuvermählten zunächst auf der Wieden Nr. 122, heute 4. Stadtbezirk, Prinz-Eugen-Straße 20. Später werden sie in das Schwarzspanierhaus übersiedeln, heute 9. Stadtbezirk, Schwarzspanierstraße 15, in einen Gebäudekomplex, in dem Ludwig van Beethoven am 26. März 1827 stirbt. 1836 wird die Familie ein Haus in Kierling bei Klosterneuburg erwerben, das sie jedoch bereits 1840 wieder veräußert, um sich in dem näher bei Wien gelegenen Weidling, heute Lenaugasse 24, inmitten von Weingärten anzusiedeln.

Aus Wien abgeschafft

Doch zurück zu den historischen und gesellschaftlichen Hintergründen der Zeit. Charakteristisch für die Jahre nach den Befreiungskriegen ist eine gewisse diffuse Beleuchtung, in die alle Reformversuche getaucht sind. Allmählich beginnt man zu begreifen, daß der Rationalität einer Neuordnung Grenzen gesetzt sind und der vernünftigen Normierung des Staates irrationales Wünschen, Wollen und Sehnen entgegenwirkt. Kurz: es ist die Zeit, in der Spätaufklärung, romantischer Nationalismus, religiöse wie politische Restauration und neuhumanistisch-frühliberale Gesinnungen einander überlagern. Und dementsprechend hoch gehen die Emotionen. Auf dem zuvor bereits genannten Wartburgfest werden 1817 – nicht zum ersten und nicht zum letzten Mal auf deutschem Boden – Bücher verbrannt: Intoleranz im Dienst von Liberalität. Zu den verbrannten Büchern zählen auch die Schriften August von Kotzebues. Mit gutem Grund, wie radikale Studenten meinen: hat er in seinen Pamphleten nicht nationales Fühlen ebenso in den Schmutz gezerrt wie liberales Denken, Wollen? Nicht für den Zaren und für Rom zugleich gearbeitet? Ein Doppelagent um der

13 Moritz von Schwind (1804–1871): Blick über den Nonnenturm der Ruine Theben Richtung Wien. Bleistiftzeichnung, entstanden zu Ostern 1821. Drei Freunde Lenaus unternehmen eine Osterwanderung donauabwärts nach Preßburg und über Neusiedl wieder zurück nach Wien: die beiden Juristen Vinzenz Faukal und Franz Xaver Weigert sowie Moritz von Schwind, der im Begriff steht, sich als Maler auszubilden. Sie haben Angst, das gleiche Schicksal zu erleiden wie ihr Freund Johann Chrysostomus Senn (1795–1857): nämlich Haussuchung, Abschaffung aus Wien oder gar Verhaftung. Deshalb wollen sie beizeiten den sichersten Fluchtweg nach Ungarn erkunden (wie übrigens nur kurze Zeit nach ihnen auch Lenau). Den kleinen Umweg über Theben nehmen sie in Kauf, um der Ruine des Nonnenturms Reverenz zu erweisen, von dem es heißt, daß er einst ein Wachtturm der Geheimloge der Tempelritter gewesen ist. Seit dem Erscheinen von Achim von Arnims Roman „Die Kronenwächter" (1817) sind mystische Vorstellungen in Kreisen freiheitsbewegter Studenten nicht unüblich. Original: ADAU.

Besoldung willen; ein Schriftsteller, der die Bühnen Deutschlands, ja ganz Europas mit Boulevardstücken beliefert und das kritische Denken damit zugedeckt, ausgelöscht hat. Kotzebues Ermordung 1819 durch den Burschenschafter Karl Ludwig Sand ist ein nicht unwillkommener Anlaß für die Regierungen vor allem Preußens und Österreichs, einer befürchteten Revolution mit verschärften Maßnahmen entgegenzuwirken. Fortschrittliche Professoren werden – wir sprachen zuvor schon davon – versetzt oder entlassen, Studenten- und Turnvereine verboten, eine methodisch durchgeführte Gesinnungsschnüffelei führt zu Verhaftungswellen, kurz: die über alle Länder der Monarchie sich erstreckende „*Demagogenverfolgung*" setzt ein. Dennoch können die Repressalien nicht verhindern, daß der liberale Geist über Prag schließlich auch nach Wien gelangt.

Was meist übersehen wird: obwohl die Romantik und der Frühliberalismus als geistige Bewegung einander zunächst kritisch ablehnend gegenüberstehen, verbinden sie sich im Verlauf der immer sichtbarer zutage tretenden politischen Interessen zum Nationalliberalismus. Die Selbstbestimmung der Nationen und die in freiheitlichen Verfassungen garantierte Selbstbestimmung der Bürger werden zu Schlachtrufen, gegen die Metternich die Monarchie abzuschotten sucht. Klar erkennt er, daß nationales Fühlen und Denken zur Ausgrenzung anderer Nationen führen und daher den Zerfall des Vielvölkerstaates herbeiführen muß. Doch nationalliberale Ideen werden inzwischen nicht allein von den Burschenschaften vertreten, obwohl diese sie vielleicht wirkungsvoller transportieren als Beamte und Lehrer. Deshalb muß man sich davor hüten, den Einfluß zu verharmlosen, den deutsche Studenten auf österreichische ausüben. Vor allem darf man die Wirkung von Multiplikatoren nicht unterschätzen, die aus dem Umfeld der liberalen Studentenschaft hervorgehen. Zu ihnen gehören – zumindest soweit das Werdegang und Entwicklungsjahre Nikolaus Lenaus betrifft – später derart berühmt gewordene Künstler wie Franz Schubert, Moritz von Schwind, Leopold Kupelwieser und Eduard von Bauernfeld. Sie alle stehen ebenso unter dem Einfluß der Spätaufklärung wie unter der Hypnose jungdeutscher oder wenn man es lieber so will: nationalliberaler Gedanken.

Dabei darf man freilich nicht übersehen, daß von dieser jungen aufstrebenden Generation alle restaurativen Tendenzen als zukunftshemmend empfunden werden. Wenn sie sich daher mit ihren Lehrern zu Exkursionen übers Land begeben oder Burgen besuchen und Baustile früherer Jahrhunderte analysieren, dann nicht nur um die Reichsvergangenheit oder die Reichsherrlichkeit in die Gegenwart normativ einzubringen, sondern um sich aus der stickigen Atmosphäre der Lehrsäle, aus dem Mief verstaubter Scharteken ins Freie und ins Leben zu retten, das glühender und heißer, aber auch lustvoller brennt als alle angedrohten Sündenstrafen mitsammen. Daß die Regierung solchen Verlockungen gegenüber relativ machtlos geblieben ist, versteht sich von selbst. So bleibt es bald nicht mehr bei den

Drohgebärden allein. Man geht vielmehr dazu über, mit polizeilichen Sanktionen gegen Studenten vorzugehen, die im Verdacht stehen, internationale Fronten gegen die österreichische Regierung aufzubauen. Daß sich die Maßnahmen des Polizeipräsidenten in erster Linie gegen die Köpfe dieser Bewegung richten, ist zwar tragisch, aber von der Strategie her zu verstehen, wenn freilich auch nicht zu billigen. Als einer der ersten dieser Köpfe aber wird Vinzenz Weintridt, Lenaus Religionslehrer, angesehen. Sein Einfluß auf die Studenten ist immens, die Exkursionen, die er mit ihnen unternimmt, sprengen alle Grenzen der Überwachbarkeit, und sein Charisma macht ihn schon von vornherein verdächtig.

So wird denn Vinzenz Weintridt nach dem 2. Semester 1820 abgesetzt. Ohne feste Einkünfte und nur auf die Freundlichkeit seiner immerhin zahlreichen Schüler angewiesen, zu denen später namhaft gewordene Persönlichkeiten wie Kardinal Rauscher zählen, verbringt er die nächsten Jahre in Wien und auf diversen Landsitzen. Diese Entlassung war aber nicht nur eine Maßnahme gegen den ungehorsamen und unbotmäßigen Kirchenmann, sondern eine Maßnahme, die entschiedener noch seine Freunde treffen sollte: „Es sollte wirklich ein Affront für Weintridts Freundeskreis sein, der ja durch Kupelwiesers Gattin, einer Tochter des Senatspräsidenten Baron Theobald Rizy, eines Schwagers von Franz Grillparzer, bis in prominente Zirkel reichte. Die Wiener Romantiker, aus deren Kreis sich die Anhänger Weintridts vorwiegend rekrutierten, waren für geraume Zeit zum Lager der Opposition im österreichischen Vormärz und Biedermeier geworden. Diese Zusammenhänge erschienen dem Ballhausplatz keineswegs so harmlos, wie man sie später in der landläufigen Konfrontierung von Josephinismus und Romantik wahrhaben wollte."[33]

Erst 1824 wird Weintridt – vermutlich als Folge von Interventionen seiner Freunde und Schüler – zumindest teilweise wieder rehabilitiert und zum *Pfarrer von Retz* eingesetzt. Weintridts Versetzung wird von den meisten seiner Hörer als Verbannung in diese „öde Gegend" empfunden, und dementsprechend groß ist deshalb auch der Ärger der Studenten. Freilich erreichen Sanktionen wie diese nur selten ihr Ziel, die Zahl derer, die ihn auch in Retz besuchen, wird von Jahr zu Jahr größer. Freilich dürften die meisten der Studenten damit nur jene Gepflogenheit fortgesetzt haben, die zuvor schon in Wien bestand. Unter dem 22. Jänner 1822 hat Bauernfeld eine solche Zusammenkunft eingetragen: „Gestern mit Fick[34] einen Abend bei Weintridt. Der Kompositeur Schubert war zugegen und sang mehrere seiner Lieder. Auch mein Jugendfreund Moritz Schwind, der den Schubert mitbrachte. Maler Kupelwieser, Professor Stein[35]. Graf Lanckoroński-Brzezie, Stadion usw. Wir blieben bis Mitternacht." Im Tagebuch vom April des Jahres 1825 erhalten wir sodann Nachricht einer solchen Zusammenkunft in Retz: „Bei Weintridt in Retz mit Moritz, der uns beide auf das Schild eines Stellwagenführers malte. – Große Schubertiade mit Freunden, Musikern und Malern. Das Fäßlein ‚Retzer', das wir mitbrachten, gab die Veranlassung."[36]

Auch Lenau, der sich zunächst aus Sehnsucht nach der Mutter, aber natürlich auch aus Angst, in die Affäre mit hineingezogen zu werden, nach Preßburg zurückzieht, hat Weintridt später in Retz besucht.³⁷ Seine Schwester Therese, die im Juli 1824 Urlaub in Schrattenthal macht, dürfte den ersten Kontakt zwischen Weintridt und seinem Schüler Lenau hergestellt haben, Sie schreibt ihrem Mann, „daß sie mit dem Pfarrer der nahen Stadt Retz, Weintridt, als er zu Schrattenthal auf Besuch war, gesprochen habe, wobei derselbe ihren Bruder, seinen ehemaligen Schüler auf der Wiener Hochschule, außerordentlich gelobt, besonders seine Anlagen und sein Herz, zugleich ihn aber auch bedauert habe, daß er niemals glücklich werden würde".³⁸ Obwohl keine weiteren Zusammenkünfte dokumentiert sind, so darf man doch annehmen, daß Lenau seinen Lehrer in Retz auch später noch besucht hat. Schrattenthal könnte dafür jedenfalls ein wichtiger Stützpunkt gewesen sein: hier nämlich wohnten die Eltern seines Schwagers und Freundes Anton Xaver Schurz, und hier verbrachte – wie wir erfahren haben – seine Schwester Therese so manchen ihrer Urlaube.

Im Gefolge von Weintridts Entlassung stehen zahlreiche Razzien, Visitationen und Verhaftungen. So wird das „bemooste Haupt", ein deutscher Student – zuvor ist schon von ihm die Rede gewesen – mit schwarzem Samtkäppchen und grünem Flausrocke, in dessen Knopfloch das Eiserne Kreuz hängt, festgenommen und gleich darauf abgeschafft. Es soll sich dabei um den Göttinger Studenten Gerhardi gehandelt haben, der sich kurz nach seiner Abschaffung in Prag erschießen wird. Weit mehr Aufsehen erregt aber die Hausdurchsuchung, die man bei Schuberts Freund Johann Senn vornimmt. Das wohl überzeugendste Beispiel für die geistesgeschichtlichen Querverbindungen ist der Bericht, den Polizei-Oberkommissär Leopold von Ferstl an den Polizeipräsidenten Joseph Graf Sedlnitzky im März 1820 gibt: „Rapport ... über das störrische und insultante Benehmen, welches der in dem burschenschaftlichen Studentenvereine mitbefangene Johann Senn, aus Pfunds in Tyrol gebürtig, bey der angeordneter maßen in seiner Wohnung vorgenommenen Schriften-Visitation und Beschlagnahme seiner Papiere an den Tag legte und wobei er sich unter andern der Ausdrücke bediente, *,er habe sich um die Polizey nicht zu bekümmern', dann die Regierung sey zu dumm, um in seine Geheimnisse eindringen zu können*. Dabey sollen seine bei ihm befindlichen Freunde, der Schulgehilfe aus der Roßau Schubert, und der Jurist Steinsberg, dann die am Ende hinzugekommenen Studenten, der Privatist (Johann Ignaz) Zechenter aus Cilli, und der Sohn des Handelsmannes (Franz Seraph Ritter von) Bruchmann, Jurist im vierten Jahre, im gleichen Tone eingestimmt, und gegen den amtshandelnden Beamten mit Verbalinjurien und Beschimpfungen losgezogen seyen. Hievon macht der (Polizei-Oberkommissar) die amtliche Anzeige, damit dieses exzessive und sträfliche Benehmen derselben gehörig geahndet werde. Die (Polizei-Oberdirektion) bemerkt hiebey, daß bei der Konstituierung des Senn auf diesen Rapport bedacht werde genommen werden; übrigens würden jene Individuen, welche sich beym Besuche des Senn grob gegen den (Polizei-Oberkommissar) benommen haben vorgerufen und mit strenger Warnung bedroht, auch der Hofsekretär Steinsberg sowie der Handelsmann Bruchmann von dem Benehmen ihrer Söhne unterrichtet werden."[39]

Senn bleibt vierzehn Monate in Untersuchungshaft und wird hierauf nach Tirol abgeschoben. Seine Karriere ist zerstört. Vergebens versucht er, wieder Fuß zu fassen, wird zunächst Schreiber bei einem Advokaten, probiert es als Soldat, als Lehrer an einer Kadettenschule und endlich von 1828 bis 1832 als Offizier. Über all dem aber darf man eines nicht vergessen: Senn ist längst kein unbekannter Schreiberling mehr, als er in Haft genommen wird. Er hat nicht nur patriotische Gedichte zum Tage publiziert (etwa das Gedicht „Der rote Tiroler Adler", das 1809 während des Krieges gegen Napoleon entstand), sondern auch zahlreiche, meist gedankenträchtige Poesien, von denen Franz Schubert zwei vertont hat. Darunter jene hoffnungslose Botschaft vom Schwan, der erst im Sterben den überirdisch betörenden Gesang anstimmt, von dem in der Sage die Rede ist.

Vom Geist der Winterreise

Das spielt deutlich auf die in der Restauration verlorengegangenen Hoffnungen der jungen Generation an und kleidet sie in unverfängliche Bilder, in romantisches Naturgefühl. Daß Schubert sich der Verfänglichkeit selbst dieser Metaphorik deutlich bewußt ist, geht klar aus der Tatsache hervor, daß er den Namen Senns in der Erstausgabe der Lieder wegläßt.[40]

Schwanengesang

Wie klag' ich's aus, das Sterbegefühl,
Das auflösend durch die Glieder rinnt,
Wie sing' ich's aus, das Werdegefühl,
Das erlösend dich, o Geist, anweht.
Er klagt', er sang,
Vernichtungsbang,
Verklärungsfroh,
Bis das Leben floh.
Das bedeutet des Schwanen Gesang.[41]

Die romantische Schwermut, von der viele Dichter dieser Zeit gezeichnet sind, scheint also dem Wissen um die Vergeblichkeit ihres Erwartens, ihres Erhoffens, ihres Einsatzes an Leben und Energie zu entspringen. Der Geist des Biedermeier isoliert die Menschen voneinander, friert die sozialen Beziehungen weitgehend ein. Franz Schubert, der mit Johann Senn verhaftet, im Verlauf der Untersuchungen aber wieder freigelassen wird, erlebt diesen Eingriff des Staates in seine Privatsphäre wie den Einbruch einer Naturgewalt. Offenbar hat Schubert diesen Vorfall als eine Zäsur in seinem Leben empfunden, die deutliche, auch für uns heute noch sichtbare Spuren hinterlassen hat. Seine Handschrift ändert sich von diesem Zeitpunkt an auffallend. „Bisherige Angewohnheiten einer bestimmten Schreibweise werden durch neue ersetzt, und das Verwunderliche ist eben, daß diese Änderungen sich nicht allmählich einschleichen, sondern ganz abrupt in Erscheinung treten."[42] Obwohl Schubert die Amtshandlung der geheimen Staatspolizei an seinem Jugendfreund Johann Senn mit einem blauen Auge übersteht, zerstört sie –

14 Moritz von Schwind: Schlägermensur. Bleistiftzeichnung 1822, mit karikaturistischen Elementen. Zweikampf auf gerade Schläger mit Binden und Bandagen als Schutz der Augen, des Halses, der Arme und des Unterleibes. Riemen an Gürtel und Schultergürtel befestigen den Abstand zwischen den Kämpfern = Feste Mensur. Original: ADAU.

wie wir gesehen haben – dessen Leben gründlich. Ereignisse wie dieses haben sich schnell herumgesprochen und mit dazu beigetragen, die Stimmung der jungen Generation zu verdüstern. Deshalb ist deren Stellungnahme zur geistigen und politischen Situation resignativ, ein Verstummen vor der Zeit, wie Lenau das wiederholt formulieren wird, ein Abgesang der bürgerlichen Freiheit. Das Gefühl der Auswegslosigkeit hat viele, vor allem jüngere Menschen, überkommen. Nicht nur Grillparzer beklagt eine allgemeine Interesselosigkeit an den Schicksalen des Staates. Das Leben scheint für viele erst hinter den geschlossenen Türen ihrer Häuser und Wohnungen zu beginnen. Der Rückzug ins häusliche Glück, Geselligkeit auf den engsten Kreis der Familie, bestenfalls ausgewählter Freunde beschränkt, vor allem aber der Versuch, Frieden mit sich selbst zu machen, die Gegensätze in der eigenen Brust auszugleichen: das sind die Merkmale des Biedermeier, das, mitveranlasst durch den politischen Druck der Restaurationszeit, in scheinbar ruhiger Ordnung dahinfließt. Seit der Verhaftung Johann Senns ist mit Schubert eine Wandlung vorgegangen, die man nicht nur an seinen Schriftzügen ablesen kann. Er beobachtet die Umwelt und beschreibt und beurteilt sie mit scharfem Realismus. In einem Brief an Josef von Spaun befürchtet er den Verfall des Geistes und setzt fort: „Überhaupt ist es ein wahres Elend, wie jetzt überall alles zur faden Prosa sich verknöchert, wie die meisten Leute dabey ruhig zusehen, oder sich gar wohl dabei befinden, wie sie ganz gemächlich über den Schlamm in den Abgrund glitschen."[43] Wie sehr das Thema des Verfalles von Zeit und Gesellschaft Franz Schubert immer wieder fasziniert und beschäftigt, läßt das von ihm verfaßte Gedicht erkennen:

Klage an das Volk!

O Jugend unsrer Zeit, du bist dahin!
Die Kraft zahllosen Volks, sie ist vergeudet,
Nicht *einer* von der Meng' sich unterscheidet,
Und nichtsbedeutend all' vorüberzieh'n.

Zu großer Schmerz, der mächtig mich verzehrt,
Und nur als Letztes jener Kraft mir bleibet;
Denn tatlos mich auch diese Zeit zerstäubet,
Die jedem Großes zu vollbringen wehrt.

Im siechen Alter schleicht das Volk einher,
Die Taten seiner Jugend wähnt es Träume,
Ja spottet töricht jener gold'nen Reime,
Nichtsachtend ihren kräft'gen Inhalt mehr.

Nur Dir, o heil'ge Kunst, ist's noch gegönnt
Im Bild' die Zeit der Kraft und Tat zu schildern,
Um weniges den großen Schmerz zu mildern,
Der nimmer mit dem Schicksal sie versöhnt.[44]

Mit den starken und ungewöhnlich kühnen Bildern, die Franz Schubert mit ungelenker Sprache einzufangen sucht, *rückt der Komponist zur Höhe des melancholischen Zeitkritikers Nikolaus Lenau* auf. Groß ist sein Schmerz über den Verfall, vergleichbar dem Schmerz des Dichters über die Erschlaffung, die rund um ihn Platz gegriffen hat. Schuberts Gedicht ist aber auch als Nänie auf den treuen Gefährten anzusehen, den er seit den Tagen des Konvikts gekannt hat und den er bis zu seinem Tod nicht wiedersehen wird. Und deshalb, also vor allem eingedenk des von Johann Senn erlittenen Schicksals, steigert sich in diesem unerhörten Selbstzeugnis die Klage zur Anklage der Zeit. Verwandt mit Schuberts Empfinden und Urteilen ist auch Nikolaus Lenaus beharrliches Forschen nach den Gründen für den moralisch-gesellschaftlichen Verfall. Im Schlußgesang zu seiner epischen Dichtung „Die Albigenser" wird er nahezu den gleichen Tatbestand wie Schubert feststellen:

> ... Woher der düstre Unmut unsrer Zeit,
> Der Groll, die Eile, die Zerrissenheit? –
> Das Sterben in der Dämmerung ist schuld
> An dieser freudenarmen Ungeduld; ...[45]

Noch beklemmender berührt das Genrebild, das Lenau von der hoffnungslos stickigen Atmosphäre des Biedermeier malen wird. Aber es wird noch rund fünfzehn Jahre dauern, bis es dem Dichter gelingt, das Kältegefühl und die Einsamkeit, die *Fremdheit und die Todesstarre, das Verstummen offener Gespräche,* kurz: das Mißvergnügen und die Antriebslosigkeit zum Gedicht zu sublimieren, von denen viele Menschen gelähmt werden. Es bedarf dazu freilich noch seiner Erlebnisse und Erfahrungen in Amerika sowie einer herben persönlichen Enttäuschung, über die Lenau zeit seines Lebens nicht hinwegkommen kann.

Es ist daher bestimmt mehr als bloßer Zufall, wenn wir erkennen, wie innig sich Lenaus Empfinden mit dem Gefühlshintergrund von Wilhelm Müllers Gedichten berührt, die Franz Schubert nur wenige Jahre nach den hier skizzierten Ereignissen zum Liederzyklus „Winterreise" gestaltet. Auch hier korrespondiert der seelisch-geistige Niederbruch mit den Bildern frostiger Erstarrung: es ist eine Welt, gepackt in Eis, das jedes Detail dämonisch verzerrt und entfremdet. Selbst der Totenacker „Wirtshaus" erweist sich dem auf einer „Winterreise" begriffenen Wanderer letztlich als völlig unwirtlich. Aber es ist nicht nur privates, persönliches Leid, das lähmt und zu Boden drückt. Ein wesentlicher Anteil am Zustandekommen der Depressionen, von denen so mancher Dichter, so mancher Wissenschafter und Künstler zu berichten weiß, geht zu Lasten der *unbefriedigenden und bedrückenden Situation der Zeit,* auf die wir sogleich zu sprechen kommen werden. Und wünscht Lenau sich in seinem Gedicht „Winternacht",

> Frost! friere mir ins Herz hinein,
> Tief in das heißbewegte, wilde!
> Daß einmal Ruh mag drinnen sein,
> Wie hier im nächtlichen Gefilde,[46]

dann steht für seine Leser außer Streit, um welches „nächtliche Gefilde" es sich hier handelt. Denn immerhin gibt es von Lenau genügend Momentaufnahmen des Biedermeier, die einander wechselseitig bespiegeln und interpretieren. In keiner ist er jedoch der Atmosphäre von Schuberts „Winterreise" derart nahe gekommen wie in dem streng gebauten Sonett „Einsamkeit":

> Der Wind ist fremd, du kannst ihn nicht umfassen,
> Der Stein ist tot, du wirst beim kalten, derben,
> Umsonst um eine Trosteskunde werben,
> So fühlst du auch bei Rosen dich verlassen;
>
> Bald siehst du sie, dein ungewahr, erblassen,
> Beschäftigt nur mit ihrem eignen Sterben.
> Geh weiter: überall grüßt dich Verderben
> In der Geschöpfe langen dunklen Gassen;
>
> Siehst hier und dort sie aus den Hütten schauen,
> Dann schlagen sie vor dir die Fenster zu,
> Die Hütten stürzen und du fühlst ein Grauen.
>
> Lieblos und ohne Gott! Der Weg ist schaurig,
> Der Zugwind durch die Gassen friert; und du? –
> Die ganze Welt ist zum Verzweifeln traurig.[47]

PRESSBURG – EIN AUSBRUCHSVERSUCH

Obwohl oder vielleicht sogar weil Lenau sich seiner Abhängigkeit von der Großmutter nur allzu deutlich bewußt geworden ist, kommt es Anfang Oktober 1821 zu einem folgenschweren Zusammenstoß. Aus den Briefen, die er in diesem Jahr an die Mutter nach Preßburg schreibt, spürt man immer deutlicher sein Unbehagen, seine kaum noch verhohlene Abneigung gegen die floskelhaft sich ausdrückende, in Adelsdünkel erstarrte „Frau Baronin". Andererseits schürt die Mutter ziemlich direkt seinen Widerwillen. So erreicht das Konfliktpotential rasch die kritische Schwelle, der Ton in Lenaus Briefen wird ironisch, bald sogar gehässig. Hintergrund des Krachs ist der Wunsch der Großmutter, Lenau solle nach Abschluß der philosophischen Studien die Rechtswissenschaften in Wien studieren. Tagtäglich liegt man ihm in den Ohren, im September 1821 habe er den philosophischen Lehrgang abgeschlossen, nur seine Inskription an der Wiener juridischen Fakultät stehe noch aus. Energisch lehnt der Enkel sich nicht nur deshalb gegen einen Verbleib in Wien auf, weil man hier für die Studiendauer fast doppelt soviel an Zeit veranschlagen müsse wie in Preßburg, wo man ein Absolutorium in ungarischem Recht bereits nach zwei Jahren erlangen könne.

Dazu kommt, er spricht es zwar nicht aus, doch liegt es unausgesprochen über allem, was er sagt, daß er der Mutter dann näher sein, ja sogar bei ihr wohnen könne. Es ist das die erste Entscheidung, die der persönlichkeitsschwache Jüngling mit eigenem Wollen und mit eigenen Kräften herbeizwingt und für sich trifft. Aber es bedarf dazu noch eines letzten Anstoßes. Dieser freilich kommt unabwendbar: denn es begibt sich, „daß Niki, welcher sich wieder auf die Vogelfängerei geworfen hatte – die Stiefel bis über die Knöchel mit dickem Kot besudelt – fröhlich und laut lärmend, denn er hatte reichen Fang gemacht, in das Zimmer seiner Großmutter hereinstürmte. Diese erhob sich darüber rotglühend von ihrem Sofa, stemmte sich mit beiden Armen auf den zitternden Tisch vor ihr und rief laut und schneidend: ‚Aber gerade wie ein rechter Bauer!' Dies Wort war der erste Donnerschlag des Doppelgewitters, das nun losbrach und mit Nikis empörtem Rufe endigte: ‚Lieber verhungern als ein ewiger Sklave in goldenen Ketten sein!' – Worauf er hastig auf den Hausboden lief, seine noch nasse Wäsche zusammenraffte, damit zu seinem Schwager Plöch in die Schule rannte und auf und davon nach Wien fuhr."⁴⁸ Von hier geht es weiter nach Preßburg. Kaum sieht die Mutter ihn, bricht sie in Jubelrufe aus: „Gott sei Dank; zwei meiner Kinder sind nun gerettet! Wenn nur die arme Leni auch schon befreit wäre! Wie niedrig haben sie meinen Sohn behandelt, und wie hätte er sich noch durch fünf Jahre sollen beim Volz aufhalten, während du (gemeint ist Therese Schurz) in Wien! Nicht einmal dies war euch gegönnt! Gut hat er getan; er erfüllte die Pflicht als Sohn: der Mutter Trost zu gewähren; und die Pflicht gegen sich selbst: um nur einmal die Schulen zu enden."⁴⁹

Eine törichte Einstellung, vor allem wenn man bedenkt, daß Lenau als Untermieter bei dem alten Haudegen Volz weitgehende Entscheidungs- und Handlungsfreiheit besessen hat. Je mehr solcher Briefe wir lesen, desto klarer hebt sich für uns daher das Urteil ab, daß Lenaus emotionelle Labilität zum Großteil von der Inkonstanz der Mutter, vor allem von ihrer Bereitschaft geprägt ist, augenblicklich – und zugegeben recht wirkungsvoll – zu polarisieren. Im übrigen wird es nicht lange dauern, bis ihn die sich selbst erfüllende Kraft seines Wünschens in Verhältnisse versetzt, in denen er zwar nicht hungern, wohl aber – wie wir heute dazu sagen – in einer Substandardwohnung dahinvegetieren muß. „Lenaus Stiefvater hatte seine Wohnung im Hause Nr. 24 der Lorenzertorgasse zu Preßburg ... Ohne im geringsten die Anforderungen zu erfüllen, welche man an einen modernen Wohnbau stellt, atmet das in die Andreasgasse mündende Gebäude dennoch eine gewisse einladende Behaglichkeit und Gemütlichkeit ... Dr. Vogels materielle Verhältnisse waren in Preßburg die ersinnbar Ungünstigsten. Trotz mehrseitiger Förderung, deren er sich erfreute, gelang es ihm platterdings nicht, überhaupt irgend eine ärztliche Praxis zu gewinnen. Es liegt nahe, daß ihn dieser totale Mißerfolg psychisch bedeutend verstimmen mußte; weniger verständlich erscheint, daß er die Ehren des Pantoffelhelden mit fast stumpfem Gleichmut trug. Während (Lenaus) Preßburger Aufenthaltes wurde übrigens die Beköstigung (von) sieben Studenten offenbar geschäftsmäßig von Seite der Vogelschen Familie betrieben; diese Bewirtung bildete damals die einzige Erwerbsquelle der Armen; ohne die letztere würden sie allem Vermuten nach am Hungertuche haben nagen müssen ... Indessen brachte die Verpflegung der jungen Leute doch nichts weiter ein, als daß Vogel nebst seiner Frau, seinem Stiefsohne und seinen eigenen kleinen Töchtern am großen Familientische mitaßen. Im übrigen herrschte Entbehrung an allen Enden. Abgesehen von Lenau selbst, welcher das Speisezimmer für sich inne hatte und hier schlief, studierte, musizierte und meditierte, bewohnten die übrigen zusammen bloß eine gemeinschaftliche geräumige Stube. Die Lagerstätten daselbst waren primitiv einfach, von bloßem Stroh; ja es kam vor, daß man den warmen Mantel eines der Kostzöglinge benützte, um sich, in Ermangelung einer rechten Bettdecke, gegen Kälte zu schützen."[50]

Auch in Preßburg widmet sich Niembsch stundenlang dem Violinspiel. Regelmäßig und intensiv verkehrt er hier mit dem als Geigenvirtuosen bekannten Obersten Ignaz Graf Quadagny.[51] Er lernt von ihm jenes Repertoire an italienischen und ungarischen Volksliedern, mit deren Feuer er später seine Stuttgarter Freunde entzücken wird. Von Fall zu Fall tut er sich mit anderen Studenten zusammen und zieht laut musizierend durch die Stadt: „Wir Studenten in Preßburg (ich zählte damals 19 Jahre) bildeten eine förmliche Musikbande. Ich spielte die Geige, ein anderer hatte das Violoncell vor sich hängen und strich es. So durchzogen wir musizierend die Straßen."[52] Aus dieser Zeit sind die ersten Zeugnisse über Lenaus Beredsamkeit und Diskutierfreudigkeit erhalten. Wo er auch hinkommt, ist er sogleich der Mittelpunkt der Gesellschaft. Die Diskussionen, an denen er teilnimmt, entwickeln sich innerhalb kürzester Frist lebhaft und lautstark. Charakteristisch an seiner Haltung sind verschiedene immer wieder zu beobachtende Posen: „Lenau, an dem schon die stereotype Geste, die stets in der Rocköffnung wie festgeklemmte rechte Hand, der eigenen Ansicht Nachdruck zu gewähren schien, verwickelte sich oft in Diskussionen, die mehr in den Hörsaal oder die Studierstube passten. Dabei bediente er sich nicht selten einer Form, welche, ähnlich wie in seinen gleichzeitigen Briefen, an kraftgenialischem Überschwange das Höchste leistete ... Die nächste Umgebung ließ den Dichterjüngling ziemlich kalt. Bloß wenn er eine ihm wichtig dünkende Meinung aussprach, die jedoch auf Widerspruch stieß, da kehrte er den bisweilen mit Energie verwechselten Starrsinn … mächtig hervor und zeigte sich gleich bereit, einen sachlichen Streit zu beginnen, wie auf seinem einmal abgegebenen Wahrspruche zäh zu beharren."[53] Nicht selten bedient Lenau sich in Diskussionen des Lateinischen, das er in jenen Tagen noch ziemlich geläufig spricht und das er verwendet, um sich mit Kollegen anderer Nationalitäten zu unterhalten.

Von der Philosophie über die Rechtswissenschaft und das Studium der Landwirtschaft zurück zur Philosophie und dann weiter zur Medizin

Im ersten Semester des Studienjahres 1821/22 studiert Niembsch an der Rechtsakademie in Preßburg Naturrecht und Statistik, ein Fach, das weitgehend mit Landeskunde identisch ist. In der ersten Hälfte legt er die Prüfungen darüber ab und bekommt ein am 13. April 1822 ausgestelltes Zeugnis, das ihm bescheinigt, der erste unter 25 Mitstudenten in statistischer Theorie sowie der erste unter 32 Mitstudenten im Naturrecht zu sein.[54]

Joseph Klemm, Student der Philosophie, später, im Berufsleben, wird er dann Lyriker und Erzieher werden, besucht mit dem Jusstudenten Lenau Kollegien an der Akademie zu Preßburg. Doch sind die beiden einander nie – wie man vielleicht hätte meinen können – im Hörsaal begegnet, sondern in einer lauen Frühlingsnacht am Donauufer der Mühlau. Was sie zusammenführt, ist die Liebe zur Natur, die auch für Lenau eine bestimmende Rolle spielt. Sie beobachten den Sternenhimmel, sprechen über Kants Sittengesetz, lauschen in sich hinein und entdecken hier ein weiteres Bestimmungsstück für ihre Freundschaft: die Liebe zur Literatur, die bald in Bewunderung und Begeisterung für die Meisterwerke der großen deutschen Dichter umschlägt. Erst Jahre später wird es ihnen auffallen, daß sie einander nie in ihren Quartieren aufgesucht, nie einander Anstandsbesuche gemacht haben. Ihr freundschaftlicher Verkehr in Preßburg bleibt allein auf diese nächtlichen Bummeleien beschränkt, auf den Kontrapunkt halblaut einander ergänzender und weiterspinnender Stimmen, dann und wann unterbrochen vom lauten Treiben einer Schenke. Im Verlauf eines solchen Mondscheinspazierganges deklamiert Lenau seinem Freund die ersten eigenen Verse. Wenn Joseph Klemm sich nicht geirrt hat, dann sind bereits Gedichte darunter gewesen, die Lenau später in das erste Bändchen seiner Werke aufnehmen wird: „Unmögliches", „Ghasel", „Der Unbeständige" und die später so berühmt gewordene „Frage"[55]:

> ... O daß mein kühnes Hoffen, banges Zagen,
> Ein milder Spruch aus deinem Munde grüßte!
> Die Wellen, die so laut mein Herz durchschlagen,
>
> Wohin doch werden sie die Seele tragen?
> An der Erhörung Paradiesesküste? –
> In der Verstoßung trauervolle Wüste? –[56]

Wenige Tage nachdem Lenau Anfang April die Prüfungen an der Akademie in Preßburg abgelegt hat, taucht er unvermutet bei der Schwester und dem Schwager in Wien auf. Seinen Stiefvater ersucht er, ihm die Zeugnisse nach Wien oder besser nach Stockerau nachzuschicken. Es ist nicht zu übersehen, daß er schon mit der Absicht nach Wien gefahren ist, seine Großeltern zu besuchen. Und nicht zu übersehen ist auch, wie schnell er sich dazu bekehrt hat, den goldenen Käfig einem freien Hungerdasein vorzuziehen. Solche Sprunghaftigkeit und Inkonsequenz seiner Lebensführung wird ihn als persönliches Karma die noch verbleibenden Jahre des Lebens begleiten. Man darf annehmen, daß Schwester und Schwager ihm dazu geraten haben, der Großmutter einen Versöhnungsbesuch abzustatten. So fahren die drei also am Karsamstag 1822 nach Stockerau: „Wir begaben uns dort sogleich in der Großeltern Schlafzimmer. Die Großmutter war ganz allein darin. In dem Augenblicke, wie sie ganz unerwartet ihren Enkel ersah, erhob sie sich sehr jach. Es versagte ihr aber vor Leidenschaft ganz das Wort, und sie vermochte nur durch schnelle, heftig abwehrende Bewegungen ihrer beiden Hände gegen den sich nähernden Enkel diesem den Befehl seiner augenblicklichen Wiederentfernung auszudrücken; zugleich aber sank sie, erschöpft und einer Ohnmacht nahe, auf ihren Sitz langsam wieder nieder. Wir überließen dieselbe der Schwester Leni, dem rasch herbeigeeilten Kammermädchen und dem Bedienten, und eilten zum Großvater. Dieser nahm seinen Enkel mit Tränen der Freude im Auge auf; war aber nicht sehr betroffen über das Gehaben der Großmutter, die wir, wie er meinte, noch nicht genau genug kannten; wir sollten uns, riet er, einstweilen nur zu meinem Schwager Plöch verfügen, und der Sache ruhig abwarten. Wir waren noch kein Stündchen bei diesem, so erschien auch schon der Bediente mit der Einladung, zu den Großeltern zurückzukommen. Die Großmutter lag im Bett, empfing uns mit gedämpfter Stimme recht mild: nur allein mit einer sanften Rüge wegen zu plötzlicher Überraschung. Der ausgetretene Strom war wieder in sein Ufer zurückgekehrt und die nachkommenden guten Schulzeugnisse besiegelten den Frieden, welcher dahin geschlossen ward: Niki sollte dieses Jahr, da selbes doch schon verloren, in Preßburg lernend verweilen, wozu ihn die Großeltern mit einem angemessenen Beitrage unterstützen wollten; im nächsten Herbst aber sollte er die in Wien unterbrochene

Laufbahn abermals fortsetzen. Niki ließ sich dies nun unschwer gefallen, da seiner Mutter Lage in Preßburg eine nichts weniger als günstige war, und ihre Übersiedlung nach Wien schon in Aussicht stand."⁵⁷

Kaum wieder in Preßburg angekommen, erreicht Lenau die Nachricht von einer ernsten Erkrankung seines Großvaters. Als dieser schließlich am 3. Juli 1822 stirbt, verzögert man die Nachricht von seinem Tod, um Niki nicht bei den Vorbereitungen zu den bevorstehenden Prüfungen zu stören. Unerwartet trifft Lenau jedoch am 8. Juli bei Schwester Therese und Schwager Schurz in Wien ein. Das mit allen militärischen Ehren feierlich zelebrierte Begräbnis hat freilich bereits vor Tagen in Stockerau stattgefunden. Unter dem Datum vom 9. Juli kondoliert Niki daher der Großmutter, nicht ohne sie zugleich in reichlich schnoddriger Diktion um 100 Gulden für eine neue Ausstattung anzupumpen. Ebenso stolz und selbstherrlich ist, was er sie Mitte August über seine zukünftigen Berufswünsche wissen läßt: „daß ich meinen Lebensplan aus der reifsten Überlegung und Prüfung meiner Neigung durchaus verändert habe, und zwar dadurch, daß ich beschlossen: mich ausschließlich auf Philosophie zu verlegen, um einst eine Professur erhalten zu können."⁵⁸

Offenbar argwöhnt die Großmutter aber, was hinter dem neuerlichen Wechsel der Studienrichtung steckt: der Versuch nämlich, dem Büffeln von Paragraphen und der strafferen Studienordnung in der Jurisprudenz auszuweichen. Vergebens versucht Niki seiner Großmutter klar zu machen, wie unsicher es ist, eine freie Stelle im öffentlichen Dienst zu ergattern; vergeblich auch sein Hinweis darauf, daß er nicht die geringste Neigung zu juridischen Studien empfindet; welcher Disziplin hingegen seine ganze Liebe gehört, das ist die Philosophie.

All diese Argumente lassen die Großmutter kalt. Sie ist mit dem Plan eines Studienwechsels durchaus nicht einverstanden, sondern wünscht, daß Niki sich abermals und diesmal ausdauernd an die deutschen Rechtswissenschaften macht, die „allein ihn zu Ehren, Ansehen und Wohlstand zu führen vermöchten".⁵⁹ Anlaß zu Nikis erneut aufflammender Liebe zur Philosophie dürfte eine Begegnung mit seinem alten Lehrer Vinzenz Weintrid gewesen sein, der seit dem 2. Semester 1820 von der Studienhofkommission geschaßt, als Privatgelehrter in Wien lebt. Sein Leben muß er von dem fristen, was Schüler und Freunde für ihn zusammenlegen. Vielleicht ist Lenau, der selbst immer eine Neigung zwischen aristokratischem Lebensstil und dem empfunden hat, was künftige Generationen die Boheme nennen werden, auch von dem Gegenbild des ausschließlich seinen Interessen, seiner Kontemplation lebenden einsamen Denkers ergriffen worden, der niemandem verantwortlich ist als seinem Gewissen. Dem gegenüber steht für Lenau immer der Bürokrat, der beamtete Diener des Staates, dessen Freiheit sich auf die Vorschriften reduziert. Niembschs liberales Denken – und das soll niemals übersehen werden, wenn wir von seinen Lehrern sprechen – verdankt gerade dem Religionsphilosophen Weintridt wesentliche Anregungen. Denn sein mit Stoizismus und mit Gleichmut ertragenes Schicksal macht ihn zum bewunderten und verehrten Vorbild für seine ehemaligen Schüler, die nun mit eigenen Augen sehen, mit welcher Würde, mit welchem Gleichmut ihr Lehrer seine Lehren in die Tat umsetzt. Das gilt übrigens auch für den vierzig Jahre alten Professor Leopold Rembold. Frühliberaler wie Weintridt, ebenfalls mit Kant und der kritischen Philosophie vertraut, wird er ohne Vorwarnung seines Lehramtes enthoben und an seiner Stelle ein junger Geistlicher provisorisch mit der Lehrkanzel für Philosophie betraut.

Auch in der Familie Niembsch gibt es eine sichtbare Veränderung. Weil es sich um ärarisches Gut handelt, muß die Großmutter Anfang September 1822 ihre Dienstwohnung im Gebäude der Stockerauer „Militärs-Montur-Ökonomie-Hauptkommission" räumen. Sie übersiedelt nach Wien und beginnt, Nikis Schwester Therese die Hölle heiß zu machen. Denn sie kann und kann sich nicht damit abfinden, daß ihr Enkel in den Tag hinein studiert oder vielmehr nicht studiert, ohne an die Zukunft zu denken. Unvermutet schlägt jetzt Niki abermals einen Haken und entscheidet sich – noch kann freilich niemand in der Familie erkennen, woher die Neigung zu diesem Fach überhaupt stammt – für die Ökonomie. Den eigentlichen Ausschlag zu dieser überraschenden Berufswahl mag freilich gegeben haben, daß der Onkel seines Freundes Fritz Kleyle diesem einen einträglichen Posten für den Fall in Aussicht stellt, daß er den Abschluß einer landwirtschaftlichen Studienrichtung vorweisen kann. Aufbauend auf die vage Hoffnung, der Onkel Kleyles würde auch dem Freunde unter die Arme greifen, reist Lenau ihm nach Ungarisch-Altenburg (Magyaróvár) nach. Kleyle hat das dritte Semester des Philosophie-Lehrganges in Wien abgeschlossen und ist jetzt an der von Herzog Albrecht von Sachsen-Teschen 1818 gegründeten „Landwirtschaftlichen Akademie" inskribiert. Auch Lenau belegt diesen Lehrgang, der über Vorlesungen aus Chemie, Mineralogie, Biologie, Physiologie, vergleichender Physiologie, Agronomie bis hin zu diversen Bereichen der praktischen Landwirtschaft führt. Doch beginnen die Vorlesungen hier erst im November. Genug Zeit also für die großen und kleinen Leidenschaften, die Niembsch – wie wir gesehen haben – immer mit überraschendem Ernst und mit vollem Einsatz betreibt: das Vogelfangen etwa oder das Gitarrespiel, auch das kunstvolle Pfeifen und vollends wilde Ritte über die Ebene.

Es ist nicht von der Hand zu weisen, daß er bereits zu dieser Zeit daran denkt, als Farmer oder Pflanzer in die Vereinigten Staaten von Amerika auszuwandern, die vielen seiner Generation als ein Land der Freiheit erscheinen. Dafür wäre das Studium immerhin eine einigermaßen brauchbare Vorbereitung gewesen. Allerdings drängt sich uns alsbald der Verdacht auf, der Dichter habe diese Studienrichtung nur gewählt, um seinem Freund Fritz Kleyle näher zu sein. Wie auch immer: die wilden, die beiden Unzertrennlichen weit in die unübersehbare Heidelandschaft östlich von Altenburg hineinführenden Ausritte haben magisch auf den Dichter gewirkt und in ihm frühkindliche Erinnerungen wachgerufen. Und als jetzt seine Mutter ihm mit dem Stiefvater und den beiden Halbschwestern aus Preßburg nachzieht und in dem eine halbe Stunde von Altenburg entfernten Wieselburg (Moson) Aufenthalt nimmt, hätte das Maß seines Glücks vollkommen sein können. Doch wirft die Praxis Dr. Vogels hier noch weniger ab als in Preßburg, und so kann Lenau der Nähe seiner Familie nicht recht froh werden.

Übrigens lernt er so gut wie gar nichts, denn er verfügt über ein rasches Auffassungsvermögen, das es ihm ermöglicht, ganze Abschnitte von Büchern nach einmaliger Lektüre zu reproduzieren. Wie sich bald herausstellt, ist Niembsch jedoch nicht zum praktischen Landwirt geschaffen. So jedenfalls urteilt zumindest Ladislaus Veszely, der älteste der Mitschüler: „Der Drang nach Unabhängigkeit und der Trieb nach Selbständigkeit waren schon damals viel zu stark in ihm entwickelt, als daß er einen Druck oder eine Schranke geduldet hätte. Ich hätte ihn mir nicht in der Stellung eines untergeordneten Ökonomiebeamten denken können, in einem Abhängigkeitsverhältnis gleich einem stets pflichtbereiten Diener."[60] Eine Beobachtung, die sich alsbald bestätigen wird. Niembsch war alles andere als der geborene Staatsdiener. Auch haßt er die Rabulistik so sehr, daß er auch dem argumentativen Erschließen eines Sachzusammenhangs im Gespräch nichts abgewinnen kann. Das macht ihn untauglich nicht nur für die Landwirtschaft, sondern vollends für jede Rechtspraxis.

Daß Niembsch dagegen gut und ausdauernd reitet, bescheinigen mehrere seiner Freunde; freilich nicht ohne im selben Atemzug hinzuzufügen, daß er nicht eben ein eleganter Reiter genannt zu werden verdient: „wenn er mit vorgebeugtem Oberkörper, den Kopf etwas zurückgeworfen, den Zylinder auf dem Haupt die Gasse entlang trabte, machte er eine sehr seltsame Figur."[61]

Sein Violinspiel dagegen wird von allen gelobt, die Niembsch daran teilhaben läßt. Dabei muß man sich aber im klaren darüber sein, daß er praktisch nie öffentlich oder im Kammermusikensemble spielt, sondern ausschließlich privat und für wenige ausgewählte Freunde. Obwohl er – wie wir wissen – schon früh geregelten Geigenunterricht erhalten hat, ist es nicht ganz verfehlt, ihn einen verwilderten Spieler zu nennen, der in diesen Tagen kaum je ein Notenblatt zur Hand nimmt. Bei seinen Zuhörern erzielt er die stärksten Wirkungen durch freie Phantasien über ungarische Volkslieder oder durch stark rhythmisierte Interpretationen magyarischer Tänze. Wer diese Improvisationen gehört hat, nimmt einen überwältigenden Eindruck davon mit nach Haus. Als ursprünglich und mitreißend wie Zigeunermusik beurteilen Freunde seine Phantasien. Das vom Blatt Gespielte soll dagegen kaum vergleichbare Farbkraft erreicht haben.

Charakteristisch sind zwei Episoden aus späterer Zeit, die Ludwig August Frankl, der von

Lenaus Spontaneität sichtlich beeindruckte Freund, erzählt: Eines Abends sei Adolf von Herz, Finanzberater und intimer Freund Lenaus, ins Silberne Kaffeehaus gekommen, „wo er den Dichter allein, rauchend und, wie es schien, in Gedanken versunken fand. ‚Warum so traurig, Niembsch? Fahre mit mir nach Güns, wo ich Geschäfte habe. Das wird dich aufheitern.' Rasch erwiderte dieser: ‚Wann reisest du?' Auf die Antwort: ‚In zwei Stunden', stand er frisch auf: ‚Gut, ich reise mit.' In Güns angelangt, nahm Herz den Freund zu seinem Geschäftsfreunde mit, dem Sohne eines gelehrten ehrwürdigen Rabbiners, dessen Urenkel jetzt als Freiherrn in Wien ansässig sind. Mit diesem ließ er sich, während Herz das Geschäftliche besprach, sofort in ein theosophisches Gespräch ein. Bald kämpften sie mutig miteinander über den Vorzug der christlichen und der jüdischen Religion, was, wie immer, damit endete, daß keiner den andern überzeugte, aber Lenau später zu der Äußerung veranlaßte: ‚Ein merkwürdiger Greis! Ich glaube, der Koloß von Rhodos wäre leichter umzustürzen gewesen, als der von seinem Talmudpiedestale. Er hat mich durchaus nicht überzeugt, aber es erweckte dieser Weise Ehrfurcht in mir.'

Von da verfügte sich Lenau in den Gasthof, um seinen Freund, der noch Geschäftliches abzutun hatte, zu erwarten. In der zu ebener Erde gelegenen Schenke spielten, inmitten zahlreicher, zechender Bauern, Zigeuner auf. Lenau setzte sich diesen gegenüber, ließ sich Wein vorsetzen und wies den Wirt an, auch den Musikanten einzuschänken, damit sie ihm aufgeigen. Als sie dem Wunsche Folge leisteten und geendet hatten, rief Niembsch ‚Eljen!', was die Anwesenden, auf den Fremden aufmerksam geworden, den sie für einen ‚Schwaben' (Deutschen) halten mochten, schreiend wiederholten. Die Lust wurde immer brausender und steigerte sich zum heftigsten Lärm, als unser Dichter aufstand und den primgeigenden Zigeuner in ungarischer Sprache anging, ihm die Violine zu leihen, er wolle den Rakoczymarsch mit ihnen geigen. ‚Eljen, Eljen!' schrieen die nun erstaunten Bauern und rückten drängend um die Zigeunergruppe herum. Lenau fing zu geigen an. Schon bei den ersten kühnen Strichen wurde es plötzlich still in der Wirtsstube, eine fast andächtige, lauschende Stimmung ergriff die Zuhörer und brach zuletzt in lauten Jubel aus. Einer der Bauern drängte sich an Lenau heran: ‚Mußt Sohn aines Zigeuners sain!' rief er ihm zu und umarmte den kühnen Geigenspieler, und weinselig wie er war, küßte er ihn ab. Einige der Bauern hoben den Geiger auf ihre Arme und trugen ihn unter fortgesetzten begeisterten Eljenrufen in der Schankstube herum.

In diesem Momente trat Herr von Herz ein und blieb verblüfft von der Szene und der phantastisch komischen Situation seines Freundes, an der Türe stehen, bis ihm dieser, von den Schultern der begeisterten Bauern niedergleitend, lachend den Hergang erzählte."[62]

Lenaus impulsiver, manchmal ins Bizarre ausufernder, eigenwilliger Lebensstil, seine vielfältigen, rasch wechselnden Allüren werden einst zum Gesprächsstoff der Literaturszene im

Vormärz-Wien gehören. Ansatzweise kann man sie freilich schon am knapp einundzwanzig Jahre zählenden Studenten beobachten, der am studentischen Treiben teilnimmt, als würde ihn all das nichts angehen. Ein Außenseiter, der allerdings genau beobachtet, wovon er sich distanziert und worüber er seine ironischen Sottisen plaziert. Seit der Kindheit als Ausnahmemensch behandelt, der daran gewöhnt ist, von den Mitmenschen die Ausnahmebehandlung einzufordern. Doch ist nicht alles, was man sich von ihm erzählt, erfunden oder zurechtfrisiert. Schon seine Familie hat er oft vor Probleme gestellt, mit denen niemand gerechnet hat. So etwa taucht Niembsch unvermutet im März 1823 bei seiner Schwester Therese in Wien auf, um ihr mitzuteilen, daß er entschlossen sei, das Studium der Landwirtschaft aufzugeben, um sich ganz auf die Philosophie zu verlegen. Das bedeutet ein weiteres verlorenes Semester, neuerliche Auseinandersetzungen mit der „alten Frau", wie man die Großmutter nennt. Mit Rücksicht auf das Testament der Großmutter, die von ihrem Mann zur Universalerbin eingesetzt worden ist, während die Enkel sich mit den Zinsen eines relativ kleinen Vermögens begnügen müssen, fügt Niembsch sich ihrem Wunsch, sein Studium in Wien abzuschließen: denn hier – und das ist ihr leicht zu erratender Hintergedanke – könne sie ihn leichter überwachen. Starrsinnig und entschieden lehnt er es aber ab, das Studium der Rechtswissenschaften weiter zu betreiben. Bald danach übersiedelt die Mutter mit Dr. Karl Vogel und den beiden Halbschwestern Lenaus aus dem nur eine halbe Stunde von Ungarisch-Altenburg entfernten Wieselburg nach Wien. Wie zuvor schon in Preßburg rücken die Familie Vogel und Niembsch mit seinem Anhang auch hier wieder eng zusammen. Da mag die Aversion gegen seinen nach wie vor als Nebenbuhler empfundenen Stiefvater auch noch so stark sein: die Aussicht auf eine ungetrübte Nähe zur Mutter ist stärker. Sie wohnen in der Schleifmühlgasse auf der Wieden beim grünen Lamm. Die Familie im zweiten Stock, Niembsch zu ebener Erde in zwei Zimmerchen, die er mit seinen Freunden Joseph Klemm und Anton Keiller teilt, einem aus Oberungarn zugewanderten Studenten.

Das Silberne Kaffeehaus

Die Wohnung in der Schleifmühlgasse ist eine Unterkunft so recht nach Lenaus Geschmack: drei Theater in unmittelbarer Nähe, die Hofbibliothek mit rund eintausend Schritten zu erreichen, die Universität mit kaum dreitausend, Konzerte in Hörweite; welchen Weg auch immer er einschlägt, er ist – obschon fast auf dem Land – immer im Zentrum des Geschehens. Aber im Schnittpunkt der Wege, die Lenau tagtäglich zurücklegt, befindet sich ein Etablissement, in dem er Tausende von Stunden zubringen wird. Es ist das Silberne Kaffeehaus, in dem viele seiner Freundschaften sich angebahnt haben, obwohl er

15 Karl Saar (1797–1853): Nikolaus Lenau, Aquarell vor 1825, LEAL 1969/75.

die meisten Stunden hier in zurückgezogener Geselligkeit zubringen wird. Beinahe ein englischer Klub (splendid isolation) und doch ein Wiener Kaffeehaus.

„Da im März (1823) bei keiner Schule mehr anzukommen war und Niembsch auch nur selten dichtete, so besuchte er fleißig das Neunersche Kaffeehaus in der Plankengasse der Inneren Stadt, Zahl 1063, auch das ‚Silberne' genannt, weil darin nicht nur das Kaffeegeschirr, sondern sogar die Aufhängehaken für Kleider und Hüte von Silber waren. Dieses Kaffeehaus wurde dergestalt der Lieblingsaufenthalt Lenaus, daß er es durch zweiundzwanzig Jahre, wenn er in Wien war, Tag für Tag, und wiederholt im Tage besuchte."[63]

Hierher lädt er diejenigen ein, die ihn sprechen wollen, trifft sich mit in- und ausländischen Gästen, hier beginnt im Grund jede seiner Recherchen zu einem neuen Werk. Denn der Kaffeesieder Neuner achtet peinlich darauf, daß die repräsentativen Zeitungen Österreichs, aber auch die Weltblätter aufliegen. Es gibt hier Nachschlagewerke und Neuerscheinungen der allgemeinbildenden Literatur. Das Wichtigste für Lenau aber ist, daß er sich hier mit den Bibliothekaren der Hof- und der Universitätsbibliothek und mit Fachleuten verschiedenster Richtungen treffen kann. Das Silberne Kaffeehaus ist die Residenz der geistigen Elite des Kaiserreichs. Treffend beschreibt Ludwig August Frankl, der manches Jahr im Ausland zugebracht hat und daher nicht zu den ständigen Besuchern gezählt werden kann, diese Wiener Institution:

„Im ersten Stockwerke eines Hauses in der Plankengasse befand sich des seligen Herrn Neuner Kaffeehaus; zwei geräumige Zimmer, das erste dem Billard, das zweite den Schachspielern gewidmet, waren gastlich aufgetan. Hier versammelten sich nach Tische regelmäßig die Schriftsteller Wiens: Grillparzer und Deinhardstein sahen, ohne selbst sich zu beteiligen, den Schachspielern zu. Bauernfeld spielte Karten. Seltenere Gäste im anstoßenden, nur durch ein Spiegelglas getrennten Damenzimmer waren Christian Zedlitz und Johann Bolza, Ferdinand Raimund, Drächsler-Manfred, Johann Nepomuk Vogl,

Friedrich Witthauer, Braun von Braunthal, Christian Wilhelm Huber und Lenau waren die trefflichsten Billardspieler, namentlich war Lenau kühn, elegant, kräftig; die Ängstlichkeit der andern, einen Ball richtig zu treffen, war ihm fremd und langweilig. Ernst von Feuchtersleben, Eduard Silesius, Doktor Carl Hock, Gustav von Frank, Johann Paul Kaltenbaeck, Heinrich von Levitschnigg, Max Löwenthal, Ferdinand Wolf, Ludwig August Frankl, Ignaz Franz Castelli, Franz Fitzinger, Anton Xaver Schurz, Theodor Georg Karajan, Anton Kaspar, Emanuel Straube, Franz Stelzhamer, Alexander Baumann, Uffo Daniel Horn, Andreas Schumacher, Franz von Schober, Joseph Ferdinand Weigl, Franz Anton Wiest, Joseph Johann Littrow, Doktor Gustav Görgen, Ludwig Löwe, Joseph Fischhof, Alfred Julius Becher, Otto Nicolai, Carl Evers, August Schmid, Moritz von Schwind, Joseph Danhauser und viele andere saßen der Spiegelwand entlang oder in den Fensternischen an kleinen Tischen, tranken geduldig den wenig süßen, schwachen, schwarzen Kaffee und rauchten aus irdenen, sogenannten Kölner Pfeifen mit langem Rohr, dem ein Federkiel eingebohrt war."[64]

Es war das Miniaturmodell einer Welt, die im Kleinen, Exemplarischen auf die große draußen zurückwirkte. Hier wird der Zeitgeist besprochen und schließlich auch gemacht, wie die Namen zahlreicher Gäste dieses illustren Kaffeehauses belegen, die später in irgendeiner Weise mit der Revolution von 1848 in Kontakt oder gar in Konflikt geraten werden. Dazu gehört der in Manchester geborene, in Köln, Düsseldorf und dem Haag und zuletzt in Wien wirkende Komponist Alfred Becher, der im November 1848 wegen Teilnahme an der Revolution standrechtlich erschossen wird. Hier also verkehren sowohl die Opfer als auch die Täter: die Schriftsteller und ihre Zensoren, die den von ihnen Zensurierten dann und wann einen Wink zukommen lassen.

Es ist durchaus keine verschworene Gemeinschaft, die hier, in diesem Café, zusammenkommt. Meist sind es Liberale, oft auch bereits Demokraten. Ein offenes Wort braucht niemand zu scheuen. Eine uns aus Lenaus späteren Jahren überlieferte Anekdote läßt etwas von der Atmosphäre ahnen, wie sie im Silbernen Kaffeehaus geherrscht hat. Eine winzige Änderung durch die Zensur macht Lenau derart wütend, daß er zum Zensurbeamten stürmt. „Gustav Schwab nannte dies in einem Gespräche, das ich in Stuttgart mit ihm … führte, die wilde Husarenlaune in ihm. Der Beamte suchte zu beschwichtigen, bat höflichst um Mäßigung. In solcher Weise hatte vielleicht kein österreichischer Schriftsteller mit einem Herrn aus dem Büro des Grafen Sedlnitzky gesprochen, und die beanstandete Stelle, an sich nicht gefährlich, blieb unverletzt. Man wartete im Silbernen Kaffeehaus, um zu hören, was die ‚hochlöbliche' Zensur mit Lenau gesprochen. Er kam ganz zornrot an, die angebotene Pfeife – bei ihm ein bedenkliches Zeichen – wies er ab und setzte sich, ohne zu grüßen, grollend hin. Als endlich einer fragte: ‚Nun, Niembsch, was ist's?' schrie er fast:

,Nichts ist's! Nichts wird gestrichen! Man muß sich von dem Grafen Sedlnitzky nicht auf die Leier sch ... lassen!' In demselben Momente, als schäme er sich seines zynischen Ausdrucks, fing er herzlich zu lachen an, worauf alle Chorus machten."[65]

Erste Gedichte und frühes Leid

Anton Xaver Schurz, der Schwager Lenaus, datiert den Beginn von Niembschs literarischer Produktion auf dessen 19. Lebensjahr. Und tatsächlich findet sich in einem Brief an die Mutter vom 8. Mai 1821 die wie absichtslos hingesetzte Mitteilung: „Meine Lieblingsbeschäftigung ist nun, Gedichte zu lesen und zu schreiben." Und schon am 1. Juni heißt es: „Gedichte mache ich nun gerne, und ich bemerke daß es mir nicht ganz am Kopf dazu gebricht."[66] In einem Atemzug verspricht er der Mutter die ersten Szenen eines Trauerspiels vorzulesen, von dem sich jedoch nichts im Nachlaß finden wird. Da er sich in diesen Jahren intensiv mit Seneca auseinandergesetzt hat, kann man annehmen, daß es sich um ein Trauerspiel aus dem Umfeld der römischen Historie handelt. Was uns heute an lyrischen Gedichten aus jenen Jahren vorliegt, stammt – sieht man von einer Glückwunschadresse und einem Rezept ab – sämtlich aus dem Jahre 1823 und ist dem Brief an seinen Freund Fritz Kleyle beigelegt. Deutlich lehnt das Gedicht „In einer Sommernacht gesungen"[67] sich an Klopstocks Oden an und läßt auch erkennen, wie intensiv sich der junge Lenau mit den Hexametern von Goethes Gedicht „Metamorphose der Pflanzen" beschäftigt hat.

Die Verwandtschaft mit Vertretern des Göttinger Hainbundes wie Hölty und Klopstock läßt eine kleine Ode erkennen, die seine Jugendliebe Bertha Hauer besingt:

Erinnerung

Selige Stunde! Da mir meine Bertha
Mächtig ergriffen von der Liebe Sehnen
An den bewegten, ihr allein geweihten
Busen gesunken.

Nächtliche Stille lag auf Flur und Hain,
Es ruhten die Weste um die leisen Seufzer
Nicht zu verweh'n; dem Pochen unsrer Herzen
Lauschten die Sterne.

> Glühende Küsse bebten durch die Seele,
> Innig umschlungen hielt ich dich Geliebte!
> Göttliche Bertha! Zierde meines Lebens!
> Selige Stunde.[68]

Anton Xaver Schurz berichtet, Lenau habe die Bekanntschaft von Bertha, diesem zwar hübschen, aber leichtsinnigen Geschöpf, schon im Sommer 1821 gemacht. Mutter und Tochter waren faul und daher kaum in der Lage, für ihren Lebensunterhalt auch nur notdürftig aufzukommen. So blieb alles Lenau überlassen, der aus dem Nachlaß seines Großvaters die äußerst knappe Versorgung von 500 Dukaten geerbt hatte. Während Schurz von einem Magistratsbeamten zu erzählen weiß, der von den beiden Damen als Berthas Vater ausgegeben wird, legt der Brief, den Lenau am 8. Dezember 1823 an Friedrich Kleyle schreibt, nahe, daß dieser Magistratsbeamte damals bereits das Weite gesucht habe: „Freund! Ich liebe! Einem armen, vaterlosen, verlassnen Mädchen von 15 Jahren, ohne eigentliche Bildung, aber mit Anlagen, die sie der schönsten Bildung fähig machen, schenkte ich mein Herz, mit dem festen Entschlusse, es nicht wieder zurückzunehmen, wenn sie es in der Folge so zu schätzen weiß, wie jetzt. – Ihre Gestalt ist sehr anziehend, ihr Grundzug des Charakters tiefes Gefühl, Hang zu liebenswürdiger Schwärmerei, angeborner Sinn fürs Schöne, und Schickliche. Bei des Mädchens großer Anhänglichkeit zu mir, läßt sich erwarten, daß sich ihr ganzes Wesen dem meinigen anpassen werde, und daß ich einst schöne Tage an ihrer Seite verlebe."[69]

Zu den finanziellen Sorgen quälen den Dichter aber bald noch Zweifel, ob das Kind, das Bertha um die Osterzeit 1826 bekommt und das auf den Namen Adelheid von Niembsch getauft wird, tatsächlich von ihm stammt. „Das schöne Gewebe meiner Freuden hat einen gewaltigen Riß bekommen, und der Riß zeigt mir einen nackten Fels, wo die güldene Fantasie ein Blumenbeet sah."[70] Dem Brief vom 8. Juni 1826 legt Lenau ein Gedicht bei, „das ich eben dichtete" und das den Eintritt seiner Reifezeit markiert:

Jugendträume

> Der Jüngling weilt in einem Blütengarten,
> Und schaut mit Lust des Lebens Morgenrot.
> Auf seinem Antlitz ruht ein schön Erwarten,
> Die Welt ist Himmel ihm, der Mensch ein Gott.

> Ein Morgenlüftchen streut ihm duftge Rosen
> Mit leisem Finger in das Lockenhaar;
> Sein Haupt umflattern mit vertrautem Kosen
> Viel bunte Vögel, singend wunderbar.
>
> Seid stille, stille, daß die flücht'gen Gäste
> Ihr nicht dem Jünglinge verscheucht;
> Denn wisst, es sind der Jugend Träume, wohl das Beste,
> Was ihm für diese Welt beschieden ist.
>
> Doch weh! Jetzt naht mit eisern schwerem Gange
> Die Wirklichkeit, und fort auf ewig fliehn
> Die Vögel, und dem Jüngling wird so bange,
> Da er sie weiter sieht und weiter ziehn.[71]

Zwischen Tränen, Vorwürfen, Entschuldigungen und Versöhnungen schleppt sich die Verbindung noch bis spät in das Jahr 1828 hin und endet damit, daß Bertha ihn schließlich verläßt, um einen griechischen Kaufmann zu heiraten. Über das weitere Schicksal Berthas gehen die einzelnen Berichte weit auseinander: bald lebt sie „verheiratet", dann wieder „ledig" oder „privat", „in guten Verhältnissen"; doch dann stirbt sie schließlich als Bettlerin 1868 im Rudolfspital zu Wien. Johannes Scherr, einem Gewährsmann aus Stuttgart, erscheint Bertha als ein sinnlich-heißes Ding, eine wilde Hummel, die nicht die geringste Lust hat, zur Büßerin aufzusteigen.[72]

Man mag all das als pubertäre und nebensächliche Episoden abtun; doch gibt uns die Heftigkeit, mit der Lenau darauf reagiert, zu verstehen, daß hier eine traumatische Empfindlichkeit vorliegt. Ein Schmerzpunkt in Lenaus Leben, der sich der Psyche des Dichters derart nachhaltig eingebrannt hat, daß er sich daran noch in den Wahnvorstellungen des Jahres 1844 unter wilden Ausrufen schmerzhaft zurückerinnern wird. Aber wie alle außergewöhnlichen Signale geben uns seine Reaktionen zugleich einen Schlüssel zum Verständnis dieses komplexen, hochsensiblen und von Schuldgefühlen geschüttelten Organismus in die Hand. Es kann uns daher nicht entgehen, daß Lenaus ihm von Bertha zugefügte Lebenswunde so richtig erst nach dem Tod der Mutter zu schmerzen beginnt. „Doch am wichtigsten dünkt mich, ja direkt entscheidend, daß hinter den unsterblichen Vorwürfen gegen Bertha sich genauso unsterbliche Selbstvorwürfe zu bergen vermochten, die aus der Kindererotik stammen. Das Bedauern, ein Verhältnis gehabt zu haben, das den Dichter fortab zeitlebens begleitet und peinvoll martert, ist im letzten Endgrund einfach Bedauern, der

Mutter untreu gewesen zu sein, d. h. seiner allerersten Geliebten. Daher das nicht zu bannende Gefühl, welches später dann auch Sophie gegenüber im Wahnsinn hervortritt, die Sittlichkeit verletzt zu haben."[73]

Lenaus Mutter, Therese Vogel, stirbt völlig verarmt an Gebärmutterkrebs. Wie nicht anders zu erwarten, gibt das Protokoll der Verlassenschafts-Abhandlung ihr Vermögen mit „nichts" an, um sodann fortzufahren, „nachdem die wenig vorhanden gewesene Leibeskleidung und Wäsche noch bei Lebzeiten verkauft werden mußte, um ihr die ärztliche Hülfe und nötige Nahrung verschaffen zu können".[74] Unmittelbar nach ihrem Tod gibt Niembsch ihre Wohnung in der Rosengasse auf, in der auch er geraume Zeit lang gelebt hat. Gemeinsam mit einem jungen polnischen Adeligen, Mikołaj Bołoz von Antoniewicz, dessen Gedichte er später übersetzen und der Lenau zu seinen „Polenliedern" anregen wird, nimmt er kurz nacheinander Logis in Weihburggasse 922, dann in der Wollzeile 784 und schließlich in der Singerstraße 891. Von da an bricht er jedweden Kontakt mit seinen Verwandten ab und verkehrt nur noch mit seiner Schwester Therese und deren Mann Anton Xaver Schurz.

Zeit des Übergangs

Im Februar 1830 erscheint in der „Münchner Damen-Zeitung. Ein Morgenblatt für die elegante Welt" als erstes von seinen Gedichten die Fantasie „Glauben, Wissen, Handeln" nicht mehr unter dem Namen N. Niembsch. Es kann überhaupt keinen Zweifel daran geben, daß die österreichische Zensur – der Symbolik des Gedichts wegen – den Abdruck verboten hätte, selbst wenn er im Ausland hätte erfolgen sollen. Überdies wäre der Dichter mit einer harten Strafe belegt worden, hätte er es unter seinem richtigen Namen drucken lassen. Auf Anraten der Freunde aus dem „Silbernen Kaffeehaus" (einer Anekdote zufolge soll Anastasius Grün entscheidend dabei mitgewirkt haben), tatsächlich aber, beraten von seinem Schwager Schurz, war Lenau selbst es, der die letzten beiden Silben seines Adelsnamens sich zum Pseudonym gewählt hat: (Streh)lenau.[75] Allmählich reift jetzt bei ihm der Plan, eine Sammlung seiner Gedichte zu veranstalten. Da der Zensurbestimmungen wegen in Österreich nicht an die Publikation seiner Gedichte zu denken ist, wendet Lenau sich an Karl Johann Braun von Braunthal in Berlin mit der Bitte, ihm dort einen Verleger zu empfehlen. Braunthal jedoch schlägt Johann Friedrich von Cotta in Stuttgart vor, den Verleger Goethes. Lenau erkennt die Chance, denn trotz mancher Rückschläge haben sich in Württemberg die Liberalen behauptet, ist ein freisinniges Presse- und Verlagswesen entstanden, wenn auch immer wieder von neuen Sanktionen bedroht. Dahin zieht es ihn. Doch zuvor sind noch Prüfungen aus den medizinischen Fachgebieten abzulegen. Zwei schafft er noch in der ersten Hälfte des Juni 1830. Die dritte, die für 20. Juli vorgesehen ist, schafft er nicht mehr. Es befällt ihn Ekel vor dem Lernen. Vergebens zwingt er sich, eine Stelle des Lehrbuchs fünfmal zu lesen, kann sie aber nicht behalten. Sein Vegetativum ist stärker als sein Wille: er erbricht, zuletzt nur noch Galle, und fiebert heftig. Gelbsucht lautet die Diagnose. Der Arzt verordnet strengste Diät und Schurz einen Erholungsurlaub, den er gemeinsam mit dem Schwager antritt. Ziel der Reise ist Schloß Orth am Traunsee, wohin seit Beginn des Jahres 1820 Matthias Leopold Schleifer als Pfleger berufen worden ist.

Seit Lenau Wien den Rücken gekehrt hat, geht es ihm von Tag zu Tag besser. Mit Schleifer und Schurz steigt er im Gebirge umher, besucht Hallstatt, den Friedhof dort um die alte Kirche; viele Gräber haben Kreuze mit charakteristischen Aufschriften, im Beinhaus sind Totenschädel trübselig aufgeschichtet. Jeder von ihnen trägt den Namen seines einstigen Besitzers an die Stirne geschrieben. In der Außenmauer ist eine kleine Nische, daraus grinst ein schneeweißer Totenkopf unverwandt in die Gegend. Die drei Freunde politisieren über die allmählich sich verdüsternde Weltpolitik, vor allem über die Aufhebung der Pressefreiheit in Frankreich, deretwegen die Julirevolution in Paris schließlich losgebrochen ist. Der von Arbeitern, Studenten und Kleinbürgern getragene Aufstand führt alsbald zum Sturz Karls X. und endet mit der vom liberalen Großbürgertum veranlaßten Erhebung Louis-Philippes zum König. Doch kommt, neben all dem, auch der Gaumen nie zu kurz. Nani, die hübsche und gutartige Ehefrau Leopold Schleifers, tischt nach Kräften auf, um die Gäste „ein bißl was hinauf zu füttern"[76], wie sie sagt. Immer wieder wünscht man sich gebackene Teigrollen mit süßer Salse: eine der Lieblingsspeisen Lenaus, von der er nie genug bekommen kann.

Der Spaziergang nach Tisch führt die Freunde ins Haus des Schullehrers Johann Nepomuk Wolf in Gmunden, dessen Tochter Nanette oft und gern mit Franz Schubert vierhändig gespielt hat, zuletzt freilich schon 1825. Nicht selten ist auch der gefeierte Opernsänger Johann Michael Vogl mit ins Haus gekommen und hat Schubertlieder vorgetragen. Manche sogar frisch von der Feder weg.[77] Das begabte und belesene Mädchen war jedenfalls ein gern gesehener und gehörter Gast in manchen adeligen Häusern. Gern trat daher Franz Schubert mit ihr in verschiedenen, auch größeren Privatzirkeln auf. Als Niembsch im Juli 1830 Gmunden besucht, ist Schubert schon fast zwei Jahre tot, doch hat die Schubert-Schwelgerei unseres Dichters noch keineswegs ihren Zenit erreicht. Niembschs Begeisterung wird vielmehr durch Nanettes Klavierspiel ebenso wie durch ihren ausdrucksstarken Gesang noch weiter angeregt und verstärkt. Mit gleicher Vehemenz wird sie sich übrigens im kommenden Jahr auf die Freunde übertragen, die er in Stuttgart kennenlernen wird und die von Schubert nicht viel mehr als den Namen kennen.

Von Nanette läßt er sich daher immer wieder nur Schubert-Lieder vorsingen, und er beklagt es, daß Schubert vor dem Erscheinen seiner Gedichte verstorben sei. In späteren Jahren wird Lenau sich immer heftiger von Beethoven angezogen fühlen, während er sich Schubert mehr und mehr entfremdet. „Nicht daß dieser keinen Eindruck mache; er erregt sehr, aber Dissonanzen, die er nicht harmonisch auflöse; er sei zu warmblütig; er wühle so viel auf; es sei eine sentimentale Verliebtheit. In Beethoven dagegen alles idealisiert, Liebe und Schmerz und dergleichen mehr."[78] Ein Urteil, das man nicht so recht verstehen mag, weil ja doch auch in Lenaus Gedichten manche Dissonanz unaufgelöst bleibt. Außerdem sind Dissonanzen nicht nur eine Frage der Definition, sondern der jeweiligen Auffassung. Ein Dichter, der – wie Lenau in manchen Perioden seines Lebens – mehrmals die Woche mindestens eine der Beethovensonaten vornimmt, wird die Regelhaftigkeit der Beziehungen horizontaler und vertikaler Klangstrukturen bei Beethoven schneller durchschauen als Schuberts stimmungsabhängiges Kippen der Gefühle in der Dur-Moll-Polarität.

Der gesellschaftliche Verkehr zwischen dem Haus des Schulmeisters Johann Nepomuk Wolf und den drei Freunden Lenau, Schurz und Schleifer nimmt von Tag zu Tag an Intensität zu. „Erhöht wurde die Annehmlichkeit des Verkehrs durch die Anwesenheit (von Nanettes) Mutter, einer sinnigen, stillen Frauennatur, welche der Häuslichkeit mit geringem Aufwand den Charakter des Wohnlichen, Behaglichen zu verleihen wußte. Viele Stunden verbrachte Lenau damit, den beiden Frauen vorzulesen, oft auch saß er lange, den Kopf in die Hände gestützt, stumm träumend. Eben das Träumerische, Überreizte seines Wesens brachte es aber mit sich, daß Herr Wolf, der nüchterne Mann, dem freundschaftlichen Verkehr schließlich ein jähes Ende bereitete, indem er eines Tages seiner Tochter befahl, dem Dichter zu sagen, er möge seine Besuche einstellen. Sie mußte wohl gehorchen, da Wolf in Aussicht stellte, andernfalls die Mitteilung seines Gebotes an Lenau selbst zu besorgen, was jedenfalls verletzender für Lenau ausgefallen wäre."[79]

Anfang September kehrt der Dichter nach Wien zurück. Freilich nicht mehr in seine frühere Wohnung in der Singerstraße 891, sondern in die Wohnung seines Schwagers und seiner Schwester am Alser Glacis im Schwarzspanierhaus, das ehemals ein Kloster für aus Spanien gekommene Mönche war. Neben der Kostengünstigkeit mag eines der Motive für Lenaus Entscheidung gewesen sein, daß Beethoven im Jahre 1827 hier gestorben ist. Lenaus Zimmer liegt im zweiten Stock, sein Fenster blickt in den damals noch recht schönen, gepflegten und großen Garten. Mit Eifer stürzt er sich in die Arbeit, um für die letzte noch ausstehende Prüfung zu büffeln. Doch wenige Tage nach diesem verheißungsvollen Beginn stirbt die Großmutter. Ihr Testament ist bestürzend. Lediglich Therese Schurz kann sofort und uneingeschränkt ins Erbe eintreten. Magdalena Niembsch, verheiratete Karch, und Nikolaus Niembsch sollen „jedoch als Beihilfe zu ihrem Lebensunterhalte den Genuss der Zinsen von diesem ihnen zugedachten Erbe zu beziehen haben, bis sie volle vierunddreißig

Jahre alt geworden sind, als bis zu welchem Lebensjahre beide wohl schon im Besitze eines besonnenen reifen Verstandes sein können. Sind sie bis dahin tätige Staatsbürger geworden und haben vielleicht eine nützliche Bedienstung angetreten oder auch eine anständige Versorgung erlangt, so wären sie in den unbeschränkten Besitz des Erbteils zu setzen; wäre aber noch bis zu diesem Zeitpunkte ein oder das andere oder auch beide nach dem Erkenntnisse der löblichen Obervormundschaftsbehörde dieses Erbes unwürdig, in diesem Falle solle das Vermächtnis des einen Betroffenen oder von beiden zugleich dem Invalidenfonds zufallen."[80]

Das sind, zugegeben, recht harte Bedingungen, aber sie sind von der Großmutter Niembsch nicht ohne triftigen Grund dermaßen verschärft worden. Und tatsächlich spürt man in jeder Zeile, die sie zu Papier gebracht hat, wie die Erschütterung über die Haltlosigkeit ihres Sohnes Franz noch immer nachwirkt, dem das Geld – am Spieltisch und in den Freudenhäusern – unbedacht und leichtsinnig durch die Finger geronnen ist. Wir wissen nicht viel mehr über ihren Charakter, als daß sie eine (selbst?)gerechte, harte Frau war, nicht ohne Eitelkeit und Adelsstolz, gewiß. Nach der Lektüre dieser wenigen Zeilen ihres letzten Willens aber müssen wir noch eine weitere Eigenschaft zu ihrem Psychogramm hinzufügen: sie muß – wie ihr Enkel Niki, der spätere Dichter Lenau, den sie in Erinnerung an ihren Sohn beharrlich Franz nennt – eine ungemein scharfe Beobachterin gewesen sein. Anders ist es nicht zu erklären, daß sie Therese, die älteste Schwester, ohne Einschränkung in den Genuß ihres nachgelassenen Vermögens einsetzt, während sie Nikolaus und Magdalena mit mehreren Klauseln davor zu beschützen sucht, ihr Erbteil unbedacht zu verschwenden. Denn es ist nicht zu verkennen: auch der emotional überaus labile Nikolaus neigt dazu, sein Geld mit vollen Händen hinauszuwerfen und noch dazu für mehr als zweifelhafte Vergnügungen. Magdalenas Charakter ist durch das väterliche Erbteil freilich noch weit stärker gefährdet als er; sie weist bedenkliche Züge einer in asoziale Verhaltensformen abgleitenden kriminellen Persönlichkeit auf. Wie ihr Bruder leidet sie an mangelnder Disziplin und Konsequenz und lehnt einen geordneten Lebenswandel ebenso entschieden ab wie jedwede vorausblickende Lebensplanung. Doch erscheinen die meisten Charakterzüge, wie wir sie von ihrem Vater her kennen, an ihr noch wesentlich übersteigert, überzeichnet. Unentwegt gerät sie mit der Polizei oder irgendwelchen Stadtwachen in Konflikt, sie bricht Gesetze, hält sich nicht an Verordnungen, zum Mindesten aber legt sie ein „auffälliges" Verhalten an den Tag. Eine Borderline-Gestörte, wie sie im Buch steht, die andauernd mit den Ordnungsmächten Schwierigkeiten hat.

Ein kurzer Blick auf das Leben von Lenaus Schwester belegt, was ich meine: „Ihre am 12. Jänner 1830 geschlossene Ehe (mit Joseph Karch) ging nämlich sehr bald in Brüche, das Anwesen ihres Mannes (des Bäckers in Jedlesee) kam unter den Hammer und sie selbst begab sich nach Wien, wo sie in schlechte Gesellschaft geriet und in einem beständigen Konflikt mit der Polizei lebte. Nur mit tiefer Wehmut und aufrichtigem Mitleid kann man ihre Lebensgeschichte in den Polizeiakten jener Zeit verfolgen und wie ein böser Traum mutet es einen an, wenn man daraus erfährt, daß die arme unglückliche Person am Pranger gestanden, mit Ruten gezüchtigt, aus einem Arrest in den anderen wanderte und jährlich mindestens ein bis zweimal von Wien nach der Klosterneuburger Stiftsherrschaft Jedlesee abgeschoben wurde. Kein Wunder, wenn sie die Ihrigen verleugneten und wenn ihr Schicksal das ohnehin zur tiefen Melancholie neigende Gemüt ihres Bruders noch mehr verdüsterte und ihn mit schwerem Kummer erfüllte."[81] Mit Kummer erfüllen ist aber noch zu wenig gesagt. Denn Niembsch wird sich später ausdrücklich von ihr lossagen und nichts mehr von ihr hören wollen. Damit hängt auch zusammen, daß er ihren Namen nicht mehr erwähnen wird.[82] Sein Familiensinn bringt freilich nicht die nötige Konsequenz auf, seine Empörung, seinen Abscheu vor der polizeibekannten Person in rechtlich relevante Verfügungen zu kleiden. So wird es kommen, wie es kommen muß: die Schwestern Magdalena Karch und Therese Schurz erben nach Niembschs Tod, der weder Ehefrau noch Nachkommen hinterläßt, je 3/8 der Verlassenschaft, während den beiden Halbschwestern Marie Dilg und Wilhelmine Greisinger je 1/8 zufällt.

Aber mit Konsequenz und Kontinuität ist es bei ihm eben auch nicht weit her. Hat die arme Magdalena zweifellos die ungleich belastendere Bürde an Erbmasse nach ihrem Vater zu tragen, so gerät Lenaus Neurasthenie oft bis an die Grenze zum Krankhaften. Auch jetzt ist wieder so ein Punkt erreicht, an dem seine Gefühle umschlagen und das seinen Wert verliert, was gestern noch gegolten hat. Es bedarf keiner allzu großen Phantasie, sich Lenaus Enttäuschung vorzustellen, als er erfährt, was die Vorsichtsmaßregeln der Großmutter bedeuten: noch sechs Jahre keine Aussicht auf ein Erbe. Doch der witzige und gewitzte Schwager Anton Xaver Schurz läßt nicht locker. Immer wieder sieht er die Schriftstücke durch, vergleicht, wägt ab, interpretiert, bis er erkennt, daß die mit dem Testament der Großmutter Catharina von Niembsch vorgelegten Willenserklärungen denen klar widersprechen, die auf einem beigefügten Entwurf eines Testaments festgehalten sind. Da letzterer aber kein Datum trägt, ist der „Letzte Wille" Catharinas nicht erkennbar, daher auch nicht exekutierbar, und das heißt so viel wie: beide Schriftstücke sind ungültig. Und bereits am 14. Dezember 1830 – welch unglaubliches Tempo für die g'müatliche alte Zeit! – können die drei Erben ein Verlassenschaftsvermögen von insgesamt 26.435 Gulden und 31 Kreuzern quittieren. Kein großes Vermögen, gewiß, aber immerhin läßt es sich damit einige Jahre lang leben.

Kaum hat er das Geld, setzt bei Lenau mit einer psychischen Präzision ohnegleichen der übliche Mechanismus des Verdrängens und Hinausschiebens ein: selbstverständlich werde er die noch ausstehende allerletzte Prüfung ablegen; aber eben nicht in Wien. „Er versprach, wohl mehr nur zur Beschwichtigung seiner Freunde, sich's angelegen sein zu lassen, zu Würzburg oder Heidelberg, wo es schneller ginge, das Doktorat zu erlangen. Vor allem wollte er jetzt seine Gedichte sichten und sammeln, und da er sie in Österreich unmöglich herausgeben konnte, sie zum Drucke nach Stuttgart tragen, wenn sich dazu nicht anderwärts Gelegenheit böte."[83]

Immer beharrlicher meldet sich jetzt bei ihm der allen seinen Freunden, vor allem aber seiner Schwester Therese durchaus halsbrecherisch anmutende Plan, in die Vereinigten Staaten von Nordamerika auszuwandern, dort Liegenschaften aufzukaufen, sie weiter zu verpachten, um schließlich vom Pachtzins leben zu können. Er beginnt, die verschiedenen Teile seines Vermögens zusammenzukratzen und neu zu veranlagen. Doch muß er bald erkennen, daß er weit unter die Summe zu liegen kommt, die er sich selbst als unterste Grenze gesetzt hat. Bald trägt er sich mit dem Gedanken – und hier scheinen sich die Befürchtungen der Großmutter tatsächlich zu bewahrheiten – sein Vermögen durch Aktienspekulationen aufzustocken. Ein waghalsiger, ja leichtsinniger Gedanke, wenn man erwägt, wie viele Vermögen gerade in diesen Jahren durch Fehlspekulationen vernichtet werden.

Leichtfertig schlägt er die Vorhaltungen seines Schwagers und Freundes Anton Xaver Schurz in den Wind: „Wer wagt, gewinnt", schwingt sich Ende Juni 1831 in den Reisewagen nach Stuttgart, ohne den Seinen zu verraten, daß seine Barschaft wahrscheinlich in diesem Augenblick bereits auf die Hälfte zusammengeschmolzen ist. Den Rest plant er in Nordamerika anzulegen, dessen Urwälder sich in seiner Phantasie wie Goldadern ausnehmen. Während sein Wagen aber über die Höhen des Wiener Waldes rattert, tritt immer deutlicher das Bild von Nanette hervor, die auf ihn einen unauslöschlichen Eindruck gemacht hat. Eine der zahlreichen möglichen Frauen in seinem Leben, die ihm, was Kunst und Hingabe betrifft, auch ebenbürtig sind. Doch weiß einstweilen nur er, daß er sie, wie es im Augenblick um seine Vermögensverhältnisse bestellt ist, nicht wird heiraten können. Da mag Freund Schleifer noch so neckische und vieldeutige Anspielungen machen. Mit wenigen Strichen wirft er die Umrisse seiner paradoxen Situation aufs Papier. Ambivalent wie so oft in seinem Leben: die Wiedersehensfreude nach einem Jahr schlägt in Abschiedsschmerz um. Das Gedicht, das er vermutlich im rollenden Wagen gemacht hat, trägt zwar das Datum 12. Juli, doch kann es an diesem Tag nicht gut entstanden sein. Folgt man der von den Herausgebern der „Historisch-kritischen Gesamtausgabe" vorgenommenen Datierung, so hat Lenau den Traunstein bereits am 7. Juli bestiegen und ist bereits am 11. Juli in Richtung Salzburg unterwegs[84]. Ebensogut könnte Lenau sich freilich mit der Datierung geirrt haben. Wie auch immer: die Freude des Wiedersehens verdichtet sich in diesen Versen zu einem Schmerz des Abschiednehmens angesichts einer höchst ungewissen Zukunft. Bezeichnend aber ist, daß der Dichter schon jetzt, bevor er die weite Reise antritt, ahnt, daß er sein Glück in Amerika nicht finden wird. „Dort ist es nicht, nur Trug und Pein!"[85]

Es ist kaum anzunehmen, daß Lenau sich der schönen und gleichermaßen geistvollen Nanette je erklärt hat, noch dürfte sie seine zarten Anspielungen verstanden oder auf sich bezogen haben. So wird es Eduard Castle vorbehalten bleiben, den Zusammenhang zwischen dem Gedicht „Auf dem Hochberg (12. Juli)" und dem Fräulein Wolf[86] herzustellen, die mit Franz Schubert vierhändig gespielt, Schubertlieder für Lenau gesungen, doch auf Geheiß des Vaters den Umgang mit unserem Dichter abgebrochen hat:

> Die Gletscher glühen in dem goldnen Lichte
> Und rötlich glänzt die Felsenwand,
> Um diese Gipfel wehen Traumgesichte,
> Aus frühen Tagen mir bekannt.
>
> Im Purpurmeer seh ich den Nachen treiben:
> Die Sonne spiegelt sich im weiten See.
> Am fernen Kloster zähl ich alle Scheiben,
> Im Herzen wird mirs wohl und weh.
>
> Es locken Täler hinter Felsentoren,
> Ein Sehnen faßt mich im Gemüt,
> Nach Glück, besessen – nie – und nie verloren,
> Verwelkt und niemals doch erblüht!
>
> Den Blick laß in die blaue Ferne tauchen
> – Dort ist es nicht, nur Trug und Pein!
> Da unten, wo die stillen Hütten rauchen,
> Da muß es oder nirgend sein! ...
>
> Bald wird der Abschied mir die Brust zerschneiden,
> Vom Vaterland, vom Vaterhaus.
> Getrennt von dir, muß Herzenfrost ich leiden,
> Zur Fremde treibt es mich hinaus ...[87]

Anmerkungen

1 Stichwort „Stockerau" in: Österreichische National-Encyklopädie, oder alphabetische Darlegung der wissenswürdigsten Eigenthümlichkeiten des österreichischen Kaiserthumes, Wien: In Commission der Friedr. Beck'schen Universitätsbuchhandlung 1836, Bd. 5, 206.
2 Vgl. dazu Alois Schwanke: Lenau in der Erinnerung der Stadt Stockerau, in: Lenau-Almanach, Stockerau: Kulturamt der Stadt Stockerau 1959, 34.
3 Nikolaus Britz: Lenau und Stockerau, Kleiner illustrierter Führer zu den Lenau-Gedenkstätten der Stadt, Wien: Kulturamt der Stadt Stockerau 1964, 21.
4 Adolf Schmidl: Wien's Umgebungen auf zwanzig Stunden im Umkreise. Nach eigenen Wanderungen geschildert, Wien: Carl Gerold 1838 (Reprint, Wien: Archiv-Verlag 2002), Bd. V, 245.
5 Max Koch (Hrsg.): Lenaus Werke, Berlin/Stuttgart: Kürschners Deutsche Nationalliteratur, Band 154, VI.
6 Anton Xaver Schurz: Lenau's Leben. Großenteils aus des Dichters eigenen Briefen, Stuttgart/Augsburg: J. G. Cotta'scher Verlag 1855, 30.
7 Ludwig August Frankl: Zur Biographie Nikolaus Lenau's, Wien/Pest/Leipzig: A. Hartleben's Verlag 1885², 15 f.
8 Eduard von Bauernfeld: Ausgewählte Werke in 4 Bänden, mit einer biographisch-kritischen Einleitung herausgegeben von Dr. Emil Horner, Band 4, Aus Alt- und Neu-Wien, Leipzig: Max Hesses Verlag 1873, 8 ff.
9 Friedrich Heer: Der Kampf um die österreichische Identität, Wien/Köln/Graz: Hermann Böhlaus Nachf. 1981, 169.
10 Jane Regenfelder: Der sogenannte „Bolzano-Prozeß" und das Wartburgfest, in: Helmut Rumpler (Hrsg.): Bernard Bolzano und die Politik. Staat, Nation und Religion als Herausforderung für die Philosophie im Kontext von Spätaufklärung, Frühnationalismus und Restauration, Wien/Köln/Graz: Böhlau Verlag 2000, 158.
11 Samuel Frankfurter: Graf Leo Thun-Hohenstein, in: Allgemeine Deutsche Biographie, Bd. 38, Leipzig 1894, 193 ff, 183.
12 Eduard Winter: Der Bolzanoprozeß. Dokumente zur Geschichte der Prager Karlsuniversität im Vormärz, Brünn/München/Wien: Prager Studien und Dokumente zur Geistes- und Gesinnungsgeschichte Ostmitteleuropas 4/1944, 149.
13 Alphons Lhotzky: Das Ende des Josephinismus, in: Alphons Lhotzky Aufsätze und Vorträge (Hans Wagner/Heinrich Koller, Hrsg.), Band 3, Wien: Verlag für Geschichte und Politik 1972, 263.
14 Vgl. dazu Jane Regenfelder, a.a.O., 174.
15 Hugo Rokyta: Vinzenz Weintridt (1778–1849), der „österreichische Bolzano". Leben und Werk eines Repräsentanten des Vormärz in Österreich und Mähren, Wien: Edition Atelier 1998, 47.
16 Heinrich von Srbik: Deutsche Einheit. Idee und Wirklichkeit vom Heiligen Reich bis Königgrätz, Bd. 1, München: F. Bruckmann KG. 1940³, 186.
17 Ebenda, 170.
18 Aus Max Löwenthals Notizen, in: LFLC, Bd. 1, 64.
19 Dr. J. Sadger: Aus dem Liebesleben Nikolaus Lenaus, Leipzig/Wien: Franz Deuticke 1909, 94: Grundgelegt ist dieses Ereignis nach Sadger in der Bereitschaft zu aggressiven Handlungen: „Auch jene Episode, da er mit dem Messer auf eine ruhig ihren Kaffee schlürfende Hochschwangere losging, hat uns die Wut des Knaben enthüllt gegen seine Mutter, die nach ihm noch zu empfangen wagte von einem anderen."
20 Ludwig August Frankl: Zur Biographie Nikolaus Lenau's, Wien/Pest/Leipzig: A. Hartleben's Verlag 1885², 14 ff.
21 Johann Gabriel Seidl: Nikolaus Lenau. Erinnerung aus meinem Leben, in: SLLC, 123.

22 Eduard von Bauernfeld: Aus Alt- und Neu-Wien, in: Ausgewählte Werke in vier Bänden, Band 4, Leipzig: Max Hesses Verlag 1872, 9.
23 NL an Therese Vogel, den 28. Juni 1820, in: LHKG, 26.
24 NL an Therese Vogel, den 28. Juni 1820, in: LHKG, 25 u. 13. November 1820, in: LHKG, 29.
25 Therese Vogel an NL, Pressburg, den 6. März 1820, in: SLLC, 116.
26 J. Sadger, a.a.O., 14.
27 Eduard von Bauernfeld, a.a.O., 103 ff.
28 Anton Xaver Schurz: Lenau's Leben, großenteils aus des Dichters eigenen Briefen, Stuttgart/Augsburg: J. G. Cotta'scher Verlag 1855, Band 1, 47.
29 Anton Xaver Schurz: Hausball beim Obersten Niembsch, in: SLLC, 118 ff.
30 NL an Therese Vogel, 9. April 1821, in: LHKG, 38.
31 Vgl. dazu: LHKG, Bd. V/2, 135 ff.
32 NL an Therese Vogel, Wien, 17. Juni 1821, in: LHKG, 42.
33 Hugo Rokyta: Vinzenz Weintridt, der „österreichische Bolzano". Leben und Werk eines Repräsentanten des Vormärz in Österreich und Mähren, Wien: Edition Atelier 1998, 47.
34 Josef Fick, Schriftsteller und Geschichtslehrer, später auch des zukünftigen Kaisers Franz Joseph.
35 Anton Stein, Professor für klassische Philologie und Literatur a. d. Universität, Lehrer Grillparzers, Bauernfelds und Lenaus. Freund Weintridts.
36 Eduard von Bauernfeld: Aus Bs. Tagebüchern, in: Jahrbuch der Grillparzer-Gesellschaft. Redigiert von Carl Glossy, Wien: Verlag von Carl Konegen 1895, 9, 18.
37 Hugo Rokyta, a.a.O., 50, 101.
38 SLLC, 156.
39 Zit. nach Otto Erich Deutsch (Ges.u.erl.): Schubert. Die Dokumente seines Lebens, Kassel/Basel/Paris/London/New York: Bärenreiter 1964, 87.
40 Vgl. dazu Ernst Hilmar: Franz Schubert in seiner Zeit, Wien/Köln/Graz: Hermann Böhlaus Nachf. 1985, 21.
41 Johann Senn: Schwanengesang, in: Franz Schubert, Lieder 1817–1828, Vol. II, Hamburg: Deutsche Grammophon/Polydor 1985, 101.
42 Vgl. dazu Ernst Hilmar, a.a.O.
43 FS an Josef von Spaun, den 21. Juli 1825, in: Otto Erich Deutsch (Hrsg.), 1954, 113.
44 Otto Erich Deutsch (Hrsg.): Franz Schubert. Briefe und Schriften, Wien: Verlag Brüder Hollinek 1954[4], 96.
45 NL „Die Albigenser"; in: LSWC, Band II, 399.
46 NL „Winternacht", in: LSWC, Band I, 20.
47 NL: „Einsamkeit II", in: LSWC I, 305.
48 SLLC, 125 f.
49 SLLC, 127.
50 Franz von Némethy: Erinnerungen, in: SLLC, 127–133.
51 Vgl. SLLC, 132; ein Oberst dieses Namens ist im Militärschematismus der in Betracht kommenden Jahre nicht nachweisbar. Dagegen scheint ein sicherer Ignaz Graf Quadagny unter der Rubrik „Unangestellte Oberste" in den Militärschematismen der Jahre 1819–1827 als in Preßburg stationiert auf. Es dürfte sich also um eine Verballhornung oder um eine falsche Transkribierung des Namens handeln.
52 LFLC, Band 1, 210.
53 SLLC, 128 bis 132.
54 Vgl. Aktenstücke zu Lenaus Lebensgeschichte III/Nr. 18, in: LSWC, Band V, 280.
55 Vgl. dazu: SLLC, 133.

56 LHKG I, 86. Ein Sonett, mit einer Kunstfertigkeit gebaut, die diesem Lebensabschnitt weit vorausgreift. Sie legt den Schluß nahe, daß Lenau es später stark überarbeitet hat.
57 SXLL, Band 1, 60.
58 LHKG V/1, 46, 47.
59 SLLC, 138.
60 Ladislaus Veszely in: SLLC, 144.
61 Ebenda, 145.
62 Ludwig August Frankl: Zur Biographie Nikolaus Lenau's, Wien/Pest/Leipzig: A. Hartleben's Verlag, 1885², 48 ff.
63 SLLC, 147.
64 Ludwig August Frankl: Zur Biographie Nikolaus Lenau's, Wien/Pest/Leipzig: A. Hartleben's Verlag 1885², 5.
65 Ebenda, 59.
66 NL an Therese Vogel, Wien am 8. Mai 1821 sowie Wien, 1. Juni 1821, in: LHKG V/1, 39 ff.
67 NL: „In einer Sommernacht" gesungen, LHKG, Bd. II, 323 ff.
68 NL: „Erinnerung", LHKG, Bd. II, 325.
69 NL an Friedrich Kleyle, 8. Dezember 1823, in: LHKG V/1, 51 ff.
70 NL an Friedrich Kleyle, Wien am 9. Juni 1826, in: LHKG V/1, 70.
71 NL: „Jugendträume", in: LHKG, Bd. I, 5.
72 Vgl. dazu Adolf Wilhelm Ernst: Lenaus Frauengestalten, Stuttgart: Verlag von Carl Krabbe 1902, 41.
73 Dr. J. Sadger: Aus dem Liebesleben Nicolaus Lenaus. Schriften zur angewandten Seelenkunde (Hrsg. Sigmund Freud), 6. Heft, Leipzig/Wien: Franz Deuticke 1909, 39.
74 Eduard Castle: Aktenstücke zu Lenaus Lebensgeschichte, in: LSWC, Band V, 309.
75 Vgl. dazu: SXLL, 98.
76 Anton Xaver Schurz: Lenaus Leben, SLLC, 102.
77 Wolfgang Pauker: Lenaus Freundin Nanette Wolf in Gmunden, Wien/Leipzig: Dr. Strohmer Verlag 1923, 69.
78 Emma Niendorf: Lenau in Schwaben. Aus dem letzten Jahrzehnt seines Lebens, Leipzig: Friedrich Ludwig Herwig 1853, 11.
79 Albert Böhm (1893) in: SLLC, 236 ff.
80 Eduard Castle: Aktenstücke zu Lenaus Lebensgeschichte, in: LSWC, Bd. V, 257.
81 Über Magdalena Karch-Niembsch in: Wolfgang Pauker: Lenaus Freundin Nanette Wolf in Gmunden, Wien//Leipzig: Dr. Strohmer Verlag G.m.b.H. 1923, 191.
82 Vgl. dazu den Brief an Emilie von Reinbeck vom 5. Februar 1836, in: LHKG, Bd. V/1, 443.
83 SXLL, 108.
84 Keines der in der Gesamtausgabe angeführten Daten kann stimmen. In der Forschung herrscht einige Verwirrung darüber, ob Lenau bereits am 11. Juli über Salzburg nach München weitergereist ist (Brief 70 an Anton Xaver Schurz, in: LHKG V/1, 93) oder ob Lenau am 11. Juli mit Nanette von Gmunden aus eine Fußwanderung gemacht hat (Anmerkung zu dem Gedicht „Auf dem Hochberg", in: LHKG II, 768). Das Problem ließe sich lösen, indem man die von Schurz vorgenommene Datierung des Briefes entsprechend korrigiert. Zehn Tage nach Karlsruhe kann Lenau wohl nicht gut gebraucht haben. Jedenfalls ist sein in Karlsruhe an Gustav Schwab geschriebener Brief mit 21. Juli 1831 datiert. Mehr wissen wir nicht.
85 „Auf dem Hochberg", in: LHKG II, 335, Zeile 16.
86 Vgl. dazu Eduard Castle: Lesarten und Anmerkungen, in: LSWC, Bd. VI, 465 ff.
87 Ebenda, 335 ff.

KAPITEL 3

Strahlender Held, zu Tod betrübt

Ende Juni 1831 bricht Lenau von Wien aus zu seiner ersten Reise nach Süddeutschland auf. Vorgeblich allein, um hier Kontakte mit Schriftstellern und Verlegern anzuknüpfen. Sie sollen ihm helfen, seine Gedichte außerhalb der Reichweite der österreichischen Zensur zu veröffentlichen. Tatsächlich trägt er sich jedoch mit Gedanken von wechselnder Intensität, Österreich, ja überhaupt Mitteleuropa zu verlassen und in die Vereinigten Staaten auszuwandern. Eines der Motive dafür sind der deprimierende Ausgang sowie die erschreckenden Nachwirkungen der Juli-Revolution in Frankreich. Ursprünglich von Intellektuellen, Studenten, Kleinbürgern und Arbeitern getragen, verhilft diese Erhebung dem liberalen Großbürgertum binnen kürzester Frist an die Macht und führt schließlich zur Inthronisation des sogenannten Bürgerkönigs Louis-Phillippe. Schon aus Artikel I der neuen Verfassung lassen sich unzweideutig die Zugeständnisse herauslesen, die den Liberalen gemacht worden sind: deutlich wird hier zum Ausdruck gebracht, daß die Verfassung nicht länger ein Gnadenakt bleibt, sondern daß sie vielmehr ein Vertrag zwischen König und Volk ist, der auf Wechselseitigkeit gründet. Dazu kommt noch: Pressefreiheit in vollem Umfang und die Herabsetzung des Alters, ab dem man wählen darf oder gewählt werden kann. Aber deutlicher noch als den Liberalen kommt die neue Verfassung den Wünschen der Großbürger entgegen: denn sie schließt durch das Zensuswahlrecht die Kleinbürger und Arbeiter von der Volksvertretung aus.

So kommt es, daß die außenpolitischen Wirkungen der Juli-Revolution bald eine beträchtlich stärkere Durchschlagskraft aufweisen als die innenpolitischen: Anfang Februar 1831 bricht ein Aufstand in Rom aus, der sich alsbald über Bologna, Modena und Parma ausbreitet. Österreich, das sich auf die Beschlüsse des Kongresses 1822 von Verona berufen kann, schlägt die Erhebung als Ordnungsmacht in nur wenigen Monaten nieder. Doch sind deren geistige Zentren bereits über ganz Frankreich zerstreut: Filippo Buonarroti, der große alte Mann der Carbonaria, in Paris; der Genueser Advokat Giuseppe Mazzini, der als erster die national geeinigte italienische Volksrepublik verkündet, gründet in Marseille den neuen Geheimbund des „Jungen Italien" („La giòvine Italia"). Als schließlich von der Militärjustiz zwölf Todesurteile vollstreckt werden, flieht auch Garibaldi und mit ihm zahlreiche Gleichgesinnte aus Genua nach Paris.[1]

Für Lenau, der das Schicksal Europas und vor allem die völkerrechtlichen Konsequenzen von Österreichs Eingreifen in Italien besorgt analysiert, ist Frankreichs außenpolitische

Zurückhaltung, die Nichtintervention in Italien, ein negatives Prinzip, aus dem keine Positivität folgen kann: „Und in dieser schönen Zeit", so schreibt Niembsch am 11. März 1831 von Wien aus an den Freund Matthias Leopold Schleifer in Orth bei Gmunden, „wo die Stimme der Liebe täglich lauter ruft und seliger überall in der Natur, gerade jetzt rüsten die Menschen sich zum Kriege und lauter werden die Stimmen des Hasses und drohender immer. Man ist hier in der gespanntesten Erwartung, was da geschehen werde. Wird Österreich in Italien intervenieren oder nicht? und wird es, wie werden's die Franzosen aufnehmen? Diese Franzosen sind doch verflucht arrogante Kerls, daß sie sich zu Gesetzgebern des Völkerrechts aufwerfen! Elendes Prinzip der Nicht*intervention*! Ich sage elend und habe dazu folgende Gründe, vielleicht sind sie auch die Deinigen.

Erstens ist dieses Prinzip ein rein negatives, aus welchem sich durchaus nichts Positives ableiten läßt. Haben aber ganze Völker, wie einzelne Menschen nur negative Pflichten gegen einander? … Ich glaube vielmehr, alle Völker der Erde sollen gemeinschaftlich arbeiten an der großen Idee des Rechtes."[2]

Hier blitzt zum ersten Mal Lenaus lebenslange Idee einer dualen Weltordnung auf, die allein aus dem Widerstreit der Weltanschauungen resultieren kann. In Europa sei alles bereits viel zu festgelegt: die Motive des Handelns der einzelnen Staaten wie die Motive ihres Nichthandelns. Man merkt es dem Brief an den Freund Schleifer an, wie die von Lenau angewandten Schlußformen und Sentenzen bereits hinüberdrängen, wie sie hinüberzüngeln in jenes Land der unbegrenzten Möglichkeiten, in das Reich der Freiheit, die aus der Notwendigkeit entspringt. Schon seit damals, als Lenaus Freund und Lehrer, Joseph von Kövesdy, ihm zum ersten Mal davon erzählt hat, ist des Dichters Sehnsucht heftig von der Aussicht auf die große Fahrt ergriffen gewesen. Einmal den engen Verhältnissen Österreichs und Deutschlands den Rücken zu kehren, hinauszutreten in die großzügige und grenzenlose Weite einer sich selbst überlassenen Natur, wo der Charakter sich stählen, zu Selbsttätigkeit und Stärke bilden kann. „Weisheit", „Stärke" und „Schönheit", diese drei Lichter hofft er in Amerika zu entzünden und damit seine Poesie in die Schule der Urwälder zu schicken. Entschlossen und kühn beflügelt Sehnsucht seine Phantasie. Dazwischen aber schieben sich immer wieder Bilder von *seinem Kövesdy*, wie er als dreizehnjähriger Knabe – entschlossen und kühn – mit Freunden nach Amerika hat auswandern wollen, ohne einen Pfennig Geld in der Tasche. „Von Pest bis Salzburg hungerten sich die jungen Wanderer glücklich durch; von dort aber mußten sie, weil sie ausweislos waren, schneller als sie hinkamen, in die Heimat wieder zurück, keineswegs jedoch mutlos, sondern vielmehr mit dem stolzen Bewußtsein einer versuchten kühnen Tat."[3]

Je näher der Wagen der Poststation Gmunden kommt, desto stärker wird Niembsch von dem Bedürfnis erfaßt, sich von Nanette Wolf, der gefühlsstarken Interpretin der Werke seines Freundes Franz Schubert, zu verabschieden. Vielleicht hofft er auch, dass die vor einem Jahr recht offensichtlich hervorgetretene Neigung zwischen ihnen der Zeit standgehalten und ihre Schwärmerei zu einem festen Bund geworden ist. Und tatsächlich scheint seine Hoffnung gerechtfertigt, denn Schleifer begrüßt ihn mit den Worten: „In Gmunden scheint man tief an dich zu denken."[4] Niembsch hält sich gegen acht Tage bei Leopold Schleifer auf. Er geht jeden Tag mehrmals an ihrem Haus vorüber, doch darf sie sich – auf Wunsch ihres Vaters – nicht zeigen. Jeder Verkehr mit Niembsch ist untersagt. Offenbar hat der Vater Lenaus innere Unruhe, seine manchmal wild auffahrende Neurasthenie bemerkt und Gefahr für das Seelenheil seiner Tochter gewittert. Irgendwie aber schaffen es die beiden schließlich doch noch, einander zu sehen. Sie vereinbaren einen Aufstieg auf den Traunstein, den sie, gemeinsam mit zwei Bekannten, am Vorabend von Lenaus Weiterreise unternehmen. Schwager Schurz, der von sich behauptet, besser zu Fuß zu sein als Lenau, erhält die übliche Kostprobe:

„Vorgestern hab' ich den Traunstein bestiegen. Um 6 Uhr des Morgens fuhr ich von Gmunden zu Wasser ungefähr 5/4 Stunden nach der Lanauerstiege. Meine Begleiter waren Hans Girgel und seine Schwester Nani; er ein rüstiger Gemsenjäger, sie eine hübsche blauäugige Dirne. Wir stiegen auf und die steilen Stufen hinan. Schon am Fuße des Berges hat mich eine Art Freudenrausch ergriffen, denn ich ging voraus und kletterte die Stiege mit solcher Eilfertigkeit, daß mir der Jäger oben sagte: ‚Das ist recht! so halt! weil Sie da herauf so gut kommen sind, so werden Sie auf den Traunstein wie ein Hund hinauflaufen.' Und es ging trefflich; in drei Stunden waren wir oben. Welche Aussicht! Ungeheure Abgründe in der Nähe, eine Riesenkette von Bergen in der Ferne und endlose Flächen. Das war einer der schönsten Tage meines Lebens; mit jedem Schritte bergan wuchs mir Freude und Mut! Ich war begeistert. Wenn mir mein Führer sagte: ‚Jetzt kommt eine gefährliche Stelle!' so lachte ich und hinüber ging es mit einer Leichtigkeit, die ich mit kaltem Blute nimmermehr zusammenbrächte, und die mir jetzt am Schreibtisch unbegreiflich vorkommt. Meine Zuversicht stieg mit jedem Schritte; ganz oben trat ich hinaus auf den äußersten Rand eines senkrechten Abgrundes, daß die Nani aufschrie, mein Jäger aber frohlockte: ‚Das ist Kuraschi, da ist noch keiner von den Stadtherren außgetreten.' Der gute Kerl wollte mich bereden, in Gmunden zu bleiben noch einige Zeit; er würde mich dann mitnehmen auf die Gemsenjagd. Bruder, die Minute, die ich auf jenem Rande stand, war die allerschönste meines Lebens, eine solche mußt auch du genießen. Das ist eine Freude! Trotzig hinabzuschauen in die Schrecken eines bodenlosen Abgrundes und den Tod heraufgreifen sehen bis an meine Zehen, und stehen bleiben, und so lange der furchtbar erhabenen Natur ins Antlitz sehen, bis es sich erheitert, gleichsam erfreut über die Unbezwinglichkeit des Menschengeistes, bis es mir schön wird, das Schreckliche …"[5]

Weltruhm via Stuttgart

Unmittelbar nach der Besteigung des Traunsteins verläßt der Dichter Gmunden in Richtung Salzburg. Von hier aus reist er nach München, sodann nach Karlsruhe weiter. Von Karlsruhe aus knüpft er den ersten brieflichen Kontakt zu Gustav Schwab und legt dem Brief sein Gedicht „Der Gefangene" sowie Matthias Leopold Schleifers Gedicht „An den Schmerz" bei. Als Gustav Schwab im Verlauf einer Woche nicht antwortet, reist Lenau kurzerhand nach Stuttgart, um sich die Antwort persönlich abzuholen. Schwab, neben seinem Beruf als Gymnasiallehrer mit Redaktionsarbeiten beim „Morgenblatt für gebildete Stände" betraut, erinnert sich der ersten Begegnung:

„Im Sommer 1831 erhielt der Redakteur des poetischen Teils des Stuttgarter Morgenblatts, Prof. G. Schwab, eine einfache Zuschrift mit dem damals noch unbekannten Namen: Nik. Lenau und einigen Gedichten, die der Einsender jener Zeitschrift anbot. Ehe Schwab, der viel Mittelmäßiges für das Blatt erhielt und zu sichten hatte, die angeschlossenen Blätter entfaltete, trat (9. August), als eben der junge Dichter Gustav Pfizer sich bei ihm befand, der Verfasser selbst, von einem Lohnbedienten geleitet, in das Zimmer und wollte die Antwort, die etwa seit einer Woche zögerte, abholen. Der Redakteur eilte verlegen in seine Studierstube, um einen Blick in die anvertrauten Papiere zu werfen. Nach den ersten Zeilen verbreitete sich dem Leser jener Glanz über das Papier, der, nach dem Wort des römischen Lyrikers, aus dem Anlächeln der Muse quillt, und er eilte vergnügt zu seinem Besuche zurück und gab der Freude über den unerwarteten Dichterfund beredte Worte und erklärte die Zusendung für höchst willkommen. Der Abend vereinigte die drei Dichter. Lenau las immer herrlichere eigentümliche Gedichte aus neu herbeigeholten Blättern: ‚Die Heidebilder', ‚Die Werbung', ‚Den Schifferknecht', ‚Den Invaliden'. Alle trugen das unverkennbare Gepräge einer in ungewohnten Kreisen dichterischer Anschauung heimischen, in unsere Literatur frisch eingetretenen poetischen Persönlichkeit. Lange nach Mitternacht schieden die Freunde gewordenen als Brüder."[6]

Davon abweichend liest sich die Schilderung, die Gustav Schwabs Schwiegersohn, Karl Klüpfel, von diesem ersten, entscheidenden Zusammentreffen gibt. Nur selten im Leben eines Menschen erlangt ein einzelner Augenblick, eine einzige Begegnung derartiges Gewicht, daß sie die einmal eingeschlagene Richtung des Lebensweges grundlegend zu ändern vermag: „Die auf Schwabs Leben in damaliger Zeit einflussreichste Bekanntschaft war die mit Nikolaus Niembsch von Strehlenau, der bald als Nikolaus Lenau einen so großen Dichterruhm erlangte. Er kam als noch unbekannter junger Mann auf einer Reise nach Stuttgart, nachdem er schon von Karlsruhe aus einige Gedichte für das ‚Morgenblatt' an Schwab geschickt hatte. Dieser hatte jedoch, da er mit solchen Zusendungen gar zu sehr überhäuft wurde, noch nicht

Zeit gefunden, die Gedichte anzusehen. Als er eines Tages aus dem Gymnasium nach Hause kam, empfing ihn seine Frau mit der Nachricht, es sei ein sehr interessant aussehender Ungar dagewesen, der sich nach dem Schicksal seiner eingesandten Dichtungen habe erkundigen wollen: der sei gewiß ein rechter Dichter! Eben wollte Schwab auf sein Zimmer gehen, um das Manuskript durchzulesen, als auch schon der angekündigte Fremde wieder hereintrat. Mit einer Entschuldigung ließ Schwab ihn bei seiner Frau und Gustav Pfizer, der eben anwesend war, allein, kehrte aber nach wenigen Minuten mit freudestrahlendem Gesicht, die Gedichte in der Hand, zurück und begrüßte jetzt erst den Fremden mit dem herzlichsten Willkommen, da er sich schnell überzeugt hatte, daß diese wenigen Proben das Erzeugnis eines tief poetischen Geistes seien. Der Abend vereinigte die drei Dichter."[7]

Lenau, von der Macht überströmender Gefühle der Freundschaft, der Anerkennung und Zuneigung überwältigt, fühlt sein Selbstvertrauen gestärkt, verspürt neuen Lebensmut, erkennt sich in seinem Tun bestätigt. So jedenfalls notiert Anton Xaver Schurz, der Schwager, in Lenaus Lebensbericht. Enthusiastisch ist aber nicht nur Gustav Schwab selbst, sondern jeder, der an diesem Abend des 9. August Lenaus Poesien hört: „Ich muß Dir gestehen, daß es mir unendlich behaglich war, zu sehen, wie jeder bessere Gedanke sogleich zündete in dem empfänglichen Gemüte dieses Mannes, eine solche Wirksamkeit hätt' ich meinen Leistungen nicht zugetraut, ist auch vieles davon auf die große Lebhaftigkeit Schwabs zu setzen. Am ersten Tage meines Hierseyns führte mich Schwab Abends in einen Leseverein, und trug hier mehrere meiner Gedichte selbst vor mit großem Feuer. Als sich die Gesellschaft getrennt hatte, blieben nur Schwab, ich, und ein junger Dichter, Gustav Pfizer zurück. Da wurde noch gelesen, getrunken, Bruderschaft getrunken und gerast auf mancherlei Art bis spät nach Mitternacht; es war der 9. August. Einige Stunden waren genug, uns zu Freunden zu machen. Wie träge sind dagegen die Entwürfe der Freundschaft im kalten Leben derer, die nichts haben von unserem Glücke, mein Bruder!"

Lenau erlebt einen Glückstaumel ohnegleichen. Hat nicht Schwab ihm einen Vertrag mit Cotta für einen Band Gedichte in Aussicht gestellt? Daß es noch Reibereien geben, daß Cotta zunächst ablehnen, sich aber dann doch umstimmen lassen wird, davon weiß man an diesem ersten Abend im Kreis der neuen Freunde noch nichts. Jubelnd verkündet Lenau daher seinem Schwager nach Wien die Frohbotschaft: „In drei Monaten ist man hier mehr bekannt als zu Wien in drei Jahren."[8]

Wie ein Lauffeuer fliegt des Dichters Ruhm durch Stuttgart und über Württemberg hin. Nicht ganz zwei Spalten im „Morgenblatt für gebildete Stände" genügen, um die literarisch Interessierten ein für allemal erkennen, sie anerkennen zu lassen: seht her, hier ist ein neuer Dichter erstanden. Nein, nicht in Wien, woher er kommt! dort hat er nur bescheidenen Ruhm für seine ersten Publikationen geerntet; dort geht man, was die Entdeckung von Genies betrifft, wesentlich gelassener zu Werk – zumal wenn sie aus den Kronländern zuwandern. In der Kaiserstadt, diesem Sammelbecken gegensätzlicher Begabungen und widersprüchlichster Motive, ist es vergleichsweise schwer, sich einen Namen zu schaffen. Dazu kommt noch die Wirkung der Zensur, die ihren Niederschlag in der „Trostlosigkeit der damaligen und gegenwärtigen Pressverhältnisse in Österreich"[9] findet. Noch hat die Öffentlichkeit die Disziplinierung in bester Erinnerung, die Grillparzer nicht nur seitens der österreichischen Regierung, sondern sogar durch den Kaiser höchst persönlich widerfahren ist. Trotz anfänglichem Widerstreben hat Schreyvogel schließlich Grillparzers Gedicht „Campo Vaccino" in seine „Aglaja", Taschenbuch für das Jahr 1819, aufgenommen. Dabei ist dem Zensor, Rudolf Johann Graf Czernin, offenbar ein Fehler unterlaufen. Er hat das Gedicht zwar gelesen, vermutlich aber folgende Verse überlesen, die Grillparzer an das im Kolosseum zu Rom stehende Kreuz richtet:

> Nehmt es weg, dies heil'ge Zeichen!
> Alle Welt gehört ja dir;
> Übrall, nur bei diesen Leichen,
> Übrall stehe, nur nicht hier!

Nichts nützt es Grillparzer, daß er in den Schlußversen dieses Gedichts eine Äquidistanz zu den brüchigen Vergangenheiten und der alles nivellierenden Gegenwart herstellt:

> Hauch ihn aus, den letzten Odem,
> Riesige Vergangenheit!
> Flach dahin auf flachem Boden
> Geh die neue, flache Zeit![10]

Der „miserable Pilat", der das Gedicht liest, spielt es dem Kaiser Franz zu, dieser läßt Graf Sedlnitzky kommen und trägt ihm auf, dem Dichter einen „strengen Verweis" zu erteilen und mit der Enthebung von seinem Amt als Konzeptspraktikant zu drohen.[11] Grillparzer ist verzweifelt, doch tröstet er sich damit, daß der größte Teil der Auflage immerhin bereits ausgeliefert ist; noch dazu zumeist ins Ausland. Daher fördert die bei Grillparzer vorgenommene Hausdurchsuchung auch nichts Verdächtiges mehr zutag.[12] Bekannt sind die Folgewirkungen dieser Polizeiaktion: die anhaltende Verstimmung des Kaiserhauses über Jahrzehnte und daher keine Vorrückung für Grillparzer über Jahre hinweg.

So perfid das Zensur- und Spitzelwesen aber an und für sich schon ist, so sehr muß man hier noch auf eine weitere Komponente aufmerksam machen, die meist übersehen wird.

Seine brisanteste gesellschaftspolitische Wirkung entfaltet das Spitzelwesen vor allem dadurch, daß sich die Strukturen und Methoden im Verlauf der jeweils angewandten Praxis verselbständigen, das heißt: die Verstellung, die gezielte Lüge, das Aushorchen von Freunden und Kollegen sowie die methodisch ausgeübte Denunziation entwickeln schließlich einen so hohen Grad von Unabhängigkeit und Eigendynamik, daß nicht einmal die Befehlsgewalt von Ministern dagegen ankommt. Sogar Heinrich von Srbik, der den Grafen Joseph Sedlnitzky auf Choltic nicht unbedingt für einen verächtlichen Charakter hält, meint, daß „selbst Metternich ohnmächtig gegenüber dem Treiben der Staatspolizei war … Sedlnitzky … verstand es vollends, eine Macht für sich zu werden, und trieb das Späher- und Denunziantenwesen, die Torheit und die Härte der Zensur auf die Höhe."[13]

Ein Schnippchen der Zensur

Und doch gibt es verschiedene Möglichkeiten, sich den Repressionen der Zensur zu entziehen. Eine davon wenden die in tschechischer Sprache publizierenden Autoren an. Sie veröffentlichen Auszüge von Übersetzungen ihrer Werke in deutscher Sprache und lassen hierauf die subversiven Originaltexte auf tschechisch in der Hoffnung folgen, die Zensoren, die meistens nur des Deutschen wirklich mächtig sind, würden es bei der Lektüre der deutschen Fassung bewenden lassen. Wirksamer als diese Methode ist es allerdings, die Texte den Eingriffen der Zensur dadurch zu entziehen, daß man sie – wie Nikolaus Lenau das seit dem Sommer 1831 praktiziert – außerhalb Österreichs, also etwa in Stuttgart, veröffentlicht.

Aber auch hier, in Stuttgart, bedient man sich ganz bestimmter Vorsichtsmaßnahmen, um nicht Anstoß bei den Behörden zu erregen. Seit Arbeiter, Studenten und Kleinbürger in der Juli-Revolution des Jahres 1830 gegen die Änderung des Wahlrechts und die Aufhebung der Pressefreiheit in Frankreich protestieren und im November desselben Jahres Polens Bürger sich gegen den Adel erheben, zittert durch Deutschland und Österreich die Angst vor, aber auch die Hoffnung auf Veränderung. Es gehört mit zu Lenaus immer wieder unternommenen Versuchen, die Gesellschaft des franzisceischen Österreich zu provozieren, aus ihren Schlupflöchern zu kitzeln, indem er jetzt nach Stuttgart ausgerechnet ein Gedicht mitnimmt, das den Titel trägt: „Der Gefangene". Dabei handelt es sich nicht um irgendeinen Gefangenen, um Impressionen vom Alltag eines beliebigen Häftlings. Worum es Lenau ganz offensichtlich geht, das ist, die Willkür des Staates anzuprangern, der sich das Recht herausnimmt, die Freiheit des einzelnen zu knebeln und zu unterdrücken. Nur Beethovens vielbewunderter „Fidelio" hat ein verwandtes Thema mit vergleichbarem Realismus behandelt und – freilich erst in überarbeiteter und musikdramatisch stärker akzentuierter Gestalt – zu vergleichbarer Wirkung geführt.

Worum geht es Lenau in seinem Gedicht? Konkret: um die Schicksale seines Dichterkollegen Silvio Pellico, der 1820 von der österreichischen geheimen Staatspolizei unter der Anschuldigung verhaftet wird, Mitglied der „Carboneria" zu sein. Einer geheimen politischen Gesellschaft also, die für Italiens nationale Unabhängigkeit kämpfte und sich zum Ziel gesetzt hatte, „freisinnige Staatsformen" durchzusetzen. 1822 wurde Pellico zum Tode verurteilt, dann jedoch zu einer langjährigen Kerkerstrafe auf dem Spielberg in Brünn begnadigt. Am 1. August 1830 wird er, vermutlich unter dem Eindruck der Juli-Revolution in Frankreich, begnadigt und freigelassen. Stimmung und Stimmungsgehalt des Gedichts hätten nicht besser gewählt werden können. Der Anteil, den die Öffentlichkeit an den Opfern politischer Verfolgungen nimmt, ist gerade in den Tagen zwischen den beiden Revolutionen bedeutend. Mit zu dem Erfolg, den das Gedicht hat, trägt ohne Zweifel auch Schwabs geschickter Umbruch der Zeitschriftenseite des „Morgenblattes für gebildete Stände" bei. Hier erscheint in Nr. 193 vom 13. August 1831 Lenaus Gedicht „Der Gefangene". An den Beginn der Seite hat Schwab als Leitspruch den Zweizeiler aus Leopold Schleifers Gedicht „Der Hirsch" gestellt:

> Was trug er auch sein Haupt so frei, so stolz!
> Wollt' edler sich als seine Treiber fühlen!

Das hier, in Nr. 193, abgedruckte und innerhalb weniger Tage einem nicht unbeträchtlichen Kreis von Lesern bekanntgewordene Gedicht ist nur eines der Beispiele für Lenaus politischen Radikalismus vor der Amerikareise. Seine Anteilnahme gilt den Opfern von Gewaltmaßnahmen polizeistaatlichen Terrors und ist alles andere als lediglich rhetorischer oder modischer Natur. Sie entspringt vielmehr dem tiefen Abscheu vor den perfiden Praktiken des Absolutismus, jede sich regende Opposition durch Maßnahmen der Bespitzelung und der Zensur schon im Keim zu ersticken. Wie nicht anders zu erwarten ist, korrespondiert Lenaus Freisinnigkeit weitgehend mit der Anteilnahme, die seine Dichter-Freunde in Württemberg und Schwaben nicht nur den Ereignissen der Juli-Revolution des Jahres 1830, sondern gleichermaßen dem von Geheimbünden tatkräftig unterstützten Aufstand in Polen entgegenbringen.[14] Als Reaktion auf diese beiden Revolutionen gewinnt „die literarische Opposition (in Württemberg und allmählich im übrigen Deutschland) wieder an Boden, und sie wurde, von der Volksgunst getragen, um so kühner und maßloser, je hartnäckiger die Regierungen auf ihrem freiheitsfeindlichen Standpunkt beharrten… Aber während sich das Junge Deutschland mit seinen Romanen vorwiegend an ein intellektuelles Publikum wandte, berechneten die politischen Lyriker, die in wachsender Zahl von Jahr zu Jahr bedeutungsvoller hervortraten, ihre leidenschaftlich erregten und Leidenschaften erregenden Gesänge auf die politisch und sozial Zurückgesetzten und Enterbten... (Wie in früheren Jahrhunderten ist Württemberg) auch im 19. einer der wichtigsten Herde der politischen Literatur und Poesie ... (und das freie Wort hier) niemals so völlig unterdrückt wie im deutschen Norden."[15]

All das kann Lenau schon erfahren, wenn er sich nur im engsten Kreis der Stuttgarter Freunde umsieht: Karl Friedrich Hartmann Mayer, Advokat und Dichter, Freund Eduard Mörikes, Nikolaus Lenaus und des Grafen Alexander von Württemberg, steht während seiner kurzen Tätigkeit als Abgeordneter zum Landtag auf seiten der Opposition. Ohne Rücksicht auf mögliche Repressalien hat er sich für den freisinnigen und deshalb in Ungnade gefallenen Heilbronner Oberamtmann Wächter eingesetzt; alsbald droht eine peinliche Untersuchung, sie wird aber niedergeschlagen, um die erregten Gemüter zu beruhigen. Sein Sohn, Karl Friedrich Mayer, verfügt über eine leidenschaftliche, mitreißende Beredsamkeit, die ihn bereits in wenigen Jahren an die Spitze der radikalen republikanischen Bewegung trägt. Er spielt hier eine leitende Rolle und vermag es, die Massen zu fesseln. Nicht zuletzt deshalb muß er fliehen und wird in Abwesenheit zu 20 Jahren Zuchthaus verurteilt. Erst zwölf Jahre nach Lenaus Tod, erst 1862 wird er wieder in die Heimat zurückkehren, um weiter für die Demokratie zu arbeiten. Den von ihm redigierten „Beobachter" gestaltet er zu einem gleichermaßen geistreichen wie rücksichtslos-spritzigen Blatt um, dessen Einfluß die Landesgrenzen rasch übersteigt. Auch Theobald Kerner, der Sohn Justinus Kerners, gehört zu den politischen Gefangenen und verbüßt seine Strafe auf dem Hohenasperg, weil er, wie er ironisch anmerkt, „die Freiheit allzu lieb hatte".[16]

Doch ist das Motiv des gefangenen Dichters als politisch-freiheitliches Kürzel in dieser Zeit weit verbreitet. Mit deutlicher Anspielung auf Lord Byrons „Der Gefangene von Chillon" hat Leopold Schleifer Lenau als deutschen Byron begrüßt, als dieser ihn auf Schloß Orth in Gmunden besuchte.

Frank und frei spricht Lenau im „Gefangenen" alle Kürzel aus, die seiner Zeit im Zusammenhang mit Tyrannei, Kerker und Willkür geläufig sind. Man muß sich daher auch nicht wundern, daß sein Name in aller Munde ist, als er von einer kleinen Reise nach München ins Haus von Gustav Schwab nach Stuttgart zurückkehrt. Ursprünglich hat er die Absicht, über München nach Wien zu reisen. Dort ist die Cholera ausgebrochen, und er ist in Sorge um die Familie seiner Schwester. Doch hat er verläßliche Nachrichten, daß Wien weder auf dem Landwege noch per Schiff zur Zeit erreichbar sei. So kehrt er denn wieder um und wohnt im Hause Schwabs. In den nun folgenden Tagen lernt er seinen künftigen Verleger, Johann Friedrich von Cotta, kennen, besucht Ludwig Uhland, Karl Mayer, Georg und Emilie von Reinbeck, Alexander von Württemberg und Wolfgang Menzel. Mit einem Empfehlungsschreiben Gustav Schwabs versehen, besucht Lenau den Arzt und Schriftsteller Justinus Andreas Christian Kerner in Weinsberg. Schwab führt Lenau mit folgenden Sätzen ein: „Hier schicke ich Dir den Herrn Niembsch von Strehlenau aus Wien, einen Ungarn, einen herrlichen Dichter und Menschen, wovon Du Dich bald überzeugen wirst. Er hat bei mir gewohnt und ist für ewig mein Freund geworden; wir sind auch bei Uhland in Tübingen gewesen und um deinetwillen reiset er über Weinsberg nach München."[17]

Antrittsbesuch bei Justinus Kerner

16 Friedrich Amerling (1803–1887):
Nikolaus Lenau, Ölgemälde 1830, LEAL
1969/75.

Von Lenaus Antrittsbesuch bei Kerner sind uns – wie schon vom ersten Besuch Lenaus bei Schwab – wieder zwei Fassungen überliefert; welche von beiden die zutreffende ist, möge der Leser entscheiden. Beide jedenfalls entbehren nicht nur nicht einer gewissen Komik, sondern widerspiegeln auch die Neigung zum Skurrilen, die im Haus Kerners offenbar zum guten Ton gehört, nämlich alles und jedes zu mystifizieren. Theobald Kerner, der Sohn Justinus Kerners, gibt folgenden Bericht von der ersten Begegnung mit dem Dichter: „Lenau kam kurz vor dem Mittagessen, zu dem ihn mein Vater natürlich einlud; er war aber nicht der einzige Gast; noch ein Doktor Wagemann war da, dieser war ein geistreicher Mann und berühmter Arzt gewesen, aber durch zu vieles Trinken vollständig herabgekommen. Da alle Mäßigkeitsermahnungen nichts fruchteten, beschränkte sich mein Vater darauf, ihm bei Tische stets nur eine Flasche leichten Weines vorzusetzen; aber auch da wußte sich Wagemann zu helfen. Er rührte während des Essens die Flasche nicht an, ließ sich aber nach Tisch einen Löffel und einen tiefen Teller geben, goß die Flasche hinein und löffelte den Wein aus – dann fand doch eine berauschende Wirkung statt. Dies Manöver interessierte uns Kinder, mich und

17 Heinrich Rustige (1810–1900): Im Garten bei Justinus Kerner, Ölbild für die Gartenlaube gemalt. Personen von links nach rechts: hintere Reihe: Theobald Kerner, Alexander von Württemberg, Karl Mayer, Frau Friederike Kerner, Varnhagen von Ense; vordere Reihe: Nikolaus Lenau, Gustav Schwab, Justinus Kerner, Ludwig Uhland, ÖNAB.

meine zwei Schwestern, sonst immer sehr, aber heute war unsere Aufmerksamkeit nur auf Lenau gerichtet.

Ein Ungar! Ein Magyar! Trotz der vielen Fremden war uns die Erscheinung dieses Mannes doch etwas Neues. Sein feiner, schwarzer, mit einigen Schnüren verbrämter Anzug gab ihm in unseren Augen etwas Vornehmes, dann die gebräunte Gesichtsfarbe, der dunkle Schnurr- und Backenbart, die hohe Stirne, die feingebogene Nase, seine tiefe, sonore Stimme imponierten uns gewaltig. Zudem sah er uns mit seinen schwarzen Augen oft lange starr an, daß uns wahrhaft bange wurde, und machte dann schnell mit dem Kopf eine scherzhafte Bewegung gegen uns, wie ein Rehbock, der mit den Hörnern stoßen will, woraus wir sahen, daß er auch Spaß verstand, was uns sehr für ihn einnahm. Er hatte nun meinem Vater viel zu erzählen von Gustav Schwab, Karl Mayer, Gustav Pfizer, Uhland, von Wien und Ungarn, den Zigeunern und Räubern. Doktor Wagemann hatte unterdessen seinen Wein ausgelöffelt und sich manierlicher als sonst empfohlen.

18 Julius Hamel (1834–1907): Justinus Kerner. Ölgemälde um 1855. SNMM.

‚Auch bei uns in Ungarn', sagte Lenau, ‚findet man viele solcher Unglücklichen, die dem unseligen Drang, sich betrinken zu müssen, nicht widerstehen können, aber unsere Weine machen kurzen Prozeß und drehen ihnen schnell den Kragen um. In Tokaj wachsen wunderschöne Melonen und die Gomörer Wassermelonen sind berühmt. Man höhlt sie aus, gießt Wein oder Arak hinein und stellt sie einige Zeit in den Keller oder aufs Eis, dann schmeckt es wie der beste Sorbet. Da sieht man oft solche Gewohnheitstrinker, welche täglich vor einer riesenhaften ausgehöhlten Melone sitzen und den Wein auslöffeln.'

Lenau las nun viele seiner Gedichte vor, die meinem Vater gar sehr gefielen, und als er abends nach Heilbronn wollte, um morgens weiterzufahren – es ging damals noch keine Eisenbahn –, bat ihn mein Vater, bei uns zu übernachten, was er gern annahm, uns alle dadurch innig erfreuend. Den andern Tag bei dem Frühstück sagte er: ‚Ich träumte von meiner Mutter heute Nacht und fühlte beim Erwachen eine selige Ruhe; es steht ein guter Stern über diesem Hause; o, ich komme bald wieder!'"[18]

Abweichend von diesem realistischen Bericht über die Erstbegegnung Lenaus mit dem Hause Kerner ist uns ein anderer, stark schnurrenhafter aus Lenaus eigenem Mund überliefert. Man kann ihm einen gewissen Wahrheitsgehalt nicht absprechen, auch wenn er – aus dichterischer Freude am Erzählen und Ausschmücken heraus – mehr zur Unterhaltung des Zuhörers gestaltet sein dürfte. „Als ich nach Württemberg kam", erzählt Lenau seinem Wiener Freund Ludwig August Frankl, „fuhr ich nach Weinsberg, um Justinus Kerner kennenzulernen. Ein Diener wies mich eine Treppe hoch in die Wohnung des Doktors. Ich trat in eine Stube, sie war leer; ich wartete eine Weile, da mir aber niemand entgegenkam, öffnete ich die Türe der zweiten Stube, auch diese war leer, in die dritte endlich eingetreten, sah ich ein wunderliches Bild: Auf dem Boden ausgestreckt lag lang und breit ein Mann, ihm zur Seite eine Frau, zur Linken und Rechten von ihnen Kinder. Sie lagen unbeweglich, doch konnte ich merken, daß sie lebten. Ich blieb betroffen stehen, die liegende Gruppe tat ebenfalls nichts dergleichen, als ob ein Fremder eingetreten wäre. Ich nannte endlich meinen Namen. ‚Ah willkommen, lieber Niembsch! Wir probieren das eben, wie es sein wird, wenn wir so nebeneinander im Grabe liegen werden.'"[19]

Ein deftiger Scherz, der dem naiven und vertrauensseligen Lenau ziemlich heftig in die Knochen gefahren sein dürfte. Es ist hier vielleicht an der Zeit darauf hinzuweisen, daß Lenaus Begegnung mit den schwäbischen Freunden nicht unbedingt und in allem ausschließlich positiv gesehen werden darf. In seinem „Nachruf" hat Grillparzer auf Gefährdungen hingewiesen, denen Lenau im Württemberger Freundeskreis ausgesetzt gewesen ist. Die überschwengliche Bewunderung, die ihm hier fast uneingeschränkt entgegenschlägt, das zumeist unkritische Lob, in dem er sich behaglich sonnt, heben sich scharf von den Erfahrun-

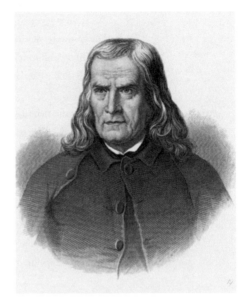

19 Stecher unbekannt: Friedrich Rückert. Stahlstich um 1840, ADAU.

gen ab, die Lenau bisher in Wien gemacht hat. Hätte sein Verstand nicht eine derart unverwüstliche, bis zur Selbstquälerei gesteigerte selbstkritische Veranlagung besessen, sein Charakter wäre an solch freundschaftlicher Panegyrik zweifellos entgleist. Dazu kommt, daß in den Wechselbädern von übersinnlicher Wahrnehmung und wissenschaftlich exakter Evidenz, wie Justinus Kerner sie zubereitet, Lenaus an sich nicht eben scharf profilierter Realitätssinn fließende Übergänge zum Irrealen bekommt. Aber Kerners Spökenkiekerei einfach als Narretei abzuwerten, und das tut Grillparzer in seinem „Nachruf", wenn auch sehr behutsam und mit viel Humor: dieser Versuch polarisiert einfach den Rationalitätsbegriff der Aufklärung und hebt ihn von der Entdeckung des Unbewußten, der „Nachtseite des Lebens", ab, anstelle ihn in komplementäre Vollendung mit diesem zu stellen.

… Dort, in der alten Heimat alter Sparren,
Zum Märchen schon gewordenen von je,
Dem Vaterlande der Genies und Narren,
Weil fix, als beiden eigen, die Idee,

> Warst du von einem Männerkreis umgeben,
> Die granweis wie einst Mithridat,
> An Gift gewöhnt sich all ihr ganzes Leben,
> So daß sie nun verdauen jeden Grad.
>
> Du aber mit den unentweihten Kräften,
> Der sein du wolltest, was für jene Scherz,
> Du trankst dir Tod in jenen Taumelsäften,
> Was für den Kopf bestimmt, es traf dein Herz.
>
> Da trat, was du geflohn in allen Tagen,
> Die Wirklichkeit dich an, von Inhalt schwer,
> Halb selbst sich überheben, halb verzagen,
> Stand still die Uhr, der Zeiger wies nicht mehr ... [20]

Überkochende Sympathien

Lenaus Freundschaften sind durch jäh überkochende Sympathien gekennzeichnet. Er ist ein richtiger Enflammant, ein Mensch also, dessen Gefühle zu anderen von einer Sekunde auf die andere glutvoll überschießen, um ebenso rasch wieder in die Asche zurückzusinken. Er ist ein Ekstatiker, der alle, denen er begegnet, mit seinem Empfinden überwältigt und sie mitreißt zu einer Orgie der Freundschaft. Solange seine Gefühle hochschlagen, ist er ein Genie der Freundschaft, sobald sie aber erlöschen, ändert sich auch sein Aussehen, wird er von einer Sekunde zur anderen aschfahl, bekommt einen stieren Blick, eine Stimme, die völliges Desinteresse signalisiert. Es ist ein Gutteil Dämonie in seinem Wesen, ein nicht zu übersehendes Maß an Tierischem, das seiner hohen, gewölbten Stirn entschieden widerspricht. Während der Zeit, die er bei den Schwabs wohnt, hat niemand so recht Ruhe. Er zieht das ganze Haus in einen Strudel an Aktivität, obwohl er selbst mitunter recht passiv, ja apathisch ist. Seine anziehende Erscheinung bewirkt, daß jeder Mann ihn sehen, jede Frau ihn kennenlernen möchte. Die Schwabs geben durch Wochen hindurch fast täglich Einladungen, obwohl solche Einladungen Lenau höchst unwillkommen, ja lästig sind.

„... er war am liebsten mit uns allein oder wenigen Freunden, und dies waren auch für uns die schönsten Stunden. Er ist sehr musikalisch, spielt Klavier und Guitarre, und dies hat mir sehr viele Freude gemacht. Wir haben seit kurzem ein neues Instrument von Schiedmayer, und da war beinahe jeden Abend eine kleine musikalische Unterhaltung. Eine meiner Nichten, Lotte Gmelin, hat eine sehr schöne Stimme, die, wie ich glaube, großen Eindruck auf ihn gemacht hat. Überhaupt war er von dem Lob der hiesigen Frauen und Mädchen voll, er wollte uns glauben machen, daß wir hiesigen Frauen den Wienerinnen an Bildung und Bescheidenheit vorangingen."[21]

Lenau versteht es, Komplimente zu machen, so wie er es versteht, Komplimente zu empfangen. In Gesellschaft ist sein ganzes Wesen auf sein Gegenüber gerichtet. Im wahrsten Sinne des Wortes: sein Wesen ist entgegenkommend, es öffnet sich ganz und voll jenen, mit denen er spricht oder denen er zuhört. Alle, die ihn in diesen Wochen treffen, sind von ihm eingenommen, sind bezaubert von ihm. Ein starkes Magnetfeld der Sympathie umgibt ihn.

„… In Lenaus Wesen (liegt) etwas ungemein Bezauberndes und Einschmeichelndes, das seine Triumphe begreiflich macht. Schon seine äußere Erscheinung und Haltung, der edel geformte Kopf mit den seelenvollen, unergründlichen Augen gewann ihm die Herzen im Sturm. Und wenn er sich dann in ein tiefsinniges Gespräch verbohrte oder mit seinem prächtigen Organe, seinem ergreifenden Vortrage seine Gedichte las oder bald auf der Violine, bald auf der Guitarre die herrlichsten ungarischen Weisen meisterhaft spielte! Er konnte so zutraulich, so herzlich sein. Oftmals freilich kam ein finsterer Geist über ihn und er quälte dann seine Freunde durch Kälte, Launenhaftigkeit, Schroffheit, Unfreundlichkeit, Trübsinn, Heftigkeit. Wenn er abwesend war, ließ er sich zeitweise unverantwortliche Nachlässigkeiten in der Korrespondenz zu Schulden kommen. Ihm fehlte die innere Harmonie, der feste sittliche Halt. Schwab, der von Lenau gesagt hat, er ziehe einen schwarzen Faden durch das Leben seiner Freunde, erfuhr dies zuerst an sich. Schon während seinem ersten Aufenthalt in Stuttgart lernte Lenau Lotte Gmelin, eine junge Verwandte der Schwabischen Familie, kennen und lieben. Seine Neigung wurde erwidert, doch fand er nicht den Mut, das Mädchen für immer an sich zu ketten. Schwabs verübelten ihm dies sehr und dadurch geriet in das gegenseitige Freundschaftsverhältnis eine lange nachklingende Dissonanz."[22]

Eine Schilfliebe

Am 22. August 1831 hatte Lenau sie zum ersten Mal gesehen. Er machte gerade mit Gustav Schwab und seiner Frau Sophie einen Spaziergang, da gesellte sich das Mädchen zu ihnen. Es war eine Nichte Sophie Schwabs. Lenau beachtete sie zunächst nicht: „Ein wohlgebildetes Mädchen! Dacht ich bei mir selber, ging aber, meine Pfeife rauchend fort, ohne mich viel um das Mädchen zu bekümmern. Sie verbarg sich auch so ängstlich in ihrem Hute, und eilte mit Schwabs Sophie immer so voraus, daß ich wenig Muße hatte, sie zu beobachten. Wir kommen nach Hause, sprechen vom Klavierspiele, und mein schüchternes Lottchen muß sich gedrungen zum Klavier setzen. Sie spielte ein sehr schönes Menuet von Kreutzer. Ihre Finger zitterten in jungfräulicher Bangigkeit, und als ich das sah, fühlt' ich bereits, daß meine Seele mit zu zittern begann, denn sie spielte bei aller Beklommenheit mit bezauberndem Ausdrucke. Wir gingen auseinander, jener Eindruck verlor sich, und ich war heiter und unbefangen, wie zuvor. Nach einigen Tagen ging ich in großer Gesellschaft, an einem sehr schönen Nachmittage nach Geisburg, einem benachbarten Dorfe, wo ein hübscher Garten die lieben Stuttgarter oft zu versammeln pflegt. Hier war es, glaub' ich, wo ich den ersten Eindruck auf sie gemacht. Auf allgemeine Aufforderung las ich meine ‚Waldkapelle' vor. Das gefiel Allen, besonders aber, glaub' ich, Lotten. Wir trennten uns wieder, ohne daß ich mich nur ein Haar breit genähert hätte. Nach einigen Tagen war musikalische Unterhaltung, und hier sang sie die ‚Adelaide' von Beethoven ganz göttlich. Meine Bewegung zu verbergen, stellt' ich mich hinter einen eisernen Ofen, und drückte, und biß das harte Eisen und benetzte es mit meinen Thränen."[23]

Eine ähnliche Begegnung im Medium der Musik wird Lenau uns bei seinem entscheidenden Zusammentreffen mit der Sängerin Karoline Unger schildern. Beinahe hat man den Eindruck, diese beiden Liebesbeziehungen seien von vornherein im Transzendenten eingegangen worden, in einem Bereich des schönen Scheins, der das Fleischliche über kurz oder lang fliehen muß. Hat man das einmal erkannt, so wird es uns nicht verwundern, im selben Brief von Niembschs Absicht zu erfahren, als Choleraarzt nach Frankreich oder England zu reisen. Kurz: in all seinen Liebesbeziehungen scheint die Fluchtmöglichkeit von Anfang an einprogrammiert zu sein. Dennoch gibt es eine echte Liebesgeschichte und – was vielleicht noch wichtiger ist – eine Hand voll Gedichte, in denen Lenau als fertiger Meister der Naturlyrik vor uns hintritt.

„Jetzt kommt es Schlag auf Schlag. Wir setzen uns im Kreise zum Thee, und ich sehe Lottchen mit Schwab flüstern, nähere mich und höre, daß sie sich erkundigt, ob nicht bald wieder ein Gedicht von mir im ‚Morgenblatt' erscheinen werde; (die ‚Waldkapelle' war mittlerweile abgedruckt), und Schwab entdeckte mir heimlich, daß Lotte sich dieses Gedicht abgeschrieben habe. Bruder, sage selbst, ob das alles nicht zum Teufelholen ist? – Noch immer hielt ich mich ferne. – Jetzt kommt wieder ein Spaziergang, und zwar auf die ‚Solitude', ein einsames Lustschloß des Württembergerkönigs, in ziemlich großer Gesellschaft. Der Zufall wollte es aber, daß ich mit einer Frau zu gehen kam, der Hofräthin Reinbeck, einer ausgezeichneten Landschaftsmalerin. Diese verwickelte mich so sehr in ein interessantes Gespräch über Kunstgegenstände, daß ich aushalten mußte, wollt' ich nicht unartig sein. Im Schlosse wurde gegessen und getrunken, tüchtig. Das erhitzte mich sehr, auch blickt' ich einige Mal scharf auf die Lotte hin, und drückte dem Schwab die Hand, daß er aufschrie. Nach Tisch lagerten wir uns alle in einem Walde, die Frauenzimmer sangen, und ich wollte des Teufels werden. Dann gingen wir nach Haus, ich aber sagte der Lotte nichts. In einigen Tagen sagt mir die Schwab, welche meine vertrauteste Freundin ist, und mir einigermaßen meine liebe Resi ersetzt, sagt mir die Schwab: Lottchen hat bei Tisch (auf der ‚Solitude') ihre Nachbarin und Freundin, Fräulein Kielmeyer, gebeten, den Herrn N. schnell und heimlich mit ein Paar Zügen auf eine Schiefertafel zu zeichnen. Bruder! Das ist zu arg! Das fuhr mir so süß schmerzlich in die Seele, daß ich die Nacht drauf nicht schlafen konnte. Die ganze Nacht schwebte mir ihr Bild vor. Hier hast Du auch ein Paar Züge davon. Große, edle Gestalt. Voller üppiger Körper, den aber ein edler Geist beherrscht. Daher leichter Gang, Anmuth aller Bewegungen; besonders schön und umfassend über den Hüften. Edles, deutsches, frommes Gesicht, tiefe blaue Augen mit unbeschreiblichem Liebreiz der Brauen; besonders aber ist die Stirne kindlich-fromm-gütig, und doch so geistig. Marsch mit der dummen Beschreibung. Sie ist ein sehr liebes Mädchen. Aber ich werde diesem Mädchen entsagen, denn ich fühle so wenig Glück in mir, daß ich Andern keins geben kann. Meine Lage ist auch zu beschränkt und ungewiß. Werd' ihr entsagen. Aber ich fühle mich jetzt geschlagener als je."[24]

Studien in Heidelberg

Vorläufig findet er jedoch lediglich die Kraft, seine in Wien begonnenen Studien der Medizin fortzusetzen. Er wählt Heidelberg, weil er in Würzburg vor Ablauf eines Jahres nicht promovieren kann. Er verläßt Stuttgart und nimmt sich im „König von Portugal" zu Heidelberg zwei dunkle Zimmer, deren Fenster in einen düsteren Hof hinausgehen. Man läßt sie ihm um den geringen Preis von zehn Gulden monatlich. Die vorzügliche Versorgung in diesem Haus enthebt ihn der Notwendigkeit, sich einen eigenen Diener zu halten. Was Lenau jedoch nicht hat vorhersehen können: die diskrete Atmosphäre, die in diesem Hause herrscht, manövriert ihn unversehens in eine radikale gesellschaftliche Isolation und verstärkt damit seine latent ohnehin immer vorhandenen Depressionen. Schon in den ersten Tagen des Aufenthaltes in der alten Universitätsstadt Heidelberg entwirft er seinen Lebensplan: er hält es für unabdingbar, in die Neue Welt hinüberzuwechseln, denn nur so kann es ihm gelingen, die ihn immer wieder befallenden Krankheitssymptome in der alten zurückzulassen. Drüben aber, so wünscht er sich, würde er Vorlesungen über Pathologie und Physiologie halten. Zum Beispiel in Philadelphia. Damit ist keine praktische Absicht verbunden, etwa das Erwerben eines Lehramts oder einer Dozentur. Was er vielmehr anstrebt, das geschieht nur um der reinen Lehre, um der Förderung der Wissenschaft willen. Solcher oder ähnlicher Allüren wegen hält man ihn für reich. Er ist es jedoch bei weitem nicht in dem Ausmaß, das einen Aufwand rechtfertigen würde, wie er ihn für gewöhnlich betreibt.

Am 5. November 1831 trägt sich der schon neunundzwanzigjährige Niembsch in das Matrikelbuch der Universität Heidelberg als Studierender der Medizin ein. Die Freunde geben dem dunklen Hofzimmer die Schuld an Lenaus jetzt stark hervorbrechender Melancholie. Schnell stellt sich in Heidelberg ein kaum zu bezwingendes Unbehagen über das laute, bunte Treiben der kleinen Universitätsstadt ein. Es erscheint ihm wie ein literarischer Jahrmarkt, während er doch hierher gekommen ist, um gesammelt seine Studien weiterzutreiben. Tief sitzt der Unmut darüber in ihm, daß seine Erwartungen von der Universitätsstadt und die hier vorgefundene Realität derart stark auseinanderklaffen: das Klinikum erweist sich als äußerst arm an lehrreichen Krankheitsfällen. Am tiefsten freilich nagt an ihm die Erkenntnis, daß der Verzicht auf Lotte Gmelin unvermeidlich ist. Er fühlt so wenig Glück in sich, daß er überzeugt ist, anderen keines abgeben zu können. Eines weiß er jedenfalls genau, daß das ernsthaft betriebene Studium der Medizin ein wirksames Palliativ für nagenden Liebeskummer sein kann:

„Soeben bin ich nach Hause gekommen aus einer Vorlesung über die Cholera. Professor Puchelt, ein ausgezeichneter Arzt, hält nämlich eine Reihe von Vorträgen über diese Pest. Das ist gut: werden die Candidaten der Medizin heute oder morgen requiriert, so haben sie doch wenigstens eine Ahnung von der Krankheit, gegen die sie ihre leichten Waffen kehren sollen. Der König von Bayern soll bereits solche Requisition gemacht haben für den Fall der Not. Außer dieser Choleravorlesung hab' ich von heute her noch eine über Geburtshilfe, eine über Anatomie im Leibe, sowie ein doppeltes Klinikum. Ich lasse mich gerne recht hineinhetzen in das Labyrinth der Medizin; hier begegnet mir wenigstens auf eine Zeit das Gegenteil von dem, was jenem empfindsamen Frauenzimmer im Tale zu Tübingen widerfuhr, wo ihr ihr Schmerz, ein verlaufener, doch treuer Pudel, immer wieder an die Brust sprang. Wenn nur mein Pudel an der Spitalluft krepirte! Aber der ist zäh und hartnäckig; wenn ich mich einst in Amerika umsehe, wird er hinter mir sein: *post equitem sedet atra cura*… Gestern Abend war ich bei Köstlin. Er spielte mir Beethoven'sche Sonaten. Da lag ich auf dem Sofa, mit geschlossenen Augen, und ließ auf dem gewaltigen Strome der Töne an mir vorbeischwimmen alle Freuden, die mir Stuttgart zum liebsten Orte meiner Erinnerungen machen. Was Dir Tübingen, ist mir Stuttgart. Mich freut es, daß unsere Paradiese Nachbarn sind."[25]

Aber offenbar nicht nur im Paradies allein! In der Nachschrift zu einem Brief an Gustav Schwab entwickelt Lenau die Vision einer dualen Weltordnung, wie er sie zwei Jahre nach diesem Brief in seinem „Faust" gestalten wird. Einer Weltordnung, in der neben dem lichten Schöpfergott ein dunkler steht. Schon jetzt, schon in dieser Nachschrift, die ausdrücklich an Sophie Schwab gerichtet ist, merkt man deutlich, daß Lenau darin den Faden eines noch nicht ganz kalt gewordenen Gesprächs wieder aufnimmt: „Es gibt so göttliche Gedanken, daß wir sie dem Menschen nicht zutrauen können, sondern daraus auf eine Offenbarung Gottes schließen; jener finstere Gedanke aber zeugt von einer Offenbarung des Teufels. Wir sterben nicht ganz, aber, aber – unsere Individualität! Wie steht's mit der? Als ich mit Ihnen nach Waiblingen an einem Teiche vorüberfuhr und darin einen Springbrunnen sah, dacht' ich mir: das ist vielleicht das beste Bild des Menschenlebens. Aus dem Meere der Gottheit steigt die Seele auf und fällt wieder darein zurück. Der Gedanke ist so traurig nicht; was meinen Sie?"[26]

DE PROFUNDIS

Lenau hat die Tage des Advent 1831 als „die schlimmen Tage in Heidelberg" bezeichnet, Tage, in denen er keinen Vertrauten hatte und die ihn wie ein Inkubus auch noch ein Jahrzehnt später schrecklich auf die Brust drücken werden. Gewiß, einen nicht unerheblichen Anteil am Zustandekommen dieses depressiven Gefühls mag die noch nicht erledigte Liebe zu Lotte Gmelin haben, deren Hoffnungslosigkeit er zwar richtig beurteilt, von der er sich aber gleichwohl nicht zu befreien vermag. Noch in den Tagen seiner Erkrankung im Herbst 1844 werden diese Tage von Heidelberg wie ein Schreckensbild vor seinen Augen stehen, „das seine gespenstischen Arme zuweilen verlangend nach ihm ausstreckte".[27] Er empfindet diese zerstörende Heftigkeit seiner Seele als Rückfall ins Dämonische, in die Tiernatur, in die er von Zeit zu Zeit abgleitet. Anton Xaver Schurz berichtet, daß Lenau in den Tagen des November einer Gemütskrankheit schon recht nahegekommen sei. Er meint sterben zu müssen und träumt vergeblich den Traum von den verlorenen Paradiesen.

Was seine wunde Seele wieder und wieder zerreißt, das versucht er jetzt immer entschiedener, ans Licht der Poesie zu fördern. Doch muß er es seiner Phantasie, seinem rhythmischen Empfinden abtrotzen, buchstäblich und Vers um Vers. Nahezu unüberwindlich scheint ihm die Last, die sein Mühen niederdrückt, sein Wollen niederhält, seine Visionen bremst. Für uns, die Angehörigen einer pflichtentwöhnten Epoche, ist es nicht leicht zu entscheiden, was wir stärker bewundern: den eisernen Willen, mit dem der labile Lenau trotz allen psychischen Widerständen und Hemmungen, die sich ihm entgegenstemmen, Tag für Tag zu seinem Schreibheft zurückkehrt, oder die Springflut irisierender Bilder, die wild aus seinem Herzen, seinem Hirn bricht. Charakteristisches Ergebnis dieser Stunden weitgehender Einsamkeit und innerer Zerfallenheit, die Lenau in Heidelberg durchlebt, ist das Nachtstück „Die Marionetten", das er hier konzipiert. Es handelt sich um die düstere Traumvision eines Puppenspiels, in dessen Verlauf Marionetten schließlich beginnen, sich selbständig zu machen, sich in die Wirklichkeit jenseits ihres Bühnenraumes einzumischen und in sie einzugreifen. Deutlich kann man beobachten, wie autonome Inhalte aus dem Unbewußten aufsteigen, Angst, Verzweiflung, Aggression mit Zwängen jeder Art in ihrem Gefolge. Ist es aber tatsächlich schon die Vorwegnahme des Wahnsinns, wie der „treue Freund" Karl Mayer meint, der, kaum hat Lenau ausgelitten, einen Band mit Erinnerungen und Briefen auf den Markt wirft?[28] Wir erkennen darin vielmehr so etwas wie den geglückten Versuch einer Autotherapie, bei dem die Krankheitssymptome ins Objektive verlagert und daher leichter bewußt, leichter durchschaubar gemacht werden. Und auch hier, in diesem umfangreichen Gedicht, knüpft Lenau wieder an den *cantus firmus* seines Lebens, an den Gedanken der Pantragik an, der die gesamte Schöpfung wie eine blutige Fährte durchzieht:

> Dort fliegt mit leisem, sattem Flügelschlage
> Ein Geier seinem Felsenhorste zu.
> Auf grüner Trift, erquickt vom Sommertage,
> Schuldloses Lamm, wie fröhlich irrtest du
> Mit deiner Weide friedlichen Genossen,
> Indes auf dich aus heitrer Lüfte Ruh
> Vormordend Geierblicke niederschossen!
> Der Geier, stürzend sich in seinen Blick,
> Kommt plötzlich auf das Lamm herabgestoßen
> Und reißt es fort aus seinem Jugendglück.[29]

Man wird nicht lange herumrätseln müssen, um zu erkennen, wer hinter Lenaus Allegorie vom Geier steht, der das Lamm zerfleischt. Daß sie auf Lotte Gmelin gemünzt ist, scheint bereits deren Tante, Sophie Schwab, erkannt zu haben. Denn in ihrem Brief an die bereits erwähnte Freundin, Lucie Meier, gibt es einen ziemlich eindeutigen Hinweis darauf: Lenau, der am 27. Dezember 1831 mit Gustav Schwab und Friedrich Karl Meyer von einem zweitägigen Besuch des Dichters Johann Ludwig Uhland aus Tübingen nach Stuttgart zurückgekehrt ist, hat Sophie soeben „ein sehr schönes Gedicht vorgelesen, von einem Geier, der ein Lamm zerfleischt, und meinte, es sei eine Allegorie, die ich wohl zu deuten verstehen werde. Es tut mir zu wehe! – er möchte immer gerne von Lotte reden, und ich vermeide es, da findet er mich kalt und alles ganz verändert ... Ich will nur sehen, ob er einen Besuch bei meiner Schwägerin macht, oder ob er wieder geht, ohne Lotte zu sehen ... So schwer es uns wieder werden wird, ihn scheiden zu sehen, so wünsche ich doch nicht, daß er lange hier bleibt, ich glaube, unsere allerseitige Gesundheit würde am Ende darunter leiden."[30]

Delikater und unter noch stärkerer Bedachtnahme für die Ambivalenzen der Gefühle lassen sich die wundgeriebenen Stellen in dieser durch Charakter- und Temperamentsunterschiede ohnehin recht labil gelagerten Beziehung zwischen den Freunden wohl nicht aufzeigen und formulieren. In knappen Strichen liefert Sophie Schwab uns hier das Soziogramm einer scheinbar idealen Verbindung vier Tage bevor der Sturm tatsächlich losbricht. Schon von Anfang an mögen wir hingegen aus der kritischen Distanz des Lesers einer Verbrüderung Skepsis entgegengebracht haben, die auf Gefühlen spontaner Sympathie aufbaut. Als Sophie und Gustav Schwab den Dichter einladen, in ihrem Haus zu wohnen, da hat man jedoch keinerlei Erfahrungen über die Toleranzschranken gegenseitiger Verträglichkeit. Aber eines erkennt die praktische Sophie unverzüglich: Lenau ist durchaus nicht der Mann, der mit den Alltagssorgen zurechtkommen wird. So ist sie, wie sie selbst notiert, seine „Wohltäterin an Leib und Seele" geworden; vor allem aber nimmt sie sich resolut seiner Kassengebarung an, denn sie hat erkannt, daß er auch in Sachen Geld ein echter Dichter ist, von dem sie nicht begreift, „wie es ihm unter fremden Leuten damit geht".[31] Daß nebenher schließlich noch eine unabgeschlossene und nach herkömmlichen Vorstellungen wohl nicht abzuschließende Liebesgeschichte mitgeschleppt wird, in der ausgerechnet die Nichte des Ehepaares Schwab eine der beiden Hauptrollen spielt, bringt letztlich das Faß zum Überlaufen. Nach nicht ganz drei Monaten gemeinsamen Haushaltens ist die Geduld der neuen Freunde erschöpft. Man beschwört Lenau, sich zu erklären, verlangt ihm eine Entscheidung ab, die er in dieser Bestimmtheit freilich nicht zu leisten vermag, oder doch zumindest das Versprechen, sich von Lotte Gmelin fernzuhalten. Aber auch das kann er guten Gewissens nicht geben. Kurz: ein Zustand echt Lenauscher Unentschiedenheit hat Platz gegriffen, in dessen Verlauf alles möglich ist, freilich auch nichts wirklich der Fall zu sein braucht.

Während die Schwabs anfangs einer Verbindung Lottes mit Lenau nicht unbedingt abgeneigt gegenüberstehen, erkennt Niembsch – in seine Heidelberger Einsamkeit versunken, von tausend Ängsten gepeinigt – alsbald, wie wenig gewachsen er einer solchen Verbindung eigentlich ist. Denn nach wie vor wird sein Bewußtsein von der quälenden Vorstellung beherrscht, jede Beziehung zu einer anderen Frau wäre Betrug, wäre Verrat an der Mutter. Auch kennt er sich selbst viel zu genau, um nicht zu wissen, daß durch die Zwiespältigkeit seines Wesens das Scheitern einer Ehe bereits vorprogrammiert wäre. Er setzt nun alles daran, seine Freunde davon zu überzeugen, daß er nicht der richtige Kandidat dafür ist, „jene himmlische Rose ... an mein nächtliches Herz zu heften".[32] Und um ja keine Zweifel darüber aufkommen zu lassen, versieht er die Konturen seiner seelischen Befindlichkeit mit kräftigen Farben, Schockfarben, die den Freunden zu denken geben sollen: „Ja, ja, ich halte mich für eine fatale Abnormität der Menschennatur ..."[33] Und Lenau treibt sodann den Bühnenzauber noch weiter, indem er sich – vermutlich um die ihm übersandten Porträtzeichnungen zu ironisieren – einen Porträtisten wünscht, der Mordbrenner sei und zugleich Maler.

Ränkespiele

Aber es ist nicht nur die außerordentlich starke Mutterbindung Lenaus oder seine homoerotische Unterströmung, die man für seine Ehescheu verantwortlich machen kann. Zu deutlich steht ihm auch zeit seines Lebens die Katastrophenehe der Eltern vor Augen, in der Geldmangel ein entscheidender Regent für Streit und Zwietracht gewesen ist. Daß die Freunde in Stuttgart ihn hingegen für reich halten, obwohl er ihnen anvertraut hat, ein bedeutender Teil seines Vermögens drohe verlorenzugehen[34], mag deren Wunschdenken entspringen; Tatsache ist jedoch, daß er gerade in jenen Tagen die Nachricht erhält, seine Spekulation mit Staatspapieren sei fehlgeschlagen. Jedenfalls kann der Hinweis auf die Fehlspekulation durchaus zu der von ihm angewandten Taktik gehören, sich leise zögernd gegen die Ehe zur Wehr zu setzen. Erst am Neujahrsmorgen entladen sich die aufgestauten Spannungen. Schwab macht Lenau heftige Vorwürfe wegen seiner Verantwortungslosigkeit und bezichtigt ihn, nichts weiter gewollt zu haben als eine flüchtige Liebelei. Vorwürfe, die ohne Zweifel einer gewissen Grundlage nicht entbehren, da offenbar die Vorstellungen der Familie und Lenaus Absichten entscheidend auseinanderklaffen. Worum also geht es? Sophie Schwab berichtet:

„Er wollte uns zu Lieb zwar das Opfer bringen und Lotte gar nicht sehen, ich fand dies aber doch auch für Lotte und meine Schwägerin wehe tuend, und sagte ihm, daß wir nichts dagegen hätten, wenn er einen Besuch dort mache; dies geschah auch; es fiel ihm nun auf, daß Lotte etwas traurig aussah, und dies machte einen solchen Eindruck auf ihn, daß er mehrere Tage gar nichts aß und ganz betrübt war, wir waren es mit ihm, mein lieber Mann, der über die ganze Sache ziemlich streng dachte, vermied ganz, mit ihm darüber zu reden. Nun kam Mayer von Waiblingen, der sich von Anfang an an Niembsch mit schwärmerischer Liebe angeschlossen hat, mit ihm, in der Absicht, dies peinliche Schweigen zu lösen, da hielt sich nun mein Mann gar nicht mehr zurück, und machte ihm bittere Vorwürfe über sein Betragen und besonders darüber, daß er unter diesen Umständen jetzt gekommen ist. Wie aber mein lieber Mann ist, sobald er es vom Herzen hatte, bot er auch die Hand zur völligen Versöhnung und bat Niembsch um Verzeihung wegen der beleidigenden Dinge, die er in der Hitze gesagt habe. Auch Niembsch hat sich schön dabei benommen, sein Innerstes war natürlich ganz erschüttert; als er sich ein wenig gefaßt hatte, sagte er: ‚Ich habe dich viel zu lieb, um von dir beleidigt zu sein, und deine Heftigkeit ist mir viel lieber als das drückende Schweigen, so hätte ich es nicht länger ausgehalten.' Auch sagte er, er

20 Salomon Sulzer (1804–1890): Begründer des modernen Synagogalgesanges, seit 1825 Oberkantor der Wiener jüdischen Gemeinde. In diesem Jahr verlässt er den Geburtsort Hohenems und übersiedelt nach Wien. Später Professor am Musikkonservatorium in Wien. Lernt Lenau im Kreis von Franz Schubert kennen, der auf Sulzers Anregung den 92. Psalm in hebräischer Sprache komponiert (Deutschverzeichnis 953); im Sommer 1828, nur wenige Monate vor Schuberts Tod, singt Sulzer die Uraufführung des Psalms in der von Josef Kornhäusel 1826 fertiggestellten neuen Synagoge in Wien. Spätestens seit diesem Zeitpunkt datiert die Freundschaft zwischen Sulzer und Lenau, der den um zwei Jahre Jüngeren für einen der am besten ausgebildeten Sänger Europas hält und ihn seinen Württembergischen Freunden nicht ohne anzüglichen Unterton auf die beflissen singenden Damen und Herren der Gesellschaft weiterempfiehlt. Aus Anlass der 100. Wiederkehr des Todestages von Salomon Sulzer hat die österreichische Post- und Telegraphendirektion eine Briefmarke herausgegeben, die den Künstler in seinen späten Lebensjahren zeigt.

könne es meinem lieben Manne unmöglich übel nehmen, da er sehe, daß es von der Teilnahme herrühre für das Mädchen, das er mehr als alles in der Welt liebe und verehre."[35]

Über den gleichen Vorfall berichtet Karl Mayer am 18. Jänner 1832 an Justinus Kerner: „Einen argen Ausbruch gab es am Neujahrstage in meiner Gegenwart, wegen Niembschs Liebe, zwischen ihm und Schwab, wobei dieser sehr ungerecht, Niembsch sich schön und edel benahm, sodaß auch Schwab sogleich sein Unrecht wieder erkannte und nicht genug Eifer an den Tag legen konnte, es wieder gut zu machen, auch, während Niembsch am 2. Januar noch einmal zu uns über Mittag hieher kam, dessen auf den dritten bestellten Platz im Eilwagen, ohne Niembschs Wissen an einen andern verkaufte, um noch Raum zu neuen Freundschaftsbezeugungen zu gewinnen."[36]

Was im Hause Schwab hingegen tatsächlich vor sich gegangen ist, läßt uns nachfolgende Montage ahnen, die Heinrich Bischoff, Professor an der Universität Lüttich, zusammengestellt hat: „Am 7. Januar 1832 schreibt Kerner an Mayer: ‚Niembsch ist freilich auch ein großer neuer Genius. Seine Stuttgarter Liebeshändel kann ich gar nicht begreifen. Man sagt, die Schwabin habe ihm mit der singenden Nixe (Lotte Gmelin) keine Ruhe gelassen und eben gemeint, er müsse de facto einheiraten. Was soll er denn aber heiraten? Und heiraten, da er allem nach noch an Wunder irgendeiner unglücklichen Liebe schmachtet.' Am 13. Januar rät Kerner Lenau, er solle ledig bleiben wie der Mystiker Suso. Am 12. Januar bittet Lenau Schwab um Nachricht von der, die ihm ‚das Liebste ist auf Erden'. Unter dem gleichen Datum meldet er Schurz, der Roman sei etwas traurig geworden, so gebe es kein Mädchen mehr, sie habe eine durchaus ideale Richtung, sei anbetungswürdig, er werde sie ewig lieben, wenn er anders ewig lebe. ‚Mein liebes Lottchen! O daß ich ihr nicht entsagen müßte!' Sätze wie diese deuten doch zweifelsfrei darauf hin, daß äußere Zwänge bei diesem „freiwilligen Entsagen" die Hauptrolle gespielt haben; während kaustischer Humor unverkennbar Niembschs Hand führt, als er die Worte von ewiger Liebe und ewigem Leben konditional miteinander verknüpft. Aber immerhin noch am 15. Januar 1832 gesteht er Karl Mayer ohne den geringsten Anflug von Ironie: er habe versucht, die Neigung niederzukämpfen, es sei ihm bis jetzt schlecht gelungen, er liebe das Mädchen unendlich, aber sein innerstes Wesen sei Trauer und seine Liebe schmerzliches Entsagen."[37]

Eine Braut für Amerika?

Um zu verstehen, was um die Jahreswende 1831/32 in der Familie Schwab tatsächlich geschehen ist, ist es ratsam, die Dokumente dieser Tage zu lesen. Im Brief vom 11. März 1832 schreibt Justinus Kerner an Karl Mayer: „Nach Stuttgart wird er (Lenau) bald auch kommen, obgleich man ihm dieses durch die dumme Mädchengeschichte sehr verhaßt machte." Schon bei einem kurzen Blick in Lenaus Korrespondenz aus diesem Zeitraum tritt eines recht auffällig zutage: daß Niembsch nämlich vom 17. Februar an Lotte in keinem seiner Briefe mehr erwähnt, während er doch vom 5. November bis zum 17. Februar sieben Mal ausdrücklich betont hat, er sei entschlossen, ihr zu entsagen. Andererseits versucht er unmittelbar nach seiner Ankunft in Stuttgart Ende März 1832, den gerissenen Faden zu Lotte wieder anzuknüpfen. Zur Überraschung der Schwabs beginnt er jetzt, die Vorbereitungen für die Amerika-Reise mit einer für sein Temperament und seine Verhältnisse ungewohnten Vehemenz zu betreiben. Zunächst läßt sich auch alles vorzüglich an, denn er hat 1200 Gulden aus der zuvor bereits erwähnten Spekulation mit Staatspapieren erhalten. Das Auffälligste aber ist, daß Lenau während dieses neuerlichen Stuttgarter Aufenthaltes von Ende März bis zum 22. Mai, dem Tage seiner Abreise nach Amerika, nicht mehr im Hause Schwab wohnen wird, sondern im Gasthofe zum „König von England". Das mag verschiedene Gründe haben: einerseits ist das Vertrauensverhältnis zu den Schwabs empfindlich gestört, und zum andern könnte er als deren Gast nicht ungestört das Haus Lottes umschleichen und zu ihrem Fenster hinaufsehen. So jedenfalls sieht das Heinrich Bischoff, der exzellente Kenner von Lenaus Lyrik.[38]

Jedenfalls ist es nicht der Dämon des Unglücks – wie Gustav Schwab schreibt –, der Niembsch nach Amerika treibt, sondern offenbar der des Glücks. Er will sich nämlich eine neue Existenz schaffen und dann Lotte abholen, um mit ihr dort zu leben. Ein Umschwung ist zu verzeichnen, den man nicht erahnen konnte, solange die Seite eines Briefes an Karl Mayer unterdrückt gewesen ist. Aus dieser Seite geht nämlich deutlich hervor, daß die Familie Schwab redlich bemüht ist, Schicksal zu spielen, und zwar so heftig und rigoros, daß dabei die stets im Mund geführte Liberalität gefährdet ist: „O man räumt sie mir ja aus den Zähnen, wie dem Hunde den Braten. Wenn nur nicht die Würmer drüber kommen, ich meine die Grabeswürmer. Sie sieht übel aus. Man ist mit rohen, fremden Tatzen hineingefahren unter die stillen Keime unserer Liebe. Ehe wir uns gegeneinander selbst geäußert hatten, sollte ich schon die Heiratsverträge schreiben. Einen ruhigen, absichtslosen Umgang der Liebe hat man uns nicht gestattet. Was sich am Ende von selbst gegeben haben würde, das wollte man mir vorhinein abnötigen. Alles Ideale wird von solchen Menschen totgeschlagen. Vor dem Eingang der Liebe, der doch so heilig und geheimnisvoll sein soll, wollen sie das Ehebett aufschlagen, und das Mädchen soll bereits an der Kindswäsche arbeiten, ehe sie ihrem künftigen Mann noch frei ins Auge gesehen hat. Die Lotte muß oder ist schon nach Tübingen. Wahrlich, Leute, die in ihrem Privatleben so despotisch sind, sollten weniger von Freiheit sprechen, oder gilt das einseitige Gefasel bloß für sie selbst? Während sie mit ihrer moralischen Knute: Legalität, Sittlichkeit, Dekorum, Familienrücksicht, oder wie sie die Karbatsche sonst nennen, einen ehrlichen Kerl getrost hinaufknuten?"[39]

Warum der Dichter – sofern er überhaupt daran gedacht hat, es zu realisieren – sein Vorhaben nicht in die Tat umgesetzt hat, kann mehrere Ursachen haben. Eine dieser Ursachen mag in der syphilitischen Erkrankung zu suchen sein, die Lenau sich gegen Ende 1831 in Heidelberg zugezogen hatte. Die Inkubationszeit bis zum Ausbruch fällt genau in jene Phase, in der sein endgültiger Verzicht auf Lotte erfolgt.[40] Selbst wenn wir uns der Hypothese von der Ansteckung mit einer Geschlechtskrankheit anschließen, so müssen wir uns davor hüten, eine allenfalls daraus resultierende Erkrankung für Lenaus Schwermut, ja für Lenaus manisch-depressive Zustände verantwortlich zu machen. Wir wissen heute, daß die Paralyse keineswegs imstande ist, im Kranken nicht angelegte Eigenschaften zu wecken, sondern allenfalls bereits vorhandene zu verstärken. Eines ist jedoch sicher, daß Lenaus Verhalten nicht nur Lotte, sondern auch Sophie von Löwenthal gegenüber vom Risikobewußtsein um einen körperlichen Kontakt mit ihm bestimmt ist.

Zwei Schilfproben

Nikolaus Lenau: Aus den Schilfliedern

4.
Sonnenuntergang;
Schwarze Wolken zieh'n,
O wie schwül und bang
Alle Winde flieh'n.

Durch den Himmel wild
Jagen Blitze, bleich;
Ihr vergänglich Bild
Wandelt durch den Teich.

Wie gewitterklar
Mein' ich dich zu seh'n,
Und dein langes Haar
Frei im Sturme weh'n.[41]

Nikolaus Lenau: Winternacht

1.
Vor Kälte ist die Luft erstarrt,
Es kracht der Schnee von meinen Tritten,
Es dampft mein Hauch, es klirrt mein Bart;
Nur fort, nur immer fortgeschritten.

Wie feierlich die Gegend schweigt!
Der Mond bescheint die alten Fichten,
Die sehnsuchtvoll zum Tod geneigt,
Den Zweig zurück zur Erde richten.

Frost! friere mir in's Herz hinein!
Tief in das heißbewegte, wilde!
Daß einmal Ruh mag drinnen sein,
Wie hier im nächtlichen Gefilde![42]

Anmerkungen

1 Vgl. dazu Helmut Rumpler: Eine Chance für Mitteleuropa. Bürgerliche Emanzipation und Staatsverfall in der Habsburgermonarchie, Wien: Ueberreuter 1997, 168.
2 NL an Matthias Leopold Schleifer, in: LHKG, 87 ff.
3 SLLC, 92.
4 Prof. Dr. Wolfgang Pauker: Lenaus Freundin Nanette Wolf in Gmunden, Wien/Leipzig: Dr. Strohmer Verlag, G.m.b.H. 1923, 112.
5 SXLL, 116 ff.
6 Gustav Schwab über den 9. August 1831, in: SLLC, 267.
7 Karl Klüpfel über den 9. August 1831, in: SLLC, 268.
8 NL an Anton Xaver Schurz, den 5. Oktober 1831, in: LHKG, 105 ff.
9 Adolph Wiesner: Denkwürdigkeiten der Österreichischen Zensur vom Zeitalter der Reformation bis auf die Gegenwart, Stuttgart: Verlag von Adolph Krabbe 1847, 265.
10 Franz Grillparzer: Campo vaccino (August Sauer/Reinhold Backmann, Hrsg.): Sämtliche Werke, Bd. 11, Wien: Verlag Anton Schroll 1933, 31 ff.; Verse 105 ff. und 125 ff.
11 August Sauer (Hrsg.): Grillparzers Gespräche und die Charakteristiken seiner Persönlichkeit durch die Zeitgenossen, Schriften des literarischen Vereins in Wien, Band 3, Wien: Verlag des literarischen Vereins in Wien 1905, 132 ff.
12 Vgl. dazu Eduard Winter: Romantismus, Restauration und Frühliberalismus im österreichischen Vormärz, Wien: Europa Verlag 1968, 145.
13 Heinrich von Srbik a.a.O., Band 1, 493.
14 Vgl. dazu Robert Endres: Geschichte Europas und des Orients, Band 3, Das Zeitalter des bürgerlichen Staates, Wien: Verlag für Jugend und Volk 1952, 464 ff.
15 Rudolf Krauß: Schwäbische Litteraturgeschichte in zwei Bänden, Bd. 2: Die württembergische Literatur im neunzehnten Jahrhundert, Freiburg/Leipzig/Tübingen: Verlag von J. C. B. Mohr (Paul Siebeck) 1899, 169 ff.
16 Adolf Wilhelm Ernst: Lenaus Frauengestalten, Stuttgart: Verlag von Carl Krabbe 1902, 400.
17 Gustav Schwab an Justinus Kerner, in: LECH, 44.
18 Theobald Kerner über NL, in: SLLC, 278 ff.
19 Ludwig August Frankl: Zur Biographie Nikolaus Lenau's, Wien/Pest/Leipzig: A. Hartleben's Verlag 1885, 33 ff.
20 Franz Grillparzer (August Sauer/Reinhold Backmann Hrsg.): Sämtliche Werke, Band 11, Wien: Verlag Anton Schroll 1933, 229 ff.
21 Sophie Schwab an Lucie Meier vom 15. September 1831, in: Adolf Wilhelm Ernst: Lenaus Frauengestalten, Stuttgart: Verlag von Carl Krabbe 1902, 105.
22 Rudolf Krauß: Schwäbische Litteraturgeschichte, Band 2, Die württembergische Literatur im 19. Jahrhundert, Freiburg/Leipzig/Tübingen: Verlag von J. C. B. Mohr (Paul Siebeck) 1899, 423.
23 NL an Anton Xaver Schurz, den 8. November 1831, in: LHKG, Band V/1, 112 ff.
24 Ebenda, 113 ff.
25 NL an Gustav Schwab, den 5. November 1831, in: LHKG, Band V/1, 109 ff.
26 NL an Sophie Schwab, den 11. und 12. November 1831, in: LHKG, Band V/1, 117 ff.
27 Sophie über Lenau, in: LFLC, Band 2, 613.

28 Vgl. dazu Karl Mayer: Nikolaus Lenau's Briefe an einen Freund. Herausgegeben mit Erinnerungen an den Verstorbenen, Stuttgart: Carl Mäcken, Verlagsbuchhandlung 1853², 17.
29 NL: „Die Marionetten. Erster Gesang", in: LHKG, Bd. I, 288.
30 Sophie Schwab an Lucie Meier, in: SLLC, 311 ff.
31 Sophie Schwab an Lucie Meier, in: Adolf Wilhelm Ernst: Lenaus Frauengestalten, Stuttgart: Verlag von Carl Krabbe 1902, 107.
32 NL an Sophie Schwab, den 12. November 1831, in: LHKG, Bd. V/1, 118.
33 Ebenda.
34 Sophie Schwab an Lucie Meier, in: Adolf Wilhelm Ernst: Lenaus Frauengestalten, Stuttgart: Verlag von Carl Krabbe 1902, 63.
35 Ebenda, 64.
36 Karl Mayer an Justinus Kerner, in: Theobald Kerner (Hrsg.): Justinus Kerners Briefwechsel mit seinen Freunden, Band 2, Stuttgart/Leipzig 1897, 23 f.
37 Heinrich Bischoff: Nikolaus Lenaus Lyrik. Ihre Geschichte, Chronologie und Textkritik, Band 1, Geschichte der lyrischen Gedichte von N. Lenau, Berlin: Weidmannsche Buchhandlung 1920, 220 ff.
38 Ebenda, 224.
39 NL an Karl Mayer, Mitte Mai 1832, in: LHKG, Band V/1, 195.
40 Vgl. dazu S. Rahmer: Lenau als Mensch und Dichter. Ein Beitrag zur Sexualpathologie, Berlin: K. Curtius, o. J., bes. 67, 69, 77.
41 NL: „Schilflied 4.", in: LHKG, Bd. I, 104.
42 NL: „Winternacht", in: LHKG, Bd. I, 106.

KAPITEL 4

Amerika – Tod und Wiedergeburt

In der ersten Märzhälfte des Jahres 1832 beschließt Nikolaus Lenau endgültig, Europa zu verlassen und nach Amerika zu reisen. Durch einige glückliche Spekulationen mit Staatspapieren hat er einen Gewinn von 1200 Gulden erzielt: „Reisegeld genug zu großen Wanderungen", so schreibt er seinem Schwager.[1] Um seine Schwester nicht zu beunruhigen, deutet er zunächst ein näher gelegenes Reiseziel an. Er will nach München gehen und hier den Naturforscher Gotthilf Heinrich von Schubert hören, der, zuerst von Schellings Naturphilosophie beeinflußt, sich später dem Mystizismus ergeben wird. Hier hätte er – so Justinus Kerner an Karl Mayer – „inneren Frieden und Glauben gewonnen (die ihm so sehr fehlen), allein in Heidelberg wieder 14 Tage sich selber überlassen, kehrte in ihm der alte Dämon wieder, der wilde Tiere schießen und Urbäume niederreißen will".[2] Der faustische Drang also, den alle ihm Nahestehenden fürchten. Deshalb tastet Lenau sich in seinem Brief an Schurz vorsichtig an das heikle Thema heran: „Aber ich weiß mir noch ganz andere Collegien. Nämlich ich will meine Fantasie in die Schule – in die nordamerikanischen Urwälder – schicken, den Niagara will ich rauschen hören, und Niagaralieder singen. Das gehört nothwendig zu meiner Ausbildung. Meine Poesie lebt und webt in der Natur, und in Amerika ist die Natur schöner, gewaltiger als in Europa. Ein ungeheurer Vorrath der herrlichsten Bilder erwartet mich dort, eine Fülle göttlicher Auftritte, die noch daliegt jungfräulich und unberührt, wie der Boden der Urwälder."[3]

Und schlau die Beruhigung der ewigen Sorge der Schwester um seine Gesundheit und die psychische Labilität vorwegnehmend: „Ich verspreche mir eine wunderbare Wirkung davon auf mein Gemüt. Die Reise auf einem Dampfschiffe geht sehr schnell und ohne Gefahr, in Amerika selbst reist man auch völlig sicher, denn Bettler u. Diebe sind dort nicht zu finden, weil sich die Menschen ihr Brot auf bequemerem Wege verschaffen können."

Fluchtwege zum Reichtum

Aber es ist nicht allein Zweckoptimismus, der ihn zu solchen Schönfärbereien greifen läßt; seine Hoffnung, in Amerika rasches Geld zu machen, wird von einer Gesellschaft genährt, die Auswanderungswilligen sichere Überfahrt und Hilfe beim Erwerb von Grund und Boden verspricht. Die Teilnahme soll durch den *Erwerb von Aktien* begründet werden. Ohne auf den Rat von Justinus Kerner und anderer Freunde zu achten, ist Lenau bereits am 11. März 1832 nach Bönnigheim gefahren, um sich mit einem amerikanischen Kommissär, der die Auswanderung organisatorisch betreut, zu treffen. Er hat 5000 Gulden in die Gesellschaft eingezahlt und soll dafür 1000 Morgen Landes zum Anbau erhalten. Daß es sich dabei um Land handelt, welches erst urbar gemacht werden muß, ist dem Dichter wahrscheinlich zu diesem Zeitpunkt noch nicht bewußt. Ebensowenig kann er wissen, daß Jan Matuszynski, einer der polnischen Freunde, die er bei Kerner in Weinsberg getroffen hat, es sich anders überlegen und ihn nicht nach Amerika begleiten wird. Die schwerste Enttäuschung in diesen Tagen des schnell gefaßten und vorangetriebenen Amerikaprojektes ist aber, daß Alexander Graf von Württemberg, der von dem Abenteuer ursprünglich recht angetan schien, es jetzt ablehnen muß, Lenau zu begleiten. Reichlich spät erfährt der Dichter – schon sind die Reisevorbereitungen in vollem Gange –, daß Alexander am 3. Juli 1832 Helene Gräfin Festetics von Tolna heiraten soll und auch heiraten wird.

So bekommt ausgerechnet der sensible Justinus Kerner, in dessen Umkreis sich der Dichter gerade aufhält, die geballte Ladung von Lenaus manischer Unternehmungslust ab. Er ist völlig zerrüttet und hält die Ereignisse, die über ihn hereinbrechen, für *Ausgeburten der Hölle*, zumindest aber von Dämonen: „Ich sah kürzlich seinen Dämon, es ist ein haariger Kerl mit einem langen Wickelschwanz und einem faltigen Beutel am Bauch, der flüstert ihm von jenen Urwäldern so zu: der läßt ihm keine Ruhe! Um Gottes Willen Mayer! Komm hieher und rette mit mir den so lieben Niembsch aus dem Wickelschwanze dieses amerikanischen Gespenstes!!!"[4] Aber immerhin erkennt der zumeist besonnen urteilende, diagnosegewohnte Arzt in Weinsberg auch die anderen Motive, die für Lenaus Entschluß sprechen. Seit Karl Ferdinand Gutzkows und Heinrich Heines Kritik an der schwäbischen Romantik hat man sich daran gewöhnt, den Kreis um Justinus Kerner als *apolitisch*, zuweilen sogar als *reaktionär* zu verurteilen. Wie vorschnell solche Urteile sind, zeigt der Schluß, zu dem Kerner in seinem Brief an Karl Mayer gelangt: „Es ist vielleicht das Land der Prüfung für ihn, und Gott wird es nicht ohne seine weisen Absichten zulassen. Betrachtet man es wieder von anderen Seiten, so läßt sich allerdings dagegen auch wieder wenig einwenden; Europa verfault immer mehr in der Gemeinheit, und auch mir wird oft ganz bang in ihm."[5]

Lenaus spontan verkündete Absicht ist es, sich der Vorhut des Vereins der Auswanderer anzuschließen. Selbstverständlich muß das Projekt schon wenige Tage danach wieder verworfen und die Abreise mit dem Gros der Auswanderer festgesetzt werden, die, wie es heißt, am 1. Mai in See stechen sollen. Denn zunächst müssen noch die Fahnen seines Gedichtbuches ein allerletztes Mal durchgesehen und der Druck imprimiert werden. Als die wichtigste Ursache der Verzögerung erweist sich allerdings, daß in der Öffentlichkeit inzwischen *Zweifel an der Seriosität der Aktiengesellschaft* laut geworden sind. „Die Regierung verweigerte die Sanktionierung der Aktiengesellschaft, worum sie angegangen worden, weil sie nach Durchsicht der Pläne und bezüglichen Aktenstücke sich überzeugt, daß das Ganze keine Garantie biete. Sie warnte sogar öffentlich vor dem Unternehmer und seinem Unternehmen, damit die Teilnehmer an der Expedition nicht in Schaden gerieten."[6] Immer wieder wird der Tag der Abfahrt hinausgeschoben, immer neue und unerwartete Widrigkeiten tauchen auf, bis schließlich selbst der vertrauensselige Niembsch Verdacht schöpft und mit grotesker Komik, zu der er in ausweglosen Situationen immer greift, sich an den ohnehin verzweifelten Kerner wendet: „Du, lieber Bruder, mit der Actiengesellschaft stinkt es, ist allerlei Gesindel dabei, man hat mir hier von allen Seiten die Hölle heiß gemacht, *Missouri, ubi vos estis pecuniam perdituri* u.d.gl schlechte Witze mehr habe ich zu hören gekriegt, und ich bin dadurch so heillos erschüttert worden, daß ich zitterte an Händen und Füßen, und mein guter Kaiser Franz, den ich im Sacke trug, auf einige Kronthaler geprägt, bekam das Zähneklappern; ich ziehe mich zurück von den Actien. Sage meinem *Matusynski (!)*, wir werden nach Florida gehn auf eigene Faust … Grüße mir meinen *Matusynski (!)* aus meiner tiefsten Seele; er soll nur fleißig englisch lernen."[7]

Doch aus dem von Lenau gewünschten gemeinsamen Abenteuer soll indes nichts werden. Wohl um dem Gerede in Stuttgart und Weinsberg zu entgehen, verzichtet der Pole auf die Reise und wendet sich in einem Anfall von Arbeitseifer nach Tübingen, wo er das in Warschau begonnene Medizinstudium wieder aufnimmt und im April 1834 tatsächlich beenden wird. Unmittelbar nach Abschluß seines Studiums beginnt er an der *École de Médicine* in Paris zu unterrichten, deren Professur ihm 1837 schließlich verliehen wird. Fünf Jahre nach diesem Höhepunkt seiner Laufbahn wird Matuszynski an der Schwindsucht sterben und auf dem Friedhof Montmartre beigesetzt werden.[8]

So also zieht ein Freund nach dem anderen sich von dem zunächst mit Enthusiasmus begrüßten Projekt zurück, das gepriesene Reich der Freiheit mit eigenen Augen zu schauen, mit eigenen Füßen durch die unermeßliche Weite der Urwälder zu streifen, mit eigenen Sinnen das unbändige Lebensgefühl einer noch jungen, noch nicht festgelegten Kultur in sich aufzunehmen. Schließlich bleibt Lenau nichts anderes übrig, als allein zu reisen. Allein, das heißt für ihn selbstverständlich soviel wie: begleitet lediglich von seinem treuen, ihm zutiefst ergebenen Diener Philipp Huber. Offenbar hat Lenau aber – und hier müssen wir der Abfolge der Ereignisse ein wenig vorgreifen – dessen Fähigkeiten nicht so hoch eingeschätzt wie die Ludwig Häberles, eines gelernten Zimmermanns aus Lauffen am Neckar, der sich während der Überfahrt ins Vertrauen des Dichters einschleicht, die von ihm gepachteten Ländereien aber innerhalb kürzester Frist verkommen läßt.

Während die Wochen mit Vorbereitungen zur großen Reise vergehen, Termine angesetzt und von der Reiseleitung wieder verworfen werden, entfaltet Lenau eine rege Reisetätigkeit zwischen Weinsberg, Stuttgart, Tübingen und Mannheim. Am 22. April wird die Ostermesse in Leipzig eröffnet. Die Rubrik „fertig gewordene Bücher" kündigt bereits seine Gedichtsammlung als soeben erschienen an; er selbst vermag freilich seinem Schwager Anton Xaver Schurz in Wien selbst unter dem 19. Mai noch keine weiteren Fortschritte anzuzeigen, als daß der Druck nun endlich abgeschlossen ist. Verwirrungen, Mißverständnisse, Mißhelligkeiten, wie sie die Hektik vor Beginn jedes großen Unternehmens hervorbringt. Bereits einen Tag darauf reist er von Stuttgart über Weinsberg und Heidelberg nach Mannheim. Nach Heidelberg, um seine alten Studienfreunde noch einmal zu sehen; nach Mannheim, um mit der Gesellschaft der Auswanderer zusammenzutreffen. Anschließend zieht es ihn wieder nach Weinsberg zurück, wo er bis zum 5. Juni bei Justinus Kerner wohnen wird.

Es hätte nicht viel gefehlt und Lenau wäre noch im letzten Augenblick wankend in seinem Entschluß geworden, „seine Fantasie in die Schule – die Urwälder – (zu) schicken".[9] Dazu mögen freilich weniger die oft in weinerlichem Ton vorgetragenen Ermahnungen, Warnungen und Vorhaltungen der Freunde beigetragen haben, sondern daß Lenau erst jetzt, während beinahe schon die Anker gelichtet werden, durch eigene Anschauung mit der persönlichen Not der Auswandernden konfrontiert wird. Nicht wenige von ihnen haben ihren einzigen Besitz, ihren Grund und Boden, verkauft und ihr gesamtes Vermögen in die Gesellschaft gesteckt. Doch die hat sich, wie wir sogleich sehen werden, inzwischen wie ein Phantom in nichts aufgelöst. Anders als er es sich im Brief vom 12. März an Karl Mayer erträumt, wird nicht erst Amerika sein Herz „durch und durch in Schmerz macerieren",[10] sondern schon hier, mitten unter den Ärmsten der Armen, die vor Schmerz und Kummer nicht ein noch aus wissen, erlebt und erleidet der Sieggewohnte seinen ersten Anschauungsunterricht, was den Schmerz, was das soziale Mitleiden betrifft. Etwas großspurig nimmt sich von dieser Stelle aus, was Lenau seinem Freund Karl Mayer kaum zwei Monate zuvor über seine Auffassung einer Vorschule zur Ästhetik geschrieben hat: „Erinnerst Du dich an das Gedicht von Chamisso, wo der Mahler einen Jüngling ans Kreuz nagelt, um ein Bild vom Todesschmerze zu haben? Ich will mich selber ans Kreuz schlagen, wenn's nur ein gutes Gedicht gibt."[11]

Parallel zu dieser Misere namenloser einzelner, beginnen politische Ereignisse ihre Schatten über die Staaten des Deutschen Bundes zu werfen, die bald von weitreichendem Einfluß auf Denken und Tun der Menschen dieser Länder sein werden. Vom 27. bis 30. Mai tritt bei Neustadt an der Haardt die radikal-liberale Opposition zum „Nationalfest der Deutschen zu Hambach" zusammen. Einen Monat später schränkt der Deutsche Bund als Reaktion auf diese Zusammenkunft die Versammlungs- und Pressefreiheit fast völlig ein.

Am 19. Juli wird die Zeitschrift „Der Freisinnige" durch Bundesbeschluß verboten. Während Lenau sich also anschickt, westwärts von Europa die Freiheit zu suchen, wird seine Rheinfahrt im Herzen des Kontinents vom Trauermarsch auf die deutsche Freiheit begleitet. Am 24. Juni reist der Dichter von Mannheim rheinabwärts. Am 25. oder 26. Juni, auf der Fahrt nach Amsterdam, schreibt er das Gedicht „Frühlings Tod", das belegt, wie klar bewußt Lenau die politische Lage erfaßt und beurteilt. Zu Sommerbeginn verfaßt, mag es vielen Beurteilern als der melancholische Abschied eines Dichters von Europa geschienen haben, der einer ungewissen Zukunft entgegengeht.

Daß hier die Trauerkunde durch alle Haine weht, ist aber ohne Zweifel nicht nur Stimmungsmalerei oder ein Bild der Naturbeschreibung; die damalige Zeit assoziiert mit dem Hain in zweiter Ebene jenen konkreten literarischen Bund in Göttingen, der gegen das Alte, Vermorschte, Überkommene mit den Waffen einer neuerwachten Gefühlskultur ankämpft und auch das Leben, das gesellschaftliche Zusammenleben, ebenso verändern möchte wie die Politik. So gesehen, hat der „Hain" mitgeholfen, die nationale Grundstimmung der Zeit der Befreiungskriege und in weiterer Folge auch des Frühliberalismus zu erneuern. Läßt Lenau also in diesem Gedicht die Trauerkunde durch alle Haine wehen, so schwingt in dem Naturbild die Doppelbedeutung mit, daß für Erneuerungsbewegungen, wie der „Göttinger Hain" sie einläutete, die Todesstunde geschlagen hat. Denn die Gleichsetzung von *Frühling* und *Freiheit* ist schon im Vormärz zu einer stehenden Metapher geworden und das erste Gedicht, das Lenau auf seiner Amerikareise geschrieben hat, somit als poetische Variation über das politische Geschehen zu verstehen, dessen Zeuge der Dichter auf seiner Rheinfahrt wird. Erst von hier aus gewinnt der dritte Vers der ersten Strophe seinen Sinn. Denn störrisch klagt der „trüben Welle Gang" doch nur, weil sie den Dichter daran hindern möchte, die Heimat zu verlassen, wo man ihn dringend braucht.

> Warum, o Lüfte, flüstert ihr so bang?
> Durch alle Haine weht die Trauerkunde,
> Und störrisch klagt der trüben Welle Gang:
> Das ist des holden Frühlings Todesstunde!
>
> Der Himmel, finster und gewitterschwül,
> Umhüllt sich tief, daß er sein Leid verhehle;
> Dort, an des Lenzes grünem Sterbepfühl,
> Weint noch sein Kind, sein liebstes, Philomele.

Wer, in der Lektüre hier angekommen, noch immer nicht erkennt, daß ein Kassiber gegen den Zeitgeist an der Zensur vorbeigeschmuggelt werden soll, ist zu fragen, welchen Stellenwert der Name Filomela hier, in diesen Versen, hat. Gewiß, auch er läßt sich als Naturmetapher deuten. Denn Filomela gebrauchten die Alten als poetischen Ausdruck für Schwalbe. Der Schwalben Rückkunft ins Land zeigt aber das Ende des Frühlings an oder eben des Sommers Beginn. Insofern bleibt alles noch im Bild. Fragt man aber, warum die Götter die Athener Königstochter Filomela in eine Schwalbe verwandelten, so erfährt man die Geschichte eines Mädchens, dessen Schwager, Tereus, sich an ihr verging und ihr – um zu verhindern, daß ihre Schwester davon erfuhr – die Zunge aus dem Munde schnitt. Der verbalen Mitteilung, also der Wortsprache, beraubt, greift sie zu einer Bildsprache. Sie knüpft den Hergang der ihr angetanen Gewalt in ein Gewebe und schickt es der Schwester.[12]

Ähnlicher Techniken der indirekten Aussage bedienen sich Liberale zunehmend in Deutschland, um die politischen Zustände aufzudecken und auf die bedrückenden Verhältnisse aufmerksam zu machen. Die Verwandlung der beiden Schwestern in Schwalbe und Nachtigall mag man als Anspielung darauf verstehen, daß es den Sängern oder den Sängerinnen allein gegeben ist, sich der Verfolgung dadurch zu entziehen, daß sie in eine zweite Bedeutungsebene schlüpfen. Liest man jetzt die noch ausstehenden zwei Strophen des Gedichtes, dann wird man – wie in Umspringbildern – des eingeschriebenen zweiten Sinnes gewahr werden. In Umspringbildern übrigens, deren Wirkungsmechanismus Lenaus Freund Kerner ausgiebig und mit viel Phantasie untersucht und beschrieben hat. Daß also des Lenzes Frohlocken (der Gesang Filomelas und der ihrer Schwester, der Nachtigall) schmerzlich an die Freiheit gemahnt, besiegelt sein Schicksal: er wird vom Sonnenpfeil (Apollos Pfeil = Staatsgewalt, Obrigkeit) durchbohrt und verströmt sein Herzblut in Rosen der Poesie. Lenau selbst hat in einem Brief an Emilie von Reinbeck dieses Gedicht als das „liebste, das ich je gemacht habe",[13] bezeichnet, wohl, weil es ihm darin gelungen ist, die politische Botschaft völlig in die poetische Struktur einzubinden.

> Wenn so der Lenz frohlocket, schmerzlich ahnt
> Das Herz sein Paradies, das uns verloren;
> Und weil er uns zu laut daran gemahnt,
> mußt' ihn der heiße Sonnenpfeil durchbohren.
>
> Der Himmel blitzt und Donnerwolken fliehn,
> Die lauten Stürme durch die Haine tosen,
> Doch lächelnd stirbt der holde Lenz dahin,
> Sein Herzblut still verströmend, seine Rosen.[14]

Gefährliche Überfahrt

Während das Schiff gemächlich rheinabwärts segelt, beginnt Unruhe unter den Reisenden um sich zu greifen. Erbittert schon über die wiederholten Verzögerungen, die sich den Bauern, denen ja ein besonders ausgeprägtes Sensorium für Jahreszeiten nachgesagt wird, wie das absichtliche Verschleppen eingegangener Verpflichtungen darstellen, steigen Äußerungen ihres Unmuts immer lauter aus dem Bauch des Schiffes und verbreiten sich rasch über die Decks. Was sie jetzt mit eigenen Augen sehen, was ihr Gaumen ihnen von Tag zu Tag von neuem bestätigt, legt den Verdacht nahe, *daß sie geprellt worden sind*. Denn nichts stimmt mit dem überein, was ihnen der Kontrakt ausdrücklich zusichert: weder Beförderung noch Unterbringung oder Verpflegung. Mit Verdruß beobachtet auch Niembsch, wie sich die Dinge weiterhin zuspitzen; denn immerhin hat ja auch er schon einigen Schaden erlitten. Doch bricht der Sturm erst los, als der Unternehmer mit seinem Bruder Anfang Juli auf das gemächlich rheinabwärts segelnde Schiff nachkommt:

„Die armen Leute, unter denen viele ohnedies nur schmerzlich vom Vaterlande schieden, da zumal die Kinder beim Verlassen der geliebten Heimath oft laut jammerten: ‚Nicht nach Amerika! Nicht nach Amerika!' erwählten Niembsch, als den weitaus angesehensten und gelehrtesten unter ihnen, zum allgemeinen Sachwalter und beschworen ihn, ihnen Recht und Gerechtigkeit zu verschaffen. Niembsch errichtete einen altdeutschen offenen Schöppenstuhl, wozu er die vertrauenswürdigsten Männer erkiesen ließ, und zog den Beschuldigten zu standhafter Red' und Antwort. Als alles, wie Rechtens, verhandelt und der Angeklagte seiner Vertragsverletzungen klar überwiesen worden war, fällt Niembsch das Urtheil über ihn und ließ ihn in Vollziehung dessen unter das Verdeck des Schiffes in strenge Haft setzen. Später aber, es mochte schon in Holland gewesen seyn, verklagte der Gerichtete den Richter vor Gericht wegen angemaßter Gewalt und eigenmächtiger Freiheitsbeschränkung und es fehlte nicht viel, daß nicht der vorige Richter von der befugten Behörde an des Gerichteten Platz gesetzt worden wäre, wenn nicht allzu deutlich vorgelegen hätte, daß er nur auf guten Grund hin und aus eitel Gerechtigkeitsgefühl also geamtet."[15]

Schließlich gelingt es, den Kommissar Mohl dazu zu zwingen, seine Bücher offenzulegen. Die Resultate sind derart niederschmetternd, daß die meisten ihr Geld oder das, was davon übrig geblieben ist, aus der Gemeinschaftskasse wieder zurückziehen. Bedenkenlos hat Mohl das ihm anvertraute Aktienvermögen zur Bezahlung der Transportkosten oder anderer noch offener Rechnungen herangezogen und – was das Schlimmste ist – die Kassen nicht getrennt geführt. Unmöglich, sich Durchblick zu verschaffen; unmöglich, den Stand der Vermögen anzugeben. Das ist das Ende des Unternehmens, die Aktiengesellschaft der

Auswanderer hat aufgehört zu existieren. All das wird von scheußlichen Auftritten begleitet, wie Lenau sie bisher noch nie gesehen hat. „Die Bauern waren wüthend, wollten die ganze Mohl'sche Familie über Bord werfen. Ich hatte auf der Reise einen Bedeutenden Einfluß über die Gesellschaft gewonnen, den ich geltend machte Gewalt zu verhüten. Durch acht Tage war ich ohne Rast beschäftigt, theils den Sturm zu beschwören, theils Herrn Mohl die Rechnung abzudringen. Ich kam mit einer Maulschelle von 300 f. davon. Wenn ich nur Zeit hätte, ich würde einen Bericht in den schwäbischen Merkur schreiben."[16]

Aber nicht nur die Reisegesellschaft und der leichtsinnige und unverschämte „Rechts-Consulent" hinterlassen einen schlechten Eindruck bei Lenau; auch das Getöse und der dichtgedrängte Verkehr in den Grachten von Amsterdam stoßen ihn ab. Er findet die Häuser zu schmal und zu klein, weshalb die Straßen aussehen wie grobe, geschmacklose Mosaike. „Amsterdam ist ein wahres Ungeheuer von Stadt, mit seinen Kanälen, zahllosen Schiffen, Windmühlen etc. Die letzteren allein könnten mich aus Amsterdam vertreiben. Mir wird übel, wenn ich lange einer Windmühle zusehe. Es sieht aus, wie wenn ein besoffener Kerl sich aufraffte, mit ausgespreiteten Armen nach Luft schnappte, um gleich wieder niederzutaumeln. Ein schändlicher Anblick."[17]

Was ihm an dieser Stadt freilich dann doch wieder behagt, das hat, wie sollte es auch anders sein bei ihm, mit Gehörempfindungen zu tun: „Einen angenehmen Eindruck hingegen machen die Glockenspiele an den Thurmuhren, die einen doch sanft u. gelinde mahnen an die verlornen Stunden und sie uns gleichsam fortschmeicheln, während uns der dumpfe, langsame Glockenschlag unserer gothischen Thürme in Deutschland oft so strafend und bitter in die Seele schlägt. Besonders angenehm ist dieses Glockenspiel bei Nacht. Ich kann es nicht hören ohne den wehmütigen Wunsch: möchten doch meine Stunden ebenso harmonisch zusammenklingen wie diese Glocken."[18]

Am schlimmsten überschattet wurde Lenaus Rheinreise aber von der Malaise mit seinen Pässen. Sie waren am 20. Juni und am 21. November 1831 ausgestellt worden und bereits am 20. Mai 1832 abgelaufen. Das forderte ihn zu äußerster Aufmerksamkeit und Vorsicht heraus: „Das absolutistische Gesindel in Mainz, besonders aber in Rheinpreußen fragt nach Pässen mehr als ich geglaubt hatte. Mit Hülfe meines Schiffmannes kam ich durch. An der holländischen Gränze aber war's am ärgsten. Mein abgelaufener Paß konnte kaum für eine halbe Legitimation für meinen Stand etc. gelten. Der Bürgermeister im Lobith, dem holländischen Gränzort machte Miene mich zurückzuschicken. Zum Glück traf ich in dem kleinen Neste einen enthusiastischen Musiker in der Person eines Zollbeamten. Dieser, abgeschnitten von jeder musikalischen Seele in seinem miserablen holländischen Flecken, schnappte nach mir wie nach einem Leckerbissen. Ich mußte mich schon bequemen, die scheuslichsten Duetten für *Violin* u *Clarinette* mit dem Kerl täglich mehrere Stunden durchzuhumpeln, dafür empfahl er mich dem Bürgermeister. Es wurde eine musikalische Abendunterhaltung gegeben, wobei seine bürgermeisterliche Gnaden zugegen und über meine Passagen auf der Geige dermaßen entzückt zu seyn beliebte, daß sie mir die Passage über die Gränze durch die Finger sahen. Morgen endlich geht es nach Amerika. Ich bin froh aus Holland zu kommen."[19]

Davon kann natürlich keineswegs die Rede sein, wie bei so vielem anderen im Verlauf dieser Reise. Kaum hat Niembsch die *Baron van der Kapellen* bestiegen, da hält eine Havarie mit einem anderen Schiff die Reisegesellschaft im Kanal von Texel zurück. Eine Segelstange ist gebrochen; sie auf der Reede von Texel zu reparieren dauert gut drei Tage. Aber jetzt, wo er endlich an Bord ist, bricht wieder Optimismus aus dem von gegensätzlichen Stimmungen gebeutelten Dichter. Er freut sich, daß er ein „artiges Stübchen" hat, wo er völlig isoliert von dem „grausigen Volke der Auswanderer"[20] seine alte brave Geige streichen kann. (Vor ein paar Tagen hat er die um ihr Hab und Gut Gebrachten noch bemitleidet und bedauert.) Von dieser Meerfahrt erhofft er sich einen Reichtum an poetischen Ideen, vor allem aber eine Läuterung und Beruhigung der Seele. Bald schon schließt er mit dem Kapitän Freundschaft. Dieser ist ein „herzlieber Mann", auf alles gefaßt und immer lustig. „Neulich hatten wir ein kleines Unwetter, da ging er lachend auf u. ab, rieb sich die Hände und sprach seelenvergnügt: *il vaut autant mourir d'une façon, que d'une autre*. Wir passen ganz zusammen. Morgen ist mein 30. Geburtstag. Da wird mir mein Capitaine, der mich sehr liebgewonnen, die Ehrenbezeugung thun, alle Flaggen aufzustecken."[21] Kurz: sein Stimmungsbarometer hat einen neuen Höhepunkt erreicht.

Doch das nächste Tief ist bei Lenau, diesem bedauernswerten Neurastheniker, immer in Sicht, immer vorprogrammiert. Die *Baron van der Capellen* ist schon mitten auf dem Atlantik, als der Schiffszimmermann dem Dichter anvertraut, das Schiff sei keineswegs in der Lage, einen kräftigeren Sturm zu überstehen. Lenau schreibt diese mangelnde Wartung zu Unrecht den Holländern zu, die ihm kalt, herzlos und zu geschäftstüchtig scheinen. Tatsache ist jedoch, daß sich zu dieser Zeit die soliden Häuser mit dem Personentransport überhaupt nicht befassen, die kleineren und ärmeren aber nur alte und baufällige Schiffe einsetzen können, deren Fahrtleistungen höchst unsicher sind. Auf einem solchen wenig seetüchtigen, ausgemusterten holländischen Ostindienfahrer muß nun Lenau die zehn (anstatt wie vorgesehen sechs) Wochen dauernde Überfahrt nach Amerika durchhalten. Unter den 253 Passagieren – in ihrer Mehrzahl schwäbische Bauern – ist Lenau übrigens der einzige Akademiker.[22]

Allerdings dürfte alles, was der Dichter seiner Schwester nach Wien berichtet, seiner sadistischen Phantasie entsprungen und nur zu dem Zweck erfunden worden sein, der Familie gehörige Angst einzujagen. Noch in den Sechzigerjahren des vorigen Jahrhunderts gelang es Fritz Felzmann, nicht nur ein Ölgemälde der *Baron van der Capellen* aus dem Jahre 1827 aufzufinden, sondern auch herauszufinden, daß dieses schmucke Schiff seine „Jungfernfahrt" erst 1820 angetreten hat und daher nach zwölf Jahren kaum derart baufällig sein kann, wie der Dichter forsch verkündet. Die eigentliche Wahrheit, die sich hinter dem romantischen Seemannsgarn verbirgt, hat mehr mit den Transportbestimmungen zu tun, als der Schiffer eingestehen will, um vor seinem illustren Reisegast zu motivieren, warum das Dreimastervollschiff aus allen Bäumen und Fugen stöhnt und ächzt. Vermutlich ist das Schiff überladen, denn gerade in jenen Jahren hat die Auswanderungsquote aus Deutschland besonders stark zugenommen.[23]

Auf jeden Fall ist es eine *harte Schule*, in welche der eigenwillige Dichter im Verlauf seiner Überfahrt geschickt wird: „Starke Winde und ungeheure Wellen nahmen das Schiff oft in ihre Mitte und schleuderten sich's verächtlich in die Hände. Das war oft ein Schwanken, daß ich nicht aufrecht stehen konnte; doch eben darin mag das Heilsame liegen, das Seereisen für den Charakter des Menschen haben. Wenn ich in meiner Cajüte stand, und plötzlich an die Wand geworfen wurde, wie eine willenlose Kleinigkeit; so empörte das meinen Stolz aufs bitterste, und je weniger mein äußerer Mensch aufrecht stehen konnte, desto mehr that es der innere. Der Kampf mit den rohen Kräften der Natur ist sehr gut. Einmal hatten wir auch einen mäßigen Sturm, bei dem ich aber sehr gleichgültig blieb. Der Kapitän zeigte mir mit besorglicher Miene gegen Norden eine tiefschwarze nicht Wolke, sondern Mauer, die senkrecht aus den Fluten aufzuragen schien. ‚Das kann einen starken Sturm geben!' war seine Meinung, und alle Segel einzuziehen, sein blitzschneller Befehl. Es war ungefähr 10 Uhr des Nachts. Der Kapitän mußte herzlich lachen, als ich nach einigen Minuten wieder aus der Cajüte kam im Hemd, das ich über die Unterhosen hinabhängen ließ, und sagte: ‚Ich habe meinen Sterbekittel bereits angezogen'. Die schwarze Mauer rükte heran, fürchterliche Regengüsse stürzten herab und die Wogen brüllten rasend um das arme Schiff."[24]

Aber es gibt auch Stunden der panischen Stille. Nichts regt sich, die Segel hängen schlaff. Das Erleben solch gegensätzlicher Stimmungen und Zustände ist es, das Lenau die eigentliche Schule nennt, durch die er gegangen ist. „Die nachhaltigste und beste Wirkung dieser Seereise auf mein Gemüth ist ein gewisser feierlicher Ernst, der sich durch den langen Anblick des Erhabenen in mir befestigt hat. Das Meer ist mir zu Herzen gegangen. Das sind die zwei Hauptmomente der Natur, die mich gebildet haben; das Atlantische Meer und die österreichischen Alpen; doch möcht' ich mich vorzugsweise einen Zögling der letzteren nennen. Ich kann Dir nicht beschreiben, wie mir zu Muthe war, wenn auf der See jedes Lüftchen schwieg, jede Welle ruhte, der müde Himmel sich aufs Meer legte, und jedes Leben, jede Bewegung sich von unserm Schiffe zurückgezogen hatte, in dieser tiefen, gränzenlosen Einsamkeit; mit welcher Sehnsucht ich da zurückdachte an meine lieben Berge, meine lieben Menschen in der Ferne. Ich möchte fast behaupten, das stille Meer ist größer als das bewegte, wie es denn schon dem Auge ausgedehnter erscheint."[25]

Zu der *Handvoll von Gedichten*, die Lenau auf der Überfahrt nach Amerika geschrieben hat, sind vor allem jene zu zählen, denen er den Titel „Atlantica" gibt oder die doch thematisch zu dem Umkreis dieses kurzen Zyklus gehören wie etwa der „Seemorgen". Charakteristisch für das gar nicht so lose Aggregat von Gedichten ist, mit welcher Konsequenz der Dichter die Gegensatzpaare „Fernweh und Heimweh", „Notwendigkeit und Freiheit", „Natur und Geist", „Tod und Wiedergeburt" zu poetischen Gleichnissen erhöht. Den Gedanken von der Berührung der Sphären, die Idee von der fortschreitenden Ausbildung unvollendeter Formen zu immer vollkommeneren hat der Naturphilosoph Gotthilf Heinrich von Schubert in seinem einst vielbeachteten Werk „Ansichten von der Nachtseite der Naturwissenschaften" bereits vorgedacht. Niembsch führt es offenbar zusammen mit Schuberts „Die Symbolik des Traumes" als Reiselektüre mit sich nach Amerika. Nach seiner Rückkunft wird er sich in einem Gespräch mit Max von Löwenthal rühmen, daß kein Dichter vor ihm je das Ringen der Natur nach dem Geist bisher in derart reinen Symbolen dargestellt habe.[26]

Schubert bekämpft jede atomistisch-mechanistische Auffassung der Welt- und Lebensdeutung. Er ist der Überzeugung, daß der einzelne ursprünglich in einer lebendigen Einheit mit der Natur, dem Kosmos, dem All gestanden ist. Deshalb sei die sichtbare Schöpfung keineswegs als Stückwerk zu analysieren und zu werten, sondern jedes einzelne Stückwerk vielmehr als Ausdruck eines göttlich vollendeten Ganzen. Goethe, der in seiner Morphologie von einer Urpflanze ausgeht, in die spätere Erscheinungsformen bereits eingebildet sind, hat dem Philosophen für dieses ganzheitliche Weltbild uneingeschränkt Beifall gezollt. Wenn er *Faust zu den Müttern absteigen* läßt, das heißt,

>ins Unbetretene,
>nicht zu Betretende, ein Weg ans Unerbetene,[27]

dann einzig und allein aus dem Grund, um ihm Gelegenheit zu verschaffen, sich dort, an den nie versiegenden Quellen des Bewußtseins, zu regenerieren, zu verwandeln, neue Kraft zu tanken, neuen Lebensmut zu schöpfen:

>Du sendest mich ins Leere,
>damit ich dort so Kunst als Kraft vermehre ... .[28]

Und nur wenig später gibt Goethe Auskunft darüber, welchen Zweck dieses Absteigen ins Unbewußte eigentlich hat:

> Gestaltung, Umgestaltung,
> des ewigen Sinnes ewige Unterhaltung ...[29]

Man halte das nur ja nicht für überzogen. Aus dem Umkreis der Wissenschaft der Romantik, die mit Franz Anton Mesmer beginnt und der auch der späte Goethe zuzuzählen ist, stammen die ersten *Bausteine zu einer Psychotherapie*, die bis zu Sigmund Freuds Traumanalyse führen wird. Mit seinem Buch „Die Seherin von Prevorst"[30] hat Niembschs Freund Justinus Kerner – es sind noch keine drei Jahre seither vergangen – ungeheures Aufsehen in Deutschland, aber auch in Frankreich, England und in den Vereinigten Staaten erregt. Denn hier hat Kerner Beobachtungsstudien und Experimente an einer seiner Patientinnen zusammengetragen und nach medizinischen Gesichtspunkten besprochen, die von Fall zu Fall in magnetische Trancezustände verfallen war. Er hat damit nicht nur die erste Monographie auf dem Gebiet der dynamischen Psychiatrie verfaßt, die einer einzelnen Patientin gewidmet ist, sondern auch den ersten Versuch, paranormale Zustände wissenschaftlich zu objektivieren. Doch ist das keineswegs der einzige Beitrag des Arztes und Dichters auf dem Gebiet der Seelenkunde geblieben. Von früh an hatte Kerner nämlich die Angewohnheit, Tintenkleckse auf ein Blatt Papier zu spritzen, es dann zu falten und die entstandenen *„Klecksographien"* zu deuten. Diese scheinbar spielerische Freizeitbeschäftigung eines vielgefragten Arztes und Dichters übernahm später der Schweizer Psychiater Hermann Rorschach und gestaltete daraus das nachmals als *„Rorschach-Test"* weltweit angewandte projektive Verfahren, das, überzeugender als andere Methoden, dazu geeignet ist, die *Struktur der Gesamtpersönlichkeit* widerzuspiegeln, auszuloten, kurz: die Seele zu vermessen. Projektiv heißt der Test vor allem deswegen, weil er sich die Erkenntnis zunutze macht, daß die Patienten ihre inneren Haltungen, Strebungen und Erwartungen in die Klecksographien projizieren, während sie diese beschreiben und ausdeuten.[31]

21 Justinus Kerner: Klecksographie, SNMM.

Streng genommen hat die soeben beschriebene Technik der Erkundung und Auslotung des Seelenlebens durch freies Assoziieren über Gestalten, die in Tintenkleckse hineingesehen werden sollen, auch noch ältere Vorläufer als den Weinsberger Arzt und Dichter. Den frühesten Hinweis darauf liefert, soweit ich sehen kann, Leonardo da Vinci. In seinem „Buch von der Malerei" empfiehlt er den Künstlern, sich von zufälligen Flecken an Mauern anregen zu lassen, sobald die Inspiration ins Stocken geraten sei. Den Musikern hingegen erteilt er den Rat, Namen und Worte in das Klingen der Glocken hineinzuhören, „denn durch verworrene und unbestimmte Dinge werde der Geist zu neuen Erfindungen wachgerüttelt". Angeregt von dem Philosophen der französischen Aufklärung, Claude Adrien Helvétius, hat Immanuel Kant noch vor Justinus Kerner auf den Zusammenhang von optischen Wahrnehmungen mit den Affekten hingewiesen: „Die Seele eines jeden Menschen ist selbst in dem gesundesten Zustande geschäftig, allerlei Bilder von Dingen, die nicht gegenwärtig sind, zu malen, oder auch an der Vorstellung gegenwärtiger Dinge einige unvollkommene Ähnlichkeiten zu vollenden durch einen oder andern schimärischen Zug, den die schöpferische Dichtungsfähigkeit mit in die Empfindung einzeichnet."[32]

Um jetzt, nach diesem kurzen Exkurs, wieder zurück zu Lenau und seinem Gedicht „Atlantica" zu gelangen, braucht man nicht lange nach Brücken oder verbindenden Motiven zu suchen. Die Entdeckung der schöpferischen Kraft der Psyche und die Untermauerung dieser Entdeckung durch die Ergebnisse der romantischen Philosophie, Psychologie und Medizin, wie Niembsch sie, von Kerner angeregt, mit nach Amerika nimmt, markieren einen deutlichen Einschnitt in Lenaus künstlerischer Entwicklung. Seine neurasthenische Schwermut, die sich nicht nur in den Gedichten, sondern vor allem „in den Briefen aus der Neuen Welt (verdeutlicht, vollzieht), in ihm die Trennung zwischen Natur und Geist, die sich schon auf dem Atlantischen Ozean andeutete ... Wie abgeschnitten vom Weltall tastet Lenau erschrocken in der Leere des eigenen Ich herum."[33] Wahrscheinlich wäre es zutreffender gewesen, Vincenzo Errante hätte hier von einer Invasion an Bildern aus dem Unbewußten gesprochen, von einer Überflutung des Bewußtseins, deren Regulierung dem Dichter erst nach und nach gelingen wird. Erst nach und nach aber bedeutet hier soviel wie bis zum Abschluß der dritten Auflage seiner Gedichte im Jahr 1838. Hindurchgegangen durch die Schwierigkeiten, die sich Lenau beim Abschließen seines „Faust" entgegenstellen werden, wird er den Stellenwert von Poesie und ihrer Stilmittel in einer Zeit erkennen, in der sich der klassische Kanon aufzulösen beginnt: „Die wahre Naturpoesie muß unseres Bedünkens die Natur und das Menschenleben in einen innigen Conflict bringen, und aus diesem Conflicte ein drittes *Organischlebendiges* resultieren lassen, welches ein Symbol darstelle jener höhern geistigen Einheit, worunter Natur und Menschenleben begriffen sind."[34]

Nach seinem Amerika-Aufenthalt wird es den Dichter noch oft reizen, diesen Konflikt, der offenbar sein ureigenster ist, zu gestalten. In dem Gedicht „Der Urwald" etwa, wo er die Pantragik einer dem Tod verfallenen, alles verschlingenden Natur in die heitere Vision seines treuen Pferdes ausklingen läßt, das ihn – selbst eines der ältesten Produkte *domestizierter Natur* und das heißt hier soviel wie: als ein Werk bewußter Züchtung und Veredlung im Zeichen der Pflegefunktion von *Kultur* – dazu ermahnt, zu neuen Ufern, neuen Erfahrungen aufzubrechen. Denn auch der Tod reicht, wie überhaupt die meisten Naturphänomene, über das bloße Zugrundegehen eines bestimmten Einzelindividuums insofern entschieden hinaus, als die Natur stets mehrdeutig ist. Denn die Natur macht neuen Generationen nicht nur Platz, ihre zerfallenden Körper liefern den nachfolgenden Generationen vielmehr zusätzlich Nahrung. Eine unverkennbare Dialektik, deren Doppelfunktion Lenau an den Umspringbildern oder Klecksographien, aber vor allem an Schelling studiert, später aber auch bei Hegel wird nachlesen können. So also reichert sich die naiv-schwärmerische Naturbeschreibung der „Schilflieder" mit realistischen Inhalten an. Wird Lenau auch von der gesellschaftlichen Realität Amerikas enttäuscht werden: was er von dort freilich mit nach Hause bringt, das ist die Fähigkeit, nach den Hintergründen erscheinender Wirklichkeiten zu fragen und sie als Einheit auch im Auseinandertreten dialektischer Gegensätze wahrzunehmen.

Mehrmals stellt der Dichter auch schon hier, in den „Atlantica", dem hellen *Oberflächenbewußtsein* die Ahnung von einem Tiefenbewußten gegenüber. Was hier zum Beispiel aus dem Meere aufrauscht und seine Seele zwingt, in die Tiefe hinabzulauschen, ist der gleiche unbewußte Drang wie der

> nach des Mondes und der Wellen
> heimlichem Verkehre.[35]

Lenaus magisch-poetische Beschwörung der Kommunikation scheinbar getrennter Daseinsbereiche, sein unerklärliches und im Gedicht daher auch nicht näher erklärtes Verlangen, zu den Seejungfrauen oder anders ausgedrückt: zu einem Leben ohne Kategorien und ohne Verantwortung sich in die Tiefe zu träumen, ist tatsächlich mit Fausts Hinabsteigen zu den Müttern verwandt und daher durchaus vergleichbar. Soll das Tagesbewußtsein um neue Dimensionen angereichert werden, dann empfiehlt schon Goethes Mephisto, den Weg ins „Unbetretene", ja sogar ins „Unerbetene" zu suchen und anzutreten. Um komplementäre Dimensionen der Psyche also, die noch vor- oder nicht bewußt sind und deren autonom und unkontrolliert ins Bewußtsein einbrechende Inhalte von niemandem „erbeten" werden, weil sie oft Schaden im Gefolge haben. Auf die suggestive und autonome Wirkung dieses Absteigens weist Lenau uns an mehreren Stellen des Gedichts hin. So läßt er plötzlich

> … rasche Wogen
> aus der Tiefe springen …

oder erkennt freudig

> ... Tiefewärts mit süßem Zwange
> zieht es mich zu schauen ...

und ahnt schon jetzt, daß dieses Rauschen,

> ... dran die Seele sehnend haften
> muß und niederlauschen ...

ihn unlösbar mit den „ewig trüben Meeresdämmerungen"
verknüpfen wird, in denen er

> ... die schönen, wunderbaren
> lieblich fremden Mienen ...[36]

der *Nixen* fasziniert ausnimmt.

Was der Dichter mit diesem Gedicht anstrebt, das ist, auf die Tiefendimensionen der Persönlichkeit aufmerksam zu machen, in denen Irrationales und Rationales miteinander verschränkt sind. Mit seinen Worten: auf die „ewig trüben Meeresdämmerungen", in denen „der schlanken Glieder leiser Wandel" sich dennoch deutlich erkennbar abhebt. Wie Schubert ist auch Lenau von der realen Existenz des in der Tiefe der Gewässer lebenden, geheimnisumwitterten Volkes der Nixen überzeugt. Lenaus Bildersprache bedient sich daher durchwegs zwar realistischer Metaphern, die freilich immer wieder durch kontradiktorische Bestimmungen verfremdet werden. Sie haben die Funktion, den Einbruch einer anderen Wirklichkeit zu umschreiben. Doch während Narziß in sein Spiegelbild hineinfällt, sich darin ertränkt, fällt Lenaus Intuition noch weiter hinter sein eigenes zurück und versucht, in die unbewußten Inhalte der Tiefe einzutauchen, um die unentdeckten komplementären Inhalte der Seele erfahrbar zu machen.

Symbole und Bilder, wie Lenau sie im ersten Stück der „Atlantica" verwendet, deuten darauf hin, daß eine sich ankündigende Gegensatzvereinigung, eine *coincidentia oppositorum*, von der bewußt gestaltenden Hand des Dichters „geglättet" worden ist. Wahrscheinlich um verräterische Intimitäten zu retuschieren. Dazu gehört, daß er beginnt, sich seine Mutterbindung immer starker zu vergegenwärtigen, und sei es auch nur in der Unmöglichkeit, sich an andere Frauen zu binden. Deshalb erscheinen ihm die Seejungfrauen als *„lieblich fremd"*, und das heißt zugleich als *unerreichbar nah*. Anderseits ist es ihm nicht möglich, hinunter zu den Nixen zu tauchen und zu schauen, wie sie, „schwesterlich verschlungen", den Reigen üben. Kurz: er beginnt, das (verdrängte) Gegengeschlecht in der eigenen Psyche zu erkunden und zu erkennen, wie allein die Versöhnung mit ihren weiblichen Anteilen ihn zu einem komplexen Dasein führen kann. So gestaltet sich schon der Beginn der Amerikareise als eine Art von *Wiedergeburt*, eine Form von *Individuation*. Denn aus dem chaotisch trüben Fließen des *Meerwassers*, in dem Lenau bald sein Ende gefunden hätte, das er – wie wir später noch erfahren werden – immer wieder suchen wird, dämmert als *Ichzentrum* das *Feuer des Erkennens* aus unbewußten Tiefen herauf.

Fast alle Religionen wissen um diese Ambivalenz von *Untergang* und *Auferstehung* und machen sie gelegentlich als *Drachenkampf*, dann wieder als *Nachtmeerfahrt* des Helden, schließlich als Tod und Verklärung Gottes anschaulich. Diese Symbolgestalten strahlen als Botschaft die Aufforderung an die Gläubigen aus, zu werden wie diese aus der grobstofflichen Materie auferstehenden Gottheiten, das heißt, anders zu werden, als man gewesen ist, und sich zu einer möglichst integralen Persönlichkeit heranzubilden.

Hier setzt er das blinde und zufällige Wüten der Naturgewalten mit der Umgrenztheit und Wärme menschlicher Lebensbedingungen in Beziehung. Dort hört er im Rauschen des Meeres unversehens den Wildbach in den österreichischen Alpen rauschen. Der neurasthenischen Unrast und Flucht, die ihn zeit seines Lebens von Ort zu Ort hetzen, bleiben als die zwei konstanten Brennpunkte seines Dichtens doch immer wieder das menschliche Maß und die Vertrautheit heimatlicher Nähe eingeschrieben. Unverrückbar gilt für ihn der Kanon humaner Werte. Und gerade das macht Lenaus überzeitliche Größe aus, daß er nicht blind zu verändern sucht oder wie viele seiner Zeitgenossen, man denke nur an die „Jungdeutschen", sich den Naturgewalten, als deren eine schon damals die Revolution gerechnet wurde – trotz aller Bereitschaft vorwärts zu stürmen – nicht blind überläßt und das Kind nicht mit dem Bad der Revolution ausschüttet. Er ist deswegen aber noch lang kein Dichter behaglicher Idyllen, sondern einer, der den Zensoren seiner Tage immer wieder von neuem etwas aufzulösen gibt. Denn Lenau steht den Praktiken politischer Herrschaft ebenso kritisch gegenüber wie den zentralistischen Praktiken der Kirchen jedweder Konfession.

> … So weit nach Land mein Auge schweift,
> Seh' ich die Flut sich dehnen,
> Die uferlose; mich ergreift
> Ein ungeduldig Sehnen.
>
> Daß ich so lang euch meiden muß,
> Berg, Wiese, Laub und Blüte! –
> Da lächelt seinen Morgengruß
> Ein Kind aus der Kajüte.

Wo fremd die Luft, das Himmelslicht,
Im kalten Wogenlärme,
Wie wohl tut Menschenangesicht
Mit seiner stillen Wärme.[37]

Spuren in der Neuen Welt

Am 8. Oktober 1832 betritt Nikolaus Niembsch, den hier noch niemand kennt, amerikanischen Boden. Das Schiff geht in der Chesapeak-Bay unmittelbar vor Baltimore vor Anker. Der Kapitän fährt mit Lenau und einem Passagier aus Württemberg in einer Jolle an Land. Durch die jährlichen Frühjahrsfluten und Neuanschwemmungen der einmündenden Flüsse, zumal des Susquehanna, ist das Meer derart seicht geworden, daß nicht einmal das leichte Boot dort landen kann. Daher setzt sich ein jeder von ihnen auf einen starken Matrosen und reitet mit ihm an Land. „Der Anblick des Ufers war lieblich. Zerstreute Eichen auf einer Wiese, weidendes Vieh, und ein klafterlanger zerlumpter Amerikaner mit einer abenteuerlichen Marderkappe waren das Erste, was wir antrafen. Der Kapitän frug

22 Karl Rahl (1812–1865): Nikolaus Lenau, Ölgemälde um 1834, in Kopie von August Georg Mayer (1834–1889), LEAL 1959/65.

die lebendige Klafter (der Mensch war so dürr, daß man wirklich nichts als Länge an ihm sah) nach einem Landhause, wo man Lebensmittel kaufen könne. Murmelnd und tabakkauend führte uns die Klafter ohngefähr eine halbe Stunde weit zu einem recht hübschen Haus von Backsteinen. Die zahlreiche Familie des Bewohners empfing uns ziemlich artig. Die Weiber und die Männer waren sehr geputzt. Es wunderte mich sehr der Luxus in diesem einsamen, abgelegenen Bauernhaus, weniger wunderte mich das auffallende, prunkende, geschmacklose im Anzuge besonders der Kinder. Ich glaube, wenn der Mensch sich in der Einsamkeit putzt, so thut er es ohne Geschmack. Geschmack ist ein Sohn der Gesellschaft, vielleicht der jüngstgeborene. Man kredenzte uns sofort *Cider* (ich mag den Na-

23 Emil Hofer: Baltimore, Stahlstich 1837, ADAU.

men des matten Gesöffs nicht mit deutschen Buchstaben schreiben) Butter und Brod. Letztere waren gut; aber der *Cider* (sprich: Seider) reimt sich auf leider. Der Amerikaner hat keinen Wein, keine Nachtigall! mag er bei einem Glas *Cider* seine Spottdrossel behorchen mit seinen *Dollars* in der Tasche, ich setze mich lieber zum Deutschen und höre bei seinem Wein die liebe Nachtigall, wenn auch die Tasche ärmer ist. Bruder, diese Amerikaner sind himmelanstinkende Krämerseelen. Todt für alles geistige Leben, mausetodt. Die Nachtigall hat Recht daß sie bei diesen Wichten nicht einkehrt. Das scheint mir von ernster, tiefer Bedeutung zu seyn, daß Amerika gar keine Nachtigall hat. Es kommt mir vor, wie ein poetischer Fluch. Eine Niagarastimme gehört dazu, um diesen Schuften zu predigen, daß es noch höhere Götter gebe, als die im Münzhause geschlagen werden. Man darf die Kerle nur im Wirtshause sehen, um sie auf immer zu hassen. Eine lange Tafel, auf beiden Seiten 50 Stühle (so ist es, da, wo ich wohne) Speisen, meist Fleisch, bedecken den ganzen Tisch. Da erschallt die Fressglocke, und 100 Amerikaner stürzen herein, keiner sieht den Andern an, keiner spricht ein Wort, jeder stürzt auf eine Schüssel, frisst hastig hinein, springt dann auf, wirft den Stuhl hin, und eilt davon, *Dollars* zu verdienen."[38]

Lenaus herbe Kritik an den Amerikanern nimmt sich wie ein Vorurteil aus, da er sich, als er den Brief an seinen Schwager schreibt, erst 8 Tage im Land aufhält. Andererseits muß man bedenken, daß gerade die ersten Augenblicke bei intuitiv veranlagten Menschen die entscheidenden sind. Lenau war gewiß kein Pionier, und so mag man sein abfälliges Urteil der Enttäuschung darüber zuschreiben, daß die sprichwörtliche Freiheit, die unzufriedene Bürger Europas diesem Land zuschreiben, die Menschen nicht geselliger und umgänglicher gemacht hat. Eines steht jedenfalls fest: hätte er Gelegenheit dazu gehabt, dann wäre er nach einem Umweg zum Niagara sofort nach Hause gereist. Denn auf den Katarakt und auf die Urwälder freut er sich sehr. Wie wir jetzt aber wissen, wird es noch ein halbes Jahr dauern, bis es soweit ist. Inzwischen wird er Land kaufen, es wieder verpachten und weite Ritte durch die verschneiten Wälder der Republik unternehmen.

Mit Sicherheit steht das im Oktober in Baltimore Erlebte in grellem Gegensatz zu all dem, was Lenaus Phantasie ihm vorgegaukelt hat. Dazu kommt, daß in jenem Herbst in Baltimore die Cholera wütet[39]. Der auf der langen Schiffsreise ausgebrochene Skorbut hat seine Widerstandskraft so sehr geschwächt, daß er fürchten muß sich anzustecken. Unter den Deutschen, die im Börsen-Gasthof (Exchange Hotel) mit ihm wohnen, ist ein junger deutscher Student, ein guter Geiger, der ihn bestürmt, eine Weltreise mit ihm zu unternehmen. Südamerika, Australien und Ostindien sollen bereist werden. Was Niembsch aber am meisten befremdet, ist die ihm zugedachte Rolle: er, der selbst vorzüglich Violine spielt, soll den jungen Deutschen mit der Gitarre begleiten!

Er kauft sich einen Schimmel, ein „braves, edles und unternehmendes Tier", und sieht zu, daß er so schnell wie möglich aus Baltimore fortkommt. Da wegen der zahlreichen Stromschnellen und Katarakte weder der Susquehanna noch der Potomac schiffbar sind, braucht er sich nicht erst eigens für die Straße zu entscheiden. Er verläßt Baltimore am 16. Oktober mit seinem Diener Philipp Huber und einigen Weggefährten auf der in den Nordwesten führenden Straße. „Der Weg war für die damaligen Straßenverhältnisse sehr beschwerlich. Mußte doch zunächst, um nach Frederich zu gelangen, die der Küstenebene gegen das Landesinnere angelagerte Piedmonttreppe überwunden werden. In mehrmaligem Auf und Ab wurden dann die Blue Ridges, bei Hagerstown das südwest-nordost ziehende Great Valley und die bergauf-bergab führende Route durch die ermüdenden, aus härterem Gestein bestehenden Parallelketten der Allegheny Mountains überquert, um über Cumberland und Frostberg nach Pittsburgh zu gelangen. Diese stark bewaldeten Alleghenys zeigen trotz ausgeprägter Kammbildung mit Höhen bis zu 2000 m infolge eiszeitlicher Überformung rundliche und kuppige Bergformen mit einem sehr ernsten, menschenabweisenden Charakter."[40]

Unterwegs machen die Reisenden an einer mechanischen Spinnerei halt. In jenem Teil des Berglands der Appalachen, der „bereits von Indianern gesäubert" ist, sind Ansätze von

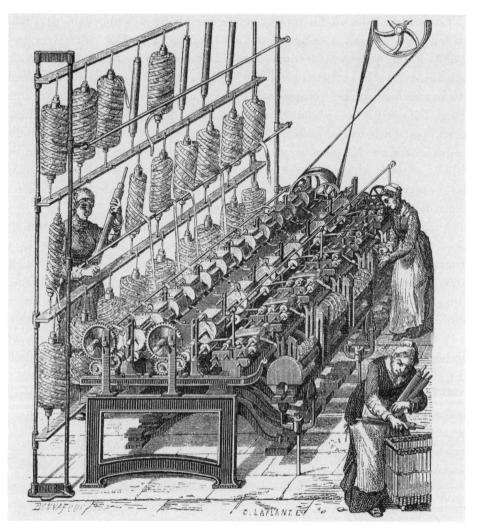

24 Bonnafoux/Laplant: Kammgarnstreckmaschine, ADAU.

Industrialisierung nicht zu verkennen. Ohne Zweifel ermöglicht das starke Gefälle der Flüsse eine schnelle, leichte und kostengünstige Ausnutzung der Wasserkraft. Obwohl Niembsch mit den sich rasch drehenden Windmühlen in Holland bereits unangenehme Erfahrungen gemacht hat, läßt er sich zum Besuch des Spinnhauses überreden. Vom Singen und Sausen Hunderter von Rädern und Spindeln bekommt er auch hier einen derart heftigen Anfall von Kopfschmerz, verbunden mit Übelkeit, daß er die Fabrik augenblick-

25 Anonym: Pittsburgh, Kupferstich 1838, ADAU.

lich verlassen muß. Seither meidet er technische Einrichtungen tunlichst; ohnehin ist die rohe Natur ihm lieber als die Nähe der Industrie.⁴¹

Von Cumberland zieht die kleine Reisegruppe entlang der Tussey Mountains nach Bedford. Dort sind die Parallelketten der Ausläufer der Allegheny Mountains in nordwestlicher Richtung bequemer zu überqueren als im Süden. Reiseziel ist das kleine Badestädtchen Pittsburgh, am Zusammenfluß von Allegheny und Monongahela zum Ohio gelegen, wo man die nächste Zeit verbringen will. Aus Bedford stammt übrigens eine der erhaltenen Spuren, die der Dichter in der Neuen Welt hinterlassen hat. Er macht hier Bekanntschaft mit dem Friedensrichter Alexander King, mit dem er sich sofort bestens versteht. Offenbar hält der Friedensrichter Lenaus Lektüre von Gottfried Dudens „Bericht über eine Reise nach den westlichen Staaten Nordamerikas"⁴² aber nicht für ausreichend, vielleicht ist sie ihm auch zu oberflächlich. Denn als sie voneinander Abschied nehmen, überreicht er ihm King Mitchell's Travellers Guide through the United States, in feierliches schwarzes Leder gebunden. Der Reiseführer besteht aus einer Landkarte und einem Städteverzeichnis, ist also leicht zu handhaben, und das muß er auch sein. Lenau hat zwar bei Joseph Fischhof, dem Komponisten und Pianisten in Wien, und sodann bei Friedrich Witthauer, dem Herausgeber der Wiener Zeitschrift für Mode, Englisch gelernt, spricht es aber nicht allzu gut. Noch schlechter ergeht es seinem neuen Freund mit dem Deutschen. Den beiden bleibt deshalb nichts anderes übrig, als Lateinisch miteinander zu sprechen. Und so widmet ihm schließlich der Amerikaner Mitchell's Reiseführer mit folgenden Worten in einem nicht eben ciceronischen Latein: Alexander King / de Bedfordia / dedit ad eius amicum /dominum Niembsch.[43]

Mit den Empfehlungsschreiben versehen, die vermutlich Justinus Kerner ihm mitgegeben hat, begibt Lenau sich unverzüglich zu den beiden Rechtsanwälten Charles Volz und Charles von Bonnhorst. Beide unterhalten enge Geschäftsbeziehungen zu den Harmonisten, einer chiliastisch-utopischen Sekte, die um 1803 aus Württemberg nach Amerika eingewandert ist. Seit 1825 siedeln die Harmonisten in einem Dorf, das rund 18 Meilen von Pittsburgh entfernt ist. Vermutlich unterhält Lenaus Freund, Justinus Kerner, Beziehungen zu ihnen. Denn er kennt Georg Rapp, den Gründer dieser Sekte, seit dessen Anfängen in Württemberg. „Es hatte sich damals in Württemberg und besonders zahlreich im Oberamte Maulbronn eine Sekte gebildet, deren Anhänger sich Separatisten nannten. Sie waren ihren Grundsätzen nach Spiritualisten, aus Opposition gegen alle Kirche, mehrere sogar Pantheisten. Ihre politische Schwärmerei war nur Nebensache. Ihr Anführer namens Rapp, war aus dem Dorfe Iptingen, Oberamt Maulbronn, ein Mann noch von den besten Jahren, mit einem kräftigen Körper, hellem Verstand und festem entschlossenem Charakter.

Obgleich mein Vater sich seinen Bestrebungen und der Verbreitung seiner Sekte als Beamter entgegenstellen mußte, suchte er doch alle Gewalt und Strenge, war sie ihm auch anempfohlen, gegen ihn und seine Brüder zu vermeiden.

Gegen ihre Grundsätze war es besonders, einen förmlichen Eid zu schwören, denn sie behaupteten: ein Manneswort müsse ohnedies heilig sein und dürfe nur in ja und nein bestehen, und deswegen wollten sie auch dem Herzoge keinen Huldigungseid leisten. Es sollte mit harten Strafen gegen sie eingeschritten werden, mein Vater aber machte zwischen ihnen und der Regierung den Vermittler, und um diese Zeit besuchte Rapp unser Haus, und ich erinnere mich gar wohl noch seiner und seines langen schwarzen Bartes, mit dem der nachher so berühmt gewordene Bauer oftmals bei uns neben meinem Vater zu Tisch saß.

Es ist bekannt, daß er später nach dem Tode meines Vaters mit seinen Glaubensbrüdern nach Nordamerika zog und dort unter dem Namen Harmonie eine eigene Kolonie auf eine Mischung von theokratisch-patriarchalischen und kommunistischen Prinzipien gründete. Diese frühere Kolonie vertauschte er später mit einer andern, die er ‚Economy' benannte ..."[44]

Noch im Oktober 1832 stellen die beiden Rechtsanwälte Charles Volz und Charles von Bonnhorst die Verbindung mit den Harmonisten, vor allem aber mit Georg Rapp her. Sie sollen Lenau über den Kauf und die Verpachtung einer Liegenschaft beraten. Die kleine Gemeinde der Harmonisten in *Economy* empfängt die im Ohiotal reisenden gebildeten Deutschen freundlich und mit offenen Armen. Hier wird sich Lenau die kommenden fünf Monate aufhalten. Hier, sowie im Hause der Familie Volz in Pittsburgh. Man rät ihm, „sich in dem eben erschlossenen Zentralteil Ohios anzukaufen …".[45] In Wooster befindet sich zu dieser Zeit das Büro, in dem die amerikanische Regierung das Kongreßland verkauft.[46] Ein Aufenthalt Lenaus in Wooster ist zwar nicht zu belegen, hingegen sehr wohl, daß Niembsch am 26. November 1832 einen Besitz in *Crawford County* in Ohio erworben hat,[47] den er unmittelbar danach auch besucht.

Lenau (…) had arrived one late autumn afternoon on horseback, the weather being that of the unforgettable Indian summer. Strange indeed had been the appearance of the foreigner in the back woods at the end of civilization. Dressed in a Hungarian fur cap, a short fur coat, long riding boots with shining spurs, carrying a huge saddle-bag, heavy with books behind him, and in front a violin in a satin green case, he attracted the curiosity of everybody. He had found lodging in Boyle's Inn. The innkeeper had sent for him at once in order to show Lenau his Farm. Lenau, after having changed his large boots for shiny patent shoes, had accompanied him to his newly bought land, a splendid virgin forest, and had taken the axe in his fine gloved hands to try to cut down a tree; but had, however, desisted after a few strokes. For some time he had walked through the forest and had left on a sled in January 1833, when the snow was already several feet high."[48]

Ja, Niembsch ist eben kein Farmer, eignet sich nicht für die Schwerstarbeit, wie sie Pionieren nun einmal abverlangt wird. Gleichwohl versucht er tapfer, sich in diesem härteren Dasein einzurichten; doch fehlen ihm Ausdauer und Konzentration dazu. Schon die erste Begegnung mit dem Tätigkeitssinn der eingewanderten Farmer, der allein ihn aus seiner Lethargie hätte reißen können, zerstört seine Vorsätze und wirft ihn aus der Bahn. Sein Realitätssinn ist an der Melancholie verkümmert, um so ungestümer wuchern dagegen die Tagträume, die Phantasien. Er leidet an Gedankenflucht; sobald er einen losläßt, stieben die anderen auseinander wie ein Schwarm aufgescheuchter Fledermäuse. Auch ist er nicht immer dazu fähig, sich und sein Tun angemessen zu beurteilen. Ausschließlich von der augenblicklichen Intuition abhängig, sind seine Visionen bisher meist in kurzen Gedichten oder Liedformen steckengeblieben. Denn sein Dichten ist in dieser Phase Stimmungskunst oder, um es anders auszudrücken, er malt mit Naturfarben. Und seine Gedichte bleiben glanzlos allegorisch, wo sie Gedankengängen nachspüren wollen. Man kann das an den kurz vor seiner Amerikareise entstandenen Versen von „Theismus und Offenbarung" ebenso nachprüfen wie in den Strophen.

Er hatte aber etwas anderes in diesem Landstrich gefunden, das sein zukünftiges Leben und Dichten nachhaltig beeinflussen wird. In einem Brief an Emilie und Georg von Reinbeck vom 5. März 1833 zieht er Bilanz über sein Abenteuer: „… Ich weiß nicht, warum ich immer eine solche Sehnsucht nach Amerika hatte. Doch ich weiß es. Johannes hat in der Wüste getauft. Mich zog es auch in die Wüste, und hier ist in meinem Innern wirklich etwas wie Taufe vorgefallen, vielleicht, daß ich davon genesen bin, mein künftiges Leben wird es mir sagen…."[49]

Bericht des Herzogs Bernhard von Sachsen-Weimar über Economy

„Als wir den Ort erreichten, fuhren wir zuerst an zwei rauchenden Ziegelöfen vorbei. Alsdann kamen wir an ein neu errichtetes Haus. Auf demselben standen drei Waldhornisten, welche bei unserer Annäherung zu blasen anfingen. An dem Wirtshaus, einem schönen, großen frame-house empfing uns der alte Herr Rapp an der Spitze der Vorsteher seiner Gemeinde. Es waren graue Häupter und ehrwürdige Greise. Die meisten waren mit Herrn Rapp vor 21 Jahren aus dem Württembergischen ausgewandert. Nach der ersten Begrüßung führten sie uns in ein einfach, aber geschmackvoll eingerichtetes Zimmer. Wir unterhielten uns daselbst eine Zeit lang und setzten uns dann alle zum Mittagessen. Die Tafel war mit deutschen Schüsseln besetzt; an ihr herrschte eine fröhliche Herzlichkeit.

Ich war durch das, was ich über Herrn Rapp und seine Gesellschaft gelesen, und was ich noch neulich in New-Harmony gehört hatte, wirklich gegen ihn und die Seinigen eingenommen; um so mehr freute ich mich, daß ich hierher gekommen war, um mich durch den Augenschein eines Andern zu belehren und eines Bessern zu überzeugen. Niemals habe ich eine so wahrhaft patriarchalische Verfassung gesehen als hier, und das, was die Menschen gewirkt haben, spricht am Besten für ihre Einrichtungen und für die unter ihnen herrschende Eintracht.

Der alte Rapp ist ein großer, siebenzigjähriger Mann; die Jahre scheinen seine Kräfte um Nichts vermindert zu haben; seine Haare sind grau; aber seine blauen, von starken Augenbrauen beschatteten Augen sind voll Feuer und Leben. Seine Stimme ist stark und voller Ausdruck; durch eine eigentümliche Gestikulation weiß er dem, was er sagt, einen besonderen Nachdruck zu geben. Er spricht in einem schwäbischen Dialekt, mit etwas Englischem untermischt, eine Sprache, an welche das Ohr eines Deutschen sich in den Vereinigten Staaten gewöhnen muß; übrigens ist, was er sagt, durchdacht und wird deutlich vorgetragen.

Rapp's Absicht ist beinahe dieselbe, welche Herr Owen ausspricht: Gemeinschaft der Güter und Zusammenwirken aller Glieder der Gesellschaft zum allgemeinen Besten, in welchem der Wohlstand jedes Einzelnen gesichert ist. Herr Rapp hält aber seine Gesellschaft nicht allein durch diese Hoffnung zusammen, sondern auch durch das Band der Religion, welches bei Herrn Owen's Gesellschaft gänzlich fehlt. Die Resultate zeugen für Rapp's System. Von Herrn Owen's System können zwar noch keine großen Resultate erwartet werden; aber die Aussichten zu denselben sind auch wenig günstig. Auffallend ist es allerdings und sehr zu verwundern, daß es einem so einfachen Manne, wie Herrn Rapp, gelingen kann, eine Gesellschaft von fast 700 Personen so fest zusammen zu halten und sie dahin zu bringen, ihn gewissermaßen als einen Propheten zu verehren.

So ist es z. B. seiner Überredungskunst gelungen, die Verbindung beider Geschlechter zu suspendieren. Man fand, daß die Gesellschaft zu zahlreich werden würde; deshalb sind die Mitglieder der Gemeinde unter einander übereingekommen, mit ihren Weibern vor der Hand in schwesterlichen Verhältnissen zu leben. Verboten ist der nähere Umgang so wenig als das Heiraten, man widerrät nur vor der Hand das Eine wie das andere. Es werden daher fortwährend einige Heiraten geschlossen; nicht minder werden jährlich einige Kinder geboren; und für diese Kinder besteht eine Schule mit einem angestellten Lehrer. Gegen den alten Rapp hegen die Gemeindeglieder die allergrößte Verehrung; sie nennen ihn Vater und behandeln ihn als Vater.

Herr Friedrich Rapp ist ein Vierziger, groß und wohlgewachsen und von gutem Aussehen. Er besitzt tiefe merkantilische Kenntnisse, und ist eigentlich das weltliche Oberhaupt der Gemeinde, wie sein Vater das geistliche ist. Alle Geschäfte gehen durch Herrn F. Rapp; er vertritt die Gesellschaft, die, trotz der Veränderung des Namens ihres Wohnorts, Harmony-society genannt wird, in ihren Verhandlungen mit der Welt. Da man gefunden hat, daß Ackerbau und Viehzucht, welche von der Gesellschaft in ihren beiden früheren Etablissements ausschließlich betrieben wurden, für ihre Industrie nicht produktiv genug waren, so hatte man jetzt auch Fabriken angelegt, die sich hier zu Lande sehr gut verinteressieren, und zwar Baumwollen- und Wollen-Manufakturen, eine Brauerei, eine Destillerie und eine Mahlmühle. Übrigens wurde bei dem guten deutschen Mittagessen vortrefflicher Wein getrunken, den man am Wabash gebaut und mitgebracht hatte; den schlechtesten hatte man, wie ich merkte, in Harmony zurückgelassen.

Nach dem Essen gingen wir im Orte herum. Er ist sehr regelmäßig angelegt. Die Straßen sind breit und in rechten Winkeln. Zwei laufen parallel mit dem Ohio und vier stoßen perpendikulär auf den Fluß. In vier Tagen – den 22. Mai – wurden es erst zwei Jahre, da man auf dem Platze, wo jetzt Economy steht, den Wald wegzuhauen angefangen hatte; als Denkmäler standen die Baumwurzeln noch überall in den Straßen. Es ist zum Erstaunen, wie viel vereinte und zweckmäßig geleitete menschliche Kräfte in so kurzer Zeit auszurichten vermocht haben!

Viele Familien wohnen zwar noch in Loghäusern; einige Straßen bestehen aber schon gänzlich aus reinlichen, gut gebauten Frame-Häusern, die auf eine gewisse Distanz von einander errichtet sind, damit jedes Haus von einem Garten umgeben bleibe. Von Backstein erbaut waren nur die vier Stockwerke hohen Wollen- und Baumwollen-Manufakturen, Herrn Rapp's Wohnhaus, jedoch noch nicht ganz vollendet, und ein im Baue begriffenes Haus zum Warenlager. Die Loghäuser sind hinter der Linie errichtet, welche die neuen Häuser in der Straße einnehmen sollen, damit man mit der Zeit den Bau der backsteinernen Wohnhäuser beginnen kann, ohne die Familien in den Loghäusern während des Baues zu derangieren. Herrn Rapp's Wohnhaus spricht freilich etwas gegen die Gleichheit, die er seinen Gemeindegliedern predigt, jedoch ohne Neid zu erregen oder Anstoß. Es besteht nämlich aus einem zwei Stockwerke hohen Hauptgebäude und zwei niedrigern Flügeln, welche mit jenem auf derselben Linie stehen. Es wurde mit schönem Papier aus Philadelphia austapeziert. Hinter dem Hause befindet sich eine piazza mit einem Balkon. An dasselbe stößt der Garten, der mehrere Acker Landes umfaßt und Blumen und Gemüse enthält und zugleich eine artige Weinpflanzung, die in einem Halbzirkel terrassenförmig in die Höhe steigt und in einer Laube endigt. Ich bewunderte eine besonders schöne Tulpenflor in diesem Garten. In der Mitte des Gartens ist ein rundes Bassin, mit einem herrlichen Springbrunnen. Herr Rapp will daselbst einen Tempel bauen, auf welchen eine Statue der Harmonie gestellt werden soll. Die Statue war schon fertig. Sie ist von einem Bildhauer in Philadelphia kolossal aus Holz zugehauen, und gleicht den Statuen am Schnabel der Schiffe.

In dem Garten sind mehrere Hütten; eine derselben ist mit Rasen bedeckt und hat die Gestalt einer Pastete. Oben ist ein artiger Sitz, auf welchem mit der Zeit Musik gemacht werden soll. Das Innere enthält einen Saal, einstweilen noch von Holz. Neben dem Garten wurde ein Gewächshaus gebaut. Dieses Haus, sowie der Garten, standen unter der Aufsicht eines sehr hübschen Mädchens, die ich Hildegard nennen hörte, die eine Verwandte von Herrn Rapp ist und gute botanische Kenntnisse besitzen soll. Die Frauen in dieser Gemeinde haben alle ihre schwäbische Tracht beibehalten, auch die Strohhüte, und Beides steht ihnen gar gut.

In den Fabrikgebäuden wurden alle Maschinen durch eine Dampfmaschine, welche die Kraft von 75 Pferden hatte, von hohem Druck, in Pittsburgh gemacht, in Bewegung gesetzt. Die Maschine pumpt ihr eigenes Wasser aus einer Tiefe von einigen 50 Fuß aus einer besonders gebohrten Öffnung. Es wurden, wie schon bemerkt ward, Wollen- und Baumwollen-Waren gemacht. Die Gesellschaft hat selbst schöne Schafe und unter denselben viele Merino's und sächsische Schafe; sie kauft aber auch die Wolle aus der umliegenden Gegend auf, welche die farmers, die sich jetzt bedeutend mit Schafzucht zu beschäftigen anfangen, nach Economy bringen.

Nachdem die Wolle gewaschen ist, wird sie von den ältesten Weibern der Gemeinde, die 4 Treppen hoch arbeiten müssen, gezupft, und durch eine Art Schlot in das untere Stockwerk hinabgeworfen. Man teilt alsdann die Wolle nach ihrer Güte in 4 Klassen, färbt sie in einem, neben der Manufaktur angebauten, Färbehause, bringt sie weiter in Mühlen, wo sie gehechelt, und dann Anfangs zu groben, und zuletzt, auf gewöhnlichen Spinnmaschinen, den Mulljenny's ähnlich, zu feinen Fäden gesponnen wird. Ist die Wolle gesponnen, so wird sie in einer durch die Dampfmaschine in Bewegung gesetzten Walkmühle gewalkt, und die Walkmühle soll auf eine solche Weise eingerichtet werden, daß man sich anstatt der Seife und Walkererde nur des aus der Maschine kommenden Dampfes bedient, was allerdings eine sehr große Ersparnis sein wird. Das Tuch wird vermittelst eines Cylinders geschoren, um welchen sich ein starkes Stück Stahl, wie ein Zug in einer Büchse windet. Von dieser Scheermaschine hatte ich ein Modell im patent office zu Washington gesehen. Die Wollen-Artikel, die hier zu Lande den besten Absatz haben, sind eine Art blauen Mitteltuches, ein grau meliertes Tuch, das vorzüglich zu Beinkleidern benutzt wird, und roter und weißer Flanell. Nach dem roten Flanelle soll die Nachfrage besonders stark sein.

Die Baumwollfabrikation bestand nur aus Spinnen und Weben. Das Drucken hatte man noch nicht unternommen, weil das Stechen der Formen mit vielen Kosten und Schwierigkeiten verknüpft und die Mode bei den gedruckten Kattunen so sehr veränderlich ist. Das bunte Zeuch, welches man webte, war weiß und blau gegittert, ein Zeuch von dieser Farbe, das vielen Absatz, namentlich nach dem Staate Tenessee hatte, ist sogenannter cassinet; der Faden ist von Baumwolle und der Einschlag von Wolle. Die Spinnmaschinen sind nach Art der allgemein bekannten; an jeder können 150 Spulen auf ein Mal gesponnen werden. Bei den ersten Spinnmaschinen, auf welchen die Wolle aus dem Gröbsten gesponnen wird, hat man Verbesserungen angebracht, welche viele Handarbeiten ersparen. Webestühle, die von selbst weben, sind ebenfalls vorhanden, aber nicht sehr zahlreich, so wie man bis jetzt nur e i n e dressing-machine hat. Mehrere Maschinen sind in Pittsburgh gemacht worden; die meisten schon in Economy. Da aber dieses Etablissement erst seit so kurzer Zeit besteht, so können natürlich noch nicht viele Maschinen fertig und im Gange sein. Vermittelst Röhren, die von der Dampfmaschine ausgehen und durch alle Stockwerke und Arbeitsplätze sich ausbreiten, wird zur Winterszeit die Heizung bewirkt. Alle Arbeiter, und namentlich die Weiber, haben eine sehr gesunde Gesichtsfarbe, und die treuherzige Freundlichkeit, mit welcher sie den alten Rapp begrüßen, rührte mich tief. Auch gefiel mir sehr, daß auf allen Maschinen Becher mit frischen, wohlriechenden Blumen standen. Die herrschende Reinlichkeit ist ebenfalls in jeder Hinsicht sehr zu loben.

Nach Besichtigung dieser interessanten Fabrik gingen wir in Herrn Rapp's provisorisches Wohnhaus, ein gutes frame-house, zum Teetrinken und Abendessen. Ich lernte hier seine unverheiratete, etwas abgeblühte Tochter kennen, und seine blühende Enkelin, Gertraud, die Tochter seines einzigen Sohnes, über dessen Tod so sonderbare Gerüchte im Umlaufe sind. Die Tafel war mit schönem Silberwerke geschmückt, und der alte Rapp schien Freude daran zu haben, mir seinen wohlerworbenen Wohlstand zeigen zu können. Er fing, wie er selbst erzählte, sein Geschäft mit sehr kleinen Mitteln an; im Anfange hatte er in der alten Harmony mit dem bittersten Mangel zu kämpfen, und nicht einmal hinreichendes Brot für seine Gesellschaft.

Da schickte er Herrn F. Rapp nach Pittsburgh um Stores-Güter und die unumgänglich nötigen Provisionen auf Kredit zu bekommen. F. Rapp fand sich aber überall zurückgestoßen, und blieb die ganze Nacht in Pittsburgh wach, um über die Härte der Menschen zu weinen. Der alte Rapp, der ihn nicht zurückkommen sah, warf sich zu Hause gleichfalls weinend auf sein Lager, verzweifelte aber nicht an der über ihn und die Seinigen wachenden Vorsehung. Und sein Glaube war nicht umsonst. Das Herz eines Pittsburgher Kaufmanns wurde gerührt. Dieser konnte in jener Nacht nicht zur Ruhe kommen, weil er Herrn F. Rapp so schnöde abgewiesen hatte. Er suchte ihn also am frühen Morgen auf, brachte ihn in seinen Store und erklärte ihm, daß er sich auf Kredit Alles herausnehmen könnte, was er brauchte. So war die Gesellschaft gerettet. Später machte der rechtschaffene Kaufmann in Pittsburgh schlechte Geschäfte; bei dieser traurigen Gelegenheit hat ihn die dankbare Harmonie-Gesellschaft auf eine sehr generose Weise unterstützt.

Den Abend brachten wir gleichfalls bei Herrn Rapp zu. Er ließ die musikalischen Mitglieder seiner Gesellschaft zusammenkommen, um uns mit Musik zu unterhalten. Miß Gertraud spielte Pianoforte und drei Mädchen sangen; die andern Instrumente bestanden aus Violinen, Violincello und zwei Flöten. Die Musik war freilich nicht so gut, als die, welche ich vorigen Herbst zu Bethlehem gehört hatte; sie unterhielt uns aber doch recht angenehm. Herr von Bonnhorst erfreute uns auch durch sein gutes Violinspiel. Die Musik war übrigens durch einen deutschen Arzt, der zur Gesellschaft gehört, namens Müller, dirigiert; derselbe ist zugleich Schulmeister.

Am andern Morgen – 19. Mai – gingen wir noch ein Mal mit den beiden Herren Rapp im Orte herum. Wir besahen die Branntweinbrennerei, in welcher guter Whisky destilliert wird, der starken Absatz in der umliegenden Gegend haben soll; im Orte selbst wird jedoch keiner verbraucht, weil die Mitglieder der Gesellschaft untereinander übereingekommen sind, sich des Genusses gebrannter Wasser zu enthalten.

Diese Destillerie ist übrigens zum Mästen der Schweine und des Hornviehes sehr nützlich und gewährt der Gesellschaft einen hübschen Gewinn. In der Bierbrauerei wird, in Ermangelung von Gerste, Bier aus Weizen gebraut. Diese Brauerei war noch im Entstehen. Die Mahlmühle, die auch noch nicht ganz vollendet war, wird durch eine Dampfmaschine in Gang erhalten und sollte so eingerichtet werden, wie die Mühle in Baltimore, von welcher zu seiner Zeit gesprochen worden ist. In kurzer Zeit sollten vier Mahlgänge in Bewegung sein und alsdann eine Ölmühle damit verbunden werden.

Als vorsichtige Hausväter haben die Direktoren der Gesellschaft auf den über der Mühle – die ein 5 Stockwerke hohes Gebäude ist – befindlichen Böden Getreide, für ein Jahr Vorrat, aufgeschüttet, um selbst im Fall eines Mangels – der übrigens in diesem glücklichen Lande wohl schwerlich zu befürchten ist – gesichert zu sein. In der Mühle sowohl als in dem Fabrikgebäude lagen in jedem Stockwerke große eiserne Cylinder mit Wasser angefüllt, damit man bei Feuergefahr sogleich das Hauptlöschmittel zur Hand habe. Die Gesellschaft besitzt übrigens eine von ihr selbst verfertigte Feuerspritze, und zu ihrer Bedienung ist eine Feuer-Compagnie organisiert.

Wir besahen ferner die Werkstätte der Schmiede und Schlosser, welche zusammen unter einem Dache sind; dann die der Tischler und Böttcher; und überall merkte man die Spuren der Tätigkeit und der kindlichen Hochachtung, in welcher der alte Rapp bei seinen Jüngern steht. Auch das Vorratshaus ward uns gezeigt, wo alle hier verfertigten Artikel zum Verkauf und zum Verschicken bereit liegen; und ich bewunderte die Güte aller dieser Gegenstände. Die Artikel, die zum Gebrauche der Gesellschaft bestimmt sind, werden abgesondert aufbewahrt. Da die Mitglieder kein Privateigentum besitzen und da Alles gemeinschaftlich ist, so müssen sie auch, in Hinsicht ihrer Leibesbedürfnisse, von der Gemeinde versorgt werden. Kleidungsstoffe, die sie erhalten, sind von der besten Qualität, wie die Lebensmittel.

Von diesen werden das Mehl, das gesalzene Fleisch und alle sich lange erhaltenden Artikel monatlich an die Familien abgegeben; das frische Fleisch hingegen, und was leicht verdirbt, wird, nach Maßgabe der Stärke der Familie, an dieselben bei dem jedesmaligen Schlachten usw. verteilt. Da jedes Haus einen Garten hat, so baut jede Familie ihr eigenes Gemüse, und hält auch eigenes Geflügel, so wie sie ihren eigenen Backofen besitzt. Für solche Dinge, die nicht in Economy verfertigt werden, ist ein eigener Store angelegt, aus welchem die Mitglieder gegen Anweisung der Direktion die ihnen nötigen Gegenstände erhalten, und in welchem auch Leute aus der umliegenden Gegend kaufen können. Diese Magazine und Stores befinden sich einstweilen noch in hölzernen Gebäuden; in kurzer Zeit sollten aber die zu ihrer Aufbewahrung nötigen backsteinernen Häuser vollendet sein.

Unter Herrn Rapp's neuem Hause befinden sich auch schöne und geräumige Keller, in welchem man uns ein sehr gutes Glas alten Rheinweins vorsetzte, so wie des guten, am Wabash gezogenen Weins, von dem hier noch einige und 20 Stückfässer lagen. Man gab mir einen sehr dunkeln und kräftigen Wein zu kosten, der aus wilden Trauben bereitet war, die auf der Insel im Wabash wachsen. Die ersten drei Jahre, sagte man, sei der Wein wegen seiner Herbe nicht zu trinken gewesen; er habe sich aber seit dieser Zeit – und er lag schon über 8 Jahre im Fasse – so verbessert, daß er jetzt an den alten ungarischen Wein erinnerte.

Im Vorbeigehen sahen wir einen kleinen Tiergarten, wo der alte Rapp seine Freude an zahmen Hirschen und Hirschkühen hatte, die ihm aus der Hand fraßen und nachliefen. Wir fanden hier auch einen prächtigen jungen Elenhirsch, so groß als ein starker Ochse. Dieser ist zwar auch zahm, in der Brunftzeit aber ein gefährlicher Geselle, und durch seine täppischen Umarmungen hatte er voriges Jahr sein Weibchen ums Leben gebracht.

Endlich führte Herr Rapp uns noch einmal in das Manufakturgebäude; denn, sagte er, die Mädchen hätten sich ganz besonders meinen Besuch ausgebeten, damit ich sie singen hören möchte. Während sie sich nämlich von der Arbeit ausruhen, versammeln sie sich in einem der Arbeitssäle, zwischen 60 und 70 an der Zahl, um geistliche und andere Lieder zu singen. Sie haben ein eigenes Liederbuch, in welchem sie viele Lieder aus dem Württembergischen Gesangbuch und andere, vom alten Rapp gedichtete, aufgenommen haben. Die letzteren sind zwar in Prosa, die Mädchen haben sie aber auf bekannte Melodien arrangiert. Der alte Rapp hat viele Freude am Gesang und die Mädchen müssen sich jetzt besonders damit beschäftigen, seitdem die Gertraud herangewachsen ist und musikalischen Unterricht bekommt. Ein Stuhl steht für den alten Patriarchen bereit, den die Mädchen herbeibringen. Er setzt sich in ihre Mitte und die Mädchen beginnen den Gesang, der wunderlieblich klingt. Er ist natürlich, sehr vollstimmig und äußerst gut arrangiert. Die Mädchen sangen vier Lieder, anfangs geistliche und zuletzt auf Herrn Rapp's Verlangen auch lustige. Mit wahrer Rührung wohnte ich dieser interessanten Szene bei.

Wir nahmen hierauf in Herrn Rapp's Haus ein sehr gutes Mittagsmahl ein, und die musikalischen Mitglieder der Gesellschaft ließen sich bei dieser Gelegenheit aufs Beste vor dem Hause vernehmen. Das Orchester war 12 Personen stark und spielte wirklich recht brav; besonders gefielen mir zwei Beagles. Beide Herren Rapp, zumal der alte, redeten mir sehr zu, mich in ihrer Nähe niederzulassen und 10 Meilen weiter am Beaver-creek die sogenannten Beaver-falls für 25 000 Dollars zu kaufen. Da könnte ich Eisenwerke anlegen, sagten sie, und sehr viel Geld erwerben; sie und ihre Gesellschaft wollten mir mit Rat und Tat zur Hand gehen!

Mit ganz eigenen Gefühlen verließen wir nach 3 Uhr das freundliche und werktätige Economy – Bezahlung nahm man im Wirtshaus nicht an – und fuhren durch dieselbe schöne Gegend, durch welche wir gestern gekommen waren, nach Pittsburgh zurück. Herr F. Rapp, der in dieser Stadt Geschäfte hatte, fuhr hinter uns drein und brachte die Gertraud mit sich. Ich hatte bei dieser Fahrt wieder Gelegenheit, die schönen Felspartien zu bewundern, an denen wir vorbeifuhren, und sonderbare, wahrscheinlich vom Wasser ausgewaschene Höhlungen in den Felsen, welche an die kleinen Höhlen bei Ems an der Lahn erinnern."[50]

IM URWALD UND BEI DEN SEKTIERERN

Im Jänner 1833 trifft Lenau wieder bei den Harmonisten in Economy ein. Seine krankhafte Gereiztheit hat jetzt noch wesentlich zugenommen. Sein Jähzorn, seine emotionale Labilität deuten darauf hin, daß der Dichter den Streß, dem er im Verlauf der vergangenen Monate ausgesetzt war, nur noch schwer zu bewältigen vermag. Ohne äußere Ursache bricht er oft in Weinen aus. Die Haare hängen ihm strähnig ins Gesicht. Möglicherweise kündigt sich in solch auffälligen Gemütsschwankungen bereits die elf Jahre später ausbrechende Geisteskrankheit Lenaus an. Gesichert ist jedoch nur, daß er sich durch die tagelangen Ritte in eisiger Kälte oder durch die dichten Nebel der Urwälder einen schweren Rheumatismus zugezogen hat. Denn immerhin sind die 250 Kilometer, die er von Bucyrus im Wooster County bis nach Economy hat zurücklegen müssen, selbst für einen noch jungen Mann von etwas über 30 Jahren keine Kleinigkeit. Nun tritt die Erkrankung in ein akutes Stadium. Zumindest berichtet Lenau das seinem Schwager Schurz nach Österreich. Der Brief ist im Bett geschrieben; bei Niembsch zwar keine Seltenheit, doch soll seine Bemerkung darauf hindeuten, daß es mit der Gesundheit nicht zum besten bestellt ist: „Von Woche zu Woche wurde meine Reise zurück ins liebe Österreich aufgeschoben nicht durch meinen Willen, sondern durch ein fatales rheumatisches Leiden, das zwar ganz ungefährlich, aber doch lästig genug war, mich in Amerika so lange zurückzuhalten. Ich hätte Euch längst geschrieben ..."[51]

Vermutlich gibt es aber eine Vielzahl von Gründen, die man dafür verantwortlich machen kann, daß Lenau die Kontrolle über sich verlor. Krankheit ist eine der Ursachen, die andere mag in der extremen Einsamkeit zu suchen sein, in der er bei den Harmonisten gelebt hat. Denn deren nüchterner „Fleiß und die strenge Zucht ..., ihre ganz auf Wirklichkeit und Nutzen gerichtete Denk- und Lebensart stand in schneidendem Gegensatz zu seinem müßigen Herumschlendern, zeittötenden Geigenspiel und unpraktischen Phantasieren".[52] Es ist möglich, daß er sich auf diese Weise selbst in ein Abseits manövrierte, denn alles, was wir von den Harmonisten wissen, ist, daß sie ausgeglichene, im Innern verankerte, ruhige Naturen gewesen sind, die sich auf ihre Arbeit konzentrierten. Möglicherweise ist aber gerade das die Ursache für Lenaus Distanz, dem nüchterne Arbeits- und Geschäftsmoral an Amerika und seinen Bürgern ebenso mißfielen wie die Jagd nach dem Geld. Offenbar ist ihm aber auch der gelegentlich für Einsiedler so wichtige Sozialkontakt abgegangen. „There was no social life here no romanticism no nimbus. Unhappy in the matter-of-fact air of Economy, he fled into solitude, taking long walks or sitting on a bench overlooking the Ohio river. Withdrawal from his surroundings and ceaseless introspection again often resulted in severe depression; even his violin could not dispel the agonies of his soul. Rather than soothe him, the wilderness aggravated his presentiments of doom, and intensified his morbid thoughts."[53]

Solche Zurückgezogenheit wird ihm auch für die Zeit bescheinigt, die er auf seinem Grundstück in Bucyrus zubringt. Das Grundstück ist noch nicht urbar gemacht, der Boden zu tief gefroren, um auch nur notdürftig eine Baracke darauf zu errichten. Deshalb wohnt Lenau mit seinem Diener bei einem Nachbarn, wo er, abgeschieden von aller Welt, die meiste Zeit in der Stube des Hauses sitzt und immerfort schreibt, kaum ein Wort spricht.[54]

In der neueren Lenau-Forschung gilt es als ausgemacht, daß der Dichter den überwiegenden Teil des Winters bei den Harmonisten in Economy zugebracht hat. Und er war auch gut beraten das zu tun, da sie alle immerhin noch Deutsch sprachen und ihm dadurch besser zur Seite stehen konnten als die unterschiedliche Sprachen sprechenden Pioniere. Dazu kommt, daß Pittsburgh, die nächste größere Stadt, mit ihren Krankenstationen, Ärzten und Kaufhäusern für die Überwinternden leicht und schnell zu erreichen war. Auch hat er sich, wie wir zuvor gesehen haben, mit den beiden Geschäftsleuten Volz und Bonnhorst angefreundet, und diese Freundschaft mag wohl auch ein Motiv für sein Bleiben gewesen sein. Ob sich Lenau am religiösen Leben der ihm Gastfreundschaft gewährenden Harmonisten beteiligt hat, läßt sich hingegen nicht nachweisen. Wäre das der Fall gewesen, so hätten sich Spuren seines Satzbaues und der Art, wie er Verse gestaltete, in den Gesangsbüchern der Sektierer finden lassen. Das ist jedoch nicht der Fall, sein Einfluß nicht nachweisbar, und so bleiben ihre Gesangstexte doch eher ein kunterbuntes Vielerlei, das von divergierenden Einflüssen zeugt. Es wäre aber auch abstrus anzunehmen, daß ausgerechnet die Harmonisten ihn dazu eingeladen hätten. Denn ihr ganz aus dem werktätigen Glauben gelebtes Leben: ein Leben nicht in evangelischer Freiheit, sondern im Gegenteil eines, das sich an klösterlicher Strenge[55] orientiert, widerspricht in allem der sinnlichen und weltzugewandten Spontaneität des Dichters. Auch kommt die melancholische Gereiztheit Lenaus nicht gerade der heiteren Gelassenheit der auf Gottes Gnade bauenden christlichen Kommunisten entgegen. Allerdings gibt es ein Zeugnis dafür, daß die Gemeinde ebenso an Lenau wie an seinen Dichtungen Gefallen gefunden hat. Die deutsche Romanschriftstellerin Louise Zehnder-Weil, die selbst längere Zeit unter den Harmonisten in Economy zubrachte, gewährt uns in ihrem Roman „Geläutert. Eine Erzählung für das deutsche Volk" Einblicke in die Monate, da Lenau sich in Economy aufgehalten hat:

26 Anonym: Urwaldlandschaft (Pennsylvania), Stahlstich 1848, ADAU.

„… wir hatten den geistreichen und genialen Mann trotz seiner vielen Schrullen und Exzentrizitäten lieb gewonnen und ich habe manche Stunde angenehm mit ihm verplaudert und den vielen Gedichten gelauscht, welche hier das Tageslicht erblickten und die er mir dann mit dem ihm eigenen Feuer und Pathos vortrug …"[56] Katharine, die all das Bärbele, der kleinen Weltreisenden aus Württemberg, erzählt, ist eine Angehörige der Harmonistengesellschaft. Sie führt Bärbele in Economy umher und macht sie auf die wenigen Sehenswürdigkeiten aufmerksam. Dreißig Jahre nach Lenaus Besuch in der Ansiedlung geschrieben, ist dieser Roman sicher kein Zustandsbericht aus der Zeit Lenaus, den die Autorin uns vermittelt. Dennoch versichert sie uns im Vorwort der zweiten Auflage, daß keine der in den Economy-Kapiteln auftretenden Personen erfunden sei, daß sie vielmehr alle so gelebt hätten, wie sie sie schildert.

Der Vollständigkeit halber muß ich hier noch anmerken, daß Lenau während seiner Amerikareise keineswegs so viele Gedichte geschrieben hat, wie Katharine behauptet. Auf der Hinfahrt: „Theismus und Offenbarung", „Auf ein Faß zu Öhringen", „Frühlings Tod", „Die Seejungfrauen", „Meeresstille", „An mein Vaterland", „Wandrer und Wind"; in Amerika selbst: „Die Heidelberger Ruine", „Die Rose der Erinnerung", „Der Postillion", „Warnung und Wunsch", „Abmahnung", „Die schöne Sennin", „Waldestrost", „Ahasver, der ewige Jude", „An einen Baum"; auf der Heimreise: „Der Urwald", „Das Blockhaus", „Der Indianerzug", „Seemorgen", „Der Schiffsjunge". Geht man allerdings vom Datum der Veröffentlichung aus, so wird sich die Zahl von knapp zwei Dutzend Gedichten um ein halbes Dutzend verringern. Bei jedem Versuch, die Entstehungszeit von Lenaus Gedichten zu ermitteln, muß man freilich immer berücksichtigen, daß der Dichter hart an der sprachlichen Verdichtung seiner Verse gearbeitet hat, so daß manche noch in Amerika entstandenen und seinen Freunden bereits in Briefen von unterwegs angezeigten Gedichte ihm erst nach längerer Überarbeitung genügt haben dürften. Deshalb konnte er sie keinesfalls früher veröffentlichen als in der 1838 erscheinenden dritten Ausgabe seiner Gedichte.

Auch in dieser Hinsicht muß uns die an Einzelheiten so prägnant-nuancierende Darstellung von Louise Zehnder-Weil als biographisches Dokument ersten Ranges erscheinen. Das gilt gleichermaßen für die Beschreibung der charakteristischen Einzelheiten von Lenaus Stimmungsschwankungen sowie für die Besonderheiten seiner Umgangsformen: „... abgesehen von seiner krankhaften Gereiztheit, die ihn oft sehr widerwärtig machte, und seines überspannten Wesens war er auch zeitweise der liebenswürdigste Gesellschafter, der über einen wahrhaft erstaunlichen Vorrat von Mutterwitz gebieten konnte, welcher – ihm selbst fast unbewußt – wie das frische Wasser, das jäh einem Felsspalt entquillt, in den originellsten Einfällen hervorsprudelte. Da konnte man nicht anders, man mußte ihn gerne haben!"[57]

Nach dieser knappen Charakteristik von Lenaus rasch wechselnden Stimmungslagen, die im wesentlichen mit dem von Bekannten und Freunden des Dichters Berichteten übereinstimmt, rundet die Autorin ihre Beobachtungen mit konkreten Einzelheiten ab. Interessant ist es auch hier wieder zu erkennen, wie nah sie den Inhalten kommt, die unseren Dichter gerade in den Wochen vor seinem Amerikaaufenthalt beschäftigt haben: Mond und Flut, Nixen und Herzensfreunde. Es ist nicht zu überhören: in einzelnen der hier wiederkehrenden Bilder erwachen die Visionen Gotthilf Heinrich Schuberts zu poetischem Leben, und mithin ist das einzige, was sich aus Louise Zehnder-Weils Bericht folgern läßt, einzig und allein der Schluß, man habe Niembsch beim laut vorgetragenen Überprüfen seiner noch nicht überarbeiteten Gedichte überrascht. Seiner Auffassung von Rhetorik würde die deklamatorische Korrektur jedenfalls nicht widersprechen: „Ach, hier auf dieser Bank saß er oft stundenlang und starrte träumerisch in die klaren Fluten des Ohio, dann redete er mit begeisterten Worten zu den Flussnixen und breitete seine Arme nach den Damen aus, welche ihm seine reiche und aufgeregte Fantasie im Wasser vorspiegelte, oder er stand an einen Baum gelehnt und sprach in Prosa und Poesie in schwärmerisch-verliebten, aber sehr wohlgesetzten Worten zu Luna, seiner Herzensfreundin, die allein imstande sei, ihn zu verstehen, seine großen Ideen zu erfassen und mit ihm zu fühlen. Er hatte dann ein sehr unheimliches Aussehen; die Haare hingen ihm wirr um das Haupt und das geistvolle Gesicht war mit Leichenblässe bedeckt, die Augen flammten in wildem Feuer und bald ballte er wie drohend die Faust, bald faltete er betend die Hände und brach dann oft plötzlich in krampfhaftes Weinen aus. Wir bedauerten den armen Lenau aufrichtig, denn er war damals, obwohl erst dreißig Jahre alt, schon gänzlich mit sich und der Welt zerfallen und sein Herz war mit Bitterkeit gegen die Menschen erfüllt, und weil sie ihn nicht zu verstehen vermochten und auch nicht immer geduldig genug waren, ihn anzuhören. Er jagte dem Frieden nach, aber vermochte ihn nirgends zu finden, weil er ihn nicht da suchte, wo er allein zu erlangen ist, nämlich am Fuße des Kreuzes! So verzehrte sich denn in selbstgeschaffenen Quälereien dieser reiche Geist unter fortwährendem Sehnen und Streben nach Unerreichbarem – er war nie in normalem Zustand und verfiel aus tiefster Melancholie plötzlich in tolle Ausgelassenheit, so daß ihm viele schon damals sein tragisches Ende prophezeiten."[58]

So überzeugend manche Details von Zehnder-Weils Bericht über den Dichter auch sind, die Spekulation über seine Erkrankung dürfte freilich erst aus der Kenntnis seines späteren Schicksals verfaßt worden sein. Es geht aber nicht an, in Lenaus Verhalten bei den Harmonisten bereits Symptome der Paralyse hineinzusehen, die erst zwölf Jahre später ausbrechen wird. Sollte Niembsch sich nämlich tatsächlich mit Syphilis angesteckt haben, dann kommt als frühester Zeitpunkt dafür lediglich das zu Ende gehende Jahr 1831 in Frage. Zur Erinnerung: es handelt sich um jene düsteren Monate in Heidelberg, die eine lang anhaltende melancholische Verstimmung des Dichters bewirkten, von hypersensiblen Reizzuständen sowie einer hochgradigen Erregung überlagert. Um das Mädchen vor Kummer und Enttäuschung zu bewahren, haben Niembschs Freunde, Sophie und Gustav Schwab, ihm – auch das wissen wir bereits – die Ehe mit Charlotte Gmelin dringend nahegelegt. Als „Schilflottchen" ist sie, die Lenau in den Schilfliedern heftig umworben hat, inzwischen bereits zur Berühmtheit geworden.

Lenau aber, der sich gegen die Intrige der Schwabs zur Wehr setzen muß, schützt finanzielle Unsicherheit vor (ein Hindernis, das durch einen relativ günstigen Vertrag mit Cotta, den übrigens Schwab erwirkt hat, fast beseitigt worden wäre); Lenau will aber auch nicht heiraten, weil seine heftige, zu Zornesausbrüchen neigende Natur und seine sprichwörtliche Bequemlichkeit jede Ehefrau sofort zur Bedienten degradieren würde. Ein Rollenverhalten, das ihn, von seiner Mutter antrainiert, über deren Tod hinaus dauernd an sie bindet. Denn insgeheim vergleicht er jede Frau, mit der er eine Beziehung eingeht, mit seiner Mutter. Dadurch ist eine dauernde Mutterbindung entstanden, von der er fürchtet, sie würde – auch nach dem Tod der Mutter – jeder neuen Verbindung im Weg stehen. Die

Frage, warum Niembsch schließlich von dem uns phantastisch anmutenden Plan Abstand genommen hat, ein neues Leben mit Lotte Gmelin in Amerika zu beginnen, darüber kann man hingegen nur Vermutungen anstellen. Eine dieser Vermutungen ist ohne Zweifel die von Medizinern immer wieder behauptete Ansteckung mit einer Geschlechtskrankheit.

Soviel also zu den emotionalen Hemmschwellen, die Lenau zeit seines Lebens an einer dauerhaften Bindung zu einer Frau hindern. Zu den wichtigsten materiellen Gründen, die eine Ehe für ihn als ausgeschlossen erscheinen lassen, gehört, daß die Ansteckung mit Syphilis, die vermutlich während seines Aufenthaltes in Amerika in ihr zweites Stadium getreten ist, ihn zur Ehe untauglich macht; zumindest der Ansicht der damaligen Zeit nach. Ihm als Studenten der Medizin dürften die Symptome des zweiten Stadiums nicht unbekannt gewesen sein. Es beginnt wie ein grippaler Infekt: Kopfschmerzen, Schüttelfrost, Fiebrigkeit, nächtliche periostale Schmerzen, Myalgien; dann aber: ein andauerndes, kaum zu linderndes Krankheitsgefühl durch Wochen. Durch Wochen auch abklingende und wieder sich entzündende Hautveränderungen, Haarverluste, verbunden mit dem Verlust auch der Barthaare, Lymphknotenschwellungen.[59] Symptome, die man, wie Lenaus erster Biograph, sein Schwager Anton Xaver Schurz, das getan hat, ohne weiteres als rheumatische Beschwerden zu deuten vermöchte, erworben auf den ausgedehnten Ritten durch die nebelfeuchten Urwälder der Neuen Welt. Ist Lenaus Skorbut tatsächlich die Folge wochenlanger einseitiger Ernährung mit Pökelfleisch während der endlos sich hinziehenden Überfahrt? Oder ist sein Zahnausfall nicht vielmehr eine Begleiterscheinung der Quecksilberbehandlung, der einzigen Therapie jener Tage übrigens, die Erfolg bei der Behandlung von Syphilis verspricht? Aber wegen ihrer Folgewirkungen gleicht die medizinische Maßnahme eher einer Tortur, der sich nicht wenige junge Menschen damals dennoch unterwerfen: denn ohne das schwere Gift der roten Quecksilberoxydsalbe, mit der man seinen Körper mehrmals am Tag einreiben muß, wäre der Organismus rettungslos verloren. Was Stefan Zweig darüber sowie über den seelischen Zustand der an Syphilis Erkrankten schreibt, gilt für das ganze neunzehnte Jahrhundert, bis hin zu Paul Ehrlichs Entdeckung des Salvarsans im Jahr 1910:

„Durch Wochen und Wochen wurde der ganze Körper eines mit Syphilis Infizierten mit Quecksilber eingerieben, was wiederum zur Folge hatte, daß die Zähne ausfielen und sonstige Gesundheitsschädigungen eintraten; das unglückliche Opfer eines schlimmen Zufalls fühlte sich also nicht nur seelisch, sondern auch physisch beschmutzt, und selbst nach einer solchen grauenhaften Kur konnte der Betroffene lebenslang nicht gewiß sein, ob nicht jeden Augenblick der tückische Virus aus seiner Verkapselung wieder erwachen könnte, vom Rückenmark aus die Glieder lähmend, hinter der Stirn das Gehirn erweichend. Kein Wunder darum, daß damals viele junge Leute sofort, wenn bei ihnen die Diagnose gestellt wurde, zum Revolver griffen, weil sie das Gefühl, sich selbst und ihren nächsten Verwandten als unheilbar verdächtig zu sein, unerträglich fanden."⁶⁰

Vergleicht man Stefan Zweigs Darstellung mit dem Bericht, den uns Louise Zehnder-Weil über das Auffällige in Lenaus Betragen während seines Aufenthaltes bei den Harmonisten gibt, so erscheint uns der Vorgriff auf den Wahnsinn, der bei dem Dichter erst zwölf Jahre nach seinem Besuch in Economy ausbrechen wird, als Projektion von einem späteren Wissensstand in diese Periode. Müssen wir nicht viel eher den Ausdruck tiefster Verstörung eines Menschen darin erkennen, der mit einem Schlag mit der ganzen Wahrheit seines Zustands konfrontiert wird? Eine Infektion, die er aus der alten Heimat mitgeschleppt hat, mißt ihm nur noch begrenzte Lebensdauer zu, frißt ihm alle Zukunftserwartungen weg. Die Erkenntnis eines pantragischen Lebensgefühls als Ausdruck philosophischer Reflexion ist eines; ein anderes ist es, gerade in dem Augenblick neue Welten, neue Dimensionen kennenzulernen, in dem man den endgültigen Beweis einer tödlichen Erkrankung erhalten hat. Schnell und unkontrollierbar schlägt jetzt der Zweifel in eine gar nicht mehr philosophische Verzweiflung um. Vor allem bei jenen, die sich nicht mit Tertullians credo, quia absurdum est anfreunden können oder wollen. Und Lenau gehört mit Sicherheit zu letzteren. Deshalb kippt auch sein Trotz um in Autoaggression: er versucht den Ausweg in den Freitod.

„Einst brachte er die ganze Harmoniegesellschaft in große Aufregung und Alteration. Er war nämlich eines Morgens plötzlich verschwunden und kehrte nicht wieder. Man suchte ihn allerorts, denn weit konnte er nicht gegangen sein, da er nicht einmal seinen Hut mitgenommen, aber nirgends war er zu finden! Endlich nach drei Tagen streifte man in den Bergen umher, und fand ihn auf einer hohen Felsenkante, welche eine prachtvolle Fernsicht bot, viele Meilen von hier im Gebirge. Er lag an einem jähen Abhang in todtähnlicher Erstarrung, aus der man ihn erst nach langer Zeit und mit Anwendung aller nur erdenklichen Mittel ins Leben zurückzurufen vermochte. Eine volle Woche mußte er infolge der großen Erschöpfung das Bett hüten und wir fürchteten für sein Leben. Er gestand später, daß er drei Tage ohne irgend welche Nahrung zugebracht habe. Ich besuchte ihn mehrmals und brachte ihm kleine Erfrischungen, da sagte ich einmal zu ihm: ‚Aber Lenau' – er führte nämlich diesen Namen auch bei uns – ‚warum hast Du Dein Leben so nutzlos preisgegeben? Dies war sehr unrecht von Dir; man muß diese höchste Gabe Gottes hoch schätzen und zu erhalten suchen.'

Er sah mich lächelnd an und erwiderte: ‚Liebe Katharine, und es war sehr unrecht, mich wieder in's Leben zurückzurufen, aus dem ich so gerne geschieden wäre, da es mir so gar keine Befriedigung gewährt. Ich war lange umhergestreift und hatte endlich jenes traute Ruheplätzchen gefunden, wo ich in die weite, weite Ferne blicken und süß träumen konnte

27 Anonym: New Harmony am Wabash, eine von George Rapp 1814 gegründete, aber schon 1823 an Robert Owen (1771–1858) weiterverkaufte Kommune. Diese Niederlassung hat Lenau nie besucht. Der um 1846 gefertigte Stahlstich mag dem Leser einen ungefähren Eindruck der menschlichen Dimensionen der Rappschen Gründungen, so also auch von New Economy, vermitteln, wo Lenau sich bis Anfang März 1833 aufgehalten hat, ADAU.

von andern, besseren Welten. Dann schlief ich ein und es war grausam mich wieder in diese schlimme Welt zurückzurufen, an welche mich nichts fesselt und in der ich ein armer Fremdling bin. Ihr meintet es gut, aber besser wäre es gewesen, ich wäre hienieden nimmer aufgewacht. ‚Ja', fügte er bei, ‚könnte ich den Frieden erringen, der aus Deinen Augen leuchtet, dann wäre es anders!'"[61]

So verschmitzt wie ehrlich diese leichtfüßige Antwort Lenaus und nicht ohne die auch sonst übliche Koketterie. Aber sie zeigt eines sehr deutlich, wie wenig gangbar für ihn der Weg war, den die Württembergischen Separatisten eingeschlagen hatten und konsequent gegangen waren. Dieser Weg des bedingungslosen, alle selbstquälenden Zweifel abweisenden Glaubens, des rigorosen Gehorsams gegenüber den offenbarten Geboten sowie der Bereitschaft, das persönliche Leben ganz unter die Zentralidee der Selbstperfektionierung zu stellen. Für ihn, dessen Denken fast täglich eine Welt zugrunde richtet, dessen Gefühle unvermittelt und ohne Vorwarnung verlöschen, sich wieder entflammen, um von neuem und vielleicht für immer zu verlodern, ist es unvorstellbar, ruhig und in stiller Kontemplation auf einen chiliastisch herbeigesehnten Weltuntergang hinzubeten und hinzuarbeiten wie diese von ihm mit heimlichem Grauen, andererseits aber mit stetig steigender Bewunderung beobachteten Bauern aus Württemberg, bei denen er bereits mehrere Monate verbracht hat. Nein, unzweifelhaft nicht sein Weg; vielleicht noch nicht; aber ebenso unbestreitbar ist es, daß sich ihre Erfolge mit Händen greifen lassen: heitere, gelassene Menschen, deren Beständigkeit durch keine von außen auf sie einstürzenden Erschütterungen ins Wanken gebracht werden kann. Darum mündet auch die Antwort, die Katharine von dem sexuell nicht eben stimulierfaulen Dichter erhält, ins Paradoxon, ins anmutig formulierte Paradoxon einer hoffnungslosen Utopie der Erreichbarkeit: alles wäre anders, wenn er den Frieden erringen könnte, der aus ihren Augen leuchtet (sie also besitzen könnte, meint Lenau zweideutig); nun ist dieser Frieden aber das Ergebnis eben jener Pädagogik der Harmonisten, zu der auch die Suppression oder vielleicht besser: Sublimation von Sexualität gehört. Würde Lenau also Katharine besitzen, dann würde er niemals den Frieden erringen können, der aus ihren Augen leuchtet. Ein grimmiger Scherz, der zeigt, für wie ausweglos er seine Lage selbst hält. Kaum zu glauben, die Harmonisten hätten sich seiner nicht angenommen.

Zu einem höheren Dasein

Zu wenig Mann der Tat um selbst Hand an sich zu legen, zu sehr Mann des Worts um sogleich und radikal zu verstummen, versucht er seine Erfahrung zu artikulieren und das Todeserlebnis des Zugrundegehens in Worte zu bannen. Hier wird ein animistisches Grundverhältnis zum Ereignis, drückt sich in Bildern aus und in Sprache. Das Ausdrücken ist aber schon so gut wie ein sich Entleeren, ein sich Freimachen von fremdem, zufälligem Bestimmen. So kommt Lenaus Entscheidung, den Freitod zu wählen – mag dieser nun lediglich symbolisch gewünscht worden sein oder ein schon real beabsichtigtes Beginnen –, einer Regression gleich, einem Rückschreiten bis an jene Schwelle, in der Fühlen, Erkennen und Wollen noch verschmolzen sind, einer Rücknahme, wenn man so will, in das Geheimnis frühkindlicher Identität. Diese Rücknahme nun ist ein deutlicher Hinweis darauf, daß Lenau Stadien einer Initiation zu durchleben, zu durchleiden hatte.

Jede Initiation soll dem natürlichen Menschen mit seinen Widersprüchen, seinem inkonstanten Denken, seiner reflexgebundenen Natur ein Ende setzen und ihn mit den Werten der Kultur, der Religion, mit einem höheren Dasein, das die ganze Gesellschaft umgreift, also konfrontieren. „Der Novize, der durch die Initiation in die mythologischen

Überlieferungen des Stammes eingeführt wird, erfährt von der heiligen Geschichte der Welt und der Menschheit ... Er wird ein anderer Mensch, weil er eine religiöse Offenbarung über die Welt und das Dasein empfangen hat."62

Zum Erlangen eines neuen, höheren Daseins unerläßlich ist, daß das Alte abgelegt, dem alten abgelebten Adam ein symbolisches Ende gesetzt wird. Denn mit dem Initiationstod erst kann das neue, höhere Dasein beginnen, das nicht selten als zweite Geburt bezeichnet wird. So ist das auch in der christlichen Überlieferung, in der von Wiedergeburt sonst nicht allzuoft die Rede ist. Bei all dem muß man sich freilich stets bewußt sein, daß die zweite Geburt keinesfalls je als eine Wiederholung der ersten, biologischen aufgefaßt werden darf. Darüber klärt bereits unmißverständlich die Antwort auf, die Jesus dem Nikodemus in dem berühmtgewordenen Nachtgespräch gibt. Ein neues, übernatürliches Leben, wie das messianische Gottesreich es verheißt, erfordert selbstverständlich das Heraufkommen oder – wenn man so will – die Geburt eines neuen, und zwar über die biologischen Bedingungen hinausreichenden Lebensprinzips. Überlegungen wie diese bringen den wißbegierigen Skeptiker Nikodemus, ein Mitglied des hohen Rates, auf den Plan, der sich an Jesus mit der Frage wendet: „Rabbi, wie kann ein Mensch wiedergeboren werden, wenn er alt ist? Kann er doch nicht zum zweiten Mal in den Leib der Mutter zurückkehren und wiedergeboren werden? Jesus antwortete: Wahrlich, wahrlich, ich sage dir: wenn nicht jemand aus dem Wasser und dem Heiligen Geist geboren wird, so kann er nicht in das Reich Gottes kommen. Was vom Fleische geboren ist, ist Fleisch, was aber vom Geiste geboren ist, ist Geist. Laß dichs nicht wundern, daß ich dir gesagt: ihr müsset von neuem geboren werden. Der Wind wehet, wo er will, und du hörest sein Getöse; aber du weißt nicht, woher er kommt, und wohin er geht. So verhält es sich mit jedem, der vom Geiste geboren ist."63

Aus Wasser und Geist also zu einem höheren Leben. Rituelle Waschungen sind ein bereits vormosaischer Brauch, der schließlich, von Moses übernommen, zum Gesetz erhoben wird. Sie weisen zurück auf eine Zeit, da man den Einzuweihenden nicht nur wäscht, sondern seinen ganzen Körper untertaucht, zumal seinen Kopf so lange unter Wasser drückt, bis der Initiand nach Luft ringt und mit Armen und Beinen um sich schlägt. In den Todesqualen, die er leidet, soll der alte Adam in ihm absterben, sich sein Lebenstrieb einem höheren, geistigen Leben zuwenden; einem Leben, das jenseits des Tauchbades auf ihn wartet. „Was die Taufe anbelangt, so betonen die Kirchenväter immer mehr auf anschauliche Weise ihre Initiationsfunktion, indem sie die Bilder von Tod und Auferstehung nähren. Das Taufbecken wird gleichzeitig mit dem Grab und dem Mutterschoß verglichen: es ist das Grab für das irdische Leben des Katechumen und der Mutterschoß, aus dem er zum ewigen Leben geboren wird. Das vorgeburtliche Dasein wird sowohl dem Untertauchen im Taufwasser wie dem Initiationstod gleichgesetzt."64

Vergehen und Werden, Tod und Auferstehung sind von Lenau hier ganz bewußt, ganz konkret im Gedicht zusammengedacht worden. Das Gedicht „Der Urwald" macht deutlich, wie sehr der Dichter das Erlebnis seiner Todeskrankheit, die ihn drastisch mit der eigenen Endlichkeit konfrontiert, zugleich als Schaffensimpuls versteht und nutzt. Denn eindringlich zeigt der Dichter auf, wie sich Todestrieb und Lebensüberschwang komplementär zueinander verhalten, wie aus Tod Leben und schließlich aus Leben Tod hervorgeht. Mit nahezu wörtlicher Anspielung auf Dantes Vergil durchquert das lyrische Ich einen tiefen Wald im Gedicht. Der allgemeinen Lebenserwartung der ersten Hälfte des 19. Jahrhunderts nach ist es freilich noch keineswegs Mitte des Lebens, doch steht die Sonne in Lenaus Gedicht bereits „geneigt im Untergang". Ein unverkennbares Todessymbol also, das vermutlich auf seine Krankheit mit ihrem berechenbaren Ende anspielt. Denn dort wo im Westen die Sonne untergeht, beginnen in der Welt der Mythen die Reisen in die Unterwelt.

Der Leser wird mir vielleicht dankbar sein, wenn er in diesem Zusammenhang erfährt, daß in den frühen Menschheitsmythen der Gang durch die Unterwelt einerseits als Labyrinth dargestellt wurde, andererseits – etwa im Sonnenmythos der Ägypter – als gefahrvolle Odyssee auf dem Ozean der Unterwelt. Ähnlich stellt sich den einfachen Menschen der Urwald nicht selten als ein Labyrinth dar, das es zu durchqueren gilt, um den persönlichen Mut, also das Maß an Selbstüberwindung unter Beweis zu stellen, das jeder der auf sich selbst zurückgeworfenen Prüflinge aufzubringen imstand ist. In den meisten Initiationsritualen werden die Einzuweihenden in einer wüsten Gegend ausgesetzt, im Urwald ebenso wie in menschenleerer Wildnis, wo sie ihren Mann zu stellen, Prüfungen zu bestehen und nach festgesetzter Frist wieder heimzukehren haben. In allen diesen Fällen führt „der Weg durch die Höhle, das Grab, die Unterwelt, das Dickicht in das neue Leben".[65] Ein Wissen um Zusammenhänge wie die soeben rund um die Initiation aufgezeigten läßt sich auch im zuvor genannten Gedicht Lenaus deutlich erkennen:

> … In jenem Lande bin ich einst geritten
> Den Weg der einen tiefen Wald durchschnitten,
> Die Sonne war geneigt im Untergang,
> Kein Windhauch rauschte und kein Vogel sang.
> Da stieg ich ab, mein Roß am Quell zu tränken,
> Mich in den Blick der Wildnis zu versenken.
> Vermildernd schien das helle Abendroth
> Auf dieses Urwalds grauenvolle Stätte,
> Wo ungestört das Leben mit dem Tod
> Jahrtausendlang gekämpft die ernste Wette.

> Umsonst das Leben hier zu grünen sucht,
> Erdrücket von des Todes Überwucht,
> Denn endlich hat der Tod, der starke Zwinger,
> Die Faust geballt, das Leben eingeschlossen,
> Es sucht umsonst, hier, dort hervorzusprossen
> Durch Moderstämme, dürre Todesfinger.
> Wohin, o Tod, wirst du das Pflanzenleben
> In deiner starken Faust, und meines heben?
> Wirst du sie öffnen? Wird sie ewig schließen?
> So frug ich bange zweifelnd und empfand
> Im Wind das Fächeln schon der Todeshand,
> Und fühlt' es kühler schon im Herzen fließen ...[66]

TRÜGERISCHE FREIHEIT

Alexis de Tocqueville wartet in der weniger bekannten seiner Arbeiten, der Reiseschilderung aus dem Jahre 1831, fast mit denselben Bildern auf, wie wir sie jetzt bei Lenau kennengelernt haben: „Nahe am Boden ... zeigt sich überall Verwirrung und Chaos: Stämme, die das Gewicht ihrer Äste nicht mehr zu tragen vermochten, sind auf halber Höhe zerspalten und bieten dem Auge nur mehr ihren spitzen und zerrissenen Wipfel ... Gewaltige Bäume, die durch umgebendes Geäst in ihrem Sturz aufgehalten wurden, hängen in der Luft und zerfallen zu Staub, ohne den Boden zu berühren ... In der Wildnis Amerikas ist die allgewaltige Natur die alleinige Macht der Zerstörung wie der Zeugung. Gleich wie in den Wäldern, die der Herrschaft des Menschen unterstehen, schlägt auch hier der Tod unaufhörlich zu, aber niemand räumt die Trümmer weg, die er zurücklässt; jeder Tag vermehrt ihre Zahl; sie stürzen, sie türmen sich übereinander; die Zeit reicht nicht aus, sie schnell genug in Staub zu verwandeln und neuen Raum zu schaffen. Mehrere Totengeschlechter liegen hier nebeneinander ... Wohin immer (des Wanderers) Blick sich wendet, überall sieht er nichts als Bilder der Gewalt und der Zerstörung, entzweigeborstene Bäume, zerrissene Stämme; hier kündet alles vom immerwährenden Krieg, den die Naturgewalten wider einander führen ..."[67]

Dieses enthemmte und forcierte Wachstum, das aus sich selbst immer wieder von neuem den Tod gebiert, hat Lenau – vielleicht in einem gewagten Schluß, aber doch immerhin mit einer gewissen kritischen Einstellung gegen frühliberale Tendenzen in Amerika – auf die Gesellschaft und auf die Wirtschaft übertragen, wenn er seinem Freund Joseph Klemm nach Wien schreibt: „Der Ackerbau ist noch ganz roh. Darum nenn' ich alle amerikanische Industrie, allen Handel bodenlos. Der letztere ist auch bereits sehr im Verfalle, und wird noch mehr sinken, wie mir hiesige gescheidte Kaufleute versicherten, weil er ganz auf einem forcierten Kredite beruht, dieser aber durch die Aufhebung der Spezialbanken – eine Lieblingsidee des bornierten Präsidenten Jackson – zusammenfallen muß. Dem unbefangenen Fremden kommt überhaupt das ganze amerikanische Wesen gewissermaßen forciert vor. Mit dem Ausdrucke: ‚Bodenlosigkeit' glaub' ich überhaupt den Charakter aller amerikanischen Institute bezeichnen zu können, auch der politischen … Was wir Vaterland nennen, ist hier blos eine *Vermögensassekuranz*."[68]

Wiederholt hat man Lenaus Kritik an Amerika als zu allgemein, weniger an Details orientiert als an großen, meist pathetisch vorgetragenen Zusammenhängen abgetan. Wer den Dichter jedoch richtig verstehen will, muß versuchen, hinter seine zuweilen bildkräftige Terminologie zu blicken und an den historischen Hintergrund heranzukommen. Hauptgesprächsstoff in den Tagen von Lenaus Amerikaaufenthalt sind die immer wieder aufbrechenden Spannungen zwischen einer atomistischen Staatsphilosophie und Eingriffen der Zentralbehörde in regionale Belange. In Anlehnung an Denker wie John Locke, den älteren John Stuart Mill und Jeremy Bentham, welcher bekanntlich das staatsphilosophische Prinzip vom „größtmöglichen Glück der größtmöglichen Zahl" aufgestellt hatte, versuchen die an die Interessen der einzelnen anknüpfenden Politiker, diesen mehr Rechte, mehr Mitsprache im Staat zu verschaffen, verstehen es aber andererseits nicht oder doch nur in unzureichendem Maß, deren Interesse am Staatsganzen, am Gemeinwohl zu wecken. Später wird der amerikanische Liberalismus „den Widerspruch zwischen diesem Atomismus und der Lehre vom Staatseingriff, mit dem er sich verbündet hat, zu lösen (haben). Auch das Christentum hat diese Schwäche nicht ausgeglichen; seine Opferbereitschaft bedeutete in der amerikanischen Lage meist Opfer für die eigene Freiheit oder das eigene Selbstsein und nicht für andere; eine Gesellschaft entstand nicht daraus. Mit der atomistischen Philosophie, die den ‚Dschungel-Individualismus' befestigte, baute sich der Liberalismus in Amerika selbst einen Käfig."[69]

Auffallend an der Analyse Max Lerners ist die Metapher „Dschungel-Individualismus", mit der er – wie Lenau in seinem Urwald-Gedicht – den Kampf jedes mit jedem kennzeichnet. Was Herbert Spencer kaum dreißig Jahre nach Lenaus Amerikabesuch und noch vor Darwin als „struggle for existence" und „survival of the fittest" bezeichnen wird, fällt gerade in Amerika, diesem Land nicht nur der unbegrenzten Möglichkeiten, sondern des radikalen Kampfes ums Dasein und der von zentripetalen und -fugalen Kräften zerrissenen Gesellschaft auf fruchtbaren Boden. Durchaus scharfsichtig beobachtet ist auch, was Lenau über Jacksons Kampf gegen die Second Bank of the United States in Philadelphia festhält:

„Jackson setzte der Monopolstellung dieser Bank beim Tausch von Papierwährung gegen Gold und bei der Kreditvergabe ein Ende … Bundesgelder wurden auf kleinere Landesbanken verteilt, von denen erwartet wurde, daß sie mit regionalen Investitionsbedürfnissen besser vertraut waren. ‚Es ist bedauerlich‘, sagte Jackson 1832 in seiner Vetobotschaft an den Kongreß, ‚daß die Reichen und Mächtigen die Gesetze der Regierung zu oft im Eigeninteresse beugen.‘ Eine privilegierte Bank würde die Reichen reicher und die Mächtigen mächtiger machen."[70] Abgesehen davon, daß Bestimmungen wie die soeben angeführten bereits an den entwickelten Liberalismus gemahnen, kündigen sich schon in den Jahren des beginnenden Frühliberalismus Marktmechanismen an, die an die Gesetze des Urwalds oder des Dschungels erinnern. Interessant ist aber vor allem, daß schon in jenen Jahren aus der von Jackson vorgenommenen Diversifikation der Banken nicht lebhaftere Konkurrenz, sondern das Monopol resultiert: „Die Gegner der Dezentralisation sprachen von Jacksons *pet banks,* seinen Lieblingsbanken, die er pflegte wie Schoßtiere. Biddles Bankhaus (gegen das Jackson gekämpft hatte) fallierte nach wenigen Jahren. Dem Bankrott verdankte Wallstreet ihren konkurrenzlosen Aufstieg. Die antimonopolistische Absicht hatte sich in ihr Gegenteil verkehrt."[71]

Beinahe noch unter Lenaus Augen verwandelt sich also das Land der Freiheit, das er mit hohen, vielleicht allzu utopisch übersteigerten Erwartungen betreten hat, in ein Reich, in dem nicht nur jederzeit der Kampf jedes gegen jeden stattfindet, sondern der Sieg des einzelnen ebenso an den Bankkonten gemessen wird wie selbst der Wert von Kunst und Kultur. Lenau nennt Handel und Industrie „bodenlos", weil sie, der kontinuierlichen Entfaltung und Entwicklung entbehrend, von Konkurrenz und Spekulation ins Uferlose vorangepeitscht werden und die Gesellschaft zu zügellosem Verbrauch verleiten. Als Sinnbild einer solchen unkontrollierten Verschwendung entsteht in Lenau die Metapher des Urwaldes, in dem Zerfall, Fäulnis, Tod mit dem Leben um die Wette kämpfen. Ja, eigentlich ist es erst das Übermaß dieses wuchernden Lebens, das den vorzeitigen Tod bringt. Dieses ihn noch tiefer in die Melancholie drückende Erkennen nimmt Positionen des Sozialdarwinismus vorweg, die vierzig, fünfzig Jahre nach Lenaus Besuch in den Vereinigten Staaten hier gedacht werden.

Glaube, Glück und Ende der Harmonisten

Obwohl Lenau lediglich einige Wochen bei den Harmonisten in Economy überwintert hat, scheint er von der gläubigen Inbrunst dieser allesamt aus dem Bauernstand Württembergs stammenden, tiefreligiösen Menschen beeindruckt worden zu sein[72]. Das kann sich freilich nicht gleichermaßen auf die Schriften beziehen, die der Dichter während seines Aufenthalts zu Gesicht bekommt: etwa das 1827 erschienene „Harmonische Gesangbuch" oder die „Gedanken über die Bestimmung des Menschen, besonders in Hinsicht der gegenwärtigen Zeit". Dieses Buch Rapps, das dem Theologen einen konfusen Gedankengang bescheinigt, ist wahrscheinlich im Selbstverlag der Harmonisten-Gesellschaft 1824 anonym erschienen. Was Lenau an diesen grundehrlichen christlichen Kommunisten jedenfalls mehr beeindruckt haben dürfte als deren erbauliche, dem Pietismus entstammende, sprachlich hingegen wenig klare, dafür aber um so gefühlseligere Schriften, das ist jedenfalls deren Kultur- und Zeitkritik. Sie sind allesamt Milleniarier, also der Mystik verhaftete Gläubige, die das Reich Gottes als unmittelbar bevorstehend herbeisehnen und verkünden. Konkret gesprochen: sie glauben,

28 Anonym: Porträtphoto von Georg Rapp (1757–1847), württembergischer Bauer, Stifter der religiösen Gemeinschaft der Harmonisten, mit denen er 1804 nach Amerika auswanderte. Die 1814 in Indiana erbaute religiöse Kommune, New Harmony, verkaufte er bereits 1823 an den englischen Sozialisten Robert Owen (1771–1858) und gründete nahe bei Pittsburgh am Ohio die Niederlassung New Economy, die Lenau gegen Ende 1832 besucht. Fast alle Städte, die Rapp gegründet hat, bestehen auch heute noch. HNHP.

daß dieses Reich bereits 1836 anbrechen wird. Als sie jedoch schon drei Jahre nach Lenaus Abschied erkennen müssen, wie sehr diese Hoffnung sie getäuscht hat, werden sie nicht müde, in immer neuen astrologischen und kalendarischen Berechnungen die Heraufkunft des Gottesstaates neu zu bestimmen. Charakteristisch für ihre tiefe und unzerstörbare Gläubigkeit ist, daß sie trotz verschiedener schwerer Enttäuschungen, wie sie die unruhigen und für jede Störung anfälligen Jahre mit sich bringen, doch immer wieder zusammenhalten und ihre geistigen Ziele nicht verraten oder aus den Augen verlieren. Ein damals aus Deutschland angereister Schwindler, mit bürgerlichem Namen Bernhard Müller, der sich als Graf von León ausgibt, hat es verstanden, manche Bewohner, vor allem die mit dem Gebot der Ehelosigkeit unzufriedenen, gegen Georg Rapp aufzubringen. So etwa zog 1832, knapp vor der Ankunft Lenaus, rund ein Drittel der damaligen Bevölkerung, das sind immerhin 250 Gläubige, aus Economy aus und gründet, 20 Meilen entfernt am anderen Ufer des Ohio, die Siedlung Philippsburg, deren Bürger sich ebenfalls zur Gütergemeinschaft bekennen, wo man aber die Ehelosigkeit abschaffte.

Endlose Streitigkeiten, die zu Diffamierungen einzelner Mitglieder, vor allem Georg Rapps, führten, drohten in anarchische Zustände abzukippen. In dieser prekären Lage, die leicht zur Machtablöse hätte ausarten können, erweist der Prediger nicht nur die größere Souveränität, seine charismatische Persönlichkeit als Religionsführer, sondern ein größeres Maß an Standfestigkeit. Er macht die Unzufriedenen auf das brachliegende Land aufmerksam und gibt ihnen ein Anfangskapital von über 100,000 Dollar. Die Sezession hat zu einem für beide Teile befriedigenden Ende geführt.

Nicht ohne Respekt für die bescheidenen und anspruchslosen Siedler sehen wir, wie sie aus diesem Exodus ebensowenig geschwächt hervorgehen wie durch andere Enttäuschungen, die diese unruhigen, von den Umsiedlungen der Indianer erschütterten counties und Staaten erleben. Die deutschen Siedler gehen vielmehr gestärkt daraus hervor; so als wäre nichts geschehen setzen sie ihre Feldarbeit fort: Getreide, Hirse, Mais; betreuen ihre ausgedehnten Rinder-, Schaf- und Pferdeherden; weben verschiedene feste Tuche zu eigenem Gebrauch für die kommenden Winter; sie pflücken Kokons der Seidenraupen und spinnen Garne in verschiedener Stärke und für verschiedene Verwendung. Was immer sie tun, sie tun es *sub spaecie aeternitatis*, um so diszipliniert und hart auf den Gottesstaat hinzuarbeiten.

Manches deutet darauf hin, „daß Lenau der Lebensphilosophie der Separatisten gar nicht so fremd gegenüberstand".[73] Daß sich in den uns erhaltenen und im wesentlichen von Lenaus Schwager, Anton Xaver Schurz, überlieferten Dokumenten des Dichters kein konkreter Hinweis auf die Separatisten erhalten hat, mag man darauf zurückführen, daß deren einfache biblizistische Frömmigkeit sich mit einem von August Hermann Francke und Philipp Jakob Spener herrührenden Perfektionismus der sittlichen Erneuerung verbindet. Anstößiger noch als diese Herkunft empfinden manche Vertreter der Amtskirchen christlicher Konfessionen noch in der ersten Hälfte des neunzehnten Jahrhunderts die von der Gnosis beeinflußten Lehren Jakob Böhmes, auf die Rapps Separatismus sich immer wieder beruft. Zu den wichtigsten Merkmalen von Böhmes Philosophie gehört aber die von der offiziellen Theologie abgelehnte Verschmelzung von Naturphilosophie und Mystik, wie auch die Gnosis sie kennt und anwendet. Aus dieser Verschmelzung ergeben sich für die Anhänger Böhmes zwei Forderungen:

1. „daß in allen Dingen Gutes *und* Böses vorhanden sei ... So man aber will von Gott reden, was Gott sey, so muß man fleißig erwegen die Kräfte in der Natur; darzu die gantze Schöpfung, Himmel und Erden, sowol Sternen und Elementen, und die Creaturen, so aus denselben sind herkommen, sowol auch die heiligen Engel, Teufel und Menschen, auch Himmel und Hölle ... Das also ist die Erkenntnis: in aller Schöpfung ist Böse und Gut. Und wenn man von Gott reden will, so muß man zuerst die Schöpfung verstehen. Erst die

Erkenntnis der Schöpfung lehrt Gott. Es ist der reine pansophische Weg, den einer sich hier gefunden hat ...

2. Die Welt ist das äußere Wesen Gottes. Erkennt man sie, dann muß man ihn, freilich in einem Gleichnis, erkennen. Und wiederum ist der Mensch wie Gott; der Mikro- entspricht also dem Makrokosmos."[74]

Auch die Harmonisten teilen Böhmes Auffassung eines Erkenntnisprozesses, der von den äußeren Merkmalen bis hin zur mystischen Gottesschau verläuft. Für sie ist deshalb der erste, der ursprüngliche, von Gott noch nicht wesentlich entfernte Adam ein androgynes Zwitterwesen, das noch alle gegensätzlichen Eigenschaften ungebrochen in sich vereint. Aus solchen Argumenten wird verständlich, warum für Böhme die doppelte Geschlechtlichkeit ein göttliches Attribut darstellt, das auf eine hochkomplexe Selbstidentität hindeutet. Die irdisch-sündhafte in Mann und Frau aufgespaltene Existenz gilt es zu überwinden, will man zur gottesebenbildlichen Ganzheit des Ursprungs zurückfinden. Das setzt pädagogische Redlichkeit ebenso voraus wie die Bereitschaft, die bewußt in den Alltag und natürlich auch die in die Arbeitswelt hineingetragene Askese zur Selbstveredlung und Charakterformung einzusetzen.

Angesichts solcher Gedankengänge kann man jetzt vielleicht besser verstehen, warum die Harmonisten die Ehe ablehnen und streng zölibatär als „Schwestern und Brüder" leben. Wie sehr diese Lebensform freilich zugleich zum Zerfall der Gemeinschaft beigetragen hat, werden wir sogleich sehen. Lenau und seiner Familie mag es hingegen taktisch klüger erschienen sein, eine derart radikal noch in den glühenden Bildern ursprünglicher Gottesverehrung schwelgende Gläubigkeit vor den Lehrmeinungen offizieller Schulen und Bekenntnisse zu verstecken. Eine Verketzerung wäre die unabwendbare Folge gewesen. Dazu kommt noch ein Umstand: die unverkennbare Nähe separatistischer Rituale zu den Bräuchen der Rosenkreuzer, der Illuminaten sowie der Freimaurerei. Eine Nähe, die in Österreich gerade in diesen Tagen des erneuten Aufflammens von Liberalismus und studentischer Revolte von den Organen des Staates zweifellos streng verfolgt worden wäre. Was uns zum Abschluß dieses Kapitels noch interessiert, das sind die künftigen Schicksale der Separatisten in den Vereinigten Staaten.

Während Paul Achatius Pfizer, der Bruder von Lenaus Freund Gustav Pfizer, die württembergischen Stände dazu bringt, die Beschlüsse als verfassungswidrig zu erklären, womit der Deutsche Bund gegen die Demagogen vorgeht, hetzen radikale Studenten die Bauern Württembergs auf, ihre Steuern nicht zu bezahlen. Es ist durchaus kein weltbewegender Putsch, der in Württemberg während Lenaus Abwesenheit abläuft; aber immerhin spielt er recht kräftig in seinen schwäbischen Freundeskreis hinein, und man kann sicher sein, daß er auch in den Vereinigten Staaten davon Notiz nimmt. Denn immerhin sind Opfer auf beiden Seiten zu beklagen: Von 204 Burschenschaftern wurden 39 zum Tod verurteilt, dann aber doch zur Festungshaft begnadigt. Diese Eskalation von Gewalt dürfte Lenaus nun immer deutlicher werdende Distanz zur revolutionären Studentenschaft bewirkt haben. Das heißt jedoch nicht, daß er sich dem Glaubensgut der Harmonisten angenähert hätte; wir werden aber in manchen seiner Werke Anklänge an die Gedankenwelt dieser tiefgläubigen Kommunisten finden, die versucht haben, das Reich Gottes ohne äußeren Zwang, allein durch freiwillige Selbstdisziplin schon in dieser Welt zu errichten. Ein Blick in die Zukunft also, den Lenau selbst nicht mehr wird machen können:

„Trotz ihres Wohlstandes führten die Siedler ein bescheidenes Leben. Sie schätzten zwar gutes Essen und Trinken und lehnten auch im Gegensatz zu anderen Gemeinschaften den Genuß von Alkohol nicht ab, doch verzichteten sie freiwillig auf das Rauchen, und alle trugen dieselben einfachen Kleider. Die Männer und Frauen wohnten trotz des Zölibats in den gleichen Häusern zusammen, und die (angenommenen) Kinder, die nach Beendigung der Schulzeit zuerst ein Handwerk erlernen mußten, konnten nach dem Erreichen der Volljährigkeit frei entscheiden, ob sie Mitglieder in der Gemeinschaft werden wollten oder nicht.

Hatte man bei den erwachsenen Antragstellern Zweifel, ob sie sich für das Gemeinschaftsleben eignen würden, oder beherrschten diese die deutsche Sprache nicht, so wurden sie abgewiesen. Dennoch war der Andrang lange Zeit hindurch sehr groß.

Erst nach dem Tode von (Georg) Rapp, der 1847 im Alter von 90 Jahren starb, setzte ein gewisser Rückgang ein. Die Leitung der Siedlung, die zunächst von Rapps Adoptivsohn Friedrich Rapp übernommen worden war, ging später an einen neunköpfigen Verwaltungsrat über. Die Zahl der Mitglieder nahm ständig ab, immer mehr fremde Lohnarbeiter wurden eingestellt, und einige Fabriken mußten geschlossen werden.

Als die Harmonisten jedoch ab 1855 eigene Kohlenzechen erschlossen, sich ab 1857 am Eisenbahnwesen beteiligten und 1860 auch noch Ölquellen auf ihrem Gebiet entdeckt wurden, erzielten sie hieraus fast 30 Jahre lang große Gewinne. Während dieser Zeit standen sie auch mit den Hutterern in Verbindung und unterstützten diese z. T. mit Geld. Eine bereits 1856 erwogene Vereinigung mit den Shakern und den Separatisten von Zoar kam jedoch nicht zustande.

Als später einzelne Bewohner, die aus der Siedlung ausgeschieden waren, durch Gerichtsmaßnahmen ihren Anteil am Gesamtvermögen herausverlangten, wurde nach zahlreichen Prozessen die kommunistische Lebensweise aufgegeben. Da neue Mitglieder ausblieben, durch das Zölibat der eigene Nachwuchs fehlte und die alten Bewohner im Laufe der Zeit starben, war der Untergang der Siedlung unvermeidlich. 1894 lebten noch 18, 1902 noch 8 und 1903 nur noch 4 Rappisten in Economy. In diesem Jahr wurde die Siedlung samt dem dazugehörenden Land für 2,5 Mill. Dollar an eine Bodengesellschaft in Pittsburgh verkauft.

Um dieses, immer noch auf den Namen Rapp eingetragene Millionenvermögen erhob sich ein jahrelanger Streit, bis es schließlich vom Staat eingezogen wurde. Aber schon das Vorhandensein dieses Vermögens zeigte, daß das Unternehmen der Harmonisten in wirtschaftlicher Hinsicht ein voller Erfolg gewesen war. Alle drei Siedlungen, von denen Economy mit fast 80 Jahren am längsten bestanden hatte, wiesen zum Zeitpunkt ihres Verkaufs einen hohen Wert auf. Auch war das Zusammenleben der Bewohner gerade während der kommunistischen Epoche am besten gewesen. Die Siedlungen der Rappisten gehören zu den wenigen gelungenen religiös-kommunistischen Experimenten, wenngleich auch sie durch die konsequente Durchsetzung des Zölibats letztlich zum Scheitern verurteilt waren."[75]

Der ebenso arbeitsame wie bewußt kontemplative Alltag in Economy dürfte auf Lenau seine Wirkung keineswegs verfehlt haben, auch wenn der Dichter – wie wir bereits wissen – es sonst durchaus liebte, einen gewissen Luxus um sich her zu entfalten und, soweit das seine Möglichkeiten zulassen, auch zu verbreiten. Auf jeden Fall aber wird der in dieser Siedlung gelebte Zölibat nicht ohne direkte Vorbildwirkung auf die Beziehung zu Sophie, die Ehefrau von Lenaus Freund Max von Löwenthal, geblieben sein. Der Struktur von Lenaus Persönlichkeit muß jedenfalls die Vision von einer himmlischen Liebe entgegenkommen, die, von allen Skrupeln befreit, unablässig in allen nur erdenklichen Freuden der Seeligen schwelgt, während der Ehemann die Glanzlosigkeit und Mühsal eines ganz und gar irdischen Beamtendaseins auf sich nimmt. Doch ist weder die Rechnung der Harmonisten aufgegangen, noch wird auch die unseres Dichters selbst restlos aufgehen. Das werden wir in den nachfolgenden Kapiteln erkennen können. Der Versuch, die himmlischen Freuden schon hier, in dieser Welt voll von unauflösbaren Gegensätzen und Konflikten, zu genießen, Leben und Werk, Welt und Geist in einer mystischen Hochzeit oder im Akt einer coincidentia oppositorum zur idealen Übereinstimmung zu führen, muß früher oder später scheitern, sofern die psychische Energie ungleichmäßig besetzt ist. Das wird auch der Dichter selbst – leider viel zu spät – erkennen müssen.

So wird also das Scheitern der mystischen Hochzeit mit Sophie zum eigentlichen Mittelpunkt der Tragödie seines Lebens werden. Ohne daß Lenau sich selbst ausführlich darüber geäußert hätte, weisen viele Spuren in seinen Werken auf die kleine mystische Gemeinschaft an den Ufern des Ohio in Pennsylvania zurück. Zum Beispiel das Sonett „Die Asketen", das sein mystisches Einswerden mit Sophie wie auch die schließlich notgewordene Aufgabe dieser seelischen Gemeinschaft mit den religiösen Erfahrungen verbindet, die er bei den Harmonisten kennengelernt hat. Der behutsame und zugleich verhalten spöttische Ton mag andeuten, daß die ganze Angelegenheit für Lenau keineswegs abgetan ist: keineswegs die mit Sophie, aber auch nicht die am Ohio:

> O spottet nicht der traurigen Asketen,
> Daß sie den Leib mit scharfen Leiden plagen,
> Die süßen Erdenfreuden sich versagen,
> Die flüchtigen, nur allzuschnell verwehten!
>
> Nebst solchen, die das Futter gierig mähten,
> Seit des verlornen Paradieses Tagen
> Hat eine Schar von Herzen stets geschlagen,
> Die, abgewandt, die Weide hier verschmähten.
>
> Ein schüchternes Gefühl: „wir sind gefallen!"
> Hält sie vom lauten Freudenmarkt zurück,
> Heißt sie den Pfad einsamer Dornen wallen.
>
> Es wächst ihr Ernst, wenn sie vorüberstreifen
> An einem unverdienten Erdenglück;
> Die Scham verbietet, keck darnach zu greifen.[76]

Und schließlich gibt es auch Anzeichen dafür, daß man Lenau hier nachdrücklich auf das Problem der Polarisierung hingewiesen[77] hat: wie denn die Polarisierung eines existentiellen Gegensatzes niemals zu dessen Auflösung oder seiner Beilegung, immer nur zu dessen Verschärfung führen kann. In seinem Faust wird er den mit sich, der Welt, der Natur und Gott zerfallenen *homo faber* des zwanzigsten Jahrhunderts vorwegnehmend gestalten, dessen Scheitern nicht, wie noch bei Goethe, durch die unausgesetzte Bereitschaft, sich strebend abzumühen, zur Apotheose führt: bei Lenau weckt vielmehr der Schöpfungstrieb zugleich die Lust, Erschaffenes wieder zu zerstören, Gut und Böse sind für ihn die zwei Seiten derselben Medaille, doch geht ein wilder Riß durch sie hindurch. Unmöglich, diesen Gegensatz zu überbrücken, die Dualität, in der Lenau kühn das Stigma künftiger Generationen vorausgeahnt hat, wieder zur Einheit zusammenzufügen. Das ist die eigentliche Tragik dieses armen und doch an Gedanken derart reichen Dichters, der uns in vielen seiner Werke, etwa in seinem von Karl Gutzkow[78] und anderen Jungdeutschen verkannten „Faust" oder in seinem „Savonarola" immer wieder auf die Bedeutung einer mystischen Synthese hingewiesen, dessen kritische Vernunft diese Synthese freilich in seinem Leben selbst immer wieder zerstört hatte.

Anmerkungen

1 NL an Anton X. Schurz, den 16. März 1832, LHKG V/1, 184.
2 JKBF, Bd. II, den 11. März 1832, 29.
3 NL an Anton Xaver Schurz, den 16. März 1832, LHKG V/1, 184.
4 JKBF, Bd. II, den 11. März 1832, 29 f.
5 Ebenda.
6 Carl Hepp: Nikolaus Lenau, in: Lenaus Werke (Carl Hepp Hrsg.), Leipzig/Wien: Bibliographisches Institut o. J., XXXVI.
7 NL an Justinus Kerner, den 1. April 1832, LHKG V/1, 187 f.
8 Vgl. dazu: Manfred Schmid: „Was hier für brave Professoren sind", zitiert nach: LHKG V/2, 347 f.
9 NL an Karl Mayer, den 12 . März 1832, LHKG V/1, 181.
10 Ebenda, 181.
11 Ebenda, 181.
12 Artikel Philomela, in: Benjamin Hederichs ehemal. Rect. zu Großenhayn gründliches mythologisches Lexikon, Leipzig: in Gleditschens Handlung 1770; wiederaufgelegt: Darmstadt: Wissenschaftliche Buchgesellschaft 1996, 1981.
13 NL an Emilie von Reinbeck, den 2. Juli 1832, LHKG V/1, 211.
14 Frühlings Tod, in: LHKG I, 266.
15 Anton X. Schurz: Lenau's Leben. Großentheils aus des Dichters eigenen Briefen, Bd. I, Stuttgart/Augsburg: J. G. Cotta'scher Verlag 1855, 153.
16 NL an Emilie und Georg von Reinbeck, den 25. Juli 1832, LHKG V/1, 214.
17 Ebenda.
18 Ebenda.
19 NL an Karl Mayer, den 25. Juli 1832, LHKG V/1, 217.
20 NL an Emilie von Reinbeck, den 1. August 1832, LHKG V/1, 225.
21 NL an Emilie von Reinbeck, den 12. August 1832, LHKG V/1, 227.
22 Vgl. dazu: Eduard Castle: Nikolaus Lenau. Zur Jahrhundertfeier seiner Geburt, Leipzig: Max Hesse's Verlag 1902, 49.
23 Fritz Felzmann: Über die Entdeckung eines Gemäldes des Ozeanseglers „Baron van der Capellen", in: Stockerauer Beiträge zur Fünfzigjahrfeier der Internationalen Lenau-Gesellschaft, Stockerau 1969, 21 ff.
24 NL an Anton X. Schurz, den 16. October 1832, LHKG V/1, 228 f.
25 Ebenda.
26 NL zu Max von Löwenthal vom 12. November 1839, 105.
27 Johann Wolfgang von Goethe: Faust: V 6222/23.
28 Ebenda, V 6251/52.
29 Ebenda, V 6287/88.
30 Justinus Kerner: Die Seherin von Prevorst. Eröffnungen über das innere Leben und über das Hineinragen einer Geisterwelt in die unsere, Stuttgart/Tübingen: Cotta 1829, 2 Bde.
31 Zur Entstehung und praktischen Anwendung des Rorschachtests: Ewald Bohm: Lehrbuch der Rorschachpsychodiagnostik. Für Psychologen, Ärzte und Pädagogen, Bern/Stuttgart Verlag Hans Huber 1957².
32 Immanuel Kant: Versuch über die Krankheiten des Kopfes (1764), in: Großherzog Wilhelm Ernst Ausgabe Bd. 1: Vermischte Schriften, Leipzig: Im Inselverlag 1921, 77.

33 Vincenzo Errante: Lenau. Geschichte eines Märtyrers der Poesie, Mengen: Heinrich Heine Verlag/Württemberg 1948, 118.
34 Rezension zu Georg Keil: Lyra und Harfe (Allgemeine Literatur-Zeitung vom Jahre 1834), in: LHKG, Bd. VII, 26.
35 Atlantica 1, in: LHKG, Bd. I, 267.
36 Ebenda, 267 f.
37 NL: Seemorgen, in: LHKG I, 340.
38 NL an Anton X. Schurz, den 16. Oktober 1832, a.a.O., 230 f.
39 Vgl. dazu: Eduard Castle: Nikolaus Lenau, a.a.O., 49.
40 Ernst Bernleithner: Geographisch-historische Gedanken zu den Lebenssituationen Nikolaus Lenaus. Mit 2 Kartenbeilagen, in: Lenau-Almanach 1969/75, Wien/Stuttgart: Wilhelm Braumüller 1975, 14.
41 Vgl. dazu: Emma Niendorf: Lenau in Schwaben. Aus dem letzten Jahrzehnt seines Lebens, Leipzig: Friedrich Ludwig Herbich 1853, 20.
42 Gottfried Duden: Bericht über eine Reise nach den westlichen Staaten Nordamerikas, Elberfeld: Sam. Lukas 1829.
43 Anton X. Schurz: Lenau's Leben, a.a.O., 201. Sir Thomas Livingstone Mitchell (1792–1855) war wegen der Genauigkeit, mit der er Gebäude, Straßen und Brücken in seine Karten einzeichnete, rasch berühmt geworden. Zu seinem Ruhm hat es überdies beigetragen, daß er die meisten Ortsnamen in seine Kartenwerke übernahm. NL war also, was das Orientierungsmaterial betrifft, bestens versorgt.
44 Justinus Kerner: Das Bilderbuch aus meiner Knabenzeit, in: Kerners Werke (Raimund Pissin Hrsg.), Berlin/Leipzig/Wien/Stuttgart: Deutsches Verlagshaus Bong & Co., o.J., Teil I, 128.
45 Eduard Castle: Nikolaus Lenau, a.a.O., 50.
46 Vgl. dazu: Gerhard Josef Auer: Die utopische Gemeinschaft der Harmonisten: Ihr Einfluß auf das Amerikaerlebnis und das Werk Nikolaus Lenaus, Diss. Pedagogical Academy University of Illinois, Urbana, Illinois, 1982, 157.
47 Vgl. dazu: Homer D. Blanchard: Lenau's Ohio Venture, in: Ohio History 1969, 237–251. (Zit. n. G. J. Auer, 176).
48 Henry Willen: Henry Armin Rattermann's Life and Poetical Works, Diss., University of Pennsylvania, Philadelphia, 1939, 18.
49 NL an Emilie und Georg von Reinbeck, den 5. März 1833, LHKG V/1, 236.
50 Zit. nach Erich Küspert: New Harmony. Ein Vergleich zwischen zwei Lebensanschauungen, Nürnberg: Verlag der Hochschulbuchhandlung Krische & Co. 1937, 89 ff.
51 NL an Anton X. Schurz, den 28. Februar 1833, LHKG V/1, 234.
52 Eduard Castle: Nikolaus Lenau, a.a.O., 50.
53 Ruth Berges: Lenau's Quest in America, in: The American-German Review, 28.4 (1962), 16; zit. n. G. J. Auer, a.a.O., 178.
54 Vgl. dazu: George A. Mulfinger: Lenau in Amerika, in: Americana Germanica, 1.2 (1897), 51.
55 Luise Pichler: Vorwort, in: Louise Zehnder-Weil: Geläutert. Eine Erzählung für das deutsche Volk, München: Verlag von J. Schweitzer 1889, V.
56 Ebenda, 245.
57 Ebenda, 246 f.
58 Ebenda, 247.
59 Vgl. zur Symptomatik: Thomas B. Fitzpatrick, Richard Allen Johnson, Klaus Wolff, Machiel K. Polano, Dick Suurmond: Atlas und Synopsis der klinischen Dermatologie. Häufige und bedrohliche Krankheiten, London/New York/San Francisco ... : McGraw-Hill International (UK) Ltd., 3. Auflage, 1985.

60 Stefan Zweig: Die Welt von gestern. Erinnerungen eines Europäers, Stockholm: Bermann-Fischer Verlag 1944, 111.
61 Louise Zehnder-Weil: Geläutert, a.a.O., 247 ff.
62 Mircea Eliade: Das Mysterium der Wiedergeburt. Initiationsriten, ihre kulturelle und religiöse Bedeutung, Zürich/Stuttgart: Rascher Verlag 1961, 18 ff.
63 Die heiligen Schriften des Alten und Neuen Testaments, übersetzt und herausgegeben von Dr. Leander van Eß, weiland Professor und Pfarrer in Marburg, Wien: Britische Bibelgesellschaft 1891, Johannes 3, 4–8.
64 Mircea Eliade: a.a.O., 205.
65 Karl Kerényi: Labyrinth-Studien. Labyrinthos als Linienreflex einer mythologischen Idee, in: ders.: Humanistische Seelenforschung, München/Wien: Langen Müller 1978, 258, 329.
66 NL: Der Urwald, in LHKG, Bd. II, 53.
67 Alexis de Tocqueville: In der nordamerikanischen Wildnis. Eine Reiseschilderung aus dem Jahre 1831. Übertragen und mit einem Nachwort versehen von Hans Zbinden, Bern/Stuttgart: Verlag Hans Huber 1953, 52–54.
68 NL an Joseph Klemm, den 6. März 1833, in: LHKG V/1, 244.
69 Max Lerner: Amerika. Wesen und Werden einer Kultur. Geist und Leben der Vereinigten Staaten von heute, Frankfurt/Main: Europäische Verlagsanstalt 1960, 676 f.
70 Gert Raeithel: Geschichte der nordamerikanischen Kultur, Band 1: Vom Puritanismus bis zum Bürgerkrieg 1600–1860, Weinheim: Parkland 1992, 269.
71 Ebenda.
72 Dagegen spricht jedenfalls nicht unbedingt die Behauptung von Louise Zehnder-Weil (in: Geläutert. Eine Erzählung für das deutsche Volk, München: Verlag von J. Schweitzer 1889, 245), Lenau habe, nach Deutschland zurückgekehrt, „die boshaftesten Artikel gegen die Harmoniegesellschaft" geschrieben und sie „nach allen Seiten hin lächerlich gemacht". Denn einerseits konnte bisher noch keines dieser Pamphlete gefunden und nachgewiesen werden; andererseits kann man darin so etwas wie die Schutzmaßnahme der Harmonisten sehen, die verhindern soll, daß man den inzwischen wahnsinnig gewordenen Lenau mit der Bruderschaft und dem von ihr vertretenen Glaubensgut in Zusammenhang bringt.
73 Gerhard Josef Auer: Die utopische Gemeinschaft der Harmonisten: Ihr Einfluß auf das Amerikaerlebnis und das Werk Nikolaus Lenaus, Urbana, Illinois: 1989 (Univ. of Ill.), 67.
74 Will-Erich Peuckert: Pansophie. Ein Versuch zur Geschichte der weißen und schwarzen Magie, Berlin: Erich Schmidt Verlag 1976³, 388 f u. 389.
75 Hermann Schempp: Gemeinschaftssiedlungen auf religiöser und weltanschaulicher Grundlage. Mit 36 Abbildungen und einer Ausschlagtafel, Tübingen: J. C. B. Mohr (Paul Siebeck) 1969, 48 ff.
76 NL: Die Asketen, in: LHKG II, 95. Lenau kämpft mit Sophie fast unausgesetzt gegen die ihm von ihr aufgedrängte, ihm unnatürlich erscheinende Lebensform des Zölibates. Dennoch fühlt er sich, wie auch aus diesem Gedicht hervorgeht, zu denen hingezogen, die sich der rigorosen Selbstzucht unterwerfen. Trotz dieser unentschlossen schwankenden Haltung verurteilt er in seinem Tagebuch für Sophie scharf Auerspergs Haltlosigkeit: „Es fehlt ihm der geistige Halt in dieser schlimmen Lage, weil ihm die geistige Heimat fehlt und er immer gewohnt war vor den Stimmen des Ernstes ins Fleisch zu flüchten, dieses schlechte, verwesliche Exil."
77 Louise Zehnder-Weil: Geläutert, a.a.O., 248 ff.: „Lenau wies jeden Versuch, (ihn zum Seelenfrieden zu bekehren), mit Hohn zurück."
78 Karl Gutzkow: „Faust" von Nikolaus Lenau, in: Phönix. Frühlings-Zeitung für Deutschland, Nr. 144 vom 20. Juni 1835. Abgedruckt in: Lenau-Chronik 1802–1851. Bearbeitet von Norbert Eke und Karl Jürgen Skrodzki. Wien: Verlag Deuticke/Klett-Cotta 1992, 124.

KAPITEL 5

Flucht aus der verlorenen Zukunft

Am 15. März 1833 verläßt Lenau Economy bei Pittsburgh, eine der Niederlassungen der Brüdergemeinde der Rappisten, wo er zumindest die letzten beiden Wintermonate als Gast des württembergischen Bauern, Religionsstifters und Predigers Georg Rapp zugebracht hat. Seine Absicht ist es, möglichst schnell nach Neuyork zu gelangen, um diesem „großen Nebelbad Amerika" umgehend zu entkommen, wo selbst die „heftigsten Gefühle so schnell erkalten", wie sonst nur noch der „Zusammenhalt der amerikanischen Freistaaten". Denn auch sie scheinen dem Dichter von nichts anderem zusammengekittet zu werden als von „materiellen Konventionen" und finanziellen Erwägungen. Woran es diesem Land und dessen politischem System mangelt, das ist – Niembschs Meinung nach – die menschliche Dimension, die adäquate Einschätzung, das Maß und die Liebe: „Der Mensch rührt oft der heiligsten Sache zu Liebe keinen Finger und läßt sich für einen Pfifferling totschlagen."[1] In Sätzen wie diesem, die er in den ersten Märztagen des Jahres 1833 an Freunde und Verwandte nach Europa schreibt, macht der Dichter seiner Enttäuschung über das Fehlschlagen all der Hoffnungen und Erwartungen Luft, die ihn – kaum ist ein halbes Jahr seitdem verstrichen – in dieses Land lockten, das Freiheitsdurstigen ebenso wie politischen Flüchtlingen als „Land der Freiheit" erscheint.

Überzogene Hoffnungen und Erwartungen, ist man versucht zu fragen? Gewiß, auch diese. Allerdings ist kaum zu übersehen, daß es Lenaus Amerikaaufenthalt war, der einen ebenso entschiedenen wie radikalen Gesinnungswandel bei ihm bewirkt hat. Das läßt sich am besten am Bedeutungswandel der damals derart zentralen, auch vom Jungen Deutschland immer wieder ins Treffen geführten Begriffe wie Freiheit oder Liberalität ablesen.

Hier müssen wir wieder an bereits früher Gesagtes anknüpfen, um allenfalls Vergessenes in den aktuellen Zusammenhang hereinzuholen. Schon zuvor wurde der Leser darauf aufmerksam gemacht, wie Lenaus politische Ansichten bereits im Verlauf der ersten Studienjahre an der Philosophischen Fakultät der Wiener Universität zur Selbständigkeit herangereift waren. In erster Linie sind es die beiden liberalen Professoren Vinzenz Weintridt und Leopold Rembold gewesen, die ihn nachhaltig beeinflußten und sein Denken und Urteilen innerhalb kürzester Frist auf die Höhe des zeitgenössischen internationalen Niveaus führten. Damals setzt Niembsch sich nicht nur mit den Grundzügen der antiken Philosophie sowie mit den fundamentalen Fragestellungen der Philosophiegeschichte auseinander, sondern lernt auch die Gedankengänge des beinahe noch Zeitgenossen Immanuel Kant genauer kennen. Mit unnachahmlicher Grazie und dialektischem Geschick versteht es vor allem der stets ohne schriftliche Unterlagen frei vortragende Weintridt, Exkurse über den damals in Österreich verpönten Königsberger Philosophen in das von der Studienhofkommission vorgeschriebene Pensum an philosophischer Propädeutik einzuflechten.

Doch machen ihn nicht nur diese oft ganze Unterrichtsstunden ausfüllenden Exkurse und Extempores bei den Hörern beliebter, als es die Vorträge anderer, dem System angepaßter Lehrer sind. Sondern es ist die Bereitschaft des freisinnigen Kirchenmannes, in Diskussion und Dialog mit seinen Schülern zu treten, eine für damalige Zeiten durchaus nicht gängige Unterrichtspraxis, die schon deshalb von der Studienhofkommission mit äußerstem Argwohn beobachtet und schließlich untersagt wird. Für Weintridt, Rembold und einige andere den demokratischen Burschenschaften nahestehenden Professoren der Wiener Universität bildet die altehrwürdige Idee einer „universitas magistrorum et scholarium" eine beinahe schon revolutionär zu nennende Lebens- und Studiengemeinschaft, die den verzopften Lehrbetrieb dadurch zu beleben und intensiver zu gestalten weiß, daß diese Lehrer gemeinsam mit ihren Studenten Landpartien und Exkursionen unternehmen. Dabei werden das Gesehene diskutiert, das Erfahrene erörtert und die Eindrücke vertieft. Mit solcher durchaus modern anmutenden Verschränkung von Theorie und Praxis ist es Weintridt und Rembold gelungen, den Blick ihrer Schüler für alle sie umgebenden Realitäten zu schärfen, ihnen den Weg aus dem düsteren, zum Lehrsaal umgebauten ehemaligen Pferdestall zu weisen und sie so zur kritischen Anschauung und Reflexion konkreter Wirklichkeiten zu führen. Auch Lenaus tieferes Verständnis der Philosophie hat hier, in diesem Pferdestall, seinen Anfang genommen und ihn auf die Höhen eines selbstbewußten, kritischen Urteilens gehoben. Man darf deshalb den Einfluß keineswegs geringachten, den seine Lehrer auf den werdenden Dichter haben. Auch wenn Lenaus eigene Erfahrungen ihn später dazu bewegen werden, manche hier gewonnenen Ansichten, Einstellungen und Einschätzungen zu revidieren.

Von dem Kreis an Burschenschaftern und Studenten, der sich bald um Weintridt geschart hat, war schon die Rede. Von Studenten, die, wie Eduard von Bauernfeld, wie Franz Schubert, wie Moritz von Schwind, allesamt konstitutionelle Werte hochhalten und für sie eintreten. Auch für Lenau, der diesem Kreis demokratischer Studenten angehört, zählen die Rechte individueller Freiheit zu den wesentlichen Bestimmungsstücken künftiger Umgestaltung der staatlichen Gesetzgebung und Ordnung. Innerhalb der frühliberalen Vorstellungswelt bildet das Gesetz deshalb von Anfang an wohl die wichtigste Diskussionsgrundlage zur Frage von gesellschaftlicher und staatlicher Freiheit. Und nur in der scheinbar paradoxen Verschränkung von Freiheit und Gebundenheit ist diesen frühen Liberalen

Selbstbestimmung erst als sinnvoll erschienen. Man muß all das zu Lenaus Äußerungen hinzudenken, die von ihm aus der Zeit rund um das amerikanische Abenteuer erhalten sind, um ein ebenso abgerundetes wie vollständiges Bild seiner damaligen Weltanschauung wie seines unverkennbar hier einsetzenden Gesinnungswandels zu erhalten. Außerdem wird es dem aufmerksamen Leser der Werke und Briefe des Dichters auffallen, wie zurückhaltend Niembsch mit grundsätzlichen Urteilen über die amerikanische Demokratie eigentlich ist, während nichts seinen Spott zügeln kann, wenn es um die Mitteilung von Beobachtungen des kleinen und kleinlichen Alltags geht. Manche Forscher schreiben das Lenaus kurzem Aufenthalt sowie seinen schlechten Kenntnissen des Englischen zu, die ein tieferes Eindringen in die gerade aktuellen geistigen Auseinandersetzungen ebenso verwehrt hätten wie in gesellschaftliche Probleme des Staatenbundes und dessen föderative Verfassung.

Andererseits wirft man Lenau vor, er habe, was er über den brutalen und unmenschlichen Genozid, die Ausmordung oder Vertreibung ganzer indianischer Völkerschaften, dichtet, keineswegs aus eigener Anschauung berichten können. Denn Maryland, West Virginia, Pennsylvania, Ohio, Neuyork, also ausgerechnet jene Staaten, die Niembsch in erschöpfenden Tagesritten selbst durchstreift und daher hautnah kennengelernt hat, seien zur Zeit seines Aufenthaltes bereits weitgehend „indianerfrei" gewesen. Ja man versteigt sich gelegentlich sogar zu der Behauptung, Lenau habe seine Kenntnis über die heroischen Kämpfe der Indianer ausschließlich aus der Lektüre Chateaubriands bezogen.[2] Das in seinen Gedichten ausgebreitete Material sei also bloß als anachronistisch zu werten, das Ergebnis verklärenden historischen Räsonnements. Wie wenig solche Vorwürfe berechtigt sind, wie präzis seine Stimmungsbilder tatsächlich die einzelnen Situationen der Ausmordung der „Rothäute" wiedergeben und ausdeuten, zeigt sich dagegen erst, wenn man Lenaus poetische Impressionen mit den wenigen uns überlieferten Tagebüchern aus dieser Zeit und den nüchtern gehaltenen Reisebeschreibungen von Zeitgenossen vergleicht. Hätte der Dichter seiner mißglückten Reise ins Land des Sonnenuntergangs im letzten Augenblick doch noch einen poetischen Sinn, eine lyrische Rechtfertigung geben wollen, dann hätte er sich vermutlich etwas anderes einfallen lassen, als eben dort anzuknüpfen, wo er Abschied von Europa genommen hat. Mit der brüderlichen, mitmenschlichen Anteilnahme am Schicksal der Indianer setzt Lenau vielmehr genau diejenigen seiner Themen fort, die er von Jugend an hat erklingen lassen. Wie zuvor schon in den Polen- und Zigeunerliedern, singt und klagt nun auch seine Indianerpoesie über das Leid der geknechteten und geschundenen Menschheit. Nach wie vor versteht sich der Dichter als Anwalt der von der Ausrottung bedrohten ethnischen Minderheiten diesseits und jenseits des Atlantik, kurz: als Fürsprecher der Außenseiter beider Hemisphären. Und nur wer erwartet, unvermittelt auf das Amerika-Erlebnis eine neue, bisher noch nie vernommene Stimme in das polyphone Geflecht seiner

29 Anonym: Niederlassung im amerikanischen Urwald mit typischem Blockhaus, Holzstich 1836, ADAU.

Stimmungen und Ängste treten zu hören, nur der kann von den Indianer-Gedichten enttäuscht sein. Das Neue, das uns in Lenaus Dichtung entgegentritt, hängt vielmehr eng mit der Sinnfrage zusammen, die von unserem Dichter in diesen Jahren immer häufiger, immer entschiedener gestellt wird. Auf sie werden wir zu sprechen kommen, nachdem wir uns mit der Frage auseinandergesetzt haben, welchen Wahrheitsgehalt die vom Dichter geschilderten und eingefangenen Realitäten beanspruchen dürfen.

Lenaus Gedicht „Das Blockhaus", das von Eduard Castle übrigens nicht eben zu Recht in das Jahr 1838 vordatiert wird, während es seinem Reflexionsgehalt nach, wie Heinrich Bischoff weitaus überzeugender argumentiert, eher in die Tage von Lenaus Heimreise[3] gehört, scheint manchen Kritikern ein gutgewähltes Beispiel für Niembschs besinnliche Rückschau auf die Tage seiner großen Reise im fernen Amerika zu sein:

> Müdgeritten auf langer Tagesreise
> Durch die hohen Wälder der Republik,
> Führte zu einem Gastwirt mein Geschick;
> Der empfing mich kalt auf freundliche Weise,
> Sprach gelassen mit ungekrümmtem Rücken:
> ‚Guten Abend!' und bot mir seine Hand,
> Gleichsam guten Empfangs ein leblos Pfand,
> Denn er rührte sich nicht die meine zu drücken.
> Lesen konnt' ich in seinen festen Zügen
> Seinen lang und treu bewahrten Entschluß:
> Auch mit keinem Fingerdrucke zu lügen;
> sicher und wohl ward mir bei seinem Gruß ...[4]

Gleichlaufende Erfahrung

Vergleicht man nun die Stimmung voranstehender Verse, ihren Gehalt oder auch nur die darin kolportierten Inhalte mit den Realien eines Berichts, der schon im Jahr 1831 aufgezeichnet worden, aber schließlich fast dreißig Jahre im Schreibtisch liegen geblieben ist, dann wird man nicht bestreiten können, daß beide Texte aus ein und derselben Zeitstimmung oder vielleicht besser: aus ein und derselben Sachperspektive heraus erzählt sind: „Tritt man auf die Schwelle seiner (des Auswanderers) abgelegenen Behausung, so kommt der Pionier uns entgegen, er reicht uns, wie üblich die Hand, aber sein Gesicht drückt weder Wohlwollen noch Freude aus. Er spricht nur, um Fragen zu stellen. Er stillt ein Verlangen des Kopfes, nicht des Herzens ... Gleichwohl ist der Pionier in seiner Art gastlich, aber seine Gastfreundschaft rührt uns nicht, denn selbst wenn er sie übt, scheint er sich einem harten Gesetz der Wildnis zu unterwerfen: sie ist ihm eine Pflicht, die seine Lage ihm vorschreibt, kein Vergnügen. Dieser unbekannte Mann ist der Vertreter einer Menschenart, der die Zukunft der Neuen Welt gehört: ein unruhiger, zu Widerspruch geneigter, abenteuerlicher Schlag, der kalten Herzens das tut, was nur aus der Glut der Leidenschaft verständlich ist; ein kalter und leidenschaftlicher Schlag, der mit allem handelt, Moral und Religion nicht ausgenommen; ein Volk von Eroberern, die sich dem Leben in der Wildnis beugen ohne von dessen Zauber gepackt zu werden, die an der Kultur und Bildung nur das schätzen, was daran für den Wohlstand von Nutzen ist, und die sich in die Ödnisse Amerikas einschließen mit einer Axt und mit Zeitungen; ein riesiges Volk, das wie alle großen Völker von einer einzigen Idee besessen ist und auf das alleinige Ziel seiner Arbeit, den Erwerb von Reichtum, mit einer Ausdauer und einer Geringschätzung des Lebens losgeht, die man heldenhaft nennen könnte, wenn sich dieses Wort auf etwas anderes als auf Werke der Tugend anwenden ließe ..."[5]

Alexis de Tocqueville, von dem diese Beobachtungen stammen, bereiste im Jahr 1831 fast die gleichen counties, die Lenau nur wenige Monate später und vom Süden her kommend kennen lernen wird. Es ist erstaunlich, mit welcher Präzision die Berichte und Urteile beider über die Vereinigten Staaten übereinstimmen, obwohl die Autoren einander weder je gesehen noch einer des anderen Schriften gelesen haben. Fast deckungsgleich ist die Beobachtung beider, was den Urwald und seinen ewigen Zyklus von Werden und Vergehen betrifft. Mit nahezu den gleichen Worten und Bildern wie Tocqueville zeichnet Lenau in seinem Gedicht „Der Urwald" nach, wie aus der Umklammerung durch das hemmungslos hervorbrechende Wachstum des Lebens Tod entsteht und aus Fäulnis oder Moder neues Leben sich selbst regulierend hervorquält. Fast hat es den Anschein, als habe der Dichter etwas von der Lehre des „Fließgleichgewichts" vorausgeahnt, das der in Atzgersdorf bei Wien geborene, später in Los Angeles lehrende Ludwig von Bertalanffy rund einhundert Jahre nach dem Entstehen dieses Gedichtes formulieren wird.[6] Das schrankenlos enthemmte Wachstum, für den Pan-Tragiker Lenau die Bedingung zum Untergehen oder wie Kierkegaard es später bezeichnen wird: „Die Krankheit zum Tode",[7] ist aber nur scheinbar Ausdruck für „ungestörte" Freiheit: es ist tatsächlich nicht mehr und nicht weniger als das Sinnbild für wechselseitige Zerstörung, die kein anderes Regulativ kennt als den Untergang, den Tod. Und Lenau, der Freiheitssucher, ist in diesem Klima des Kampfes jedes gegen jeden jetzt im Begriff zum Freiheitsskeptiker zu werden. Anlaß für diese Wandlung ist für ihn die poetische Auseinandersetzung mit dem enthemmten Wachstum des Urwaldes, der für ihn zunehmend zum Sinnbild der in Amerika sich selbst zersetzenden Freiheit wird. Schon im Verlauf der ersten Monate von Lenaus Aufenthalt in den Vereinigten Staaten hat der Urwald die in Europa auf ihn magisch wirkende Anziehungskraft eingebüßt und ist zu einem Ort geworden,

... wo ungestört das Leben mit dem Tod
Jahrtausendlang gekämpft die ernste Wette.
Umsonst das Leben hier zu grünen sucht,
Erdrücket von des Todes Überwucht,
Denn endlich hat der Tod, der starke Zwinger,
Die Faust geballt, das Leben eingeschlossen,
Es sucht umsonst, hier dort hervorzusprossen
Durch Moderstämme, dürre Todesfinger.
Wohin, o Tod, wirst du das Pflanzenleben
In deiner starken Faust, und meines heben ...?[8]

Wir wären übel beraten, in dieser beinahe naturalistisch zu nennenden Studie lediglich das Abbild einer Landschaft zu sehen, deren exotische Reize Lenau mit düsteren Reflexionen noch zu steigern versteht. Der Pan-Tragiker formuliert in diesen Versen vielmehr eines seiner härtesten Urteile über einen Lebensstil des hemmungslosen Auslebens partikularer Interessen und Freiheiten: den Dschungelkrieg der Egoismen, der in den Untergang führt, naturnotwendig dahin führen muß. Nur hat der Dichter ihn derart stark zu Symbolen verdichtet und sublimiert, daß sich deren Bedeutungskern wie in den berühmten Umspringbildern seines Freundes Justinus Kerner erst nach dem Wechsel der Perspektiven entschlüsseln läßt. Warum Lenau die Botschaft seiner Gesellschafts- und Ideologiekritik den Lesern in pittoresker Verpackung zuschmuggelt? Aus einem einfachen und praktikablen Grund: noch ist er außerstande sich vorzustellen, daß man mit den Mitteln der Poesie überhaupt irgend etwas gegen den Zeitgeist auszurichten vermöchte. Wie niemals zuvor hat sich dieser Zeitgeist im neunzehnten Jahrhundert nachdrücklich mit dem naturwissenschaftlichen Denken verbündet. Naturwissenschaftliche Gesetzlichkeit dringt mit außerordentlicher Rasanz in alle Bereiche des Lebens, vor allem aber in die Kultur, die Kunst, den Handel und den Verkehr. Dafür liefert selbst Goethe uns ein bewundernswürdiges Beispiel, wenn er nicht nur den Titel seines Altersromans „Die Wahlverwandtschaften" der Chemie entlehnt, sondern auch die Annäherung, die Entfremdung, das Verstehen und die Verwandlung der darin agierenden Charaktere wie in einem Retortenexperiment beobachtet.

Lenau besitzt bei weitem nicht Heinrich Heines polemische Wucht, der den unzufriedenen, auswanderungswilligen Deutschen zuruft: „Ihr lieben deutschen Bauern, geht nach Amerika! Dort gibt es weder Fürsten noch Adel, alle Menschen sind dort gleich, gleiche Flegel ... mit Ausnahme freilich einiger Millionen, die eine schwarze oder braune Haut haben und wie die Hunde behandelt werden!"[9] Lenau ist verhaltener, aber nicht weniger bissig, wenn er erklärt: „Die schlimmste Frucht der üblen Verhältnisse in Deutschland ist meiner Überzeugung die Auswanderung nach Amerika."[10] Die in ihren Hoffnungen bitter Getäuschten handeln sich für Armut und Unfreiheit zwar ein gewisses Maß an Ellbogenbeweglichkeit, aber ebenso die Gewißheit ein, daß dieser Kampf jedes gegen jeden, zu dem schrankenlose Freiheit, ein Übermaß an politischem Liberalismus schließlich entartet, notwendig zur Selbstzerstörung führen muß. Eine Überzeugung, die nicht nur weit verbreitet, sondern auch Ursache für den Mißmut ist, der viele der Siedler schon in der ersten Generation erfüllt. In dem hier schon zitierten Brief an Emilie und Georg von Reinbeck erzählt Niembsch, wie Traurigkeit ihn beim Anblick dieser „ausgebrannten Menschen ... in ihren ausgebrannten Waldern"[11] immer wieder befällt. Mit Buffon, glaubt auch er einen relativ raschen Verfall der natürlichen Widerstandskräfte zu orten, der letzten Endes dazu führt, „daß in Amerika Menschen und Tiere von Geschlecht zu Geschlecht weiter herabkommen".[12] Dementsprechend verkehren sich auch die Erwartungshaltungen bei manchen der hierher Ausgewanderten. Ein Beispiel für viele: auch die Harmonisten sind 1803 mit inbrünstigen und ganz konkret umrissenen chiliastischen Hoffnungen nach Amerika aufgebrochen. Für sie, wie für viele andere Auswanderer, erscheint Amerika zunächst als das gelobte Land der Freiheit, das ihnen verspricht, ihre Religion ungehindert von Vorschriften und Zwängen ausüben zu dürfen. Bald spüren sie aber, wie dieses Ausleben der Neigungen der vielen, zum Mainstream verbunden, als Terror auf die einzelnen zurückwirkt. Kurz: aus der direkt und unreflektiert in die Praxis umgesetzten Freiheit muß – so paradox das auch anmutet – über kurz oder lang wieder Unfreiheit entstehen. Ähnlich urteilt auch Alexis de Tocqueville in seiner berühmten Studie über die Demokratie in Amerika: „Ich kenne kein Land, in dem im allgemeinen weniger geistige Unabhängigkeit und weniger wahre Freiheit herrscht als Amerika … Die Mehrheit umspannt in Amerika das Denken mit einem erschreckenden Ring…"[13]

Apokalypse

Deutlich belegen die Verse in einem der uns erhaltenen Auswanderungslieder, wie sehr den Harmonisten Amerika zur Zeit, da sie sich anschickten, ihre Heimat und damit Europa auf immer zu verlassen, als Inbegriff des Gelobten Landes erschienen ist:

> Auf Brüder es ist da, die Zeit
> Daß wir abreissen nach Nord Amerika,
> in das gelobte Land
> darum auf, seyd nur getrost und unverzagt
> verweilet nicht und stärket euren Mut in Gott
> es kommt jetzt bald die bessre Zeit,
> wo man euch nicht mehr plagt.[14]

In einem weiteren Auswanderungslied geben uns die von Georg Rapp angeführten Emigranten ziemlich unverblümt zu verstehen, wie sie sich die Heraufkunft des neuen, heilsameren Äons denken. Nicht so wie für die meisten, die Deutschland verlassen, um den eingeschränkten Lebensverhältnissen hier zu entkommen, stellt sich Amerika bereits als das Gelobte Land dar. Sondern sie sehen in diesem Land der unbegrenzten Möglichkeiten bloß eine Zwischenstufe, die es zu überwinden gilt, um in das Reich der Freiheit zu gelangen. Das geht aus diesen Versen natürlich nicht direkt oder unverblümt hervor, sondern vermittels der Anspielung auf die Apokalypse, wenn es hier heißt:

> Auf, auf in Amerika
> Soll noch die Schafweid sein
> Dahin soll fliehn das Sonnen Weib
> Daß sie entrückt zur bösen Zeit
> Dann wird's Gericht einbrechen
> Zu rächen.[15]

Die Harmonisten sind also, wie gesagt, durchaus nicht der Ansicht, daß dieses Heilsgeschehen, dem sie sich entgegensehnen, unmittelbar bevorsteht; sie sind vielmehr der Überzeugung: erst wenn das Böse auf dieser Welt seine kritische Masse erreicht hat, wird die alte Seinsordnung zum Heil hin umkippen. Bis dahin ist freilich damit zu rechnen, daß die Negativität auch weiterhin anwächst, eskaliert und Unheil sich in der Welt ausbreitet. Bemerkenswert an den religiösen Vorstellungen der Harmonisten aber ist, daß sie sich den Ursprung des Negativen und Dunklen ebenso im Himmel denken, wie den Ursprung des Lichtes und des Heiles. Sie erweisen sich aber nicht nur damit allein als Vertreter einer All-Einheitslehre, wie sie von ihrem überragenden Vorbild, Jakob Böhme, vertreten wurde; auch der Versuch, den Ursprung aller Dinge – und daher auch aller gegensätzlichen Kräfte und Erscheinungen, des Guten wie des Bösen – aus einer umfassenden Zentralkraft abzuleiten, lässt deutlich Züge eines mystisch-spekulativen Christentums erkennen. Auch wenn manchen ihrer Glaubensgewißheiten etwas Schwärmerisches eignen mag: ihre religiöse Praxis ist von ebenso hohem sittlichen Ernst erfüllt wie ihr Lebenswandel, und einem roten Faden gleich durchzieht die Sehnsucht nach Selbstreinigung, nach Läuterung, nach Selbstveredlung ihren von strenger, harter Arbeit erfüllten asketischen Arbeitstag. Das klingt entschieden nach der Verwandlung von Metallen, wie sie uns von den Alchimisten überliefert wird. Und wie bei diesen ist es nicht das Edelmetall Gold, worauf ihr Tun abzielt, sondern der veredelte Mensch. Denn nur durch die harte, konsequent betriebene Arbeit am Schmelzofen der Gedanken und Gefühle wird der Mensch zu innerer Einheit und Geschlossenheit geläutert, harmonisiert. Eine Praxis, auf die noch der Name hinweist, den sie sich selbst gegeben haben: Harmonisten.

Es kann uns daher kaum noch überraschen, daß zu den Zentralsymbolen des Bundes der Harmonisten unter anderen das „Sonnen-Weib" gehört, das seinen Ursprung unverkennbar in den Versen der Offenbarung des Johannes hat:

> „1. Es erschien ein großes Zeichen am Himmel: Ein Weib mit der Sonne Prachtgewand, unter ihren Füßen der Mond, und auf ihrem Haupte eine Krone von zwölf Sternen.
> 2. Sie war schwanger, schrie in Geburtswehen, und rang, zu gebären.

3. Noch ein anderes Zeichen erschien im Himmel: ein großer feuerroter Drache mit sieben Köpfen, zehn Hörnern, und auf seinen Köpfen sieben Diademe.

4. Sein Schwanz zog den dritten Teil der Sterne des Himmels nach sich, und warf sie auf die Erde. Dieser Drache stellte sich hin vor das Weib, als sie gebären wollte, um das Kind zu verschlingen, sobald sie geboren hätte.

5. Sie gebar einen Sohn, der die Völker alle mit eisernem Szepter regieren soll; und ihr Sohn ward entrückt zu Gott und seinem Throne hin.

6. Das Weib aber entfloh in die Wüste, wo sie einen Ort hat, von Gott bereitet, daß sie auf tausend zweihundert und sechzig Tage Nahrung da finde.[16]

Für den Mythenforscher C. G. Jung setzt mit dieser Episode der Apokalypse, die das „Sonnenweib" zum Zentrum hat, das Heilsgeschehen ein. Jung deutet sie als eine Art von Vorspiel zum Endkampf zwischen Gut und Böse, der mit der Zerstörung der sündigen Hure Babylon und der Herabkunft der „Himmlischen Braut Jerusalem" ein siegreiches Ende findet. Das „Sonnenweib" selbst deutet auf ein dem Heilsgeschehen zugrunde liegendes Wandlungsgeschehen hin; denn sie ist ganz unverkennbar ein Ganzheitssymbol, in dem Matriarchales und Patriarchales vereint, verschmolzen und zur Identität gebracht ist („Ein Weib mit der Sonne Prachtgewand, unter ihren Füßen der Mond..."). Der Knabe dagegen, den sie gebiert, wird zu Gott, offenkundig seinem Vater, entrückt, um ihn aus dem immer weiter sich zuspitzenden Kampf der polaren Gegensätze herauszuhalten. Daß dieses „Sonnenweib" schließlich vor den Nachstellungen des Drachens in die Wüste flieht, wo Gott sie nur das Nötigste fürs Überleben finden läßt, hat symbolische Bedeutung für die Harmonisten; denn auch sie glauben, in einer ähnlichen Wartestellung zu sein. Auch sie arbeiten – bescheiden und nur das Allernötigste für sich selbst und ihre Mitbrüder und Mitschwestern beanspruchend – in demütiger Erwartung des mit Inbrunst herbeigebeteten und vermutlich auch in absehbarer Zeit anbrechenden Reiches Gottes. Doch wird es wohl noch einige Zeit auf sich warten lassen. Inzwischen soll – wie es in dem zuvor bereits zitierten Auswanderungslied heißt – „in Amerika ... noch die Schafweid sein", also jene verborgene Stätte in der Wüste, wo Schafe und Menschen Nahrung finden. Seit dieser Gleichsetzung verwenden die Harmonisten die Substantiva „Wüste" und „Amerika" als synonyme Begriffe, als Metapher für die Fähigkeit des sich in der Wüste Bewährens.

Der Teufel, verkleidet als Himmelsdrache, stellt dem Retter und Rächer der geknechteten Menschheit nach und möchte ihn und mithin sein Erlösungswerk zu Fall bringen. Die „Schafweid" aber bedeutet hier wie auch an einigen Stellen der Bibel soviel wie: ein sicherer Platz inmitten der Wüste, wo die Schafe karges, aber immerhin doch Futter finden und wo die Kargheit vor den Nachstellungen des Bösen schützt. Unter der Hand ist Amerika für die Harmonisten somit zu einem Symbol für die Wüste geworden, deren Mühsale es zu überstehen, zu überdauern gilt, bevor die Menschheit ins eschatologische Zeitalter des Jüngsten Gerichts eintritt. Deutlich nehmen endzeitliche Visionen im Denken der Harmonisten auf zentrale Stellen der Apokalypse Bezug. Der charismatische Sektengründer Georg Rapp ist nämlich der Überzeugung, daß die Heraufkunft des neuen Zeitalters erst durch die Mitarbeit der Menschen, zumal durch ihre äußersten Anstrengungen entweder in Gang kommt oder wenigstens beschleunigt werden kann. Das erklärt, warum die Sektierer derart konsequent, hart und selbstlos arbeiten, obwohl sie sich zur Ehe- und Kinderlosigkeit verpflichtet haben und ihnen daher schließlich die Nachkommen fehlen, die in den Genuß des erarbeiteten Vermögens gelangen könnten. Was die Harmonisten erarbeitet haben, gilt ihnen nämlich nicht als persönlicher Besitz, nicht als Reichtum, den sie nach Belieben selbst verprassen dürften; sie sehen darin vielmehr den Angelpunkt, in dem das Materielle ins Spirituelle umschlägt, und somit die Arbeit als ihren ureigensten Beitrag zur Evokation des Gottesreichs.

Welchen Anteil am Zustandekommen des Gottesreiches hat nun aber der feuerrote Drache der Apokalypse? In diesem Zusammenhang darf man nicht außer acht lassen, daß er ebenso aus den Tiefen des Himmels hervorbricht wie die Himmelsmutter. Ein kaum zu übersehendes Symbol dafür, daß das Negative, das sogenannte Böse, in einem direkten Schöpfungszusammenhang mit dem sogenannten Guten steht, dessen komplementäre Ergänzung es eigentlich darstellt. In dieser Überlieferung ist der Drache also nichts anderes als „die alte Schlange, Teufel und Satan genannt, die alle Welt verführt".[17] Aber wozu verführt und zu welchem Zweck? Hier hat man sich vor den Polarisierungen zu hüten, wie sie der Alltag und die ideologischen Verzerrungen in den Religionen und den politischen Praktiken der Völker immer wieder hervorbringen. Unbestritten: das Böse ist – worauf Schelling und Heidegger längst aufmerksam gemacht haben – „eine Weise des Freiseins des Menschen".[18] Und somit ebenso unbestritten eine der Möglichkeiten, das im Bösen schlummernde Gute wie natürlich vice versa auch das im Guten schlummernde Böse zu entdecken. Und hier kippt Schelling den Sachverhalt sodann dialektisch ins Gegenteil: „Das Böse ist in gewissem Betracht das reinste Geistige, denn es führt den heftigsten Krieg gegen alles Sein, ja es möchte den Grund der Schöpfung aufheben."[19]

Rückfall in tierisches Verhalten

Schon zu jener Zeit, da Lenau bei ihnen gewohnt hat, ist es daher keineswegs ein Mehr an Freiheit, das sie vom Land der unbegrenzten Möglichkeiten für sich und ihre Mitbrüder erhoffen, sondern einzig und allein die Beschleunigung des Weltuntergangs, die Heraufkunft des Endzeitgerichts.[20]

In den Endzeit-Visionen der sich nach dem Paradies sehnenden Harmonisten verbinden sich daher folgerichtig der Rückzug des „Sonnenweibs" in das unfruchtbare, todbringende Wüstenland, das man durchschreiten muß, um zum (ewigen) Leben zu gelangen, mit der Interpretation Amerikas als einer riesigen Wüste, deren Beschwernisse und Fährnisse bewältigt werden müssen, will man Eingang ins Paradies finden. Niembsch, der – wie schon gesagt – so gut wie keine Andeutungen hinterlassen hat, wie schlecht oder wie gut er sich in die Geisteswelt der Harmonisten hineingedacht hat, hakt sich nun ausgerechnet an dem Symbol der Wüste fest, um den Stuttgarter Freunden Emilie und Georg von Reinbeck seine Seelenlage zu umreißen und auf ein Wandlungsgeschehen hinzudeuten, das in ihm vorgegangen ist: „Ich weiß nicht, warum ich immer eine solche Sehnsucht nach Amerika hatte. Doch ich weiß es. Johannes hat in der Wüste getauft. Mich zog es auch in die Wüste, und hier ist in meinem Innern wirklich etwas wie Taufe vorgefallen, vielleicht, daß ich davon genesen bin, mein künftiges Leben wird es mir sagen."[21]

Aus Sätzen wie diesen nicht zugleich den Doppelsinn herauszulesen, hieße, Lenaus sarkastische Ironie gründlich mißzuverstehen. Wie ein erregtes Pferd schlägt er in beide Richtungen aus. Die Wüste Amerika als Vorbedingung zum Paradies zu erklären, wie die Harmonisten das tun: was anderes kann das heißen, als sie in eine ungewisse Zukunft, ja vielleicht auf immer zu prolongieren. Genau das kann freilich nicht sein Weg sein. Und genau das scheidet ihn auch von Rapp und dessen Jüngern. Andererseits hat er selbst die Wüste gesucht, gefunden und gebraucht, um von ihr zu genesen, geheilt zu werden von ihr. Doch wovon zu genesen? Einer, der auszog, Ungebundenheit und Freiheit zu suchen, findet schließlich auf Schritt und Tritt nur noch Einschränkungen – Heinrich Heine nennt Amerika in diesen Tagen das Freiheitsgefängnis –, und für Lenau selbst gefährdet die Bodenlosigkeit, das ungehemmte Wachstum aller Einrichtungen des Staates, der Banken, der Wirtschaft und der Finanzpolitik weithin alle Möglichkeiten zur Selbstentfaltung, zum Wachstum der Persönlichkeit sowie zu einer Selbstfindung, die nicht über das Wachstum, die Höhenflüge der Profitrate, die Siegesmeldungen der Banken und das Diktat der Kontoauszüge läuft. Lenau vertraut nicht den in schwindelnde Höhen führenden Kurven. Dann schon eher – Melancholiker, der er nun einmal ist – dem Absturz.

Jeder Gärtner hat bereits ähnliche Erfahrungen gemacht: ungehemmtes Wachstum hemmt die Entfaltung der Arten; andererseits bedeutet landwirtschaftliche Kultur keineswegs nur geordnetes Wachstum, sondern vor allem die Pflege optimaler Wachstumsbedingungen, die einen überdurchschnittlichen Ertrag abwerfen; einen überdurchschnittlichen Ertrag bei gleichzeitiger Reduktion von Ausschuß und Abfall. Schon die Gründungsväter der Vereinigten Staaten haben diese Probleme erkannt. Durch ihre Gesetzeswerke haben sie zwar den Rahmen für den Ausgleich gegensätzlicher und auseinanderstrebender Interessen geschaffen, es aber nicht im selben Ausmaß vermocht, der Gefahr einer Gesellschaft zu steuern, deren Jagd nach Reichtum, Selbstbehauptung, Macht nur allzuoft von der Gefahr eines Rückfalls in animalisches Verhalten bedroht ist. Denn es zeigt sich, daß der Eingriff ordnender Bundesgesetze in diesen Tagen oft von Gesetzesbrüchen und Willkürakten der Bundesstaaten, vor allem aber von Rechtsbrüchen einzelner gefährdet ist, die in irgendeiner Form an den hoffnungslos unterlegenen Indianern verdienen: sei es durch betrügerischen Handel (etwa mit Pelzen[22]), sei es durch deren Vertreibung. Denn der „*Dschungel-Individualismus*", in den jeder Liberalismus früher oder später ausartet, ist nun einmal von Anarchie bedroht.[23] Das ist immerhin, wenn auch nicht derart explizit, der Kern von Lenaus Kritik an dieser Gesellschaft, von der man nicht unbedingt sagen kann, sie gehorche ethisch-moralischen Motiven.

Es ist nicht zu übersehen, wie der ehemalige Student der „Deutsch-Altenburger Landbauschule", der um das Pflegen, das Aufziehen und Betreuen und den dadurch gesteigerten Ertrag der Pflanzen weiß, vom Wildwuchs irritiert ist, den er hier vorfindet. Er vermeidet aber die offene Konfrontation, um seine Freunde diesseits und jenseits des Ozeans nicht zu verletzen. Aus ebendiesem Grund soll er auch kritische Anmerkungen zum Sektenwesen, zumal über die Harmonisten, in Württemberger Zeitungen unter Pseudonym veröffentlicht haben.[24] Doch ist bis heute noch keine einzige dieser kritischen Anmerkungen gefunden worden.

Genozid

Ähnlich wie Lenau hat auch Alexis Tocqueville den Urwald erlebt und beschrieben. Seine Skizzen darüber sind freilich noch drastischer ausgefallen als die unseres Dichters. Das mag vermutlich eine der Ursachen dafür gewesen sein, warum Tocqueville sie dreißig Jahre hat liegen lassen und sie erst nach seinem Tod veröffentlicht wurden:

„… ein ragender Hochwald, der fast durchwegs aus Kiefern und Eichen bestand … Eine erhabene Ordnung waltet über unseren Häuptern. Nahe am Boden aber zeigt sich überall Verwirrung und Chaos: Stämme, die das Gewicht ihrer Äste nicht mehr zu tragen vermögen, sind auf halber Höhe zerspalten und bieten dem Auge nur mehr ihren spitzen und zerrissenen Wipfel … In der Wildnis Amerikas ist die allgewaltige Natur die alleinige Macht der Zerstörung wie der Zeugung. Gleich wie in den Wäldern, die der Herrschaft des Menschen unterstehen, schlägt auch hier der Tod unaufhörlich zu, aber niemand räumt die

Trümmer weg ... Die Zeit reicht nicht aus, sie schnell genug in Staub zu verwandeln und neuen Raum zu schaffen. Mehrere Totengeschlechter liegen hier nebeneinander ... Hier kündet alles vom immerwährenden Krieg, den die Naturgewalten wider einander führen ... Bäume, die bereits entwurzelt sind, erreichen die Erde nicht mehr und sind in der Luft hängen geblieben."[25]

Der Gleichklang der Beobachtungen dieser beiden Schriftsteller, deren Lebenswege einander beinahe berühren, dann aber doch wieder steil auseinanderführen, könnte kaum deutlicher übereinstimmen. Es entspricht also durchaus nicht den Tatsachen, was L. Reynaud uns in seinem Essay über den Lyriker Lenau glauben machen will: daß sich dem Leser der Indianergedichte unwillkürlich der Verdacht aufdränge, Lenau, der Amerika mit Überschwang gelobt habe, ohne es näher zu kennen, habe im letzten Augenblick seines Aufenthaltes in den Vereinigten Staaten noch versucht, poetischen Gewinn aus dem ihn ernüchternden amerikanischen Abenteuer zu schlagen.[26] Ein Vorurteil, das sich, von Eduard Castle in die deutsche Lenauforschung hineingetragen, bis in die neueste Zeit fortschleppt. Noch die jüngste Biographie über den Dichter verlegt Lenaus ersten Kontakt mit Indianern in die Gegend rund um die Niagarafälle, also erst in die Tage seiner Rückreise.[27] Denn seit der Wende des 19. zum 20. Jahrhundert gilt es als ausgemacht, daß für Lenau die „Chippeway-Indianer (sic!), die auf Goates Island (sic!) allerlei Schmucksachen feilhielten, ... ihm (zu) Helden für Deklamationen im Geschmacke einer verflossenen Epoche" wurden.[28]

Und dennoch könnte es recht gut sein, daß sich Lenau zu dem Gedicht „Die drei Indianer" von einer Szene hat anregen lassen, die er zwischen der kanadischen und der amerikanischen Seite der Wasserfälle beobachtet hat. Die Chipewyan (wie man sie heute schreibt) wohnten ursprünglich zwischen dem Großen Sklavensee und der Hudson Bay. 1781 raffte eine Pockenepidemie fast den ganzen Stamm dahin. Die Überlebenden verdingten sich noch zu Lenaus Zeiten als Schausteller und Darsteller von Indianerfolklore. Und wieder läßt uns Tocqueville ahnen, was Lenau dort beim Goat-Island zu sehen bekam: „Vom andern Ufer her näherten sich ... wie eigens für uns bestimmt, ... zwei Indianer, ganz nackt, die Körper grell bemalt, mit Nasenringen. Sie saßen in einem kleinen Rindenboot, dem eine Decke als Segel diente. Das zerbrechliche Fahrzeug der Wucht des Windes und der Strömung überlassend, stießen sie pfeilschnell auf unser Schiff zu, ..."[29] Lenau dagegen sieht hinter die Tragik der von den weißen Usurpatoren zu Karikaturen ihrer selbst herabgewürdigten ursprünglichen Herren dieses Landes, wenn er seine Indianer aus Verzweiflung und Scham über die erlittene Schmach sich in die todbringenden Katarakte stürzen läßt. Was Lenau also in seinem Gedicht „Die drei Indianer" darstellt, ist das allerletzte Aufbäumen eines einst freien Volkes gegen die mit Zwang, Betrug, Täuschung und Hinterlist in die Wege geleitete und durchgesetzte Umsiedlung aus dem Osten und Nordosten der Vereinigten Staaten nach Steppengebieten jenseits des Mississippi. Sie dauerte gut bis gegen das Ende der Dreißigerjahre des 19. Jahrhunderts. Lenau ist ebensowenig der Chronist des indianischen Trauerspiels, wie er der Chronist der Albigenserkriege sein wird. Seine Poetologie zielt darauf ab, den Leser oder Hörer mitzureißen, ihm das Elend der Ärmsten und Entrechteten klar zu machen. Auch hier, in einer gänzlich anders gearteten Situation, kann man spüren, wie ihn die Initialzündung angesichts der Wucht der Katarakte niedergeschmettert hat:

> Also sprach der Alte, und sie schneiden
> Ihren Nachen von den Uferweiden,
> Drauf sie nach des Stromes Mitte ringen;
> Und nun werfen sie weithin die Ruder,
> Armverschlungen Vater, Sohn und Bruder
> Stimmen an, ihr Sterbelied zu singen.
>
> Laut ununterbrochne Donner krachen,
> Blitze flattern um den Todesnachen,
> Ihn umtaumeln Möwen sturmesmunter;
> Und die Männer kommen fest entschlossen
> Singend schon dem Falle zugeschossen,
> Stürzen jetzt den Katarakt hinunter.

Aber auch die Gegenden, die Lenau während seines Aufenthaltes in Economy durchritt, müssen damals noch ein trauriges Bild heimatvertriebener, aus ihren angestammten Gebieten verjagter Unglücklicher geboten haben. Noch wenige Wochen vor Lenaus Ankunft in Amerika schlägt Black Hawk, Krieger der Sauk, im Sommer 1832 eine der letzten großen Schlachten des unglücklichen Volkes östlich des Mississippi gegen die weißen Eindringlinge. Ausgelöst wird dieses allerletzte Aufbäumen zu verzweifeltem Kampf durch das von Andrew Jackson 1830 durch den Kongreß gepeitschte Umsiedlungsgesetz (Removal Act). Vor dem Kongreß hatte es der Präsident zynisch als „absurde Farce" bezeichnet, „daß die Vereinigten Staaten sich die Mühe nahmen, mit den Indianern zu verhandeln, als seien sie unabhängige Nationen, die auf ihr Land Anspruch besäßen. Die Politik der Umsiedlung aller Indianer in Gebiete westlich des Mississippi fand seine volle Billigung. Er machte seinen ganzen Einfluß geltend, damit der Kongress eine Handlungsweise sanktionierte, die man heute, nach den Nürnberger Gesetzen als Völkermord bezeichnen würde."[30]

Erst in dem auf die Verabschiedung des Gesetzes folgenden Jahrzehnt wurden praktisch alle Indianer aus den Ostgebieten deportiert. Manche fügten sich in ihr Los, andere wie etwa die Seminolen leisteten erbitterten Widerstand, flüchteten in das Sumpfland von Florida und verteidigten sich hier hartnäckig und mit Tapferkeit gegen die Armee der Vereinigten Staaten. Allein der Krieg gegen sie dauerte von 1835 bis 1842 und kostete die USA rund 1500 Soldaten und schätzungsweise 20 Millionen Dollar. Alles in allem wurden in dieser Phase der Vertreibungen – die Zahlen konnten von Historikern nur geschätzt werden – weit über 100.000 Indianer westlich des Mississippi umgesiedelt. „Über die Zahl jener, die getötet wurden, bevor sie den Osten verlassen konnten, gibt es ebensowenige Angaben wie über die ungeheuren Verluste durch Krankheit, Kälte und Hunger auf dem großen Marsch nach Westen …"[31]

Die Umsiedlungen aus den nördlich des Ohio gelegenen Gebieten sind in vollem Gang, als Lenau bei den Harmonisten eintrifft. Kaum zu glauben, daß ihm entgangen sein soll, in welchem Ausmaß die Aussiedlungsverträge den Indianern Entwurzelung, Heimatlosigkeit, Chaos bringen. Es autorisiert zwar das Umsiedlungsgesetz keine wie immer geartete Gewaltanwendung, doch kümmert es die Bundesgerichte nicht im mindesten, wenn Indianer in den Bundesstaaten von Weißen betrogen, wenn sie ihrer Rechte beraubt und allfälliger Ansprüche für verlustig erklärt werden. Wie es denn auch niemanden stört, wenn „Rothäute" trunken gemacht und mit den Trunkenen sodann Verträge abgeschlossen werden. Denn keines der Gerichte ist bereit, die Aussage eines Indianers gegen einen Weißen zu akzeptieren. Und was nun die Exekutive betrifft, so weigern amerikanische Truppen sich entschieden, gegen Weiße vorzugehen, die indianisches Eigentum gestohlen haben. Kurz: die unmittelbare Folge der Umsiedlungsverträge ist paradoxerweise ein beträchtliches weiteres Ansteigen von Mißbräuchen und Übergriffen.[32]

Mögen Lenaus Kenntnisse der englischen Sprache auch noch so dürftig sein, so ist dennoch zu bezweifeln, daß er, der politisch Interessierte, nichts von den einschneidenden Veränderungen wahrnimmt, die um ihn herum vorgehen. Wie wir in Kürze noch erfahren werden, trifft er in regelmäßigen Abständen Landsleute, Süddeutsche, Schwaben, die ihn mit den laufenden Ereignissen vertraut machen. Denn keiner seiner neuen Bekannten möchte es sich nehmen lassen, dem Dichter hilfreich zur Seite zu springen. Nicht nur er selbst versteht es, diskret auf seine Profession aufmerksam zu machen; auch seine in Stuttgart zurückgebliebenen Freunde haben dafür gesorgt, daß man weiß, wer er ist. So steht er immerhin nicht ganz so hilflos in der Neuen Welt, wie all jene glauben machen wollen, die seine politischen Urteile anzweifeln.

Auch vor der Amerika-Fahrt hat Lenau keineswegs ausschließlich Stimmungskunst produziert; sein intensives Studium der Philosophie prädestiniert ihn vielmehr zu einem problematischen Dichter, zu einem poeta doctus, der den Eindrücken und Farben der Erscheinungswelt auf den Grund geht, auf den Grund zu gehen sucht. Das gilt erst recht für den

Aufenthalt und die Erfahrungen, die er in Amerika gemacht hat. Vergleicht man die Gedichte aus den knapp neun Monaten seiner Abwesenheit von der Heimat mit jenen, die er nach seiner Rückkehr gemacht hat, so wird man in gar nicht so wenigen Fällen zugeben müssen, daß die unmittelbare Begegnung mit der amerikanischen Wirklichkeit der Inspiration und der poetischen Substanz dieser noch in Amerika oder auf dem Schiff verfaßten Gedichte nicht immer zuträglich geworden ist. Mitunter hat er manche der noch in Amerika konzipierten Arbeiten über Jahre hinweg zurückgehalten, um ihnen einen genaueren, intensiveren Schliff zu verpassen, was in manchen Fällen zu fast unerträglicher Materialdichte führt, die dann droht, den poetischen Gehalt zu erdrücken. Und doch kündigt sich gerade in diesen Gedichten eine neue Technik des Verarbeitens gegensätzlicher Wirklichkeiten an. Nicht selten läßt sie die Merkmale dialektischer Durchdringung erkennen oder versucht, gegensätzliche Erfahrungswelten ins Gedicht einzubringen, so etwa in den beiden Poemen „Verschiedene Deutung" oder „Der Schiffsjunge". Allenfalls schleicht Pathos sich zwischen die Zeilen, wo Lenau das Beobachtete direkt anspricht oder nacherzählt. So etwa in dem Gedicht „Die drei Indianer":

> Fluch den Weißen! Ihren letzten Spuren!
> Jeder Welle Fluch, worauf sie fuhren,
> Die einst Bettler unsern Strand erklettert!
> Fluch dem Windhauch, dienstbar ihrem Schiffe!
> Hundert Flüche jedem Felsenriffe,
> Das sie nicht hat in den Grund geschmettert!
>
> … Nichts hat uns die Räuberbrut gelassen,
> Als im Herzen tödlich bittres Hassen:
> Kommt, ihr Kinder, kommt, wir wollen sterben![33]

Manche Kritiker von Lenaus amerikanischen Gedichten machen geltend, daß der Genozid und die ethnischen Säuberungen und Vertreibungen kaum mehr stattgefunden hätten, als Lenau durch die Gegenden östlich des Mississippi ritt. Sie führen das Pathos und die Tatsache, daß in diesen Gedichten das bisher erreichte Sprachniveau unterschritten wird, darauf zurück, daß der Dichter aus Erzählungen und Berichten schöpfte und nicht unbedingt aus persönlichem Erleben. Über all dem, vor allem über derlei parteilichem Herunterspielen der an den indianischen Völkern begangenen Verbrechen, darf man nicht vergessen, daß die Indianer-Gedichte die direkte Fortsetzung seiner Freiheitslyrik, im besonderen der „Polen-Lieder" sowie der Gesänge über unterdrückte Minderheiten wie der Juden und Zigeuner, darstellen.

30 William Henry Bartlett (1809–1854): Blick über den Susquehannah, Stahlstich 1838. Das Kanu mit den drei Indianern im mittleren Vordergrund verdient insofern Beachtung, als ausgerechnet von dieser Gegend behauptet worden war, dass zur Zeit der Reise Lenaus keine Indianer mehr dort lebten. ADAU. Nikolaus Lenau: „Wehklage hallt am Susquehannaufer,/Der Wandrer fühlt sie tief sein Herz durchschneiden;/Wer sind die lauten, wildbewegten Rufer?/Indianer sinds, die von der Heimat scheiden."

Lenau hat sich zwar auf seine Reise gründlich vorbereitet, ist jedoch offenbar nicht an die realistisch fundierte Literatur herangekommen. Vermutlich noch in Wien hat er Charles Sealsfield gelesen. Sein Hauptgewährsmann freilich ist Gottfried Duden, dessen Reisebericht Lenau zu einer überschwenglichen, beinahe kitschigen Erwartung verleitet.[34] Der Dichter hat sein Amerika-Erlebnis wiederholt als eine schwere Enttäuschung empfunden. Wohl deshalb, weil er mit zu vielen Erwartungen, mit zu viel Enthusiasmus in die Neue Welt aufgebrochen ist. Er wollte seine Poesie in die Schule der Urwälder schicken, erwartete sich eine wilde ungebändigte Natur. Statt dessen erfährt er, wie „in dem großen Nebelbade Amerikas ... der Liebe leise die Adern geöffnet (werden), und sie verblutet sich unbemerkt. Ich weiß nicht, warum ich immer eine solche Sehnsucht nach Amerika hatte. Doch ich weiß es. Johannes hat in der Wüste getauft. Mich zog es auch in die Wüste, und hier ist in meinem Innern wirklich etwas wie Taufe vorgefallen, vielleicht daß ich davon genesen bin, mein künftiges Leben wird es mir sagen. In dieser großen langen Einsamkeit, ohne Freund, ohne Natur, ohne irgendeine Freude, war ich wohl darauf hingewiesen, stille Einkehr zu halten in mich selber, und manchen heilsamen Entschluß zu fassen für meine ferneren Tage. Als Schule der Entbehrung ist Amerika wirklich sehr zu empfehlen."[35]

Das Freiheitsgefängnis

Lenaus Absage an den Ultraliberalismus seiner Jugendjahre ist nicht ausschließlich das Ergebnis seiner in Amerika gemachten Erfahrungen. Sie reicht vielmehr schon in die Zeit zurück, bevor er sich anschickt, Europa zu verlassen. Doch ist darunter keinesfalls der Abschied von allen Inhalten einstiger freiheitlicher Gesinnung zu verstehen, wie bei manchen Intellektuellen, die vorgeben, die Wellentäler politischer Gegebenheiten durchtauchen zu wollen. Denn seine *Ablehnung radikaler Politik* bezieht sich nicht nur auf revolutionäre Maßnahmen und Aktivitäten der studentischen Revolte, sondern in gleichem Maß auch auf die Ausbreitung eines restaurativen Systems, das die bürgerlichen Freiheiten einzudämmen sucht. Klar erkennt Lenau, wie diese beiden Kräfte einander jeweils bedingen und letztlich einander aufschaukeln, aufschaukeln müssen. Gebietet er auch nicht über die Schärfe von Heinrich Heines Sprachwitz, dem das ursprünglich hochgelobte Land bald zum „ungeheuren Freiheitsgefängnis"[36] herabsinkt, so beruhen die Urteile, womit Lenau die amerikanischen Verhältnisse charakterisiert und beurteilt, auch dort auf Beobachtungen, Beschreibungen, Berichten und Mitteilungen, wo er von der poetischen Freiheit Gebrauch macht. Und nur selten deckt Polemik die Sachverhalte zu. Das kann man unschwer im Quervergleich zu Reisebeschreibungen anderer Autoren, etwa zu Alexis de Tocqueville, abschätzen.

Wenn Lenau zum Beispiel von „ausgebrannten Menschen" in ihren „ausgebrannten Wäldern" berichtet, dann liest sich die analoge Stelle über die Folgen der Ausbeutung der Natur bei dem französischen Schriftsteller folgendermaßen: „Die Schelle, die der Pionier dem Vieh vorsorglich umhängt, um es im Dickicht des Waldes wiederzufinden, kündigt schon von weitem die Nähe eines urbar gemachten Gebietes an. Bald vernimmt man die Schläge der Axt, die Bäume des Waldes fällt, und je näher man kommt, desto deutlicher zeigen die Spuren der Zerstörung die Gegenwart des Menschen an. Abgeschnittene Äste bedecken den Pfad, halbverbrannte oder von der Axt verstümmelte Stämme ragen am Wege auf. Man setzt den Marsch fort und gelangt in einen Wald, dessen Bäume alle von einem plötzlichen Sterben befallen scheinen; mitten im Sommer bieten ihre verdorrten Zweige einen winterlichen Anblick. Untersucht man sie näher, so bemerkt man, daß rings um den Stamm eine tiefe Kerbe in die Rinde geschnitten ist, die den Saftstrom unterbricht und die

Bäume rasch absterben läßt. Tatsächlich fängt der Pflanzer damit in der Regel an. Da er im ersten Jahre nicht alle Bäume fällen kann, die auf seinem neuen Grundstück stehen, sät er unter ihren Zweigen Mais an, und indem er sie abtötet, verhindert er, daß sie seine Ernte beschatten.

Nach diesem Feld, das eine noch unfertige Anlage, einen ersten Schritt der Kultur in die Wildnis darstellt, erblickt man unvermittelt die Hütte des Besitzers; sie steht meistens inmitten eines Bodens, der sorgfältiger bebaut ist als der übrige, auf dem jedoch der Mensch noch in einem ungleichen Kampf mit der Natur steht. Hier sind die Bäume gefällt, aber die Wurzelstöcke nicht ausgerissen worden; ihre Stämme bedecken und versperren noch das Gelände, das sie einst beschatteten; rings um diese verdorrten Reste wächst ein Durcheinander von Getreide, von Eichenschösslingen, von Pflanzen jeder Gattung, von Gräsern aller Art, die zusammen auf dem noch widerspenstigen, halbwilden Erdreich gedeihen. Hier, inmitten dieses üppigen und vielgestaltigen Pflanzenwuchses erhebt sich des Pflanzers Haus oder, wie man es dortzulande nennt, sein Log-House."[37]

Als Lenau im Sommer 1832 mit radikalem Schnitt aus der europäischen Feudalmisere auszubrechen sucht, da ist er sich durchaus im klaren darüber gewesen, daß die Niederschlagung des deutschen Liberalismus nach dem Hambacher Fest und dem Attentat zu Frankfurt zu einer Eskalierung von Gewalt führen müsse. Die letzte Strophe des Gedichtes „Frühlings Tod", des letzten, das er in Europa geschrieben hat, lautet unmissverständlich:

> Der Himmel blitzt und Donnerwolken fliehen,
> Die lauten Stürme durch die Haine tosen,
> Doch lächelnd stirbt der holde Lenz dahin,
> Sein Herzblut still verströmend, seine Rosen.[38]

In Amerika nun lernt Lenau, der sich zu keiner Zeit von den demokratischen Grundsätzen und Utopien seiner Jugend abgewandt hatte, einzusehen, daß der Kampf und die Auflehnung gegen das Unrecht nur wieder neues Unrecht fördern. Während der wenigen Monate seines Aufenthalts in den Vereinigten Staaten trifft er hier auf die härteste und grausamste Form des Versuchs, ohne Rücksicht auf die Mitmenschen die eigenen Interessen zu behaupten. Die Mentalität der amerikanischen Liberalen hat einen Menschentyp hervorgebracht, der hart und ungerührt seine eigenen Ziele verfolgt und sie gegen die Ziele der ursprünglichen Eigentümer des Landes durchsetzt. Er macht allerdings dabei auch nicht vor der eigenen Rasse halt. Das hat Tocqueville 1831 erfahren: „Wir fragten den Kaufmann, ob wir nichts von den indianischen Völkerschaften zu befürchten hätten, durch deren Gebiet wir ziehen würden. Mister Williams wies unsere Gedanken mit einer Art Entrüstung zurück: ‚Nein', sagte er, ‚Sie können ohne Furcht gehen. Was mich betrifft, schliefe ich ruhiger unter Indianern als unter Weißen.'"39

Und noch eines muß uns klar werden: wie die an den Indianern begangenen Massaker in diesen Tagen nicht nur verdrängt wurden, wie sie, aus schlechtem Gewissen, ganz einfach kein Gesprächsthema abgaben. Auch das schildert Tocqueville mit der Authentizität des Zeitzeugen: „Wir setzten hier über Ströme, die noch den Namen ihrer Stämme tragen, aber überall hatte die Hütte des Wilden dem Hause des zivilisierten Menschen Platz gemacht, die Wälder waren gefällt, die Einöden belebten sich. Und dennoch war es, als schritten wir auf den Spuren der Wilden. Vor zehn Jahren waren sie hier, sagte man uns; dort vor fünf, dort vor zwei Jahren. ‚Wo Sie die schönste Kirche des Dorfes erblicken', erzählte uns der eine, ‚habe ich den ersten Baum gefällt.' – ‚Hier', berichtete uns ein anderer, ‚versammelte sich der große Rat des Irokesenbundes'. – ‚Und was ist aus den Indianern geworden?' fragte ich. – ‚Die Indianer', erwiderte unser Gastgeber, ‚sind irgendwohin gegangen, jenseits der großen Seen; die Rasse verschwindet; sie taugen nicht zur Zivilisation, sie bringt sie um.'"40

Vergißt man, diese hier nur sehr sparsam zitierten Berichte eines Zeugen dieser Zeit gegen Lenaus zwar geplante, letztlich aber doch recht überstürzt erfolgende Abreise aus Amerika zu halten, so wird man in der Tat darauf verfallen müssen, sie seiner – zugegeben in allen seinen Handlungen spürbaren – Neurasthenie zugute zu halten. Aber schon Eduard Castle wußte es besser; indem er auf den grundsätzlichen Wandel von Lenaus politischer Philosophie aufmerksam machte. Was man sich sonst noch über sein Verhalten erzählt: die mit Glacéhandschuhen ergriffene Axt, die Lackschuhe, all das hat anekdotischen Charakter. Der Umgang mit seinen Nachbarn und den anderen Siedlern läßt tiefere Schlüsse auf sein tiefsitzendes Mißtrauen zu, wie es auch schon bei Tocqueville anklingt. Den Farmern ist weniger zu trauen als den Indianern. So spielt Lenau seinen Kollegen eine groteske Farce vor, einige Wochen lang, um von ihnen in Ruhe gelassen zu werden:

Wie Lenau „nach dem Hambacher Fest und dem Frankfurter Attentat in gleicher Weise den Regierungen und den Ultraliberalen in Deutschland absagte, so wollte er auch von der amerikanischen Freiheit nichts wissen. Mit seinen deutschen Nachbarn vermied er zu verkehren; mit dem Amerikaner, bei dem er wohnte, konnte und mochte er sich nicht verständigen. Auf der anderen Seite mußte ihnen der elegante Herr im Pelzmantel und in Tanzschuhen, der mit Glacéhandschuhen an den Händen die Axt ergriff und nach ein paar Streichen wieder hinlegte, wohl als ‚verrückt' erscheinen. Begreiflich, daß es daher Lenau auf seiner Farm nicht behaglich ward."41

Die Wahnsinnsnummer. Ein Gesellschaftsspiel, wie Lenau es immer wieder spielt, sei es, um unliebsame Besucher abzuschütteln oder Zudringliche in Angst und Schrecken zu versetzen. Sein Blick konnte dann ganz starr werden, ein anderes Mal wieder wild aufflammen.

Jedenfalls deutet die hier berichtete Szenerie darauf hin, daß er sich schon unmittelbar nach Betreten seines Grundbesitzes mit der Rolle eines Pioniers der Vereinigten Staaten durchaus nicht mehr zu identifizieren vermochte, in die er sich doch vor Jahresfrist noch recht plastisch hineingeträumt hatte. In die Wochen unmittelbar nach Lenaus Ankunft auf seinen Ländereien fällt auch die Entstehung eines Gedichtes, in dem er sich scharf und in drastischer Sprache der Bilder mit den Liberalen Deutschlands, vor allem mit dem Jungen Deutschland auseinandersetzt. Obwohl er eben dabei ist, den neuen Kontinent in hastigen Ritten zu erkunden, glaubt er genug von den Folgen gesehen zu haben, die ein radikaler Liberalismus in den Seelen der Menschen angerichtet hat: ihre Sitten verwildern, der Kampf jedes gegen jeden verroht die Beziehungen zwischen den Nachbarn sowie der Menschen untereinander. Das Gedicht läßt uns unmissverständlich Lenaus Angst vor dem Überschwappen des amerikanischen Liberalismus auf europäischen Boden spüren und ist als Absage an die Praktiken des Jungen Deutschland zu verstehen, das – eine seltsame Ironie des Schicksals – sich zur selben Zeit anschickt, Lenaus rund ein halbes Jahr zuvor bei Cotta erschienenen Gedichte für die deutschsprachigen Gazetten zu entdecken. So macht zum Beispiel Laube in einer anerkennenden Rezension der Gedichte Lenau den ehrenden Vorwurf, „er ist mit seinem Talente zu Mächtigerem berufen, als der kleinen schwäbischen Welt angeschlossen zu sein".[42]

Das Gedicht, das ein eigentümliches Schicksal haben wird, trägt den Titel „An die Ultraliberalen in Deutschland"[43]. Vergeblich wird man es in den von Eduard Castle herausgegebenen „Sämtlichen Werken und Briefen" suchen. Ein Ausschnitt mag uns zunächst mit seiner Bilderwelt bekanntmachen:

> Die Deutsche Muse glüht im Freiheitseifer;
> Mit vollen Backen ruft sie zur Verschwörung,
> Und bläst die Glut wahnwitziger Empörung,
> Vom Mund der Göttin sprudelt Zornesgeifer. …
>
> Zerschlagt die Throne, schmettert sie zu Staube
> Beginnet die Nomadenflucht aufs neue,
> Und werdet dann entblößt der frommen Scheue,
> Dem Winterfrost der Republik zum Raube!
>
> Doch wird sich's, mein ich, schrecklicher gestalten
> Die wilden Kräfte, ihren Zaum besiegend,
> Nach allen Winden der Begierde fliegend
> Ihr könnt sie nicht in Republiken halten.

Das Freiheitsgefängnis   211

In einem Traum mit andern finstern Bildern,
Ist mir die Freiheit jüngst vorüber gangen,
Nach der ihr sucht mit schnaubendem Verlangen.
Ich will euch treulich die Erscheinung schildern:

Ein freches Weib, mit wirren Flatterhaaren,
Kam sie durch jauchzend tolle Pöbelmassen
Auf trümmervollen blutgetränkten Straßen
In rasendem Triumph einhergefahren.

In ihrem Schosse lag mit wildem Schreien
Die junge Brut der schlimmsten Leidenschaften,
Die gierig ihrer Mutter Brüste rafften
Und sogen mit entsetzlichem Gedeihen. …

Die Furie soll auf Deutschlands Fluren hausen?
Sie sollen ihr die Blüten, Früchte tragen?
In ihrer Näh die Nachtigallen schlagen,
Und unsre heilgen Eichenhaine brausen?

Nein, nein, die gute fromme Deutsche Erde,
Sie würde nicht den Frevel überleben,
Nein, schaudernd würde sie zusammenbeben,
Versinken mit verzweifelnder Gebärde.[44]

In den Archiven der Harmonisten ist eine Abschrift dieses Gedichts fast 120 Jahre lang gelegen, bis es 1944 von Karl J. R. Arndt entdeckt und in seinem Aufsatz „Lenau's Lost Poem" veröffentlicht wird.[45] So wenig uns dieses Gedicht in poetologischer Hinsicht befriedigt, so sehr müssen wir es als den Angelpunkt in Lenaus Dichten und Denken erkennen und werten. Auch dem Dichter selbst mag es so geschienen haben, obwohl er nichts darüber verlautet. Einzig sein Gedicht „Der Urwald" läßt erkennen, daß er die Zeit bei den Harmonisten als eine Zeit der Erweckung verstanden haben mag. Erweckung und Abrücken vom Alten aber gehören zusammen, und so wird man aus den Gedichten seit der Amerikareise ein sehr viel intensiveres philosophisches Interesse heraushören.

Bei den Harmonisten mag er auch erkannt haben, was es heißt, als Siedler in diesem rauhen Land zu leben. Schnell erkennt er wieder, wie ungeeignet er selbst für das praktische

Leben ist. Als er am 7. Februar 1833 wieder bei den Harmonisten in Economy eintrifft, steht der Entschluß in ihm unumkehrbar fest, auf schnellstem Weg nach Europa heimzukehren. Eine schwere rheumatische Erkrankung, die er sich bei seinen wilden Ritten in den nebelfeuchten Urwäldern zugezogen hat, macht ihn bettlägerig. Kaum wiederhergestellt jagt er mehrmals innerhalb von vier Wochen nach Lisbon am Ohio, wahrscheinlich um die amtliche Eintragung seines Besitzes abzuschließen. Am 4. März 1833 stürzt sein Schlitten um und begräbt den Dichter unter sich. Mit einer Platzwunde ist er immerhin recht glimpflich davongekommen. Und noch heute spürt man förmlich den Stolz, mit dem er sie in seinen Briefen zum „Loch im Kopf" hochstilisiert. Dieser Unfall wirft ihn wieder für einige Tage aufs Bett. Er fühlt sich krank und elend, und wäre nicht Katharine Becker gewesen, die Schwester des neben Georg Rapp zweiten Leiters der Harmonisten-Kolonie, die ihn liebreich und milde pflegt, er hätte seine Genesung kaum abgewartet: so ungeduldig ist er, dieses Land mit seinen „vampirischen Dämonen" zu verlassen, „die in diesen Lüften schweben".[46] Im übrigen scheint Katharine die eigentliche Bezugsperson bei den Harmonisten gewesen zu sein. Sie führt ihn in das Denken der Sektierer ein, ohne dem ungestümen Dichter Hoffnungen auf erotische Intimitäten zu machen. Denn die ganz auf Erwartung des Heils ausgerichteten und dessen jenseitiger Erfüllung hart entgegenarbeitenden Sektierer haben ein keusches Leben gelobt und sind entschlossen, ihr Gelöbnis auch zu halten. Dennoch spürt man in den Gedichten, die Katharine Becker ihre Entstehung verdanken, eine verborgene, ja – sollte das kein Widerspruch sein – fast abweisende Erotik, die im Fall des auf die Anakreontik Johann Georg Jacobis[47] zurückgreifenden Gedichts „Primula veris" durch dessen formelhafte Sprache noch verdeckt wird.

> Liebliche Blume,
> Bist du so früh schon
> Wieder gekommen?
> Sei mir gegrüßet,
> Primula veris!
>
> Leiser denn alle
> Blumen der Wiese
> Hast du geschlummert,
> Liebliche Blume
> Primula veris!

> Dir nur vernehmbar
> Lockte das erste
> Sanfte Geflüster
> Weckenden Frühlings,
> Primula veris!
>
> Mir auch im Herzen
> Blühte vor Zeiten,
> Schöner denn alle
> Blumen der Liebe,
> Primula veris!⁴⁸

Katharine Becker indes ist allerdings nur eine der Richtungen, in denen dieses Gedicht sich entschlüsseln läßt. Mag es nicht etwas übertrieben scheinen, in einer Repräsentantin der Harmonisten-Gesellschaft die „Blume des Glaubens" zu sehen? Aus den nachfolgenden Strophen geht indes deutlich hervor, daß dieses Mädchen für unseren Dichter so etwas wie ein Indikator des nahenden Frühlings geworden ist, die Blume also, die anzeigt, daß „der ersehnte göttliche Frühling endlich gekommen ist". Doch drückt auch die Primel selbst einen symbolischen Bezug zu den Harmonisten aus. Auf ihn hat Gerhard Josef Auer in seiner verdienstvollen Arbeit über „Die utopische Gemeinschaft der Harmonisten" hingewiesen: „Im Englischen heißt die Primel auch ‚Primrose', was mit ‚erste Rose' übersetzt werden kann, hier in der Bedeutung: erste Blume des Frühlings. Die Rose war für die Harmonisten ein besonderes Symbol, da sie in Gestalt der goldenen Rose ein biblisches Vorbild hatte. In der Übersetzung des Alten Testaments von Martin Luther heißt es unter dem Propheten Micha (4, 8): ‚Und du Turmeder, eine Feste der Tochter Zion, es wird deine güldene Rose kommen, die vorige Herrschaft, das Königreich der Tochter Jerusalem.' Die Rose in ihrer geometrischen Darstellung stellt auch einen Kreis, ein Rad dar und ist somit auch ein Symbol für Makellosigkeit und Einigkeit. Für die Harmonisten ist dieses Bild gleichzeitig auch Ausdruck ihres harmonischen Zustandes und ihrer brüderlichen Freundschaft. Die Primel, eine gelbe Blume, kann wie eine goldene Rose in Lenaus Gedicht als eine Metapher für die Harmonie-Gesellschaft angesehen werden. Eine gedankliche Erweiterung könnte es sogar zulassen, die ‚Primula Veris' als eine, die erste Blume in einer Wüste anzusehen, was wiederum mit dem Sonnenweib der Apokalypse, das in die Wüste zog, in Zusammenhang gebracht werden könnte. Durch diese symbolischen Hinweise lassen sich Lenaus Formulierungen ‚Blume des Glaubens', ‚göttlicher Frühling' und ‚Gläubige Seele' leichter verstehen. Wie die Vorbotin des Frühlings, die Primel, so hat auch die Harmonie-Gesellschaft, dem ersten Wink des Himmels ihre Brust geöffnet."⁴⁹

Bodenlos: Amerikas Handel, Amerikas Humanität

Die durch die Bettruhe erzwungene Zeit nutzt Lenau mit dem Abtragen längst fälliger Briefschulden: an die Reinbecks in Stuttgart den einen und an Joseph Klemm in Wien den anderen. In beiden setzt der Dichter sich ausführlich mit den Eindrücken auseinander, die er im Verlauf seines knapp sechs Monate dauernden Amerikaaufenthaltes über das Land und die Leute gewonnen hat. Wieder wird man hier, wo es um verwandte Themen geht, Niembschs unglaublichen Nuancenreichtums gewahr, mit dem er es versteht, gezielt auf den jeweiligen Korrespondenzpartner einzugehen. Selbstverständlich, daß er nicht nur die Themen mit dessen Interessenslagen abstimmt, sondern auch den Stil in der Auswahl der Themen. Die Beharrlichkeit, mit der Lenau an fast identischen Ausdrücken festhält, zeigt uns hingegen, wie wichtig ihm einzelne Bilder und Themen geworden sind. So deutet das Bild von der Wüste, in der Johannes getauft wurde, auf einen Gesinnungswandel hin, der ihn zutiefst ergriffen haben muß. Daß er dabei auch mit *einigen hermetischen Fragestellungen und Praktiken der Harmonisten vertraut geworden ist,* geht aus dem Brief hervor, den er an Anton Xaver Schurz, seinen Schwager und sein Faktotum, schreibt: „Was mit und in mir vorgegangen ist diese Zeit über, kann ich nur mündlich sagen, es ist dessen zuviel."[50] Und deutlicher noch in dem letzten seiner Briefe, die er in Amerika geschrieben hat: „Mein Gruß ist wahrlich eine Stimme aus der Wüste. Johannes hat in der Wüste getauft. Das ist bedeutungsvoll. Will man einem stürmischen haltlosen Leben entrinnen, und festen Wandel gewinnen auf Erden, so muß man vor allem hinaus in die Wüste, das heißt in eine wahre Einsamkeit; dort wird man angewiesen, eine stille Einkehr zu halten in sich selber, und sein Inneres ungeschont und unerschrocken zu visitieren, und strengen Rat zu halten, was noch zu tun sei für die ferneren Tage. In meinem Inneren ist wirklich etwas wie Taufe vorgefallen, ich fühle mich wunderbar gestärkt. Das ist die einzige Hinsicht, in welcher ich Amerika rühmen kann, in jeder anderen muß ich es tadeln."[51]

Seinen Tadel an den in Amerika vorherrschenden wirtschaftlichen Bedingungen und Zuständen versucht Lenau, parallel zu den auf seinen weiten Ritten durch die Republik gesammelten empirischen Erfahrungen, durch unablässige Lektüre zu erhärten. In seinem Gepäck, das er aus Weinsberg und Stuttgart mit in den Urwald geschleppt hat, führt der Dichter, der bekanntlich stets mit großem Gepäck reist, eine kleine Handbibliothek mit sich. Wo diese nicht ausreicht, helfen seine aus Schwaben stammenden Pittsburgher Freunde mit Kommentaren und Erklärungen aus. Man darf das nicht vergessen; nur allzuoft liest man nämlich die Behauptung, Lenau habe sich mit den in Amerika herrschenden ökonomischen Zuständen gar nicht in der gebotenen Intensität auseinandersetzen können, da sein Englisch unzureichend gewesen sei. Das aber ist, jedenfalls in dieser Form, eine durchaus überflüssige Anmerkung. Denn abgesehen von seiner Vertrauten bei den Harmonisten, der belesenen Katharine Becker, die mit ihm die wichtigsten Zeitungsberichte durchsieht und bespricht, sind es die beiden Freunde in Pittsburgh, an die Justinus Kerner ihn empfohlen hat, der Rechtsanwalt und Kaufmann Charles Volz sowie Karl von Bonnhorst, ein ehemaliger preußischer Offizier, der jetzt als Friedensrichter in dieser Stadt wirkt, mit denen er sich im Verlauf seiner Anwesenheit immer wieder bespricht. Beide sind mit Politik und Wirtschaft der Vereinigten Staaten bestens vertraut. Daher sind sie in der Lage, unseren Dichter mit aktuellen politischen Ereignissen überall da zu konfrontieren, wo dessen Kenntnisse des Englischen zur Lektüre von Zeitungen nicht ausreichen. Dazu kommen auch diverse Einwohner der Rappistenkolonie in Economy, die, obzwar im Regelfall einfache Bauern, mit Argwohn die wirtschaftliche und gesellschaftliche Entwicklung Amerikas verfolgen. Schon allein ihrer religiösen Erwartungen wegen.

Auch wenn uns Lenaus Schriften nicht gerade detailliert Auskunft über seine philosophischen Überlegungen sowie seine einschlägige Lektüre zur Freiheitsproblematik geben, so erlaubt doch die vergleichende Gegenüberstellung von Briefen und Gedichten eine genauere Bestimmung seines geistig-kritischen Standorts. Allerdings wird man gut daran tun, das im vorliegenden Kapitel über die Harmonisten Gesagte ebensowenig aus den Augen zu verlieren wie die zuvor angestellten Vergleiche zwischen Lenau und Tocqueville. Eines scheint klar, daß seit diesem amerikanischen Winter nicht nur Schellings Frühschrift „Ideen zur Philosophie der Natur"[52], die Freund Justinus Kerner ihm mit auf die große Fahrt gegeben hat, Spuren in des Dichters Denken hinterlassen hat. In der Vorrede zu dieser Schrift hat Lenau den einen Satz bestimmt nicht überlesen und das nicht nur, weil er seiner Kritik am amerikanischen Liberalismus entgegenkommt: „… freiwillig", so heißt es hier unter anderem, „freiwillig entlässt die Natur keinen aus ihrer Vormundschaft, und es gibt keine geborenen Söhne der Freiheit."[53] Das läßt sich nur in dem Sinn verstehen, daß Freiheit keineswegs zur Naturausstattung des Menschen gehört, sondern daß sie immer wieder von neuem erworben, erarbeitet werden muß. Eine Erkenntnis, die in direktem Gegensatz zum common sense des Liberalismus steht, wie er damals angedacht wird. Mit ihm ist nämlich der Glaube an die Macht gekommen, daß allen wirtschaftlichen, gesellschaftlichen und auch sozialen Institutionen ausreichend *Eigendynamik* innewohnt, die es ihnen erlaubt, sich auch in alle Zukunft günstig und das heißt hier im Sinne von Freiheit zu entfalten. Nach dieser überaus naiven und blauäugigen Auffassung, die im übrigen noch den Liberalismusstreit unserer Tage bestimmt, genügt es also bereits, lediglich etwaige Störfaktoren von Kultur und Wirtschaft fernzuhalten, um sie ausreichend zu fördern. Jedweden anderen Eingriff werten die radikalen Vertreter des Liberalismus als Einengung der Möglichkeit zur Selbstentfaltung oder als Rückfall in die Unfreiheit. Das Verständnis für Kultur, für die Pflege von

Gefühlskultur oder für die Kultivierung von Phantasiewelten muß einer Lebensanschauung dagegen mehr als fremd bleiben, die den Wildwuchs als adäquate Form des Heranwachsens von Nachwuchs gelten läßt.

In diesem Sinne droht der amerikanischen Kultur nach Einschätzung selbst des vorsichtig und über diese Themenbereiche eigentlich nur verschlüsselt urteilenden Niembsch die entscheidende Gefahr, wie es wörtlich bei ihm heißt, zur „furchtbarsten Nüchternheit" zu verkommen. Nicht nur daß die Pflege der Agrikultur sich noch in einem verhältnismäßig rohen Zustand befindet, wo sie, nach Meinung Niembschs, auch noch für längere Zeit verbleiben wird. Als Folge diverser Finanzmanipulationen und Betrügereien gebricht es diesem Produktivitätszweig an eigenem Kapital. Ein Zustand, der laut Vorhersage unseres Dichters ebenfalls noch längere Zeit andauern wird. Gerade in den Wochen, da Lenau Amerikas Boden betritt, vernichtet der radikal demokratische Präsident Andrew Jackson, ein glühender Verteidiger des Privatkapitals und somit selbstverständlich generell ein Anhänger der Privatisierung, mit einem Federstrich die Zweite Staatsbank. Weil er ihre gefährliche *Monopolstellung* fürchtet, mutmaßen manche Historiker; andere wieder: *um seine Klientel zu bedienen;* tatsächlich haben spätere Generationen ihn als Erfinder des Lobbyismus abqualifiziert. Das aber ist nicht unbedingt als Tadel zu werten, weil Jackson immerhin sehr genau gewußt zu haben scheint, wie beschränkt seine Sachkenntnis, vor allem in ökonomischer Hinsicht, ist. Dennoch zeitigen seine Maßnahmen katastrophale Folgen.

In den fünf Jahren, gemessen vom Beginn des Jahres, in dem Lenau in Amerika eintrifft, wächst die Zahl der Banken im Lande „von 329 auf 788 an, ihr Kapital von 110 Millionen Dollar auf 290 Millionen Dollar… Die Einnahmen aus dem Verkauf von öffentlichen Ländereien steigen von 1,800.000 Dollar im Jahre 1830 auf über zwanzig Millionen im Jahre 1836."[54] Um die bestehenden Größenordnungen anschaulicher zu machen: die drei zusammenhängenden Parzellen Kongreßland, die Lenau am 26. November 1832[55] in Crawford County unweit der heutigen Stadt Bucyrus um 500 Pfund erwirbt, haben ein Ausmaß von insgesamt 400 Morgen. In heutigen Maßen ausgedrückt, sind das rund 1,440.000 m². Oberflächlich besehen, sieht das nach einer rasant wachsenden Wirtschaft aus. In Wahrheit verbergen sich dahinter jedoch ungesunde Bankgeschäfte, illegale Machenschaften sowie halblegale Transaktionen, deren nicht unbedingt produktivitätssteigernde Wirkung Lenau mit dem Ausdruck „bodenlos" charakterisiert. Es überrascht uns daher heute, daß der in finanziellen Fragen keinesfalls als sachverständig zu wertende Präsident Jackson die triste Situation des Landes in seiner Botschaft an den Kongreß mit ähnlichen kritischen Worten darstellt, wie Lenau das getan hat: „Es stellte sich heraus, daß die Einnahmen aus dem Verkauf von öffentlichen Ländereien in noch nie dagewesener Weise anwuchsen. In Wirklichkeit aber stellten diese Einnahmen nichts anderes als Kredite bei den Banken dar. Diese Banken verliehen ihre Noten an Spekulanten. Diese zahlten sie an die Verwalter (Landagenten) und von diesen flossen sie sofort wieder in die Banken zurück, um von neuem und immer wieder von neuem ausgeliehen zu werden. So waren die Banknoten nur ein Mittel, den Spekulanten die wertvollsten öffentlichen Ländereien zu übereignen, wobei die Regierung nur durch einen Kredit in den Büchern der Banken bezahlt wurde… Diese sich immer mehr ausbreitende Spekulation war nicht auf die Banken beschränkt, die Depositengelder der Regierung besaßen, sondern ergriff sämtliche Banken in der ganzen Union und verursachte die Gründung immer neuer Unternehmungen, die das Übel nur noch vergrößerten."[56]

Auch der Handel ist nach Lenau „bodenlos" geworden. Ein Wort, wie aus dem poetischen Vokabular seiner ersten Gedichtsammlung genommen und eben deshalb von nahezu allen Biographen offenbar als zu oberflächlich, die wirtschaftliche Lage der Union wohl als zu unscharf umschreibend angesehen. Vergleicht man jedoch die Bedeutungshöfe, an die es grenzt, dann wird man schnell erkennen, wie genau und präzise es die tatsächlichen Sachverhalte widerspiegelt, die von den Historiographen der amerikanischen Wirtschaft später bestätigt worden sind. *Bodenlos ist eine Wirtschaft dann* zu nennen, wenn sie auf keine materiellen Äquivalente, besonders aber auf keine wie immer gearteten Bedürfnisse der Menschen mehr zurückgreift, sondern ausschließlich auf der *Selbstbewegung des Kapitals* beruht, auf Spekulationen, auf Krediten sowie auf Schuldverschreibungen, die selbstverständlich – wie von den meisten Theoretikern des Liberalismus gefordert – durch keine Eingriffe des Staates reguliert werden.

So sind denn deutliche Anzeichen des Verfalls bereits im Jahr 1833 zu diagnostizieren und werden von Lenau, wie wir anhand seines Briefes an den Freund Joseph Klemm vergleichen können, minutiös registriert. Die Mißernten des Jahres 1836 tragen schließlich das Ihre dazu bei, die amerikanische Währung zu erschüttern, aber erst der Zusammenbruch großer Bankhäuser in England leitet die Depression ein: innerhalb von nur vier Jahren geht der Banknotenumlauf von 149 Millionen Dollar auf 58 Millionen Dollar zurück. Industrie und Landwirtschaft erleiden horrende Rückschläge, die sich auch auf private Schuldner derart katastrophal auswirken, daß der oft geschmähte Staat schließlich Bankrottgesetze erlassen und insgesamt 39.000 Personen Schulden im Gesamtbetrag von 441 Millionen Dollar für null und nichtig erklären muß. Um das vom Liberalismus verschuldete Desaster auf einem überschaubaren und für uns relevanten Sektor anschaulich zu machen: innerhalb von fünf Jahren fallen die Einnahmen aus dem Verkauf von Regierungsland von 20 Millionen auf 1 Million Dollar.[57] Eine der Ursachen, warum unser Dichter die Lust an seinem Grundbesitz verlieren und sich nicht weiter darum kümmern wird, ist – abgesehen von der in Belastungssituationen immer wieder hervorbrechenden Neurasthenie – in dem rapiden und über ein halbes Jahrzehnt anhaltenden Verfall der Grundstückpreise zu suchen. Doch als der Markt sich schließlich wieder einigermaßen erholt, hat unser Dichter längst jedweden Anspruch auf den Besitz eingebüßt. Zu den wichtigsten Auflagen, die jedem künftigen Siedler erteilt werden, zählt nämlich, daß der Boden innerhalb einer bestimmten Frist urbar gemacht wird. Genau das aber hat Lenau ebenso versäumt wie der von ihm eingesetzte Verwalter. Nach Ablauf dieser Frist verfällt daher Lenaus Besitz wieder dem Staat. Dem neuen Eigentümer, einem fleißigen und rechtlich denkenden Schweizer, ist es zu danken, daß wenigstens die Rechtsnachfolger Lenaus „das aufgewendete Kapital samt den bis zum Tod des Dichters aufgelaufenen Zinsen ausbezahlt erhalten."[58]

Man hat Lenau gelegentlich eine gewisse Leichtfertigkeit in der Beurteilung des „American way of life" vorgeworfen und später sogar versucht, auf diplomatischem Wege gegen die – wie man vorgab – gehässigen Unterstellungen in einigen von Niembschs Briefen vorzugehen. Vergleicht man indes die Daten der Wirtschaftsgeschichte, so wie ich sie soeben auf gedrängtem Raum zusammengestellt habe, mit dem Auszug aus dem Brief, den Lenau am 6. März 1833, also neun Tage bevor er zur Rückreise aufbricht, aus Lisbon an den Freund Joseph Klemm nach Wien schreibt, dann wird man dem prognostischen Urteil des Dichters den Beifall kaum versagen können. Über die Folgen der Liberalisierung heißt es da unter anderem: „Der Ackerbau ist noch ganz roh. Darum nenn' ich alle amerikanische Industrie, allen Handel bodenlos. Der letztere ist auch bereits sehr im Verfalle, und wird noch mehr sinken, wie mir hiesige gescheite Kaufleute versicherten, weil er ganz auf einem forcierten Kredite beruht, dieser aber durch die Aufhebung der Spezialbanken – eine Lieblingsidee des borniertem Präsidenten Jackson – zusammenfallen muß. Dem unbefangenen Fremden kommt überhaupt das ganze amerikanische Wesen gewissermaßen forciert vor. Mit dem Ausdruck: ‚Bodenlosigkeit' glaub' ich überhaupt den Charakter aller amerikanischen Institute bezeichnen zu können, auch der politischen… Der Amerikaner kennt nichts, er sucht nichts, als Geld; er hat keine Idee; folglich ist der Staat kein geistiges und sittliches Institut-Vaterland, sondern nur eine materielle Konvention."[59]

Abschied von der Freiheit

An Lenaus Urteilen über die Vereinigten Staaten lassen sich nun – grosso modo – Rückschlüsse auf seine Lektüre in diesem Zeitraum sowie auf Ansätze für seine zukünftige Entwicklung ziehen. Leider steht eines unwiderruflich fest: kein Erinnerungszettel, keine Aussage von Freunden oder Verwandten überliefert uns, mit welchen Philosophen er sich damals, in diesen Wintermonaten in Economy, Pittsburgh, während seiner Kurzaufenthalte in New Lisbon, dem Sitz des Ländereiamtes, oder bei seinem Aufenthalt im nachmaligen Bucyrus, wo er, mangels eines eigenen Blockhauses auf eigenem Grund und Boden, bei einem Nachbarn wohnt, beschäftigte. Er soll damals immerzu geschrieben haben und in den wenigen Stunden, in denen er nicht geschrieben hat, mit größter Konzentration in Bücher vertieft gewesen sein. Jedenfalls kann man kaum daran zweifeln, daß er sich gerade zu dieser Zeit mit dem Gedicht „An die Ultraliberalen in Deutschland" beschäftigt haben muß, befindet sich doch das Bruchstück einer Abschrift dieses Gedichts in einem von den Harmonisten bis heute verwahrten Tagebuch, wo sie zwischen anderen Gedichten Lenaus unter dem 30. November 1832 zu finden ist. Ein Blick auf die Problemstellungen des Gedichts erlaubt uns auch erste Rückschlüsse auf die Frage, mit welcher Lektüre Lenau sich damals beschäftigt hat. Es ist nicht zu übersehen, daß der Dichter sich immer wieder gerade mit einer der Zentralfragen Kants beschäftigt haben muß. Mit der Frage nämlich: unter welchen Bedingungen die Willkürakte der Menschen gemeinsam mit jedermanns Freiheit bestehen. Immer wieder wird Lenau mit der Grundanschauung des Königsberger Philosophen konfrontiert, daß gerade das Recht der „Inbegriff der Bedingungen" ist, „unter denen die Willkür des einen mit der Willkür des andern nach einem allgemeinen Gesetze der Freiheit zusammen vereinigt werden kann".[60] Es sei absurd zu glauben, daß die Beachtung des Rechts einer Einschränkung von Freiheit gleichkomme.

Im Verlauf des eben zu Ende gehenden Winters 1833 muß Lenau, der exzessiv Lesende, die Standardwerke der Philosophie seiner Zeit rastlos durchpflügende poeta doctus, aber offenbar auch Hegels „Phänomenologie des Geistes" studiert haben. Die Lenau-Forschung datiert zwar Niembschs Hegel-Studien frühestens in das Vorfeld des Entstehens der „Albigenser", also etwa auf 1837. Doch gibt es verdeckte Hinweise darauf, daß Lenau einzelne Abschnitte aus Hegels Schriften bereits vor Antritt der Amerika-Reise kennt, kennengelernt hat.[61] So ist es vor allem die Freiheits-Problematik, mit der sich der Dichter während seines Amerika-Aufenthaltes immer wieder herumschlägt, weil sie ihm gerade durch den Augenschein obsolet geworden ist, den er im Land der sprichwörtlichen Freiheit erhalten hat. Einmal erscheint Freiheit ihm – selbstverständlich ganz im Stil jener Kupferstiche, wie man sie damals in Abwandlung von Eugène Delacroix' Gemälde „Die Freiheit führt das Volk" im Gefolge der Juli-Revolution anbietet – als ein „freches Weib mit wirren Flatterhaaren",[62] das nichts gelten läßt als die eigenen Begierden, die Befriedigungen eigner Triebe und Lüste; dann wieder vermeint er – sturmglockengleich – der Freiheit Stimme zu vernehmen, die ihre Mitläufer dazu auffordert:

> Jedweder Herrschaft sollt ihr euch entwöhnen …
>
> Ihr sollt nicht frömmelnd, hierhin dorthin schweifen,
> Ihr sollt nur mich, nur mich allein verehren,
> Was heilig war in einen Haufen kehren,
> Auf daß wir es in Strömen Bluts ersäufen.⁶³

Man kann kaum mißverstehen, worauf Niembsch sich mit diesem Gedicht eingelassen hat. Er möchte damit nicht mehr, aber auch nicht weniger, als die grundlegenden Aporien, die gravierendsten Denkschwierigkeiten und Denkwidersprüche des Liberalismus ins ironischpoetische Gleichnis setzen. Hat er nicht hier, in diesen wenigen Monaten in Amerika, ausreichend Anschauungsunterricht zu der ihn immer stärker beschäftigenden Frage genossen, mit welcher Folgerichtigkeit liberales Handeln sich selbst ins paradoxe Gegenteil verkehren muß, sobald man es sich selbst überläßt? Fußangeln der Freiheit, entstanden aus der Vergötzung und Überstrapazierung des Begriffs von Unabhängigkeit und einer an das studentische Ideal eines Lebens von grenzenloser, durch nichts eingeschränkter und daher abstrakter Ungebundenheit. Mit kühner Gebärde verwirft Lenaus Göttin der Freiheit alle anderen Freiheiten, die sich neben ihr behaupten wollen, und serviert sie mit der frech erhobenen Forderung ab:

> Ihr sollt nur mich, nur mich allein verehren.⁶⁴

Freiheit also, verstanden nicht als Bedingung des Handelns, sondern als dessen eigentlicher Inhalt. Manches in Lenaus Gedicht mutet daher auch wie eine verkürzte Vorwegnahme von Trotzkis Gedanken einer „Permanenten Revolution" an, deren kritisch-negative Absicht sich gegen die Verfestigung des Denkens, gegen das Festschreiben von Resultaten richtet. Kurz: man kann jetzt bereits mit beiden Händen greifen, was Lenau neben Schelling und Kant in den Satteltaschen stecken hat, als er durch die Urwälder der Republik reitet: denn in Hegels „Phänomenologie des Geistes" heißt es nicht weniger deutlich und unmißverständlich: „Kein positives Werk noch That kann also die allgemeine Freiheit hervorbringen; es bleibt ihr nur das negative Tun; sie ist nur die Furie des Verschwindens."⁶⁵ Ein Satz, der auf die Folgen des Liberalismus ebenso aufmerksam macht wie auf die selbstzersetzende Kraft seines durch keine Regeln mehr in Schranken gehaltenen Freiheitstaumels.

Aber es ist nicht nur die Komplexität der liberalen Gesellschaft allein, die Lenaus Dichten in die Allegorie treibt. Seine sonst so sinnliche, poetisch-flexibel gehandhabte Sprache bekommt jetzt, da er vor dem Überschwappen der Freiheits-Problematik warnen will, einen

Hautgout des Lehrhaften. Seine Diktion schlüpft ins Mäntelchen der Doktrin, seine Rhetorik erweist sich der diskursiven Darstellung als allzu nah verwandt. Oder hätte der Dichter es früher über sich gebracht, einen dürren, phantasielosen Vers wie den nachfolgenden unkorrigiert stehen zu lassen, der von Freiheit handelt, der sie dem Leser aber in keiner Silbe zu schmecken gibt:

> Ihr könnt sie nicht in Republiken halten.[66]

Ein Satz, der weder die plastische Kraft der Symbole aufweist, wie wir sie sonst bei Lenau kennengelernt haben, noch die Stringenz philosophischer Begriffe. Dabei hat der Dichter zweifelsohne Recht, wenn er uns darauf hinweist, daß die Freiheit des blind sich selbst verwirklichenden Willens sich selbst erst in der Handlung als ihre eigene Gesetzgeberin und als zweckfreien Selbstzweck erfährt. Denn weder im Ausleben des Willens noch der Antriebe erfahren wir nämlich Freiheit, sondern – wie Immanuel Kant es formuliert – einzig und allein in der „Unabhängigkeit der Willkür von der Nötigung durch Antriebe der Sinnlichkeit".[67] Der „Kampf aller gegen alle" ist somit keineswegs per se schon so etwas wie die Verwirklichung von Freiheit, sondern im Gegenteil und genau besehen eigentlich die Verhinderung von Freiheit für all jene, die sich auf ein Messen ihrer rohen, unwillkürlichen Kräfte nicht einlassen wollen. Denn die Entscheidung gegen eine ausschließlich von Trieben gesteuerte Anlage, wie sie im rivalitätsabhängigen Revierverhalten zum Ausdruck kommt, setzt daher immer bereits jenes Wahlverhalten voraus, ohne das Freiheit undenkbar ist. So bildet also gerade jener Verzicht auf die Notwendigkeit die eigentliche Voraussetzung für Freiheit. Und Lenaus Vers, „ihr könnt sie nicht in Republiken halten", ist somit kaum anders zu verstehen als eine ironisch-sarkastische Absage an den Liberalismus, der, koste es was es wolle, den eigenen Willen, das eigene Wollen, die eigenen Interessen und das heißt hier: die jeweils rücksichtslos eingesetzte individuelle Freiheit durchzusetzen sucht. Während hingegen die Freiheit, wie sie in Republiken „gehalten" wird, ihren Halt an der Reflexion, an der Selbstbestimmung und Abgrenzung des eigenen Standorts vom Standort der Mitbürger sucht und findet. Ähnlich hat das auch Immanuel Kant verstanden, der nicht müde wird den Menschen des Zeitalters der großen Französischen Revolution in immer neuen Variationen ein und denselben Satz zuzurufen: daß nämlich die eigene Freiheit an der Freiheit ihrer Mitmenschen ihre Bestimmung finden muß, um zu verhindern, daß aus der Freiheit Ungleichheit und daraus wieder Unfreiheit entsteht.[68] Genau das aber haben die radikalen Liberalen niemals verstehen wollen.

Man erkennt an Diskursen wie diesem, daß sich in den wenigen Wochen seit Lenaus Ankunft in den Vereinigten Staaten in seinem Dichten und Denken insofern eine Wandlung vollzogen haben muß, als er, die naive Identität und Ungebrochenheit der „Schilflieder" weit hinter sich lassend, nun unvermittelt in faustische Bezirke eintaucht. Schnell und nahezu ohne Übergang hat die „Neue Welt" seinen Blick für eine Gesellschaft empfindlich gemacht, in der antagonistische Kräfte gegeneinander kämpfen. Daß der amerikanische Aufenthalt Lenaus Sensorium für die Bedeutung von Negativität geschärft, für das Zusammenwirken von Satz und Gegensatz empfänglich gemacht hat, kann man anhand zahlreicher Beispiele belegen. Gewiß: seit jeher war in ihm das Dunkle neben dem Hellen präsent, das Dämonische überwölbt vom strahlenden Licht einer Spiritualität, die Einheit im Gegensätzlichen erstrebt; immer wieder sind wir aber auch auf markante Brüche und Widersprüche in seinem Charakter gestoßen, auf das rasche Umkippen von Stimmungen seiner Psyche. Doch erst jetzt, angesichts einer gesellschaftlichen Wirklichkeit mit ihren bizarren, ja grausamen Widersprüchen, lernt er die philosophische Dimension dieser Gegensätze als Dialektik des gesellschaftlichen Seins zu begreifen. Die Art und Weise also, wie im Guten stets auch das Böse wirkt, und im Bösen mehr oder minder heimlich ein verborgener Anteil an Gutem: „Das Böse hat also, wie das Gute im Willen seinen Ursprung, und der Wille ist in seinem Begriffe sowohl gut als auch böse." Ein Gedanke, der in unterschiedlichen Schritten in G. W. F. Hegels „Grundlinien der Philosophie des Rechts" immer wieder- und wiederkehrt und dort in verschiedensten Variationen durchgespielt wird.[69] Alles in allem auch das ein Indiz, ja eigentlich schon so etwas wie ein Beleg für die Hegel-Lektüre Lenaus noch vor seiner Hegel-Lektüre, die von der Forschung etwas vorschnell im Umfeld der „Albigenser" angesiedelt wurde. Zeit, allmählich zu erkennen, in welchem Ausmaß die Amerikareise tatsächlich zur Schule von Lenaus Dichten und Denken geworden ist. Jedenfalls wird man nicht umhin können, in ihr einen wichtigen Einschnitt in sein Leben zu sehen.

Nicht leicht zu übersehen ist ferner das Hineinwirken dialektischen Denkens in Lenaus „Faust". Etwa dort, wo Mephistopheles dem immer noch suchenden, aber summa summarum eigentlich schon verzweifelten, somit also willensschwach gewordenen und daher gar nicht mehr so recht paktwilligen Faust sich als Triebfeder des Lebens anpreist:

> Faust:
> Wirst mir zuwider und verhaßt;
> Du wirst mir immer mehr zur Last.
> Mephistopheles:
> Verhaßt? das kümmert mich mit nichten,
> Du kannst es ohne mich nicht richten;
> Bin doch für dich von großem Reize,
> Denn deine kranke Seele braucht,

> Daß nicht ein Seufzer sie verhaucht,
> Zur Stärkung meine scharfe Beize.⁷⁰

Es gehört wohl eine Portion jenes Zynismus dazu, wie er uns bei Lenau bereits wiederholt begegnet ist, den Alles-Verneiner, Alles-Zersetzer zum Stimulator des Lebens-Triebes, der Lebens-Lust hochzustilisieren: das ist nun tatsächlich ein anderer Lenau als in den Landschaftsbildern oder in den Reiseeindrücken der Frühzeit – auch wenn diese Anfänge kaum länger zurückliegen als ein halbes Jahrzehnt. Der anthropomorphe, nicht selten naive Durchblick durch die Landschaft, in der sich manchmal das Geflügel „träumerisch im tiefen Rohr"⁷¹ regt oder der Dichter beklommen fragt: „Teich, wo ist dein Sternenlicht?"⁷², wird – wie wir sogleich erkennen werden – während Lenaus Heimreise nach Europa einem komplexeren Realitätsverständnis Platz machen, in dem auch Widersprüche und Gegensätze Platz finden.

Daß all das selbstverständlich weitgehend nur auf Kosten des bisherigen poetischen Instrumentariums erfolgen kann, ist klar und geht auch daraus ziemlich eindeutig hervor, daß Lenau ein derart wichtiges und breit angelegtes Gedicht wie „An die Ultraliberalen in Deutschland"⁷³ nicht abschließt, nie abschließen wird. Offenbar gibt der Dichter dieses Gedicht auf, um nach gemäßeren Formen und Methoden Ausschau zu halten, mit denen er die Wirklichkeiten dieser Epoche des Umsturzes und des unausgesetzt von neuem Beginnens besser und das heißt hier: adäquater, der Realität sich enger anschmiegend, zu bewältigen vermöchte. Daß er sich zu diesem Behufe der Dialektik verschreibt, wie Faust sich dem Teufel, also der ewig in uns weiter wirkenden Antithese verschrieben hat, sagt uns in diesem Zusammenhang immerhin soviel, daß der Dichter sich völlig im klaren darüber scheint, wie widersprüchlich und disparat die Grundlage seines Urteilens ist, und wie zerrissen und disparat sich uns auch das Urteilen seiner Zeitgenossen darstellen muß. Es ist die Gewißheit, zu einer Generation des Übergangs zu gehören, der es versagt bleiben wird, das Licht der Aufklärung zu schauen oder gar in das Sich-Selbst-Wissen der Vernunft einzutreten. Mit der ihm eigenen Grazie hat Lenau in den „Albigensern" an den Geist seiner Zeit die Frage nach dem Ursprung der Zerrissenheit der Epoche gestellt, ohne zu übersehen, wie sehr dieser der Herren eigner Geist ist. Ich erinnere hier, an dieser Stelle, an die bereits einmal, aber in etwas anderem Zusammenhang zitierten Verse aus dem „Schlußgesang":

> Woher der düstre Unmut unsrer Zeit,
> Der Groll, die Eile, die Zerrissenheit? –
> Das Sterben in der Dämmerung ist schuld
> An dieser freudenarmen Ungeduld;

> Herb ist's, das langersehnte Licht nicht schauen,
> Zu Grabe gehn in seinem Morgengrauen ...[74]

Aber es ist nicht die ungeklärte politische Situation allein, von der die Gesellschaft an den Rand unaufhebbarer Widersprüche und des Zerfallens gebracht wird. Jeder aus dem Geist lebende Mensch dieser Epoche gehört zumindest drei Kulturkreisen an, die sich nicht immer zur Einheit zwingen lassen, mit denen aber der einzelne fertig zu werden hat. Da ist zunächst die Welt des alten Österreich zwischen den Revolutionen, die das eigentümliche Klima des Vormärz mit seinen nervösen Spannungen erzeugt. Dann das größere Europa, diese Mutter meist zentrifugal verlaufender Revolutionen mit der zentripetalen Welt griechisch-christlicher Verinnerlichung im Daimonion des Gewissens. Dieses Gewissens, das den Menschen der Neuzeit stärker mahnt, daß ein Zusammenleben ohne Rücksicht auf den Mitmenschen ins Unheil führt. Und beide werden schließlich immer intensiver mit der in sich zerfallenden paranoiden Lebenswirklichkeit des amerikanischen Konkurrenzdenkens konfrontiert, die den Geist des alten Europa immer dringlicher herausfordert.

Als Philosoph ist Lenau bestimmt kein Systematiker, auch wenn er gelegentlich davon träumt, „seine ästhetischen Ansichten in ein System zu bringen".[75] Unaufhörlich mischt seine lebendig bewegte Phantasie sich nämlich unter die Schlußfolgerungen des Verstandes. Noch dazu ist er zu neugierig, um auch nur einen einzigen Gedanken in eine Richtung zu Ende zu denken. Nicht zuletzt deshalb hat ihm die Lektüre Hegels bisher nicht geringe Schwierigkeiten bereitet. Wenn Lenau daher, im Gegensatz zu den kritischen Anmerkungen, die er in seinen Briefen aus Amerika gemacht hat, bereits wenige Wochen nach seiner Rückkehr eingesteht: „alle üblen Erinnerungen an Amerika verlieren sich schon aus meinem Körper und verlieren auch bereits ihr Trübendes für meine Seele, die nur noch den göttlichen Niagara rauschen hört",[76] dann deutet das darauf hin, daß der Erlebniskomplex „Vereinigte Staaten" – trotz aller negativen Erscheinungen und Enttäuschungen – als Nachwirkung schließlich doch noch den Boden für Lenaus weiteres Schaffen bereitet und seinem Dichten neue Impulse verliehen hat. Unverkennbar ist seine Abkehr von der naiven Art, die Reize und Schönheiten der Natur zu besingen, wie er sie früher doch vorwiegend praktiziert hat. Wenn künftig von Natur die Rede ist, dann in einer stark problematisierten Variante. Der Dichter steht nicht in Identität mit ihr, sondern in Spannung zu ihr. Dieser Wandel seiner Weltanschauung läßt sich schon an den Dichtungen nachweisen, die er während der Überfahrt nach Europa entworfen hat. In noch höherem Maße wird er in der einzigen Rezension manifest, die Lenau jemals verfaßt hat: nämlich in der Besprechung der Gedichtsammlung von Georg Keil. Da heißt es unter anderem: „Die wahre Naturpoesie muß unseres Bedünkens die Natur und das Menschenleben in einen innigen Konflikt bringen, und aus diesem Konflikte ein drittes *Orga-*

nischlebendiges resultieren lassen, welches ein Symbol darstelle jener höheren geistigen Einheit, worunter Natur und Menschenleben begriffen sind. Diese Gestaltung der Naturpoesie scheint unserer Zeit vorbehalten und auf eine merkwürdige Weise mit der charakteristischen Ironie der neuesten Poesie überhaupt zusammenzuhängen…"77

Wohlgemerkt: das ist kein Lernfortschritt im Sinne einer positiven Begegnung etwa mit einer gewaltigen, übermächtigen Natur oder gar mit der schrankenlosen Freiheit der Prärien oder wie sie damals unter Pionieren geherrscht haben mag. Im Gegenteil! Es ist vielmehr die demütige Erkenntnis der irreparablen Gebrochenheit des Menschen oder wenn man es so will: alles Menschlichen, das in diese Natur geworfen, in diese Freiheit entlassen, in diese Welt ausgesetzt worden ist. Bewußt sage ich „geworfen", um den Leser darauf aufmerksam zu machen, wie Lenau damit Positionen Heideggers, ja eigentlich ziemlich aller Existenzphilosophen seit Kierkegaard und Nietzsche vorwegnimmt. „Lenau problematisiert das erst von Jaspers akzentuierte Sein in der Grenzsituation, er kennt den ‚Sprung' und selbst Heideggers ‚Geworfenheit' ist in ‚Faust' antizipiert. Weitaus bedeutender jedoch ist der Gedanke, daß Lenau sein gesamtes künstlerisches Schaffen als Existenzbewältigungsprogramm versteht; damit ist ein Grundkonsens markiert, der diesen Dichter ganz wesentlich mit Nietzsche und Jaspers verbindet."78

Und natürlich spätestens seit dem Erlebnis des Niagara auch mit Hegel. Denn unverkennbar ist die Einheit gegensätzlicher Natur-Erscheinungen in dem Gedicht „Verschiedene Deutung" im Dreischritt zur Übermacht des spirituellen Gotteserlebnisses aufgetürmt und mit der Erkenntnisfähigkeit und Erkenntniswilligkeit des Menschen konfrontiert.

Der von den amerikanischen Realitäten zutiefst verstörte Gottsucher Lenau sucht Sinn in dem, was er auf diesem Kontinent gesehen hat, und findet ihn in der Überhöhung und Umdeutung von Naturphänomenen. Der „göttliche Niagara"79 ist so weit von den Einzelschicksalen und Existenzproblemen der leidenden Menschen entfernt, daß Leiden und Mitleiden nicht mehr die Erfahrung des Sinnes von Symbolen stört. So nähert sich der Dichter schrittweise von den Äußerlichkeiten der Natur zur Innerlichkeit der Gotteserfahrung, die – wie im Werk Hegels – den Stufengang des Geistes unbeirrt von den negativen und positiven Erscheinungsformen real existierender Wirklichkeiten über die Welt hin nachvollzieht. Es ist keineswegs der Versuch einer Rechtfertigung Gottes, den Lenau in jenen Tagen denkt und sucht, sondern die Erkenntnis einer Gotteserfahrung, die negative und positive Aspekte in sich zur Einheit zusammenschließt. Sie resultiert im wesentlichen aus der Begegnung Lenaus mit den Harmonisten und spiegelt sich in seinem Werk – über „Faust" und „Savonarola" weit hinausgreifend – bis hin zu seinem Experiment über die Gottesstreiter, bis hin zu den „Albigensern".

Göttlicher Niagara

Gegensatz und Gegensatzvereinigung scheinen für unseren Dichter nicht zufällig diejenigen Antithesen zu sein, die ihn während der Frühlingsmonate des Jahres 1833 am intensivsten beschäftigen und die er gerade in jenen Tagen zu bewältigen sucht, in denen er sich anschickt, Amerika für immer den Rücken zu kehren. Ausgerechnet aus diesen Stunden seiner endgültigen Rückwendung nach Europa sind uns zwei Zeugnisse erhalten geblieben, die uns wie das Abbrechen von Brückenköpfen anmuten. Da ist einerseits eine Eintragung in eines der Geschäftsbücher von Friedrich Rapp, des Adoptivsohnes von Johann Georg Rapp: „Economy, March 16, 1833: Frederick Rapp Bought (sic) of Mr. Nikolaus von Niembsch, Heinsius Sprachlexicon (sic), 4 Vols. $ 7.00. Recd. Payment Nikolaus von Niembsch. Wie diesem Hinweis zu entnehmen ist, hat Lenau sein Wörterbuch an die Harmonisten verkauft. Wahrscheinlich war es ihm zu beschwerlich geworden, die vier Bände mit sich herumzuschleppen."[80] Andererseits hat sich auch die Ausfertigung eines Vertrags erhalten, mit dem unser Dichter seinen in Crawford County (Ohio) erworbenen Landbesitz für acht Jahre an Ludwig Häberle verpachtet, der sich seinerseits in diesem Vertrag verpflichtet, das Land urbar zu machen, es auf seine eigenen Kosten zu bebauen und an Niembsch in den ersten Jahren einhundert Dollar Pachtgeld im Jahr, in den letzten drei Jahrgängen aber 200 Dollar Pachtgeld per anno zu entrichten.

Ludwig Häberle, ein in Lauffen am Neckar geborener Zimmermann, mit dem Niembsch bereits in Württemberg noch vor der Überfahrt im Kreis der Auswanderer bekannt geworden ist, wird Lenaus Hoffnungen freilich bitter enttäuschen: weder wird er sich um die Bewirtschaftung des Landes kümmern noch den vereinbarten Pachtschilling zahlen. Als er nicht mehr aus oder ein weiß, wird der Zimmermann sich schließlich 1834 nach Kanada absetzen. Zurück läßt er Fragmente jener Gebäude, die er laut Vertrag hätte errichten sollen, nämlich:

1. Ein 44 Fuß langes, 36 Fuß breites, geblocktes Wohnhaus, zweistöckig mit Schindeldach.
2. Eine Scheuer.
3. Die für einen landwirtschaftlichen Betrieb erforderlichen Stallungen.[81]

Den einen Fuß schon halb im Steigbügel, unterzeichnet Lenau recht hastig den für ihn alles andere als günstig zu nennenden Vertrag. Obwohl eigentlich schon seit seiner Ankunft in diesem Land vorbereitet, erinnert sein Aufbruch nach Europa bedenklich an Flucht. Immerhin hätte er bei einem Verkauf der Liegenschaften schon jetzt, nach sechs Monaten, mit größeren Verlusten rechnen müssen. Außer seinen Harmonisten-Freunden glaubt aber noch niemand so recht an den Zusammenbruch der Wirtschaft, den Lenau – wie wir zuvor be-

31 Anonym: Ansicht des Erie-Sees, Stahlstich 1835, ADAU.

reits erfahren haben – deutlicher vorhersieht als alle anderen seiner Bekannten. Auch mit dem Traum von einem arbeitslosen Einkommen dürfte er längst abgeschlossen haben. Hätte er sich sonst so sorglos bei der Verpachtung seines Landbesitzes verhalten, in dem ein Großteil seines Vermögens steckt? Seine Abneigung gilt vielmehr – und das lassen selbst seine spärlichen Äußerungen in den Briefen recht deutlich erkennen – diesem ganzen System von Enteignungen, Umsiedlungen, Vertreibungen, Zwangsumsiedlungen und Landnahmen, auf denen das Eigentum der weißen Siedler letztlich gründet. Von diesem Wissen leitet sich folgerichtig auch Lenaus Abneigung gegen den Präsidenten Andrew Jackson her, der nicht nur eine dubiose Wirtschafts- und Bankpolitik betreibt, sondern auch das Umsiedlungsgesetz im Senat durchsetzt, das so viel Blut und Tränen kostet (und dessen Umsetzung deshalb als Trail of Tears in die Geschichte eingegangen ist). Bevor er zum Präsidenten gewählt wird, hat Jackson Truppen der Union als General in mehreren blutigen Schlachten gegen die Indianer befehligt. In der Schlacht von Horse-shoe Bend etwa besiegt er 1814 die Creek und erobert so ein riesiges Gebiet für weiße Siedler. Er befreit New Orleans im Jahre 1815, ab 1819 fängt er in Florida entlaufene Sklaven wieder ein und unterwirft schließlich die Seminolen. Damit schafft er für weite Territorien des Landes völlig neue Tatsachen und leistet die wichtigsten Vorarbeiten für die spätere Angliederung Floridas an die Vereinigten Staaten. Seine Tätigkeit als General hat Zehntausenden von Indianern das Leben gekostet. Und eben deshalb wird er von den Harmonisten wie der Leibhaftige selbst gehaßt: „… the general was to them an incarnation of evil …"[82], charakterisiert Karl J. R. Arndt, der Entdecker und Herausgeber von Lenaus Gedicht „An die Ultraliberalen in Deutschland", die politische Einstellung der Harmonisten gegen den gerade regierenden Präsidenten der Vereinigten Staaten.

Man darf getrost annehmen, daß Lenaus Urteile über Amerikas Politik und über amerikanische Politiker der Zeit weitgehend mit den Urteilen der Harmonisten über die Vereinigten Staaten übereinstimmen und daß er sich auch von ihnen über die wirtschaftlichen Hintergründe der Politik Jacksons, vor allem aber über die Rolle, die er bei der Vertreibung und Abschlachtung der Indianer gespielt hat, informieren hat lassen. Beides Ursachen für ihre strikt ablehnende Kritik einem Präsidenten gegenüber, dessen wiederholt öffentlich bekundete Zugehörigkeit zum Bund der Freimaurer in krassem Widerspruch zum Ethos steht, das dieser Bund vertritt. Nach der Unterzeichnung des Vertrages über seine Ländereien und nach dem Verkauf des Sprachlexikons von Heinsius, verabschiedet Lenau sich am 16. oder 17. März 1833 von den Harmonisten, um zur letzten, für ihn wichtigsten Etappe seines amerikanischen Abenteuers aufzubrechen. Schon von Anfang an, schon als er sich zu dieser Reise entschließt, bildet der Besuch der Niagara-Fälle einen Fixpunkt in seinem Programm. Kaum zu glauben, daß ein nüchterner Bericht wie der von Gottfried Duden[83] die Phantasie unseres Dichters derart nachhaltig angeregt hat, daß ihm der Gedanke unbehaglich geworden ist, Amerika zu verlassen, ohne dieses weltberühmte Naturereignis gesehen zu haben. Und tatsächlich wird es so etwas wie ein Zentralerlebnis für ihn werden, ohne das der Wert der hier bestandenen Abenteuer eigentlich nicht allzu hoch zu veranschlagen wäre.

Lenaus Weg führt zunächst mit dem Dampfboot die 28 Kilometer auf dem Ohio bis Pittsburgh, wo er von den Württemberger Freunden mit weiteren Ratschlägen versorgt und schließlich verabschiedet wird. Weiter geht es dann – soweit schiffbar – mit dem Dampfboot durch das damals noch stark bewaldete Allegheny-Tal bis Franklin und von dort, teils mit Boot, teils zu Pferd, durch die hügeligen und ebenfalls stark bewaldeten Ausläufer des Allegheny-Gebirges, den French-River entlang, bis Erie (Pennsylvanien). Auf der rund 280 Kilometer weiten Strecke sind damals noch fast den ganzen Weg entlang immer wieder Indianer zu sehen. *Teils im Aufbruch, teils in jener verzweifelten Trunkenheit,* in die sie die Weißen versetzten, um sich entweder an ihrem grotesken Gehaben zu belustigen oder um sie beim Einhandeln von Biber- und Bärenfellen leichter übervorteilen zu können. Es ist nicht schwer, in Lenaus *Indianergedichten*, vor allem in den darin geschilderten Landschaften, Anspielungen auf diese erlebten Szenen, erwanderte Welten und bewältigte Situatio-

32 William Henry Bartlett (1809–1854): Die Stromschnellen über dem Niagarafall, Stahlstich 1838, ADAU.

nen zu finden. Einigen der dem Branntwein und dem Suff bereits sichtlich verfallenen, tief gedemütigten, einst freien „Söhne und Töchter der Wildnis" kauft er in Erie Mitbringsel für die schwäbischen höheren Töchter und Frauen ab. Dann geht es – wahrscheinlich mit dem Dampfer – weiter nach Buffalo und schließlich dem Niagara zu. Fast noch hinter dem Horizont erhebt sich jetzt ein Brausen, das sich zum Brüllen steigert; unmerklich hat der Strom seine Drift erhöht, er treibt nun schneller, reißender dahin. Oder wie es im Gedicht „Niagara" heißt:

> Wo des Niagara Bahnen
> Näher ziehn dem Katarakt,
> Hat den Strom ein wildes Ahnen
> Plötzlich seines Falls gepackt

Und dann, aus dem Fließgleichgewicht des Schaukelns der Trochäen brechend, der Sturz ins Regel- und Grundlose:

... Die Stromschnellen stürzen, schießen...

Das ist ein Zusammenbrechen, ein Sturz ins Bodenlose, wie politisch-revolutionäre Umwälzungen sie im Gefolge haben können. Ein wilder Tanz der Elemente – auch wenn von der Störung des Metrums lediglich ein Vers, genau genommen lediglich ein Versfuß betroffen ist. In eine streng gebaute Strophe bricht der unvorhergesehene Wechsel des Metrums mit scheinbarer Naturgewalt ein. Für Lenaus Gedichte der amerikanischen Zeit ist diese Drohung aus dem Hinterhalt zu einem gewalttätigen Symbol für bevorstehende Gottesstrafen und Sanktionen geworden. Wir erinnern uns, wie gerade das Gottesgericht zu den unverrückbaren Glaubensgrundsätzen der Harmonisten-Freunde des Dichters gehört, dessen unmittelbar bevorstehendes Hereinbrechen sie für die nahe Zukunft erwarten und prophezeien. Mit unverbrüchlicher Hartnäckigkeit glauben sie an ein Zusammenstürzen aller gesellschaftlichen, wirtschaftlichen und politischen Ordnungen als Folge selbstverschuldeter Taubheit, Blindheit, Rücksichtslosigkeit und wohl auch Gewissenlosigkeit. All das hat Lenau in den Schlußstrophen seines Gedichtes „Niagara" in einer Art von naturalistisch orientierter Symbolik zusammengesehen:

> Den der Wandrer fern vernommen,
> Niagara's tiefen Fall,
> Hört er nicht, herangekommen,
> Weil zu laut der Wogenschall.
>
> Und so mag vergebens lauschen,
> Wer dem Sturze näher geht;
> Doch die Zukunft hörte rauschen
> In der Ferne der Prophet.[84]

Hier haben wir es wieder, dieses animistische aus dem Hintergrund Hervordröhnen und Drohen des Schicksals, für das jenes Naturschauspiel lediglich ein sicht- und hörbares Äquivalent darstellt. Wie übrigens in dem mit „Verschiedene Deutung" überschriebenen Gedicht auch. Doch müssen wir uns gerade bei diesen Versen davor hüten, die von Lenau beschriebenen physikalischen Ereignisse wie die prismatische Zerlegung des weißen Lichtes in die Grundfarben oder die durch den Aufprall homogener Wassermassen in andere Aggregatzustände übergeführte Körperlichkeit als das Zugrundelegen von Kriterien anthropomorpher Interpretation anzusehen. Vergessen wir nicht, daß Georg Rapp und mit ihm viele seiner Brüder Alchemisten sind und für sie nicht nur die Verwandlung der Metalle (freilich vor-

33 Anonym: Niagarafall, Kupferstich um 1834, ADAU.

züglich diese), sondern auch die aller übrigen Materie zu höherer Stofflichkeit zu den eigentlichen Aufgaben ihrer Zunft gehören. Also Höherführung, Überführung der Körper aus dem grobstofflichen Zustand in feinstoffliche, seelische Bereiche. Im Grund ein pädagogisches Anliegen, das – wie in diesem Gedicht – in eine neue Gotteskindschaft münden, zu einer neu organisierten Welt führen soll:

1.

Sieh, wie des Niagara Wellen
Im Donnerfall zu Staub zerschellen,
Und wie sie sprühend nun zerflogen,
Empfangen goldne Sonnenstrahlen
Und auf den Abgrund lieblich malen
Den farbenhellen Regenbogen.
O Freund, auch wir sind trübe Wellen,
Und unser Ich, es muß zerschellen,

> Nur stäubend in die Luft zergangen,
> Wird es das Irislicht empfangen.
>
> 2.
> Trüb, farblos waren diese Fluten,
> Solang sie noch im Strome wallten;
> Sie mußten vielfach sich zerspalten,
> Daß sie aufblühn in Farbengluten.
> Nun fliegt ein jeder Tropfen einsam,
> Ein armes Ich, doch strahlen sie
> Im hellen Himmelslicht gemeinsam
> Des Bogens Farbenharmonie.[85]

Die verbindende Klammer der beiden Strophen dieses Gedichts ist der Regenbogen als Zentralsymbol einer Überwindung von Isolierung und Vereinzelung des im naturhaften Sein steckengebliebenen Menschen („auch wir sind trübe Wellen, und unser Ich, es muß zerschellen"…). Gewiß auch hier – wie in den frühen Gedichten – tritt die Beschreibung in den Vordergrund; sie ist die einzige relevante Methode der hier eingeleiteten dialektischen Bewegung: es ist allerdings eine Beschreibung, die den beschriebenen Gegenstand vor dem inneren Auge des Lesers in Oszillation versetzt, ihn so lange dreht und wendet, bis die diesem Gegenstand innewohnenden Eigenschaften dem Leser als eigentliche Inhalte des Gedichts sichtbar werden. Von ein und demselben Ort des Betrachtens aus gesehen, können umgreifende Wahrheiten kaum adäquat eingesehen werden. Es bedarf also des mehrmaligen Wechsels der Perspektiven, ja im vorliegenden Fall sogar des Aggregatzustandes („nur stäubend in die Luft zergangen, wird es das Irislicht empfangen"), bis die Widersprüche bereinigt sind. Kein Zweifel: die Gegensätze umschlingen, durchdringen einander, wobei bald der eine die Stelle des anderen einnimmt, bis schließlich die Quantität in Qualität umschlägt. Das Umschlagen der Gegensätze ineinander ist nun aber – abgesehen vom dadurch bewirkten Höherführen des Bewußtseins – unzweifelhaft eines der markantesten Kennzeichen der Hegelschen Dialektik und die Anlage des Gedichtes „Verschiedene Deutung" als eine Umsetzung, vielleicht besser: eine Anwendung seiner Methode diagnostiziert. Die früheste Anwendung im Werk Lenaus übrigens, der die Spuren von Hegel den schwäbischen Freunden gegenüber zunächst immer wieder beharrlich verwischt. Denn Lenau weiß nur zu genau, wie sehr sie sich mit der Philosophie Schellings verbündet haben.

34 Anonym: Erie-Kanal in Lockport, Hauptstadt der Grafschaft Niagara, bei Lockport wird der Kanal mittels fünf Schleusen, die das Wasser 23 Meter hoch heben, über eine Reihe von Felsen hinweggeführt, Stahlstich 1840, ADAU.

Was jetzt noch fehlt, ist der Nachweis, daß die Synthese dieser Verse tatsächlich in eine neue, höhere Qualität umschlägt. Diese höhere Qualität ist im Symbol des Regenbogens angedeutet. Von seinem Aufenthalt bei den Harmonisten weiß er, mit welcher Inbrunst diese das Endzeit-Gericht Gottes herbeisehnen, das die sündigen Menschen in ihrer Verblendung und Vermessenheit strafen soll. Seit seiner frühesten Bibel-Lektüre weiß Lenau um die Bedeutung des Regenbogens, den Gott gestiftet hat, nachdem die Wasser der Sündflut sich verlaufen haben: Symbol eines neuen Friedensbundes zwischen ihm und der Menschheit. Und jetzt, auf steil abfallender Klippe inmitten dieses Schauspiels von urzeitlicher Wucht, scheint es ihm die einzige Sehenswürdigkeit von ganz Amerika, die diese weite Reise und die bestandenen Gefahren eigentlich gelohnt hat. Jetzt inmitten der tosenden Wassermassen erfüllt heilige Scheu ihn: fließen sie ab, füllen sie die Landschaft zu einer neuen Sündflut? Das Transzendieren, das unwirkliche Leuchten und unaufhaltsame Verfließen der Farben des Spektrums – ist das schon die Versöhnung mit der zürnenden Gottheit? Und während er einige Stichwörter zu dem Geschauten ins Einschreibebuch einträgt, weiß er zugleich, daß es seine Zeit brauchen wird, dieses Erlebnis zur Sprache zu bringen.[86]

Anfang April schifft Lenau sich in Buffalo auf dem Kanalboot „Seneca Chief", einem der bloß für Passagiere eingerichteten Ausflugsboote, die zu dieser Zeit auf dem Erie-Kanal verkehren, in Richtung Neuyork ein. Erste Pläne zur Errichtung des Kanals gehen auf das Jahr 1783 zurück, doch soll es noch bis 1819 dauern, bis Gouverneur Clinton sein Wahlversprechen einlösen wird und man die Schiffahrt auf der Strecke von Rome nach Utica aufnimmt. Im darauffolgenden Jahr bezieht man auch den Senecasee in die Wasserstraße mit ein, und 1825 wird schließlich noch die Strecke über Albany, den Hudson hinab bis Neuyork für den Schiffsverkehr freigegeben. Damit hat der Kanal eine Gesamtlänge von 584 Kilometern. Er besitzt eine durchschnittliche Wasserspiegelbreite von 12 Metern und eine Sohlenbreite von 8.5 Metern, 82 Schleusen helfen, einen Höhenunterschied von insgesamt 210 Metern zu überwinden. Maximilian Prinz zu Wied, dessen Wege sich mit denen Lenaus mehrmals kreuzen, ohne daß die beiden Reisenden einander je zu Gesicht bekommen hätten, schifft sich mit seinen Begleitern drei Monate nach Lenau auf einem dieser charakteristischen Transportmittel ein: „Die Boote des Erie-Kanals sind etwa dieselben wie auf dem Ohio-Kanal, hier sind sie bloß für Passagiere eingerichtet und nehmen keine andere Fracht als das Gepäck der Reisenden. Sie sind aus dieser Ursache bequemer, leichter und schiffen schneller als die Frachtboote. Unser Boot hatte 14 bis 16 Bettplätze, welche sehr kompendiös (= sparsam und gedrängt) eingerichtet waren. Die Pferde ziehen diese Boote immer im Trab, und man legt in 24 Stunden 100 bis 104 Meilen zurück. Zwölfhundert solcher Boote befahren den Kanal",[87] dessen mit Umsicht angelegte Treidelwege unaufhörlich gepflegt werden. Auf diesen Booten dauert die Reise zwischen Buffalo und dem Hudson rund fünfundsiebzig Stunden, das heißt etwas länger als drei Tage. Das Ausflugsschiff, mit dem Lenau reist, ist auf der Strecke Buffalo und Neuyork hingegen rund sieben Tage unterwegs. Dafür können den Reisenden auch manche Ausflüge zu besonderen Sehenswürdigkeiten angeboten werden: Besichtigung von Albany, Besuch der Catskill-Fälle und die Palisaden am unteren Hudson.

An Bord lernt Lenau den damaligen Vizepräsidenten der Vereinigten Staaten und Mitbegründer der Demokratischen Partei, den Rechtsanwalt Martin van Buren, kennen. Dieser hat in den vergangenen zehn Jahren eine glänzende politische Laufbahn absolviert: knapp hintereinander ist er Bundessenator, Gouverneur des Staates Neuyork und schließlich Staatssekretär. Er ist maßgeblich an der politischen Durchsetzung des Erie-Kanals beteiligt gewesen, also jenes Kanals, auf dem die kleine Gesellschaft, mit der Lenau seit Buffalo bekannt ist, mit selbstbewußter Lautstärke durch die romantische Landschaft gleitet. Van Buren gilt als Mitbegründer des sogenannten Spoils-Systems, einer unschönen und wenig demokratischen Praxis, die sich aber wahrscheinlich gerade ihrer leichten Handhabbarkeit wegen, in ziemlich allen gewählten Regierungen der Welt bis zur Gegenwart herauf, gehalten hat. Worin besteht nun dieses System? Kurz gesagt in der mit brutaler Konsequenz geübten Praxis, die öffentlichen Ämter durch Mitglieder der bei den Wahlen siegreichen Partei zu besetzen.

Geprägt 1832 von Senator William Marcy aus Neuyork, gelingt es damals binnen weniger Tage ein Schlagwort in Umlauf zu setzen, das von den Senatoren mit zustimmendem Gelächter quittiert, vom Wahlvolk aber mit Genugtuung zur Kenntnis genommen wird. Denn die einfachen Menschen erhoffen sich von einem Rotationsprinzip – auch wenn das nicht immer zutrifft – eine gerechtere Umverteilung von Arbeit, und das heißt hier von Lohn. Daß dieses Schlagwort hinter seiner Metaphorik zugleich einen ziemlichen Anteil des Repertoires an unterschwellig schlummernden Raubtierinstinkten transportiert und sie mit ins Bewußtsein hebt, das ist den würdigen Senatoren vermutlich nicht klar gewesen. Freilich steigt nicht so ohne weiteres ins Bewußtsein, was nicht schon längst an dessen Schwelle geruht hat. Viele mögen es deshalb wie eine Erlösung empfunden haben, als Senator William Marcy im Verlauf einer Debatte über Ämterverteilung kategorisch erklärt: „To the victor belongs the spoils of the enemy."[88] Diese Synthese von naturalistischen und animistischen Anschauungen, von Lehren des Calvinismus und Vorwegnahmen der Behauptungen des Sozialdarwinismus ruht auf einer gefühls- und stimmungsbetonten Krypto-Religiosität auf und bildet – im Verein mit dieser – nicht nur den Humus für Herbert Spencers Lehre des „survival of the fittest", sondern auch für die in der zweiten Hälfte des neunzehnten Jahrhunderts ausgerechnet in den Vereinigten Staaten von Amerika geschichtsmächtig werdende Biosoziologie.[89] Gerade sie wird in den Folgejahren immer wieder dann herangezogen werden, wenn es gilt, Eugenik und Rassenwahn, zügellosen Kapitalismus, Imperialismus und entfesselten Wettbewerb zu rechtfertigen und zur Deckung zu bringen. Die unheilige Allianz zwischen der Darwin'schen Selektionstheorie, dem neuen, nach quantitativen Erhebungen ausgerichteten Naturalismus führt – in Verbindung mit dem Glauben an strikten Determinismus – schließlich zur Ablehnung der Erkenntnis der „menschlichen Gleichheit", wie die Aufklärung sie postuliert.

Ohne den guten Rat, den Benjamin Franklin einem jungen Handwerker gegeben hat: „Bedenke, daß Zeit Geld ist"[90], wäre die Verschränkung von Geld und Zeit und damit die Atemlosigkeit und Eile des modernen Wirtschaftslebens nicht möglich gewesen. Aber auch die Herkunft dieser Atemlosigkeit ist tierischen Charakters, ist ebenso ein Produkt des Revierverhaltens wie Werbung und Wettbewerb (Platzhirsch und Marktführer sind lediglich die zwei Seiten ein und derselben Medaille). Was aber haben sie mit der Zeit zu tun? Hier ein Erklärungsversuch aus dem Umfeld Machs und Einsteins: „Zeit ist die wahrgenommene Relation zwischen der Bewegung eines Körpers und der Bewegung der Uhr."[91] Je schneller dieser Körper sich bewegt, je schneller er zuschlägt, desto naturgerechter, naturgewollter, desto erfolgreicher wird er sich durchsetzen. Das gilt freilich nicht nur für den tierischen oder für den Körper des Menschen allein. Während man noch an die letzten Teilstücke des Erie-Kanals Hand anlegt, keilen Streckenarbeiter Stahlschienen zwischen Stahlnägel auf Eichenschwellen. Das neue Verkehrsmittel ist eben schneller als jede noch so romantische Kanalfahrt. Das Zeitalter des Dampfrosses hat begonnen.

Aber nicht minder eine neue Weltepoche. Denn noch heute, im einundzwanzigsten Jahrhundert, beschwören Staatsmänner, die sich dem Liberalismus verpflichtet wissen, ihr „Speed kills". Solch naturalistischer Umgang mit der Staatskunst hat aber schon zur Zeit, als Lenau die Vereinigten Staaten besucht, klar umgrenzte und abschätzbare Folgen gehabt: daß sich – vom einen gewünscht, vom andern verwünscht – die öffentliche Hand allmählich aus der Wirtschafts- und Sozialpolitik zurückzieht, daß der Staat seine Regel- und Kontrollfunktionen abgibt und immer stärker in die Hand einiger weniger gerät. Der Verfall des Beamtentums nicht nur der Zentralverwaltung ist dann die natürliche Folge und auch schwerste Korruptionen, denen gegenüber sich vor allem diejenigen als machtlos erweisen, die sich keine Hilfe erkaufen können: der Mittelstand und die Armen. Auch hat Andrew Jacksons Bankpolitik die Währung und die Wirtschaft in einem Ausmaß destabilisiert, daß schließlich nur noch seine Freunde aus dem Kreis der Banker etwas davon haben.

Ohne daß Lenau so recht weiß, wie ihm geschieht, steht er auf dieser Reise nach Neuyork unversehens inmitten einer Gruppe von Bankleuten, Managern und Magnaten, die alle in irgendeiner Weise Andrew Jackson stützen oder von ihm gestützt werden, von ebenjenem Präsidenten also, dem Lenau in seinem Brief vom 6. März 1833 an Joseph Klemm in Wien eben noch Borniertheit und Unfähigkeit vorgeworfen hat. Aber immerhin müssen wir uns eingestehen, daß nahezu alle Vorhersagen Lenaus zur Wirtschaftspolitik der Vereinigten Staaten später in irgendeiner Form eingetroffen sind. Vor allem die eine höchst bemerkenswerte, daß die Politik des Frühliberalismus, die Jackson vehement vertritt, wegen ihrer mangelnden Akzeptanz beim Volk oder in den wirtschaftlichen Subsystemen schließlich ins Bodenlose fallen muß. Daß all das aber schon in kürzester Frist eintreten würde, das kann Lenau selbst nur ahnen. 1834 entläßt Jackson hohe Beamte, weil sie sich weigern, seinen finanzpolitischen Kurs mitzutragen; wenig später rügt der Senat den Präsidenten öffentlich wegen seines diktatorischen und verfassungswidrigen Verhaltens. 1837 wird Jackson aus dem Amt scheiden. Sein bester Freund folgt ihm als 8. Präsident der Vereinigten Staaten ins höchste Regierungsgeschäft nach. Es ist ausgerechnet jener Martin van Buren, mit dem Lenau während der Fahrt auf dem Erie-Kanal gemütlich plaudernd an der Reling eines dieser von drei Pferden gezogenen und wegen ihrer flachen Bauart auch „Pocket-Boat" genannten Kähne lehnt.

Offenbar ist der spätere Präsident der Vereinigten Staaten von dem jungen Dichter und seiner Kunst des intensiven Zuhörens, die er durch ein gelegentlich eingeworfenes Wort zu

35 William Wall (1792–1862): Albany, Hauptstadt des nordamerikanischen Staates New York, Umsteigestelle und Knotenpunkt von Eriekanal und Hudson, Kupferstich 1830, ADAU.

würzen versteht, sehr angetan. Lenaus Abneigung gegen diesen Staat mit seiner Politik menschenverachtenden Jagens nach Geld, Besitz und Macht ist irreversibel angewachsen. Nur zu gut erkennt er, daß der hier gängige Pragmatismus – salopp formuliert – in der Luft hängt, sich also auf kein ethisches Fundament abstützt. Das also ist die dritte Bedeutung, in der Lenau den Begriff „bodenlos" gebraucht, um damit zu zeigen, daß der amerikanische Staat „kein geistiges und sittliches Institut-Vaterland, sondern nur eine materielle Konvention"[92] ist. Aber auch gegen diese Formulierung könnten Bedenken laut werden wie: aus der Luft gegriffen, zu wenig praktische Erfahrung, kein wirklicher Einblick in die Wirtschaft, ins politische System. Doch erhält Lenaus Analyse Schützenhilfe diesmal von einem der interessantesten und für das Land charakteristischsten Philosophen der zweiten Hälfte des neunzehnten Jahrhunderts: von Charles S. Peirce. In dem Brief vom 13. März 1897 an keinen Geringeren als William James gesteht Peirce es als fundamentalen Irrtum ein, seine Logik nicht auf Ethik gegründet zu haben.[93] Lenau, von seinem Lehrer Weintridt in ganz-

36 W. H. Bartlett: Die Palisaden am Hudson River, Stahlstich 1839, ADAU.

heitlichem Denken geschult, erkennt diesen Mangel, nämlich das Fehlen einer menschlichen Dimension, auf Schritt und Tritt während seines Aufenthaltes in den Vereinigten Staaten. Schließlich ist seine Sehnsucht nach der alten Heimat so groß geworden, daß ihn nichts mehr halten kann. Eine während der Bootsfahrt auf dem Erie-Kanal vermutlich von Senator van Buren ausgesprochene Einladung zur Zusammenarbeit lehnt Lenau daher dankend ab. So verabschiedet sich der mächtige Mann also mit dem gütigen Angebot, sich nur getrost an ihn zu wenden, „falls er ihm irgendwann und irgendwie sollte nützlich werden können".[94]

In Lenaus Abwehr mag man vielleicht auch so etwas wie Berührungsangst erkennen. Geballt mag ihm in diesem Volksvertreter übrigens entgegengetreten sein, was alles er an Selbstgefälligkeit und Ignoranz in diesem Land ablehnt. Das mag uns wundern. Lenaus Amerikabild steht indes nicht derart isoliert im Urteil seiner Zeitgenossen da, wie spätere Diplomatie uns glauben machen will. Ein derart differenziert urteilender Wissenschafter wie Eduard Castle hat in verschiedenen Aufsätzen über „Amerikamüdigkeit" berichtet, die auf die „Amerika-Euphorie" des ausgehenden achtzehnten Jahrhunderts folgte.[95] Doch war

37 W. H. Bartlett: Der Catskill Fall am Hudson südlich von Albany, Stahlstich 1840, ADAU.

der revolutionären Bewegung längst die Luft ausgegangen. Das gilt mittlerweile auch für Lenau: „Die republikanische Freiheit (mit der Lenau übrigens allezeit nur kokettiert hat) erschien ihm nun gar nicht mehr so erstrebenswert... Man hat mit Recht in neuerer Zeit von amerikanischer Seite gegen diese stark subjektiven Urteile protestiert und ihre Haltlosigkeit darzutun versucht. Aber damals ... trat an die Stelle der überschwänglichen Beurteilung amerikanischer Verhältnisse eine äußerst nüchterne. Heine, der Amerika gelegentlich wohl noch aus ‚Metierpflicht' öffentlich lobt, spricht jetzt, da er dies ‚gottverfluchte Land, das er einst liebte, kennt', von dem ‚ungeheuren Freiheitsgefängnis' oder dem ‚großen Freiheitsstall, der bewohnt von Gleichheitsflegeln'. Der Mangel aller romantischen und künstlerischen Motive sowie jedweden Kunstgefühls wurde (noch am Anfang der fünfziger Jahre) von Hubert Herkomer[96] und dessen künstlerisch feingestimmten Eltern in der neuen Heimat schwer empfunden; und Anton E. Schönbach[97], dem es gewiß nicht an Sympathien fehlt ‚für das junge große Volk, das sich durch eine ungeheure Kulturarbeit bereits die Achtung der Gegenwart und gesicherte Ansprüche auf eine weite, glänzende Zukunft erworben hat', räumt ein, daß manches im äußeren Auftreten verstimmend wirken müsse: ‚die läppische Prahlsucht, das Erwürgen der feineren Bildung durch den Geldstolz, die Roheit in der Behandlung internationaler Verhältnisse, die brutale Mißhandlung der schwachen Staaten u. a.' Also ganz gebrach es Lenau bei der Beurteilung der amerikanischen Zustände denn doch nicht an Wirklichkeitssinn."[98]

Nicht zu knapp bemessen hat Lenau den Zeitraum seines Aufenthaltes für das, was Neuyork damals zu bieten hat. Er streift durch die City, besieht sich den Hafen, der damals noch ein absolut ländliches Aussehen besitzt, und macht einen Besuch im Zeitungsviertel, wo eigentlich noch die lokalen Blätter mit ihren bezahlten Beiträgen dominieren. Die erste Zeitung von überregionaler Bedeutung ist zu dieser Zeit noch in Gründung: der Neuyorker Herold, der erst 1835 zum ersten Mal erscheinen wird. Auch das Theater kann Lenau nur enttäuscht haben: Neuyork hat zwar einige größere und besser ausgestattete Theater als andere Städte. Aber es fehlt eine übergreifende koordinierende Instanz und daher eine Abstimmung des Spielplanes. Dazu kommt, daß hier zwischen 1820 und 1845 ein geradezu unheimliches Theatersterben zu verzeichnen ist. Mindestens 25 Theater brennen innerhalb dieses Zeitraums aus ungeklärten Gründen ab. So begibt er sich denn aufs Land und besucht den im Lauf des neunzehnten Jahrhunderts zum Bade- und Erholungsgebiet der Neuyorker Oberschicht aufgestiegenen Strand von Long Island. Der ist wegen seiner stark wechselnden Strömungen, seines Wellenganges und der zahlreichen pittoresken Wolkenstimmungen unter Künstlern immer sehr beliebt gewesen. Hier verfaßt oder skizziert Lenau – soweit wir das wissen – zumindest ein Gedicht, das er freilich erst im Verlauf des Jahres 1834 in Europa fertigstellen wird: die „Sturmesmythe". Die darin eingefangene Vorgewitterstimmung, die ein Umschlagen der Wetterlage ankündigt, soll ihn wohl auf die bevorstehende, nicht ganz ungefährliche Überquerung des Ozeans einstimmen:

> … Nicht ein Blatt am Strande wagt zu rauschen,
> Wie betroffen stehn die Bäume, lauschen,
> Ob kein Lüftchen, keine Welle wacht?
> Und die Sonne ist hinabgeschieden,
> Hüllend breitet um den Todesfrieden
> Schleier nun auf Schleicher stille Nacht …[99]

So begibt sich denn Lenau Mitte Mai an Bord des Schiffes „Atalanta"[100], dem einzigen, das er nach langer Suche für eine Reise nach Europa auftreiben kann. An Bord verbringt er die meiste Zeit in seiner Kajüte. Sonst leistet Ludwig von Post, ein junger Mann, ihm Gesellschaft, mit dem er auch nach der Ankunft in Europa in losem Kontakt bleiben und der ihn bei der Klärung der Frage beraten wird, wie der Dichter seinen Besitz ohne allzu große Verluste verkaufen kann. Das amerikanische Abenteuer liegt abgeschlossen hinter Lenau.

Schatten aus Sonnenuntergang

Lenaus Heimreise verläuft – sofern Anton Xaver Schurz uns richtig informiert hat – unter weit günstigeren meteorologischen und emotionalen Bedingungen als die erste Überquerung des Atlantik. Mitte Mai 1833 schifft er sich in Neuyork ein, gegen Ende Juni setzt er den Fuß wieder auf europäischen Boden. Sieht man von einem ihn zutiefst schockierenden Ereignis ab, dessen Zeuge er wird, so dürfte diese Überfahrt nicht eben reich an äußeren Erlebnissen gewesen sein. Jedenfalls ist uns nur eines davon überliefert worden. Das allerdings dürfte eine traumatische Verletzung in seiner Psyche hinterlassen haben: unmittelbar vor seinen Augen fällt ein Schiffsjunge vom Mastbaum, wird von der Wogendrift rasch abgetrieben und ertrinkt.

Noch im darauffolgenden Jahr wird dieser Vorfall den Dichter so intensiv beschäftigen, daß er daraus ein zweiteiliges Gedicht macht. Vermutlich hat Lenau dieses Gedicht bereits in den Wochen der Überquerung des Atlantik skizziert. Aber wie bei anderen umfangreicheren seiner Texte dauert die Fertigstellung lang; noch länger mitunter der Weg bis zu deren Veröffentlichung. Eine der Ursachen ist vermutlich die Komplexität der philosophischen Probleme, die Lenau den Gedichten der Reifezeit zugrund legt. Das kann man gerade an diesem Gedicht recht gut studieren. Dazu kommt, daß die Gedanken ihrer Umsetzung in poetische Bilder oft nicht unerheblichen Widerstand entgegenstemmen. Mag also der Dichter von seinem Aufenthalt in Amerika noch so enttäuscht gewesen sein, sein Vermögen Wirklichkeit darzustellen wird durch dieses Erlebnis entschieden ins Geistige überhöht. Vice versa hat es aber immerhin auch seine Kritikfähigkeit an den politischen Zuständen geschärft.

Zum ersten Mal wird dieses Gedicht übrigens im „Morgenblatt für gebildete Stände" unter außerordentlicher Anteilnahme des Publikums abgedruckt werden, die nicht zuletzt auf den sozialpolitischen Hintergrund zurückzuführen sein dürfte.[101] Wie bereits in anderen seiner Poesien aus dieser Periode, etwa „Im Urwald" oder in dem ebenfalls zweiteilig angelegten Poem „Verschiedene Deutung", in dem er die elementaren Eindrücke des Niagara-Erlebnisses verarbeitet, stemmt Lenau auch hier den leblosen und der Materie verhafteten Naturgewalten eine Welt des Geistes und der Sinnzusammenhänge entgegen. Worum es ihm – kurz gesagt – hier aber geht, das ist das soziale Gewissen: der Schiffsjunge, von den drei im Gedicht vorgestellten Personen der am wenigsten Gesicherte, stürzt vom Topsegel und wird von den Wogen verschlungen. Wahrscheinlich hätte der Unfall verhindert werden können, hätte man das bereits mürbe Tau ausgetauscht. Aber sowohl der Kapitän als auch der Steuermann haben andere Interessen. Wir werden sogleich sehen, welche. So wird der Junge das Opfer der Naturgewalten, die Lenau bewußt mit Raubtierverhalten charakterisiert, um solcherart auf die enge Verwandtschaft zwischen dem fehlenden sozialen Gewissen und dem Dschungelegoismus aufmerksam zu machen:

> Wie hungernde Bestien stürzen die Wellen
> Dem Opfer entgegen, sie schnauben und bellen,
> Schon hat ihn die eine wütend verschlungen,
> Und über sie kommen die andern gesprungen,
> Die um die Gierige neidisch schwärmen
> Mit schäumendem Rachen und wildem Lärmen.[102]

Die Natur ist gewissenlos, sie nimmt sich, was sie braucht, denn sie kennt nicht Gut, nicht Böse und kennt daher auch kein Mitleid. In ihr wirkt die eherne Notwendigkeit des Reiz-Reaktionsablaufs. Ursache und Wirkung ist zwar auch dem Menschen nicht fremd, in ihre Abfolge schiebt sich aber korrigierend und wie schon die Ethik postuliert: das Gewissen. Wenn daher Lenau von einem „Mörder-Ozean" spricht, so ist er weit davon entfernt, den Sachverhalt zu vermenschlichen; aber augenzwinkernd durchsetzt er ihn mit einem Schuß seines kaustischen Humors, um uns darauf aufmerksam zu machen, „Freunde hier ist etwas Widersprüchliches verborgen". Hier stoßen zwei Welten aufeinander, das vom Menschen geschaffene System von Werten und die für diese Werte blinden Naturgewalten. Zwischen ihnen aber wird das Leben, der Mensch zermalmt, zerschmettert, vergessen; doch sie bleiben unschuldig wie zuvor:

> Die Sonne wiederum zu Himmel steigt,
> Da ruh'n die Winde, jede Welle schweigt,
> Und traurig steht der feiernde Matrose,
> Nachdenkend seinem wandelbaren Lose.
> Klar blickt der alte Mörder Ozean
> Dem Himmel zu, als hätt' er nichts getan.[103]

Im zweiten Teil des Gedichtes knüpft Lenau scheinbar beiläufig an die Metaphorik der Romantik seiner Zeit ebenso an wie an deren Natursymbolik. Doch darf man dabei nicht verkennen, wie ihn gerade sein Amerika-Erlebnis zu einer differenzierteren Sicht des Faktischen angeregt hat. Hier kündigt sich bereits an, was den Ruf des Dichters als realistischer Romantiker begründen und festigen wird: sein außerordentliches Genie nämlich, die Gebrochenheit des Denkens, ja des gesamten menschlichen Daseins noch in der scheinbaren Idylle aufzuspüren und mit hoher Suggestionskraft, vor allem aber höchst doppelbödig darzustellen.

Andererseits gelingt es seiner Bildersprache, seinen Symbolen, das Ringen, das *Verlangen der Natur nach dem Geist* als Leitmotiv allen Seins sichtbar zu machen. Er kennt keine falsche Bescheidenheit, wenn es darum geht, seine Stellung zwischen der Literatur des Vormärz und der Romantik aufzuzeigen. Vor allem aber ist er sich einer schon in den Diskussionen mit seinem alten Lehrer Vinzenz Weintridt wiederholt erprobten, nicht gerade häufig anzutreffenden Gabe bewußt, kreative Antworten auf die Bücher der Philosophen zu finden, die er studiert hat: Baruch Spinoza, Franz von Baader, Gotthilf Heinrich Schubert, später dann Schelling und Hegel.

Von der Romantik herkommend und durch die ernüchternde amerikanische Herausforderung gegangen, erkennt Lenau peu à peu die Fragwürdigkeit und Tragik der menschlichen Lebensbedingungen. Nichts ist so verletzlich wie das Leben des partikularen Menschen. Der einzelne, ein Nichts, wächst erst im Einklang mit dem Allgemeinen zur Geistgröße. Streng genommen, ist damit das Thema seines „Faust", seines „Savonarola" und natürlich auch seiner „Albigenser" umrissen. Und hier, in diesem zweiteiligen Gedicht über den verunglückten Schiffsjungen, ist das Scharnier, über welches Lenaus Dichten, Lenaus Denken von der Traurigkeit privater Melancholie einschwenkt in die pantragische Weltanschauung seines letzten Lebensjahrzehnts. Das Zurückfallen des jungen Lebens ins tobende

Element – Untergang für das einzelne Individuum, Absturz in ein Nichtsmehrwissen – erscheint Lenau indessen wie der Neubeginn in einer anderen Dimension.

Behutsam knüpft der Dichter dabei an die Tiefseegedanken an, wie er sie im Verlauf der Überfahrt nach Amerika geträumt und gedichtet hat. Blieben seine Bilder damals allerdings weitgehend noch den Projektionen seines Unbewußten verhaftet, so deuten sich hier, im zweiten Abschnitt des auf der Rückfahrt verfaßten Gedichts, unverkennbar allgemeinphilosophische Zusammenhänge an. Allerdings in einer verblümten, mehr verhüllenden als enthüllenden Sprache. Doch – und das spürt man jetzt allmählich schon – der Unfall des Schiffsjungen, dieses Ende eines einzelnen, ist keineswegs der Abbruch, sondern die Fortsetzung des unendlichen Prozesses. Oder sollte man nicht – mit einem Seitenblick auf Hegel – an den Gedanken vom Stufengang alles Seienden erinnern? Daß Lenau an dieser Stelle ausgerechnet das Bild von den Seejungfrauen wieder aufnimmt, um das *„Verlangen der Natur nach dem Geist"* ins Bild zu setzen, mag man vielleicht als einen Rückfall in die Anakreontik seiner Frühzeit bedauern; es ist freilich in einem weit höheren Maß der Beweis dafür, daß er zur Zeit seiner Rückreise nach Europa noch keineswegs mit der neuen Ausdrucksweise, mit der neuen Sprache, wie sie die andersgearteten Erfahrungen jetzt fordern, vertraut ist.

Das ist freilich nur die – wenn man so will – äußere Seite der Kritik. Dahinter verbirgt sich freilich noch etwas anderes: der Versuch des Dichters nämlich, sich aus dem Tagesstreit herauszuhalten und dennoch die Wahrheit zu sagen. Für Hegel ist es die Anstrengung des Begriffs, ohne die Wahrheit nicht zu erlangen ist. Das von ihm reflektorisch hoch angesetzte Sprachniveau fordert dem Leser ein Höchstmaß an Reflexion ab. Das hat – bedenkt man die Zeitsituation – auch etwas Gutes: seine Formulierungen entziehen sich weitgehend der Zensur.

Lenaus Camouflage dagegen ist anderer Art. Auch er hütet sich peinlich und mit poetischer Bravour davor, sozialkritische Zusammenhänge allzu deutlich in den Vordergrund zu rücken. Ähnlich wie Richard Wagner im „Ring des Nibelungen" rund zwanzig Jahre danach, transportiert Lenau ebenfalls Gesellschaftskritik; teils in mythischer Verkleidung wie im Abstieg zu den Seejungfrauen, teils – worauf wir sogleich kommen werden – als Scheinidylle aus der Arbeitswelt der Schiffahrt getarnt. Der Arbeitsunfall – Folge eines auf raschen Gelderwerb bedachten liberalen Egoismus – hat aber insofern auch etwas Gutes. Er macht die Tiefseewesen darauf aufmerksam, daß sich die Jahreszeiten einmal ändern werden:

> Aus des Frühlings warmen, weichen Armen
> Riß das schnelle Unglück ohn' Erbarmen
> Ihn hinunter in das tiefe Meer;

> Über ihm und seinen Jugendträumen
> Seht ihr nun die kalten Wogen schäumen,
> Seine Heimat grüßt er nimmermehr.
>
> Oder hat der Frühling eine Kunde
> Senden wollen nach dem kühlen Grunde,
> Als er diesen Jüngling fallen ließ?
> Sammeln sich um ihn die Seejungfrauen
> Froh erstaunt, in der Korallen Auen
> Stillem, ewig dämmerndem Verließ?
>
> Flechten sie schon freudig und erschrocken,
> Schöner Fremdling, in die nassen Locken
> Muscheln dir zum weißen Rosenkranz?
> Werden sie in ihren Felsenriffen
> Nicht von dunkler Sehnsucht schon ergriffen
> Nach des Erdenfrühlings goldnem Glanz?[104]

Aber Lenau ist bereits in diesen Tagen, da er den Ozean zum zweiten Mal übersetzt – und auch das werden wir sogleich erkennen –, vertraut mit einem der für die Epoche entscheidendsten revolutionären Entwürfe Hegels, in denen dieser den Weg zu Bewußtsein und Selbstbewußtsein als ein dialektisches Geschehen besonderer Art nachzeichnet. Vielleicht wird manchem Leser das, was ich bisher über Lenaus Auseinandersetzung mit dem bislang letzten Systematiker der Philosophie gesagt habe, doch noch zu wenig anschaulich gewesen sein, um meiner These beizupflichten, Lenau habe seinen Hegel bereits in den Tagen seiner Rückreise nach Europa gekannt. Um das Gesagte leichter überprüfen zu können, empfiehlt es sich, den Abschnitt „Herrschaft und Knechtschaft" in der „Phänomenologie des Geistes"[105] aufzuschlagen. Vor solcher Folie lese man dann, was Lenau über das dialektische Verhältnis zwischen Steuermann und Kapitän zu sagen weiß:

> Der Steuermann am Ruder steht,
> Das Rad mit gewaltigen Armen dreht,
> Stets blickend scharf auf's zitternde Schwanken
> Der Bussole mit mancherlei frohen Gedanken.
> Er überzählt sein Geldchen im Stillen,
> Schon hört er am Strande die Fiedel klingen,

> Wo blühende, lustige Dirnen springen,
> Die gerne dem Seemann sind zu Willen.[106]

Das, woraus des Steuermanns Selbstbewußtsein entsteht, ist seine Arbeit. Es bedarf gewaltiger Kraftanstrengung, das Rad herumzudrehen, den Kurs zu halten, den Kurs zu überwachen. Indem er diese Arbeit verrichtet, formt er sein Selbstbewußtsein in höherem Maße als der Herr seines, der vergnügt auf dem Schiff herumgeht, hierhin, dahin schaut, im übrigen aber dem Knecht alle Arbeit überläßt. Dennoch darf man eines nicht verkennen: „Dem Knechte ist aber sein natürliches, sinnliches Dasein lieber als die Persönlichkeit, das bloße Leben lieber als der auf dem Selbstbewußtsein ruhende Wert des Lebens...: eben darin besteht nämlich das knechtische Bewußtsein. Was den Herrn zum Herrn macht, ist, daß er den Tod nicht gefürchtet und sein Leben daran gesetzt und gewagt hat."[107] Kurz: der Aufstieg zum Herrn und der Kampf sich durchzusetzen haben ihn zwar über den Knecht erhoben, zugleich aber auch dazu geführt, daß dieser nun die Arbeit des Herrn macht. „Indem der Knecht nun durch sein eigenes Tun die Dinge bildet, bildet er sich selbst. Arbeit ist und macht Bildung. Durch die Arbeit kommt das Bewußtsein des Knechts schließlich zu sich selbst und erhebt sich über seine Dingheit... Die Dialektik des Selbstbewußtseins in dem Verhältnis der Herrschaft und Knechtschaft hat demnach die Folge, daß jede der beiden Seiten sich in ihr Gegenteil verkehrt. *Der Herr genießt, was der Knecht erarbeitet,* und wird dadurch abhängig vom Knecht; dieser aber, indem er die Dinge gestaltet und bildet, gewinnt die Herrschaft über dieselben und dadurch auch die Herrschaft über den Herrn, so daß am Ende das ganze Verhältnis sich umkehrt: *der Herr wird abhängig vom Knecht und dieser unabhängig vom Herrn...*" (Hervorgehoben vom Verf.)[108] Eine Überlegung, die unverkennbar auf den sozialemanzipativen Progreß aufmerksam macht, wie er seit der amerikanischen Revolution zunehmend auch auf Europa übergreift. Lenau montiert von diesem Programm zunächst aber nur das augenfällige Genießen, an dem der Kapitän und Herr des Schiffes sich recht oberflächlich erfreut. Das Schwellen der Segel wird ihm zur Augenweide, die Arbeit in der Gefahrenzone der Takellage, wo der Schiffsjunge den Tod findet, den er bestimmt nicht gesucht hat, ist bestenfalls eine Reminiszenz, keinesfalls ein Ort existentieller Auseinandersetzung für den Kapitän. Die Führung des Schiffes hat er ganz und gar dem Steuermann überlassen, der mehr und mehr in die Aufgaben seines Herrn hineingewachsen ist und so die eigentliche Herrschaft über Schiff und Kapitän gewonnen hat. Was Hegel durch die Anstrengung des Begriffs uns deutlich gemacht hat, setzt Lenau in die Bildsprache des dramatischen Gedichts um. Er verzichtet darauf, den inneren Zusammenhang dialektisch abzuleiten und zu begründen; er versucht vielmehr, seine Leser bei ihrer Erfahrung zu packen, wenn er das Genießen, die Freude des Kapitäns an seinem Besitz im ersten Teil des Gedichts „Der Schiffsjunge" als Siegel für unbeschwertes Auskosten des Eigenen macht:

> Vergnügt, die Heimat wiederzusehn,
> Am Verdeck frisch auf und nieder geht
> Waghaltenden Schritts der Kapitän,
> Und lächelnd empor in die Segel späht,
> Die jetzt ihm schwellen zur Augenlabe
> Von des Windes köstlicher, flüchtiger Habe.
> Dort klettert ein Junge gar flink und heiter
> Die Sprossen hinauf der schwankenden Leiter;
> … Da bricht das morsche Tau entzwei,
> Woran er geschwebt – ein banger Schrei –
> Er stürzt hinunter ins Meer…[109]

Das ist Sprengstoff selbst für dieses an sozialrevolutionären Visionen so reiche neunzehnte Jahrhundert. Obwohl kein Wort davon in den Gedichten oder in den Briefen zu lesen steht, ist es doch unwahrscheinlich, daß Lenau während seines Aufenthalts in Amerika nie etwas über den *Aufstand der Neger-Sklaven* sollte erfahren oder gehört haben, der die Einwohner der Ostküste über Jahre hinweg in Angst und Schrecken versetzte. Als unser Dichter am 10. Oktober 1832 den Boden Virginias betritt, sind noch keine zehn Monate vergangen, seit man die *Rebellion Nat Turners* niedergeknüppelt, sie brutal niedergeschlagen hat. Dieser, ein Prediger und Lehrer seiner schwarzen Brüder, begnadet mit der Gabe des suggestiven Worts und von der starken messianischen Überzeugung durchdrungen, der Befreier der Sklaven zu sein, erfährt in harter Arbeit ein solches Übermaß an Wissen um das Unrecht und Leid, das den Schwarzen tagtäglich widerfährt, daß er und seine Schicksalsgenossen sich schließlich gegen ihre Peiniger erheben. Turners Predigten sind Weckrufe, die den Mitbrüdern allmählich klar machen, daß die Herren lediglich durch die Fronarbeit der Sklaven zu Herren geworden sind, sie selbst aber durch Usurpation des Besitzes anderer zu Sklaven.

Eine den Gedankengängen Hegels durchaus verwandte Überlegung. Doch zufällig sind die Preise, die man in diesem Jahr für Schwarze auf den Sklavenmärkten erzielt, ziemlich niedrig. Man beschließt also, die Bluttaten, die von den Rebellen an einigen Landbesitzern begangen worden sind, gnadenlos zu rächen. Rasch trommelt man ein Heer aus Soldaten und Freiwilligen zusammen, insgesamt dreitausend Mann, und schickt es gegen die rund siebzig schlechtbewaffneten Aufständischen. Wie nicht anders zu erwarten, wird der Aufstand blutig niedergeschlagen, 50 Weiße verlieren dabei ihr Leben, und eine unbekannte

Anzahl von Schwarzen fällt weißer Lynchjustiz zum Opfer. Mit 15 seiner Gefährten wird Nat Turner schließlich im November 1831 in Jerusalem (Virginia) gehängt.

Klar haben die weißen Herren also erkannt, daß ein selbst auf der Grundlage aufklärender Reflexion betriebener Bewußtseinsprozeß wenn nicht schon zum Zusammenbrechen der Wirtschaftsordnung, so doch zur Enteignung ihrer Domänen führen muß. Die Radikalisierung ist daher die logische Konsequenz: „Wer als Schwarzer in irgendeiner Form zur Abschaffung der Sklaverei aufrief, mußte laut einem Gesetz des Staates Virginia aus dem Jahr 1832 mit bis zu 39 Peitschenhieben rechnen, im Wiederholungsfall mit der Todesstrafe."[110] Einleuchtender lassen sich die Zusammenhänge zwischen Freiheit, Macht, brutalem Machtmißbrauch, Besitz, Arbeit und Börsenkursen kaum aufzeigen. Wie wir zuvor anläßlich der Besprechung des Gedichtes „An die Ultraliberalen in Deutschland" gesehen haben, hat Lenau schon im Verlauf seines Aufenthaltes bei den Harmonisten tief erschreckt und erschüttert erkannt, wie verhängnisvoll die durch die französische Revolution verbreitete Erfahrung gewesen ist, „daß die Fesseln des Rechts und der Freiheit ohne die Befreiung des Gewissens abgestreift werden, *daß eine Revolution ohne Reformation sein könne*".[111] (Hervorgehoben vom Verf.)

Jetzt geht es dem Dichter darum, einen gemeinsamen Nenner für die auseinanderstrebenden Erfahrungen zu finden, die er in Amerika gemacht hat. Hart nebeneinander liegen Gut und Böse. Der Glaube an das Geld ist eng verbunden mit dem Glauben an die Macht eines ewigen, alles Irdische übersteigenden Lebens. Eine fast kindliche Frömmigkeit liegt unmittelbar neben dem Vertrauen auf die Machbarkeit allen Seins, der Genuß wächst aus der Askese, und Mord und Totschlag sind nur die verschiedenen Seiten ein und derselben Medaille: dem Leben. Gibt es dafür überhaupt den vereinigenden Blickwinkel schlechthin, mit dessen Hilfe man die vielen unvollendeten Gedanken, Ansätze und Gedichte, die Lenau in seiner Mappe mit sich herumschleppt, zur Einheit zusammensehen könnte?

Ein Ansatz zur Klärung solcher Fragen liegt in der radikalen Trennung zwischen Gut und Böse. In der Radikalisierung der Extreme wächst immer überzeugter und überzeugender der *Glaube an das schlechthin Böse,* das es – in die Umwelt projiziert – zu verfolgen gilt, während das Gute unbefragt und von Kritik weithin unberührt darüber hinschwebt. Das Gute ist der internalisierte Glaube an ein Gutes im Menschen, ungeachtet der Tatsache, ob man es je dingfest hat machen können. Wahrscheinlich hat Lenau die Anmerkungen erst während der Überfahrt nach Europa gelesen, die Hegel zur Käuflichkeit und dem Einbrechen des Bösen in die Kulturgeschichte gemacht hat. Aber sie kommen nicht zu spät für ihn und sein Werk, und mit einem Mal sieht er klar: warum sollte man nur die ewige Seligkeit im Tauschverfahren des Ablasses kaufen, warum nicht auch die ewige Seligkeit für die Macht der Leidenschaften, Begierden und alle Reichtümer der Welt eintauschen können? Mephisto und Faust, sind das nicht auch die beiden Gegenspieler einer modernen Welt, die sich der Allmacht des Teufels verschreibt, um mit dessen Hilfe in immer weitere und unsicherere Horizonte vorzustoßen? Überall da, wo es darum geht, über uns selbst und die uns gegebene Natur hinauszuwachsen, wird Negativität die Methode der Wahl sein; wird neben dem Beitrag Gottes gleichermaßen der Beitrag des Teufels nötig werden.

Während der Überfahrt von Amerika nach Europa muß Lenau schlagartig erkannt haben, daß sich im Motiv der Faustsage seine bisher Fragment gebliebenen poetischen Ansätze zur Kritik nicht nur des amerikanischen Lebensstils, sondern sogar der modernen Lebenswirklichkeit zusammenführen und verschränken lassen. Es sind nicht zuletzt derart pointiert kritische Stellungnahmen wie: die Amerikaner seien „himmelanstinkende Krämerseelen"[112], die seine Kritiker befremdet haben und zu zahlreichen Anfeindungen führen werden; zugleich erkennen wir heute, da wir besser über die Entstehungsgeschichte dieser episch-dramatischen Dichtung Bescheid wissen, daß die ältesten Teile des Faust mit dem Amerika-Erlebnis eng zusammenhängen. Ein Beispiel für mehrere gleichwertige: „Die Verschreibung" etwa gehört zu den ältesten Teilen der episch-dramatischen Dichtung und dürfte noch während Lenaus Aufenthalt in Amerika erste Formen angenommen haben. Dafür sprechen analoge Stellen in anderen von Lenaus Gedichten wie „Der Urwald", „Das Blockhaus", „Niagara". Mit den darin wirksam werdenden Symbolen sucht der Dichter den amerikanischen Erfahrungen beizukommen, in denen zunehmende Versachlichung, aber auch das Abgleiten in ausschließlich ökonomische Interessen nicht nur die zwischenmenschlichen Beziehungen stören, zerstören, sondern auch ethische Einstellungen verflacht. Lenaus Faust ist – wie zuvor schon ausgeführt – keineswegs der naive Gottsucher des goetheschen Faust; er sucht vielmehr Fehlentwicklungen im Menschen auf und legt jene Verwundungen bloß, von denen die Seele des Menschen verletzt worden ist.

Noch während der Überfahrt muß Lenau damit begonnen haben, Nahtstellen für den Zusammenhang, aber auch Schemata des Handlungsverlaufs zu skizzieren. Dabei scheint er auf eine Stelle in Hegels Vorlesungen über die Philosophie der Geschichte gestoßen zu sein, in der die existentiellen Verletzungen der Seele des Menschen aus Läsionen dargestellt und erklärt werden, die auf wirtschaftliche Interessen zurückgehen: der Faustmythos als Produkt der Wirtschaftsbeziehungen zwischen dem einzelnen, der Kirche und Gott. Der Ablaß also und parallel dazu die Vorstellung, sich durch Teufelsverschreibung alle Herrlichkeiten der Welt, Macht, Lust und Größe einzuhandeln. Hegel hat das so zusammengesehen:

„Der Mensch ist ins Innerliche, Abstrakte getrieben, und das Geistliche ist als vom Weltlichen verschieden gehalten worden. Das aufgegangene Bewußtsein der Subjektivität des Menschen, der Innerlichkeit seines Wollens, hat den Glauben an das Böse, als eine ungeheure Macht der Weltlichkeit mitgebracht. Dieser Glaube ist dem Ablaß parallel: sowie man sich für den Preis des Geldes die ewige Seligkeit erkaufen konnte, so glaubte man nun, man könne für den Preis seiner Seligkeit durch einen mit dem Teufel gemachten Bund sich die Reichtümer der Welt und die Macht für seine Begierden und Leidenschaften erkaufen. So ist jene berühmte Geschichte von Faust entstanden, der sich aus Überdruß an der theoretischen Wissenschaft in die Welt gestürzt und mit Verlust seiner Seligkeit alle Herrlichkeit derselben erkauft habe. Faust hätte dafür, nach dem Dichter, die Herrlichkeit der Welt genossen; aber jene armen Weiber, die man Hexen nannte, sollten nur die Befriedigung einer kleinen Rache an ihrer Nachbarin gehabt haben, wenn sie der Kuh die Milch versetzten oder das Kind krank machten. Man hat aber gegen sie nicht die Größe des Schadens beim Verderben der Milch oder Krankwerden des Kindes u. s. f. in Anschlag gebracht, sondern hat abstrakt die Macht des Bösen in ihnen verfolgt. So sind denn in dem Glauben an diese abgetrennte, besondre Macht der Weltlichkeit, an den Teufel und dessen List in den katholischen sowohl wie in den protestantischen Ländern eine unendliche Menge von Hexenprozessen eingeleitet worden. Man konnte den Angeklagten ihre Schuld nicht beweisen, man hatte sie nur in Verdacht: es war somit nur ein unmittelbares Wissen, worauf sich diese Wut gegen das Böse gründete."[113]

Schon längst – und nicht erst seit der Veröffentlichung von Goethes nachgelassenem zweiten Teil im Jahre 1833 – hat Lenau die Aktualität des Faust-Stoffes erkannt. Eine Gestalt der Sage und des Mythos, geeignet, die Gegensatzspannungen und Polaritäten des Frühkapitalismus im Gedicht sich spiegeln, in der Poesie sich entwickeln zu lassen. Schon einmal, nämlich 1823 im Neunerschen Kaffeehaus, hat Lenau in Gegenwart von Johann Gabriel Seidl etwas renommierend davon gesprochen, einen Faust schreiben zu wollen, der sich sehen lassen könne.[114] Doch wird es dazu erst zehn Jahre nach diesem Gespräch kommen. Bevor er mit „Faust" beginnt, braucht Lenau freilich nicht nur die Erfahrungen seiner amerikanischen Reise, sondern auch die noch wesentlich tiefer führende Erkenntnis, daß Faust keineswegs allein die Sagengestalt ist, für die die Volkspoesie ihn ausschließlich hält; daß sich hinter Fausts Rücken vielmehr handfeste soziologische Aussagen und Befunde verbergen. Ein Wissen, das unser Dichter zweifellos der Lektüre Hegels verdankt, war doch dieser einer der ersten, der auf die Verbindung des Verzichts auf ewige Seligkeit, Käuflichkeit von Moral und Verlust der Fähigkeit, Gut und Böse säuberlich zu trennen, hinwies. Sie sind vielmehr über viele Stufen der historischen Entwicklung so miteinander vermittelt, daß sich in jedem Gut bereits die Negation dieses Guten vorfindet. Kurz: Gut und Böse sind weder voneinander zu isolieren noch gegeneinander auszuspielen. Von daher kann man recht gut verstehen, was Lenau im Jahr seiner Rückkunft aus Amerika an Justinus Kerner schreibt: „Ich meinerseits bin recht gesund und schreibe gegenwärtig einen Faust, wo sich Mephistopheles nicht übel macht. Da hab' ich denn endlich einen Kerl gefunden, auf den ich meinen ganzen Höllenstoff ablagern kann, er ist bereits damit beladen wie ein Steinesel. Wenn er nur nicht überhaupt ein Esel ist. Doch *tentare licet*. Faust ist zwar von Goethe geschrieben, aber deshalb kein Monopol Goethes, von dem jeder andere ausgeschlossen wäre. Dieser Faust ist Gemeingut der Menschheit..."[115]

Aber anders als Goethe ist Lenau von Anfang an entschlossen, seinen „Höllenkerl", auf den er seinen Groll abzuladen gedenkt, nicht versöhnlich enden zu lassen. Im Gegenteil: er weiß, daß sein Faust stranden muß. Und das ist nur folgerichtig so, denn dieser Epoche, gegen die Lenau bewußt und mit all seiner Kraft und Verzweiflung anschreibt, ist eben anders nicht beizukommen als dadurch, daß man ihr den eigenen Untergang immer wieder vor Augen führt. Mephisto und Don Juan sind zwei Verführer, die aus dem Dämonischen ihre Kraft schöpfen. Faust hingegen öffnet sich dem Bösen nicht aus Neigung, sondern – wie Kierkegaard richtig anmerkt – um den ganzen Umfang der Wirklichkeit kennenzulernen: „Faust wollte das Böse nicht kennenlernen, um sich daran zu freuen, daß er nicht so schlecht sei (das tut nur der Spießbürger), sondern er will vielmehr alle Schleusen der Sünde offen fühlen in seiner eigenen Brust, das ganze unüberschaubare Reich der Möglichkeiten"...[116] Mit Hegel hat auch Lenau erkannt, daß die Wahrheit keineswegs nur ein Segment des Weltlaufs sein kann. Ebensowenig ist sie eine geprägte Münze, die ausgegeben oder eingestrichen werden kann, wie es das Böse an sich gibt. Der Dogmatismus des Denkens erweist sich unter anderem in dem Glauben, daß „das Wahre in einem Satze (bestehe), der ein festes Resultat ist, oder auch der unmittelbar gewußt wird".[117]

Lenau weiß recht gut, warum er diese Hypertrophie der Gedanken und der Haltungen, auf die uns Kierkegaard später aufmerksam machen wird, als besondere Charaktereigenschaft der Schwaben ansieht. An Max von Löwenthal: „Sollte die Zensur mir jene fragliche Szene streichen, so bin ich gesonnen, das Manuskript liegen zu lassen, bis es sich auf den Belauf von zwanzig Druckbogen vermehrt haben wird, denn alsdann wird es ohne Zensur gedruckt. Außerhalb Schwaben möcht ich es außer andern Gründen auch aus dem nicht drucken lassen, weil Faust ein geborner Schwabe ist. Auch ist sein Charakter ein wahrhaft schwäbischer. Dieser Hang zu spekulativer Schwärmerei, dieser redliche Ernst in Verfolgung einer überhirnigen abenteuerlichen Idee, dieses leichtgläubige sich Prellenlassen vom Teufel scheinen mir echte Züge des schwäbischen Nationalwesens, und ich möchte Fausts Verschreibung einen erhabenen Schwabenstreich nennen."[118] Eine Definition, die mindestens drei Lösungen zuläßt und einem magyarischen Schwabenstreich bedenklich nahekommt. Denn außer dem in Knittlingen bei Stuttgart geborenen Faust sind mindestens noch Hegel und Justinus Kerner in Schwaben geboren.

Es werden keine fünf Jahre vergehen, da wird Lenau in einem Gespräch mit dem Freund Max von Löwenthal Bilanz ziehen, den eigenen Standort abstecken und den Stellenwert zu bestimmen suchen, den er in der Geistesgeschichte mittlerweile erreicht hat. Daß er sich dabei selbst nicht ganz gerecht wird, sondern hinter das in der Dichtung bereits Erreichte zurückfällt, wenn er als effektvollste Stellen seiner Dichtungen jene bezeichnet, wo er die Natur belauscht, das heißt: abgespiegelt hat. All das spricht freilich nicht unbedingt gegen die in diesem Buch vorgestellten Zusammenhänge. Denn nach Otto Friedrich Bollnow[119] ist es geradezu das klassische Vorrecht der Leser, den Dichter besser zu verstehen, als er sich selbst verstanden hat. Klar daß ihnen weitaus mehr Informationen über seine Stellung in der Welt, die politischen Zusammenhänge seiner näheren Umwelt und über die gesellschaftspolitischen Zustände in angrenzenden Ländern bekanntgeworden sind als ihm selbst. Selbstverständlich weiß der Leser meist auch über das Bescheid, was der Dichter noch schreiben wird, während der doch mitten drin steht und schon der nächste Hügel seine Aussicht verstellen kann. Und so sehen wir Lenau seinem eigenen Schatten nachhetzen, ohne daß für ihn je Aussicht bestünde, sich selbst zu erreichen:

„Das, worin ich neu bin, worin ich Epoche mache in der deutschen Literatur, und worin mir keiner, wie viele Nachahmer auch schon aufgetreten sind, gleichkommt, ist meine Naturpoesie, meine poetische Durchdringung und Abspiegelung der Natur und ihres Verhältnisses zur Menschheit, ihres Ringens nach dem Geiste, meine Illustration der Natur. Meine effektvollsten Stellen sind jene, wo ich die Natur belauscht habe, die organische wie die menschliche. Diese meine Eigentümlichkeit ist schon anerkannt und wird es noch mehr werden. In einer mir sonst nicht günstigen Kritik in den Hallischen Jahrbüchern geben die Hegelianer zu, daß die Naturanschauung Goethes und Schillers jetzt nicht mehr genügen konnte, und daß ich hierin die deutsche Lyrik weitergebracht."[120]

Ein Sommeridyll in der Alten Welt

Gegen Ende Juni 1833 betritt Niembsch in der Nähe von Bremen wieder europäischen Boden. Wie damals noch üblich, wird auch diese glückliche Überquerung des „Mörders Ozean"[121] ausgelassen und wild gefeiert. Kaum ist das Schiff vertäut, heizen Grog und Schnaps der Mannschaft und den Maaten tüchtig ein. Das Spiel rasch herbeigelaufener Musikanten lockt Mädchen zum Tanz. Es dauert nicht lang, da ist eine überschäumende Orgie auf dem Sandstrand in Gang, deren Spuren sich noch in den Abschnitten „Der Tanz" und „Görg" von Lenaus „Faust" wiederfinden. Nachdem die Mannschaft die Todesgefahren der Überquerung des Ozeans glücklich überwunden hat, bauen sich jetzt die aufgestauten Energien schlagartig ab. Fasziniert von solchen wie überhaupt von allen Eruptionen der Volksseele erkennt Lenau in diesem spontanen Aufbrechen dionysischer Ekstasen Reste eines ursprünglichen, noch nicht verfeinerten Daseinsgefühls, das im Verlauf der zivilisatorischen Entwicklung ebenso verschüttet worden ist wie durch den Glaubensanspruch christlicher Dogmen. Das macht den durch die Schule Amerikas gegangenen Dichter – Carl Gibson ist einer der wenigen Forscher, die das erkannt haben – zu einem Vorläufer Friedrich Nietzsches, der übrigens nicht nur Lenaus „Faust", sondern auch die Zigeuner- und Indianergedichte kennen und intensiv studieren wird. „Wie später Nietzsche unterscheidet Lenau recht deutlich zwischen dem gesunden, lebensbejahenden und im Einklang mit der Gesetzmäßigkeit der Natur existierenden Menschen und dem asketisch lebensfeindlichen, in metaphysische Spekulationen verstrickten Decadent; Lenau hat diese substantielle Unterscheidung seiner ideellen Dichtung zugrunde gelegt und mit ‚Don Juan' beziehungsweise mit ‚Faust' und ‚Savonarola' die antagonistischen Typen realisiert. Aber die Ausweitung des Naturbegriffes ins Anthropologische findet auch in der Lyrik statt, nur unscheinbarer."[122]

Doch nun wieder zurück zum Tag seiner Ankunft. Ein erster Gruß des alten Kontinents, der dem Dichter in Bremen in die Hände fällt, ist „Wolfgang Menzels Literaturblatt", eine Beilage zum Cottaschen „Morgenblatt für gebildete Stände". Groß aufgemacht springt ihm daraus sein Name entgegen, umfangen von einem Lorbeerkranz. In den knapp neun Monaten seiner Abwesenheit ist er, weit über Württemberg hinaus, zur Berühmtheit, zum gefeierten deutschen Dichter geworden. In der Buchhandlung liegen auch Karl Friedrich Hartmann Mayers „Gedichte" auf, zu deren Druck er nicht unwesentlich beigetragen hat. Der Buchhändler macht ihn auch auf einige Rezensionen seines eigenen Gedichtbandes aufmerksam, die inzwischen erschienen sind und die er noch nicht gelesen hat. Daß er sich hingegen – wie Fritz Felzmann meint – nach seiner Ankunft aus Amerika in einem Bordell (oder vielleicht auch auf dem Strand) in Bremen die Syphilis geholt hat,[123] kann schon, was die Inkubationsfrist betrifft, nicht stimmen. Besser mit dem Krankheitsverlauf stimmt es überein, wenn man annimmt, Lenau habe sich in den düsteren Wochen in Heidelberg angesteckt.

Ohne großen Aufenthalt geht es über Hannover weiter nach Schwaben. In Heidelberg macht er kurz Rast, um den Kaufmann und Bankier David Zimmern sowie dessen Sohn Adolph zu besuchen. Als kleines Reisegeschenk hat er für Adolphs Frau Körbchen und Taschen mitgebracht, wie die Indianer sie verfertigen und feilbieten. Anfang Juli trifft er in Stuttgart ein. Wie schon vor seinem Aufbruch nach Amerika wohnt Lenau auch nach seiner Rückkehr bei der Familie Reinbeck; denn seit der Affäre um die Schilf-Lotte, wie Lotte Gmelin seit der Veröffentlichung der Schilf-Lieder in Stuttgart heißt, hat sich ein vertrauliches Verhältnis zur Familie Schwab nicht wieder hergestellt. Bei den Reinbecks aber fühlt er sich vor allem deshalb wohl und geborgen, weil Emilie alles daran setzt, ihm ein zweites Zuhause zu schaffen. Er schläft bis tief in den Vormittag, läßt sich starken schwarzen Kaffee zum Frühstück servieren und bleibt sodann oft noch bis nach 12 Uhr mittags im Bett. „Ich lebe hier sehr gemütlich", so kann er schon am 12. Juli von Stuttgart aus an seinen Schwager Schurz schreiben. Auch das Zimmer ist ganz in seinem Sinn ausgestattet: „Die liebe Emilie hat mir mein Zimmer gar schön geschmückt mit den Bildern, welche sie nach Gedichten von mir gemalt hat. Über dem Sofa hängen die zwei Bilder der ‚Waldkapelle'; über dem Schrank, das sehr liebliche Bild ‚Lilla' nach meinem Gedichte: ‚nach Süden' gearbeitet. Ein unaussprechlicher Zauber liegt in dem warmen Kolorit; jedes Wölkchen atmet; jedes Blatt pulsiert. Man kann nicht ohne süßen Herzschlag vor ihren Bildern stehen."[124]

Rasch gelingt es Lenau, die alten Bande der Freundschaft dort wieder zu knüpfen, wo sie bei seiner Abreise im Spätfrühling des Jahres 1832 abgerissen sind. Am 12. Juli 1833 unternimmt er mit Emilie und Georg von Reinbeck einen Ausflug nach Waiblingen, um seinen Freund Mayer zu besuchen. Schon Mitte Juli begibt er sich wieder auf die Reise. Er besucht Justinus Kerner, der ihn sogleich neugierig fragt: „Nun, wie ging's?" – „Das sind verschweinte, nicht vereinte amerikanische Staaten", antwortet Lenau mißvergnügt. Wie auch andere Freunde des Dichters weiß Kerner zu berichten, daß Lenau nur sehr ungern von seinem Aufenthalte in Amerika spricht. Liest man die Briefe und Berichte dieser Tage, dann bietet sich fast in allen das gleiche Bild: Das verhätschelte Genie des Glücks, von den Frauen vergöttert und verwöhnt, hochgelobt von der Presse und von den Kollegen, ist ein Mann, der wie von geheimem Leid gezeichnet scheint. Obwohl er zur geistigen Elite Deutschlands gehört, scheint in ihm eine geheime Wunde aufgebrochen zu sein, die sich nur notdürftig unter den zahllosen Aufmerksamkeiten beruhigt, die ihm seitens der Freunde zuteil werden. So jedenfalls beurteilt Alexander Sternberg den aus Amerika heimgekehrten Lenau.

Alexander von Ungern-Sternberg ist eine der zahlreichen Zufallsbekanntschaften in Lenaus Leben. Zur Zeit der Entstehung des „Faust" ist er über Tage hinweg ein treuer Begleiter des Dichters. Oft treffen sie einander bei Justinus Kerner, bei Alexander von Württemberg und bei Gustav Schwab. Bald nennt Lenau ihn einen „geistreichen Dichter und liebenswürdigen Menschen", bald beneidet er ihn „um die Keuschheit seines Schmerzes."[125] Es dauert nicht lange, da nennt Lenau ihn Freund. Sternbergs politisches Engagement ist wankelmütig wie sein ganzer impulsiver Charakter. Bald setzt er sich für die sozialen Fragen des Adels ein; als einer der ersten Schriftsteller Deutschlands macht er auch auf das Elend der schlesischen Weber aufmerksam; nach 1848 wird er gar zum Royalisten. Er ist eine spirituelle Persönlichkeit, deren Hellsicht erstaunliche Gedankenblitze produziert: rigoroser Gegner der Einigung Deutschlands, der er ist, entsteht in ihm 1848 die Vision eines zwischen Ost und West geteilten Deutschlands, dessen Hauptstadt, Berlin, von den Russen besetzt ist. So erhofft er Frieden für die ganze Region.[126]

Sternbergs Sprache ist pointiert, zwischen Zynismus und Frivolität angesiedelt, oft unüberhörbar mit dem Ton des Alltags gewürzt. Seine satirischen Beobachtungen des Gesellschaftslebens sind niemals ganz frei von Zynismus und noch weniger von Spott, dabei bleibt er jedoch immer der amüsante Plauderer, der er von Anfang an gewesen ist und der sich durch diese Eigenschaften eine fast unübersehbare Leserschaft gesichert hat.

Als Lenau ihn kennen lernt, ist der Schriftsteller Sternberg noch ein beinahe unbeschriebenes Blatt. Er hat in Stuttgart 1832 die Novelle „Die Zerrissenen" veröffentlicht und hat damit in doppelter Hinsicht Erfolg: er gewinnt die Freundschaft von Gustav Schwab, Lenau sowie der meisten Angehörigen des schwäbischen Dichterkreises. Was jedoch für ihn am erfreulichsten ist: er kann buchstäblich von Tag zu Tag mit ansehen, wie der Titel seiner Novelle zur Charakterisierung einer ganzen Zeitströmung oder vielleicht besser: der herrschenden Zeitstimmung wird. Obwohl Sternberg mit Lenau befreundet ist, liegt nichts ihm ferner als unreflektierte Lobhudelei. Mit scharfem Auge erkennt er die Schwächen des Freundes und deckt mit viel Humor die Widersprüchlichkeit seines Lebensgefühls auf. Man erkennt an dieser erst Jahrzehnte danach verfaßten Prosa allerdings auch, daß der Schreibende nicht ganz frei von Neid gewesen ist:

„Der arme Lenau saß in diesen Schlingen bis über die Ohren. Die bewundernden Weiber begleiteten ihn überall, überall gab es Herzensverhältnisse, überall dämmernde Abendstunden und hingehauchte Lieder am Piano, und ein Winken aus der Ferne, und ein Winken aus der Nähe, Eifersüchteleien und Tränen, Vorwürfe und lange Briefe mit eingestreuten Tränenspuren. Endlich war an allem dem nichts wahr und wirklich als die weichlich gekitzelte männliche und weibliche Eitelkeit ... Seine Ansicht vom wahren Dichter war, daß er nichts geben könne als das, was die augenblickliche Stimmung, die Inspiration, wie er es nannte, ihm eingab. So saß er stunden lang bei seiner brennenden Pfeife und sann und träumte... Zu Mittag aß er sehr stark und sehr viel Leibgerichte; Bewegung machte er sich fast gar keine, sondern griff gleich wieder zu seiner Tabakspfeife, und abends zu seiner – Violine, – auf der er ungarische Volksmelodien spielte."[127]

Ich habe die kritischen Zeilen des lieblos-liebenden Freundes Alexander von Sternberg hierher gesetzt, weil sonst vielleicht Lenaus Selbstinszenierung in Stuttgart und Wien derart suggestiv über die Jahrhunderte zu uns heraufwirken und das Leben des Dichters allzusehr verklären könnte. Deshalb habe ich dem Leser einen skeptischen Blick durch die Brille eines ihm einst nahestehenden Kollegen gewährt. Denn noch heute gibt es die Lenauschulen von Stuttgart und Wien, die jeweils ein eigenes, ihren Vorstellungen entsprechendes Lenaubild entworfen haben. Worum es Lenau allerdings tatsächlich gegangen ist, das war,

38 Pieter Francis Peters (1818–1903): Schlößchen Serach bei Eßlingen, Landsitz von Alexander Graf von Württemberg, Ölgemälde 1845, SNMM.

sich zwei Brennpunkte in seinem unbeständigen, an Unregelmäßigkeiten so reichen Leben zu schaffen, um die er auch weiterhin seine Bahnen ziehen konnte, ohne ganz aus ihnen geworfen zu werden. Wie wir noch sehen werden, ist das Haus der Familie Löwenthal in Penzing bei Wien der eine dieser Fixpunkte; während sich das Haus der Emilie Reinbeck – in den neun Monaten von Lenaus Abwesenheit in Amerika – ganz ohne sein Zutun zu einer Art Kultstätte und damit zum anderen Fixpunkt für sein künftiges Leben herausgebildet hat. Von beiden zieht er strahlenförmig nach allen Richtungen der Windrose aus, um in regelmäßigen Abständen seine Freunde zu besuchen. In beiden Häusern findet er freilich auch Liebe und Geborgenheit, ohne sich in ein Übermaß an Abhängigkeit zu verheddern. Denn beide Hausfrauen sind ja verheiratet und die Ehemänner beider mit Lenau befreundet.

Obwohl Lenau sich elend fühlt – den ganzen August 1833 über hat er Seitenstechen und auch sein Rheumatismus macht ihm unaufhörlich zu schaffen –, meldet er sich dennoch bei den Freunden in Stuttgart und Umgebung zurück. Doch manche von ihnen sind entsetzt: er hat ein eingefallenes, graues Gesicht, vom Pökelfleisch-Essen während der Schiffsüberfahrten hat er Skorbut bekommen, und davon sind ihm einige Zähne ausgefallen. Er spricht stockend und hinkt unübersehbar. Kurz: er sieht so leidend aus, daß man um ihn fürchtet. Doch Freundschaft und Liebe sehen bald darüber hinweg. Mehrmals besucht er den Oberamtsrichter Mayer in Waiblingen, auch von seinem Freund, dem Grafen Alexander von Württemberg, kann er sich nicht trennen und verschiebt seinetwegen mehrmals die Heimreise nach Wien. Alexander ist als Oberst eines königlichen Reiterregiments in Eßlingen stationiert, besitzt aber in der nächsten Umgebung dieser Stadt, nämlich in Serach, ein hübsches Landgut. Romantisch angelegte Gärten umgeben ein schlichtes Landschlößchen sowie ein Gästehaus im Schweizer Stil. Bei einem seiner Besuche lernt Lenau hier am 16. August 1833 Marie Friederike Alexandrine Gräfin von Württemberg-Urach, die Schwester seines Freundes, kennen und lieben. Diese Begegnung schildert Fräulein Marie von Hünersdorff, Hofdame der Gräfin Marie von Württemberg, anschaulich:

39 Johann Michael Holder (1796–1861): Miniaturmaler in Stuttgart, Marie Friederike Alexandrine Gräfin von Württemberg-Urach, vereh. Gräfin von Taubenheim (1815–1866), Schwester Graf Alexanders, Miniaturbild, Großh. Hess. Besitz, SNMM.

„… wir trafen gegen elf Uhr morgens in Serach ein, und fanden sämtliche Bewohner in einer Laube versammelt. Der Graf eilte seiner Schwester, sie freudig und herzlich begrüßend, entgegen. Am Eingange der Laube stand Lenau. Graf Alexander stellte ihn uns auf die liebevollste Weise vor. So wenig imponierend Lenaus Persönlichkeit im ersten Augenblick durch seine etwas gedrückte Haltung erschien, so anziehend und rührend war seine Erscheinung durch die tiefe Seelentrauer, welche sein ganzes Wesen ausdrückte. Den tiefsten Eindruck auf mich machte sein schönes dunkles Auge, in ihm lag eine Welt der schmerzlichsten unergründlichsten Gefühle. Ich hatte von dem Grafen gehört, daß Lenau sich in den letzten Tagen wieder sehr leidend gefühlt, und als ich, dem Drange meines Herzens folgend, bei der ersten Begrüßung einige teilnehmende Worte über seine Gesundheit an ihn richtete, antwortete er mir auf die freundlichste Weise, und der Klang seiner schönen, etwas gedämpften Stimme vollendete den günstigen Eindruck seiner interessanten Persönlichkeit."[128]

Während seines Besuches bei Justinus Kerner in Weinsberg ist Lenau von einem derart heftigen Seitenstechen befallen worden, daß an eine Weiterreise nach Wien im Augenblick kaum zu denken ist. Im alten Turm, der zu Kerners Gartengrundstück in Weinsberg gehört, verbringt Lenau daher so manche schmerzfreie Stunde, in deren Verlauf er weiter an seinem Faust feilt. Viel Neues scheint hier, in diesen Sommertagen des Jahres 1833, allerdings nicht entstanden zu sein. Deshalb wundert es die ihm Nahestehenden auch, daß dieses alte Gemäuer im Volksmund alsbald den Namen „Faust-Turm" erhält. Doch dürfte bei dieser Namensgebung der stets zu Scherzen aufgelegte Justinus Kerner seine Hand im Spiel gehabt und sich eine Sage zunutze gemacht haben, wonach der echte, zu Knittlingen geborene Faust sich hier einst aufgehalten habe.

So jedenfalls berichten es die Freunde, die im übrigen mit Sorge Lenaus gesundheitlichen Verfall beobachten und bestürzt kommentieren. Entsetzt registrieren sie, daß sein Gesundheitszustand nach der Rückkehr aus Amerika bedeutend labiler, seine Anfälligkeit für diverse Schwankungen des Wetters ungleich größer geworden ist, als er es vorher war. Aber wie manchem Neurastheniker gelingt es auch ihm, die Schwäche alsbald abzuschütteln und seinen unsteten Lebenswandel wieder aufzunehmen: Weinsberg, Stuttgart, Serach bei Eßlingen... Fast überall ist ihm ein Zimmer bereitet, fast in jedem dieser Zimmer wartet ein Bett auf ihn, das, sofern es nötig ist und seine Ankunft rechtzeitig angekündigt wurde, mit kupfernen Wärmepfannen gehörig temperiert wird.

Überfallen Koliken ihn, liegt er – unfähig sich zu rühren – auf dem zurückgeschlagenen Bett, schluckt Pulver und schlürft Tee, die ihm Medizinalrat Dr. Gottlob Benjamin Becher verordnet hat. In seinem Dankesbrief an den behandelnden Arzt stellt Niembsch sich selbst die Diagnose, wenn er seine Krankheit als „den amerikanischen Dämon bezeichnet, der sich zwischen meine Rippen verschanzt hat".[129] So ist es denn auch die Einsicht in den eigenen Zustand, die ihn schließlich dazu veranlaßt, die Reise nach Wien in eine immer fernere Zukunft hinauszuschieben. Denn nicht zu Unrecht fürchtet er die Vorwürfe seiner Schwester und nicht minder die seines Schwagers. Beide sind entschiedene Gegner der Amerikareise gewesen; es ist daher nicht schwer zu erraten, wo sie die Ursache für Niembschs beklagenswerten Zustand suchen und wem sie die Schuld zuweisen werden. So kommt ihm jetzt eine kleine Liebelei doppelt willkommen, die sich zwischen ihm und Marie von Württemberg[130] anspinnt. Sie verschafft Niembsch jenen geistig-emotionellen Auftrieb, den er in diesen Tagen tiefster Niedergeschlagenheit so dringend nötig hat. Es gibt zahlreiche Hinweise darauf, daß Alexander es gern gesehen hätte, wenn aus dieser Liebelei eine feste Verbindung seiner Schwester mit Lenau geworden wäre. Wie bei ähnlichen Gelegenheiten weicht Niembsch hingegen aus, sucht, alles in Schwebe zu belassen. Er hält Vereinbarungen nicht ein, schützt Krankheit vor, verspätet sich um Stunden bei Einladungen.

40 Faustturm im Garten Justinus Kerners zu Weinsberg. Lenau dichtete hier nur einzelne Passagen und keineswegs – wie der Volksmund später behauptete – den ganzen Faust, GRAU.

Wie auch immer, der Plan Alexanders, mag er auch noch so listig eingefädelt worden sein, führt nicht zum angestrebten Ziel: „Die Freundschaft Lenaus mit dem Grafen Alexander wird nach der Amerikareise besonders eng. Kerner schreibt am 23. 7. 1833 an J. Hartmann: ‚Alexander drang in Niembsch zu ihm zu kommen, er wolle ihm Serach einräumen, Equipage und Bedienten geben etc.' ... Zu welchen Komplikationen mit der Hartmannschen Familie es freilich auch kam, erzählt Julie (Marietta von Hartmanns zweite Tochter) am 16. 8. 1833 wieder Kerner: ‚... den 13. am Dienstag, dem [31. Geburtstag] von Niembsch, der heilig versprochen hatte, ihn bei uns zu feiern und schon am Sonntage wieder von Eßlingen zurück zu sein, das war aber nicht der Fall, er kam nicht am Sonntag und nicht am Montag, auf den Dienstag war eine Partie auf die Solitude, Bärensee, veranstaltet, aber Niembsch war auch des Morgens nicht da, wo Emilie[131] alle möglichen Anstalten getroffen hatte; nun fürchtete man er sei krank, und schickte einen Boten nach ihm, der denn auch die Nachricht brachte, er werde ihm sogleich folgen; das war um 12 Uhr bis 1 Uhr waren die Wagen bestellt, bis 2 Uhr warteten wir er kam nicht und nun fuhren wir der Vater Aloizy [Niewiarowicz] und ich voraus; um 3 Uhr endlich Reinbecks ohne Niembsch ... eine halbe Stunde nach ihnen Niembsch, dem die Verzögerung gar leid tat, die aber nur durch seine gräflichen Wirte veranlaßt wurde ...'"[132]

Mit einem Wort: Niembsch hat die Reinbecks und Hartmanns versetzt, um mit Alexander und dessen Schwester ungestört Geburtstag zu feiern. Offenbar ein Versuch des zart besaiteten Dichters, der es möglichst allen Beteiligten Recht tun möchte, sich der sanften Gewalt seiner Stuttgarter Freunde dadurch zu entziehen, daß er sie vor vollendete Tatsachen stellt. Das läßt sich auch aus dem Bericht herauslesen, den uns die Hünersdorff gibt. Er schließt nahtlos an den zuvor zitierten Brief an:

„... Von jener Zeit begann für Gräfin Marie und mich ein neues Leben. Bei der ersten Wiederholung unseres Besuches in Eßlingen eilte Graf Alexander uns mit der freudigen Nachricht entgegen, daß Niembsch sich entschlossen habe, einige Wochen bei ihm an seinem häuslichen Herde zu verweilen ... Seitdem Gräfin Marie den edlen Lenau unter dem heimatlichen Dache ihres geliebten Bruders installiert wußte, eilte sie, so oft es ihre damaligen Lebensverhältnisse erlaubten, nach Eßlingen; war doch Niembsch der Zauber, welcher uns alle in seinen magischen Kreis gezogen! Der herrliche Sommer begünstigte diese heiteren Ausflüge. So oft wir in Eßlingen eintrafen, eilten uns beide Freunde, uns freudig bewillkommend, entgegen. Nachmittags wurden Ausflüge in die nächsten Gegenden unternommen. Eine schöne Fahrt auf dem Neckar, wo Lenau uns durch sein meisterhaftes Spiel auf der Guitarre entzückte, wird mir namentlich unvergeßlich bleiben. Jene herrlichen Wiener Ländler, mit so viel Geschmack und solcher Innigkeit vorgetragen, hab ich nie wieder auf ähnliche Weise gehört. Denken Sie sich dazu den reizendsten Sommertag, die Natur in aller Schön-

41 Das „Schweizerhaus", Gästehaus des Grafen Alexander von Württemberg bei Schloß Serach, Photo 1853, SNMM.

heit und Fülle, welche die abwechselnd romantischen und malerischen Ufer des Neckars entfalteten, um mit uns zu fühlen, daß wir alle in wahrer Begeisterung schwärmten. Ja, es war eine herrliche Zeit, reich an Poesie und hohem geistigen Genusse. Die Abende vereinigten uns gewöhnlich wieder in Eßlingen in traulichem Zusammensein. Graf Alexander erfreute uns durch seinen ausgezeichneten Vortrag auf dem Flügel; Gräfin Marie besaß eine sehr schöne Stimme, und wenn sie Lenaus inniges Lied: ‚Weil auf mir, du dunkles Auge!' mit tiefer Empfindung sang, sah ich das seine in freudigem Strahle erglühn."[133]

Im Verlauf eines dieser intimen, in harmonisch-vertrauter Stimmung ablaufenden Feste fällt schließlich eines Abends das Wort, das wie *Lenaus eigentliche Rückkunft aus Amerika* anmutet. Es ist kein zweites von ihm überliefert, mit dem er sich derart deutlich und ausdrücklich von der extravertierten Welt des Kampfes, der Abenteuer, der Erlebnistrunkenheit und der wilden Freiheitsräusche seiner Jugend distanziert und uns anzeigt, daß schließlich allein das eigene Urteilen es ist, das uns Freiheitsräume in diese haifischdurchpflügte Wirklichkeit bricht. Im Verlauf dieses Abends also macht Lenau zu Marie von Hünersdorff eine knappe Andeutung über die neue Richtung, die sein Leben genommen hat:

„Mein Aufenthalt in der neuen Welt hat mich von der Chimäre von Freiheit und Unabhängigkeit, für die ich mit jugendlicher Begeisterung schwärmte, geheilt. Ich habe mich dort überzeugt, daß die wahre Freiheit nur in unserer eigenen Brust, in unserem Wollen und Denken, Fühlen und Handeln ruht."[134]

Anmerkungen

1 An Joseph Klemm, Lisbon, 6. März 1833, in: LHKG, Bd. V/1, 243, 244, 245.
2 François-René Chateaubriand (1768–1848): Voyage en Amérique et en Italie, 1827, hatte seine Berichte hauptsächlich aus Erzählungen von Missionaren geschöpft. Wie weit er selbst nach dem Westen gekommen ist, ist bis heute unklar geblieben, und daher ebenso, was er von all dem Berichteten selbst erlebt oder gesehen hat. Den Rang seines Buches macht jedenfalls nicht die Faktentreue aus als vielmehr die Schönheit der Sprache.
3 Heinrich Bischoff: Nikolaus Lenaus Lyrik – ihre Geschichte, Chronologie und Textkritik, Berlin: Weidmannsche Buchhandlung 1920, 311 ff.: „Als Seitenstück zu dem Gedichte kommt vor allem der Brief an Schurz aus Baltimore vom 16. Oktober 1832 in Betracht, also gerade die frühzeitigsten Aufzeichnungen aus Amerika. Dort gedenkt Lenau auch eines ‚ziemlich artigen' Empfangs von Seiten der ersten amerikanischen Familie, die er antraf. Dies entspricht dem Lobe der amerikanischen Gastfreundschaft im Gedichte, während das Lob der Wahrhaftigkeit keinen Beleg in den Briefen findet." (313).
4 Das Blockhaus, in: LHKG, Bd. II, 58.
5 Alexis de Tocqueville: In der nordamerikanischen Wildnis. Eine Reiseschilderung aus dem Jahre 1831, Bern und Stuttgart: Verlag Hans Huber 1953, 25 ff.
6 Vgl. dazu Ludwig von Bertalanffy: Das biologische Weltbild, 1949; Ders.: Biophysik des Fließgleichgewichtes, 1953.
7 Søren Kierkegaard: Gesammelte Werke, Bd. 8, Die Krankheit zum Tode, Jena: verlegt bei Diederichs 1924, übersetzt von H. Gottsched und Chr. Schrempf: „In dieser … Bedeutung ist nun die Verzweiflung die Krankheit zum Tode: Diese Krankheit im Selbst, ewig zu sterben; zu sterben und doch nicht zu sterben: … das Sterben der Verzweiflung setzt sich beständig in eine Leben um. Der Verzweifelte kann nicht sterben; ‚so wenig wie der Dolch Gedanken töten kann' …" (15).
8 Der Urwald, in: LHKG, Bd. II, 53.
9 Heinrich Heine: Ludwig Börne. Eine Denkschrift, in: Werke (Hrsg. Oskar Walzel), Leipzig: Im Insel-Verlag 1913, Bd. VIII, 386 ff.
10 An Emilie und Georg Reinbeck, Lisbon, den 5. März 1833, in: LHKG, Bd. V/1, 236.
11 Ebenda, 236.
12 Ebenda, 235.
13 Alexis de Tocqueville: Über die Demokratie in Amerika, aus dem Französischen von Hans Zbinden, Stuttgart: Deutsche Verlags-Anstalt 1959, Bd. I, 294.
14 Zitiert nach Gerhard Josef Auer: Die utopische Gemeinschaft der Harmonisten. Ihr Einfluß auf das Amerikaerlebnis und das Werk Nikolaus Lenaus, University of Illinois at Urbana-Champaign, 1989, 67.
15 Gerhard Josef Auer, a.a.O., 67.
16 Offenbarung Johannis (übersetzt und neu revidiert von Leander van Eß) 12./1. ff.

17 Offenbarung Johannis (übersetzt und neu revidiert von Leander van Eß) 12./8.
18 Martin Heidegger: Schellings Abhandlung „Über das Wesen der menschlichen Freiheit (1809)", Hrsg. Hildegard Feick, Tübingen: Max Niemeyer Verlag 1971, 132 ff.
19 Friedrich Wilhelm Joseph Schelling: Stuttgarter Privatvorlesung (1910), I/VII, 468.
20 Ebenda, a.a.O., 143.
21 NL an Emilie und Georg von Reinbeck, Ohio, den 5. März 1833, in: LHKG, V/1, 235.
22 Erschütternd sind etwa die Berichte – um nur das eine Beispiel anzuführen – über die Geschäftsmethoden Astors. Vgl. dazu Gustavus Myers: Geschichte der großen amerikanischen Vermögen, Berlin: S. Fischer 1916, Bd. 1, 72 ff.
23 Vgl. dazu Max Lerner: Amerika – Wesen und Werden einer Kultur. Geist und Leben der Vereinigten Staaten von heute, Frankfurt am Main: Europäische Verlagsanstalt 1960, aus dem Amerikanischen übertragen von Walter Theimer, 676.
24 Das behauptet zumindest eine der Figuren in Louise Zehnder-Weils „Erzählung für das deutsche Volk: Geläutert." München: Verlag von J. Schweitzer 1889; Katharine: „Wir lassen doch die Menschen in Ruhe; möchten sie es mit uns doch auch so machen! Aber sie haben fast ohne Ausnahme gar kein richtiges Verständnis für uns, selbst Euer Dichter Lenau, der sich in seinem Weltschmerz in unsere klösterliche Einsamkeit geflüchtet hatte, und dem eine Zeit lang in herzlicher Nächstenliebe gerne Aufnahme bei uns gewährte (sic), schrieb nachher in deutschen und amerikanischen Blättern die boshaftesten Artikel über die Harmoniegesellschaft und machte dieselbe nach allen Seiten hin lächerlich. Es tat uns leid, mehr um seinet-, als um unsertwillen, denn wir hatten den geistreichen und genialen Mann trotz seiner vielen Schrullen und Excentritäten (sic) lieb gewonnen und ich habe manche Stunde angenehm mit ihm verplaudert und den vielen Gedichten gelauscht, welche hier das Tageslicht erblickten und die er mir dann mit dem ihm eigenen Feuer und Pathos vortrug." (245) Eine Behauptung, die man – wie gesagt – bis jetzt nicht verifiziert hat, und die man daher am treffendsten als Schutzbehauptung charakterisiert.
25 Alexis de Tocqueville, a.a.O., 52–54.
26 Vgl. dazu L. Reynaud: Nikolaus Lenau, Poète lyrique, Paris: Société nouvelle de librairie et d'édition 1905, 330.
27 Vgl. dazu Michael Ritter: Zeit des Herbstes. Nikolaus Lenau. Biographie, Wien/Frankfurt am Main: Franz Deuticke Verlagsgesellschaft 2002, 127.
28 Eduard Castle: Nikolaus Lenau. Zur Jahrhundertfeier seiner Geburt, Leipzig: Max Hesse's Verlag 1902, 52.
29 Alexis de Tocqueville, a.a.O., 18.
30 Peter Farb: Die Indianer. Entwicklung und Vernichtung eines Volkes, aus dem Amerikanischen übertragen von Ilse Winger, München: Nymphenburger Verlagshandlung GmbH. 1990, 299.
31 Ebenda, 300.
32 Vgl. dazu Richard White: Expansion und Vertreibung, in: Die Welt der Indianer. Geschichte, Kunst, Kultur von den Anfängen bis zur Gegenwart. Aus dem Amerikanischen von Werner Petermann, München: Frederking und Thaler 1998, besonders 293 ff.
33 „Die drei Indianer", LHKG, Bd. I, 328, Verse 20–31.
34 Charles Sealsfield, d. i. Karl Anton Postl. Dessen Buch „Die Vereinigten Staaten von Nordamerika nach ihren politischen, religiösen und gesellschaftlichen Verhältnissen betrachtet", Stuttgart/Tübingen: Cotta 1827, hat Lenau höchstwahrscheinlich noch in Wien gelesen. Die phantastische Reisebeschreibung des Bonner Arztes Gottfried Duden: Bericht über eine Reise nach den westlichen Staaten Nordamerikas, Elberfeld 1829, hat Niembsch seinem Schwager nach Wien empfohlen, damit er seine Reise nachvollziehen könne.
35 An Emilie und Georg von Reinbeck, Lisbon, 5. März 1833, in: LHKG, V/1, 236.

36 Heinrich Heine: Ludwig Börne, in: Heinrich Heine sämtliche Werke (Hrsg. Oskar Walzel), Leipzig: Im Insel-Verlag 1913, Bd. VIII, 386.
37 Alexis de Tocqueville: In der nordamerikanischen Wildnis. Eine Reiseschilderung aus dem Jahre 1831, Bern und Stuttgart: Verlag Hans Huber 1953, 23 ff.
38 LHKG, Bd. 1, 266.
39 Alexis de Tocqueville: In der nordamerikanischen Wildnis, a.a.O., 38.
40 Ebenda, 7.
41 Eduard Castle: Amerikamüde. Lenau und Kürnberger, in: Jahrbuch der Grillparzer-Gesellschaft (Hrsg. Karl Glossy), 12. Jahrgang, Wien: Verlag von Carl Konegen 1902, 21.
42 Heinrich Laube, in: Zeitung für die elegante Welt, Nr. 22, vom 31. Januar 1833.
43 An die Ultraliberalen in Deutschland (Fragment), LHKG, II, 345.
44 Ebenda 345, 346, 347.
45 Karl J. R. Arndt: Lenau's Lost Poem, „An die Ultraliberalen in Deutschland", in: The Germanic Review, 19.3.1944, 180–185.
46 Brief an Anton Xaver Schurz vom 8. März 1833, in: LHKG, V/1, 248.
47 Johann Georg Jacobi: Volksliedhafte Töne, die Grazie des Kleinen, ein eingängiger, alltäglicher Stil sind die Kennzeichen der anakreontischen Lieder des Johann Georg Jacobi (1740–1814). Auch sind sie sangbar und wurden daher vielfach vertont und noch häufiger gesungen. Die von Jacobi in seine Dichtungen eingebauten mythologischen Symbole der Antike sind Gemeinbesitz der Anakreontiker seiner Zeit und setzten der Rezeption somit kaum Schwierigkeiten entgegen. Viel schwerer tat man sich hingegen mit philosophischen Gedankengängen, etwa aus dem Umfeld der Freidenker, mit denen Jacobi die Inhalte seiner Gedichte und Gesänge durchmischte. Wie denn überhaupt die Vermischung ein Hauptmerkmal seines Dichtens ist: die Mischung von Prosa und Vers, von jambischen oder trochäischen Dimetern, von Alltagssprache und gehobenem Stil.
48 Primula veris, LHKG, I, 320.
49 Gerhard Josef Auer a.a.O., 201.
50 An Anton Xaver Schurz, vom 28. Februar 1833, in: LHKG V/1, 234.
51 An Anton Xaver Schurz, Lisbon, den 8. März 1833, in: LHKG V/1, 246.
52 Friedrich Wilhelm Joseph Schelling: Ideen zur Philosophie der Natur als Einleitung in das Studium dieser Wissenschaft, Landshut: Krüllsche Buchhandlung 1803^2.
53 Zitiert nach: Schellings sämtliche Werke (K.F.A. Schelling Hrsg.), Stuttgart: 1856–1861, Bd. I, 12.
54 Harold Underwood Faulkner: Amerikanische Wirtschaftsgeschichte. Herausgegeben von Dr. Carl Hanns Pollog. Mit einer Einleitung von Prof. Julius Hirsch, Dresden: Carl Reissner Verlag 1929, Bd. I, 400.
55 Noch heute liest man gelegentlich das Datum 26. Oktober 1832. Das ist mit Sicherheit ein Schreibfehler. Niemals hätte der Dichter die rund 450 Kilometer von Baltimore bis Pittsburgh und anschließend die rund 200 Kilometer von Pittsburgh bis Wooster in nur knapp zehn Tagen zurücklegen können. Vor allem nicht zu einer Zeit, in der nicht viel mehr als Sandpisten oder Schotterstraßen zur Verfügung standen.
56 "Eighth Annual Message", 5. Dezember 1836, abgedruckt in Richardson, "Massages and Papers of the Presidents", Bd. 3, 249.
57 Harold Underwood Faulkner: a.a.O., 401 ff.
58 Eduard Castle: Amerikamüde. Lenau und Kürnberger, in: Jahrbuch der Grillparzer-Gesellschaft (Hrsg. Karl Glossy), Jg. 12, Wien: Verlag von Karl Konegen 1902, 21 ff.
59 Brief an Joseph Klemm, Lisbon, 6. März 1833, in: LHKG, Band V/1, 244.
60 Immanuel Kant: Die Metaphysik der Sitten. Einleitung in die Rechtslehre, in: Großherzog Wilhelm Ernst Ausgabe, Leipzig: Im Inselverlag 1920, 335.

61 Vgl. dazu Carl Gibson: Lenau. Leben – Werk – Wirkung, Heidelberg: Carl Winter Universitätsverlag 1989, 141.
62 „An die Ultraliberalen in Deutschland", in: LHKG Bd II, 346, Vers 42.
63 Ebenda, 346, Verse 53–57.
64 Ebenda, Vers 59.
65 Georg Wilhelm Friedrich Hegel: Phänomenologie des Geistes, in: Sämtliche Werke in zwanzig Bänden (HRSG. Hermann Glockner), Stuttgart: Frommanns Verlag /H. Kurtz) 1927, Bd. 2, 453.
66 „An die Ultraliberalen in Deutschland", a.a.O., Vers 37.
67 Immanuel Kant: Kritik der reinen Vernunft. Zweite hin und wieder verbesserte Auflage, Riga: Hartknoch 1787, 627.
68 Immanuel Kant: Grundlegung der Metaphysik der Sitten; Kritik der praktischen Vernunft, beide in: IK: Moralische Schriften. Großherzog Wilhelm Ernst Ausgabe, Leipzig: Im Inselverlag 1920. (82) „Nun behaupte ich: dass wir jedem vernünftigen Wesen, das einen Willen hat, notwendig auch die Idee der Freiheit leihen müssen ... (denn) der Wille desselben kann nur unter der Idee der Freiheit ein eigener Wille sein und muß also in praktischer Absicht allen vernünftigen Wesen beigelegt sein." (335) „Das Recht ist also der Inbegriff der Bedingungen, unter denen die Willkür des einen mit der Willkür des anderen nach einem allgemeinen Gesetzte der Freiheit zusammen vereinigt werden kann." (344) „*Freiheit* (Unabhängigkeit von eines anderen nötigenden Willkür), so fern sie mit jedes anderen Freiheit nach einem allgemeinen Gesetz zusammen bestehen kann, ist dieses einzige, ursprüngliche, jedem Menschen kraft seiner Menscheit zurstehende Recht. – *Gleichheit*, d. i. die Unabhängigkeit nicht zu mehrerem von anderen verbunden zu werden, als wozu man sie wechselseitig auch verbinden kann; mithin die Qualität des Menschen sein *eigener* Herr (sui iuris) zu sein ..."
69 G. W. F. Hegel: Sämtliche Werke, (Hrsg. Hermann Glockner), Stuttgart: Fr. Frommanns Verlag 1928, Bd. 7, 200–204.
70 NL: Faust, in: LHKG, Bd. III, 180, Verse 1717–1724.
71 NL: Schilflied 5, in: LHKG, Bd. I, 105
72 NL: Schilflied 2, in: LHKG, Bd. I, 102.
73 Vergleiche dazu Kapitel 5 dieses Buches, Anmerkung 59.
74 NL: „Die Albigenser." Freie Dichtungen, in: LSWC, Bd. II, 399.
75 NL an Emilie und Georg von Reinbeck, Wien, den 20. September 1834, in LHKG, Bd.V/1, 346.
76 NL an Georg von Reinbeck, Esslingen, den 1. September 1843, in: LHKG, Bd. V/1, 269.
77 NL: Rezension zu Georg Keil: Lyra und Harfe (Allgemeine Literatur-Zeitung vom Jahre 1834, in: LHKG Bd. VII, 26.
78 Carl Gibson: Lenau, Leben – Werk – Dichtung, Heidelberg: Carl Winter Universitätsverlag 1989, 163.
79 Vgl. dazu den Brief an Georg von Reinbeck, a.a.O., 269.
80 Gerhard Josef Auer: Die utopische Gemeinschaft der Harmonisten: Ihr Einfluß auf das Amerikaerlebnis und das Werk Nikolaus Lenaus, Urbana, Illinois: Pedagogical Academy A.M., University of Illinois 1982, 152.
81 Vertrag zwischen Nikolaus Niembsch aus Csatád in Ungarn und Ludwig Häberle aus Lauffen in Württemberg, in: LSWC, Bd. III, 204 ff.
82 Karl J. R. Arndt: „Lenaus Lost Poem, 'An die Ultraliberalen in Deutschland'", The Germanic Review vom 19. März 1944, 184. Zitiert nach Gerhard Josef Auer, a.a.O., 198.
83 Gottfried Duden: Bericht über eine Reise nach den westlichen Staaten Nordamerikas, Elberfeld: Sam. Lukas 1829.
84 NL: „Niagara", in: LHKG, Bd. II, 57.
85 „Verschiedene Deutung", in: LHKG, Bd. II, 56. Unter dem tiefen Eindruck, den der Niagara auf ihn gemacht hat, skizzierte Niembsch dieses Gedicht. Aber wie so oft genügte die erste Niederschrift dem Dichter nicht.

„Verschiedene Deutung" wurde vermutlich erst im Februar 1836 fertiggestellt. Erster Druck: Wr. Zeitschrift für Kunst, Literatur, Theater und Mode Nr. 76, vom 27. Juni 1837.

86 Eduard Castle läßt sich bei der Datierung und Chronologie der Entstehung dieses Gedichts durch die ersten Drucke allzusehr beeindrucken (1837, 1838). Um die Abhängigkeit dieses Gedichts vom Faust-Komplex zu erkennen, muß man Heinrich Bischoff folgen, BILL, Band I, 360 ff.: „Wir stellen dieses Gedicht nach *Niagara*, weil es in einer Handschrift und im Erstdruck letzterem folgt. Auch zeigen eine Handschrift und der Erstdruck, daß der Dichter sich die beiden Abteilungen von *Verschiedene Deutung* als zwei verschiedene Stimmen deutete. Die beste Erläuterung bringt eine Handschrift, welche den ersten Teil mit *Pantheist*, den zweiten mit *Individualist* überschreibt. / Die so lebhaft empfangenen inneren Bilder ruhen im Gedächtnisse des Dichters bis sie nach längerer Zeit durch irgendeine Gedankenverbindung in fruchtbarer Stimmung wiedergegeben werden. Diese Verknüpfung bilden die Dichtung der *Meereslieder* und die Arbeit am *Faust*. Eben durch die gleichzeitige Faustdichtung erklärt sich die allegorische Färbung der Niagaralieder. Lenaus Theorie der Naturdichtung ist hier wieder in auffällig deutlicher Weise in die poetische Praxis umgesetzt." Dieses Gedicht später als seine Entstehungszeit gegen Ende 1833 oder spätestens zu Beginn 1834 anzusetzen, mag dem Wunsche entspringen, es in die Nähe der Entstehungszeit der Albigenser zu rücken. In eine Zeit also, in der Lenau sich intensiv mit Hegel auseinandergesetzt hat. Tatsächlich läßt dieses Gedicht aber bereits ein relativ hohes Niveau der Kenntnis Hegelscher Dialektik erkennen. Die verschiedenen Äußerungen, die Lenau zur Zeit seiner Rückkehr aus Amerika gegen die Philosophie Hegels machte, können als Schutzbehauptungen vor den Schelling-Anbetern in Stuttgart aufgefaßt werden.

87 Maximilian Prinz zu Wied: Reise in das innere Nordamerika, Augsburg: Weltbild Verlag 1995, Bd. II, 258.

88 Article "spoils system" (Rede des Senators William Marcy, Neuyork 1832), in: Britannica CD 2000 Deluxe Edition.

89 Vgl. dazu: Artikel „Sozialdarwinismus", in: Wilhelm Bernsdorf (Hrsg.): Wörterbuch der Soziologie, Stuttgart: Wilhelm Enke 1969, 951 ff.

90 Benjamin Franklin: Guter Rat an einen jungen Handwerker (1748), in: Leben und Schriften Bd. II, Hamburg/Leipzig/St. Petersburg (o.J.), 20.

91 Karl-Heinz Brodbeck: Die fragwürdigen Grundlagen der Ökonomie. Eine philosophische Kritik der Wirtschaftswissenschaften, Darmstadt: Wissenschaftliche Buchgesellschaft 1998, 76.

92 NL an Joseph Klemm, Lisbon, den 6. März 1833, in: LHKG, Bd. V/1, 244.

93 Charles S. Peirce: Schriften Bd. II, Vom Pragmatismus zum Pragmatizismus. Mit einer Einführung herausgegeben von Karl-Otto Apel, Frankfurt am Main: Suhrkamp Verlag 1970, 505. „Meine eigenen Anschauungen waren 1877 roh. Selbst als ich meine Vorlesungen in Cambridge hielt, war ich der Sache noch nicht wirklich auf den Grund gegangen oder hatte die Einheit des Ganzen noch nicht gesehen. Das war nicht eher der Fall, als bis ich den Beweis erhielt, *daß die Logik auf die Ethik gegründet sein muß, von der sie eine höhere Entwicklung ist*. (Hervorgehoben vom Verf.) Selbst damals war ich für einige Zeit so dumm, nicht zu sehen, daß die Ethik in gleicher Weise auf dem Fundament der Ästhetik beruht …"

94 SXLL, Bd. I, 212.

95 Vgl. dazu Eduard Castle: Amerikamüde, in: Jahrbuch der Grillparzer-Gesellschaft (Hrsg. Karl Glossy), Wien: Verlag von Carl Konegen 1902, 15.

96 Hubert von Herkomer (1849–1914), deutsch-englischer Maler, Graphiker, Holzschnitzer, Bildhauer, Komponist. Sein Vater Lorenz (+ 1887 in Bushey) war ein geschickter Holzschnitzer, der 1851 mit den Seinen nach Cleveland (Ohio) auswanderte, daselbst in bedrückende Verhältnisse geriet und 1857 mit der Familie wieder nach Europa remigrierte. Er ließ sich in Southampton nieder. Autobiographisches, verfaßt von seinem Sohn Hubert Herkomer (geadelt 1899): „The Herkomers", 2 Bde, 1910; „My school and my gospel", 1908.

97 Anton Emanuel Schönbach, Germanist (1848–1911), Schüler Scherers und Müllenhoffs. Bedeutender Kenner der althochdeutschen, aber auch der nordamerikanischen Literatur: Gesammelte Aufsätze zur neueren Literatur in Deutschland, Österreich und Amerika, 1900.
98 Eduard Castle: Nikolaus Lenau. Zur Jahrhundertfeier seiner Geburt, Leipzig: Max Hesse's Verlag 1902, 53.
99 NL: „Sturmesmythe", in: LHKG, Bd. II, 61.
100 Den Namen des Schiffes verdanke ich Peter Härtling, der einen schönen und psychologisch fundierten Roman über unseren Dichter geschrieben hat. Peter Härtling: Niembsch oder der Stillstand. Eine Suite, Stuttgart: Henry Goverts Verlag 1964.
101 NL: „Der Schiffsjunge", in: Morgenblatt für gebildete Stände, Freitag, 23. Mai 1834, 489–490.
102 „Der Schiffsjunge", LHKG, Bd. I, 307 ff., Verse 42–47.
103 Ebenda, Verse 49–54.
104 Ebenda, 56–73.
105 G. W. F. Hegel: Sämtliche Werke, Jubiläumsausgabe in zwanzig Bänden, Stuttgart: Fr. Frommanns Verlag (H. Kurtz) 1927, Bd. II, Phänomenologie des Geistes, 148–158.
106 „Der Schiffsjunge", LHKG, Bd. I, 307, Verse 16–23.
107 Kuno Fischer: Geschichte der neueren Philosophie, Bd. 8: Hegels Leben, Werke und Lehre, erster Teil, Heidelberg: Carl Winter's Universitätsbuchhandlung 1901, 326. Ich zitiere hier Kuno Fischer, weil sein Text einen leichteren Zugang zu den oft schwierigen Formulierungen Hegels gewährt.
108 Ebenda, 328.
109 „Der Schiffsjunge", LHKG, Bd. I, 307, Verse 24–38.
110 Gert Raeithel: Geschichte der nordamerikanischen Kultur, Bd. I (Vom Puritanismus bis zum Bürgerkrieg 1600–1800), Weinheim: parkland 1987, 439.
111 G. W. F. Hegel: Sämtliche Werke. Jubiläumsausgabe in zwanzig Bänden, Bd. 11, Vorlesungen über die Philosophie der Geschichte, Stuttgart: Fr. Frommanns Verlag (H. Kurtz) 1928, 564.
112 NL an A. X. Schurz, Baltimore 16. Oktober 1832, in: LHKG, Bd. V/1, 228.
113 G. W. F. Hegel: Ebenda, Bd. 11, 534.
114 Das berichtet u. a. auch Schurz, in SXLL, Bd. I, 70.
115 NL an Justinus Kerner, Wien, den 27. November 1833, LHKG, V/1, 297.
116 Sören Kierkegaard: Tagebücher, Bd. 1, Düsseldorf/Köln: Eugen Diederichs Verlag 1975, 97ff.
117 G. W. F. Hegel: Bd. 2, 38–39.
118 NL an Max von Löwenthal, Stuttgart, 29. November 1834, in: LHKG, Bd. V/1, 361 ff.
119 Otto Friedrich Bollnow: Das Verstehen, drei Aufsätze zur Philosophie der Geisteswissenschaften, 1949.
120 LFLC, Band I, 104.
121 Vgl. dazu: LHKG, Bd. I, 308, Vers 53.
122 Carl Gibson: Lenau. Leben – Werk – Wirkung, Heidelberg: Carl Winter – Universitätsverlag 1989, 148.
123 Fritz Felzmann/Josef Grafenauer: Nikolaus Lenaus Leben und Sterben in ärztlicher Sicht, in: Lenau-Forum, Jg. 2 (1970), 19 ff.
124 NL an Anton Xaver Schurz, Stuttgart 12. Juli 1833, SXLL, Bd. I, 217.
125 NL an Sophie und Gustav Schwab, Heidelberg 16. Februar 1832, in: LHKG, Bd. V/1, 171.
126 Alexander Ungern-Sternberg: Die Kaiserwahl, Bremen: 1848, 105 ff.
127 Alexander von Sternberg: Erinnerungsblätter aus der Biedermeierzeit. Herausgegeben und eingeleitet von Joachim Kühn, Potsdam/Berlin: Gustav Kiepenheuer Verlag 1919, 49–51.
128 Marie von Hünersdorff: Bericht an A. X. Schurz, in: Lenaus Leben. Großenteils aus des Dichters eigenen Briefen, erster Band, Stuttgart und Augsburg: J.G. Cotta'scher Verlag 1855, 283.

129 NL an Gottlob Benjamin Becher, Esslingen, den 26. August 1833, in: LHKG, Bd. 5/1, 262.
130 Marie = Marie Friederike Alexandrine Charlotte Katharina, Gräfin von Württemberg-Urach, Schwester des Grafen Alexander. Später verehelichte Freiin von Taubenheim.
131 Emilie, Georg von Reinbecks Frau: eine der Töchter von Johann Georg August von Hartmann.
132 Lenau in Schwaben. Eine Dokumentation in Bildern bearbeitet von Walter Scheffler, in: Marbacher Magazin 5/1977 (Sonderheft), 43.
133 SXLL, 226.
134 SXLL, 224.

KAPITEL 6

Die erotische Falle schnappt zu

Die für Lenau schicksalsträchtigen Menschen treten keineswegs mit kraftvollen Akzenten in sein Leben. Es ist, als umschleiche ihn das Schicksal zuerst vorsichtig, um seine Bereitschaft für das intensive Erleben zu prüfen oder das Maß seiner Leidensfähigkeit abzuschätzen. Aus einem vergleichbaren Grund schreiben Harmonielehrer des frühen neunzehnten Jahrhunderts vor, mit den Dissonanzen nicht direkt ins Haus zu fallen, sondern sie vielmehr schrittweise vorzubereiten. Wahrscheinlich aus der berechtigten und verständlichen Sorge heraus, die Wucht des Zusammenpralls gegensätzlicher Wahrheiten könne die Wirkung und damit den eigentlichen Sinn solch unmittelbarer Konfrontationen abschwächen, ja sogar unwiderruflich verschütten. Wir erinnern uns: vor nicht viel mehr als einem halben Jahrzehnt hat Lenau Angst und Erschütterung vor den massierten Dissonanzen im Werk von Franz Schubert empfunden und hat schließlich – überwältigt von der Wucht der Gefühle, die dessen Musik auslöst – zu Beethoven (zurück)gefunden, von dem er seither behauptet, niemand habe den Schmerz intensiver verstanden als gerade er; niemand ihn zu derartiger Eindringlichkeit emporgetrieben, daß er nun, geläutert und gelöst durch die Macht der Musik, in reinen, unmittelbaren Trost umschlage.[1] Genaugenommen knüpft diese Beobachtung an die Katharsis-Theorie des Aristoteles[2] an, der uns darauf aufmerksam macht, daß der Durchgang durch Jammer und Schauder schließlich eine Reinigung von derartigen Leidenschaften bewirkt. Aber Lenau geht noch weiter und übersteigt die Reinigungs-Theorie in Richtung auf eine Pantragik des Schönen.

Im Verlauf eines Gesprächs mit Max von Löwenthal gibt Lenau uns ein Beispiel, das zeigt, was ich mit diesem Hinweis auf die Pantragik meine. Darüber hinaus gibt es uns zu erkennen, wie modern und das heißt hier: wie unzeitgemäß, ja zutiefst befremdend inmitten der traulichen Häuslichkeit des Biedermeier Lenaus Beethovenverständnis sich ausnimmt. Mit einem Federstrich läßt er die Melodienseligkeit der Zeitgenossen weit hinter sich, indem er die Melodie als nebensächlich für das Verständnis eines Werks der Musik abtut und allein dessen ganzheitliche Struktur für den Wirkungszusammenhang als verbindlich erklärt: Beethoven wollte dem letzten Schmerz „die letzte Türe aufmachen, hinter welcher nichts mehr ist als Verzweiflung. Da zeigt es sich recht, daß Melodie doch eigentlich nur Nebensache ist in der Musik. Als ich neulich das a moll-Quartett von Beethoven gehört hatte, fühlte ich mich innerlich wie zerstört. Den ganzen nächstfolgenden Tag hätte ich weinen können und mögen, so war mir zumute."[3]

Wenn Rainer Maria Rilke, dieser wahrscheinlich bedeutendste Stilist der deutschsprachigen Dichtung des zwanzigsten Jahrhunderts, einen Zusammenhang zwischen der Schönheit und dem Schrecken herstellt, dann nur um uns darauf aufmerksam zu machen, daß das Schöne keine abgrenzbare Kategorie ist, sondern vielmehr allein das in homöopathischen Dosen genossene Schreckliche:

> ... das Schöne ist nichts
> als des Schrecklichen Anfang, den wir noch grade ertragen,
> und wir bewundern es so, weil es gelassen verschmäht,
> uns zu zerstören ...[4]

Als ähnlich einschleichend erweisen sich auch Lenaus Lieben: noch bevor er sich entschließt nach Ungarn zu gehen, hat er im Sommer 1821 ein außerordentlich hübsches Mädchen kennengelernt, das nach Angabe mancher Chronisten ein Jahr älter ist als er selbst, nach den Berichten anderer erst zwölf Jahre zählt. Wie auch immer, ähnlich unscharf ist auch ihre Abstammung. Ihre Mutter, die zänkische Haushälterin eines Wiener „äußeren Rates", in dem wir unschwer den Vater des Kindes erahnen können, läßt alle Sorgsamkeit bei der Erziehung ihrer Tochter vermissen. Lenau, der die Jahre seiner Abwesenheit von Wien kaum an die Schöne gedacht hat, verliebt sich erst nach seiner Rückkehr mit einer für ihn charakteristischen Heftigkeit in sie. Unversehens gerät er so in eine hysterische Verbindung, die sich als Schrecken ohne Ende für den Dichter erweisen und schließlich in einem con fuoco gipfeln wird, das Lenaus Einstellung und Verhalten zum anderen Geschlecht grundsätzlich und nachhaltig prägen wird. Seine Beziehung zur eignen Mutter und dieses Fehlschlagen seiner ersten Liebe werden modellhaft maßgebend für alle späteren Verhältnisse sein, die der Dichter mit Frauen eingeht: immer wird das Schuldgefühl, also die persönlich empfundene Tragik, eine leitende Rolle spielen, Lenau immer darauf Bedacht nehmen, daß der jeweiligen Beziehung trotz aller Leidenschaft ein gewisses Maß an Unverbindlichkeit erhalten bleibt. Daher rührt also – in Wien genauso wie in Schwaben – seine Taktik, sich als Untermieter gerade noch intakter Ehen einzunisten.

Noch deutlicher als im Fall von Bertha Hauer können wir das sich Einschleichen in der Beziehung zu Sophie Löwenthal beobachten. Sie ist eine Tochter von Franz Joachim Kleyle, dem Sekretär des Erzherzogs Karl, und dessen Frau Karoline und eine Cousine von Friedrich Kleyle, dem Jugendfreund Lenaus. Dementsprechend weit zurück reicht auch die Bekanntschaft zwischen dem Dichter und ihr: „Damals, es war Sommer, wohnte der Hofrat

(Kleyle) in einem schönen Gartenhause auf der Landstraße, einer Vorstadt Wiens. Als nun dort die beiden Jünglinge (Fritz und Nikolaus) durch einen langen Gang Fritzens Zimmer zuschritten, kamen sie an einem Fenster vorüber, das in den Gartensaal sehen ließ. Siehe! Da saß hierin, unferne vom Gangfenster, aber mit dem Rücken gegen dasselbe, ein junges Mädchen, zwar etwa nur erst zehn- oder elfjährig, aber doch schon in einem Alter, wo ein Mädchen bereits ahnen läßt, was sie werden will – das zweitälteste Töchterchen des Hauses. Ihre Haare, die sie eben kämmte, flossen ihr in langen, schönen, braunen Wellen über die Schultern hinunter und trugen nicht wenig dazu bei, das Kind zu verjungfräulichen und anziehend zu machen. Niembsch hielt, vom lieblichen Bilde angenehm überrascht, wirklich einen Augenblick an. Aber sie sah sich nicht um, und so geschah es leider, daß er erst volle dreizehn Jahre darauf, für sein Glück schon allzu spät, ihr zum ersten Male ins Antlitz blickte."[5]

Ich werde bald wegbleiben

Lenau hat Max von Löwenthal, den Ehemann von Sophie, kurz nach der Rückkehr aus Amerika und Schwaben, im Spätherbst 1833 im Silbernen Kaffeehaus in Wien kennen gelernt. Nur wenig später stellt Max seiner Frau Sophie den Dichter hier in aller Form vor. Wenn man von der flüchtigen und doch so intensiven Begegnung 1820 im Haus der Kleyles auf der Landstraße absieht, dann beginnt der freundschaftliche Verkehr Lenaus mit Sophie von Löwenthal, mit jener Frau also, die sein weiteres Leben ebenso nachhaltig wie ausweglos und schmerzhaft bestimmen wird, nicht vor September 1834.

Offenbar handelt es sich bei dieser Begegnung um eine jener schicksalhaften Prägungen, die rasch und irrational ablaufen, dennoch aber unvermerkt Muster psychischer Dispositionen schaffen, die von verwandten Erinnerungen aktiviert werden. Ein Seelenbild von vergleichbarer Stärke und Suggestivkraft erfährt Prinz Tamino in der „Zauberflöte", als ihm die drei Damen das Bild von Pamina überreichen: sofort ist er gefangen davon, zeigt Symptome heftiger Verliebtheit und macht sich unverzüglich auf, sie aus der Gefangenschaft Sarastros zu befreien. Auch Lenaus Seelenbild, Sophie, wird in einem goldenen Käfig bewacht; aber im Gegensatz zu Sarastro hat ihr Wächter, Max von Löwenthal, die Gefängnistür nur angelehnt gelassen. Ein Trick, nicht nur den Befreier, sondern mit ihm auch die zu Befreiende zum Bleiben zu verlocken.

Die Daten dieser Begegnung weichen nicht unbeträchtlich voneinander ab, seit Ludwig August Frankl einige Briefstellen fehlgedeutet hat. Unser Dichter ist wenige Tage zuvor von einer mit Anton Xaver Schurz in die steirischen Alpen unternommenen Reise nach Wien

42 C. Gericke (keine Daten feststellbar): Nikolaus Lenau, Pastellporträt 1839, LEAL 1969–1975.

zurückgekehrt. Den 5. bis 11. September verbringt er mit seinem Schwager in Neuberg an der Mürz. Auf der Rückreise nach Wien kommt er an der Wiener Neustadt vorbei, die erst Tage zuvor durch einen Brand vernichtet worden ist: „Die ganze Stadt von siebenhundert Häusern lag, bis auf 15 Häuser und einige Scheunen in Schutt und Asche. Das Feuer brach den 9.d.M. nachmittags aus, und in 15 Minuten stand die ganze Stadt in Flammen. Der heftige Sturm trieb den Brand mit solcher Schnelle in alle Straßen und Häuser, daß die armen Unglücklichen ihre ganze Habe im Stich lassen mußten. Doch sind an hundert Menschen verbrannt. Ein Bürgersmann fand von seinen beiden alten Eltern nichts als zwei Häuflein Asche und verbrannte Knochen, die er in einem Topfe davontrug mit den Worten: da hab ich meine lieben guten Eltern beisammen. Die Röhren in den Brunnen und die Feuerspritzen sind verbrannt. Ein wütendes Feuer, wie man sich keines ähnlichen erinnert. Der Anblick der Brandstätte ist über alle Beschreibung traurig und niederschlagend. Doch sind bereits bedeutende Summen für die Unglücklichen gesammelt worden."[6]

Dieses Erlebnis verdüstert Lenaus Stimmung; dazu kommt, daß seine Schwester mit ihren Kindern noch immer auf dem Lande wohnt und er somit das Quartier im Schwarzspanierhaus, das etwas düstere, klösterliche, allein bewohnt. Er wünscht sich die Rückkehr der Schwester und die damit verbundene Zerstreuung, besonders in den Abendstunden, denn sie täte ihm jetzt recht gut. „Ich mag die Abendstunden nur zu Hause zubringen, weil ich mir das in Stuttgart so angewöhnt habe, und nicht gerne etwas aufgeben mag, was ich dort angenommen habe. Das Kaffeehaus ist leer. Kurz, mir will hier nichts mehr recht gefallen. Mein Schwager kommt erst um die Mitte Oktober herein. Wann mein Mephisto kommt, weiß der Teufel; es ist, als hätt' ich meine Poesie in Stuttgart gelassen wenn sie nicht bald kommt, reis' ich ihr nach … Konzerte, Opern bekomm' ich hier auch nicht zu hören; nach den Journalen frag' ich vergebens; kurz es scheint sich hier alles verschworen zu haben, mich aus Wien bald wieder hinaus zu ärgern. Aus all der Leere und dem Unbehagen hab' ich mich, so gut es gehen will, geflüchtet in ein ernsthaftes Studium. Herbarts philosophische Schriften beschäftigen mich beinahe den ganzen Tag ..."⁷

Immer wieder können wir beobachten, wie Lenau sich aus den Anfällen der Neurasthenie und der Hypochondrie hinausrettet in eine objektive Tätigkeit. Meist ist es die Philosophie, wie damals in Heidelberg, als er mit einer wahren Besessenheit Spinoza studierte. Jetzt ist es der etwas trockene Systematiker Johann Friedrich Herbart, dessen Pädagogik des seelischen Gleichgewichtes von Lenau als Heilmittel empfunden wird. Was genau er in diesen Tagen gelesen hat, läßt sich freilich kaum noch feststellen. In seiner Bibliothek jedenfalls finden die

43 Undeutlich signiert: Maximilian von Löwenthal (1799–1872), Ehemann von Sophie von Löwenthal, erste poetische Werke auf Vermittlung seines Freundes Nikolaus Lenau 1835 bei Cotta, Aquarell 1850, CAS2.

Erben die zwei Bände von Herbarts „Allgemeiner Metaphysik", die zwei Bände „Psychologie als Wissenschaft", die „Kurze Enzyklopädie der Philosophie", die „Allgemeine praktische Philosophie" sowie Herbarts „Lehrbuch zur Einleitung in die Philosophie".⁸

Um sich zu zerstreuen, nimmt Lenau für den 17. September 1834 eine Einladung der Familie Max von Löwenthals an, die dem Dichter – sieht man vom Haus seines Schwagers und seiner Schwester Schurz ab – bis zu seinem Tod die zweite Heimstatt in Wien bieten wird. Die ersten Berichte klingen recht kühl und distanziert. Doch muß man bedenken, daß Lenau sie an die geliebte Freundin Emilie von Reinbeck in Stuttgart schreibt, die seit seiner Rückkehr aus Amerika recht argwöhnisch über jeden Schritt und Tritt des Dichters informiert sein will. Nicht ohne Bewunderung nehmen wir wahr, wie geschickt der Dichter von Anfang an die Fäden zu Frauen in Wien und Stuttgart knüpft, an denen er fürder nur noch zu ziehen braucht, um wieder in die Atmosphäre einzutauchen, die er sich dort jeweils geschaffen hat. Daher darf man die nun folgende Briefstelle nicht unbedingt als ein sachliches Urteil, aber immerhin als ein belustigtes Abrücken von der Atmosphäre bei den Löwenthals ansehen:

„Von den mir befreundeten Häusern hab' ich bis jetzt nur das Löwenthalsche besucht. Am nächsten Mittwoch bin ich nach Penzing geladen, wo ich jene gepriesene Unwiderstehliche im hellen Tageslichte werde zu sehen bekommen. Neulich war mir dies Glück nur im Dämmerlichte des Abends zuteil geworden. Die Frau Hofrätin Kleyle, die Mutter der

Unwiderstehlichen, ist eine recht heitere Frau, der Ton der ganzen Familie ein ziemlich gebildeter, doch, wie mir schien, ein mehr auf leichteren geselligen Genuß gestellter. Löwenthals Frau scheint mir noch immer das interessanteste Glied dieser sehr zahlreichen Hausgenossenschaft. Ich glaube, ich werde bald wegbleiben. Es sind halt keine Hartmanns. Auf dem Lande wohnen Löwenthal's und Kleyle's zusammen. Mir wär's lieber, wenn ich die erstern allein haben könnte."[9]

Lenau hat Max von Löwenthal durch Vermittlung des Lyrikers und späteren Generalkonsuls in Alexandria, Christian Wilhelm Huber, im Silbernen Kaffeehaus kennengelernt. Löwenthal entstammt einer wohlhabenden österreichischen Kaufmannsfamilie und wird ein Jahr, nachdem er den Dichter in sein Haus geladen hat, seine erste bezahlte Stellung im Postdepartment mit 900 Gulden Gehalt antreten. Als Lenau ihn näher kennenlernt, ist er ein Hofkonzipist ohne feste Bezüge, aber mit dem immer dringlicher sich meldenden Wunsch, eine Laufbahn als Dichter anzutreten. Sooft es ihm seine Zeit erlaubt, besucht er das Silberne Kaffeehaus und sucht Freundschaft zu berühmten Schriftstellern und Journalisten, die er zu festen Tagen in seine Wohnung am Bauernmarkt einlädt. Er zählt zu jenen liebenswürdigen Talenten zwischen Professionalität und Dilettantismus, die es zu Nachruhm nur insofern bringen, als ihr Schicksal sie mit dem Geschick eines Genies verknüpft. Und dieses Genie hat Löwenthal im Herbst 1834 unlösbar an sein Haus gefesselt. Gefesselt durch den Zauber und die erotische Ausstrahlung einer auch für das damalige Wien ungewöhnlichen Persönlichkeit von herber Schönheit. All das muß man vorausschicken, um zu verstehen, warum Max von Löwenthal nach all den diskreten Annäherungen an Sophie von Löwenthal, die Lenau künftig unternehmen wird, wegschauen und so tun wird, als bemerke er das heiße Liebesnest in seinem Haus nicht.

Schon daß man vier Tage nach dem offiziellen Essen eine kleinere Mondscheinpartie nachfolgen läßt, sollte uns eigentlich Anlaß zum Nachdenken sein. Nicht entgangen dürfte es nämlich den Löwenthals sein, daß Lenau sich nicht allzu behaglich während der ersten repräsentativen Einladung gefühlt hat, bei der die ganze Familie zugegen ist. So folgt schon am 21. September eine weitere nach, die diese „recht gute(n), feine(n) Menschen" für ihn geben. „Sonntag darauf hab' ich mit Löwenthals eine Partie nach Nußdorf gemacht. Mondhelle Nacht, Fahrt auf der Donau, fröhliches Nachtessen auf dem Balkon, Heimfahrt um 12 Uhr. Das war nicht übel. Aber, lieber Bruder, die Hypochondrie schlägt bei mir immer tiefere Wurzeln. Es hilft alles nichts. Der gewisse innere Riß wird immer tiefer und weiter."[10]

Auch ein Ausflug in die Steiermark, einzig unternommen, um sich dem schwermütigen Dahinbrüten zu entreißen, bringt nicht den gewünschten Erfolg: nach kurzen, rasch vorüberhuschenden Momenten der Aufhellung versinkt der Dichter in um so hoffnungsloseres Grübeln.[11]

Ein österreichischer Dante

Sophie aber hätte solcher Tests freilich keineswegs bedurft. Selbst eine derart flüchtige Bekanntschaft, wie die einstweilen noch zu Lenau bestehende, hätte die Feinnervige erkennen lassen müssen, wie wenig dem Dichter an offiziellen Einladungen oder Empfängen gelegen ist oder gar am Defilee der sonst im Hintergrund verbleibenden Familienmitglieder. Nach allem, was wir von ihm wissen, steht das Claire obscure ihm besser zu Gesicht. Hier fühlt sich seine Schwermut nicht derart verlassen und ausgesetzt wie unter den Kandelabern des kleinen Garten-Saales. Aber man versteht durchaus, was Sophie und Max von Löwenthal mit den drei rasch aufeinanderfolgenden Einladungen bezwecken, die sie dem Dichter in den knapp fünf Wochen zwischen Mitte September und dem 19. Oktober geben: sie wollen dem neugewonnenen Freund damit Umfang und Bandbreite ihres Lebens, ihrer Interessen ebenso erschließen wie ihres kulturellen Horizonts. Und keineswegs zufällig folgt daher auf die Mondscheinpartie eine Dichterlesung, in deren Zentrum Niembsch selbst steht: dieser am Himmel der Poesie neu aufstrahlende Stern. In Sophies Nachlaß werden sich drei Hefte finden, in die sie ihre Gedanken und Lesefrüchte penibel einträgt; Gedanken, die zumeist aus den ersten Jahren ihrer Ehe mit Max von Löwenthal stammen. Einige dieser Anmerkungen passen nun insofern recht gut in den soeben geschilderten Zusammenhang, als sie dazu beitragen, uns Hinweise auf die Motive zu geben, die sie vermutlich leiten, als sie dem Freund ihres Mannes eine derart nachhaltige Hommage zuteil werden läßt.

44 Marie Wolff, verw. Breitschwert, geb. Kielmeyer (1810–1873): Nikolaus Lenau, Aquarell 1831 verschollen, Aquarellkopie von Sophie Bossert, 1839, SNMM, HMSW.

Sie ist zu klug dazu, sich anmerken zu lassen, wie sehr sie selbst sich darüber im klaren ist, die Ehefrau eines durchschnittlichen Mannes mit nicht gerade stupenden geistigen Qualitäten zu sein. Was sie aber in den wenigen Wochen des Herbstes 1834 für Niembsch inszeniert, läßt uns erkennen, daß ihr Selbstwertgefühl keineswegs geknickt und sie alles andere als bereit ist zu resignieren oder ihr Herz für immer an das Mittelmaß zu verschenken. Noch hat sie die Hoffnung nicht aufgegeben, noch ist sie bereit für den Märchenprinzen zu kämpfen, der irgendwann einmal in ihr Leben treten wird. Was wir da in einem der Einschreibbücher lesen, zeugt zwar von scharfer und auch kluger Beobachtung; allerdings läßt sich daraus auch ein Charakter erkennen, der bereits nahe daran ist zu resignieren:

„O, das ist es eben, das ist eben der Jammer des Lebens, daß so manche edle Menschen ihr Herz verschenken müssen an Mittelmäßige, weil gerade kein anderer da ist."[12] Man braucht nicht lange herumzurätseln, um zu verstehen, daß dieser andere in Gestalt Lenaus, dieses Zweiflers und tiefmelancholischen Dichters, soeben in den Kreis lebenslustiger Dilettanten um Max von Löwenthal getreten ist. Anders als Niembsch, der bedenkenlos bereit ist, sein Lebensglück für die Poesie aufzuopfern, denken die meisten von diesen ehrenwerten Ärzten, Beamten, Lehrern, Politikern und Journalisten nicht im entferntesten daran, ihre persönliche Behaglichkeit einem mehr als unsicheren Glück im Dienst an der Poesie zu opfern. Bauernfeld, Anastasius Grün und Grillparzer allenfalls ausgenommen. Mit der überfeinerten Witterung eines in Gefangenschaft aufgewachsenen, aber keineswegs für die Gefangenschaft geschaffenen Wesens, erkennt Sophie sofort, wie schnell und endgültig sie durch Lenau aus dem Alltag und der Mittelmäßigkeit hinausgehoben wird. Eduard Castle, der die tiefenpsychologischen Komponenten der hier vor unseren Augen entstehenden Ménage à trois eher unterkühlt als enthüllt, kann dennoch nicht umhin, auf diese Zusammenhänge zu verweisen.

Andererseits erweisen Sophie und Max von Löwenthal mit dieser Einladung Lenau einen ausgesprochenen Reklamedienst. Denn der Dichter ist im Wien dieser Tage noch nicht im gleichen Ausmaß berühmt wie in den deutschen Staaten. Die Zeitschriften und Taschenbücher Deutschlands, in denen Kostproben seines „Faust" erschienen sind, bleiben in der österreichischen Zensur hängen und werden – falls überhaupt – erst zu einem späteren Zeitpunkt ausgeliefert. Knapp, aber mit unüberhörbarem Stolz berichtet der Dichter über dieses Ereignis an Emilie von Reinbeck: „Vorgestern hab' ich auf vielseitiges Verlangen in einer Gesellschaft von 15 hiesigen Literaten (darunter Bauernfeld, Baumann, Feuchtersleben, Frankl, Grillparzer, Hammer-Purgstall, Löwenthal, Seidl, Witthauer, Zedlitz, Moritz von Schwind, ergänzt vom Verf.) meinen Faust gelesen. Ich las das Ganze. Die Wirkung war für mich sehr erfreulich. Es hat stark gepackt. Es ist wieder eine größere Szene hinzugekommen: Faust und Mephisto am Seestrande. Ich bin jetzt wieder recht im Zuge. Ich werde das Werk hinausführen, was auch die Kritik sagen mag. Es hat sich übrigens bereits eine Gegenstimme im ‚Planet' über meine Szenen im Musenalmanach höchst vorteilhaft ausgesprochen. Doch das ist Eins. Ich habe viel zu wenig Respekt vor diesen Herren, als daß sie mich genieren könnten".[13]

Verglichen mit diesen eher lakonischen Anmerkungen, die Lenau sorgfältig dosiert, um die Neugierde seiner schwäbischen Freunde anzustacheln, ist die früheste Lesung aus dem „Faust", die sich für Österreich nachweisen läßt, von seinen Kollegen tatsächlich enthusiastisch begrüßt worden. Etwas mundfaul notiert Bauernfeld zwar im Oktober 1834 in sein Tagebuch: „Lenau las uns seinen ‚Faust'. Große Schönheiten. Aber mehr im Sinne Byron's als Goethes."¹⁴ Das heißt: Bauernfeld spürt schon bei dieser ersten Begegnung mit Lenaus „Faust" den Überhang an emotional mitreißender assoziativer Weltanschauungskunst, wie sie der Romantik eignet, und übersieht – wie übrigens zwei Jahre zuvor schon Humboldt, der Goethes Dichtung sich als „durch den

45 Andreas Staub (1806–1839): Sophie von Löwenthal (1810–1889), Aquarell 1837, ADAU.

ganzen Natur- und Weltzusammenhang bedingt"¹⁵ dachte –, daß Goethe selbst es war, der seinen „Faust" vor den Freunden zu entmythisieren suchte. Im letzten Brief an Wilhelm von Humboldt vom 15. März 1832 apostrophiert Goethe den „Faust" bekanntlich als Antwort auf dessen vollmundige Tirade vom „Natur- und Weltzusammenhang" schlicht als „diese sehr ernsten Scherze". Aus einer verwandten Stimmung heraus spricht Giuseppe Verdi von der Komposition des „Falstaff" als von den Spielen eines alten Mannes. Der Realismus, dem er die Opernbühne erobert hat, ist ihm selbst fremd geworden. Gänzlich ungewohnte Klänge beherrschen die Podien. Aber auch Goethe sieht in den Folgen der Revolution, der er durchaus nicht so ferne stand, wie man glauben machen will, jetzt die „verwirrende Lehre zu verwirrtem Handeln" sich über die Welt ausbreiten und formuliert als letztes noch ein resignierendes Konzept: „Und ich habe nichts angelegentlicher zu tun als dasjenige was an mir ist und geblieben ist womöglich zu steigern und meine Eigentümlichkeiten zu kohobieren, wie sie es, würdiger Freund auf Ihrer Burg ja auch bewerkstelligen."¹⁶

Doch Lenau steht unmittelbar am Beginn seines poetischen Werdens, Wirkens. Er beabsichtigt keineswegs, sich auf eine Burg zurückzuziehen, sondern ist mit schwerer Fracht aus den Vereinigten Staaten zurückgekommen. Freilich nicht was den Umfang der Dichtungen betrifft, als vielmehr mit einer Neukonzeption, mit der er die Radikalität liberalen Denkens und Handelns in Frage zu stellen hofft. Mit einem Wort: eine ähnliche Querstellung zur Umwelt zeichnet sich auch bei ihm ab, wie bei dem alternden Goethe. Doch sie wird sich nicht in Symbolen lösen, sondern in einer philosophischen Konzeption, die alles Polarisieren in der Weltanschauung seiner Zeit ebenso wie in der Politik ad absurdum führt. Hegels Wort „die Wahrheit ist das Ganze" mag dabei eine Rolle gespielt haben. Das heißt: Gegensätze in Politik, Staat und Gesellschaft, so drängend und dringend sie auch sein mögen, sind stets Teilwahrheiten; die Negation allein also enthält nur die eine Seite des Wahren.

Lenaus Fähigkeit, Gegensätze zu instrumentalisieren, erreicht gerade im „Faust" eine eindringliche Farbigkeit. Das drückt sich bei ihm und seinem kaustischen Humor besonders dann aus, wenn er vor Publikum liest. Ludwig August Frankl, einer der Teilnehmer an dieser ersten Lesung des „Faust-Fragments" am 19. Oktober 1834 bei Sophie und Max von Löwenthal, hebt vor allem diese Kunst der Registrierung hervor: „Die Art und Weise, wie Lenau las, war ganz eigentümlich. Nicht weil er die ungarischen Haiden und die braunen Geigenspieler und Zymbalschläger auf ihnen oft besungen hat, auch ohne diesen Umstand hätte sein Vorlesen an eine melancholische Zigeunermusik erinnert. Das ging in wehmütig weichklingenden Molltönen, bis zuweilen ein scharfer greller Laut, einige wilde Akkorde emportauchten aus der monotonen Flut. Das edle Antlitz des Dichters war der belebteste Kommentar seiner Dichtung, seines Vortrages. An der Stirne zog es in mannigfachen Bildungen, das Auge sah zuweilen groß auf, um für längere Zeit sich wieder unter die zusammengezogenen Brauen zu verbergen. Alle Zuhörer, unter ihnen Grillparzer, Hammer-Purgstall, Zedlitz, Schurz und andere noch, waren begeistert, wenn wir uns auch gestehen mußten, daß durch einen pantheistischen ‚Faust' den ewigen Menschen selbst, Lenau zwar ein höchst bedeutendes, großartig ringendes Individuum, nur sich selbst hingestellt habe. Ein charakteristisches Merkmal, das auch den Byronschen ‚Manfred' von Goethe's ‚Faust' unterscheidet und auf die ... Verwandtschaft Byrons mit Lenau zurückführt ... Eine Eigentümlichkeit seines Wesens, die sich mannigfach in seinen Schriften ausprägt, war es, das Dämonische zu lieben und in seinen Schauern zu schwelgen. Schubert's ‚Ansichten von der Schattenseite der Natur', dessen ‚Geschichte der Seele' neben den mystischen Schriften der Gnostiker, der Kirchenväter wurden seine Lieblingslektüre ..."[17]

Anschließend an Lenaus Lesung des „Faust-Fragments" bei den Löwenthals begibt sich die ganze Gesellschaft in ausgelassener Stimmung zu Neuner, ins Silberne Kaffeehaus. Vor allem Franz Grillparzer soll die Dichtung des keineswegs unkritisch beurteilten Freundes enthusiastisch gelobt haben: er bezeichnet ihn als den „deutschen Dante".[18] Ein Wort, das – wenn es tatsächlich so gesagt worden ist – wie wenige sonst in seiner Knappheit nicht nur auf die Bilderflut des großen Florentiners zurück-, sondern zugleich auf Lenaus Eigenart hindeutet, die Wirklichkeit in überraschenden, antithetischen Bildmontagen einzufangen und zu atmosphärischen, rasch ineinander kippenden Sequenzen zu verdichten. Vorausgeahnter Impressionismus, ein Sekundenstil nicht nur der Rhythmen, sondern auch der Farb- und Stimmungsvaleure. Ein Beispiel:

> Zeit kommt bald herangeflogen
> Der gedankentiefe Greis,
> Und die dichten Wolkenwogen
> Unter ihm aufrauschen leis.
>
> Rosen im Gewindebogen
> Birn und Traube, dürres Reis, –
> Wie die Lippe wirr umflogen
> Von dem Barte, silberweiß, –
>
> Auf die Rosen, fahlgesogen
> Unmutheiß
> Starret er, als ob betrogen
> Um den höchsten Lebenspreis,
>
> Bis die Wimper hat gezogen
> Und die Rose trinkt mit Fleiß
> Und so raset ungewogen
> Ewig fort das Reis.[19]

Von einem improvisierten Ausflug in die Steiermark versprechen Schurz und Lenaus Schwester Therese sich eine, wenn auch nur vorübergehende, Aufhellung des meist schwermütig Dahinbrütenden. Doch hat der Ausflug nicht den erwarteten Erfolg. Immer häufiger plagen ihn jetzt heftige Gemütsbewegungen. Einzig bei den Löwenthals blüht er für wenige Stunden auf: denn man macht hier viel und gute Musik.

DER FRÜHLINGSALMANACH

Aufgekratzt und in – was selten genug vorkommt – fröhlichster Stimmung verläßt Lenau am 19. November 1834 Wien. Im Gepäck führt er Gedichte seines Freundes Max von Löwenthal mit sowie einen Teil der Beiträge für den Frühlingsalmanach. Der Entschluß, nach Stuttgart zu reisen, ist unvermittelt und rasch in ihm entstanden, und beinahe hat es den Anschein, als sei er der unablässigen Feier- und Feststunden bei den Löwenthals überdrüssig geworden. Gewiß: gegen seine immer wiederkehrende tiefe melancholische Verstimmung bieten die Musikabende ein weitaus besseres Gegenmittel als die ruhig verfließenden Abende bei den Reinbecks. Namentlich die virtuosen Interpretationen Beethovenscher Konzerte durch Emanuel Mikschik, den Sekretär der Gesellschaft der Musikfreunde, reißen ihn zu begeisterten Huldigungen hin. Er faßt eine starke Neigung zu ihm und hält die Bekanntschaft auch in den Folgejahren aufrecht. Doch hindert ihn seine Zuneigung keineswegs daran, spöttisch des guten Mikschik zu gedenken: „Ich weiß nicht, warum ich immer auf einen Reim auf diesen Namen denke; das Beste dürfte noch Frühstück sein."[20] An Abenden wie diesen läßt Lenau sein Herz recht durchstürmen. Vergnügt denkt er im Reisewagen daran zurück. Auch stellt sich jetzt, da alles immer tiefer in die Vergangenheit versinkt, das behagliche Gefühl bei ihm ein, in einem Haus gern gesehen zu sein, von dem derart starke kulturelle und künstlerische Signale ausgehen. Unwiderstehlich wirkt auf ihn, den unbehausten Junggesellen, der Reiz geselliger Häuslichkeit. Andererseits faßt ihn manchmal, „beim Geklirr der Teller und Messer, beim wüsten Durcheinanderplaudern einer unharmonischen Menschenmenge ... wohl wieder der Gedanke des Fremd-, des Vergesellschaftet-Seins, und die Sehnsucht nach einem vergnügten, sich selbst genügenden Zusammenleben mit befreundeten Herzen, nach der Harmonie bei Reinbecks überkommt ihn. Der Gedanke, den Winter über in Wien zu bleiben und recht (am ‚Faust') zu arbeiten, ist ihm gleich vertraut wie der, aufs Neue nach Schwaben zu fahren. Doch ist es nicht gewohntes Reisebedürfnis, was ihn umhertreibt. Seine Unruhe ist nichts Mechanisches. Eigentlich weiß er selbst nicht, was er möchte. Es hat keinen Namen."[21]

Schon von diesen frühesten Stunden der Begegnung mit Sophie an wächst in Lenau das ambivalente Gefühl des Angezogen- und zugleich Abgestoßenwerdens. Abgestoßen von den lauten gesellschaftlichen Geräuschen, wie sie bei jeder größeren Zusammenkunft den intimen Laut des Gesprächs übertönen. Zugleich schleicht sich in diesen Stunden die Sehnsucht nach der gedämpften bürgerlichen Atmosphäre bei den Reinbecks in Stuttgart so sehr ein, daß er bald das eine nicht mehr ohne das andere denken, wünschen, wollen kann. Schon bevor Lenau die Fahrt über Salzburg hinaus ins Württembergische antritt, hat er jene berühmte, rund 350 Zettel umfassende Korrespondenz mit Sophie begonnen, die, teils versteckt oder verborgen, teils offen Niembschs Briefen an Max von Löwenthal beigelegt, der Kulturgeschichte einst als die schönsten Liebesbriefe deutscher Zunge gelten werden. So wenigstens hat Hugo von Hofmannsthal sie genannt und aus ihnen die berührendsten Stücke in einer Zeit zum Buch zusammengefaßt, die keine Liebe kannte: während der Schlachten des Ersten Weltkriegs.

Wieder wird man von Sophies traumwandlerischer Sicherheit in Erstaunen versetzt, mit der sie Bezügliches aus den von Lenau vorgetragenen Stücken in Abschrift wünscht. Während der Reisewagen sich weit und weiter von Wien entfernt, überdenkt der Dichter, wie weit er sich mit jenen Gedichten vorgewagt hat, die er am 8. November 1834 Sophie übersandt hat. Alle drei Gedichte sind Liebesgedichte, und zwar nicht nur von der sublimen Art, die er bevorzugt, sondern unverhohlen ekstatische Bekenntnisse, die man sehr wohl mißverstehen oder vielmehr eigentlich nur allzugut verstehen kann:

> Urwald, in deinem Brausen
> Und ernstem Dämmerschein
> Mit der Geliebten hausen
> möcht' ich allein – allein ...

> Ich legte Moosgebreite
> Weich unter ihren Schritt,
> Und meine Liebe streute
> Ich unter ihren Tritt ...

Beunruhigt durch die fortgesetzten Klagen über Gesundheit und Stimmungslage, mit denen Lenau seine Berichte aus Wien begleitet, wundern die Stuttgarter Freunde sich nicht wenig über sein heiteres und entspanntes Wesen und sein gutes Aussehen, als er Ende November bei ihnen eintrifft. Gerade rechtzeitig, um am 29. November beim Erscheinen der zweiten Auflage seiner Gedichte anwesend zu sein. Das Buch enthält die erste Zusammenstellung seiner „amerikanischen Gedichte", die allerdings nicht durchwegs in der Neuen Welt entstanden sind. Lenau braucht zur Bewältigung seiner Erlebnisse in Amerika relativ viel Zeit, und das heißt natürlich: genügend Abstand. Denn noch in den 1838 erschienenen „Neueren Gedichten" wird er die gewichtigsten seiner amerikakritischen Poesien veröffentlichen. Am meisten Eindruck machen in der zweiten Auflage „Der Postillion", „Der Indianerzug", „Die drei Indianer" sowie der Zyklus „Atlantica" („Die Seejungfrauen", „Meeresstille", „Seemorgen", „An mein Vaterland", „Der Schiffsjunge") sowie das dreiteilige Nachtstück „Die Marionetten", das er noch vor seiner Abreise in Europa begonnen hat und dessen dritten Teil er kurz nach seiner Ankunft in den Vereinigten Staaten abschließt. Die düstere Stimmung dieses etwa 500 Verse umfassenden Großgedichts geht vermutlich auf den Einfluß von E. T. A. Hoffmann zurück, dessen „Nachtstücke" in den Jahren 1816 und 1817 erschienen sind. Auch in Lenaus Gedicht ist etwas von Hoffmanns Dämonie zu spüren, so vor allem dort, wo die Marionetten schließlich in die Handlung eingreifen und sie wesentlich bestimmen. Ein Ausufern ins Irrationale, mit dem Lenau dem Zeitgeist seinen Tribut zollt.

Freilich findet das Gedicht keineswegs ungeteilten Beifall. Wie schon im „Gefangenen" ist Adelbert von Chamisso mit Lenaus poetischer und metrischer Durchdringung des Stoffes der „Marionetten" nicht unbedingt einverstanden. Von der schulgerechten Metrik her gesehen, mag seine Kritik sogar stimmen; doch darf Lenau dabei für sich in Anspruch nehmen, was Mendelssohn für die romantische Fuge gelten läßt: daß deren Architektur hinter der Farbe und dem Ausdruck zurücktritt. Daher dürfte es nicht abwegig sein, den Motor von Chamissos Kritik bis zu einem gewissen Grad in Neid und Eifersucht zu suchen. Denn mittlerweile wurde ihm zugetragen, daß Lenau Kollegen zur Mitarbeit an einem „Frühlingsalmanach" einlädt. Darunter auch Friedrich Rückert, dessen Terzinen seit geraumer Zeit von der deutschen Kritik lautstark bewundert und über die Chamissos gestellt werden. Das muß natürlich mit zur Verstimmung beitragen.

Obzwar Niembsch sich vehement bemüht, den Almanach – wie schon seine eigenen Gedichte – in der Cotta'schen Verlagsbuchhandlung herauszubringen, schlagen seine Bemühungen fehl. Der sonst so entgegenkommende Verleger lehnt es strikt ab, ein Buch zu edieren, in das auch unbekannte Autoren eingebunden sind. Denn das würde nicht nur den Absatz beeinträchtigen, sondern auch dem Ruf des Verlagshauses abträglich sein, in dem doch immerhin Goethes Werke erscheinen. „Ich hätte mich beinahe mit Cotta verworfen", berichtet Lenau seinem Freund Max von Löwenthal, „über dies Betragen; hab ihm auch einige Worte gesagt, die das rechte Plätzchen seiner Empfindlichkeit scharf getroffen. Glücklicherweise schickten mir die Rachegötter bald eine Gelegenheit zu, Cotta meinen Unwillen auch durch die Tat fühlen zu lassen. Die hiesige Brodhag'sche Buchhandlung offerierte mir die Redaktion eines neuen Almanachs. Ich schlug auf der Stelle ein, und Cotta damit hinter die Ohren. Der erste Teil meines ‚Faust' wird in diesem Almanach erscheinen. Das alles wäre nicht geschehen, wäre Cotta artiger gewesen."[22]

Von den unter Vertrag genommenen drei Ausgaben des Almanachs werden freilich nur die für die Jahre 1835 und 1836 erscheinen. Obwohl sich in anderen Verlagen wieder eine Zunahme des Interesses an Anthologien bemerkbar macht, scheint der Verleger mit dem „Frühlingsalmanach" auch nicht annähernd auf seine Kosten gekommen zu sein. Im Einvernehmen mit Lenau wird Johann Ludwig Friedrich Brodhag, der Gründer und Mitinhaber der gleichnamigen Buchhandlung, nach dem Erscheinen des zweiten Jahrgangs darauf drängen, daß der Vertrag bereits nach Erscheinen dieses zweiten Jahrgangs wieder eingestellt wird. Im Verlauf der Verhandlungen kann Lenau sein kaufmännisches Geschick allerdings noch dadurch unter Beweis stellen, daß er einen Vertrag für Max von Löwenthals Gedichte erwirkt, die eben erst von Cotta abgelehnt worden sind. Das Buch wird unter dem Pseudonym Leo von Walthen und unter dem Titel „Dramatisches und Lyrisches" bei Brodhag ebenfalls bereits im Jahr 1835 erscheinen. Alles in allem recht erfolgreiche Verlagsverhandlungen, wenn man bedenkt, daß Lenau Teile seines „Faust", für den Cotta bereits mündlich die Verlagszusage erteilt hat, im „Frühlingsalmanach" vorweg zum Abdruck bringen wird, dessen Herausgabe Cotta eben erst abgelehnt hat. Man ahnt Zerwürfnisse und eine Reihe mühsamer Verhandlungen, die aber schließlich doch zu Niembschs Gunsten und zur Herausgabe des abgeschlossenen „Faust" in Buchform ausgehen.

Einer der ersten, die auf Lenaus Einladung zur Teilnahme am „Frühlingsalmanach" antworten, ist Friedrich Rückert, der offenbar auch den Schachzug verstanden hat, den Lenau gegen den von Gustav Schwab und Adelbert von Chamisso redigierten „Deutschen Musenalmanach" unternimmt. Durch seine Arbeit am „Morgenblatt" und am „Deutschen Musenal-

46 Josef Kriehuber (1800–1876): Josef Christian Frh. von Zedlitz (1790–1862), Lithographie 1840, Jugendfreund von Joseph von Eichendorff, durch Ehe mit Ernestine von Lipthai bis zu deren Tod, 1836, finanziell unabhängig. Seit 1837 der Staatskanzlei und dem Kreis um Metternich nahestehend. Seither politische Schriften, u. a. zur orientalischen Frage; seit 1851 Minister, ADAU.

manach" hat Schwab sich eine Machtposition geschaffen, die er im Sinne von Kunstanschauungen ausnützt, wie sie von der sogenannten „Schwäbischen Schule" vertreten werden. Diese knüpft an Ideen der Frühromantik an und wird durch die Philosophie Schellings sowie durch die dichterische Praxis von „Des Knaben Wunderhorn" nachhaltig bestimmt. Kurz: sie grenzt sich gegen rationales Denken ebenso ab wie gegenüber dem Gedankengut der Aufklärung. Man kann es durchaus als Rebellion gegen eine Vaterfigur bezeichnen, was Lenau mit seinem Almanach im Schild führt. Denn immerhin war Schwab der Steigbügelhalter zu seinem Weltruhm. Wenn Lenaus „Frühlingsalmanach" schließlich keine Rebellion gegen Schwab geworden ist, so nur deshalb, weil die von Lenau relativ hastig gesammelten Beiträge nicht die Bedeutung erreichen, die von dem alten Routinier im „Musenalmanach" vorgegeben wird. Die Kritik rügt das ungleichmäßige Niveau sowie das unterschiedliche Gewicht der Beiträge und macht auch vor Lenaus „Faust" nicht halt. Namentlich Karl Gutzkow bemängelt, daß dem Fragment Handlung fehle, daß es wenig Szene biete und zu wenig dramaturgisch ausbaubare Situationen. Manches am Aufbau der Szenen verrate sogar dramaturgisches Ungeschick.[23] Mit Ausnahme des Beitrags von Friedrich Rückert, zerzaust Gutzkow alle Beiträge des „Frühlingsalmanachs". Wolfgang Menzel geht hingegen noch weiter: er sieht in Lenaus „Faust" nichts weiter als eine sklavische Nachahmung des Goetheschen. Aus heutiger Sicht muß man den Rezensenten, zumindest was die Kritik an den von Lenau ausgewählten Mitautoren betrifft, durchaus zustimmen. Denn die Lieder von Karl Mayer haben ebensowenig Gewicht wie „Salomo's Nächte" von Gustav Pfizer oder das skurril-kauzige Schattenspiel „Der Bärenhäuter im Salzbade" von Justinus Kerner. Was dem „Frühlingsalmanach" Aufmerksamkeit sichert, das sind allein Rückerts zum Teil koboldhaft-ironischen Verse „Herbst 1833 in Neuseß" sowie Lenaus „Faustfragmente."

All das kann man zwischen den Zeilen eines Briefes lesen, mit dem Friedrich Rückert bereits am 3. Jänner 1835 seine Teilnahme am Almanach zusagt. Launig gibt er zu erkennen, daß er wohl erkannt habe, gegen wen sich die Speerspitze richtet: „Ich freue mich auf Ihren Frühlingsalmanach, umso mehr, da mir der winterliche Musenalmanach zu mißfallen anfängt, Sie selbst könnten darin durch Ihre Lieder, deren warmen Farbenschmelz ich längst bewundere, die meinigen nachgerade etwas abblassenden sehr entbehrlich machen; doch da Sie Größeres zu geben gedenken, und Größeres auch von Ihren Freunden zu erwarten haben, so mag zur Abwechslung dazwischen eine Schar kleiner Lieder von mir auch an Ort und Stelle sein. Ich gedenke 3 bis 4 Bogen zusammenzustellen, und bitte mir dafür einen Platz offen zu halten. Wenn Ihnen aber das zuviel ist, so schreiben Sie mirs. Grüßen Sie von mir die Freunde …"[24]

Bei aller Kritik grenzen weder Lenau noch Rückert sich ausdrücklich gegen den Musenalmanach ab. Vor allem wenn es gilt, gegen das „Junge Deutschland" Front zu machen. Andererseits verwahrt Niembsch sich wiederholt dagegen, als schwäbischer Dichter vereinnahmt zu werden. Als der Verlag 1837 daran denkt, Heinrich Heines Porträt in Stahlstich als Frontispiz vor den Musenalmanach zu stellen, zieht auch Lenau aus Solidarität mit Gustav Schwab, Gustav Pfizer und Karl Mayer seinen Beitrag zurück. Denn Heine hat sich in seiner Schrift „Der Schwabenspiegel"[25] nicht nur über die schwäbische Dichterschule mit sarkastischer Polemik lustig gemacht, sondern auch behauptet, daß die meisten ihrer Mitglieder über ein idyllisch-provinzielles Niveau kaum hinauskämen. Die Schwaben dieses Dichterkreises haben sich durchaus nicht als Dichter von überregionaler Bedeutung auszuweisen vermocht, ja, es nicht einmal versucht – so polemisiert Heine und polarisiert damit das Thema weiter –, während die zwei, denen allein überregionale Bedeutung zukomme, keine Schwaben seien. „In dieser Not begingen die Schwaben einen wahren Schwabenstreich, sie nahmen nämlich zu Mitgliedern ihrer schwäbischen Schule einen Ungar und einen Kaschuben. Ersterer, der Ungar, nennt sich Nikolaus Lenau, und ist, seit der Juliusrevolution, durch seine liberalen Bestrebungen, auch durch den anpreisenden Eifer meines Freundes Laube, zu einer Renommee gekommen, die er bis zu einem gewissen Grade verdient. Die Ungarn haben jedenfalls viel dadurch verloren, daß ihr Landsmann Lenau unter die Schwaben gegangen ist, indessen, so lange sie ihren Tokayer behalten, können sie sich über diesen Verlust trösten.

Die andere Akquisition der schwäbischen Schule ist minder brillant; sie besteht nämlich in der Person des gefeierten Wolfgang Menzel, welcher unter den Kaschuben das Licht der Welt erblickt, an den Marken Polens und Deutschlands, an jener Grenze, wo der germanische Flegel den slawischen Flegel versteht…"[26]

47 Josef Kriehuber (1800–1876): Johann Ludwig (Ferdinand) Deinhardstein (1794–1859), Lithographie 1841. Erreichte, was Lenau versagt blieb: Lehrstuhl für Ästhetik an der Univ. Wien und am Theresianum; Direktor des Burgtheaters, Zensor, leit. Redakteur der „Jahrbücher der Litteratur". Lyrik, Salonkomödien, dramat. Gedicht „Hans Sachs" (Vorlage für Libretto der „Meistersinger" von Richard Wagner), ADAU.

Man kann nicht missverstehen, worüber Heine sich hier lustig macht und wovon er Lenau ausnimmt, zwar nicht ausdrücklich ausnimmt, aber immerhin doch durch Abgrenzung: er verspottet das Aufkommen eines national geprägten Liberalismus, der sich in vaterländischen Stoffen und in vaterländischer Geschichte ergeht. Seine Vertreter verkünden den Kampf der jungen Freiheit gegen die alte Sklaverei, der jungen Gleichheit gegen die alten Privilegien. Man darf es nicht verkennen: Giuseppe Mazzinis Lehre hat, ebenso wie sein politisches Handeln, sein politisches Erziehungsprogramm, viel dazu beigetragen, den früher heimatlosen Liberalismus Europas national einzufärben und konkret zu lokalisieren. Die vage Polenbegeisterung oder der ideelle Philhellenismus früherer Jahrzehnte, hinter denen die freiheitsbegeisterte Jugend sich einst versteckte, bekommen jetzt konkrete, von Schlagbäumen genau eingegrenzte Ziele, und liberal gesinnte Literatur beginnt mehr und mehr, sich als Mittel der Agitation zu verstehen, also zu jenem Jargon herabzusinken, von dem Heine argwöhnt, daß ein Flegel darin den andern leichter versteht. Ein solcherart national geteiltes Freiheitssehnen muß jedoch bald Gefahr laufen, sich in Regionalem oder gar Provinziellem zu verlieren, also jenen Zustand zu erlangen, den Heine an der Schwäbischen Dichterschule kritisiert.

Andererseits werden die Liberalen der zweiten Hälfte des neunzehnten Jahrhunderts insofern versuchen, einen Graben zwischen die bedeutendsten Dichter der politischen Romantik zu ziehen, als sie Lenau zum Antipoden und scharfen Kritiker Heines umstilisieren. Gewiß, kritische Äußerungen sowohl Heines gegen Lenau als auch Lenaus gegen Heine gibt es einige. Freilich keine, die man als unversöhnlich oder im Fall Lenaus als antisemitisch verstehen kann. Charakteristisch für die Versuche, eine negative Differenz zwischen den beiden Dichtern zu konstruieren, ist, daß man die uns von Max von Löwenthal überlieferte Qualifizierung Heines nur zur Hälfte zitiert. „Er ist der Satyr unter den Göttern", läßt uns freilich nur die eine Seite der Medaille erkennen. Die andere umreißt Lenau mit dem Satz: „selbst in seiner zynischen Frechheit muß ich ihn oft bewundern. Aber der deutsche Michel, der alles missversteht, warf sich vor ihm nieder und rief: das ist das Höchste in der Poesie. Ebenso unrecht tut Pfizer, der mit Leidenschaft und Pedanterie ihm seine Widersprüche und Philosophie nachweist. Heine ist nicht da um konsequent und Philosoph zu sein."[27]

Lenaus Heine-Bild hat viele Facetten, und sein Urteil über ihn ist von der Vorstellung bestimmt, daß nur ein Dichter ihm gerecht werden könne. So erklärt er gegenüber Emma Niendorf, in Heine „steckt ein großer Dichter, vielleicht der größte Lyriker. Heine ist uns sehr notwendig. Dies Element in der Literatur kann man gar nicht entbehren –

Die größte Freude bezeugte Lenau an dem Liedchen:

> Es ragt ins Meer der Runenstein,
> Da sitz ich mit meinen Träumen.
> Es pfeift der Wind, die Möwen schrein,
> Die Wellen, die wandern und schäumen.
>
> Ich habe geliebt manch schönes Kind
> Und manchen guten Gesellen –
> Wo sind sie hin? Es pfeift der Wind,
> Es schäumen und wandern die Wellen.

Er wiederholte es oft. ‚Es ist mir das liebste von ihm', sagte er. ‚Der Ton darin ist entzückend. Es ist ganz wie das Meer, der Rhythmus der Wellen' … Nur der Dichter, behauptete er, könne den Dichter in seinen Werken ganz genießen, erfassen …"[28]

Was Heine und Lenau eint, das ist die schroffe Ablehnung eines unreflektierten Parteigängertums. Gewiß, beide kommen sie aus der Burschenschaftsbewegung. Heine ist dort sogar die Enttäuschung widerfahren, daß man sein endgültiges Aufnahmeansuchen ablehnt, weil er Jude ist. Dennoch hält er an den demokratischen Idealen seiner Jugend über weite

Strecken seines Lebens hin fest. Lenau ist, was sein Biograph Anton Xaver Schurz nach dem Tod des Dichters eifrig zu korrigieren bemüht sein wird, vermutlich Mitglied jener Burschenschaft, der auch Eduard von Bauernfeld, Franz Schubert und Johann Senn angehören. Zumindest aber war er Sympathisant. Der von Lenau über gut ein halbes Jahrzehnt hinweg höher als Beethoven verehrte Franz Schubert soll sogar einen Schmiß auf der Wange gehabt haben. Sie alle bekannten sich zum Konstitutionalismus und sind mit Fug und Recht als Vorläufer sozialemanzipativer Bewegungen in Österreich anzusehen. So konsequent Heine und Lenau am Gedanken einer Demokratisierung des Staatswesens festhalten, so konsequent lehnen beide die Radikalisierung der Bewegung durch Politmorde ab sowie die später von den „Jungdeutschen" in die Literatur hineingetragene „Tendenz" als poetische Kategorie. Nach wie vor erscheint ihnen schließlich die gedankliche Durchdringung des Kunstwerkes als wesentlicher Impuls, wenn nicht gar als das Ziel von Poesie. Das Fragmentarische, auf das der Kanon vieler Jungdeutscher sich beruft, wird von Heine und Lenau dagegen abgelehnt. Kurz: beide gehen von konkreten Lebenswirklichkeiten aus und nicht von politisch noch so griffigen Schlagwörtern oder einleuchtenden ideologischen Forderungen. Entschieden distanziert Lenau sich immer wieder in seinem Werk und so auch in dem Gedicht „Protest" von der damals vorherrschenden Tendenz zur Tendenzliteratur, freilich nicht ohne uns unmissverständlich verstehen zu geben, daß sich an seinem grundsätzlichen Bekenntnis zur kritischen Poesie nichts geändert hat:

>Wenn ich verachte heimliches Verschwören,
>Und wenn ich hasse Meuchelmörderhand,
>Wenn in des Volkserretters Ruhmgewand
>Verhüllte Schufte meinen Groll empören;

>Reih' ich das Königstum den Himmelsgaben,
>Verlaßner Völker Vaterhaus und Hort:
>O glaubet nicht, ich ehre drum sofort,
>Was jetzt und Hier an Königen wir haben.

>O glaubet nicht, ich führe keinen Zunder
>Im Herzen für des Zornes edle Glut,
>Tritt wo ein Fürst sein Volk im Übermut,
>Noch daß ich ehren kann gekrönten Plunder.

> Nie wird mein Flügelroß zum Schinder-Gaule
> Für meine Ehre, und mich strafe Gott,
> Sing' ich ein Fürstenlied, daß mir, zum Spott,
> Die Hand vom Saitenspiel herunterfaule.[29]

Für eine Epoche sich verschärfender Gegensätze zwischen den verschiedenen Lebensbereichen ebenso wie den unterschiedlichen Richtungen von Literatur muß der Titel „Frühlingsalmanach" eine nicht zu unterschätzende Signalwirkung haben. Um so größer die Irritation, als man erkennt, daß „Frühling" nicht im Sinn von „Aufbruch" oder „Erneuerung" der Gesellschaft zu verstehen ist. Das erklärt auch, warum viele der außerordentlich zahlreich erscheinenden Besprechungen und Kritiken dem Buch nicht eben gerecht zu werden vermögen. Man mißversteht vor allem die Absicht, die hinter der Konzeption des „Almanachs" steht: es ist ein Buch der Freundschaft, doch keineswegs das Dokument einer Schule. Und schon gar nicht hat es die Absicht, Schule zu machen, obwohl es – zugegebenermaßen – damit liebäugelt, dem Musenalmanach den Rang abzulaufen. Länger als beabsichtigt, bleibt Lenau bei seinen Freunden in Stuttgart. Sooft es die Herzentzündung erlaubt, die er sich zu Silvester 1834/35 zugezogen hat, besucht er Justinus Kerner in Weinsberg auf einige Tage. Zwischendurch beginnt er, den Band seines Freundes Max von Löwenthal zu redigieren. Am 21. Februar muß er nach Waiblingen, wo er Karl Mayers sechste Tochter, Louise Auguste, aus der Taufe hebt. Infolge dieser Ruhelosigkeit klingt die Entzündung von Lenaus Herzen nur derart langsam ab, daß sie ihm noch Ende März unerträgliche Beschwerden verursacht. Vermutlich handelt es sich hierbei um Nachwirkungen der rheumatisch-fieberhaften Erkrankungen, die ihm die wochenlangen Ritte durch die feuchtkalten Urwälder Nordamerikas eingetragen haben. Jedenfalls berichtet Anton Xaver Schurz von Spuren, die sich von dieser Herzentzündung noch bei der Eröffnung von Lenaus Leiche am 23. August 1850 finden werden: „Ein blumenkohlartiger derber Auswuchs von 1/3 Zoll Durchmesser am Herzen."[30]

Noch auf dem Krankenbett ereilt Niembsch die Nachricht, daß Kaiser Franz am 2. März 1835 gestorben ist. Metternich, bemüht die Kontinuität des Staatsganzen zu erhalten, läßt durch Zeitungen, Zeitschriften und über Mundpropaganda den Satz verbreiten: weder die Innen- noch die Außenpolitik würde sich ändern; vielmehr alles beim alten bleiben. Ein Wort der Beruhigung, so recht dazu angetan, alle politischen Lager zu verunsichern. Denn diejenigen, die Anlaß hatten, Veränderungen zu fürchten, sahen ihre Sorge durch solche Dementis nur bestätigt. Nachgerade zählt es jetzt zu den Methoden der Staatskunst in Europa, Maßnahmen zu widerrufen, bevor sie eigentlich spruchreif geworden sind. Andererseits muß es die Oppositionellen zutiefst erschreckt haben zu erfahren, daß alles beim Alten bleiben soll. Zu offensichtlich ist nämlich die Gefahr, daß der gütige und weichherzige neue

Monarch, Kaiser Ferdinand I., der im Ruf krankhafter Entscheidungsschwäche steht, dem Staatskanzler Metternich die Staatsgeschäfte mehr und mehr überlassen wird. Deshalb ist es nicht zu hoch gegriffen, wenn Julius Marx die Rolle, die Metternich im Vormärz spielt, lapidar folgendermaßen beurteilt: „Nach dem Tode des Kaisers Franz ist er für den bestehenden Zustand weitgehend verantwortlich."[31] Doch sind das bei weitem nicht die einzigen oder gar einschneidendsten Veränderungen, die Lenau bei seiner Rückkehr nach einer rund 5 Monate währenden Abwesenheit von Wien in der Kaiserstadt erwarten und überraschen.

Lieben, um leiden zu können

Als Lenau am 2. April 1835 wieder in Wien eintrifft, ist Sophie schwanger. Nicht von ihm, das wäre zeitlich unmöglich, sondern von ihrem Ehemann Max von Löwenthal. Vorbei die Illusion einer himmlischen Liebe, einer von allen materiellen Beschränkungen befreiten schwerelosen Verbindung. Sooft er sie jetzt anschaut, bestätigt ihr Zustand die biologische Gewißheit: sie ist eine Frau aus Fleisch und Blut, und nicht nur dieses ätherische Wesen, als das sie ihm bisher erschienen war, das seine Begierden erregt und zugleich zügelt. Noch nie ist ihm der Dualismus zwischen den animalischen Anteilen der Liebe und ihren Unwägbarkeiten derart greifbar geworden wie bei Sophie; und noch nie ist ihm der zarteste, übersinnliche Ausdruck der Gefühle und Empfindungen so vom Körper durchdrungen erschienen wie gerade bei ihr. Für ihn, der ganz und gar in schroffen Gegensätzen lebt, denkt und leidet, verkörpert sie ihrem Wesen nach die versöhnende Liebe. In unaufhörlichen Variationen und Rhythmen, auf Liebeszetteln, die der Dichter mit dem Messer auf bizarr anmutende Formate zurechtstutzt, versucht Lenau, ihr, die über solche Brautwerbung oft genug erschrickt oder sie mitunter auch gar nicht ernst nimmt, die Quintessenz seiner Liebe einzuhämmern: „Ich hab' Dir's manchmal gesagt und werde dir's noch manchmal wiederholen, daß deine Liebe versöhnend und wahrhaft rettend auf mich gewirkt ... Ich erkannte und erfühlte an dir den vollen Zauber, das Schöne, Unersetzliche, Alleinbeseligende der Persönlichkeit ..."[32] Trotz dieser ins Ideale überhöhten Liebesbeziehung melden sich bei Lenau immer wieder Zweifel, ob sein Körper nicht eigentlich schon zu alt für die Geliebte sei: „Dich stört meine alternde Gestalt. So wenig du dir es auch eingestehen magst; es ist doch so. Du kommst bei jeder Gelegenheit immer wieder darauf zurück. Mein Geist ist nicht imstande, dich meinen Körper vergessen zu machen. Es waren, wie ich dir neulich sagte, die letzten Sonnenblicke. Ich werde mit meinem Herzen Feierabend machen. Es ist nicht zart von dir, daß du mich immer wieder fühlen läßt, wie großmütig du dich hinaussetzest darüber, daß ich dir zu alt bin. Ich bin älter als meine Jahre ..."[33]

Was aber noch weit schwerer wiegt und ihn jetzt, da ihre Körperlichkeit von Tag zu Tag immer deutlichere, immer eindeutigere Dimensionen annimmt; was ihn wie ein böser Alptraum peinigt, das ist die durch kein Wunschdenken, kein Wachträumen und kein Phantasieren zu kompensierende Tatsache: Sophie ist die Frau eines andern, ist die Frau eines Mannes, den er – vielleicht nur im Überschwang einer gefühlvollen Stunde – selbst als seinen besten Freund bezeichnet hat. Dieser unleugbare Tatbestand wirft aber nicht nur Konflikte juridischer Art auf, sondern erzeugt zumal im täglichen Umgang dieser drei durch Interessen, Neigungen und Gefühle aneinander geketteten Menschen Spannungsfelder. Da ist vor allem die Freundespflicht, die Niembsch den Schutz von dessen Interessen gebietet. Sie erstreckt sich selbstverständlich auch auf die Frau, die zwischen beiden Männern steht und die Gefahr läuft, durch die Heftigkeit von Niembschs nur schlecht gezügelter Leidenschaft gesellschaftlich kompromittiert zu werden.[34] Da sind dann aber auch noch die Interessen der Nachkommen, der bereits geborenen wie auch der noch zu erwartenden, denen durch ein verantwortungsloses Verhalten möglicherweise Identität und Name gestohlen werden. Und da ist schließlich Sophie, die, selbst wenn sie eine Lösung ihrer Ehe anstreben wollte und auch durchzusetzen imstande wäre, diesen Schritt in völlige Unsicherheit, in völlige Ungeborgenheit tun müßte: denn Lenau sieht sich kaum dazu imstand, ihr eine gemäße Ehe in Aussicht zu stellen. Abgesehen von den finanziellen Krisen, in die er mit schöner Regelmäßigkeit schlittert, sind – wie wir wissen – die Mechanismen der Abwehr jeglicher Bindung in seine Psyche tief eingegraben. Obwohl bereits sieben Jahre seit dem Tod von Niembschs Mutter vergangen sind, erweckt seine Liebe zu Sophie heftige Schuldgefühle wie nach einem groben Fehltritt. Denn zwanghaft mißt er an der Toten jede Frau, die in sein Leben tritt. Und es gibt nicht viele, die vor solch gewaltiger Mutterimago bestehen könnten. Sophie ist ohne Zweifel eine davon. Ihre Unerreichbarkeit als Frau des Freundes enthebt sie einerseits zwar jeder vergleichenden Wertung, macht sie aber andererseits eben deswegen für ihn begehrenswert. Diese außerordentlich starke Rückbindung sämtlicher Kontrollinstanzen seiner Psyche an die längst verstorbene Mutter ist Lenau zweifelsohne stets bewußt gewesen. Das kann man dort erkennen, wo er sie legendenhaft verbrämt und zugleich ihre Spuren zu verwischen sucht (‚Meine Mutter ist schuldlos daran'). So etwa heißt es im 123. der Liebeszettel an Sophie: „Sie ist längst begraben. Sie hat mich zurückgelassen als dein vorbestimmtes Erbe. Du darfst es nicht antreten. Und doch habe ich auf dein Leben einen gewaltigen Eingriff getan; vielleicht es in Trauer gewandelt. Meine Mutter ist schuldlos daran. Sie wird sich aber freuen an unserem Unglück, an unserer Liebe. Es ist mir doch sehr wohl dabei, so heimlich für dich zu bluten. O du liebes, gewaltiges Weib."[35]

Überdeutlich folgt aber noch etwas anderes aus diesen wenigen, tiefenpsychologisch überaus aufschlußreichen Zeilen: sie lassen uns erkennen, wie groß des Dichters Bereitschaft ist, für seine verbotenen Neigungen zu büßen. Lust, Leidenschaft, Liebe und die unausgesetzt auf sie folgenden Rituale ekstatischer Selbstbestrafungen sind bei ihm zu sadomasochistischer Symbiose gelangt. Jeder verbotenen Neigung folgt also die Selbstbestrafung auf dem Fuß. Um lieben zu dürfen, muß er leiden; um leiden zu können, muß er lieben. Ein unauflösbarer Teufelskreis.

Dass du vorziehst deine Pfeife

Zu der physiologischen Veränderung, von der wir soeben berichtet haben, ist in der Zeit während Lenaus Abwesenheit von Wien freilich noch eine weitere gekommen. Sie verleidet ihm jetzt auch noch den Aufenthalt bei Max und Sophie Löwenthal. Ein paar hundert Meter entfernt vom Kleyle-Löwenthalschen Besitz in Penzing hat Karl Schwender, früherer Zahlkellner oder wie man damals sagt: Marqueur des Wiener „Paradeisgartl", im ehemaligen Kuhstall des Schlosses der Baronin Pereira-Arnstein im Wiener Vorort Fünfhaus begonnen, ein Kaffeehaus einzurichten. Vor dem Kuhstall soll eine großzügig angelegte Terrasse zur Jause im Freien einladen, die nahgelegenen Auen des Wienflusses zu ausgedehnten Spaziergängen. Gedämpft, doch für den auf jedwede Art von mechanischen Geräuschen hypersensibel reagierenden Dichter immerhin noch störend vernehmbar dringt der Baulärm herüber bis nach Penzing und in die Gartenanlagen des Hofrats Kleyle, die sich terrassenförmig zum Wienfluß hinabsenken. Im Wien des Vormärz genießen sie übrigens einen ebenso legendären Ruf wie die Parks der Fürstinnen Esterhazy und Paar in Hütteldorf. Mit viel Phantasie und Geschick sind die Geländestufen, die der zur Schneeschmelze Jahr für Jahr gefährlich aufschwellende Wienfluß in den Boden geschnitten hat, zu einer Landschaft umgestaltet worden, in der Natur und Kultur einander harmonisch durchdringen und ergänzen. Für Adolf Schmidl, den angesehenen Topographen des österreichischen Vormärz, ist Kleyles Garten „einer der größten um Wien, ausgezeichnet durch eine Sammlung von Alpenpflanzen und schöne Rosenflur. Überhaupt hat Penzing größere Gärten als die anderen Orte …"[36] Wie auch immer: der Arbeitslärm läßt keine rechte Sammlung aufkommen, behindert die Arbeit an den Schlußpartien des „Faust". Jetzt erst fällt Niembsch auf, welch geschäftiger Trubel in diesem nicht gerade weitläufigen Haus herrscht. Unter solchen Umständen kann Lenau nicht denken, nicht dichten. Die Gedankenreihen verwirren sich. „Auf dem Lande wird's wohl wieder gehen. Was die Gesellschaft an Material in seinem Innern angehäuft hat, muß die Einsamkeit sichten und ordnen, damit auch Zusammenhang und Überblick in sein Leben komme."[37] Zunächst bezieht Niembsch eine Sommerwohnung im „bergverschlossenen" Hadersdorf. So abwechslungsreich und kommod diese kleine am Rand einer Talgruppe gelegene Gemeinde von Wien aus über Hütteldorf, Mariabrunn und Weidlingau zu erreichen ist, so erweist sich alsbald, daß die rauhen und feuchten Schluchten und Gräben der Gesundheit des Dichters nicht eben zuträglich sind. Denn es sorgt nicht nur der diese interessante Tallandschaft beherrschende Mauerbach für ein beständiges feuchtes Klima; auch umgibt ein breiter Wassergraben, der vom Mauerbach gespeist wird, das Schloß. Einst ein Geschenk Maria Theresias an ihren Helden Gideon Freiherrn von Laudon, wird es seither von seiner Familie bewohnt. „Das Schloß liegt am Ende des Dorfes und hat das Ansehen einer Wasserfeste. Ein breiter Graben, den der Mauerbach füllt, umgibt dasselbe… Hinter dem Schlosse breitet sich der Park aus, leider etwas feucht aber reich an schönen Baumgruppen."[38]

Bei dem trügerischen Wetter, das in diesem Jahr herrscht, kann es daher nicht lange dauern, bis sich die Folgen des feuchtkalten Ausflugs auf Lenaus ohnehin labile Gesundheit einstellen. Schon nach wenigen Tagen befällt ein katarrhalisches Fieber den Dichter und fesselt ihn wieder an Wien. Dazu kommt noch der stürmische Vorfrühling, der ihn am Ausgehen hindert. Exzessiv betreibt er Musik. Wann immer es die Witterung erlaubt, geht er in ein Konzert. Doch das Brausen in seinem Kopf wird stärker und stärker. Immer häufiger werden freilich auch die Besuche in Penzing, dem er eigentlich entfliehen hat wollen. Selbst als er eine geeignete Bleibe in dem zwei Gehstunden von Penzing entfernten Hütteldorf gefunden hat, besucht er die Freunde Sophie und Max mindestens einmal die Woche. Meistens zu Fuß. Am 9. Mai 1835 zieht Niembsch sich in die „Einsamkeit nach Hütteldorf zurück, ganz am oberen Ende des Ortes, rechts, in ein schönes einzeln stehendes schloßartiges Gebäude, mit großem Garten, der sich rückwärts in einen Bergwald verläuft".[39] Hier will er den „Faust" zum Abschluß bringen. Doch hat er kaum seine Sachen ausgepackt und verstaut, als ihn die Nachricht vom Tode Louises von Sommaruga erreicht. Die hochbegabte Pianistin war die einzige Tochter des Justizrates und späteren Freiherrn Franz von Sommaruga, der mit Henriette von Kleyle, der Schwester Sophies von Löwenthal, verheiratet ist. Und Sophie ist es denn auch, die dem in Geldangelegenheiten nur allzu sorglosen Dichter dringend empfohlen hat, sich künftig von ihrem Schwager beraten zu lassen. So besteht also eine doppelte Klammer zum Haus Sommaruga: denn wie Lenau ist auch Louise eine glühende Verehrerin Beethovens, dessen Klaviersonaten sie dem Dichter vorspielt, sooft gesellschaftliche Begegnungen sie zusammenführen. Im ersten Schmerz über die Nachricht vom Tod des Mädchens skizziert Lenau ein Gedicht der Erinnerung und der Trauer, das freilich noch mehrere Überarbeitungen erfährt, bevor es am 16. Juli 1835 in Heft 85 der „Wiener Zeitschrift für Kunst, Literatur, Theater und Mode" erscheint. Die erste Strophe des Gedichtes läßt uns übrigens vermuten, daß Lenau nicht bei der Beerdigung war:

> Ich höre nicht den Sarg verhämmern,
> Wie Freundespflicht mir sonst gebot,
> Doch denk' ich hier im Waldesdämmern
> Einsam gerührt an deinen Tod.[40]

In dieser Abgeschiedenheit dichtet er aber auch in wenigen Tagen ein Loblied auf seine Pfeife, den „Türkenkopf": ein Gedicht, das starke Resonanz bei den zeitgenössischen österreichischen Dichtern finden wird. Humorvoll-gemütlich setzen sich Moritz Gottlieb Saphir und Heinrich Ritter von Levitschnigg mit Lenaus Verherrlichung des Tabakqualmens auseinander. Nur Franz Grillparzer, der solch überschäumendem Lob zutiefst mißtraut, macht sich in einem bissigen Epigramm darüber lustig, doch versäumt er keineswegs, noch weitere Spitzen in das kleine Gedicht einzubauen:

> Ich begreife,
> Daß du vorziehst deine Pfeife
> Rosendüften zart und sanft.
> Wer dich liest gar bald empfindet:
> Deine Glut, sie wärmt und zündet,
> Aber auch, mein Freund, sie dampft.[41]

Ein Epigramm, das mindestens nach zwei Richtungen hin losgeht und trifft: indem es erstens auf die Rosendüfte anspielt, von denen sich Lenau neuerdings, das heißt seit spätestens 1835, im Haus der Löwenthals sanft umschmeicheln läßt. Und schließlich bezieht die letzte Zeile des humorvollen Spottes sich unverkennbar auf den Einfluß, den Lenaus schwäbische Freunde auf die Weltanschauung unseres Dichters genommen haben. Die Richtung, in die dieser Einfluß weist, ist bekannt: er bewegt sich zwischen Parapsychologie, spekulativer Philosophie und Alchemie, mit deren Beschäftigung Lenau im Wiener Freundeskreis immer wieder prahlt.

Andererseits steckt hinter dem humorvollen Bild der dampfenden, unausgesetzt Rauch produzierenden Pfeife die sarkastische Anspielung auf einen Menschen, der, wenn man ihm im Silbernen Kaffeehaus begegnet, wenig Konkretes, wenig klar Umrissenes sagt, sondern zumeist blauen Dunst produziert und sich in ihn hüllt: auf einen Dampfplauderer also. Auf Grillparzer, der ein ambivalentes Verhältnis zu Lenau und seiner Poesie hat, die er als gesucht, ja verstiegen empfindet, muß auch dessen Vorliebe für abgründige Stoffe und irrationales Denken befremdlich wirken. Seine Hauptangriffsziele bilden dabei die religiöse Schwärmerei sowie der von August Wilhelm Schlegel und Zacharias Werner aus der Deutschen Romantik nach Wien importierte Irrationalismus, dem es hier bald gelingt, die Reste aufgeklärten Denkens zu restaurativer Gesellschaftspolitik umzumodeln. Was den Positivisten Grillparzer freilich an der Hegelschen Philosophie noch am meisten stört, das ist die von ihm beobachtete Praxis, wie souverän sich viele Vertreter dieser Denkrichtung zumeist über die Tatsachen hinwegsetzen.

Über all dem darf man jedoch eines nicht vergessen: Grillparzer ist ein Kind der Aufklärung, das, auf dem Schoß seiner Amme sitzend, mit dem Textbuch der „Zauberflöte" buchstabieren lernte. Und schließlich wird Grillparzer das Bild vom Qualm auch in seinen Tagebüchern wiederaufnehmen, die es uns allerdings nicht schwermachen, gleichsam zwischen den Zeilen eine gehörige Portion Sympathie für unseren Dichter herauszulesen. Hüten wir uns deshalb also, selbst so manche herbe Zeile, die der vereinsamte grantig gewordene Grillparzer über Lenau festgehalten hat, als generelle Aburteilung zu verstehen. Es geht nicht an, aus den kritischen Eintragungen Grillparzers grundsätzlich Ablehnung oder gar Feindschaft herauszulesen, denn man darf doch nicht übersehen, daß der um elf Jahre ältere Dramatiker noch in der bei weitem nüchterneren Atmosphäre der Aufklärung aufgewachsen ist, und das muß sich selbstverständlich auch in seiner Sprachzucht, seinem Sprachduktus ausdrücken.[42] Übrigens gehört in diesen Zusammenhang eigentlich noch das Anschnorren um Tabak. Es dauert nicht lang, bis fast ein jeder der Stammgäste des Silbernen Kaffeehauses weiß, daß die Stuttgarter Freunde Lenau regelmäßig mit dem hochgelobten Knaster versorgen. Und das läßt den ohnehin hoch im Kurs Stehenden auch weiterhin im Kurs steigen.

Freudig kämpfen und entsagen

Zumeist will Lenau recht lange und umständlich gebeten werden, bis er sich dazu herbeiläßt, das eine oder andere seiner Gedichte vorzutragen. Schneller und mit sichtlichem Genuß erfolgt indes die mündliche Mitteilung:

„Von Natur zur Schweigsamkeit mehr als zur Redseligkeit geneigt, verliere ich vollends bei übler Laune allen Drang mich mitzuteilen; zumal in Briefen, die doch immer nur ein einseitiges Gespräch abgeben."[43] Was Lenau freilich in diesem Frühsommer mehr als in früheren sucht und auch vermeint, gefunden zu haben, das ist absolute Ruhe, die andererseits auch wieder nicht derart absolut sein darf, daß sie die Kommunikation mit seinem Freund, Ferdinand Josef Wolf, Skriptor an der Hofbibliothek zu Wien, unterbindet. Denn seit die Kritik seinen „Faust" bespien und herabgesetzt hat und epigonal zu Goethes „Faust" hat deuten wollen, ist in Lenau das Bedürfnis gewachsen, das Schlußbild keinesfalls allein metaphysisch aufzufassen, sondern im Sinne einer dialektischen Auseinandersetzung mit den Triebkräften der Welt. „Faust, dessen gesamtes Sein stets auf das Absolute gerichtet war und immer noch ist, kommt plötzlich zu der von Lenau nachhaltig vertretenen Überzeugung, daß existentielles Erkennen rein abstraktes Wissen weit überragt":[44]

> Erst war's ein glühendes Entbrennen,
> Die Welt zu fassen im Erkennen;
> Nun würde mir, geschöpft in vollsten Zügen,
> Erkenntnis nimmermehr genügen.
> Wenn ich die Welt auch denken lerne,
> So bleibt sie fremd doch meinem Kerne,
> In Einzelwesen kalt zertrümmert,
> Wo keines sich des andern kümmert.[45]

Lenaus Hoffnung, einen kontemplativ schöpferischen Sommer vor den Toren Wiens in dem damals noch beschaulichen Hütteldorf zu verleben, wo es ihm endlich gelingen würde, den in mehr als nur einer Hinsicht sperrigen „Faust" endlich abzuschließen, sollte sich indes nicht erfüllen. Störungen und Zerstreuungen mannigfacher Art dringen in die Einsamkeit ein: da ist der Tod der Louise Sommaruga, der einzigen Tochter des Wirklichen Justizhofrates, deren Ableben ihm doch nähergegangen ist, als er zunächst hat wahrhaben wollen. Die gemeinsam verbrachten Nachmittage und Abende, an denen sie im dämmrigen Salon des Löwenthalschen Besitzes Beethoven-Sonaten studierten. Zwielicht der Herzen! Zwielicht des Wollens. So sehr ihn auch das Angebot Anastasius Grüns im Augenblick reizt: eine zweite Amerika-Fahrt kommt für ihn, den an Leib und Seele Zerbrochenen, absolut nicht in Frage. Nicht zum gegenwärtigen Zeitpunkt, aber auch in der Zukunft nicht mehr. Allzuviele Verpflichtungen ketten ihn – wie er listig an die Reinbecks schreibt – an Europa. Dem heutigen Leser entgeht nicht, daß er hinter all dem Getue die eine, nur wenige Meilen von seinem Sommeraufenthalt meint:

„Ich wohne seit 9. Mai in Hütteldorf, nur Auerspergs Anwesenheit hat mich auf einige Tage in Wien gehalten. Er ist wieder fort. Was den gemeinsamen Lebensplan betrifft, so seien Sie unbekümmert; wenigstens vorderhand werd' ich nicht nach Amerika wandern. Auersperg sagte mir nämlich er sei bereit, wenn ich mit ihm ziehen wolle, seine Güter zu verkaufen und nach Amerika zu gehen; doch müßte ich ihm meinen Entschluß früher ansagen, damit er alles vorkehren könne. Das bleibt aber unter uns, d.h. den Unsrigen. Ich bin nicht geneigt zu diesem Schritte, der mich an Auersperg, so lieb er mir auch ist, doch allzu sehr binden würde, denn ich könnte ihn in Amerika nicht im Stich lassen. Das wäre mehr als heiraten. Ich könnte mich hiezu nur dann entschließen, wenn ich mit Europa meine Rechnung abschließen könnte. Das geht nicht. An so manchem hab' ich noch gar viel heimzuzahlen an Liebe und Freundschaft, daß ich gar nicht absehe wie ich aus meinen Herzensschulden herauskomme."[46]

Geschickt deutet Niembsch das Unbehagen, das ihn befällt, sobald er an eine zweite Amerika-Reise denkt, in eine Herzensschuld gegenüber der Empfängerin des Briefes um. Herzensschuld gegenüber allen, die sich seiner Gesundheit wegen Sorgen machen. Und da sind wir denn auch schon beim zentralen Punkt. Unglaublich, daß er es hätte vergessen können, wie elend er sich noch vor Jahresfrist gefühlt hat. Daher verpackt er, was jetzt darüber zu berichten ist, in eilfertige Klischees: „Über meine Gesundheit kann ich das Beste sagen. Die hiesige Luft ist herrlich, auch lass' ich's an Bewegung nicht fehlen. Mit dem Dichten ging's die letzte Zeit ziemlich. Diesmal hatte Reinbeck doch Recht; es waren Geburtsschmerzen die mich plagten."[47]

Mit dem verniedlichenden Begriff „Bewegung" ist eine nicht ganz unbeschwerliche Reise ins Hochgebirge gemeint, die Lenau in Begleitung von Paul Schurz, dem Bruder von Anton Xaver Schurz, unternimmt. Vielleicht sollte es hier korrekter heißen, daß Niembsch seinen Verwandten begleitet. Denn Paul ist „Aktuar und Materialverwalter" des ärarischen Eisenwerks in Neuberg. Genaugenommen kehrt er also in Begleitung Lenaus zu seinem Arbeitsplatz wieder zurück. Die beiden verlassen Wien am 28. Juni und beenden ihre Wanderung gegen Ende des Folgemonats, also gegen Ende Juli 1835. Es ist erstaunlich, welche Strecken dabei zurückgelegt werden: von Wien führt sie der Weg über Heiligenkreuz, Mayerling, Kaumberg, Rohr, Schwarzau und Naßwald nach Neuberg an der Mürz. Von Neuberg aus unternimmt Lenau mehrere Bergbesteigungen und Gratwanderungen. Trotz solch sportlicher Leistungen vergißt Lenau nicht, worum sein Freund Anastasius Grün ihn gebeten hat, nämlich: im Neuberger Zisterzienserkloster Nachschau nach Spuren zu halten, die das Wirken Herzog Ottos des Fröhlichen im Kloster hinterlassen hat. Die Formulierung der Privilegien, die Lenau ihm übersendet, nimmt Anastasius Grün später in seine 1850 erschienene Versdichtung „Der Pfaff vom Kahlenberg" auf. Ironische Kommentare der Fußreise begegnen uns in manchen von Lenaus Briefen:

„Meine Reise bisher war sehr angenehm. Ich nahm den Weg von Kaumberg über Ramsau nach Rohr. Von Rohr über die Schwarza, den Obernhof, die Saurüsselbrücke (eine herrliche Felsenschlucht von der Schwarza durchströmt, ähnlich dem Gutensteiner Passe, mit einer langen Brücke. Ich verweilte einen Tag dort) über den Naßwald an die Nähe der Kahlen Mauer, wo überaus herrliche Felsenberge zu schauen, dann über die Nase, einen ziemlich hohen, waldbeschatteten Berg nach Neuberg. Von hier aus hab' ich mit Bruder Paul und Kaplan Strauß die Schneealpe bestiegen, welche dies insofern verdient, als es sehenswert ist, wie die Älplerei ins Größere, gleichsam kolonienmäßige getrieben sich ausnimmt. Aber die Aussicht ist ordinär, das Vieh schlecht, die Schwagerinnen meist schmutzig und garstig: wir waren sehr lustig auf diesem Ausflug. Gestern machten wir mit Hampe einen andern zum Toten Weib. Morgen zieh' ich weiter und zwar über Mürzsteg, Niederalpl, auf den Weixelboden, besteige den Hochschwab; was dann? Weiß ich selbst noch nicht. Bis Ende Juli komm' ich nach Wien. Meine Gesundheit ist trefflich."[48]

Kaum ist Lenau Ende Juli in Wien eingetroffen, da kann er schon den Abschluß des „Faust" melden. Auch den heftigsten seiner Kritiker muß jetzt endlich klar werden, daß Niembsch nichts mit Goethes versöhnlerischen Halbherzigkeiten zu tun hat. Immer wieder versucht Lenau, Gräben aufzureißen, versucht er zu zeigen, wie nur aus den Gegensätzen Fortschritte sich formieren. Und wie genau Lenau seinem Lehrmeister Hegel über die Schulter geschaut, das mag man jetzt daran erkennen, daß „das Vertilgen allen Streits" nicht notwendig zur „Versöhnung" führen muß:

> … Du warst von der *Versöhnung* nie so weit,
> Als da du wolltest mit der fieberheißen
> Verzweiflungsglut *vertilgen allen Streit,*
> Dich, Welt, und Gott in Eins zusammenschweißen …[49]

Gegen Ende des Sommers ist dem Dichter eine Professur für Ästhetik von der Theresianischen Ritterakademie in Wien angetragen worden. Einzige Bedingung: die Bewerbung solle schriftlich erfolgen. Dazu freilich konnte Lenau sich nicht entschließen, da er die Praktiken solcher Gremien nur zu genau kannte, sich mit Bewerbungen berühmter Persönlichkeiten zu schmücken, im übrigen aber weniger berühmte, dafür aber um so willfährigere mit dem Posten zu betrauen. Anfang November beginnt Johann Georg Cotta mit den Vorbereitungen zur Drucklegung des „Faust"; aber erst am 4. Dezember wird der Vertrag über eine Auflage von 1200 abgeschlossen. Als Honorar erhält der Dichter 100 Dukaten in Gold. Die Herstellung des „Faust" nimmt die Monate von Anfang Dezember 1835 bis Ende Jänner 1836 in Anspruch. Mit diesem erst im März ausgelieferten Buch beginnt Lenaus Auseinandersetzung mit dem Zeitgeist.

„Freudig kämpfen und entsagen"[50], mit diesem Wort hält Sophie von Löwenthal Lenau auf Distanz und gleichzeitig an der Kandare. Von allen, die sie gut kennen, wird ihre hohe Verstandesklarheit hervorgehoben, ihr immenser Einfluß auf den Dichter. Einzig der Freund Anastasius Grün wittert die Ungleichheit ihrer Persönlichkeiten, die dazu führt, daß Lenau seiner ganzen Struktur nach sich als der unterlegene Charakter erweist. Ihm scheint, „als ob sich der sonst so stolze Geist seines Freundes fast willenlos den Anordnungen und

Entscheidungen ihrer siegenden Verstandesklarheit gefügt hätte"[51]. Sie ist zu klug, um durchgehen zu lassen, was sie den Freund hätte kosten können, und doch wieder nicht klug genug, um auf ihren Besitzanspruch aus der abgetanen Sexualität zu verzichten, die drohend, aber auch richtend mehr als ein Jahrzehnt über ihnen hängen wird.

Anmerkungen

1 NL an Max und Sophie Löwenthal, Stuttgart, 25. Mai 1838, in: LHKG, VI/1, 15.
2 Aristoteles: Poetik 6, 1449 b 24–27.
3 NL: Gespräche, LFLC, 165 ff.
4 Rainer Maria Rilke: Duineser Elegien, in: Sämtliche Werke, Hrsg. Ernst Zinn, Bd. 1, Frankfurt am Main: Insel Verlag 1955, 685.
5 SXLL, 41 ff.
6 NL an Georg von Reinbeck, Wien, 20. September 1834, in: LHKG, V/1, 348.
7 NL an Emilie und Georg von Reinbeck, Wien, 20. September 1834, LHKG, V/1, 345 ff.
8 Eduard Castle: Aktenstücke zu Lenaus Lebensgeschichte, in: LSWC, V, 404.
9 NL an Emilie und Georg von Reinbeck, Wien, 20. September 1834, in: LHKG, V/1, 346.
10 NL an Anton Xaver Schurz, Wien, 22. September 1834, in: LHKG, V/1, 350.
11 Eduard Castle: Nikolaus Lenau. Zur Jahrhundertfeier seiner Geburt. Mit neun Bildnissen und einer Schriftprobe, Leipzig: Max Hesse's Verlag 1902, 62.
12 LFLC, I, LIII.
13 NL an Emilie von Reinbeck, Wien, 21. Oktober 1834, in: LHKG, V/1, 357.
14 Carl Glossy: Aus Bauernfelds Tagebüchern, in: Jahrbuch der Grillparzer-Gesellschaft, Wien: Verlag von Karl Konegen 1895, 70.
15 Wilhelm von Humbold an Goethe, WA Bd. 49, Nr. 193.
16 Ebenda.
17 Ludwig August Frankl: Zur Biographie Nikolaus Lenau's. Wien/Pest/Leipzig: A. Hartlebens Verlag 1885², 38 f. und 40 f.
18 So berichtet es jedenfalls Schwager Anton Xaver Schurz in: SXLL, 281. Sonst ist nur wenig Übereinstimmendes über die beiden einander so fremden Naturen zu berichten.
19 LHKG, Bd. II, 349.
20 LHKG, V/1, 379.
21 Eduard Castle: Nikolaus Lenau. Zur Jahrhundertfeier seiner Geburt. Mit neun Bildnissen und einer Schriftprobe, Leipzig: Max Hesse's Verlag 1902, 62 ff.
22 NL an Max von Löwenthal, Beilage zum Brief vom 14. Dezember 1834, in: LHKG, V/1, 369.
23 Karl Gutzkow: Faust von Nikolaus Lenau, in: Phönix. Frühlings Zeitung für Deutschland, 20. Juni 1835, 573 ff.
24 Friedrich Rückert an NL, Erlangen d. 3. Januar 1835, in: LHKG, V/2, 414.
25 Heinrich Heine: Der Schwabenspiegel, in: Werke in 10 Bdn. (Hrsg. Oskar Walzl), Bd. VIII, 303 ff.
26 Heinrich Heine: a.a.O., 311.
27 Max von Löwenthal: Tagebuch, in: Heinrich Bischoff: Nikolaus Lenaus Lyrik, ihre Geschichte, Chronolo-

gie und Textkritik, Bd. II, Berlin: Weidmannsche Buchhandlung 1921, 193; Gustav Pfizer: Heines Schriften und Tendenz (Deutsche Vierteljahrschrift 1838, I, 167).
28 Emma Niendorf: Lenau in Schwaben. Aus dem letzten Jahrzehn seines Lebens, Leipzig: Friedrich Ludwig Herbig 1853, 222.
29 LHKG, Bd. II, 351.
30 SXLL, 289.
31 Julius Marx: Die österreichische Zensur im Vormärz, in: Österreich Archiv, Wien: Verlag für Geschichte und Politik 1959, 36.
32 NL: Liebesklänge, in: LFLC, Bd. II, 368.
33 NL: Liebesklänge, in: LFLC, Bd. II, 345.
34 Vgl. dazu: LFLC, LIV.
35 NL: Liebesklänge, in: LFLC, 409.
36 Adolf Schmidl: Wien's Umgebungen auf zwanzig Stunden im Umkreise. Nach eigenen Wanderungen geschildert, Wien: Gedruckt und im Verlage bei Carl Gerold 1839, VII (Reprint Wien: Archiv Verlag 2002), 85.
37 LFLC, LV.
38 Adolf Schmidl: Wien's Umgebungen auf zwanzig Stunden im Umkreise. Nach eigenen Wanderungen geschildert, Wien: Gedruckt und im Verlage bei Carl Gerold 1835, I (Reprint Wien: Archiv Verlag 2002), 155.
39 SXLL, 304.
40 An Louise, in: LHKG, Bd. 2, 116.
41 „Des Dichters Vorliebe." Franz Grillparzer: Sämtliche Werke (Hrsg. August Sauer/Reinhold Backmann), Gedichte dritter Teil 763–16, Wien: Schroll 1937, 98, 112.
42 „Ein unläugbares poetisches Talent, das manchmal sogar ans Bedeutende streift. Der Vers gut gebaut, obwohl er sich selten bis zum Rhythmus erhebt. Der Verlauf der Empfindung oft untadelhaft, nur das selten ein Ganzes der Empfindung daraus wird, denn wenn es nun darauf ankommt die einzelnen Strahlen in einen Brennpunkt zu sammeln, schnappt das Ganze falsch ab und irgendein fern Herbeigeholtes oder Wunderliches stempelt, was wir bisdahin für gedacht und empfunden gehalten hatten, zur hohlen Grübelei. Der Ausdruck findet fast immer ein schickliches, selten aber das prägnante Wort. Dabei herrscht eine unselige Schwermut vor, d.h. eine solche die sich nicht durch das Gedicht kopf-aufwärts befreien, sonder kopf-abwärts tiefer hineinarbeiten will. Das alles verbreitet einen Qualm über diese Gedichte, der mir wenigstens, bei aller Anerkennung, höchst widerlich ist." In: Franz Grillparzer: Sämtliche Werke (Hrsg. August Sauer), Tagebücher und literarische Skizzenhefte, 2. Abteilung, zehnter Band, Wien: Schroll 1937, 281.
43 NL an Emilie und Georg von Reinbeck, in: LHKG, Bd. V/1, 415.
44 Carl Gibson: Lenau. Leben – Werk – Wirkung, Carl Winter – Universitätsverlag, Heidelberg 1989, 124.
45 NL an Emilie u. Georg von Reinbeck, in: LHGK, Bd. V/1, 415.
46 Ebenda, 415.
47 Ebenda, 416.
48 Ebenda, 417 ff.
49 NL: „Faust", in: LHKG, Bd. III, 238. Hervorgehoben durch den Verfasser.
50 Eduard Castle: LFLC, Bd. I, LXII.
51 Anastasius Grün: LFLC, Bd. I, LXIII ff.

KAPITEL 7

Eine Ästhetik des Schreckens

Noch während Lenau den Sommer 1837 über in Stuttgart an der Fertigstellung des „Savonarola" arbeitet, denkt er daran, ihn – gemeinsam mit dem Lebensbild Ullrich von Huttens und der Geschichte der Hussiten – zu einer epischen Trilogie des Widerstands gegen die Bürokratie der Amtskirche zu erweitern. „Meine Gesundheit ist ganz leidlich", so schreibt er am 6. August 1837 an Max und Sophie von Löwenthal. „Mein Leben ist Korrektur (der Fahnen zum ‚Savonarola' nämlich) und Studium einiger Hussitenfolianten zu meinem neuen Gedicht. Dieses tragische Epos rollt sich bereits ziemlich klar auf vor meinen Augen. Der Stoff ist groß und reich, die Aufgabe: die pathologische Seite der Reformation poetisch darzustellen, während ich es beim ‚Savonarola' gleichsam mit der physiologischen zu tun hatte, ist höchst anziehend, und ich werde hier wieder einmal die wilden Geister in mir zu Worte kommen lassen, welche dem Girolamo gegenüber so lange kuschen mußten … Menzel hat mir die Geschichte des Hussitenkriegs von Lenfant zugeschickt. Es ist ein Bildnis Žižkas dabei, und ich schwelge in den schrecklichen Zügen. Ich habe nie was Ähnliches gesehen."[1] Im Herbst 1837 nach Wien gekommen, setzt Lenau seine Studien der Religionsgeschichte intensiver fort, nur um bereits nach wenigen Wochen zu erkennen, daß der Stoff bei „dem Mangel an hervorstechenden und großen Charakteren und bei der Monotonie des ewigen Kriegsgeschreis" das Gedicht daran hindern würde, den für eine Buchpublikation erforderlichen Umfang anzunehmen, „ohne zugleich langweilig zu werden".[2]

Schon in Stuttgart hat Niembsch sich mit dem ersten Band von P. F. Stuhrs Werk „Allgemeine Geschichte der Religionsformen der heidnischen Völker" auseinandergesetzt und lernt hier die Grundzüge der orientalischen Gnosis kennen. Beraten von seinem Freund Ferdinand Wolf, Kustos an der kaiserlichen Hofbibliothek und einer der profiliertesten Kenner der Romantik in Wien, läßt er sich die *Neuerscheinungen auf dem Gebiet der Religionsgeschichte* und der Religionsphilosophie vorlegen. Was nicht in Wien greifbar ist – wie etwa der zweite Band von Stuhrs[3] Werk –, muß der Freund bestellen. Lenaus Neugier kennt keine Grenzen. Im November steuern des Dichters Studien ganz konkrete Details an. Er schiebt in seinen Leseplan Friedrich Hurters Geschichte Papst Innozenz III. ein, die er seinem Freund Max von Löwenthal gegenüber als „eine ganze Welt voll Geschichte" bezeichnet; „dabei scheint der Form nach das Ganze wie in Stein gehauen. Er schreibt in entschieden theokratischem Geiste und verherrlicht Papsttum und Hierarchie im vollen Lichte jener

Zeit als pädagogische (nicht als dogmatische) Institute zur Erziehung der Menschen zum Christentum. Schwerlich wird Hurter darum Raumern[4] gefallen, der es übernimmt, sich höher als die Geschichte zu stellen und die Kämpfe der Zeit bloß als dramatische Effekte anzusehen, wo die dramatische Potenz dieselbe Wichtigkeit und denselben Wert hat wie die gegenüberstehende."[5] Nach und nach verdichtet sich Lenaus Aufmerksamkeit um jene Thematik, die den Kampf des dualistischen Denkens und Glaubens mit einer streng monistischen Weltsicht beschreibt, wie der Katholizismus ihn gegen die aus dem Orient stammenden Albigenser führte.

Aus einer zeitspezifischen Situation heraus hat Lenau den „Savonarola" bewußt als politische Dichtung konzipiert. Bedeutender Gegner des Papsttums, der Savonarola war, ist er einer der ersten großen Reformatoren vor Luther, der dem machtbewußten mediceeischen Christentum einen verinnerlicht-mystischen Gottesbegriff entgegensetzt. Nicht die Amtskirche soll zwischen Mensch und Gott vermitteln, sondern der einzelne wird von Savonarola als in direkter Abhängigkeit von Gott gesehen. Es ist nicht zu verkennen, daß die dialektische Verflechtung der politischen wie der religiösen Problematik im Florenz der Medici eine gewisse Ähnlichkeit mit dem Metternichschen System aufweist. Lenau selbst war sich dieser Verschmelzung durchaus bewußt, wie der Brief an einen amerikanischen Freund belegt. Durch diesen Brief erfahren wir auch, in welchem Ausmaß Lenau selbst im „Savonarola" politische Absichten transportiert hat: „Ich habe … den großen florentinischen Reformator Savonarola, eine der geistvollsten und von der Idee des Christentums durchdrungendsten Vorläufer Luthers besungen. Was diesen großartigen Charakter besonders anziehend macht, besonders einem glücklichen Republikaner, das ist die innige Verschmelzung religiöser mit politischen Interessen, welche das Herz dieses Mannes erfüllen und ihn zum Heldentode auf dem Scheiterhaufen geführt hat."[6] Solche Ambivalenz gibt es indes nicht nur zwischen politischer und religiöser Absicht. Der „Savonarola" Lenaus ist – wie wir gesehen haben – vielmehr als Unterpfand seiner ins Mystische transzendierten (verbotenen) Liebe zu Sophie, der Ehefrau seines Freundes Max von Löwenthal, zu verstehen. Eine Liebe, die unserem Dichter zerfallen wird, je intensiver er sich in den Albigenserstoff hineindenkt. Nur allzubald erkennt er freilich die Nichtigkeit des individuellen persönlichen Leides angesichts einer derart grauenhaften Verwüstung der Lebenssphäre, wie die Kriege gegen die Katharer sie mit sich brachten. Also auch hier eine antithetische, vielleicht sogar dialektische Verschlungenheit der Motive seines Begehrens wie der Versuch, die Bindungen zu zerstören. Unbarmherzig deutet Lenau das der Geliebten an: „Die ‚Albigenser', von denen ich mir oft denke, daß sie mich vielleicht gar für immer von dir trennen könnten, sind mir darum eigentlich zuwider geworden, und nur mit größter Unlust mag ich daraus vorlesen. Aus diesem Gedichte wird darum auch nie etwas rechtes werden. Ich werde es gar nicht zu einem Ganzen runden."[7]

Ohne damit freilich mehr als ein sekkantes Spiel mit den Resten der Zuneigung der Geliebten zu treiben, hat Lenau mit beiden Prognosen ins Schwarze getroffen. Die Negativität der „Albigenser" zerschlägt die mystische coincidentia oppositorum, diese himmlische Hochzeit, die er mit Sophie gefeiert und in die der Dichter sich während der Savonarola-Zeit hineingeträumt hat. Wegen der in seinem Werk da und dort aufblitzenden Partikel einer transzendenten Welt wurde er vom Jungen Deutschland gehörig gescholten und des Mystizismus geziehen. Ungerechtfertigte Beschuldigungen, ein unverständiges, gehässiges Unrecht, das ihm diejenigen angetan hatten, für die Literatur einzig aus Tendenz besteht. Aus Tendenz und der Eskamotierung von drei bis vier Jahrtausenden der Geistesgeschichte. Lenau ist durchaus nicht imstande zu verstehen, warum sein Held „Savonarola" im Gedicht nicht auch selbst zu Wort hätte kommen dürfen: „Daß in meinem ‚Savonarola' mancher Passus mitunterläuft, ist dem Helden, nicht dem Verfasser des Gedichtes beizumessen. Mystik halte ich für Krankheit. Mystik ist Schwindel. Die religiöse Spekulation kann allerdings eine Höhe erklettern, wo ihr, wie der Sophia Achamoth, die Augen vergehen, und sie von unwiderstehlicher Sehnsucht ergriffen wird, sich in den Abgrund des Göttlichen zu stürzen, allein solcher Zug nach der Tiefe ist eben ein Symptom des geistigen wie des körperlichen Schwindels. – Auch habe ich den ‚Savonarola' nicht geschrieben, um eine antihegelsche Christologie in Jamben zu geben. Wo ich mir *ingenium* zutrauen darf, so war der Ausfall des prophetischen ‚Savonarola' gegen die Hegelschule nichts weiter, als ein *pruritus ingenii*. Die mutwilligen Strophen haben mir viel Verdruß gemacht, doch ich bereue sie nicht."[8]

Lenau, der längst eingesehen hat, daß er sich von Sophie ebensowenig trennen kann wie vom „unendlichen Pfaffengreuel" der „Albigenser", das ihn gleichermaßen abstößt wie fasziniert, beginnt nun, an diesem Scheideweg der Selbstbesinnung, der Selbstbestimmung angekommen, sich in eine neue Zielsetzung des Lebens hineinzuträumen. Unverkennbar strebt er in dieser Phase vom privaten, allzu affektbesetzten Leidensweg einer Trennung *von Sophie weg und hin zu einer akzentuiert öffentlichen Märtyrerrolle* im Polizeistaat des österreichischen Vormärzes: „Wie schrecklich ist es, in einem Lande und unter einer Regierung zu leben, wo ich keinen Augenblick sicher bin, daß man mich nicht überfalle und mir meine Manuskripte wegnehme. Münch, Wolf, Heussenstamm versichern mich einstimmig, daß, wenn meine ‚Albigenser' im Druck erschienen sind, ich durchaus nicht mehr in Österreich werde leben können."[9] Nun, ganz so ins Düstere wird sein Geschick sich indes nicht wenden. Doch immerhin hat der Staat, zu dem er sich bekennt und dessen Pässe er benützt, eine Reihe von Demütigungen bereit, die schwer auf der Seele unseres Dichters lasten werden.

Was dagegen die andere der beiden Prognosen betrifft, daß es ihm nämlich nie gelingen würde, seine „Albigenser" zum Ganzen abzurunden, so wird der Dichter damit ebenso recht behalten wie mit der *Vorahnung seiner schließlichen Entfremdung von Sophie*. Manche Kritiker haben an seinem „Savonarola" den losen Zusammenhang der Episoden des Gedichts bemäkelt, das mehr andeute als ausführe, die Inhalte nebeneinanderstelle, ohne sie zu einer Einheit zusammenzufügen. Dagegen polemisiert der Schriftsteller Wilhelm Häring, der unter dem Pseudonym Willibald Alexis berühmt geworden ist, in den „Blättern für literarische Unterhaltung" mit Argumenten, die durchaus den Intentionen Lenaus entsprechen: „... wenn ein Gedicht ein Ganzes sein soll, nicht ein gemachtes, zusammengefügtes, sondern ein geborenes Organon, eins aus dem andern entspringend, eins das andere bedingend, eine Notwendigkeit, deren Zwang man nicht sieht, von deren Kraft man aber hingerissen wird, dann ist es kein Gedicht."[10] Klar hat der Romanschriftsteller Alexis erkannt, worum es unserem Dichter eigentlich geht: um das Atmosphärische, den Stimmungsgehalt des Geschehens, um das Verdichten historischer Zusammenhänge, nicht so sehr aber um logische Stringenz. Als überzeugter Vertreter einer konservativen Tendenz im beginnenden Vormärz, spürt er selbst in dem vom „Jungen Deutschland" immer wieder angefeindeten „Savonarola" die in die Zukunft weisenden Elemente der Gestaltung.

Obwohl Lenau sich von Willibald Alexis verstanden sieht, schleppt unser gekränkter Dichter diesen Vorwurf auch in die Schaffensperiode, die sich mit den Albigensergreueln befaßt. Dabei müßte er doch eigentlich ganz genau wissen, daß er – anders als fast alle seiner Zeitgenossen – mit dem von ihm entwickelten dichterischen Verfahren des Andeutens und in Schwebe Belassens ein in die Zukunft weisendes literarisches Gestaltungselement geschaffen und methodisch angewendet hat. Statt dessen tappt er – wohl um sich selbst zu beruhigen und zu bestätigen – nach Erklärungen, ohne sich darüber im klaren zu sein, wie nachdrücklich er sich mit seinem Dichten aus dem beschaulichen Biedermeier in eine literarische Zukunft katapultiert hat, in der alles Farbe, Ausdruck, das Entstehen und Vergehen von Nuancen ist. Manche seiner Briefe dieser Zeit, vor allem aber die „Zettel" an Sophie, lesen sich wie die Kurzromane von Eduard Graf Keyserling, der um die Wende des 19. zum 20. Jahrhundert mit zartem Gefühl der Psychologie von Erotik und „verbotener" Liebe nachgehen wird.

Wie stark diese Wunde noch brennt, die ihm abfällige Rezensenten zugefügt haben, läßt sich aus einem Sechszeiler ermessen, den Niembsch am 6. April 1840, also anderthalb Jahre nach Erscheinen des „Savonarola", einem Brief an seinen Freund Eduard Duller beilegt. Dieser, ein vielseitiger Schriftsteller mit einem ziemlich umfangreichen Werk, gibt mehrere Zeitschriften heraus und ist einer der interessantesten Vertreter des Deutschkatholizismus zwischen Rhein und Main sowie Prediger in deutschkatholischem Sinn. Daß Lenau ausgerechnet ihm Proben des entstehenden Werks überläßt, muß man angesichts der anders gelagerten politischen Einstellung Dullers, mit dem Niembsch von Wien her befreundet ist, als besonderen Vertrauensbeweis werten. Vermutlich steckt dahinter aber auch nichts weiter als der *Marketing-Versuch Lenaus,* die ihm befreundeten Katholiken des In- und Auslandes auf das Erscheinen der papstkritischen „Albigenser" vorzubereiten. Der Sechszeiler, der auf die Glaubenswelt und Glaubenstreue Savonarolas zurückweist, soll den Freund wohl aufmerksam machen, daß hier im Grundzug ähnliche Haltungen zum Tragen kommen:

Die Albigenser von Nicolaus Lenau.

Wieder ist es, ach! Kein Ganzes,
Sträußlein nur statt eines Kranzes,
Ohne Rundung, Schluß und Naht,
Nur ein loses Aggregat,
Wie die gänzlichen Pedanten
Meinen Florentiner nannten.[11]

Schlau muß man die Selbstpromotion unseres Dichters aber vor allem deshalb nennen, weil er den Hinweis auf den Florentiner in diesem Brief mit einer realistischen Schilderung seiner poetischen Absicht, mit einer realistischen Selbsteinschätzung verbindet: „Meine ‚Albigenser' werden kein Ganzes. Ein Gedicht, das den traurigen Desorganisationsprozeß des provençalischen Lebens zum Stoffe genommen, weiß ich nicht, wie es organisch werden könnte. Jener Zusammensturz war nicht rhythmisch und nur trümmerhaft kann der Besang desselben ausfallen. Dort kämpfte Wahn gegen Wahn, und das Ergebniß war nicht Lebenswandlung sondern eigentlicher Tod. Vielleicht hätten solche Geschichten von Dichterhand unberührt bleiben sollen; mag sein. Nun ich aber einmal mich dran gemacht habe, muß ich wenigstens gegen die Zumuthung protestieren, als hätte ich die von der erumpirenden Geschichte umhergeworfnen Felstrümmer zu einem unsern Kritikern bequemen Schildhäuslein zusammenleimen sollen."[12]

„Das grösste Trauerspiel der Kirche"

Im Zeitalter des Glaubens hat es Zwischenzeiten des Mystizismus und der religiösen Empfindsamkeit gegeben. Mit den zurückströmenden Kreuzfahrern überfluten Wellen eines orientalischen Mystizismus den Westen. Von Persien kommt über Kleinasien und den Balkan ein Widerhall des *manichäischen Dualismus* und des mazdakischen Kommunismus nach Europa. Eine Bilderfeindlichkeit kommt aus den Regionen des Islam, ein düsterer Fatalismus und eine Abneigung gegen das Christentum erwuchsen aus den Fehlschlägen der Kreuzzüge ebenso wie ein geheimer, oft verdrängter Zweifel an der göttlichen Herkunft und Unterstützung der christlichen Kirche. „Die Paulicianer, welche durch die byzantinische Verfolgung in den Westen vertrieben worden waren, nahmen ihren Abscheu gegen Heiligenbilder, Sakramente und Geistliche durch den Balkan nach Italien und der Provence mit; sie teilten das Weltall in eine von Gott erschaffene geistige und eine von Satan erschaffene stoffliche Welt ein, und Satan setzten sie mit dem Jahwe des Alten Testamentes gleich. Die Bogomilen (,Freunde Gottes') fanden Namen und Formung in Bulgarien und breiteten sich besonders in Bosnien aus; sie wurden im 13. Jahrhundert wiederholt mit Feuer und Schwert angegriffen, wehrten sich hartnäckig und unterwarfen sich schließlich (1463), aber nicht dem Christentum, sondern dem Islam.

Um das Jahr 1000 entstand in Toulouse und Orléans eine Sekte, welche die Wirklichkeit der Wunder, die erneuernde Kraft der Taufe, die Gegenwart Christi in der Eucharistie und die Wirksamkeit von Gebeten, die an Heilige gerichtet wurden, leugneten."[13] Zunächst würdigte die Kirche sie keiner Beachtung; aber bereits 1023 verbrannte sie 13 ihrer Anhänger. In rascher Folge entstanden weitere Sekten mit übereinstimmenden oder doch vergleichbaren Glaubensinhalten; bald waren es 150 an der Zahl. Harmlose Gruppen zum Teil, gelegentlich Aufrührer, mußten, da ihre Zahl rasch zunahm, dem Klerus bald wie eine existentielle Bedrohung erscheinen, dies um so eher, als sie von der gutkatholischen Lehre am sichtbarsten und am störendsten dadurch abwichen, daß sie unbedingt auf der Armut der Priesterschaft beharrten. Die franziskanische Bewegung, die nur mit knapper Not der Verurteilung wegen Ketzerei entging, entstand als Sekte, die gegen den zunehmenden Wohlstand der Kleriker kämpfte.

Viele Mitglieder teilten die Überzeugung, *die Christen müßten wie die Apostel leben,* also ohne individuellen Besitz, in Keuschheit, in einfache Gewänder gekleidet, beschuht nur mit Sandalen, die Aufmerksamkeit allein auf das Evangelium gerichtet. Aber genau das verübelte ihnen die Amtskirche, denn aus dem Bibelstudium war schließlich eine kritische Auseinandersetzung mit dem Priestertum dieser Zeit und der Stellung des Papstes geworden. Wohl um ein weiteres Wachstum der Sekten zu verhindern, „verfügte 1229 ein Konzil in Toulouse, daß kein Laie andere Bücher der Heiligen Schrift als den Psalter und Stundenbücher (welche hauptsächlich aus Psalmen bestanden) besitzen dürfe, und auch diese durften nur in lateinischer Sprache gelesen werden, denn die Kirche hatte noch keine volkssprachliche Übersetzung untersucht und für gut befunden. Bei dem Vernichtungszug gegen die Albigenser mußten auch Tausende von Waldensern den Scheiterhaufen besteigen. Petrus (Waldes), der Gründer der Sekte, starb 1217 in Böhmen, anscheinend eines natürlichen Todes."[14]

Es wäre falsch anzunehmen, die Sekten wären streng strukturiert gewesen und hätten einem feststrukturierten Kanon von Glaubenssätzen vertraut. Die Anhänger des Petrus Waldes, die sich nach ihrem Sektengründer Waldenser nannten, bezogen ihre religiösen Übungen vielmehr *ausschließlich auf den Wortlaut der Evangelien*. Um deren Texte immer präsent zu haben, lernten sie große Teile der Heiligen Schrift auswendig. Dabei eröffnete sich ihnen freilich eine andere Spiritualität, als es diejenige war, die ihre Kleriker ihnen Tag für Tag vorlebten, und deshalb wurden sie in dem Maße priesterfeindlich, in dem sie den Geist der Heiligen Schrift in sich aufgenommen hatten: Die Bewegung „verwarf das Priestertum, leugnete die Gültigkeit von Sakramenten, die von einem Priester im Stande der Sünde dargebracht worden waren, und vertrat die Ansicht, jeder Gläubige im Stande der Reinheit habe die Gewalt, Sünden zu vergeben. Einige Anhänger der Sekte verwarfen den Ablaß, das Fegefeuer, die Transsubstantiation und die Gebete an Heilige; eine andere Gruppe predigte, alles solle Gemeinbesitz werden; eine dritte setzte die Kirche mit der Hure der Apokalypse gleich … Die meisten Waldenser verharrten im Ketzertum und breiteten sich über Frankreich nach Spanien und Deutschland aus."[15]

„Die Städte sind voller falscher Propheten", seufzte ein Bischof um das Jahr 1190. Denn die meisten der Sekten waren nach außen hin caritativ und traten, um sich zu tarnen, im Gewand der offiziellen Kirche auf. Dazu gehörte, daß die Katharer noch diejenigen, welche sich ihnen zuwandten, 15 Jahre lang prüften und während dieser ganzen Zeit ihre eigentlichen positiven Lehren vor ihnen geheimhielten.[16] Sie hatten ausgeprägte Diätvorschriften und lehnten dabei auch Milch und alles, was durch einen Zeugungsvorgang entstanden war, ab. Bei ihren Taufriten benutzten sie kein Wasser und gebrauchten das Handauflegen als eine verstärkte Form der Tröstung. Die Bogomilen, die von der byzantinischen Kirche stark geprägt waren, lehnten die Ehe und die Zeugung ab. Sie waren der Überzeugung, „daß der Teufel, der von ihnen mit dem Gott des Alten Testaments gleichgesetzt wurde, der Schöpfer der Welt der sichtbaren stofflichen Dinge sei und folglich lehnten sie die byzantinischen Sakramente wie Taufe und Abendmahl ab, da sie sich des Materiellen bedienten; zudem verwarfen sie Heiligenbilder wie auch die Verehrung des Kreuzes; die Wassertaufe wurde abgelehnt und ihr ein Initiationsritus durch Handauflegen vorgezogen. Das Trinken von Wein wurde verdammt und wenn man Fleisch auch nur berührte, gehorchte man dem Gebot des Satans."[17]

Diese Vielzahl von Sekten, die sich zwischen Deutschland, Frankreich, Nordspanien und Italien in ganz kurzer Frist etablierten, hatten ihre Hauptdogmen von den Dualisten oder albanesischen Katharern angenommen. Das eine dieser Dogmen war der Glaube an „die Präexistenz der menschlichen Seelen vor der Bildung dieser Welt und der Fall derselben oder die Begehung einer Ursünde im Himmel; das andere die Lehre, daß die Jungfrau Maria ein doketisch auf Erden erschienener Engel gewesen sei und Christus einen himmlischen Leib gehabt habe".[18]

Der Volksmund und die Gelehrten gaben den Katharern unterschiedliche Namen. In manchen Gegenden hießen die Katharer Texerands oder auch Textores, weil viele von ihnen der Weberzunft angehörten. Sie erhielten auch von einigen Provinzen ihre Namen, etwa Provençalen, Agennenser, Tolosates und vor allem Albigenser von der Stadt Albi im Languedoc. „Doch bezeichnet dieser Name, der erst seit dem Anfange des 13. Jahrhunderts gebräuchlich wurde, nicht bloß gnostische Sektierer, sondern überhaupt alle in jenen Gegenden wohnenden Personen, die der herrschenden Kirche entfremdet waren, namentlich auch die Armen von Lyon oder Valdesier."[19]

In dem Maße, in dem sich die Sekten ausbreiteten, wuchs auch der Druck, den die offizielle Kirche auf sie ausübte. Die Kirche war vermögend und besaß viel Land. Dem Adel, welcher im Languedoc verhältnismäßig arm war, erschien eine Schwächung der Kirche als wünschenswert. „Im Jahre 1171 plünderte Vicomte Roger II. von Bezières eine Abtei, warf den Bischof von Albi ins Gefängnis und setzte einen Ketzer als seinen Gefangenenwärter ein. Als die Mönche von Allet einen Abt wählten, welcher dem Vicomte nicht genehm war, brannte er das Kloster nieder und kerkerte den Abt ein; als dieser starb, stellte der Vicomte den Leichnam frischfröhlich auf der Kanzel zur Schau und bewog die Mönche, einen ihm genehmen Ersatz zu wählen. Raymond Roger, Graf von Foix, vertrieb Abt und Mönche aus der Abtei Parmiers; seine Pferde fraßen Hafer vom Altar; seine Landsknechte benutzten die Arme und Beine von Kruzifixen als Dreschflegel und übten ihre Treffsicherheit am Christusbild. Graf Raymond VI. von Toulouse zerstörte mehrere Kirchen, verfolgte die Mönche von Moissac und wurde exkommuniziert (1196). Aber der Kirchenbann war für die Adligen Südfrankreichs nur noch eine Kleinigkeit. Viele von ihnen bekannten sich offen zur Ketzerei der Katharer oder unterstützten sie großzügig."[20]

Als Innozenz III. 1198 den Stuhl Petri besteigt, erkennt er sofort die Gefahren, die der Kirche aus den Praktiken der Häresie drohen. Gewiß, er war nicht blind und wollte auch nicht müßig zusehen, wie die sozialen Grundlagen des Christentums allmählich zugrunde gingen. Die Sünden der Kirche sah er jetzt in den Sünden der Völker und Staaten gespiegelt, die jedwede Korruption duldeten, Amtsmissbrauch zur Regel machten und das Erschleichen von Ämtern als Tugend ansahen. Was aber sollte er tun angesichts einer Volksbewegung, die *die Zeugung verteufelt* und den Gottesstaat allein im Jenseits ansiedelte? Konnte man es dem an den Kirchenvätern geschulten Oberhirten daher übelnehmen, wenn er dem Dualismus der Gnosis verständnislos gegenüberstand? Einem Dualismus, der kurzerhand die Ehe als eine Erfindung des Teufels öffentlich anprangerte und in der Kirche die Große Babylonische Hure sah. Wen kann es wundern, daß Innozenz schon in den Tagen seines Amtsantritts klar sein Ziel erkannte: nicht die Bekehrung von Zweiflern, sondern all jene von der Erde zu vertilgen, die der rechtmäßigen Kirche zu nahe traten, sie bekämpften. „Er wußte zu gut, daß man den Zweifler nur mit Gründen widerlegen kann und der Ausgang des Bekehrungsprozesses selbst eine sehr zweifelhafte Sache ist. Er gab daher seinen Dienern den Auftrag, die Anführer der Häretiker zu verbrennen, die Herden zu zerstreuen und das Eigentum eines jeden einzuziehen, der nicht glaube, wie er, der Papst selbst. Die Arbeit wurde dadurch erschwert, daß manche große und hohe Barone, welche sich der neuen Meinung angeschlossen, die Sektierer zu schützen versuchten, statt zu deren Verfolgung hilfreiche Hand zu leisten. Andere sahen in ihnen fleißige Untertanen, die man nicht vernichten konnte, ohne die eigne Macht zu beeinträchtigen. Innozenz fand das Mittel, diesen Erwägungen zu begegnen. Indem er die hohen Herren zur Konfiskation aller Güter von Ketzern autorisierte, sie sogar dazu aufforderte, dieselben in Besitz zu nehmen, nachdem die Geplünderten verjagt und für den Fall ihrer Rückkehr mit dem Tod bedroht sein würden, zeigte er der rohen Habsucht einen unmittelbaren Vorteil, der alle Bedenken sofort niederzuschlagen imstande war. Gleichzeitig aber belegte er auch alle Herren, welche sich weigern würden, die Güter der Ketzer wegzunehmen, mit dem Bann und ihre Besitzungen mit dem Interdikt."[21]

Ohne sich an die Chronologie der Ereignisse zu halten, läßt Nikolaus Lenau die Verfolgung der Ketzer in der Provence in historisch umgekehrter Reihenfolge vor uns ablaufen. Er verfolgt dabei eine poetische Dramaturgie, der es um Steigerung und Katharsis, um Erschütterung und um die rhetorisch wirkungsvolle Versicherung geht, daß der Kampf für Freiheit und gegen Unterdrückung durch die Zeiten getragen würde.

    Woher der düstre Unmut unsrer Zeit,
    Der Groll, die Eile, die Zerrissenheit? –
    Das Sterben in der Dämmerung ist schuld
    An dieser freudenarmen Ungeduld;
    Herb ists, das lang ersehnte Licht nicht schauen,
    Zu Grabe gehn in seinem Morgengrauen.
    Und müssen wir vor Tag zu Asche sinken,
    Mit heißen Wünschen, unvergoltnen Qualen,
    So wird doch in der Freiheit goldnen Strahlen
    Erinnerung an uns als Träne blinken.

    Nicht meint das Lied auf Tote abzulenken
    Den Haß von solchen, die uns heute kränken;

> Doch vor den schwächern, spätgezeugten Kindern
> Des Nachtgeists wird die scheue Furcht sich mindern,
> Wenn ihr die Schrumpfgestalten der Despoten
> Vergleicht mit Innozenz, dem großen Toten,
> Der doch der Menschheit Herz nicht still gezwungen
> Und den Gedanken nicht hinabgerungen.
>
> Das Licht vom Himmel läßt sich nicht versprengen,
> Noch läßt der Sonnenaufgang sich verhängen
> Mit Purpurmänteln oder dunklen Kutten;
> Den Albigensern folgen die Hussiten
> Und zahlen blutig heim, was jene litten;
> Nach Huß und Zizka kommen Luther, Hutten,
> Die dreißig Jahre, die Cevennenstreiter,
> Die Stürmer der Bastille, und so weiter.[22]

Eine unsichere Sache, die Sache Gottes

Geht Lenau auch mit leichter Hand und vielleicht auch ein wenig zu sorglos mit der Chronologie der Geschichte um, so hat er doch nirgendwo den in dieser Epoche waltenden Ungeist beschönigt. In den „Albigensern" erweist sich Lenau in viel vollendeterem Sinn als Lyriker, als es ihm gelingt, die ungewiß flackernde Hintergrundstrahlung einer Epoche sichtbar zu machen, die, unter Berufung auf die Seele des Menschen, ganz und gar entseelt sich gebärdet hat. Nirgendwo in seinem Werk finden sich derart *gewaltige, maßlose Gestalten* wieder wie hier; nirgendwo hat er die Leidenschaften zu größeren Stürmen entfacht als in diesem Epos, das sich vornimmt, die Widersprüche des entwurzelten Denkens und Handelns der Menschen spürbar, erfahrbar, nachvollziehbar zu machen. Intensiver als im „Savonarola" ist in den „Albigensern" der Entschluß Fleisch geworden, den Sinn menschlichen Handelns mit dem Sinn von Sein abzugleichen. Aber zwei Jahre lang tappt Lenau durch das Dunkel der Folianten, bis Hegels Geschichtsphilosophie ihn auf das unausgesetzte Werden des Geistes über die Zeiten hin verweist.

Denn angesichts der gewaltigen Kämpfe, der Hekatomben gemarterter und hingemetzelter Körper, der gewaltigen Ströme vergossenen Blutes und der gequälten Seelen der Ketzer muß sich dem kritischen Betrachter dieser Epoche immer wieder die Frage stellen, zu welchem Nutzen dies ungeheure Gemetzel eigentlich in Szene gesetzt wird. Der Standpunkt der Kirche ist – zumindest in dem Brief, den Innozenz III. kurz nach dem Antritt seines Amtes an den Erzbischof von Auch in der Gascogne schreibt – ziemlich klar: „Mit ihren abergläubischen und falschen Erfindungen verdrehen (die Häretiker) den Sinn der Heiligen Schrift und versuchen, die Einheit der katholischen Kirche zu zerstören ... Es ist unser Wunsch, daß du und deine Bischöfe euch mit aller Kraft dieser Pestilenz entgegensetzet ... Wir erteilen dir den strengen Befehl, daß du mit allen Mitteln diese Ketzereien vernichtest ...."[23]

In Stunden verzweifelter Sinnsuche mag Lenau selbst nicht recht an den Sinn geglaubt haben, der sich aus den Kreuzzügen gegen die Albigenser mit ihrem ungeheuren Blutzoll ergeben sollte. Sein Zweifel beschleicht noch den sterbenden Innozenz, der sich vors Kreuz geworfen hat:

> Er ruft an seinen Gott die Frage:
> „Herr! Sieh mich hold und gnädig an,
> Laß meiner Brust den Mut nicht weichen,
> Gib deines Beifalls mir ein Zeichen,
> Daß ich der Welt so weh getan!
> O, nicke, daß du mirs geboten,
> Daß dir willkommen meine Toten!"[24]

Vergebens starrt Innozenz III. dem Christusbild ins Angesicht. Doch bekommt er keine Antwort auf sein Fragen. Ein verirrter Falter löscht schließlich das Licht, und es wird finster um ihn her. Man wird nicht fehlgehen, in der von Lenau gedichteten Schlußpassage das Abbild eigener Stimmungen angesichts der Greuel zu erkennen, denen er im Verlauf intensiver Studien auf die Spur gekommen war. Aus des Dichters Brief an Hans Lassen Martensen vom 24. April 1838 kann man die nagenden Zweifel unschwer herauslesen. Aber er teilt sie dem dänischen Theologen und nachmaligen Bischof nur in homöopathischen Dosen mit. Denn immerhin hat er dem Gottesmann wohlwollende Äußerungen über den „Savonarola" zu danken und will dessen Freundschaft nicht leichtsinnig aufs Spiel setzen. Klug verschweigt er deshalb, daß er inzwischen angefangen hat sich mit Hegels Philosophie der Geschichte zu beschäftigen: „Die in meinem ‚Savonarola' ausgesprochene Weltansicht hat mich noch nicht genug gehoben, gestählt und beruhigt gegen alle feindlichen Anfälle des geistig und sittlich verwilderten Lebens; ich fühle mich manchmal unglücklich, und in Stunden düstern Affektes ist mir die Sache Gottes selbst als eine unsichere, ja fast als eine *res derelicta* erschienen, *quae patet diabolo occupanti*. Wohl fühle ich das Ungeziemende solcher Gedanken, doch meine allzu lebhafte Sensibilität läßt aus ihrem kochenden Kessel zuweilen dergleichen Dämpfe nach meinem Kopfe steigen, und es mag oft eine Weile dauern, bis ein frischer Luftzug vom heiligen Gebirge her mir die Nebelkappe zerweht."[25]

Dem Materiellen weit entrückt

Was Lenau in Zusammenhang mit den Verbrechen, die der Heilige Stuhl an den Albigensern begangen hat, zunächst unüberwindliche Schwierigkeiten bereitet, das ist die Beantwortung der Frage, wie Gott, der allweise, allgütige, allmächtige, es überhaupt hat zulassen können, daß derart unsägliches und abgründiges Grauen sich durch die Weltgeschichte wälzt. Unmittelbar daran knüpft sich sogleich die noch subversivere Frage: hätte Gott das Böse überhaupt verhindern können, ohne zugleich die Freiheit preiszugeben? Die menschliche Freiheit sowie – viel wichtiger noch – die Freiheit des Entstehens und Vergehens, des Werdens der Welt? Würde der Schöpfer nämlich lediglich zusehen und beobachten, wohin die Taten der Menschen sich wenden, was aus ihnen wird, wäre er dem Demiurgen vergleichbar, von dem die Katharer annehmen, daß er der eigentliche Schöpfergott des Reichs der finsteren Materie ist. Der lichte Schöpfergott dagegen ist dem Reich des Materiellen weit entrückt. Denn nach Meinung der Albigenser ist die „sichtbare Welt, in welcher alles eitel und vergänglich ist, ein dem Lichtgotte völlig fremdes Reich; sie gehört dem bösen Gotte, der sie ins Dasein gerufen, und der daher auch als Versucher Christus alle Reiche der Welt anbot, was er nicht gekonnt hätte, wenn sie nicht sein Eigentum wären. Darum spricht auch Christus von dem unvereinbaren Dienste zweier Herren, von dem guten und dem bösen Baume und ihren Früchten, von einer Pflanzung, die nicht der himmlische Vater gepflanzt habe, von einem ihm fremden Reiche dieser Welt, in welchem er nichts hatte, wo er sein Haupt hinlegen konnte; darum wird den Gläubigen untersagt, die Welt und was in ihr ist zu lieben … Wären die Dinge dieser Welt vom guten Gotte, so würde Paulus sie nicht wie Koth achten."[26]

Allmählich lernt Lenau aber zu verstehen, daß Gut und Böse keineswegs Urteile oder Unterscheidungen sind, die vom Willen einzelner gefällt werden. Von Franz v. Baader beeinflußt, hat schon der frühe Schelling erkannt, daß nur der partikulare Wille, der mit dem universalen übereinstimmt, gut ist; die Trennung des Einzelwillens vom universalen hingegen ist das Böse.[27] Schellings Entwurf der menschlichen Freiheit bewegt sich vor dem Hintergrund einer Konzeption, in der das Absolute als ein ewiges Werden verstanden wird und nicht nur „als Werden des Geschaffenen", sondern gleichermaßen „als ewiges Werden des Schaffenden und als ewiges Werden des Absoluten"[28] sichtbar wird. Es ist der sich wandelnde Gott, das Werden Gottes in der Welt, in der Geschichte, auf den auch Hegel nachdrücklich hinweist. Für ihn stellt die Weltgeschichte den Stufengang der Entwicklung des Prinzips dar, dessen Gehalt das *Bewußtsein der Freiheit* ist. „Das Resultat dieses Ganges (durch die Weltgeschichte und über sie hin) ist also, daß der Geist, indem er sich objectivirt und dieses sein Seyn denkt, einerseits die Bestimmtheit seines Seyns zerstört, anderseits das Allgemeine desselben erfasst, und dadurch seinem Princip eine neue Bestimmtheit gibt."[29]

Es ist gerade diese Definition Hegels, die Lenau im Schlußgesang seiner „Albigenser" zu der düsteren Frage ausholen läßt:

> Wofür sie mutig alle Waffen schwangen
> Und singend in die Todesfeuer sprangen
> Was war es? trotzte hier ein klarer Blick
> Ins Herz der Freiheit jedem Missgeschick?
> Wars Liebe für die heilige, erkannte,
> Die heißer als die Scheiterhaufen brannte?
> Wars von der Freiheit nur ein dunkles Ahnen,
> Dem sie gefolgt auf allen Schreckensbahnen?
> Mehr nicht! – doch soll die Edlen darum eben
> Bewunderung und Wehmut überleben.
> O ernste Lieb zur Freiheit, schönes Werben,
> Wenn ihre Spur genügt, dafür zu sterben! –[30]

Fragen, die direkt zu jener großen und gleichermaßen gefährlichen Einsicht hinführen, die Hegel als „List der Vernunft" bezeichnet hat. Gefährlich, weil sie – oberflächlich besehen – den Willen und die Verantwortung der Menschen auszuschalten droht. Der einzelne müht und rackert sich ab, opfert sein ohnehin schmal begrenztes Leben in der Überzeugung, daß er damit das allgemeine Wohl, die allgemeine Erkenntnis oder den Glauben an eine höhere Daseinsordnung befördert. Es ist die *List der Vernunft,* „daß sie die Leidenschaften für sich wirken läßt, wobei das, was durch sie sich in Existenz setzt, einbüßt und Schaden leidet ... Das Particulare ist meistens zu gering gegen das Allgemeine: die Individuen werden aufgeopfert und preisgegeben. Die Idee bezahlt den Tribut des Daseins und der Vergänglichkeit nicht aus sich, sondern aus den Leidenschaften der Individuen."[31]

Eine missglückte Antithese: Karoline Unger

Quieta non movere, Ruhendes soll man nicht bewegen. Aus der Sicht des spanischen Priesters Michael de Molinos soll die Ruhe als höchstes Ziel irdischen Strebens namentlich auf religiösem Gebiet zur Abtötung sexueller Begierden führen, zur Versenkung des Gemüts in Gott. Nikolaus Lenau hat derlei Exerzitien von 1834 bis 1839/40 mit Sophie von Löwenthal erprobt und schließlich erkannt, daß er weder in diesem mystischen Gleichgewicht der Seelen leben noch die Trennung tatsächlich auf längere Sicht herbeiführen kann. Im Mai 1839 findet er in einer alten gnostischen Schrift, den sogenannten Pseudoclementinen, eine Stelle, die ihm das Herz aufreißt. Sofort setzt er sich hin und teilt sie der Geliebten mit: „Ist die Trennung schon hier schmerzlich, wie viel schmerzlicher wäre es, nach dem Tode getrennt zu sein?"[32] Es ist eine ausgesprochene Pattstellung, die unser Dichter um so schmerzlicher erlebt, als sich nichts abzeichnet, wodurch er ausbrechen könnte; nichts, was ihm den Gedanken an die abwesende Geliebte erträglich machen könnte. Ausgenommen vielleicht ein *rauschhaftes Erlebnis der Natur,* in die er sich jetzt wieder stürzt: „Mein Leben ist ein stilles Horchen, Sinnen und Sehnen und unablässiges Wühlen in meiner Seele. Ich habe mich ganz der Natur in die Arme geworfen. Das Wetter ist seit gestern, wie ich es liebe. Warm, regnerisch und gewitterhaft, abwechselnd mit hellen Stunden, in denen man immer schon den Regen werden spürt. Die Wälder treiben stark und dampfen von ihrer freudigen Arbeit. Es ist sehr lebendig in diesem Tal (dem Kierlingtal bei Wien). Nebst dem frischen Bach wälzt sich hörbar ein reicher Strom des Lebens. Er soll mich aufnehmen und hintragen, wohin er will. Ich brauche Hülfe, denn ich bin krank. Die ganze Tünche fällt in der Einsamkeit hinweg von meinem Geschick, ich sehe in alle Fugen und Risse, und wo es klafft, da klafft es. Wenn das Unglück König ist über ein Leben, da soll man nur lieber gleich seine Herrschaft anerkennen, sonst kommt es und schärft dem Rebellen seine Gewalt zehnfach ein zur rechten Stunde. Ich will zu den alten Zauberern gehn, daß sie mich erleichtern; ich meine die Naturgeister. Ich sinke wieder ins Dämonische. Das dampfende Waldtal war mir heute so wohltätig betäubend wie ein Zauberkessel, worin die Kräuter sieden, die unsichtbar machen…"[33]

Das ist mehr als deutlich: in diesem an Sophie gerichteten Zettel kündigt der Dichter alle Sublimationsformen ihrer Liebe spielerisch auf, die bisher zwischen ihnen Geltung hatten. Zugleich läßt er sie einen Blick in die Tiefendimension seiner Seele tun, die er bislang sorgsam vor Sophie verborgen hat. Lenaus Selbsterfahrung beschreibt hier was Søren Kierkegaard später als *Angst der Freiheit vor sich selber* umschreiben wird, die letztlich immer wieder nur das Böse hervorbringt.[34] Dieses hinwieder betrachtet Schelling als die „Partikularkrankheit", die nur dadurch entsteht, daß das, „was seine Freiheit oder sein Leben nur dafür hat, daß es im Ganzen bleibe, für sich zu sein strebt ... (Es) wird nie ohne eigene Tat vollbracht."³⁵ Man sieht schon am Wortlaut dieses Textes – es ist einer von den über 350 Zetteln, die Lenau seit 1835 an Sophie geschrieben hat –, in welchem Ausmaß er bereits unterschwellig bereit ist, die ganz auf geistige Verinnerlichung abzielende mystische Verbindung zu zertrennen. Es bedarf nur eines äußeren Anlasses, der mit der Rauschhaftigkeit seines Naturerlebens zusammenstimmt, um ihn mit fliegenden Fahnen in ein anderes Lager zu treiben. Schneller als man geahnt hat, tritt dieser äußere Anlaß ein.

48 Josef Kriehuber (1800–1876): Nikolaus Lenau, Lithographie 1841, ADAU.

Wenig mehr als vier Wochen nach dem dämonischen Liebeszettel, den Niembsch an Sophie geschrieben hat, lernt er am 24. Juni 1839 in einer Gesellschaft, die Alexander Graf Christalnigg gibt, die gefeierte Sopranistin Karoline Unger kennen. Vermittelt wird die Bekanntschaft durch Theodor Graf von Heissenstamm, den Lenau als „echten Dichter" schätzt. Das Treffen muß in unmittelbarer Nähe des Hauses der Löwenthals stattgefunden haben, denn das Christalniggsche Haus befand sich in der Schmidgasse (heute XIV. Stadtbezirk, Beckmanngasse 14, wo sich auch der Sommersitz der Löwenthals befand). Es ist ziemlich wahrscheinlich, daß Sophie von dieser Einladung auf Umwegen Kenntnis erhalten hat, die umständliche Schilderung von Lenaus Begegnung mit Karoline Unger daher nicht mehr oder weniger bezweckt, ihre Neugierde, ja Eifersucht anzustacheln:

„Unger sang vor Tisch, unter Heissenstamms Begleitung, den ‚Wanderer' und ‚Gretchen am Spinnrad' von Schubert, hinreißend schön: Es rollt wirklich tragisches Blut in den Adern dieses Weibes. Sie ließ in ihrem Gesange ein singendes Gewitter von Leidenschaft auf mein Herz los; sogleich erkannte ich, daß ich in einen Sturm gerate, ich kämpfte und rang gegen die Macht ihrer Töne, weil ich vor Fremden nicht so gerührt erscheinen mag, umsonst; ich war ganz erschüttert und konnte es nicht verhalten. Da fasste mich, als sie ausgesungen, ein Zorn gegen das sieghafte Weib, und ich trat ins Fenster zurück; sie aber folgte mir nach und zeigte mir bescheiden ihre zitternde Hand und wie sie selbst im Sturm gebebt; das versöhnte mich, denn ich sah, was ich gleich hätte denken sollen, daß es ein Stärkerer war als sie und ich, der durch ihr Herz gegangen und meins und vor dem wir beide gleich gebeugt dastanden als es wieder stille war."³⁶

Ein singendes Gewitter von Leidenschaft, ein Sturm, der ihn mit sich reißt. Er kämpft und ringt gegen die Macht der Töne. Mitgerissen von einem autonom ablaufenden Geschehen, wehrlos hineingezwungen in eine neue Bahn, bäumt der von seiner mystischen Krise schon fast Geheilte sich gegen den törichten Wahn Sophiens auf, die Seligkeit einer himmlischen Liebe schon hier, auf Erden, voll zu genießen. Wie schon so oft reißt es ihn mit, diesmal freilich mit noch ungleich überwältigender Gewalt unterliegt sein bewußtes Handeln, galoppiert der rasende Hengst in seinem Blut. Er, der nun mehr als ein halbes Jahrzehnt in der feingesponnenen Balance mystischer Ekstase befangen war, findet schlagartig dieses Gleichgewicht zerstört, gerät außer sich, aber nicht über sich hinaus, sondern zurück ins dämonische Urempfinden des magischen Animismus, der – wie Freud richtig gesehen hat – „durch die narzisstische Überschätzung der eigenen seelischen Vorgänge, die Allmacht der Gedanken und die darauf aufgebaute Technik der Magie"[37] charakterisiert ist.

Allerdings ist es Lenau in seinem Brief nicht nur darum gegangen, Eifersucht in der nur allzu beherrschten oder vielleicht nur Beherrschtheit vorschützenden Sophie zu erregen, er weiß vielmehr nur zu genau, daß er in jenen Stunden in Christalniggs Salon eine Grenzlinie überschreitet, jenseits derer sein Denken und Tun anders gepolt sein wird. Er weiß es genau – durch das Zittern deutet er's an, um es nach wenigen Sätzen sogleich als Einwirkung einer äußeren, unbeherrschbaren Macht zu kennzeichnen: „Wir setzten uns zu Tisch. Die Unger war sehr freundlich und gesprächig. Ich bitte mir meinen Lenau zum Nachbarn aus, sagte sie, und so ward ich denn ihr Nachbar; doch das Singen hatte mir den Appetit verdorben und mich in mich selbst gekehrt, so daß ich weder den trefflichen Speisen meine gebührende verzehrende Würdigung noch den Tischgesprächen und meiner Nachbarin die gehörige Aufmerksamkeit und Teilnahme angedeihen lassen konnte. Nach dem Essen gings ans Kegelschieben. Die Unger glänzte auch hier als Primadonna, sie warf fünf bis sieben Kegel mit robustem Schube."[38]

Mehr noch als das Vollblutweib beeindruckt Lenau freilich ihre Bühnenpräsenz: „Karoline Unger ist ein wunderbares Weib. Nur am Sarge meiner Mutter habe ich so geschluchzt wie jenen Abend, als ich die herrliche Künstlerin in ‚Belisario' gehört hatte … Die Sängerin ging weit über jede Einzelheit hinaus und ich hörte in ihren leidenschaftlichen Klagen, in ihrem Aufschrei der Verzweiflung das ganze tragische Schicksal der Menschheit rufen, die ganze Welt des Glücks auseinanderbrechen und das Herz der Menschheit zerreißen. Mich ergriff ein namenloser ungeheurer Schmerz, von dem ich noch ein heimliches Zittern durch mein innerstes Leben spüre … Ich war viel mit Karolinen zusammen, sie fühlte sich mir verwandt, wie eine Wetterwolke der andern. Nach der Vorstellung des ‚Belisario' ging ich, wie öfter, zu ihr und sagte ihr, daß sie die größte tragische Wirkung auf mich gemacht habe, worüber sie erfreut war, und mir einige Tage später sagte, meine Ergriffenheit in genannter Oper sei ihr höchster Triumph, den sie in Wien erlebt, sosehr sie auch erfreut sei über den Beifallsturm nach ihrer letzten Vorstellung. Gestern (das ist am 4. Juli 1839) ist sie nach Dresden abgereist."³⁹

Gewiß, es ist eine gehörige Portion von Eitelkeit beim Zustandekommen dieses Liebesverhältnisses mit im Spiel. Sie, die umjubelte Primadonna, er, der empfindungsstarke Dichter, der seine Triumphe zwar im In- und Ausland feiert, freilich viel verhaltener, nach innen gewandt und auf kontemplativer Ebene. Sie sind gegensätzliche Naturen, und doch gelingt es ihr schon nach kürzester Frist, ihn in den aufgeregten und *aufregenden Strudel von Monde und Demimonde* mitzureißen, den er sonst geflissentlich meidet. Und wie selbstverständlich bringt Niembsch ihr hinwieder die kleinen Opfer gesellschaftlichen Umgangs, die er anderen Damen, ja selbst Sophie, sonst verweigert. „So pflegte sie in einem gewissen Tone *amikaler Befehlshaberschaft* laut manche kleinen Dienste von ihm zu fordern: z. B. Umhängen des Mantels oder Tuches, Rufen des Kellners u. dgl. Forderungen, welche in den Verhältnissen und Gewohnheiten einer italienischen Primadonna so vollkommen begründet sind, daß sie gar nichts Auffallendes haben, unsern reizbaren und den Frauen gegenüber an das entgegengesetzte Verhältnis gewöhnten Dichter aber verletzten, ja bisweilen sogar innerlich empörten. Er hatte es bisher nur erlebt, daß Frauen und Mädchen seinen Wünschen in allen Kleinigkeiten und Bedürfnissen des alltäglichen Lebens zuvorzukommen eilten …"⁴⁰ Was niemand aus Lenaus Freundeskreis auch nur im entferntesten für möglich gehalten hat, manifestiert sich nun Tag für Tag, stärker, greifbarer und vor aller Augen: „Er verschmähte es nicht, sich fast täglich einem Schwarme von Anbetern zuzugesellen, welcher die gefeierte Sängerin umgab und worin es an Gecken und Einfaltspinseln eben auch nicht fehlte. Aber sie wußte ihn auch auszeichnend hervorzuziehen aus dem Schwarme. So gestaltete sich das Verhältnis gleich in den ersten Tagen zu einem vertraulichen. Der Dichter besuchte die Schauspielerin hinter den Kulissen und ließ sich von ihr den Eichenkranz darbringen, den sie als Norma getragen."⁴¹

Wie alle Liebenden, zumal all jene, denen der andere Zustand, dieses Außer-sich-Sein plötzlich und mit dämonischer Magie durchs Gemüt fährt, versucht Lenau sich unausgesetzt der Gemeinsamkeiten mit der Geliebten zu vergewissern. Erfreut notiert er, was man unschwer auch über ihn hätte sagen können, daß sie nämlich bald lebhaft und heiter, ja kindisch und tändelnd sei, bald die ernste Stimme ihrer Seele hervorbricht. Dann geht sie ganz aus sich heraus und zeigt Niembsch ihre Gedanken auf seltener Höhe. Was sie aber vom ersten Augenblick an zusammenschweißt, das ist die Musik. Noch ein halbes Jahr nach dieser Begegnung bekennt Niembsch: „Jetzt gilt nur die Musik mehr was. Das Gehör ist der letzte Sinn, welcher dem Sterbenden vergeht. Diese Erscheinung ist auch bei dem jetzigen Tode des Kunstlebens wahrzunehmen. Man kann nur noch hören, und selbst da muß recht kräftig drauflos gepaukt werden. – Mein schriftstellerisches Leben freut mich nicht um einen Groschen mehr."[42]

Augenblicklich merkt Sophie die große Gefahr. Ja sie, die sich meist reserviert gibt, tritt sogar für kurze Zeit aus der Reserve heraus. Unverhohlen scheint sie dem Dichter ihre Sehnsucht nach seiner Nähe, nach dem Umgang mit ihm eröffnet zu haben; soviel wenigstens können wir aus Lenaus Antwort auf ihren nicht mehr erhaltenen Brief schließen. Dann aber holt sie leise – ganz Freundin, ganz Beraterin – zum Gegenschlag aus und lädt ihn nach Ischl ein. Dort solle er seine „Albigenser" vollenden. Man sieht recht eindeutig und klar: hier hat Sophie die Schlacht eröffnet. Sie vollzieht sich als Parallelaktion zu seinem epischen Gedicht, das sich uns hier und jetzt als eine Art von Sublimationsform seines Lebens darzustellen beginnt, während sein privates Leben sich mehr und mehr zum Austragungsort bisher unerledigter Konflikte wandelt. Doch zuvor schon hat Lenau in recht eindeutiger Weise auf diese Identifizierung von Leben und Werk hingewiesen, wenn er etwa notiert: „… meine sämtlichen Schriften sind, da ich für Taten keinen Raum finde, mein sämtliches Leben."[43] Andererseits läßt auch der Brief, den er an Anton Xaver Schurz schreibt, recht deutlich und nicht ohne *Spuren seines charakteristischen kaustischen Humors* erkennen, wie sehr er sich selbst der Abhängigkeit seines Lebens von seiner Dichtung kritisch bewußt ist. Ohne viel zu überlegen, folgt Lenau dem Ruf Sophiens. Noch sind seit der Abreise Karolinens keine vierzehn Tage vergangen, da besteigt er das Dampfschiff von Wien nach Linz und reist über Gmunden nach Ischl. Vier Tage nach seiner Ankunft wirft er einen Brief an Anton Xaver Schurz, den Mann seiner Schwester Therese, auf feines Velinpapier. Heiter-ironisch klingt der Brief, wie in alten Tagen: „Die Luft ist herrlich, mir ist als hätte man mir Leben in alle Adern gegossen; es wird auch meinen Albigensern wohl werden in diesen Wäldern, wo ich mir das schönste Holz zu Scheiterhaufen aussuchen kann; was bis jetzt fertig worden, ist nicht übel geraten; Du wirst Deine Freude dran haben, treuer Bruder!"…[44]

Die nun offenbar immer verwickelter werdenden Lebensverhältnisse Lenaus machen dem Schwestermann offenbar Sorge. Fürchtet er doch, die Freunde in Stuttgart könnten aus den Tageszeitungen von der impulsiv eingegangenen Beziehung zu Karoline Unger erfahren. Wie müßte es sie erst befremden, wenn sie jetzt Briefe aus Ischl erhielten, denn allgemein war ja bekannt, daß die Löwenthals dort den Sommer verbringen. Um zu *verdecken, daß hier zweigeleisig gefahren wird,* beeilt sich der getreue Schurz, einen den eigentlichen Sachverhalt kaschierenden Brief an Justinus Kerner zu schreiben. Dieser Brief soll den Eindruck erwecken, der Sommer verlaufe ohnehin wie geplant: „Leider ist Niembsch in diesem Augenblicke nicht in Wien. … aber gestern (erhielt ich) einen Brief von ihm, woraus ich Ihrem gütigen Wunsche gemäß recht viel von N. zu hören Ihnen folgenden Auszug liefere … / Der Ton dieses Briefes ist der beredteste Zeuge des jetzigen Wohlbefindens unseres Niembsch. Weniger wohl befand er sich aber den letzten Winter über und auch die letztere Zeit her. Insbesondere litt er an Rheuma mit Schnupfen und Alternation. Unlängst hatte er auch ein Cholerinchen. Natürlich wollte es dabei mit seinen ‚Albigensern' nicht recht vorwärts, was er aber nun einholt. Er hofft, den Herbst damit zu stande zu kommen, und dann ist es wahrscheinlich, daß er Ihnen damit bald persönlich um den Hals fällt. Mai und Juni brachte er abwechselnd in der Stadt und auf dem Lande, zu Kirling, einem Dorfe im schönen Kahlengebirge, unweit Klosterneuburg, bei meiner Therese zu; nur war er richtig immer zur schönen Zeit in der Stadt, und wann es regnete, auf dem Lande. / Ich erwarte, ihn in den obersteirischen Alpen nächst Mariazell, wohin mich eine amtliche Reise für einige Wochen nächstens führen dürfte, ganz neugeboren wieder zu finden."[45]

49 Josef Kriehuber (1800–1876): Karoline Unger (1803–1877), verehel. Sabatier, gefeierte Sängerin, Lithographie 1839, ADAU.

Inzwischen schwelgen Sophie und Lenau in Ischl in gefühlvollen Reminiszenzen. Zu Sophies wirkungsvollsten Taktiken zählt das verständnisvolle und sanfte Eingehen auf die Probleme des krisengeschüttelten Dichters. Geschickt vermeidet sie jedweden Vorwurf. Denn schließlich hat sie – auch wenn beide einander himmlische Treue geschworen haben – als Ehefrau seines Freundes Max keinerlei Anrecht auf Niembsch. Aber sie kennt sehr genau seine Lebensängste und knüpft deshalb schlau an seine nach wie vor ungesicherte finanzielle Lage an. Schließlich hat sie ihn soweit, daß er sich selbst eingesteht, eine Heirat mit Karoline käme nur in Frage, wenn die Cottasche Verlagsbuchhandlung ihm einen Generalvertrag anböte. Der aber könnte bestenfalls geschlossen werden, wenn endlich die endgültige Fassung des „Faust" vorliegen würde und „Die Albigenser" immerhin so weit gerundet wären, daß Cotta einen Eindruck vom Gesamtaufbau des Gedichts bekäme. Mit diesen klug disponierten Prämissen verknüpft Sophie schließlich noch Argumente, die *Niembschs Eitelkeit in Aufruhr* bringen müssen: die im Rampenlicht der Öffentlichkeit stehende, nicht nur in Deutschland, sondern vor allem in Italien als Mozartsängerin gefeierte Primadonna Karoline Unger würde vermutlich dazu beitragen, den Namen des Dichters allmählich in den Schatten treten zu lassen. Und das würde schließlich auch seinen Marktwert und sein Ansehen gefährden.

Am Abend nach der Aussprache

Als Lenau sich endlich am 18. August 1839 aufmacht, Karoline in Linz zu treffen, dürfte er nicht mehr allzuviel Lust gehabt haben, sie zu ehelichen. Das signalisiert uns seine etwas *lieblose Schilderung* des ersten Zusammentreffens mit ihr nach sechswöchiger Trennung doch recht deutlich. Am 20. August – er sitzt gerade beim Souper – trifft sie nicht – wie erwartet – mit der Eisenbahn, sondern mit einigem Aufsehen per Extrapost vor dem Hotel ein. Ein perfekt inszenierter Bühnenauftritt: „Ihr Wagen hielt vor dem Hause, ich eilte hinab, und wir begrüßten uns. Sie war sehr ermüdet von der dreitägigen ununterbrochenen Fahrt, auch Freundin Klara, welche zu meiner Überraschung den Hund, welchen ich ganz vergessen hatte, an einer Schnur höchst gravitätisch ins Zimmer führte. Der Abend verging mit Soupieren der Damen und unter mancherlei muntern Gesprächen. Wir saßen zu vier am Tische, Karoline, Klara, die Stubenkatze und ich. Da konnten mithin keine Schicksalsworte gewechselt werden. Erst gestern abends kam es zu solchen. Karoline stellte alles zu meiner Entscheidung anheim. Ich erklärte ihr, daß ich, solange sie der Öffentlichkeit angehöre und solang ich meine eigenen Vermögensangelegenheiten nicht völlig geordnet habe, sodaß ich einen gesicherten und nicht verächtlichen Beitrag zum Haushalte bringen könnte, daß ich solange an eine Verbindung nur als künftig denken könne. Meinen Willen durchaus ehrend, nahm Karoline meine Erklärung mit schöner weiblicher Fügsamkeit entgegen. Es sind von ihrer Seite Verbindlichkeiten für 19 Monate eingegangen worden, deren Nichteinhaltung mit großen Opfern, vertragsmäßigen Konventionalstrafen verbunden sein würde; wohingegen die Erfüllung derselben eine Vermögensmehrung von fünfzigtausend zurücklegen läßt. Daß ich ein solches Opfer, obwohl sie es mir mit Freuden zu bringen bereit wäre, nicht annehme, versteht sich von selbst."[46]

Am Abend nach der Aussprache besuchen die Unger und Niembsch das Linzer Theater, wo sie „Das Nachtlager in Granada" von Konradin Kreutzer hören. Auch hier erregt ihre Erscheinung das übliche Aufsehen. Auch hier ist sie die Dominierende. Der Dichter erträgt es gelassen und schweigt. Über diese Vorstellung liest man wenige Tage später in der „Allgemeinen Theaterzeitung": „Die Teilnahme war glänzend, Vater und Tochter wurden lärmend zweimal empfangen, und im Verlaufe und zum Schlusse der Darstellung sechsmal gerufen."[47] Der in der Beurteilung musikalischer Werke unnachsichtig strenge, ja streitlustige Niembsch nennt die Oper verächtlich „einen musikalischen Schneuzer von Konradin

Kreutzer". Knapp eine Woche nach diesem Ausflug ins Theater begeben die beiden sich auf den geplanten Ausflug ins Salzkammergut, werden aber vom Regen zunächst in Hallstatt festgehalten. Dann aber trägt die Kutsche sie rasch übers Voralpenland und durch breit ausladende Täler. Die Gebirge, die er selbst so liebt, sucht Lenau zu meiden, weil sie Karoline beklommen machen. So folgt eine einsame Mondscheinpartie der anderen, entlang uralter Handelsstraßen. Sie veranstalten Picknicks neben Steilwänden, überqueren die verschwiegenen Seen des Salzkammerguts auf leichten Kähnen. Dann und wann singt sie sizilianische Fischerlieder, und bei einem Spaziergang durch das steinige Strubbach-Tal sprechen sie von Liebe, Ehe und den Hindernissen, die sich ihrer Verbindung entgegenstellen. „So, mein Freund, steig ich über Hindernisse hinweg!",[48] ruft Karoline dem erstaunten Dichter zu und springt resolut über einen mächtigen Steinhaufen, den die Wegmacher am Wegrand zurückgelassen haben.

Neben ihren Reisevergnügungen finden die beiden immerhin noch Zeit genug, Ferdinand Sauter, diesen genialen Wiener Bohemien und Vorstadtpoeten, zu besuchen. Er ist von einem Felsen gestürzt und hat sich dabei ein Bein gebrochen. Mittellos und völlig vereinsamt liegt er jetzt in Hallstatt, wo ihn niemand kennt, niemand ihn besucht. Solche Blitzaktionen der Solidarität sind charakteristisch für Niembsch, der gerne hilft, sobald er von einem Notfall hört. Auch die vorübergehende Verkittung seines Verhältnisses mit Karoline Unger gehört zu den Merkmalen seines Charakters. Niembsch ist der perfekte Meinungswandler, leicht zu beeinflussen, immer dem Augenblick verfallen und dennoch stets nach neuen Reizen unterwegs. Ein Melancholiker, der ohne Übergang und Zäsur in die Manie kippt, um sich ebenso rasch in der Melancholie wiederzufinden. Diese gelebte Montage aller Gefühlswerte ist aber nicht nur Ausdruck von Lenaus – ohne zu übertreiben kann man es hier wohl sagen: einmaligen – Persönlichkeit. In vollkommener Synthese prägt sie, wie bei wenigen Dichtern sonst, die Grundstrukturen seines Werks. Diese Integralität ist das Zukunftsträchtige an ihm und seinen Arbeiten, die in methodischer Hinsicht vor allem eines vorwegnehmen: die perspektivische Prägung der Kunst durch das Temperament. Verfeinert findet sich dieses Verfahren mehr als ein halbes Jahrhundert nach Lenaus Tod noch im Sekundenstil von Arno Holz.

Während die beiden Liebenden in raschen Zügen ihren einzigen Sommer genießen, hat Sophie einen weiteren Pfeil aus dem Köcher gezogen. Sie unterrichtet ihren Vater, Hofrat Franz Joachim von Kleyle, von der Liaison, und dieser hat nichts Eiligeres zu tun, als Lenau für die schlechte Gemütsverfassung seiner Tochter verantwortlich zu machen. Kurz: die Familien Kleyle-Löwenthal sonnen sich im Ruhm des Dichters und wollen daher den status quo beibehalten. Das heißt, sie nehmen gut und gern den vollzogenen oder auch nur imaginierten Ehebruch in Kauf, wenn nur die Ruhe der Familien gewahrt bleibt. Und wieder

spielen hier Werk und Leben des Dichters ineinander: quieta non movere, ein Stabilitätsprinzip, das, koste es was es wolle, den Schein wahrt und die Wahrheit betrügt. Den Vorwürfen Kleyles, die nur allzusehr die Form einer Abrechnung mit der Schriftstellergeneration dieser Epoche annehmen, erwidert Lenau unter dem 12. September 1839 aus Ischl:
„Welcher Dämon der Zwietracht hat Sie gestachelt, daß Sie plötzlich und ohne von mir jemals beleidigt worden zu sein meinen stillen Berg- und Burgfrieden auf eine so ungebührliche Weise gestört haben?

Es thut mir leid, daß meine ersten schriftlichen Worte an einen Mann, für welchen sonst immer nur Verehrung in meinem Herzen war, nicht anders als feindlich sein können …

Bei all Ihrem Verstande und nicht zu leugnender vielseitiger Bildung, befinden Sie sich dennoch zu sehr im Nachtrabe des philosophischen Fortganges unserer Zeit, als daß Sie so verächtliche Aussprüche über denselben sich zu erlauben hätten. Mit Machtsprüchen ist im freien Gebiete der Erkenntnis überall nichts ausgerichtet, und als eklatante Ungebühr zerfallen sie dort in sich selbst, wo sie nicht von einer evidenten Macht gesprochen werden. Der unproduktive Verstand in seiner nüchternen Unzulänglichkeit, spielt wahrlich keine imposante Rolle, wenn er höheren Kräften gegenüber, nach solchen Mitteln greift, um den Schein überlegener Klarheit und weiser Ruhe zu gewinnen … Sie zählen mich zu den vornehmen Leuten. Ist das Ernst? Dann muß mich Ihr Betragen befremden, denn es werden sonst viel feinere Manieren gegen Vornehme an Ihnen gerühmt als diejenigen sind, welche Sie gegen mich zu entwickeln belieben; ist es aber Spott, so muß ich dem Spotte mit dem Ernste begegnen, daß ich in der That etwas in mir fühle, wovor Sie sich zu beugen haben."[49]

Der Krach, den Niembschs Brief auslöst, ist beträchtlich. Vor allem der arrogante, selbstbewußte Ton mißfällt dem alten Mann, der einst Sekretär des Erzherzogs Karl war und schließlich zum Geheimen Kriegssekretär befördert wurde. Als Erzherzog Karl sich 1815 aus dem militärischen Leben zurückzog, betraute er Kleyle mit den Kanzleigeschäften seines gesamten privaten Besitzes. Kleyle hat eine größere Anzahl von Aufsätzen zu agrarischen Themen veröffentlicht und war auch an Literatur interessiert, wenngleich eher an der älteren, die von der Vormärzgeneration häufig abgelehnt wird. Die Weltanschauungen Lenaus und Kleyles stehen einander aber diametral entgegen, sodaß ein herzlicher Umgang kaum anzunehmen ist.

Auf den mit Sophie von Löwenthal und deren Schwester, Rosalie von Kleyle, noch bis Anfang Oktober in Ischl weilenden Niembsch hat dieser Krach offenbar die beabsichtigte Wirkung. Noch im September quält er sich mit Zweifeln ab, ob er „das Schauerliche – die Ehe – beginnen solle".[50] Aber noch eine andere der Mahnungen Sophies hat sich in seinem Hirn festgesetzt: daß er mit Cotta die Herausgabe der „Albigenser" verhandeln und möglichst zu einem Vertragsabschluß kommen müsse. Am 29. September 1839 kündigt er Baron Cotta an, „daß ich noch im Laufe dieses Herbstes mit einem neuen Manuscripte: ‚Die Albigenser' episches Gedicht, nach Stuttgart zu reisen gedenke, um es der Cotta'schen Buchhandlung im Verlag zu bieten und dann den Druck selbst zu leiten". Und dann kommt etwas Ungewöhnliches, Freizügiges; ein Satz, der den Verleger festzunageln sucht. Wir lesen ihn erstaunt und fragen uns, ob sich heute ein Verleger derlei gefallen ließe? „In der angenehmen Voraussetzung, daß ich diesmal mit der Cotta'schen Buchhandlung über alle die Verlagsnahme meines neuesten Werkes betreffenden Bedingungen übereinkommen werde, war ich so frei, 500 fl. Rheinisch auf Rechnung zu trassieren bei Arnstein und Eskeles in Wien, und bitte, meine Tratte gefälligst genehmigen zu wollen. Sollte ich mich aber in meiner Annahme getäuscht haben oder die Cotta'sche Verlagshandlung vielleicht überhaupt mein neues Gedicht nicht im Verlag wünschen, so würde ich die bezogene Summe, am 1. November d.J. zahlbar, noch vor Eintritt des neuen Jahrs mit großem Danke wiedererstatten. Indessen bin ich überzeugt, daß wenn nur überhaupt meine ‚Albigenser' Ihnen genehm sind, Ihre Bedingungen es auch mir sein werden.

Der Aufenthalt im Bade Ischl, dessen ich schon seit einigen Monaten froh bin, hat in hohem Grade kräftigend und erheiternd auf mich gewirkt ..."[51]

Niembschs leicht gravitätische Art in diesem Brief läßt vermuten, daß er sich des Wohlwollens seines Verlegers nicht ganz gewiß ist. Zu lange schon hat er sich nicht bei ihm gemeldet, und überdies ist die Kritik über den „Savonarola", Lenaus zuletzt erschienenes Werk, nicht eben freundlich gewesen. So macht der unserem Dichter nicht unbedingt bösartig gesinnte Robert Eduard Prutz in den „Hallischen Jahrbüchern für deutsche Wissenschaft und Kunst" eine ziemlich niederschmetternde Feststellung: daß Lenaus Poesie nämlich deutliche Verfallserscheinungen aufweise. „Wer gegen Strauß und Hegel oder auch gegen den Papst oder gegen den Schach von Persien in Versen polemisieren will, wird eben noch Verse machen, aber mit der Absichtlichkeit dieser gereizten Stimmung wird er nicht mehr ein Dichter sein. – So sehen wir auch in zahlreichen Einzelheiten des ‚Savonarola' ein allmäliges Verschwinden der poetischen Kraft, von welcher endlich ... Nichts übriggeblieben ist, als die bänkelsängerische Fertigkeit des Reimens, – eine Fertigkeit, durch welche die unerträglich nackte Prosa des Inhalts, mit diesen Flittern des Reims behängt, nur umso widerlicher wird. Überhaupt schwebt (wenn wir unserem Gefühle trauen dürfen) über dem Ganzen ein Nebel des Langweiligen, durch den nur wenige unerschrockene Leser sich schlagen werden und auch sie, ohne einen lebendigen Sonnenstrahl dahinter zu finden. Überschauen wir jetzt abschiednehmend noch einmal im Geiste den Bildungsgang, welchen wir in Lenau erkannt haben, und sehen wir da einen ursprünglich gesunden, starken Geist, von der Natur vor vielen begünstigt und ausgerüstet zum poetischen Herold seiner Zeit, dennoch, weil er die höchste Erkenntnis in sich aufzunehmen sich weigert, dieses große Ziel verfehlen: so ist das freilich ein Anblick, der uns mit Schmerz erfüllen muß …"⁵²

STILLSTAND DER SEELE

Es ist klar, welche Geistesströmung hinter solcher Abwertung des „Savonarola" steckt. Jungdeutsche und die Hegelschule wittern in Lenaus verkanntestem Werk sofort eine restaurative Haltung, während der Wiener Hof, sich von Lenau distanzierend, seit dem Erscheinen des „Savonarola" sich *weigert, ihm einen Paß auszustellen*. So wird sich denn in die Länge ziehen, was Lenau seinem Verleger Cotta zusagte. Keine Rede davon, daß er die „Albigenser" in den nächsten Wochen und Monaten in Stuttgart vollenden wird. Dazu fehlt der Paß. Keine Rede davon auch, daß es ihm in absehbarer Zeit gelingen wird, sie auf der gleichen Höhe zu vollenden, auf der er sie begonnen hat. Dazu fehlt nicht nur die nötige Ruhe, sondern auch das poetische Zentrum, die poetische Kraft seines durch und durch zermarterten Gemüts. Seit es mit der Unger begonnen hatte, hat er so gut wie nichts geschrieben. Beunruhigend für einen, der zwar nicht leicht schreibt, den aber Einfälle und Bilder mit Naturgewalt bedrängen. So bleibt ihm, da es jetzt in Ischl allmählich rauh wird und die Nebelschwaden ziehen, nichts anderes übrig, als zurück nach Wien zu fahren. Er unternimmt die Reise gemeinsam mit Sophie von Löwenthal und deren Schwester, Rosalie von Kleyle, und mit dieser Reisekonstellation erst beginnt man, die durch und durch groteske Situation dieses Ischler Sommers zu ahnen: im Hintergrund all dessen, was Lenau unternommen, entschieden hat, wird Sophie spürbar. Wir haben gesehen, wie sie ihm die Argumente gegen die Verbindung mit Karoline Unger liefert; und auch jetzt drängt sich uns der Verdacht auf, sie sei nur zwei, drei Zimmer weiter gesessen, während Lenau den Brief an ihren Vater schrieb. Ein kalkuliertes Unternehmen also mit dem Ziel, den Freund in weiterer Abhängigkeit zu halten.

Auch als Lenau nach Wien zurückkehrt, läßt sein Gemütszustand keine Besserung erkennen, sein Seelenleben ist wie erstarrt. Erst allmählich gelingt ihm wieder ein Vers; Ende November endlich wieder ein Gedicht. In der letzten Strophe des „Kranich" gibt Lenau uns den entscheidenden Hinweis, was er mit der Vogelsymbolik meint:

> Denn das Herz in meiner Brust
> Ist dem Kranich gleich geartet,
> Und ihm ist das Land bewußt,
> Wo mein Frühling mich erwartet.⁵³

Seit der Antike ist der Kranich ein Symbol der Erneuerung; in christlicher Zeit ein Sinnbild des Auferstandenen. Sein auffälliger Balzschritt wurde zum Vorbild des Kranichtanzes und zum Inbegriff der Lebensfreude und der Liebe. Bewundert wurde vor allem seine unermüdliche Fähigkeit zu fliegen, weshalb man auch Kranichflügel als Amulette gegen Abgespanntheit trug.[54] Ähnlich wie das Gedicht „Der Urwald" ein Auferstehungs-Erneuerungspoem, in dem die Naturmetaphern zu Symbolen des Vergehens und Wiedererstehens werden. Es sind Bilder der Naturmystik, wie er sie bei Baader und bei jenem württembergischen Bauern drüben in Pennsylvania kennengelernt hat, der so sehr vom Geist ergriffen war, daß er seine 700 Köpfe zählende Gemeinde zu einem Glauben bar jeder Dogmatik, bar jeder kirchlichen Umfriedung anfachen konnte.

50 Moritz von Schwind (1804–1871) zugeschrieben: Nikolaus Lenau, das Hauskäppchen auf dem Kopf, Bleistiftzeichnung 1838, LEAL 1969/75, HMSW.

In Wien bewegt sich Lenau fast ausschließlich im Freundeskreis um Max von Löwenthal, Friedrich Halm und den Besuchern des Silbernen Kaffeehauses. Im November kommt noch Alexander von Württemberg hinzu, der sich im Winter 1839/40 in Wien aufhält und erst Mitte Februar 1840 gemeinsam mit Niembsch nach Stuttgart abreisen wird. In den Wochen des Winters gibt es zahlreiche Diskussionen und Gespräche. Einige hat Max Löwenthal in seinem Tagebuch aufgezeichnet. Wir sind überrascht zu lesen, wie kritisch Lenau über Grillparzer urteilt. Er findet es nicht richtig, daß dieser jetzt alle seine älteren Dramen auf den Markt wirft. Er zeige sich darin „arm an Gedanken, gemein, selbst in der Form weit hinter den Forderungen unserer Zeit zurück. Diese Glätte und Nüchternheit der Sprache konnte an Goethe gefallen, der überall seine, der Menschennatur abgelauschten Züge anbrachte und immer wahr blieb. Nichts wäre leichter, als Grillparzers ‚Wehe dem, der lügt' ad absurdum zu führen im Ganzen der Komposition wie in den Einzelheiten der Ausführung."[55] Andererseits mag es uns überraschen zu hören, wie der sinnlich dichtende bilderreiche Lenau über den formalistischen August von Platen denkt: „Er ist nicht tief, aber höchst elegant und in seiner Kunstbegeisterung liebenswürdig. So viel Fleiß auf eine schöne

Wortstellung zu verwenden, wie er getan, ist etwas sehr Geistiges und Ehrenwertes. Es ist Unsinn zu sagen, daß er keine Gedanken gehabt und nur in der Form ein Meister gewesen. Als ob es möglich wäre, solche Formen zu erzeugen, ohne darüber zu denken."[56] Was sodann Niembsch zu Silvester des Jahres 1839 über seinen „Faust" äußert, ist nicht nur charakteristisch, sondern auch lebensgeschichtlich bedeutsam, denn es verrät uns, daß er bereits damit begonnen hat, ihn für die zweite Buchfassung zu revidieren: „Ich habe den ‚Faust' zu jung geschrieben, was ich jetzt bereue. Er ist kein durchgearbeitetes Ganzes, sondern alles mehr Rhapsodie. Recht gut ließe sich ein ‚Faust' mit Zugrundelegung der orientalischen, insbesondere der indischen Mythologie schreiben. Die höchste Aufgabe aber für die Poesie wäre Luzifer in der Auffassung der Gnostiker, wie er die Engel zum Abfall verlockt, wie die gesamte Schöpfung ein Abfall ist von Gott."[57]

Obwohl Lenau nach wie vor über seine Erlebnisse und Erfahrungen in Amerika schweigt, signalisiert uns diese lakonische Bemerkung über den Dualismus, *daß seine transatlantischen Erinnerungen in ihm weiter brodeln und weiter arbeiten.* Vor allem der religiöse Dualismus macht ihm zu schaffen, die Annahme der Existenz eines Kosmos also, in dem Gott und Satan als Gegenspieler gedacht werden. Bis jetzt ist er davon überzeugt gewesen, daß Gott den Teufel bloß zulasse, daß Gott sich über das Satanische hinwegsetze und seine Schöpfung schließlich doch zu einem gottgewollten Ende führe. Die Auffassung freilich vom Teufel als Handlanger Gottes konnte vor dem kritischen Verstand Lenaus nur so lange bestehen, solange es ihm gelang, Siege Gottes im Verlauf der Geschichte nachzuweisen. In diesem Winter aber saß er und grübelte ausweglos, welchen Sinn die an den „Albigensern" begangenen Maßregeln und Morde eigentlich hätten. Saß in dem kleinen Zimmer, das ihm von seinem Freund Max von Löwenthal zugewiesen worden war und das er zwischen 1837 und 1841 bewohnte. Es war das ein kahles düsteres Zimmer, das knapp vier Ellen (zu Lenaus Zeit maß die Wiener Elle 0,77 m) in der Länge und in der Breite maß. Hier waren „Bett, Tisch, Kasten, Bücherschrank, alles aufeinander gestapelt … In angeregten Stunden verfügte er noch unumschränkt und bezaubernd über seine wunderbare Phantasie, den scharfen Geist, einen unübertrefflichen, edlen Humor; doch treten schon immer deutlicher jene Erscheinungen zutage, welche die neuere Medizin als Symptome der Neurasthenie zu deuten gelernt hat."[58] Hier saß der Dichter Lenau den Winter über und bemühte sich, sein episches Poem „Die Albigenser" zur Publikationsreife zu befördern. Noch sieht er nicht, auf welchen philosophischen Haken er das lose Aggregat von Strophen verschiedenster Art wird aufhängen können. Er weiß zwar sehr genau, daß die offizielle Kirche an den Männern und Frauen der Häresie Verbrechen begangen hat, aber er kann sich nicht im mindesten vorstellen, welchen Sinn er dem geschichtlichen Geschehen der Albigenserkriege zumessen soll, die im 12. und 13. Jahrhundert die Landschaften des südlichen Europa wie ein Blitz verheerten, dessen Widerschein man noch im letzten Dezennium des zwanzigsten Jahrhunderts auf dem Balkan ausmachen kann. Hiefür mußte er eine plausible, ja eigentlich eine mitreißende programmatische Begründung finden, sonst war das Epos verloren. Sonst war es nicht mehr als der unsägliche Kriegslärm, den die Hussiten entfalteten. Ein Lärm, der ihn so sehr entsetzt und abgestoßen hatte, daß er den Entwurf für ein monumentales *Epos des Hussitismus kurzerhand zur Seite gelegt* hatte. Was ihn aber immer wieder zu den Hussiten zurückzog, war die Tatsache, daß auch sie sich gegen Unterdrückung und Machtmißbrauch zur Wehr gesetzt hatten. Das war sein Ausgangspunkt. Nicht die positive dogmenzentrische Religion wäre zu zeigen, sondern die aus einer inneren, *mystischen Gotteserfahrung* aufsteigende Auflehnung gegen die Gängelung, die Knebelung der Menschen. Es war die Antwort auf eine Haltungsfrage, wonach er suchte. Was verband all die Rebellen im Laufe der Geschichte anderes als dieser grenzenlose Durst nach Selbstsein und nach Selbsterfahrung ihres höchst persönlichen Gottes? Das war gewiß kein Müßiggang, den Lenau hier in seinem winzigen Zimmer des Löwenthalschen Hauses betrieb. Auch wenn er *Löcher in die bleierne Dämmerung der Winternachmittage stierte,* so blieben diese Löcher nicht leer, sondern waren angefüllt mit immer wiederkehrenden Gestalten und mit einem Widerschein von Brand und Aufruhr.

Brand und Aufruhr sind es gewesen, die ihn aus der Umarmung Karoline Ungers gerissen haben. Intensiv spürt er die konträre Veranlagung in ihr. Hat sie gespürt, seit ihn die göttliche Dämonie ihres Gesanges eiskalt zwischen den Schultern berührt hatte. Jetzt aber rührten sich im Freundeskreis immer hartnäckiger bestimmte Gerüchte und wurden von der in Wien besonders eifrig tätigen geflügelten Muse des Tratsches im Nu verbreitet. Diese ohne Zweifel von ihrem Leben, von ihren Erlebnissen gespeisten Fragmente lassen Niembsch erkennen, daß das Göttliche nur eine Seite ihres Wesens ausmacht, die anderen sind ziemlich gewöhnlich, ja ordinär. „Es wurde von ihr ruchbar, daß sie in früherer Zeit der Verführung eines gewissen Gritti unterlegen, bei ihm in einer Villa bei Padua gelebt, durch ihn Mutter geworden – daß sie ferner bei ihrem letzten Aufenthalte in Wien einen Jugendanbeter, den geistreichen Baron Nell (auch als Novellist und Archäolog bekannt), wiewohl er seitdem Gatte und Vater geworden, durch allerhand Reden und Taten agaziert, in Bewegung gebracht und die Komödie der noch unverlöschten Leidenschaft dem nervos Erregbaren vorgespielt – daß sie endlich in neuester Zeit mit dem Virtuosen Liszt bei dessen Abreise von Triest eine Abschiedsorgie gefeiert, bei welcher sogar mehr Champagner als sich ziemt, die sangesreiche Kehle der berühmten Tragödin benetzt haben soll. Solche Notizen haben zu dem erbaulichen Resultate geführt, daß Niembsch, der vor einigen Monaten Karoline eine große Frau nannte, jetzt sich nicht entblödet, über sie die Reimrede ‚sie ist eine Sau' laut werden zu lassen. – Übrigens hat Niembsch jetzt eine sehr vergnügte Zeit, denn

Cotta will der Gedichte vierte, Hallberger der neueren Gedichte zweite Auflage veranstalten, was im Vereine mit den fortschreitenden Albigensern ihm die angenehme Aussicht auf Moneten eröffnet."⁵⁹

Schnell entschließt Niembsch sich, mit dem Grafen Alexander von Württemberg nach Stuttgart zu reisen. Die Hast, mit der unser Dichter die Aussöhnung mit Franz Joachim von Kleyle, dem Vater Sophies, in die Wege leitet, noch bevor er Wien verläßt, deutet auf Sophies Regie hin. Nach ziemlich aufreibender Fahrt trifft er am Abend des 21. Februar 1840 in Stuttgart ein, wird aber hier nicht allzulange verweilen: entgegen seiner Gewohnheit begibt er sich diesmal bereits am 2. März von Stuttgart wieder zurück nach Wien – und wieder in Begleitung des Grafen Alexander. Solch überstürzter Reisetätigkeit mag man entnehmen, daß Lenau nichts weiter als einen Tapetenwechsel gesucht hat, allenfalls ein Gespräch mit seinem Verleger Cotta anstrebte und selbstverständlich einen Anstandsbesuch bei einzelnen seiner Stuttgarter Freunde als unerlässlich erachtete. Und so gehört denn auch der letzte Tag seines Stuttgarter Aufenthaltes diesmal den Reinbecks. Denn bevor er am 2. März die Reise zurück nach Wien antritt, nimmt er an dem Hochzeitsfrühstück von Emilie von Reinbecks Schwester Charlotte von Hartmann teil, die den Stuttgarter Regierungsrat Karl Friedrich Weisser geheiratet hat.

Während des diesmaligen Stuttgarter Aufenthalts dürfte Niembsch die neunzehnbändige Ausgabe der Werke von Georg Wilhelm Friedrich Hegel erworben haben, die sich in seinem Nachlaß fand. Schon vorher hat er freilich Hegel gelesen und auch Hegels Visionen überzeugend in den Zusammenhang eigener Werke montiert, wie es das Gedicht des ins Meer stürzenden Schiffsjungen so überzeugend dartut. Jetzt hält er die seit Jahren vergriffenen „Vorlesungen über die Philosophie der Geschichte" in Händen, die Karl Hegel, der Sohn des Philosophen, 1840 in Berlin in zweiter Ausgabe herausgab. Diese Neuausgabe scheint ganz von ihm Besitz zu ergreifen. Man erkennt das in mehreren der Gespräche, die Max von Löwenthal aufgezeichnet hat. Wir erinnern uns: bis zum Jahresende 1839 war Lenau nicht in der Lage, den sinnhaften Zusammenhang der „Albigenser" zu konstruieren oder diesen Zusammenhang aus den lose aneinander gereihten Impressionen und Materialien herzustellen. Mit Hegels Geschichtsphilosophie hat das Schicksal (oder ist es bloß Zufall gewesen?) ihm eine Methode zugespielt, die es ihm nach aufreibenden Kämpfen ermöglichen wird, die Sinnmitte seines epischen Gedichts zu erschließen. Eines dieser Beispiele, die Max von Löwenthal notiert hat, kreist um die Frage des Göttlichen: „Jeder Mensch ist doch ein armes unglückliches Geschöpf – man sollte keinen hassen. – Das Christentum ist keine volkstümliche Religion. Es ist den germanischen Völkern von außen aufgedrungen. Nur jene Nation aber kann groß und glücklich sein, die sich und ihre Religion aus sich selbst heraus entwickelt, wie es die Griechen taten. Keineswegs hatten sie, wie du, (ich) sagst, für jede Leidenschaft und jedes Laster einen Gott. Wohl aber erkannten sie das Göttliche in jeder menschlichen Regung und sogar Verirrung. Sie sahen den Gott überall, während die Modernen (Hegelianer) das Göttliche nur in sich selbst wollen gelten lassen."[60]

Absehbares Ende

Was Lenau hier über die unterschiedliche Haltung griechischer und moderner, am System arbeitender, ins System verstrickter Philosophen anmerkt, die Gott ausschließlich in den Bedingungen ihres Systems erkennen, das bringt ihn – auch wenn er sich dessen gar nicht bewußt war und solche Nachbarschaft vermutlich abgelehnt hätte – unversehens in die Nachbarschaft Goethes. Diese Nachbarschaft wird vielleicht noch interessanter, wenn wir den Brief lesen, den Goethe an Hegel geschrieben und zwischen die beiden Bände naturwissenschaftlicher Arbeiten gesteckt hat, die er dem Philosophen zusandte. Es sind das die Hefte „Entoptische Farben" sowie das Bändchen „Zur Naturwissenschaft überhaupt". „Möge das alles doch einigermaßen ihre Billigung verdienen", wünscht sich Goethe von Hegel, „da es freilich schwer ist, mit Worten auszudrücken, was dem Auge sollte dargebracht werden." Und dann die Absage an individuelle Lehrmeinungen, die als allgemein gültige ausgegeben werden. Ein Satz, den Hegel angesichts seines im Bau begriffenen Lehrgebäudes durchaus nicht als Lob empfinden mußte: „Es ist hier die Rede nicht von einer durchzusetzenden Meinung, sondern von einer mitzuteilenden Methode, deren sich ein jeder als eines Werkzeugs nach seiner Art bedienen möge."[61]

Ich mache auf diesen Gleichklang mit Goethe deshalb aufmerksam, weil ich der Meinung bin, daß Lenaus zeitweilige Ablehnung Goethes ebenso wie die zeitweilige Ablehnung Hegels keineswegs dogmatischen Ursprungs sind, sondern Ausdruck eines characters in progress. Wie Peter Handke vor dreißig Jahren, hat Lenau vor einhundertsechzig Jahren sich die Freiheit genommen, seinen Lernprozeß in der Öffentlichkeit zu absolvieren. Und wie bei Goethe sind die „Findlinge" dieses außerordentlichen Lernprozesses in die Werke eingegangen oder vielleicht besser: darin stehen und steckengeblieben. Es gibt Gedichte aus dem Jahr 1839/40, die alles Bisherige aus Lenaus poetischer Produktion kühn übersteigen, die wild und ekstatisch in die noch zukunftsferne Epoche des Expressionismus vorauslangen. Auch hat zum Beispiel die Lektüre Hegels deutliche Spuren in dem Gedicht hinterlassen, das Lenau an Karoline Unger mit den etwas dürren Worten: „Hier das gewünschte Lied, möge es Ihnen noch gefallen", am 24. Mai 1840 gesandt hat.[62] Man beachte dabei das Zusammenfallen mehrerer Ebenen der Tektonik des Gedichts.

Erstens: Es ist noch gut sechzig Jahre bis zur Erfindung des Films, aber in diesem Gedicht erkennt der Leser bereits sehr deutlich einen assoziativen Ablauf von einzelnen Bildsequenzen; von Bildsequenzen, die eigentlich durch nichts anderes zusammengehalten werden als durch

Zweitens: ein leidenschaftliches Gefühl des Aufbruchs, ein Drängen und Jagen. Die Welt ist ein Prozeß, in den wir alle einbezogen, eingespannt sind, ein ununterbrochenes stetiges Verändern, das

Drittens: durch das dialektische Aneinanderreiben und Höherschieben von gegensätzlichem Wollen in Bewegung gehalten wird. Die ersten beiden Zeilen des Gedichts führen – noch ganz und gar in Naturmetaphern verpackt – an den Ort des großen Aufbruchs: an die Liebe heran, wie sie im Frühling sich regt und der Vereinigung (des Gegensätzlichen) entgegenschlägt. Vor all dem scheinbar zufälligen Wollen, das über den Leser sogleich hereinbrechen wird, markiert Lenau bereits im dritten Vers unauffällig einen der leitenden Gedanken Hegels: „es ist der Gang Gottes in der Welt",[63] der den vereinzelten einzelnen Sinn verleiht. Verschmitzt variiert ihn der Dichter wie eine aus den tiefsten Tiefen des Gedichtsubstrats aufsteigende Antwort: „O Gott! Wie deine Schritte tönen!" Ich glaube, daß es Lenau in keinem anderen Gedicht gelungen ist, den Sturm Hegelschen Denkens ins Gedicht einzubringen. Dem Gedicht, das ich meine, gab er in der Erstfassung den Titel „Im Frühling":

>Die warme Luft, der Sonnenstrahl
>Erquickt mein Herz, erfüllt das Tal.
>O Gott! Wie deine Schritte tönen!
>In tiefer Lust die Wälder stöhnen;
>Die hochgeschwellten Bäche fallen
>Durch Blumen hin mit trunknem Lallen;
>Sein bräutlich Lied der Vogel singt,
>Die Knosp in Wonne still zerspringt;
>Und drüber goldner Wolken Flug:
>Die Liebe ist im vollen Zug.
>An jeder Stelle möcht ich liegen,
>Mit jedem Vogel möcht ich fliegen,
>Ich möchte fort und möchte bleiben,
>Es fesselt mich und will mich treiben.
>Dem Herzen wird so wohl, so bang,
>Umglüht, umrauscht vom Frühlingsdrang,
>Es fühlt des Lenzes Widerspruch:
>Ersehnte Ruh und Friedensbruch,

> So heimatlich und ruhebringend,
> So fremd, in alle Ferne dringend.
> Das Frühlingsleuchten, treu und klar,
> Erscheint dem Herzen wunderbar
> Ein stehngebliebner Freudenblitz,
> In Gottes Herz ein offner Ritz;
> Und wieder im Vorübersprung
> Ein Himmel auf der Wanderung;
> Ein irrer Geist, der weilend flieht
> Und bang das Herz von hinnen zieht.
> Ich wandle irr, dem Himmel nach,
> Der rauschend auf mich niederbrach;
> O Frühling! Trunken bin ich dein!
> O Frühling! Ewig bist du mein![64]

In einer Jahreszeit, in der die Paarbildung signifikant zunimmt, trennen Nikolaus Lenau und Karoline Unger sich. Daß sie sich das oben zitierte Gedicht wünscht, mag mehr einem Hang zur Trophäe entspringen als wirklichem Verständnis. Doch immerhin weiß Lenau um dessen tatsächliche Bedeutung; denn er hat es für den Druck wesentlich abgeschwächt und stark gemildert. Solange die Unger in Wien weilt – und das ist immerhin vom 2. April bis zum 30. Juni 1840 –, scheinen die beiden einander wiederholt getroffen zu haben. Unter allen Stücken der Saison hat Gaetano Donizettis Oper „Lucrezia Borgia" den meisten Erfolg. Karoline mußte in insgesamt 12 Aufführungen auftreten. Von der Kritik erhält sie einhelliges Lob. Am überzeugendsten vielleicht von Heinrich Adami in der „Allgemeinen Theaterzeitung" vom 11. Mai 1840: „Die großartige Darstellung der Dem. Unger als Lucrezia kann nicht genug gepriesen und bewundert werden. Jeder Zug zu diesem geistreich gedachten Bilde verrät die Meisterin, überall zeigt sich die vollkommenste Beherrschung des Stoffes und jene seltene Harmonie und Wechselwirkung zwischen Spiel und Vortrag, welche allen Leistungen dieser genialen Künstlerin soviel Reiz, Macht und Unwiderstehlichkeit verleihen. Vergleicht man mit einer solchen Darstellung die sonst gebräuchlichen Formen seriösen Operngesanges, so wird man recht gut den Unterschied wahrnehmen, der zwischen einer tragischen Auffassung und gewöhnlichen theatralischen Effekten besteht … Ihr Hauptvorzug ist es ja eben, und ihre Größe und Bedeutendheit als Kunsterscheinung beruht darauf, daß sie in ihren Darstellungen niemals darauf ausgeht, durch die brillante Durchführung dieses oder jenes Musikstückes in einer Oper Sensation zu machen, sondern daß sie vielmehr jederzeit einen durchstudirten, abgeschlossenen musikalischen Charakter hinstellt, und ihre Zuhörer durch den Gesamteindruck ihrer Leistung zu fesseln sucht."⁶⁵ Zu den Bewunderern der Aufführung zählt auch Nikolaus Lenau, der es sich nicht versagen kann, Bericht über die Wirkung an Sophie über deren Rivalin zu machen: „Die Oper war gut; die Unger vortrefflich; mein Genuß bedeutend; ich ließ mich sogar von Schönstein bereden, nach dem Theater zu ihr zu gehen. Bald entfernte sich jener, und ich blieb bei ihr allein. Trotz dem allen steht alles beim Alten. Die Schranken sind unverrückbar; sie weiß das recht gut, ist aber doch glücklich, wenn sie mich sieht. Nun bin ich aber müde. Das Theater voll Menschen und Hitze. Doch nun ein Wort an dich, du mein liebes, süßes Herz! Du kannst dir vorstellen, daß an den heutigen Abend eine letzte Hoffnung geknüpft war und daß diese beim Alleinsein sich aussprach. Ich ließ mich finden wie jeden Tag, mit Ausnahme meiner Freude über den schönen Abend. Ich glaube nunmehr das Verhältnis einer aufrichtigen und resignierten Freundschaft für immer festgestellt zu haben. Daß ich aber ihr Freund bin, verdient sie durch ihre wirklich seltene Herzensgüte. Keine Spur von Groll oder verletzter Eitelkeit. Mein Inneres ist so ruhig und gewiß in dieser Richtung, als du es wünschen kannst."⁶⁶

Wovon bei dieser Aussprache sonst noch die Rede war, ist uns nicht ausdrücklich überliefert. Schließen darf man aus Lenaus Abneigung dagegen, private Dinge in die Öffentlichkeit zu zerren, daß er seine Briefe zurückverlangt hat. Und das nicht ohne triftige Gründe. Denn es ist ihm im Verlauf der Anekdoten, die man im vergangenen Winter in Wien über Karoline erzählte, klar geworden, daß sie eines der wichtigsten Gebote der Intimität verletzt und einen oder gar mehrere seiner an sie gerichteten Briefe im Freundeskreis um Johann Ludwig Tieck in Dresden rezitiert hat. Auch wenn sie das möglicherweise getan hat, um sich mit dem berühmten Freund zu schmücken, so sieht Lenau schon deswegen einen Vertrauensbruch darin, weil Tieck nicht unbedingt zum engeren Freundeskreis unseres Dichters zählt. Niembsch ist empört und verlangt unverzüglich die Briefe zurück, die er an Karoline Unger gerichtet hat. Im Gegenzug fordert sie die ihren. Bedauerlicherweise sind beide Konvolute nicht greifbar und Niembsch zu einem bestimmten Zeitpunkt in Stuttgart mit seinem Verleger verabredet. Deshalb muß man den Austausch auf einen späteren Termin verschieben. Man vereinbart den 14. Juli 1840 in Ischl.

Gemeinsam mit dem Grafen Alexander begibt Niembsch sich am 25. Mai abermals von Wien über München und Ulm nach Stuttgart. Sie treffen dort am 29. Mai wieder ein und lernen zwei Tage danach Agnes Gräfin von Pappenheim-Calatin, eine Schwester der Schriftstellerin Emma Niendorf, kennen. Nicht ohne Eitelkeit und mit dem offensichtlichen Wunsch, Eifersucht bei Sophie zu schüren, berichtet er über das Zusammentreffen: „Nun noch einiges über mein hiesiges Treiben oder Getriebenwerden. Ich konnte mich einigen größeren Gesellschaften nicht entziehen, wobei ich, wie Sie bereits wissen, die Gräfin Fernanda Pappenheim, ein Fräulein von etwa 28 Jahren, kennenlernte. Nicht hübsch, aber sehr gebildet; ihr ganzes Benehmen hat das Gepräge des hohen Adels, der für mich dadurch genießbar wurde, daß ihr Herz nicht davon ausgeschlossen ist, wie dies bei einer gewissen anderen Gräfin der peinliche Fall. Zugleich lernte ich Fernandas um einige Jahre jüngere Cousine, Fräulein Agnes von Calatin, kennen. Sie ist etwas weniger nicht hübsch und sehr liebenswürdig, besonders durch ihren ganz eigentümlichen, sehr schönen Gesang. Ein weiblicher Schönstein. Die dritte im Bunde ist Agnesens Schwester, Frau von Suckow, von der Sie unter dem Namen Niendorf die Villeggiatur bei Kerner in Weinsberg gelesen haben. Eine äußerst gutmütige Frau, der Leib dick und die Seele nicht zu mager. Mit dieser und anderen Damen habe ich einige Abende zugebracht. Unter letzteren befand sich auch die Gräfin Marie. Sie trat mir mit dem alten Wohlwollen und lebhafter Freude über unser Wiedersehen entgegen, doch nicht mit der frühern Fülle von blühender Schönheit; mich befiel ein wehmütiger Schrecken, als ich sie nach langen Jahren wiedererblickte. Zwar ist sie noch immer sehr hübsch, doch es flatterte mir der flüchtige Raub der Tage in der Erinnerung vor, ich sah zugleich, wie sie war und ist, und ich konnte mich eines schmerzlichen Eindrucks nicht erwehren. Wir gingen in Serach spazieren, wobei das gute Mädchen sich mit Freuden an jede Kleinigkeit aus früheren Jahren erinnerte; denn in Serach war's, wo ich sie kennenlernte."[67]

Schon am 8. Juni reist Lenau weiter nach Weinsberg, wo er Justinus Kerner in einem äußerst beklagenswerten Zustand vorfindet. Für sein Augenlicht hat man das Schlimmste zu befürchten; das rechte Auge ist bereits grau überzogen und nur noch für einen schwachen Schimmer empfänglich. Das linke hat eine leichte Trübung und ist sehr matt. Auf den betrübten und unglückseligen Kerner wirkt Lenaus Anwesenheit wunderbar erheiternd, zumal dieser ihn zu allerlei Ausflügen verführt, die sich der stark melancholische Kerner allein nicht zugemutet hätte. Da sind zum Beispiel die Vierhundertjahrfeiern zur Erfindung des Buchdrucks; dann das Liederfest in Heilbronn und schließlich der Besuch bei Karl Mayer in Waiblingen. Inmitten des Trubels erscheint Lenaus Gedicht „Der einsame Trinker" im „Morgenblatt für gebildete Leser" und sorgt für anregende Diskussionen. An die Cotta'sche Verlagsbuchhandlung versendet Lenau einen Vertragsentwurf über die zweite Auflage seines „Faust", die in der zweiten Augusthälfte gedruckt werden soll. Nach mehr als sechs Wochen Aufenthalt verläßt er Stuttgart und begibt sich nach Ischl, wo er sich am 14. Juli mit Karoline Unger zum letzten Mal treffen soll.

„Wundre dich nicht", schreibt Lenau an Max Löwenthal, den Ehemann der innigst geliebten Sophie, „wundre dich nicht, mich schon hier zu sehen. Mir lag alles daran, mit der Unger noch zusammenzutreffen. Da ich ohne alle unmittelbare Nachricht von ihr geblieben war, wie lange und ob überhaupt sie in Ischl verweile, besorgte ich schon, sie möchte nach Italien gezogen sein oder doch bald dahin verschwinden, und es möchte mir dadurch vereitelt sein, wornach ich seit meiner Abreise von Wien mit wahrer Leidenschaftlichkeit verlangte: die Zurücknahme aller meiner an Karoline gerichteten Briefe. In Wien wollte sich nicht die rechte Stunde dazu finden und mußte ich bei ihrer damals noch bedeutenden Gemütsbewegung befürchten, daß sie mir die Auslieferung meiner dokumentierten Narrheiten verweigere. O du hast recht, Freund: ‚Nur nichts schriftliches'! Mein Brief aus Stuttgart an Karoline blieb unbeantwortet und ich schloß daraus, es sei nunmehr ruhiges Wetter bei ihr eingetreten und die Zeit gekommen zu einem Angriff auf ihre Brieftasche. Da war nicht mehr zu säumen. Ich ließ in Stuttgart alles im Stich und machte mich auf und davon. Den 13. abends bin ich nach schnellster Reise hier eingetroffen und den 14. morgens hatte ich alle meine Briefe in der Tasche. Wohl mochte sich eine so natürliche wie verzeihliche Eitelkeit gegen den Verlust so werter Trophäen sträuben; doch hatte ich einen scharfen Anlauf genommen und ich war fest entschlossen, das Zimmer ohne meine Papiere nicht zu verlassen. Ich hatte sie gleich vornherein bei ihrer ganzen weiblichen Würde, Delikatesse und Ehre aufgefordert, mir zu willfahren; da war kein Entrinnen. Natürlich gab ich ihr dagegen ihre Briefe zurück, die sie verbrennen zu wollen erklärte. Jetzt erst ist der dumme Streich maustot geschlagen und mir ist unbeschreiblich wohl zumut darüber. Übrigens benahm sich Karoline edel und hegt keinen Groll gegen mich. Sie bat mich um die Fortdauer meiner Freundschaft, die ich ihr aufrichtig zusicherte.[68]

Durchaus verwandte Motive

Beim Studium der Dokumente zu dieser blutrünstigen *Tragödie der entfesselten menschlichen Natur* springt ihn mit der Wucht des mitleidenden Bruderherzens die Notwendigkeit an, das verratene, das verlorene Einzelwesen Mensch aus einer von Mordbrennerei verdunkelten Vergangenheit in eine hellere Zukunft hinüberzuretten und so in einen Sinnzusammenhang zu stellen. Das aber läßt sich doch nur bewerkstelligen, wenn man – mit Hegel – *in den großen Auseinandersetzungen und Kämpfen der Geschichte das Werden des Geistes sieht.* Wie aber ließen sich die Hekatomben hingemordeter Häretiker – in Béziers allein sollen an die sechzigtausend Menschen niedergemetzelt worden sein, die in Kirchen und Klöstern der befestigten Stadt Zuflucht gesucht hatten –, wie ließen sie sich rechtfertigen, ohne dem Liebesgebot Hohn zu sprechen? Der um seinen Glauben verzweifelt ringende Nikolaus Lenau sieht dafür nur die eine, einzige Möglichkeit, die Albigenserkriege, die von *„beiden Seiten mit bestialischer Grausamkeit"* (Josef Gelmi) geführt wurden, als eine Zwischenstufe im dialektischen Prozeß zu verstehen, den das Erkennen der Wahrheit durchzumachen hatte, um zu sich selbst zu gelangen.

Damit ist Lenau bereits überaus dicht an Hegels Geschichtsphilosophie herangekommen, die er noch einige Jahre zuvor, als er am ‚Savonarola' arbeitete, zur Seite geschoben hat. Schließlich erweitert Lenau um 1837 seine Kenntnis des Philosophen durch das Studium der Religions- und der Naturphilosophie. Jetzt erst gibt er – wenn auch nur vorübergehend – seine von Fall zu Fall eingenommene Querstellung zu dem Philosophen des Jungen Deutschland auf und erkennt, „daß doch nur auf der von ihm gebrochenen Bahn die Menschheit kann befreit werden"[69]. Mit solchem theoretischen Rüstzeug versehen, gelang es ihm, seine ins Stocken geratene Dichtung über die Albigenserkriege durch eine geschichtsphilosophisch höchst eigenwillige, religionsgeschichtlich aber durchaus anzuzweifelnde Deutung des Konflikts aus den unterschiedlichen Bewußtseinsniveaus der einander Bekämpfenden wieder flottzubekommen und innerhalb von weniger als zwei Jahren abzuschließen.

Mit Hegel ist Lenau der Ansicht, daß die Geschichte „göttliche Geschichte, die Geschichte der Manifestation Gottes selbst" ist. Gott aber ist die *Liebe,* und das bedeutet in Hegels Begriffskosmos: die *Einheit und den Gegensatz aller Unterschiede zugleich.* Was demnach im christlichen Verständnis als Heilige Dreieinigkeit zum Dogma erhoben wurde, das ist nach ihm „Gott selbst, der ewig dreieinige", allerdings in drei unterschiedlichen *Entfaltungsstufen* seiner Selbstoffenbarung: auch in seiner Allgemeinheit, in seinem ewigen In- und Beisichsein muß Gott als Dreieiniger gesehen werden. Gerade das charakterisiert ja das Reich des Vaters, daß sich Gott in sich selbst zwar unterscheidet, trotz aller Unterschiede letztlich aber ununterschieden in sich selbst ruht.

Gott in der reinen Identität und Selbstgenügsamkeit dieses ersten Reiches wird selbstverständlich ein abstrakter Gott bleiben, solange er sich nicht dazu entschließt, in die Erscheinung zu treten und den Weg der Besonderung, der Differenzierung einzuschlagen. So bezeichnet denn Hegel auch das *Reich des Sohnes* als jene Sphäre, in der sich die *Weltwerdung Gottes* vollzieht. Was abstrakt in Gott war, muß jetzt nach außen wirken, muß Gestalt annehmen, muß in sein Anderssein abgetrennt werden, „daß der Unterschied sein Recht erhält, sein Recht der Verschiedenheit". In dieses Dasein voll von Widersprüchen ist nun der Mensch gestellt. Konkreter: er selbst ist eigentlich zum Schnittpunkt zwischen naturhaftem Sein und Geist und damit zugleich zum Nährboden geworden, in dem die Sehnsucht nach Erlösung keimt, das Bedürfnis nach allgemeiner Versöhnung erstarkt. Wenn also Christus den Tod auf sich genommen hat, dann dokumentiert das sowohl den Glauben, „daß das Menschliche, Endliche, Gebrechliche, die Schwäche, das Negative göttliches Moment selbst sind", als auch die Überzeugung, daß durch die Endlichkeit, zu der Christus sich bekannt hat, alle Endlichkeit zu ihrem Ende gelangt ist. Christi Tod tötet den Tod: das ist der Sinn seiner Liebestat.

Diese Negation der Negation findet im Reich des Geistes insofern ihre Vollendung, als die Gemeinde, die christliche Gemeinde, zu einem Ort geworden ist, in dem sich die *Wiederkunft Christi in verinnerlichter Form,* das Kommen des Geistes für alle Menschen im Nachvollzug so lange ständig von neuem ereignet, bis absoluter Geist und die individuellen Geister in eins verschmolzen sind. Was Lenau dazu gebracht hat, Hegels Religionsphilosophie mit den Anschauungen der Albigenser zu verschweißen, dürfte auf die konsequente *Entsinnlichung* zurückzuführen sein, mit der Hegel sein Philosophieren über Religion bis hart an die Grenze der Begriffsphilosophie vorangetrieben hat. Ähnlich wie bei den Albigensern soll die göttliche Idee, der göttliche Inhalt seinem Konzept nach *„nicht geschaut, nur vorgestellt"* werden. Was die Gläubigen miteinander vereinen, was sie mit einem unsichtbaren Band aneinanderfesseln soll, das ist die Erfahrung des in die Gemeinschaft hineinwirkenden lebendigen Gottes. Aus durchaus verwandten Motiven haben die „Albigenser" das geschriebene Wort, ja selbst die Heilige Schrift abgelehnt und *noch in das Symbol des Kreuzes derart viel an Materiellem hineingesehen* und ein derartiges Übermaß an Erdenschwere darin zu verspüren geglaubt, daß es ihnen als Zeichen des Heiles unannehmbar erschien. Wie frühe, um fast ein Jahrhundert zu früh gekommene Versuche, *die Bilderfülle christlicher Verkündigung zu entmythologisieren,* muten daher jene Stellen in Lenaus „Albigensern" an, in denen er sein bereits stark existentiell ausgerichtetes Denken, die Philosophie des subjektiven Idealismus und die Weltsicht der einst als Häretiker verfolgten Sektierer miteinander verschneidet:

>Was wir mit dunklem Worte nennen
>Die göttliche Dreifaltigkeit,
>Das sind drei Stufen in der Zeit,
>Wie wir den einen Gott erkennen.

>Den Vater glaubte den Gewittern
>Der Mensch und dem Prophetenmund,
>Vor Gottes Willen mocht' er zittern;
>Und solches hieß der alte Bund.

>Jehovah's Tage mußten schwinden,
>Der dunkle Donnernebel floh;
>Wir lernten Gott als Sohn empfinden,
>Und wurden seiner Liebe froh.

> Auch Christi Zeit, die Gott verschleiert,
> Vergeht, der neue Bund zerreißt,
> Dann denken Gott wir als den Geist,
> Dann wird der ewige Bund gefeiert.
>
> So wird in Dreien Eins genommen,
> Und Gott von uns in seiner Macht
> Geglaubt, empfunden und gedacht;
> Es will die Zeit des Geistes kommen;
>
> Die Zeit, in der mit seinen Strahlen
> Der Menschengeist zusammentrifft
> In Eines, ohne Kreuz und Schrift,
> Und selig ruht nach langen Qualen.[70]

Daß Lenau hier ausgerechnet die auf der Synode von Paris 1209 verworfene Lehre des Theologen Almerich von Bene mit den Glaubenssätzen der Albigenser in Verbindung bringt, ist – obgleich geschichtliche Zusammenhänge sich nicht sicher genug nachweisen lassen – wohl auf dessen Überzeugung zurückzuführen, daß Gott Ursprung und Ziel der Schöpfung sei, diese einst also wieder in ihn zurückmünden werde, „um unveränderlich in ihm zu ruhen". Auch deutet seine Ansicht, daß es „keiner äußeren Kirche mehr" bedürfe, unverkennbar auf ähnliche kirchenfeindliche Äußerungen des Jungen Deutschland voraus. Doch liegt Lenau nichts ferner, als hierin einen Anbiederungsversuch an die den Markt vorübergehend beherrschende Modeströmung literarischer Opposition zu vermuten.

Gewiß, sein neues episches Gedicht ist von der linkshegelianischen Kritik im allgemeinen begrüßt und sogar gelobt worden; kann das aber die früheren Ausfälle gegen den „Faust" oder den „Savonarola" wieder wettmachen? Daß Lenaus Freund Justinus Kerner so wenig Verständnis aufbringt, ihn zu den mutwilligen Zerstörern des Christentums zu rechnen, verletzt ihn ebenso wie das parteiische und im Grunde undialektische Lob der Vertreter des Jungen Deutschland. Nein, nein: eine Verständigung war da nicht möglich. Und überdies zielte die Stoßrichtung seiner die historischen Fakten kühn klitternden Paraphrase über Unterdrückung des Glaubens unverkennbar, weil mit lustbetonter Aggressivität auf Sophies immer bedrohlicher werdendes Verlangen, ihn mit einem Netz buntschillernder Illusionen zu umgarnen.

Der Ausbruchsversuch – nur unsichtbare Ketten schließen sicher, schließen fest! – aus dem ins Mystische sublimierten Gefängnis seiner Liebe zu einer verheirateten Frau scheint geglückt. Dafür spricht jedenfalls Sophies Reaktion auf einige ihr mitgeteilte Gesänge: das

Gedicht werde nicht gefallen, entscheidet sie. Als er ihr darauf beziehungsvoll entgegenhält, daß er gar nicht im Sinn gehabt habe, ein Gedicht für Frauen zu schreiben, sondern eines für Männer, die einen Puff wohl aushalten würden, meint sie nicht ohne selbstgefällige Ironie: „O, da werfen Sie den besten Teil ihres Publikums weg. Für Männer braucht man gar keine Gedichte zu schreiben, höchstens Zeitungsartikel!"[71]

Es fehlen uns die Belege dafür, ob es Lenau bewußt geworden ist, daß er mit den „Albigensern" letzten Endes dennoch ein Gedicht seiner mystischen Liebe zu Sophie geschrieben hat und keinen „Zeitungsartikel" im Stil jungdeutscher Polemik. Denn die Albigenser – genannt nach der südfranzösischen Stadt Albi – waren Katharer und bekannten sich als solche zu einem Dualismus, der unter anderem im Gegensatz zwischen der von Gott geschaffenen Welt des Geistes und der Welt der Materie zum Ausdruck kommt, die als ein Werk Satans angesehen wird. In der Weltgeschichte spiegelt sich, ihrer Auffassung nach, das kosmische Drama des Kampfes der Mächte des Lichtes mit denen der Finsternis, an dem auch der Mensch tatkräftig teilnehmen soll. Weil die Albigenser von der realen Existenz des Bösen überzeugt waren und es nicht bloß für eine Negation des Guten hielten, wollten sie durch strenge Gebote, vor allem durch harte, fast unmenschlich zu nennende Askese, dem Reich der Finsternis im wahrsten Sinne des Wortes aktiv auf den Leib rücken und so dazu beitragen, den Geist aus dem Kerker des Fleisches zu befreien. Weniger aus Prüderie als aus dem Glauben heraus, daß damit das Reich des Leibes und mit ihm das Reich des Bösen sich unendlich fortpflanze, bekämpften sie die Sinnlichkeit, die Geschlechtsliebe. Hand in Hand damit geht ein übersteigerter Jenseitskult, eine Art von himmlischer Minne, die sie den Troubadours verwandt macht.

Eine der wichtigsten Forderungen nämlich, die jeder Troubadour sich selbst abverlangte, war die Lauterkeit des Herzens. Daher war echte Minne keine Sünde, sondern höchste Tugend, durch die selbst die Schlechten gut, die Guten aber noch besser gemacht würden. Echte Minne machte demnach keusch und war dem Gebet vergleichbar, das auch die Gebundenheit ans Irdische hinter sich ließ. Was aber in unserem Zusammenhang noch weitaus wichtiger ist: das hohe, alle sinnlichen Erfahrungen übersteigende Lied der Minne galt immer einer verheirateten Frau, deren strenge Auffassung von Sittlichkeit es eben war, die den Sänger dazu herausforderte, ihre Tugenden zu lobpreisen. Minnedienst war – zumindest dieser frühen, noch strengeren Auffassung nach – mit Gottesdienst nahe verwandt. Gewiß, ein ungewöhnlicher, fast ketzerischer Gedanke, aber immerhin doch Ausdruck höchster sozialer wie menschlicher Wertschätzung der Frau, der seinesgleichen in der abendländischen Geistesgeschichte kaum findet.

Wenn Lenau sich daher in der Absicht mit den Albigenserkriegen beschäftigt, die Fesseln seiner ins Mystische überhöhten Liebe zu Sophie von Löwenthal endgültig zu zerreißen, dann hat er sich damit selbst eine Falle gestellt. Denn was ihn an diesem Stoff – abgesehen von der freskohaften Gestaltung entfesselter Leidenschaften und grellster Gewalt, für die unser sensibler, nervenschwacher Dichter mitunter eine verräterische Vorliebe hegt – vermutlich unbewusst fasziniert, dürfte nichts anderes sein als die Projektion seiner eigenen Lebenssituation, seiner eigenen verfahrenen Erotik in historische Dimensionen. Wie bei jeder hysterischen Reaktion, bei der „zwei gegensätzliche Wunscherfüllungen, jede aus der Quelle eines anderen psychischen Systems, in einem Ausdruck zusammentreffen"[72] fließen auch in Lenaus „Albigensern" Ausbruchsversuch und Selbstbestrafung unweigerlich ineinander.

Indem Lenau nämlich versucht, die durch keine äußerlichen Krücken, durch keine materiellen Surrogate beschränkte Religiosität der Katharer mit Hegels Lehre eines im Bewußtsein wachsender Freiheit alle geschichtlichen Fesseln allmählich abstreifenden Geistes zusammenzudenken und mit der solcherart geschliffenen Klinge historischer Rationalität den Knoten dieser unbegreiflichen, irrationalen Leidensbeziehung zu Sophie zu durchhauen, wächst sich der Kreuzzug gegen die Ketzer, den er in seinem Gedicht in den grellsten Farben schildert, unter der Hand zum Strafgericht gegen ihn selbst aus. Die über ihn verhängte Strafe ist paradox und besteht groteskerweise darin, daß er seinem Schicksal, dem er mit all den Winkelzügen der Dialektik zu entkommen suchte, eigentlich gar nicht entkommen kann. Denn genau der gleiche Prozeß, der die Leidensgeschichte der Katharer sinnvoll im Geschichtsprozeß aufgehoben hat, hebt damit auch Lenaus Leiden an seiner unerfüllbaren, mystischen Minne in die Zerrissenheit eines Werkes auf, das von göttlicher Vorsehung und Liebe singt, obwohl es von Kampf, Gewalt und von den Greueln der Vernichtung handelt.

Instinktiv scheint Lenau all das zu empfinden, wenngleich er sich darüber niemals bewußt Rechenschaft abgelegt hat. In ein Widmungsexemplar der „Albigenser" jedenfalls schreibt er Verse ein, die einen assoziativen Zusammenhang zwischen Liebe, Kampf, Vernichtung und dem unergründlichen Walten Gottes herstellen:

> Das Aug der Liebe weiß im Freudensaale
> Durchs Tanzgewühl, durch die Gestaltenflucht,
> Den Liebesblick zu finden, den sie sucht,
> Und weidet sich an seinem süßen Strahle.
> Mein Auge sieht auf wüsten Degenklingen,
> Die Feuer sprühend durch die Helme dringen,
> Und auf den Spitzen fluchbeschwingter Lanzen
> Hier, dort verirrte Funken Gottes tanzen.[73]

Wie nah er mit solcher Symbolik an die Erlösungsmetaphysik Goethes herangekommen war, auch das dürfte dem spontan, aus der sprunghaften Stimmungslage seiner armen, kranken Seele heraus dichtenden Lenau niemals bewußt geworden sein. Schreiben als Therapie, als Selbstheilung im Sinne Goethes, allenfalls davon klingt etwas an in Lenaus Bekenntnis: „Meine sämtlichen Schriften sind, da ich für Taten keinen Raum finde, mein sämtliches Leben."[74]

Anmerkungen

1 NL an Max und Sophie von Löwenthal, Stuttgart, 6. August 1837, LHKG V/1, 486.
2 NL an Emilie von Reinbeck, Wien, am 16. Jänner 1838, BILL VI/1, 6.
3 P. F. Stuhr: Allgemeine Geschichte der Religionsformen der heidnischen Völker. 1. Teil: Die Religions-Systeme der heidnischen Völker des Orients. 2. Teil: Die Religions-Systeme der Hellenen in ihrer geschichtlichen Entwicklung bis auf die makedonische Zeit, Berlin: Verlag von Veit und Companie 1836, 1838.
4 Friedrich Emanuel Hurter (1787–1865), in Schaffhausen Pfarrer, in Österreich Historiograph. Seine „Geschichte des Papstes Innozenz III. und seiner Zeitgenossen", Hamburg 1834 ff., führte ebenso wie sein Verkehr mit Görres und Jarcke zu Streitigkeiten mit seinen Amtsbrüdern und in der Folge zum Übertritt zur katholischen Kirche. Hofrat, sodann in den Adelsstand erhoben. Friedrich Ludwig Georg Raumer (1781–1873), dt. Geschichtsschreiber, Professor der Geschichte, Staatsverwaltungsdienst, Büro des Staatskanzlers Hardenberg. Größere Reisen in Europa und Amerika. Raumer vertritt eine positive und vergleichende Geschichtsbetrachtung. Die Kritik an einer freimütigen Rede, die er zu Ehren Friedrichs d. Großen hielt, bewog ihn, seine Stelle als Sekretär und Mitglied der Akademie niederzulegen.
5 NL an Max von Löwenthal, 10. November 1837, BILL 185.
6 NL an Ludwig von Post, Wien, Jänner 1838, LHKG, VI/1, 3.
7 NL an Sophie von Löwenthal, LHKG VII, 145.
8 NL an Hermann Marggraff, Wien, 1. November 1839, LHKG, V/1, 89.
9 LFLC, 115.
10 Wilhelm Häring: Savonarola. Ein Gedicht von Nikolaus Lenau, Stuttgart: Cotta 1937, in: „Blätter für Literarische Unterhaltung", vom 5. und 6. August 1838, 881–883 und 885–887.
11 LHKG, Bd. II, 397.
12 NL an Eduard Duller, Wien 6. April 1840, LHKG, VI/1, 122.
13 Will Durant: Die Geschichte der Zivilisation, 4. Band, Das Zeitalter des Glaubens, Bern: Francke Verlag 1952, 820.
14 Ebenda, 821.
15 Ebenda.
16 Vgl. dazu Ignaz von Döllinger: Beiträge zur Sektengeschichte des Mittelalters, 1. Teil: Geschichte der gnostisch-manichäischen Sekten im früheren Mittelalter, Darmstadt: Wissenschaftliche Buchgesellschaft 1968, 112.
17 Malcolm Lambert: Geschichte der Katharer. Aufstieg und Fall der großen Ketzerbewegung, Darmstadt: Wissenschaftliche Buchgesellschaft 2001, 27.
18 Döllinger, a.a.O., 118.

19 Ebenda, 132.
20 Will Durant, a.a.O., 824.
21 Carl Hepp: Lenaus Werke, Band 2, Leipzig/Wien: Bibliographisches Institut o.J., 315; Jean Charles Léonard Sismondi: Die Kreuzzüge gegen die Albigenser, Leipzig: 1829; Fridolin Hoffmann: Geschichte der Inquisition, Bonn: 1878.
22 LSWC: Band 2, Die Albigenser, Verse 3465–3476.
23 O. Thatcher/E. McNeal: Source Book for Medieval History, New York: 1905, 209.
24 LSWC: Band 2, Die Albigenser, Verse 3382–3388.
25 NL an Hans Lassen Martensen vom 24. April 1838, in: LHKG VI/1, 11.
26 Döllinger: a.a.O., 133.
27 Vgl. dazu Friedrich Wilhelm Joseph Schelling: Philosophische Untersuchung über das Wesen der menschlichen Freiheit und der damit zusammenhängenden Gegenstände, in: Schellings philosophische Schriften, Band 1, Landshut: Universitätsbuchhändler Philipp Krüll 1809.
28 Vgl. dazu Martin Heidegger: Schellings Abhandlung über das Wesen der menschlichen Freiheit (1809), Tübingen: Max Niemeyer Verlag 1971, 195.
29 Georg Wilhelm Friedrich Hegel: Sämtliche Werke, Stuttgart: Fr. Frommanns Verlag (H. Kurtz) 1928, Band 11: Philosophie der Geschichte, 118.
30 LSWC: Band 2, Die Albigenser, Verse 3415–3426.
31 Hegel, a.a.O., 63.
32 LFLC: Band 2, Liebesklänge, 470.
33 Ebenda, 470.
34 Sören Kierkegaard: Werke Band 5, Der Begriff der Angst, Jena: Eugen Diederichs 1912, Kap. 4, § 2.
35 Schelling Georg Friedrich Wilhelm: Vom Wesen der menschlichen Freiheit, in: Schriften von 1806–1813, Darmstadt: Wissenschaftliche Buchgesellschaft 1976, 307 ff.: „Das Positive ist immer das ganze" … „Auch die Partikularkrankheit entsteht nur dadurch, daß das, was seine Freiheit oder sein Leben nur dafür hat, daß es im Ganzen bleibe, für sich zu sein strebt". (310)
36 NL an Sophie von Löwenthal, Wien am 25. Juli 1839, in: LHKG VI/1, 70 ff.
37 Sigmund Freud: Das Unheimliche, in: Gesammelte Werke, 12. Band, Frankfurt am Main: S. Fischer Verlag 1972, 253.
38 NL an Sophie von Löwenthal vom 25. Juni 1839, in: LHKG VI/1, 70.
39 NL an Sophie von Löwenthal vom 5. Juli 1839, in: LHKG VI/1, 71.
40 Eduard Castle: Lenau und die Familie Löwenthal, Erstes Buch, Leipzig: Max Hesses Verlag 1906, 109.
41 Ebenda, 98.
42 NL Gespräche 1839, in: LFLC, 111.
43 NL an Sophie von Löwenthal, den 19. Juli 1840, in: LHKG VI/1, 145.
44 NL an Anton Xaver Schurz, den 28. Juli 1839, in: LHKG VI/1, 77.
45 A. X. Schurz an Justinus Kerner, den 31. Juli 1839, in: LECH, 264.
46 NL an Sophie von Löwenthal, Linz, 22. August 1839, in: LHKG VI/1, 79.
47 LHKG, 104.
48 Anton Xaver Schurz: Lenau's Leben. Großenteils aus des Dichters eigenen Briefen, 2. Band, Stuttgart/Augsburg: J. G. Cotta'scher Verlag 1855, 14.
49 NL an Franz Joachim von Kleyle, Ischl, 12. September 1839, in: LHKG VI/1, 81.
50 Zitiert nach Eduard Castle: Nikolaus Lenau. Zur Jahrhundertfeier seiner Geburt, Leipzig: Max Hesse's Verlag 1902, 90.

51 NL an Johann Georg von Cotta, in: LHKG VI/1, 87.
52 Robert Eduard Prutz: Nikolaus Lenau. Eine Charakteristik, in: Hallische Jahrbücher für deutsche Wissenschaft und Kunst, vom 3.–7. und 9. September 1839. Zitiert nach: LECH, 279.
53 NL: „Der Kranich", in: LHKG, Bd. II, 217.
54 Prof. Dr. Hans Biedermann: Knaurs Lexikon der Symbole, München: Droemer Knaur Verlag 1989, 243.
55 LFLC, Band 1, 112.
56 Ebenda, 113.
57 Ebenda, 114.
58 LFLC, Band 1, LXXVI.
59 LFLC, Band 1, 114.
60 LFLC, Band 1, 126.
61 Goethe an Hegel, Jena, den 7. Oktber 1820, in: Briefe von und an Hegel (Hrsg.: Johannes Hoffmeister), Band II: 1813–1822, Hamburg: Felix Meiner Verlag 1953, 236 f.
62 NL an Karoline Unger, Wien, vielleicht 24. Mai 1840, in: LHKG, Bd. VI, 123.
63 Georg Wilhelm Friedrich Hegel: Grundlinien der Philosophie des Rechts, in: Sämtliche Werke in zwanzig Bänden (Hermann Glockner Hrsg.), Bd. VII, Stuttgart: Fr. Frommanns Verlag 1928, 336.
64 NL: „Frühling", LHKG, Bd. II, 227.
65 LHKG, Band VII, 447.
66 LFLC, Band II, 477.
67 LFLC, Band I, 132 f.
68 LFLC, Band I, 142 f.
69 NL: Aus Max Löwenthals Notizen, Gespräche 1842, in: LFLC, Bd. I, 231.
70 NL: Die Albigenser. Freie Dichtungen, in: LSWC, Bd. II, 381.
71 Sophie von Löwenthal: Sophie über Lenau, in: LFLC, Bd. II, 613.
72 Sigmund Freud: Die Traumdeutung, in: Gesammelte Werke II/III, Frankfurt/M.: S. Fischer 1976, 575.
73 NL: „Die Albigenser", in: LHKG, Bd. II, 285.
74 Vgl. zum Ganzen meinen Aufsatz: in: Roman Roček: Neue Akzente. Essays für Liebhaber der Literatur, Wien: Herold Verlag 1984, –42.

KAPITEL 8

Mit beschleunigtem Tempo talab

Mit der Trennung von Karoline Unger im Mai 1840 beginnt auch die Intensität von Lenaus Leidenschaft zu Sophie von Löwenthal allmählich zu verblassen. Jetzt, da der Seitensprung seine Wirkung gezeigt und Sophie wieder mehr Interesse an Lenau gewonnen hat, zieht dieser die Zügel an. Deutlich läßt sich das an den Liebes-Zetteln ablesen. Sie flattern nicht mehr so oft wie früher in Sophies Zimmer. Manchmal erreichen sie zwar noch die gleiche Glut, doch wird es nicht mehr lange dauern, da schwindet auch sie dahin und macht einer vernünftigen Freundschaft Platz. Was von Anfang an für unseren Dichter dienlicher gewesen wäre, pendelt jetzt, gegen Ende dieser ekstatischen Beziehung, wie von selbst auf ein Alltagsmaß zurück. Um nicht mißverstanden zu werden: keinesfalls auf ein alltägliches Maß, dazu wäre die kochende Leidenschaft Lenaus gar nicht fähig gewesen. Aber nun, da er gesehen und erfahren hat: „Halt, Niki, es geht auch mit einer anderen", verliert die lodernde Liebe ihre Kraft und Einmaligkeit und beginnt in sich zusammenzusinken. Man ist versucht, den geheimen Regisseur hinter diesem dialektischen Spiel zwischenmenschlicher Beziehungen – zumindest für die Beziehungsknoten – in Lenau selbst zu vermuten. Denn Vorsehung zu spielen, liegt ihm nicht eben fern. Das hat er doch schon in seinen „Faust" hineingedacht:

> Mir schien's an meinem Werte Spott,
> Daß ich nicht lieber selbst ein Gott.[1]

Allerdings steht nicht unbedingt fest, ob Lenau das alles genau so vorhergesehen hat, wie es schließlich gekommen ist; jedenfalls beginnt er ab nun damit zu spielen. Noch an eben demselben 9. Mai 1840, an dem er zum letzten Mal zu Karoline in die Oper geht, erhält Sophie ein neunzeiliges Gedicht, das an Vieldeutigkeit nichts zu wünschen übrigläßt:

> Frage nicht.
> Wie sehr ich dein, soll ich dir sagen?
> Ich weiß es nicht, und will nicht fragen;
> Mein Herz behalte seine Kunde,
> Wie tief es dein im Grunde.

> O still! ich möchte sonst erschrecken,
> Könnt' ich die Stelle nicht entdecken,
> Die unzerstört für Gott verbliebe
> Beim Tode deiner Liebe.[2]

Ein Gedicht, das tief blicken läßt, das die Ambivalenz der Gefühlsneigungen aufdeckt bis zum Grund und doch wieder zuzudecken sucht, was dem Dichter selbst unangenehm werden könnte. Soviel hat er an Hegel gelernt: die Wahrheit ist das Ganze und nicht nur der einzelne Gefühlsausbruch. Die Wahrheit ist der Prozeß, das Ineinander und Gegeneinander der Standpunkte und Meinungen. Was Lenau daher von seinem Zusammentreffen mit Karoline an Sophie weitergibt, gilt janusköpfig für Sophie selbst: „Trotz dem allen steht es beim Alten. Die Schranken sind unverrückbar; sie weiß das recht gut, ist aber doch glücklich, wenn sie mich sieht… Ich glaube nunmehr das Verhältnis einer aufrichtigen und resignierten Freundschaft für immer festgestellt zu haben. Daß ich aber ihr Freund bin, verdient sie durch ihre wirklich seltene Herzensgüte. Keine Spur von Groll oder verletzter Eitelkeit."[3]

In einem unverkennbaren Akt von Selbstbelohnung für überstandene Gefahren erwirbt Lenau im Herbst 1840 eine kostbare Geige.

Meine gute, alte Guarneri

„Er kaufte (das Instrument) um 300 fl. Conventions-Silbermünze beim Geigenmacher Schmid zu Wien im Bürgerspital, dem er auch laut seines Briefes vom 28. Mai 1840 an Sophie, seine alte Geige überließ.[4] Schmid erklärte zugleich schriftlich, jene Geige jederzeit von Lenau um 300 fl. wieder zurücknehmen zu wollen." Das ist zwar nicht notwendig geworden; wo das Instrument sich allerdings heute befindet, wissen wir nicht. Anton Xaver Schurz soll es nach dem Tod Lenaus für 300 fl. nach London verkauft haben. Seither ist es verschollen.[5]

Es dauert nicht lange, da muß Lenau erkennen, daß die Technik, mit der er seine frühere, viel derbere Geige gespielt hat, diesem edlen Instrument nicht gerecht wird. Mit wahrer Besessenheit sucht er, sich und das Instrument zu bändigen.

„Großes Vergnügen gewährt mir das Spielen meiner neuacquirierten Geige. Es ist eine echte Josef Guarnerius, eines der besten Instrumente in Wien. Ein äußerst glücklicher Zufall führte es mir in die Hand. Der Ton ist entzückend weich, süß und doch stark und feurig. Ich habe mich über die schwierigen und sehr lehrreichen Etüden von Kreutzer hergemacht und suche mich dadurch des Mechanismus der Geige mit großer Anstrengung zu bemächtigen. Meine Fortschritte sind mit jedem Tage merklicher, und ich hoffe seiner Zeit, mit meiner Violine nicht ganz unwürdig neben Fräulein von Bauer dazustehen."⁶

Obwohl Lenau jetzt täglich mehrere Stunden übt, ist die alte Schaffenskraft rasch wiedergekehrt, die er während der Episode mit Karoline Unger schon verloren geglaubt. Neben umfangreichen Ergänzungen für seine „Albigenser" entstehen Gedichte, gerade rechtzeitig, um in eine Neuauflage aufgenommen zu werden. Es ist eine Art Selbstgenesungs-Prozeß, in den er sich da hineingeigt. Schon die Pythagoreer wendeten die Musik als ordnende, formende Kraft an, um verlorengegangene Harmonie wiederherzustellen. Auch Aristoteles glaubt, „mit leidenschaftlicher, ekstatischer Musik den Kranken in einen enthusiastischen Zustand versetzen zu können, in welchem er zu einer Abreaktion seiner Leiden fähig ist".⁷

51 Carl Mahlknecht (1810–1893): Nikolaus Lenau, Stahlstich nach einer Zeichnung von Andreas Staub (1806–1839) um 1838, LEAL 1969/75, HMSW.

Lenaus Schwermut scheint wie verflogen, scheint in eine strahlende Hochstimmung, in eine Leidenschaft ohnegleichen einzumünden, aus der es keine Rückkehr gibt. Doch dann melden sich vereinzelt die dunklen Töne wieder aus dem Untergrund, und man fragt sich erstaunt: ist das nicht alles etwas überzogen? Die Freude wie die Trauer, haben nicht beide etwas Gewaltsames, Überzüchtetes, Überanstrengtes? Verliert nicht alles, was Lenau, dieser bildgewaltige und zugleich doch maßvolle Dichter, tut, an Maß, sobald es um seine Person geht? Mit einem gewaltigen Aufwand an Energien wird da geübt, getrillert, wird der Lagenwechsel durchgehechelt, Quadrupelgriffe geprobt:

„Die Geige wird täglich einige Stunden gespielt. Es geht ziemlich vorwärts. Mein Ton wird immer fester, sicherer, klarer und voller. Doppelgriffe, Staccato, Triller u.s.w. gelingen zuweilen schon trefflich. Meine Guarneriusgeige ist herrlich, ich küsse sie manchmal vor Entzücken. Sie ist über 100 Jahre alt. Wunderbar, daß in dem Stück Holz solche Töne enthalten sind! Ich erkläre mir dieses, indem ich annehme, daß vielleicht mancher edle Geiger seine schönsten Empfindungen, die beste Geschichte seines Herzens dem Instrumente anvertraute, und daß die Geige sie nicht vergessen hat, sondern in meinen Händen die Toten klagen und sich freuen läßt."[8]

Aber bald muß Lenau erkennen, daß er ohne die Korrekturarbeit eines Lehrers auf der Stelle treten würde. Die Gefahr, in die jeder Autodidakt früher oder später geraten muß, ist, sich falsche Techniken einzuüben: falsche Fingersätze etwa oder ein Übermaß an Vibrato, wie Anfänger das oft zu tun pflegen, um so einen unsauber angesetzten Ton zu kaschieren. „Neun Jahre war Niki alt, als er den ersten Unterricht im Geigenspiel von dem Pester-Josefstädter Pfarrschullehrer Joseph Cserny erhielt. Dieser Mann war aber kein Musikpädagoge, vielmehr ungeduldig und barsch… Der wichtige Anfangsunterricht war also offensichtlich schlecht."[9]

Als weitaus gediegener erwies sich Joseph von Blumenthal (1782–1850), der den achtzehnjährigen Lenau unterrichtete. Er war ein Schüler des Abbé M. Vogler und spielte ab 1803 als Bratschist im Orchester des Theaters an der Wien. Zahlreich sind die Bühnenmusiken und Violinstücke, die er komponierte, viel gelesen die Violinschule, die er herausgab. Er unterrichtet einen strengen, sauberen Stil, der von Zeitgenossen noch aus Lenaus Intonation herausgehört worden ist. – Lenaus Ausdauer beim Üben ist von vielen Freunden gerühmt worden. Er selbst spottet in einem Brief an Emilie Reinbeck:

„Gedichtet wird wieder fleißig. Gegeigt noch fleißiger. Meine Passion darin ist hier schon berüchtigt. Sogar einen Lehrer hab' ich mir genommen. Der vortreffliche Mann heißt *Carl Gross* und ist so recht nach meinem Herzen. Ein vollkommenes Geigengesicht, und sein rechter Arm gleicht selbst einem Fiedelbogen. Großer Beethovenspieler. Ein falscher Ton erscheint ihm als ein großes Unglück. So sagte er mir neulich beim Einstudieren der sogenannten Teufelssonate von Beethoven, als wir an die schwierigste Stelle kamen: ‚Bei diesem hohen *Gis* ist alles gewagt, und wenn's der Geiger nicht trifft, so sollte gleich ein Abgrund sich auftun und ihn verschlingen.' Dazu machte er mit den Händen eine schauerliche Bewegung nach dem Boden zu. Wenn das ungetroffene *Gis* wirklich so bestraft würde, so bekäme mich meine liebe Emilie nie mehr zu Gesicht."[10]

Aufmerksame Beobachter mögen erkannt haben, daß die jetzt mit Macht bei Lenau hervorbrechende Passion für die Geige bereits Spuren pathogener Keime in sich trägt. Sein stark mit Emotionen besetzter Vortrag, seine die Grenze zum Grotesken nicht selten überschreitende Gestik erinnern mehr und mehr an die Kunstfigur des Kapellmeisters Kreisler von E. T. A. Hoffmann als an einen ernsthaften Musiker. Dennoch ist Lenau überzeugt davon, eigentlich zum Musiker geboren zu sein. Dazu mögen teils die quälenden Geburtswehen bei den „Albigensern", teils die Erkenntnis beigetragen haben, daß Empfindungen und Gefühle sich weitaus unmittelbarer durch Töne übertragen lassen als durch Worte, bei deren Vermittlung zuvor noch die Schranke des Denkens durchstoßen werden muß. Zwischen ihm und dem Grafen Alexander von Württemberg kommt es dabei zu einem ernsten, aber doch nur vorübergehenden Zerwürfnis, weil dieser durchaus nicht bereit ist, die Qualität von Lenaus Geigenspiel anzuerkennen. Aber wie steht es nun tatsächlich um Lenaus Musizieren? Der Pianist Carl Evers, Lenaus Freund, gibt uns – da wir uns ja nicht selbst davon überzeugen können – eine recht brauchbare Skizze:

„Es war im Winter 1840 bis 1841, als ich nach Wien kam und Lenau kennen lernte. Ich wurde durch einen Brief der Frau v. Reinbeck bei ihm eingeführt, und obgleich ich um die Hälfte Jahre jünger war als er, so entspann sich doch eine so innige Freundschaft zwischen uns, daß er mir nach einigen Monaten das trauliche Du antrug. Ich verehrte und liebte Lenau so sehr, daß unter seinen Freunden nur die Frau v. Reinbeck meine Rivalin in dieser Beziehung seyn konnte. Lenau war empfänglich für wahre anhängliche Freundschaft, weshalb er mir auch meine Zuneigung zu ihm durch Violine und Freundschaft vergalt. Lenau liebte, wie bekannt, Musik mit aller Leidenschaft und spielte damals sehr viel Violine. Sein Spiel war wild, unregelmäßig, oft aber ergreifend und im höchsten Grade genial. Er war schüchtern und spielte fast nie mit Fremden, mit mir jedoch sehr oft. Sein Liebling war die sogenannte Kreutzer-Sonate in A Dur von Beethoven. Die Variationen darin spielte er bisweilen sehr schön. Die Akkorde im Anfange wurden ihm sehr schwer; er übte aber manchen Tag acht Stunden Violine mit solcher Leidenschaft, daß es ihm in der Gesundheit Schaden brachte, und ich ihn oft davon abhielt. Endlich gingen die Akkorde so ziemlich, jedoch beim letzten Satze der Sonate, welcher sehr feurig ist, ging er gewöhnlich mit seiner Phantasie durch; er hörte dann nicht mehr auf mich am Fortepiano, überstürzte sich, beachtete gar keine Pausen mehr, arbeitete zugleich mit den Füßen immerfort, kaum daß ich ihm im Tempo folgen konnte, bis er, im Angesichte die hellen Schweißtropfen, erschöpft innehielt. Er sah wohl seinen Fehler ein, aber umsonst; er war nicht zu bändigen, wenn er ins Feuer kam. Die steirischen und auch oberösterreichischen Ländler spielte er ganz ausgezeichnet. Ich schrieb mehrere seiner Lieblingsstücke, welche er vom Volke gelernt hatte, und nur nach dem Gehör nachspielte, in Noten auf. Es ist merkwürdig, daß er bei dieser Musik sich niemals im Tempo übereilte, sondern mit einer ruhigen Heiterkeit auf und nieder im Zimmer tanzte.

Auch wenn er saß, so tanzten seine Füße. Selbst bei ungarischen Melodien blieb er im gehörigen Takte, obgleich sein Gesicht finsterer wurde. Nur bei Beethoven verließ ihn alle Besinnung. Sein Urteil über Musik war aber sehr einseitig. Für ihn war nur Einer, nämlich Beethoven, alle andern verachtete er; ja es ging so weit, daß er Mozart förmlich ins Lächerliche zog."[11]

WALDLIEDER

Lenau arbeitet damals an seinem letzten und vielleicht auch schönsten, jedenfalls aber formstrengsten und ausgefeiltesten Gedichtzyklus: den „Waldliedern". Seit seiner Rückkehr aus Stuttgart Anfang August 1843 bis tief in den Spätherbst dieses Jahres bewohnt er ein Gartenzimmer im kleinen Langeschen Haus bei seinem Freund Max von Löwenthal in Unterdöbling. Das Rauschen uralter Linden und Eichen begleitet sein Tagwerk, es versetzt ihn in hypnotische Rauschzustände, schärft seine Sensibilität für übersinnliche Vorgänge. Bald ist er wie entrückt, bald fühlt er sich wieder eins mit der Natur: „Als ich neulich dem Rauschen der Blätter zuhorchte, wollt' es mich bedünken, als rausche der Wald im Herbste ganz anders, als im Frühling, viel rauher und härter. Die Blätter sind dann nicht mehr so weich und beweglich, wie jene des Frühlings, die Äste starrer, die Lüfte schärfer. Ich wollte, wenn ich in einem Kerker lange gesessen, und in ewigem Dunkel dort jede Zeitrechnung verloren hätte, mit zugebundenen Augen plötzlich in einen Wald versetzt, aus dem bloßen Rauschen der Bäume erkennen, ob es Frühling wäre oder Herbst."[12]

Noch ist es freilich Sommer, und Lenau durchkämmt die Wälder rund um den „Hermannskogel", wo es auch noch zu dieser Jahreszeit seltene Blumen und Kräuter zu sehen gibt: etwa den blauen oder gelben Eisenhut, dessen Wurzeln man früher – in Fleischseiten versteckt – zum Töten von Wölfen ausgelegt hat. Überquert man den Sattel zwischen „Hermannskogel", „Sauberg" und „Dreimarkstein" in westlicher Richtung, und folgt man dann – in „Unterweidling" angekommen – dem Weidlingbach talauswärts, also nach Norden, so wird man noch den wilden Kalmus und manchmal auch die fast schon ausgestorbene „Stachel- oder Wassernuß" finden, die an morastigen Stellen oder in ufernahen Tümpeln des Weidlingbaches von Juli bis September blüht.

Gegen seine sonstige Gewohnheit, die zu einem mitunter regellosen, bohemeartigen Lebenswandel neigt, versucht Lenau sich zu dieser Zeit – wohl um die sich selbst auferlegten dringendsten Pflichten zügig zu bewältigen – an einen strengeren Lebensrhythmus zu gewöhnen. Da harren noch die Romanzen um „Johannes Ziska. Bilder aus dem Hussitenkriege" der Korrektur und der abschließenden Überarbeitung. Vorabdrucke einzelner Romanzen sind zwar bereits im „Deutschen Musenalmanach" und im „Morgenblatt für gebildete Stände" erschienen, doch ist Lenau mit diesen Fassungen noch keineswegs zufrieden. Auch schleppt er seit Jahren einige Gedichte und Gedichtfragmente mit sich herum, aus denen er endlich herausarbeiten will, was in ihnen steckt: *den Anhauch einer jenseitigen, magisch-dionysischen Wirklichkeit.* Denn – und er spürt das recht eindringlich –: in diesen Ansätzen ist mehr enthalten, als die Bruchstücke auf den ersten Blick erkennen lassen. Mehr als dieser leidige Pantheismus, den man ihm immer wieder unterstellt und ihm entgegenhält, sobald man selbst nicht weiter weiß. Er muß die Fäden fester miteinander verknüpfen, daß es ein tragfähiges Flechtwerk der Gedanken, Bilder, Worte ergibt.

Mitten in einem Lebensabschnitt mit seinem immer aussichtsloser scheinenden Absacken in tiefpessimistische Äußerungen in den Briefen, in denen spätere Beurteiler übrigens den bereits einsetzenden Verfall konstatieren, schwingt er sich unvermittelt zu einer solchen Lebensbejahung, zu einer solchen Lebensliebe, ja Lebensbegeisterung auf, wie er sie vorher mit keiner Silbe je realisiert hat. Auch nicht in den Jahren seines unreflektierten anakreontischen Verschmelzens mit Naturstimmungen und der Landschaftstrunkenheit rund um die „Schilflieder". Denn es war ja eine Trunkenheit, die sich ihrer nicht so recht selbst bewußt wurde, bewußt werden konnte, weil sie noch in anthropomorphen Kategorien dachte. Jetzt, da er durch Hegel hindurchgegangen war, hatte er gelernt, in der Natur lediglich eine der Verwirklichungsstufen des Geistes zu erkennen und im übrigen darauf zu verzichten, ihr beharrlich das abzufordern, was eigentlich Sache des Menschen ist: wie der Auf- und Ausbau von Ethos, von Kategorien des Wertens, von sozialem Engagement. Immer häufiger denkt er jetzt an seine Erfahrungen in Amerika zurück, wo man glaubt, daß Prozesse der Selbstkonstituierung, wie sie in der Natur vorkommen sollen, auch imstand sind, Beiträge für das menschliche Ethos zu liefern. Aber zugleich erkennt Lenau auch, wie stark seine Einstellung zur Natur sich gewandelt hat.

Gleich nach seiner Ankunft in Wien ist er – heraus aus der Stadt und ins Dämmerdunkel des Waldes hinein – in ein Stück Land gezogen, das man damals, als die Stadt noch nicht bis an die Hügelkette heranreicht, die sie umgibt, bereits vielfach als Sommerfrische bezeichnet hat. Drei Berge begrenzen charakteristisch den Norden. Von der Donau dem Westen zu jeweils durch flache Sättel miteinander verbunden: der Leopoldsberg, der Kahlenberg und der Hermannskogel. Zwischen den beiden letzteren, ihnen aber nach Süden vorgelagert, ein flaches Waldstück, von den Wienern Krapfenwaldl genannt. Aber es ist nicht allein der geheimnisvolle Zauber des claire obscure, den Lenau hier sucht, sondern vor allem der Erholungswert, den die Waldeinsamkeit auf seine angeschlagene Gesundheit hat: „Ein paar Stunden in der Einsamkeit des Waldes verlebt, sind für ein in die Waldgeheimnisse eingeweihtes Herz von unermeßlicher Wohltätigkeit, wenn ihm in seine schmerzhaftesten, sonst für kein Heilmittel zugänglichen Stellen von unsichtbaren Händen ein heimlicher Balsam geträufelt wird."[13] Freilich belügt Lenau sich und uns, was die Erholung betrifft: denn gar nicht selten arbeitet er 10 oder 12 Stunden am Tag. Erst gegen Abend verläßt er das Haus. Offenbar hat ihm der Stuttgarter Arzt zu mehr Bewegung in frischer Luft geraten, sonst ist der Dichter freilich ein richtiger Stubenhocker. Jetzt aber versucht er, die Arbeit an seiner Gesundheit mit der Arbeit an den Waldliedern gewissenhaft zu verbinden. Und dafür ist seine diesjährige Unterkunft wie geschaffen. Er bewohnt einen abgeschiedenen Teil des Hauses, in das Max von Löwenthal ihn eingeladen hat. Hier sind nur wenige Störenfriede zu befürchten, mit Ausnahme von Sophiens Kindern vielleicht oder natürlich Sophie selbst. Für den Fall, daß sich doch jemand von seinen ihm ferner stehenden Freunden hierher verirren sollte, hat er seinem Bedienten den Auftrag erteilt, folgende Regelung strikt einzuhalten: Für niemanden zu sprechen ist er grundsätzlich am Vormittag (wir wissen warum: da arbeitet er im Bett). Reidel, sein damaliger Bedienter, hat den Auftrag, jeden hinauszukomplimentieren, der vor Mittag vorspricht. Am Nachmittag sieht es schon besser aus, da ist er jedenfalls geneigt, zwischen fünf und sieben Uhr Besuche zu empfangen. Gesetzt den Fall, er ist überhaupt zu Haus. Denn am Nachmittag streift er durch die angrenzenden Wälder. Manchmal bis hinüber nach Weidling, das hinter den drei Bergen liegt.

Berthold Auerbach, Freund Lenaus während des letzten Jahres, das dieser noch in geistiger Gesundheit verlebt hat, teilt ein Gespräch mit, das den Dichter recht anschaulich an der Arbeit in dieser Landschaft zeigt: „Seine Schwester wohnte ... (in Weidling bei Wien. Da ging er) nun fast täglich hinaus, um sie und die Kinder zu besuchen, und fast jedes Mal – so erzählte er – verirrte ich mich im Walde: dann setzte ich mich unter einen Baum und da flog mir bald dieses, bald jenes Gedicht zu."[14] Aber Sophie, die den Dichter in dem Maße für sich beanspruchen möchte, in dem die Liebeszettel, die er ihr manchmal täglich geschrieben hat, spärlicher werden und schließlich ganz versiegen (der letzte ist mit Unterdöbling, 7. August 1843 datiert), behauptet, „die Waldlieder (seien) größtenteils im Krapfenwaldel bei Grinzing gedichtet und während Lenaus Aufenthalt bei uns in Unterdöbling im Langischen Hause im September 1843".[15]

„Das Krapfenwäldchen ist ein überraschend anmutiges Plätzchen. Eine schöne Wiese zieht sich hier ins Tal hinab, von Buschwerk und Pappelgruppen eingefasst, unter denen Tische und Bänke dem Müden entgegenwinken. Links bedeckt ein Hain von Eichen und Föhren den Gipfel des Hügels, an dessen Fuße das Wirtshaus, die so genannte Krapfenhütte, liegt. Zahlreiche Tische, eine hölzerne Halle zum Schutze gegen plötzliches Unwetter, zugleich als Tanzsaal dienend, Schaukeln etcetera, beweisen, wie besucht die Anlage ist, wozu auch die ziemlich gute Bewirtung beiträgt. Diese Partie erhält dadurch einen ganz eigenen Reiz, daß man von Wien nichts sieht, und sich in eine weit von der Residenz entfernte Waldszene versetzt glaubt. Nur die schönen Waldungen des Kahlengebirges, worunter sich der Kobenzl mit seinen üppigen Baumgruppen besonders malerisch darstellt, bilden hier den Prospekt. Will man aber eine weite Fernsicht, zugleich den Anblick der Residenz, genießen, so darf man nur eine kleine Strecke hinter dem Haus durch den Wald hinansteigen, und hat einen freien Platz erreicht, mit einem einfachen Lusthause, wo man ein wunderschönes Panorama vor sich hat, welches vor vielen andern Punkten sich dadurch auszeichnet, daß die Gegenstände näher und nicht so landkartenartig ausgebreitet sind."[16]

Nein, auf diesem brodelnden, von Kindern nur so wimmelnden, öffentlich zugänglichen Erholungsplatz voll von brüllenden Säuglingen und Kleinkindern hat Lenau mit Sicherheit seine „Waldlieder" nicht gedichtet. Man denke nur: einige hundert Bänke und Tische! Wäre selbst nur ein Drittel davon besetzt gewesen, hätten seine Nerven das nicht ausgehalten. Auf und davon! Gewiß, den steilen Hohlweg zwischen Kahlenberg und Hermannskogel hätte er sich auch nicht täglich zugemutet. So ist anzunehmen, daß er westwärts über den schon beschriebenen Sattel und sodann nordwärts neben dem Weidlinger Bach seine Waldstudien betreibt. Ein Gebiet, bestanden von dichtestem Hochwald, damals weitgehend unberührt.

Ein Ort, in hohem Maße geeignet für die Streifzüge Merlins, des alten Zauberers, als welchen Lenau sich selbst gerne sieht. Was aber den Ausschlag gibt: der Hermannskogel ist ein *germanischer Götterberg,* an dessen Flanken sich einst Altäre befunden haben sollen. Lenaus gleichnamiges Gedicht, das fünfte aus den Waldliedern, transportiert allerlei mythische Fracht. In dialektischer Verschränkung dazu steht die dynamische Fülle an realistischen Bildern, die bereits an den *Sekundenstil des Naturalismus* erinnert. Mit einem Wort: Lenau hat hier Frieden mit der in Amerika als gewalttätig und mörderisch empfundenen Natur gemacht. Frieden. Vielleicht widmet er ausgerechnet deshalb dieses Gedicht seiner ewigen Geliebten Sophie. Ein Kranz von neun Gedichten, zuerst vier aufsteigende, im Zentrum des ganzen Zyklus steht Merlin, sodann folgen vier absteigende. Ein literarisches Stonehenge, ein Sonnensymbol, ein Nachsommer, aber – wie wir sogleich sehen werden – ein trügerischer.

Was aber am erstaunlichsten ist, wie versöhnlich diese Wald- und Naturlyrik endet: *versöhnlich, milde, abgeklärt,* aber keineswegs in Resignation. Auch das Thema Vergänglichkeit vermeidet jetzt die Schärfe des Abschiednehmens, des Ausgetilgtwerdens. Fast ganz aus dem Vokabular der Waldlieder gestrichen ist der Begriff Tod, der früher doch zu den wichtigsten Requisiten Lenauschen Dichtens gehört hat. Er wird ersetzt durch Bilder und Äquivalente des Wandels, der Verwandlung, des Tauschens und Auferstehens. Es ist eine Art von Auferstehen in die Grundsubstanz alles Seienden, kein Absterben. Und selbst die Nester der Vögel werden in den entlaubten Bäumen erst sichtbar, *weil sie nun keinen Schutz mehr brauchen.* Ein mildes Kommen und Vergehen, eine abgeklärte *coincidentia oppositorum,* wie Hegel sie gedacht hat, aber nur Lenau hat dichten können:

> Waldlied IX
> Ringsum ein Verstummen, ein Entfärben,
> Wie sanft den Wald die Lüfte streicheln,
> Sein welkes Laub ihm abzuschmeicheln;
> Ich liebe dieses milde Sterben.

Von hinnen geht die milde Reise,
Die Zeit der Liebe ist verklungen,
Die Vögel haben ausgesungen,
Und dürre Blätter sinken leise.

Die Vögel zogen nach dem Süden,
Aus dem Verfall des Laubes tauchen
Die Nester, die nicht Schutz mehr brauchen,
Die Blätter fallen stets, die müden.

In dieses Waldes leisem Rauschen
Ist mir als hör' ich Kunde wehen,
Daß alles Sterben und Vergehen
Nur heimlichstill vergnügtes Tauschen."[17]

„Der Kreis schließt sich – es ist aber höchst bezeichnend, daß Lenau, in seinen frühen Dichtungen ein Apologet endgültiger Vergänglichkeit, nun am Ende seines lyrischen Schaffens angekommen, den metaphysischen Grundsatz der ewigen Wiederkehr des Gleichen, wie ihn auch Nietzsche aufrechterhält, zur letzten Botschaft überhaupt erhebt."[18]

Das vierschrötige Jahr

Manche von Niembschs Freunden glauben, prophetische Fähigkeiten bei ihm zu entdecken, und in der Tat zeigen manche seiner Vorhersagen eine fatale Tendenz tatsächlich einzutreffen. Zumal wenn es sich um Prognosen seiner Gesundheit und Befindlichkeit handelt. So schreibt er in seinem Neujahrsgruß an Emilie von Reinbeck: „Ich erwarte von diesem (Jahr) nicht viel Gutes; schon die Zahl 44 ist so vierschrötig, daß ich allerlei Impertinenzen mit Sicherheit entgegensehe."[19] Und sie kommen, wie wir sogleich sehen werden, unabwendbar auf ihn zu. Da er den Schwierigkeiten entgehen will, die zu seinem Schicksal geworden sind, verstrickt er sich nur noch tiefer in sie. Wie Berthold Auerbach berichtet, fängt alles zunächst ganz heiter an:

„Eines Morgens kam Lenau ganz verjüngt und wonnestrahlend zu mir, ich mußte mit ihm zum Schloßgarten und dort bei der großen Linde erzählte er mir, wie er gestern zum Nachtessen nach dem englischen Hof gegangen war: im Saale waren außer ihm nur noch drei Damen, er kam neben die jüngste zu sitzen und auf die unbefangenste Weise knüpfte sich ein Gespräch an, in dem seine ganze Seele aufging. Er ergoß sich in den überschwänglichsten Ausdrücken und dann sprach er wieder jedes einfache Wort mit einem Ausdruck, in den der tiefste Seelenjubel eingepresst war. Eine innere Zuversicht sagte ihm, daß auch das Mädchen, das bereits in die reiferen Mädchenjahre eingetreten war (sie war immerhin um neun Jahre jünger als der Dichter), sich ihm zugeneigt habe. Er sprach es wiederholt mit einem frohen Selbstgefühl aus, daß sie nicht wisse, wer er sei, sie habe an ihm ganz allein ohne alle Zutat des Talents und der Stellung Wohlgefallen gefunden. Das war's, was er schon lange sich heiß ersehnte, was er ewig verloren glaubte, und jetzt war's da wie ein leuchtendes Gnadengeschenk. – Es läßt sich nicht beschreiben, wie leichtbeschwingt und morgenfrisch die Psyche des Dichters sich erhob.

52 In der Art von Peter Fendi (1796–1842): Nikolaus Lenau, Aquarell um 1844, LEAL 1969/75, HMSW.

Er hatte erfahren, daß die Damen schon heute nach Tische abreisen wollten; er wollte nun der Holdseligen eine Freude, ein lichtes Erinnerungszeichen zuwenden. Die Gedichte wurden aus der Buchhandlung geholt und Lenau schrieb ein Widmungsgedicht hinein. Ich habe leider für Verse ein schlechtes Gedächtnis, ich erinnere mich nur, daß darin vorkam: ein flüchtig Lächeln des Geschicks, ein freudiger Glanz des Augenblicks ließ mich erkennen, wie ‚bis ins Herz du schön' und wenn sie auch so bald scheiden mußten, wollten sie sich doch des kurz Genossenen freuen und die Begegnung segnen"…[20]

„Der Abend vor dem Abschiede kam. Es war eine schöne Sommernacht, wir vier wandelten vor dem Kurhause, während die Musik schöne Weisen spielte. Die Tante wollte nach Hause als die Musik eben einen widerwärtigen Mischmasch ertönen ließ, einen damals Mode gewesenen Eisenbahnwalzer, in dem das schrille Pfeifen und das Keuchen der Lokomotive mit allerhand unharmonischen Instrumenten nachgeahmt war. Lenau bat, daß sie nicht unter diesen Tönen den Ort verlassen wollten, wir blieben noch eine Weile und endlich mußte doch geschieden sein.

Ich glaube, Lenau war noch am andern Morgen bei den Abreisenden, später kam er zu mir und es stand fest in ihm, daß dies Mädchen sein werden müßte; er war wiedergeboren, alles vergangene Leben hinter ihm eingesunken… Er sprach davon, daß es sein Vorsatz sei,

53 Anonym: Marie Behrends (1811–1889), Lenaus Braut, Tochter eines verstorbenen Frankfurter Bürgermeisters, Holzstich um 1844, SNMM.

nie eines seiner Kinder in Staatsdienst und Abhängigkeit treten zu lassen, sie sollten, wenn nicht anders, ein Gewerbe treiben … In seltsamer Befangenheit war er aber mit seiner Erkornen zu keiner entscheidenden Ausspruche gekommen und es quälte ihn tief, hierüber Gewißheit zu erhalten. Ich riet ihm, nach Rippoldsau zu reisen, dort werde er wohl von den Verwandten sich solche verschaffen können. Er reiste ab und kam nach einigen Tagen ganz voll Jubel wieder; er hatte die Sicherheit einer Erwiderung seiner Liebe und hatte in Rippoldsau viel Auszeichnung erfahren. Er traf dort den Prälaten Köstlin und andere alte Herren und ‚denk nur Brüderl' sagte er, ‚die kennen meine ‚Albigenser' und alle meine Sachen und haben sie genau gelesen'".[21]

Nun geht alles ganz schnell: am 16. Juli 1844 kommt Lenau nach Frankfurt, um in aller Form um die Hand von Marie Behrends anzuhalten. Auf Betreiben des Vetters von Marie wird das Verlöbnis am 5. August veröffentlicht. Um zu heiraten, benötigt er aber dringend Dokumente, die er hier nicht zur Hand hat. Von Stuttgart über Augsburg und München geht es mit dem Eilwagen Richtung Wien, wo er am 14. August eintrifft. Er wohnt in Lainz, im Schloß des Grafen Tige, wo zufällig auch die Löwenthals wohnen. Zerwürfnisse, Vorwürfe, Kritik. Vor allem an der finanziellen Absicherung. Allerdings auch neue Liebesschwüre. Doch kommt man um eines nicht herum: er hat sein Wort gegeben. Also zurück.

An Bord, 15. September 1844

Lenau verläßt Sophie von Löwenthal im Zustand äußerster Überreizung. Nichts ist ihm bisher schwerer gefallen, als sich von dieser Frau zu lösen, die ihn mit magischen Kräften festhält, ihn fesselt mit der Macht ihrer vernunftbegabten Vitalität. Er ist sich völlig darüber im klaren, daß die *Loslösung von Sophie wieder einmal mißglückt* ist. Wieder ist sie ihm mit den selben Argumenten beigekommen, mit denen sie schon bei Karoline Unger Erfolg gehabt hat: daß er als Lyriker ganz einfach zu wenig verdiene, um einen standesgemäßen Hausstand zu gründen. Das müßte ja unweigerlich zu einer Katastrophe führen. Immer die selbe Abfolge von Argumenten, immer die nämlichen Liebesschwüre, das Beschwören einer überirdischen Liebe, die von irdischem Begehren, von tierischer Fleischlichkeit und Lust weitgehend frei ist. Doch er hat ein überaus heftig reagierendes Sensorium, das sich nur schwer über die Jahre hinweg ohne Folgen unterdrücken läßt. Das Temperament seiner Mutter, gepaart mit der leichten Erregbarkeit seines Vaters: das ergibt doch genau besehen jene nervöse Mischung seines, nein, nein, nicht Temperaments, dann schon eher seiner Persönlichkeit.

Was aber nun seit mehr als zehn Jahren von seinen Nerven, seinen Sinnen, seinem Sehnen Besitz ergriffen, was sie in Bann geschlagen hat, ist eine richtige *Obsession*. Darüber ist Lenau sich völlig im klaren. Er kann in noch so logisch-kühlen Schlußfolgerungen etwas Konträres wollen oder wünschen, irgend etwas in ihm, sein zweites Ich vielleicht, behält schließlich beinahe immer die Oberhand. Obwohl der Dichter versucht, sich in ein anderes Leben, in ein günstigeres Schicksal hineinzuträumen, hinüberzuretten: irgend etwas drängt ihn immer vom anvisierten Weg ab. Schließlich nimmt dieses Etwas sogar die Züge Sophies an.

Selbst die junge Frau, die er auf dem Dampfschiff sieht und die seine Aufmerksamkeit gewinnt, erinnert plötzlich an Sophie. In Gang, Kopfhaltung, Blick und Bewegung. Erst als er sie anspricht und sie ihm antwortet, ist der Bann gebrochen. Ständig trägt er ein Holzetui mit einer Daguerreotypie von Sophie mit sich, das er dann und wann hervorzieht, sorgsam aufklappt, um ihr Bild liebevoll zu betrachten.

Je weiter sich der Donaudampfer von Wien entfernt, desto stärker beginnen die Worte in seinem Inneren zu dröhnen, die Sophie ihm mit auf den Weg gegeben hat. Es ist eine jener Abendstimmungen, wie sie beide schon seit eh und je weich machen und zu Tränen rühren. Schon früher hat es ähnliche Gelegenheiten gegeben, da hat er sich in grotesker Komik – die Rührung mit Kaltschnäuzigkeit bekämpfend – Sacktücher von ihr erbeten. Jetzt erst, da er unschlüssig in einem der Koffer kramt, merkt er, daß sie ihm drei Sacktücher eingepackt und mit auf die Reise gegeben hat. Eine Entdeckung, die ihm die Kehle zuschnürt.

Am Vormittag der überaus langsamen Bergfahrt, dieses beinahe katzenhaften Schleichens durch Wiesen, Weingärten, Wälder und Felder, verbringt der Dichter einige Stunden auf dem Verdeck. Noch nie ist ihm eine Stromfahrt so ergreifend, so bedeutsam erschienen wie diese. Sie hat etwas Endgültiges, Abschließendes und zugleich Unwiederbringliches. Obwohl er sich von Sophie in aller Form verabschiedet hat, sitzt die Trauer über den Verlust recht tief und schnürt ihm die Kehle zu. Das einzige, das hilft, ist, unablässig in den Strom zu schauen, wo alles wogt, rauscht und schwindet, wie die schönsten Stunden im Leben.

Ohne daß er sich Rechenschaft darüber abgibt, bleiben einzelne Worte in seinem Gedächtnis haften, gruppieren sich zu neuen Wendungen, formen das Gedicht: *„Blick in den Strom."* Das vorletzte in seinem reichen Schaffen:

> Sahst Du ein Glück vorübergehn,
> Das nie sich wiederfindet,
> Ists gut, in einen Strom zu sehn,
> Wo alles wogt und schwindet.
>
> O! starre nur hinein, hinein,
> Du wirst es leichter missen,
> Was dir, und solls dein Liebstes sein,
> Vom Herzen ward gerissen.
>
> Blick unverwandt hinab zum Fluß,
> Bis deine Tränen fallen,
> Und sieh durch ihren warmen Guß
> Die Flut hinunterwallen.
>
> Hinträumend wird Vergessenheit
> Des Herzens Wunde schließen;
> Die Seele sieht mit ihrem Leid
> Sich selbst vorüberfließen.[22]

Dieses Gedicht, das ihm wie von selbst in die Feder geflossen kam, scheint ihm jetzt, da er es wieder und wieder überliest, wie der antwortende Refrain auf die Worte, die sie im Auseinandergehen zu ihm gesprochen hat: „Mir ist als sollt' ich Sie nie wieder sehen."[23] Der wehe Klang dieses Satzes sitzt – tief eingefressen – in seinem Hirn, unmöglich, ihn herauszubeuteln, er kehrt wieder und immer wieder, *perseveriert hartnäckig*. In der ihm eigenen hysterisch übersteigerten Angst vor schlimmen Vorzeichen überträgt er das *Omen* nicht nur auf die Reise selbst, sondern auf das ganze kühne Unterfangen, wie es dieses überhastete und überstürzte Verlöbnis in Frankfurt und die bereits in groben Zügen festgesetzte Hochzeit es nun einmal sind. Der Satz, den Sophie zu ihm spricht, hat aber auch etwas concludentes, sein Leben abschließendes: „Mir ist als sollt' ich Sie nie wieder sehen." Das mag vielleicht eine Vorahnung, eine Vorwarnung gewesen sein, vielleicht aber auch eine gezielt eingesetzte, eine in dieser heiklen Stunde ganz bewußt wie ein Köder hingeworfene Bemerkung, und

54 Um seine eigene sowie um die Zukunft seiner Braut Marie Behrends besorgt, versucht Lenau, die Stelle eines Dozenten der Philosophie zu erlangen. Das scheint mißlungen zu sein. Auch besucht er den Komponisten Felix Mendelssohn-Bartholdy (1809–1847), der zur Kur in Bad Soden bei Frankfurt weilt, um mit ihm den Text zu einem großangelegten Oratorium zu besprechen. Lenau will darin über die biblischen Stoffe weit hinausgehen, ein Neues schaffen. Dabei sollte ihm sein Studium der Gnostiker entgegenkommen. Denn das göttliche Prinzip sei durch Händels „Messias" unübertrefflich betont. Jetzt gelte es noch, den gefallenen Engel, den Dämon, ins Oratorium mit einzubeziehen. Fast eine Woche (am 19. und vom 22. bis 26. Juli 1844) sprechen die beiden Künstler über das künftige Werk, das freilich, bedingt durch den Ausbruch von Lenaus Krankheit, nicht zustande gekommen ist. Selten haben zwei Künstler einander so weitgehend verstanden, wie Mendelssohns Vertonung der heiteren Schwermut der „Schilflieder" ebenso beweist wie Lenaus Urteil über die Ouvertüre zur schönen Melusine: „Es tönt ein so träumerisches Leben, eine so dämmernde Schwermut in diesem Stück, dass ich ganz entzückt war. Eine Stelle ist, als ob in einer einsamen dunklen Grotte kristallene Tränen klingend herabträufelten." ADAU.

sie verfängt sich auch prompt in Lenaus Seele. Denn die ist natürlich noch immer nicht frei von Begierde und Besitzenwollen, von einer geheimen und natürlich auch nicht eingestandenen Rivalität zu seinem Freund Max von Löwenthal. Wie auch immer. In Stunden der Gefahr werden die Liebenden hellsichtig. Und es weht wie ein magnetischer Schauer über sie hin. Winkt ihnen ein noch so begehrenswertes Glück, desto stärker klammern sie sich aneinander. Jede hysterische Ehe kann davon ein Lied singen. In Stunden der Trennung, da das Fremde in immer greifbarere Nähe rückt, gewinnt das Vertraute einen Stellenwert, den es bisher nie oder nur selten besessen.

Konsequent wie nur in wenigen anderen Belangen, wird Sophie sich nach Lenaus Tod und natürlich vor allem in Hinblick auf die Nachwelt bemühen, ihr Verhältnis zu unserem Dichter in lichtere, dem irdischen Triebleben weniger verhaftete, transzendente Sphären zu heben. „Wir waren so gewohnt, unser Glück jenseits des Grabes zu suchen, daß der Tod uns immer als der schöne Genius der Griechen erschien, und wir seiner stets mit sehnsüchtiger Liebe gedachten. *Erst die Heiratsgedanken müssen N.(iembsch) den Tod zum Schrecken gemacht haben* (hervorgehoben vom Verf.), denn in früheren Zeiten sprach er oft ganz ruhig, wie auch bei meiner Kränklichkeit die Vorstellung nahe lag, von meinem Tode. Noch in Lainz sagte ich zu ihm: N.(iembsch) das wäre wohl jetzt das beste für 4 Personen, und er schien kein großes Gewicht auf diese Äußerung zu legen. *Es war ein Zeichen von Krankheit, lieber Schurz! daß N.(iembsch) meine Äußerungen so hoch aufnahm* (hervorgehoben vom Verf.). Er hatte in Lainz einmal so eine Anwandlung. Er war mit Wolf und Karl in Hietzing zu Tisch, und ich kam, als er schon eine Weile wieder zu Hause war, aus dem Garten herauf, ruhig und sogar sehr erfreut, ihn schon zu finden. Er aber brach mit dem Ausruf: ‚wie blaß Sie sind' in Tränen aus und konnte sich den ganzen Abend nicht wieder fassen."[24]

Kurz: Sophie bemüht sich, Lenaus auffälliges Verhalten, seine *oft paranormalen Reaktionen und Gefühlsausbrüche,* wie sie bei ihm gerade in den Wochen vor dem Manifestwerden der eigentlichen Symptome seiner Krankheit gehäuft auftreten, bereits dem manifesten Wahnsinn zuzuordnen. *Damit versucht sie, den eigenen Anteil am Zustandekommen von Lenaus Geisteskrankheit hinunterzuspielen oder gar zu verwischen.* Sicher war ihr keineswegs das ganze Ausmaß ihrer persönlichen Schuld dabei bewußt: dieses jahrzehntelange Spielen mit den Gefühlen des Dichters, das Aufheizen und gleich darauf wieder Ausdämpfen seiner Leidenschaft, ein *sadomasochistisches Wechselbad der Gefühle,* das sie mit Virtuosität zu handhaben versteht. Aber gerade ihre verhaltene Stimme, die man noch in ihren Briefen zu hören vermeint, ist verräterisch: sie gibt uns zu erkennen, daß die Trennung keineswegs in derart gebändigten Bahnen vor sich gegangen sein kann, wie sie uns glauben machen will. Ein Zerwürfnis allergröbsten Ausmaßes ist vielmehr dahinter zu vermuten sowie eine Schlichtung, die alle Anzeichen der *Beibehaltung des status quo* erkennen läßt. Sie behält

55 Heilanstalt Winnenthal im Königreich Württemberg, wo Lenau bis 1847 von Dr. Albert Zeller (1804–1877) betreut wurde, GRAU.

ihren Ehemann – von Scheidung keine Rede – und natürlich ihren berühmten Freund, der ihr zwei-, dreimal die Woche schreiben darf. Auf welchen Kuhhandel er hier hineingefallen ist, dieses Licht wird Lenau erst aufgehen, nachdem das seines fein organisierten Verstandes erloschen ist. In einer Nacht paranoiden Rasens *vernichtet Lenau später voll Wut und Verzweiflung alle Briefe,* die Sophie an ihn geschrieben hat. Sein eigenes Versprechen hat er bis dahin jedenfalls gehalten und oft mehrere Briefe in der Woche an die Freundin nach Wien geschrieben. Durch sie werden wir detailgetreu über die letzten bewußten Tage und Stunden des Dichters informiert:

Linz, den 17. September 1844

„Gestern … mußte unser Schiff Nebels wegen einige Morgenstunden verlieren und hatte darüber die Zeit versäumt, in der es durch den Strudel passieren sollte. Zu spät kamen wir an das schön gelegene Örtchen Nikolai[25] (das ein junger russischer Graf während des Beilegens schnell in seine Reisemappe trug) und mußten dort anlegen und bleiben, bis die erwarteten stromabfahrenden Schiffe vorbeigezogen sein würden. Über 4 Stunden harrten wir, des armen Nikolai und aller seiner Schönheiten fast müde ohne mehr als eines jener Schiffe zu erblicken. Da erklärte der Strandinspektor um 1 Uhr mittags, daß wir nunmehr fahren dürften. Zufälligerweise hatte aber diesmal der dazu aufgestellte Strandwächter in einem Weinrausche die Sperrfahne oberhalb des Strudels, das Signal für die talfahrenden Schiffe, stillzustehn und die Vorüberkunft des Dampfschiffs abzuwarten, nicht aufgesteckt, und wir fuhren dem Strudel zu. Als wir links um die Felsenecke bogen, wo der Strom ebenso reißend als sein Bett enge wird, kamen uns zwei mit Granitsteinen schwerbelastete aneinandergebundene Schiffe entgegen, die, das wehrende Zeichen an der bekannten Stelle nicht findend, bona fide in die Talenge eingefahren waren. Unsere Steuerleute wurden beim Anblick dieser Begegnung von Schreck ergriffen: ‚Jesus, Maria, kommt da ein Schiff daher', doch hielten sie rüstig und gewandt unser Schiff nach dem linken Ufer hin, während unsere Gegenfahrer, ebenfalls höchst besorgt, aus allen Kräften arbeiteten, um ihre Fahrzeuge zum rechten Ufer (wohin die Strömung ihren Abfall hatte) so nahe und uns so ferne wie möglich hinzusteuern. Die feierliche Stille des nahen Todes herrschte einige Augenblicke hüben und drüben, denn an einem Haare hing es, so wären wir zusammengestoßen und nach der Aussage unserer Anführer unrettbar alles versunken. Kaum zwei Zoll voneinander entfernt fuhren die verderblichen Wanderer sich vorüber. Der Kapitän, als die fatale Begegnung überstanden war, gratulierte uns zur glücklich abgelaufenen Gefahr. Die verlornen Fahrstunden ließen uns erst gegen 10 Uhr abends (gestern) in die Nähe von Linz gelangen. Die Nacht war sehr finster; plötzlich scharrzte (nach der Schiffersprache) das Schiff und wir fuhren auf. Wir saßen fest auf einer weidlichen Sandbank. Eine große Schar reisender Schiffsknechte, die sich an Bord befanden, wurden zur Hilfe genommen und man arbeitete von 10 Uhr abends bis 7 Uhr früh, bis das Schiff wieder flott wurde. Ich legte mich anfangs in der Kajüte hin und dachte über mein Schicksal nach. Sans comparaison. Doch um 12 Uhr wurde mir das Lärmen zu toll, ich stand auf und mischte mich unter die Schiffsleute und machte durch 2 Stunden ihre Arbeit mit, mit unglaublicher Anstrengung und Ausdauer. Das Zerren am Schiffstau um das Schiff zu lüften und zu schieben, auf Kommando und taktmäßig verrichtet, ist in der Tat eine enorme Anstrengung. Von Zeit zu Zeit rief der Anführer sein durchdringendes ‚Zarrt's ån!', dann wurde immer mit verdoppelter Wut gekeucht und gezerrt und das Schiff zitterte vom Aufstampfen der eisenbeschlagenen gewaltigen Füße. Die Szene hatte in der finstern und stürmischen Nacht, beleuchtet nur von der schlechten Schiffslaterne, etwas Großartiges. Mir war diese Diversion sehr wohltätig, denn der Seele tut es wohl, wenn sie einmal ihre Bewegung an den Leib abgeben kann. Nach zweistündiger Arbeit, wie ich sie nie getan hatte, und wie ich mich derselben gar nicht fähig geglaubt hätte, legte ich mich nieder und schlief trotz dem fortgesetzten ununterbrochenen Getös einen herrlichen Schlaf. Um 7 Uhr morgens wurden wir endlich flott und fuhren nach Linz, wo ich im Gasthof zum Erzherzog Karl einen Tag bleibe und ausruhe. Morgen mittags 1 Uhr reise ich mit dem Eilwagen nach Salzburg."[26]

Das ist absolut unüblich. Für gewöhnlich reist Lenau mit dem Schiff über Linz hinaus nach Passau und Regensburg, um dort in den Eilwagen Richtung Stuttgart umzusteigen. Doch der dichte Nebel in den vergangenen Nächten hat seiner Geige „wehgetan". Ihre Stimme klingt verstört, und ihr Holz fühlt sich so feucht an, daß er ihr keine weitere Nacht derart nah überm Wasser zumuten mag. So nimmt er die ihm weit weniger sympathische Route über die endlosen Landstraßen des Alpenvorlands, auf denen es sich nur halbwegs bequem reisen läßt, sofern die Witterung mitspielt. Jetzt aber regnet es, und Lenau ist unwohl und leidend. Auch holpern ihm die Gedanken an die gemeinsame Zukunft mit Marie unablässig im Kopf herum wie Mühlsteine: „Ein heftiger Kopfschmerz und große Müdigkeit waren die Folge der von Linz an unausgesetzten Reise im Eilwagen bei schlechtem Wetter, und der abmüdenden Gedanken an meine Zukunft. Diese ist nicht ohne Besorglichkeit. Wenn, wie es scheint, meine Gesundheit nachläßt und die poetische Produktion versiegt, so kann es noch recht schlimm gehen. Ich muß mit Cotta wegen des bewußten Punkts ernstlich sprechen."[27] Noch heute überfällt Mitleid uns, wenn wir mit ansehen müssen, wie selbst durch die von Lenau getroffene Wortwahl in seinen Briefen die komplette Bandbreite der Vorhaltungen und Warnungen Sophies hindurchzuhören ist; wenn wir erkennen müssen, wie fest sich die Schlinge, die sie mit Umsicht in Lainz geknüpft hat, bereits schmerzhaft und immer schmerzhafter um seinen Hals zusammenzieht.

Je weiter der Dichter sich von ihr entfernt, desto rigider umklammert ihn die aus scheinbar gutgemeinten Ratschlägen und freundschaftlichen Redewendungen gedrehte unsichtbare Fessel. Ausgeschlossen, sie zu zerreißen oder auch nur daran zu denken, aus solcher Umklammerung zu schlüpfen, das muß schließlich auch Lenau erkennen. Schon daß er versprochen hat, Sophie in regelmäßigen Abständen zu berichten, trägt absolut nichts zur Entkrampfung seiner Neurasthenie bei. Mit eiserner Disziplin nimmt dieses Versprechen ihn vielmehr endgültig an ihre Kandare und zwingt ihn mit magischer Gewalt, sein Elend immer von neuem durch- und wiederzukauen. Wie in der strahlendsten Zeit ihrer Liebe nennt er Sophie seine Muse und versichert sie der Unauflösbarkeit ihrer einzigartigen, überirdisch-mystischen Verbundenheit. Worte, wie der Bräutigam sie seiner Braut schreibt oder sagt. Doch Marie Behrends, mit der er sich doch verlobt hat – ist es nur einen Monat her, sind es schon Jahre? –, bekommt nichts dergleichen zu lesen. Die Briefe, die er jetzt an sie schreibt, klingen mitunter etwas zu förmlich, ein wenig zu korrekt, erzählen – etwas zu beflissen – von der Reise, ein Schuß schlechten Gewissens ist nicht zu überhören. Und auch nicht, daß er sich um die korrekte Abwicklung des Gelobten bemüht. Bemüht ist übrigens die adäquate Bezeichnung für diesen ganzen Vorgang, der auch dann nichts oder vielleicht

56 Joseph Matthias Aigner (1819–1886): das letzte Porträt des Dichters, gemalt 1849 im „Institut für Gemütskranke", Oberdöbling bei Wien. Der Anblick des Kranken soll den Maler derart erschreckt haben, dass er das Porträt nur nach längeren Pausen fertigstellen konnte. LEAL 1969/75.

nur wenig an Peinlichkeit einbüßt, wenn man versucht, sich in Lenaus Zustand, sich in sein armes, krankes, geplagtes und gepeinigtes Seelenleben hineinzufühlen, hineinzudenken.

Sein Leben, sein Lieben sind nicht von dieser Welt. Aber seit je und auch jetzt wieder ist er von Furien gehetzt worden, die sehr wohl, sehr handfest, sehr diesseitig von dieser Welt waren und sind. Ein bedauernswertes Schicksal, das uns um so bedauernswerter erscheint, als wir erkennen müssen, daß genau der empfindliche, überempfängliche Apparat seiner Nerven es war, der ihn so hoch über seine Zeitgenossen gehoben hat und ihn jetzt in so tiefe Ausweglosigkeit stürzt. In den letzten bewußten Tagen, die ihm noch bleiben, liest er mit Erbitterung in der Zeitung von einer Reisenden, die seine Gedichte – auf die Nachricht von Lenaus Verlöbnis hin – öffentlich zerrissen habe. Sie erachte es als unanständig, daß der Dichter, der ja bekanntlich ein Verhältnis in Wien unterhalte, sich jetzt auch noch in Deutschland verlobe. Sein Hauptaugenmerk gilt aber der Zukunftssicherung für sich und seine Braut. Doch droht die ganze Angelegenheit insofern verschleppt zu werden, als der Miteigentümer des Verlages sich – unbestimmt, wie lange – gerade in Italien aufhält. Lenau hält das für eine Ausrede und erwägt, seine Forderung einem Wechsler zu übertragen. Ein durchaus feindseliger Akt dem Verleger gegenüber. Unentschlossen hängt er neun Tage in Stuttgart herum, ohne daß sich etwas tut oder er selbst etwas tun kann: Aufregungen, Schlafstörungen, Appetitlosigkeit, Traurigkeit, Verzweiflung, Angst, Unruhe und schließlich am 29. September 1844 ein apoplektischer Insult.

Anmerkungen

1 „Faust", LHKG, Bd. III, 236, Vers 3350–3351.
2 In: LFLC, Bd. II, 477.
3 Ebenda, 477.
4 Laut Brief vom 6. Dezember 1844 ist dieser Handel offenbar anders verlaufen, als Schurz (SXLL, Bd. II/133) anmerkt, oder es handelt sich überhaupt um einen anderen Handel. Sophie kündigt in ihrem Brief an, die Sache vom Geigenmeister ausfechten zu lassen. Man muß daher annehmen, Schurz habe das falsche Datum von Emma Niendorf ungeprüft übernommen. Jedenfalls geht aus dem Brief an Sophie nichts über das Datum des Ankaufs der Guarneri hervor. Andererseits nimmt Lenau bereits im Brief vom 29. November 1840 auf eine neuakquirierte Geige Bezug. Wir dürfen daher das Jahr 1840 schon deshalb als das Jahr des Erwerbs der Guarneri ansehen, als Lenau sich seit dieser Zeit mit besonderem Elan wieder dem Studium der Violine zuwendet.
5 Verbleib Guarneris: Ernst Weizmann: Lenaus Beziehungen zur Musik, in: Lenau Almanach 1960, Kulturamt der Stadt Stockerau, 43.
6 NL an Emilie von Reinbeck, Wien 29. November 1840, LHKG VI/1, 168; Charlotte von Bawr, Stuttgarter Hofdame, mit Familie Reinbeck befreundet.
7 Rudolf Haase: Geschichte des harmonikalen Pythagoreismus, Wien: Verlag Elisabeth Lafite 1969, 19.
8 NL an Emilie von Reinbeck, Wien 16. Dezember 1840, in: LHKG, Bd. VI/1, 170.
9 Ernst Weizmann, a.a.O., 37.
10 NL an Emilie Reinbeck, Wien, 15. Jänner 1841, in: LHKG, Bd. VI/1, 174.
11 SXLL, Bd. II, 48; Carl Evers (1819–1875): Pianist, Komponist, Musikalienhändler. Kompositionsstudien bei Karl Krebs in Hamburg, in Leipzig bei Felix Mendelssohn-Bartholdy, Matinées im Rittersaal des Grazer Landhauses, tritt in diesen Konzerten auch als Pianist auf. Werke für Klavier, Lieder, insgesamt mehr als 150 Kompositionen.
12 SXLL, Bd. II, 129 ff.
13 Ebenda.
14 Berthold Auerbach: Der letzte Sommer Lenaus. Erinnerung und Betrachtung, in: Deutsches Museum. Zeitschrift für Literatur, Kunst und öffentliches Leben, Hrsg. Robert Prutz/Wilhelm Wolfsohn, Leipzig: Verlag der J. C. Hinrichs'schen Buchhandlung Januar-Juni 1851, 54.
15 Sophie von Löwenthal, in: LSWC, Bd. VI, 449.
16 Adolf Schmidl: Wien's Umgebungen auf zwanzig Stunden im Umkreise. Nach eigenen Wanderungen geschildert, Wien: Carl Gerold Verlag 1835, (Reprint Wien: Archiv Verlag 2002), Bd. II, 203.
17 NL: „Waldlied IX", LHKG, Bd. II, 317.
18 Carl Gibson: Lenau. Leben – Werk – Wirkung, Heidelberg: Carl Winter Universitätsverlag 1989, 219.
19 NL an Emilie von Reinbeck, Wien 9. Jänner 1844, LHKG, Bd. VI/1, 334.
20 Berthold Auerbach: Ebenda, 57.
21 Ebenda, 58.
22 LHKG, Bd. II, 422.
23 LHKG, Bd. VI/1, 393.
24 Sophie Löwenthal an Anton Xaver Schurz, in: LHKG, VI/2, 539.

25 Heute: Sankt Nikola im Strudengau, etwas mehr als 100 km nördlich von Amstetten gelegen. Der Marktflecken liegt in einem Donau-Mäander, der durch riesige Felsformationen seinerzeit nahezu unpassierbar war. Durch mehrere Sprengungen um die Mitte des zwanzigsten Jahrhunderts wurde die Fahrrinne freigelegt.
26 NL an Sophie Löwenthal, Linz den 17. September 1844, in: LHKG VI/1, 394 ff.
27 NL an Sophie von Löwenthal, München, den 19. September 1844, in: LHKG VI/1, 396.

KAPITEL 9

Dokumente des Verfalls

Brechen auch aus dem Dunkel, das Lenaus Geist, Lenaus Verstand, Lenaus Gefühl jetzt unaufhaltsam umzieht, noch vereinzelt Blitze: der Sprung in der Persönlichkeit dieses Genies exakt beschriebener Empfindungen und Kontinuitäten der Seele wird nicht zu kitten sein. Das heißt, die Verwandlung ins Reich der Minerale schreitet in diesem Körper, der sich lange und heftig dagegen wehrt, unaufhaltsam fort. Mögen manche der behandelnden Ärzte, darunter der Bruder des Philosophen Schelling, Obermedizinalrat Karl Eberhard von Schelling, gelegentlich noch Hoffnung hegen; die ihn lieben, erkennen die Zeichen des Verfalls und sind imstande sie zu deuten. Noch heute steht man erschüttert vor diesen Monumenten einer zunächst hoffenden, von Tag zu Tag aber immer verzagter werdenden Liebe.

Erschütternd auch der mit Erleichterung, ebenso wie mit Zynismus und Schmerz verschränkte Bericht, mit dem der Schwager und erste Biograph Lenaus über die letzten Tage des Dichters und das Begräbnis informiert. Eine Frau informiert, die mehr als zehn Jahre lang das Zentrum des Fühlens und Sehnens unseres Dichters war und wohl auch mit dazu beigetragen hat, seine Gesundheit zu untergraben. Jetzt schützt sie selbst Gesundheitsrücksichten vor, um dem Dichter die sonst wohl selbstverständliche letzte Freundespflicht nicht erfüllen zu müssen.

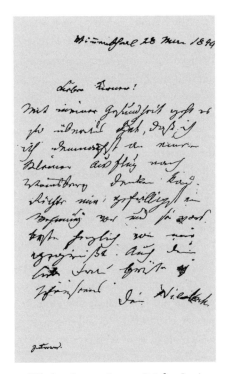

57 Nikolaus Lenau: Letzter Brief an Justinus Kerner. Die Jahreszahl ist offenkundig verschrieben. Karl August Varnhagen von Ense (1785–1858), aus dessen Sammlung er stammt, datiert den Brief ins Jahr 1845 und fügt hinzu: „die Zeit seiner Gestörtheit rechnete der Unglückliche nicht".

Tagebuch eines Krankheitsverlaufs

Die Freundin Emma Niendorf berichtet[1]. Aufzeichnungen aus dem „vierschrötigen Jahr 1844".

Den 2. Oktober

Niembsch fühlte sich bald nach seiner Ankunft[2] leidend. Seine Nerven, sein Gemüt sind maßlos erregt. Dieser Tage saß er morgens mit seinen Wirten[3] am Kaffeetische. Infolge einer heftigen Aufregung beim vorbereitenden Sichten seiner Heiratsangelegenheiten, springt er auf und stößt die Tasse weg. In diesem Augenblicke spürt er eine Lähmung auf der einen Wange. Mit einem Satze zum Spiegel – die ganze Hälfte seines Gesichts ist und bleibt starr, wie tot! Es gibt ihm ein sehr krasses Ansehen, und hat im gegenwärtigen Moment, wo er sich eben vermählen will, etwas ganz Verhängnisvolles. Das sind böse Vorzeichen! Schon der Unstern auf der Herfahrt. Die Erkältung in jener Nacht auf der Donau mochte auch zu diesem letzten Missgeschicke beitragen. Es wirkt nun zerschmetternd auf unseren Freund. Der Schlag habe ihn gerührt – darauf beharrt er – er sei ein Krüppel! Das seien die Dämonen in seinem Leben; er hätte sich nicht noch einmal sollen ein Glück gründen wollen …

Niembsch scheint überhaupt im leidenschaftlichen Zwiespalte. Er hätte Wien und eine Frau nicht wiedersehen sollen[4]… Er hat auch das tiefste Mitleid mit seiner armen Marie,[5] deren schönem Auge er keine Träne, deren liebem Munde er nur ein Lächeln bringen wollte. Fünf Jahre hat sie ihren kranken Vater gepflegt. Der Dichter wollte ihr ihre Jugend wiedergeben. Und nun soll er sie von Neuem zur Wärterin am Siechbette machen? … Zuweilen bricht er in Weinen aus – so kann kein Mensch weinen!

Den 13. Oktober

Niembsch war heute Abend zum erstenmale wieder unter uns, so gesprächig, so mitteilend; aber man konnte sich nicht darüber freuen… So hastig, solche Sprünge. Verhältnismäßig kindisch manches, fast als sage er es noch mehr sich vor, als den andern. Ordentlich plauderhaft. In vielen Momenten brach freilich der alte Geist wieder durch… Er las viel vor…

Bald trat der Reisedrang unseres Freundes hervor. „Nach Ischl will ich", äußerte er. Und nun beschrieb er gleichsam mit kindischem Vergnügen die Schlittenfahrten, die er da machen könne. Wenn der Mond so aufsteige im Winter, und die weiße Gegend und die hohen Gipfel erleuchte, das sei ganz geisterhaft, so feierlich. Er fühle es immer mehr, das Hochgebirg besitze Schönheiten, die durch keinen andern Landschaftsreiz aufgewogen werden…

Rührend und feierlich war mir's, als Niembsch mit ganz unbeschreiblichem Wesen aussprach: „Es gibt eine Region der Nerven, die unberührt, heilig sein soll; eine Tiefe, wo es immer still sein, eine geheime Ruhe walten muß. Und durch die Strapazen ist bei mir alles auch bis auf diesen Nervengrund aufgeregt worden, der immer unbewegt, immer still sein soll. Und da wimmelt jetzt auch alles auf diesem Nervengrund. So seh' ich meine Krankheit an." – Beim Gehen gab er mir mit lieblicher, inniger Freundlichkeit die Hand …

Den 16. Oktober
Als ich heute in das Haus meiner Freunde kam, sagte mir Emmy, die Jungfer, auf der Treppe ängstlich leis, die Herrschaft sei bei Herrn von Niembsch, der wieder unwohler. Ich ging zu J. und M.[6] hinunter, die mir mit verstörten Mienen entgegentraten. „Das Ärgste ist geschehen", sprach erstere, „Niembsch ist wahnsinnig!" – Es schlug mich wie in den Boden hinein. Gestern Abend war er heiterer, gesprächiger denn je. Er las dem Familienkreise Gedichte von sich vor, erzählte viel aus Steiermark, zeigte einen kürzlich erhaltenen Brief seiner Braut, ob der nicht lieb sei u.s.w. Auch ihre hübsche Schrift – ihr Vater nämlich diktierte ihr früher stets. Nachts gegen 2 Uhr kam der Kranke plötzlich in Reinbeck's Stube – als verrückt! Und lief die ganze Nacht nun hin und wieder. Morgens spielte er wunderschön Violine und tanzte dazu – Auf einmal war er ausgegangen, ohne daß es jemand gemerkt. Im Schrecken sandte man nach Gustav Pfizer[7], vertraute diesem Getreuen alles und bat ihn, seinen Freund und Sangesbruder zu suchen, er werde wohl in der Druckerei sein. Statt dessen war er auf die Post gegangen, hatte dort Briefe und auch einen Aufsatz an Kolb für die „Allgemeine Zeitung" abgegeben. Pfizer begegnete Niembsch in der Königsstraße und begrüßte ihn wie zufällig. Sie gingen miteinander. Ich kann mir die Qual des besorgten, umsichtigen Begleiters denken auf diesem Gange, der so zu sagen im Angesichte von ganz Deutschland gemacht wurde. Am Basar zog Lenau seinen zweiten Überrock aus und Pfizer trug diesen über dem Arme. Niembsch wollte das Kleid hinbreiten und sich darauf legen. Er könne nicht mehr weiter. Er streckte sich auch wirklich hin. Sein wackerer Freund brachte ihn aber doch wieder fort. Sie stießen hier auch auf Baron Hermann Raischach, an welchen Niembsch allerlei Buntes hinredete, u.a. „Ja, die Ärzte, sie haben lang an mir herumkuriert – da hab' ich bloß meine Violine angesehen, und bin davon gesund geworden!" Auf jeden Eckstein setzte er sich. Es war kaum anzusehen, so die lange Straße herab…

Zu Hause setzte sich Niembsch lange auf den Stuhl an der Türe, legte sich dann im Salon mit den Stiefeln auf's Sofa, schlug den Kopf hin und her, zog den Rock aus und ging in Hemdärmeln vollends hinauf. Oben geigte und tanzte er wieder. „Es geschehen noch Wunder!" sagte er. „Ich bin ganz gesund! Die Musik hat mir gefehlt. Die Töne sind wie Tau auf meine Seele gefallen und haben sie erfrischt"…

Den 18. Oktober

Gestern war er den ganzen Tag ruhig und fast immer bei sich; heute schlimm. Zuerst wollte er reisen, gab dem Bedienten eine Banknote zum Postgelde, packte, ließ den Koffer forttragen. Er wolle nicht viel mitnehmen, er komme ja bald wieder. Dann ergriff ihn die Todessehnsucht. Um sieben Uhr heute Abend werde er sterben. Er zog sich ganz weiß an, legte sich hin und erwartete den Tod mit gefalteten Händen… Wie herzbrechend wunderlich, ihn heiligen Unsinn ausströmen zu hören, ihn, von dessen Mund jedes Wort mit Andacht aufzunehmen wir gewohnt waren! Er machte sein Testament, jeden Augenblick sprang er wieder aus dem Bette, um von neuem etwas hinzuzufügen, und sehr oft mußte Emilie unterschreiben. Sein Barbier, ein ordentlicher, wissbegieriger junger Mensch, der bei ihm wachte, war ihm besonders angenehm; er bot ihm an, ihn nach Wien mitzunehmen, für seine Ausbildung zu sorgen, daß etwas Rechtes aus ihm würde. Der Barbier entgegnete, er könne nicht mit, weil er militärdienstpflichtig sei; worauf Niembsch erwiderte, das würden der Herr Hofrat und die Frau Hofrätin schon beim Kriegsminister machen, der Herr Hofrat und die Frau Hofrätin könnten alles… Anfangs wachte man nachts zu dreien, vor seiner Türe im Korridore sitzend – so schmerzlich hat sich jetzt das Gastrecht verwandelt, das er hier genießt! Für die heutige Nacht erwartet man Gustav Pfizer. In der vorigen verbrannte Lenau viele Briefe. In lauter edlen Kreisen, unter ernsten Bildern bewegen sich seine Vorstellungen, nie kindisch. „Der Tod ist so leicht mir ist so wohl!" sagte er. Dann aber auch wieder: „Er bleibt so lange aus, helfen Sie mir, geben Sie mir etwas, E., daß er schneller kommt. Geben Sie mir Blausäure!" – „In der Medizin, in der Suppe da, hab ich ja Blausäure", entgegnete E., worauf er gierig schluckte. Als Staatsrat Ludwig kam, den Schelling (der hochverdiente Hausarzt und Bruder des Philosophen) noch beizog,… spielte Lenau gerade herrlich Violine.

Den 20. Oktober

‚Die Nacht', berichtet J.'s Zofe, ‚war erträglich. Gegen vier Uhr aber fing der Sturm an.' – Morgens um 7 Uhr forderte der Kranke vom Diener des Geheimrats ein Glas Wasser, und während Ferdinand nur an der Türe danach verlangt, springt Niembsch ungekleidet zum Fenster hinaus und schreit durch die Friedrichstraße: ‚Aufruhr! Freiheit! Hilfe! Feuer!'…

In der Nacht, wo Pfizer wachte, rezitierte Lenau viel aus den ‚Albigensern' und ‚Savonarola' in ganz wundersamen Zusammenstellungen. Gestern sagte er ein paar Mal: ‚Morgen kommt meine Braut!' – Niemand konnte daran denken, denn der Arzt hatte es ihr abgeraten. Und heute, Sonntag Morgens, kam wirklich Nachricht, sie sei da, im Gasthof – Hotel Marquardt.

Den 21. Oktober

Es ist mir herzerschütternd, wenn ich auf meinem täglichen Wege in das Haus der Freunde unter den drei Kreuzstöcken vorbei komme, die teils mit Laden, teils mit Vorhängen verhüllt sind. Gestern Abend schrie er so entsetzlich, daß viele Leute sich auf der Straße sammelten und unter dem Fenster standen. Die ganze Nacht vorher schrie er vielleicht hundert Mal: ‚Auf, auf, Lenau! Lenau!' grausig, weithin dröhnend … Als er noch gesund war, und auch wie er schon anfing zu kränkeln, sagte er immer: ‚Er müsse noch vor dem 15. Oktober verheiratet sein' – und in der auf diesen Tag folgenden Nacht brach der Wahnsinn aus…

Auch gebetet hat er in der letzten Nacht. Es war sehr rührend und feierlich. ‚Jeder bete nach seiner Kirche', sagte er, und alle mußten ein Vaterunser beten. Meist spricht er aber jetzt den gröbsten österreichischen Dialekt, Worte, die in seinem Munde ganz unglaublich sind, zuweilen wie ein Wiener Hausknecht oder ein recht derber Tiroler. Und doch kennt man wieder aus der Verrücktheit selbst, den ganzen Niembsch heraus. Dieser Tage zeigte er dem Bedienten seine beiden Füße und sagte: ‚Siehst du, der eine gehört nach Wien, der andere nach Frankfurt.'

Den 22. Oktober

Als Leo heute früh vom Wachen kam und mir sagte, die Nacht sei sehr schlecht gewesen, der Kranke habe meist gerast, da wußte ich auch, er werde diesen Morgen nach Winnenthal abgeführt, denn sein Befinden sollte darüber entscheiden…

Anfangs wollte er gern reisen, dann gab es aber noch einen heftigen Auftritt; er sträubte sich und man mußte zur Zwangsjacke Zuflucht nehmen. Unterwegs zogen sie ihm dieselbe öfters wie ein Staubhemd über. ‚Um den Paletot zu schonen!' Gustav Pfizer saß auf dem Kutschersitze. Einmal rief ihn Lenau um Rettung an, worauf jener erwiderte: ‚Du hast eine Nervenkrankheit, ich kann dir nicht helfen.' – Jetzt schimpfte Niembsch ihn hin und her einen Jesuiten, einen Philister. Als sie das Städtchen liegen sahen, zeigte Pfizer es ihm und sagte, das sei Winnenthal, da führen sie hin. Der Name ging aber spurlos am Ohr vorbei… In der Zelle ist alles Gerät fest. Das Lager auch, mitten im Gemach. Durch verborgene Luken in den Zellen läßt man hie und da, wenn Verwandte oder Freunde der Kranken kommen, ihre Lieben von fern sehen …

Noch gestern Abend sprach Niembsch mit Porbeck lang das herrlichste Latein, von welchem dieser noch voll Bewunderung ist. ‚Ich bin wie ein Baum' – sagte Lenau aus Anlaß jenes Schlaganfalls zu dem Gesandten – ‚Ich bin wie ein Baum, an den man die Axt gelegt; der Tod hat mich schon berührt, hier an der Wange.'

Eitel nichts!

Justinus Kerner an Karl Mayer, Brief vom 2. Dezember 1844:

Abends waren wir wieder bei ihm … Er sprach wieder unsäglich schön und klar und diktierte mir dieses Gedicht, das er schon krank auf dem Wege von Wien nach Stuttgart gemacht hatte, in die Feder.

Etwas anders und ausführlicher berichten Emilie und Georg von Reinbeck
über die Entstehung des Gedichts:

Auf seiner letzten Reise hierher konnte er im Eilwagen in der Nacht vor München nicht schlafen und stellte, sich zu zerstreuen, in seinem tiefen Mißmut über die widrigen Vorfälle auf dieser Reise, die Aufgabe, ein Gedicht zu verfassen. Er wollte die Probe machen, ob ohne alle Stimmung und äußere Anregung dazu, der bloße feste Wille etwas Befriedigendes leisten könne. Da entstand nachstehendes Gedicht. Was zwar ziemlich bald zustande gekommen sei, worauf er aber Schmerzen im Kopfe empfunden habe… In der Krankheit wiederholte er oft einzelne Stellen daraus und sagte mit tiefem Schmerz:
„O, wie prophetisch war dies Gedicht!"

Eitel nichts! (September 1844)

's ist eitel nichts, wohin mein Aug' ich hefte!
Das Leben ist ein vielbesagtes Wandern,
Ein wüstes Jagen ist's von dem zum andern,
Und unterwegs verlieren wir die Kräfte.
Ja, könnte man zum letzten Erdenziele
Noch als derselbe frische Bursche kommen,
Wie man den ersten Anlauf hat genommen,
So möchte man noch lachen zu dem Spiele.
Doch trägt uns eine Macht von Stund zu Stund,
Wie's Krüglein, das am Brunnenstein zersprang,
Und dessen Inhalt sickert auf den Grund,
So weit es ging, den ganzen Weg entlang.
Nun ist es leer; wer mag daraus noch trinken?
Und zu den andern Scherben muß es sinken.[8]

Mit ungarischem Akzent deutsch

*Der Freund Ludwig August Frankl [9] besucht
Lenau in der Heilanstalt Winnenthal bei Stuttgart.
Aus einem Brief*

Dienstag, den 4. November 1845, fuhr ich früh um 6 Uhr nach Winnenthal. Wir langten durch eine hügelige Landschaft um 9 Uhr an; ich stellte mich dem Hofrat Zeller vor und betrat mit ihm, dem Assistenten und dem Wächter mit klopfendem Herzen die Zelle. Lenau stürzte mir mit einem Freudenrufe entgegen: ‚Frankl', küsste mich heftig und preßte mich eine Minute lang ans Herz. Gleich darauf wendete er sich ab, fing an zu pfeifen, lateinisch zu reden, dumm zu lachen; dann verlangte er seine Violine, kratzte, der sonst so vortrefflich zu spielen verstand, einen Ländler, den er zugleich tanzte, und nahm von mir weiter keine Notiz. Ich suchte ihn zu fixieren, wie z.B. „Aber, lieber Niembsch, spiele doch etwas von Beethoven, den du so sehr verehrst!" – „Aha, ah, von Beethoven! Den Grundgedanken der Neunten Symphonie. Höre! Wir müssen uns duzen, lieber Bruder!" Darauf geigte er etwa 10 Minuten ein wahres Charivari und blieb endlich ernst und heldenfest vor uns stehen; wie überhaupt seine Gestalt, sonst geknickt und eingebrochen, jetzt aufrecht und kopfhöher ist. Er trägt einen langen Bart, die Haare, sonst schon grau untermischt, sind wieder schwarz, die Muskulatur stramm, nicht fett; nur das Auge ist umflort, er ist schön! Wie sich physisch seine Jugend vordrängt, so auch seine frühesten Erinnerungen. Er spricht jetzt mit ungarischem Akzente deutsch, während es sonst aus seinem Munde rein klang. Er lief fortgesetzt auf und ab, pfiff, tanzte, kniete nieder; lud man ihn zum Sitzen ein, so tat er dies sehr höflich, stand aber wieder auf und ergriff die Violine, rauchte eine Zigarre und spielte tanzend einen Ungarischen, dann wandte er sich zum Arzte: „In der Musik liegt alles Geheimnis, aus der wollen wir ein ganz anderes therapeutisches System herauskonstruieren!" Gewöhnlich folgte den Reden ein schallendes blödes Gelächter. „Was lässest du nach Wien sagen?" – „Ah, ah, ich reise mit, und die Sophie wird geheiratet! Diese Kappe hat sie mir gestickt. Weißt du, Bruder, beim Amor der goldene Wein!" – „Hat dich der Besuch Auersperg's nicht gefreut?" – „O, Auersperg! In omnibus partibus! Quos ego! ha, ha, ha!" Er setzte sich zu mir, umarmte mich, drückte mir die Hand: „Nicht wahr, Bruder! Das tut gut!" Dabei zog er aus seiner Rocktasche zusammengelesene verdorrte Blätter; er warf sie fort, bis auf eines: „Dieses kostbare Blatt schenk ich dir, das hat – ha, ha, ha! dem Baume viele Mühe gekostet." Ich mußte der (einst von ihm verfaßten) Verse gedenken:

58 „Institut für Gemütskranke", Privat-Heilanstalt in Oberdöbling bei Wien, 1819 von Bruno Görgen gegründet. Für damalige Verhältnisse vorzüglich ausgestattet, standen den Kranken nicht nur ein geräumiger Vortrags- und Versammlungssaal zur Verfügung, sondern auch eine gut sortierte Bibliothek sowie ein kleiner Musiksaal. Schließlich war dem Institut auch noch eine Badeanstalt angegliedert. Hier blieb Lenau von Mai 1847 bis zu seinem Tod am 22. August 1850 interniert, von seinem Freund und Billiardgenossen im „Silbernen Kaffeehaus" und nunmehrigen Eigentümer des Instituts, Dr. Gustav Görgen (1814–1860), liebevoll betreut, GRAU.

> Dies dürre Blatt,
> Dies leichte, off'ne Brieflein hat
> Der Tod an mich geschrieben.

Einigemal nahm er einen Sessel und schwang ihn: „Ich bin stark, ich erobere die Welt." – So ging es toller noch eine volle Stunde, mir war das Herz zerrissen, ich war entsetzt und konnte mich doch nicht losreißen. Aber er fing an, immer verworrener zu werden, ich nahm Abschied, er beachtete dies gar nicht, und ich hatte mit Hofrat Zeller noch eine lange Unterredung, der seltsamerweise von den besten Hoffnungen beseelt ist, zu denen ihn mehr sein Wunsch, seine besondere Liebe zu Niembsch, als sein medizinisches Wissen zu berechtigen scheinen. Seit langer Zeit kehrt das sonst für Stunden klare Bewußtsein nicht mehr zurück, die Gedanken auf fortwährender Flucht sprechen aus dem Kranken heraus, ohne daß sie ihm selbst erkennbar sind. In rasendem Zustande verschlingt er schon Verschlungenes wieder und konstruiert und bildet Menschen daraus. Du weißt, ich weine nicht leicht, diesmal tat ich es mit Zeller gemeinsam und dann allein wieder. Ich habe den erschütterndsten Eindruck erlebt. Ich sehe keine Hoffnung! Legen sich auch die Wogen, aus deren Brausen die Ärzte hier noch eine günstigere Vorhersage schöpfen zu können glauben, so wird der stürmisch gehenden Flut, nach meiner Überzeugung, ein Verebben folgen. Wenn das genesen heißt, so können wir den tief schmerzlichen Anblick erleben, daß der phantasiereiche Dichter uns als ein Blödsinniger entgegentritt, der sich und die Welt nicht mehr kennt. Ich wünsche ihm aus tiefstem Herzen den Tod. Wenn er aber völlig genesen, wieder er selbst werden könnte, so müßte er nach Wien in seine gewohnte, bekannte Umgebung gebracht werden, denn hier wird er vielfach mißverstanden. Als er vom goldenen Weine „beim Amor" zu mir sprach, wurde das als ein sich beschäftigen mit griechischer Mythe genommen, bis ich sie als eine Erinnerung an eine wirkliche Szene, die ich mit ihm verlebte, erklärte.

Tod und Begräbnis

Anton Xaver Schurz an Sophie Löwenthal, Weidling, den 25. August 1850

Verehrte Freundin. Da nun der Hauptsturm vorüber ist, der mich in unausgesetzter heftiger Bewegung erhielt, benütze ich die ersten etwas freieren Augenblicke um Ihnen einiges Nähere über den Hingang unseres unglücklichen Freundes und dessen zur Ruhe Bringung mitzuteilen.

Niembsch war zwar schon zur Zeit seiner letzten Ölung so gesunken, daß man die Erlösung von seinen Leiden bestimmt voraussehen mochte; doch konnte man glauben, – (ich sage nicht: hoffen: denn dies wäre zu grausam) – daß sich dieselbe noch bis Ende August verzögern möchte. Ich konnte daher, nach eigener und des Doktor Benesch Überzeugung, noch immer eine kurze Staubferien-Exkursion, wie ich sie alljährlich meiner Gesundheit halber unternehme, am Samstag abends den 10. d M nach vorgenommenem Besuche zu Döbling antreten; wovon ich aber, anstatt in zwei Wochen, wie ich es unter gewöhnlichen Umständen getan hätte, bereits nach vier Tagen zurückeilte, und auch Niembsch bereits wieder Mittwochs (den 14.) abends besuchte. Er war damals ganz so wie ich ihn verlassen. Ich begab mich nun nach Weidling, mit der Bitte, mir sogleich, wenn sein Zustand sich verschlimmerte, einen eigenen Bo-

59 Totenmaske, abgenommen von Bildhauer Josef Hirschhäuter (1801–1859), mit dem Lenau seit der Studienzeit bei Vinzenz Weintridt bekannt war. Von Hirschhäuter ist auch das Bronze-Medaillon, das auf der Pyramide zu sehen ist, die Lenaus Grabmal bildet, GRAU.

ten nach Weidling zu senden. Nachdem ich in den folgenden Tagen fast täglich Nachricht selbst eingeholt, oder einholen gelassen, was auch noch Dienstag (den 20) Nachmittags der Fall war, – wornach noch immer alles im Alten geblieben, – kam Mittwoch (den 21) eine Botin um ein Uhr mittags mit einem Schreiben des Doktor Benesch nach Weidling, daß Niembsch seit vorigem Abend plötzlich schlimmer geworden, daher Mittwochs Morgens ein Brief an mich auf die Post gegeben worden. Weil aber zu fürchten, dieser möchte erst auf die Nacht mir zugelangen, und die Verschlimmerung von Stunde zu Stunde wachse, meldete Doktor B. mir dies durch die Abgesandte. Ich ging sogleich mit meiner Tochter Therese über die Berge; Mutter, Lori und Pauline fuhren nach. Um drei Uhr fanden wir (Niembsch) sehr schnell atmend zwar, aber sonst recht ruhig wieder; sodaß es schien, er habe sich wieder auf einige Tage erholt. Gleichwohl beschloß ich, die Nacht bei ihm zuzubringen. Ich begleitete daher Abends die Frau bis Heiligenstadt zu den Schwägerinnen und ging dann über Wien bis 1/2 zehn Uhr wieder nach Döbling zurück; wo mir Doktor B. (Dr. Gergen war zu Baden) ein Bett hatte herrichten lassen. Um zehn Uhr begann (Niembsch) zu röcheln. Auf meine Bemerkung: daß dies mir bedenklich scheine, erwähnte B.: dies wäre – wie früher schon dann und wann – wohl nur vorübergehend. Es dauerte aber, mehr, wieder, fort, bis früh, und ward bei Tagesanbruch stärker. Lenaus Stirne und Füße waren warm, fast mit Fieberhitze. Als der Wärter vor sechs Uhr früh aus- und einging, um Wasser zu holen und sonstiges zu schaffen, und just außen war; hörte das Röcheln plötzlich auf, und bei jedem weiteren, leisen, absatzweisen Atemzuge bewegte sich der Kopf seitwärts. Ich wußte von meinem, am 21. August v.J. gestorbenen, Bruder Joseph her, daß dies das Ende sei. Ich schob also meine linke Hand unter das Haupt Lenaus und beugte mich tief über ihn. Er riß die Augen krampfhaft auf, so weit als nur der Deckel mochte, und sah mich ernststarr an. Ein paar Schöpfer noch; eine Streckung; die Augen sanken zu. Gleich darauf öffnete er sie wieder halb; der Wärter trat eben ein. Ich sagte nur: „Er stirbt." Der Wärter schnell nach Benesch fort. Als dieser nach zwei Minuten kam, war (Niembsch) schon nicht mehr. Ich drückte Lenau das rechte, B., auf der anderen Seite des Bettes, ihm das linke Auge zu; und damit sank der Vorhang des großen Trauerspiels.

(Niembsch) hatte im August 1844, wenige Wochen vor seiner Erkrankung, beim Besuche seiner Schwester, als er mit dieser an unserem schönen, wahrhaft friedlichen Friedhofe vorüberging, geäußert: „Da werden wir einst vielleicht Beide nebeneinander schlafen!" – Es ward daher beschlossen, ihn hier der Erde zu geben; nicht nur, weil er in Döbling ewig nur als Irrsinniger verscharrt gewesen wäre, – sondern auch, weil hier die Schwester von ihren Fenstern aus auf die Blumen ihres geliebten Bruders und ihres künftigen eigenen Grabes sehen, und derselben sorglich warten mochte; vor allem entschieden aber obige Worte des nun Entschlafenen.

60 Lenaus Grab auf dem Weidlinger Friedhof. Rechts, vom Strauch halb verdeckt, die nach türkischer Art gestaltete Türbe mit Inschriften in zehn Sprachen. Der durch die Erforschung des osmanischen Kulturkreises zu weltweitem Ruhm gelangte Orientalist, Diplomat, Geograph, Dichter und erste Präsident der Österreichischen Akademie der Wissenschaften, Frh. von Hammer-Purgstall (1774–1856), hatte sie sich 1844 im Stil orientalischer Tradition selbst setzen lassen, GRAU.

Die Einsegnung zu Döbling fand um 1/2 vier Uhr Nachmittags am 24. statt. Neben Ihrem Herrn Gemahl sind von den gütig Beiwohnenden vor allem die beiden Herren Minister Bach und v. Schmerling zu nennen. Bei den ersten Tönen, die den Toten vor der Kirchentür empfingen, ward meine Lori ohnmächtig, und mußte in der Sakristei gelabt werden. Nachdem die Feierlichkeit anständig beendigt war, wurde nach Weidling abgefahren. Ich hatte 10 janschkische viersitzige Wagen beschafft, aber mit genauer Not konnte ich selbst noch einen Platz finden. Hinter dem 4spännigen Galaleichenwagen des wiener Kirchenmeisteramtes ein langer Wagenzug. Um 3/4 auf 6 Uhr ward der Tote vorm Pfarrhofe zu Weidling niedergestellt. Der Sarg, – woran 4 umgestürzte strehlenauische Wappen hingen, weil (Niembsch) der Letzte seines Stammes –, ward von 4 weißgekleideten Mädchen ganz in reiche Blumenkränze gehüllt. Um das versilberte Kreuz in der Mitte schlang sich ein schöner lebender Blumenkranz, und dessen Fuß umzirkte ein Eichenkranz, beide von uns. Die Weidlinger und Klosterneuburger Sänger sangen ein hübsches deutsches Lied; der Pfarrer und sein Gefährte segnete, und Weidlinger Geschworne und Hausbesitzer trugen unseres Geliebten Ruhelade in die kleine Pfarrkirche; voran die Schuljugend. Nach der weiteren Segnung und den Kirchengebeten erscholl vom Chor herab ein herrliches Lied, ein Friedenslied, von 4, durch Frankl eingeladenen Wiener Gesangsvereinten meisterlich vorgetragen. Auf dem Wege zum Friedhof ward der Sarg 2 mal niedergestellt, und das erste Mal ein, das andere Mal (in einer schönen Kastanienallee nächst unserem Haus und dem Gottesacker) 3 Vaterunser gebetet. Als der Sarg in das tiefe Grab, neben von Hammers schon voraus errichtetem Monumente, gesenkt war, trat Dichter Foglár auf der einen Seite daran daß die Schollen des Aufwurfs hinabkollerten, und trug ein schönes Gedicht vom Papier vor (von ihm selbst), aus dem ich nur einige nicht hieher gehörige politische Stellen, Ungarn und Schleswig-Holstein betreffend, weggewünscht hätte. Hierauf erhob ich selbst von der anderen Seite, wie von einer Kanzel herab, meine mächtige Stimme. Niembsch starb nicht unbeweint; reichliche Tränen flossen; laut wurde geschluchzt, für den Inhalt ist kein Raum hier. Die Zeitungen werden wohl Näheres davon geben. Dann sprach Laube sehr gut und gemütlich. 5 Vaterunser schlossen. Als unser Blumenkranz (und andere) ins Grab geworfen werden sollte, hatte ich Not, ihn vor Zerreißung zu retten. Jeder wollte ein Blümchen, ein Blättchen. – So ein Leichenbegängnis hat Weidling, und vielleicht auch selbst Wien, so bald nicht gesehen; es war wahrhaft dichterisch gemütlich. Es wimmelte von Dichtern. Die ich eben zu nennen weiß sind: Laube, Kunander, Schlechta, Hermannsthal, Weigl, Carlopago, Frankl, Kaltenbrunner, Neumann. Vermisst wurden Grün (Helgoland), Grillparzer, Bauernfeld, vielleicht auch Seidl.

Ein Monument soll (Niembsch) – wie es heißt von Freunden gesetzt werden, wozu ich diesmal auch mein Scherflein beisteuern werde können.

Ihr Herr Gemahl und Doktor August Bach gönnten uns die Ehre ihres Besuches, und beide waren von des Häuschens Lage ganz eingenommen …

Und nun eine Bitte: ich gehe jetzt an die Biographie Lenaus, nach mir kann niemand so viel als Sie selbst, dazu beisteuern. Bei der Größe Ihrer Gesinnungsart werden Sie es auch gewiß tun. Ich flehe sicher nicht vergebens.

Doktor Meckel, ein seltener Anatom, hatte die Sektion am 23. früh vorgenommen. Es war keine Gehirnerweichung zu finden, sondern ein Gehirnschwund. Anstatt 3 ½ bis 4 V fanden sich nur 2 ¼ V vor; der leergewordene Raum hatte sich mit Wasser, etwa ein Seidel, ausgefüllt. Im Herzen war eine erbsengroße Geschwulst, von einer Herzentzündung noch herrührend, die er einmal in Stuttgart gehabt. Diese Geschwulst mag bei dem großen Herzbekümmernis Lenaus im Herbst 1844 vielleicht das ihrige zu dem am Michaelstage erlittenen Schlagflusse beigetragen haben.

Therese kam, Gottseidank, diese gefürchtete Beerdigung unter Blumenverhüllung und allgemeiner Tränenergießung, eher wie eine Himmelfahrt ihres Bruders vor, an dessen Seite sie sich seinerzeit zur Ruhe legen will. Inzwischen will sie die Decke seines Bettes mit Blumen sticken, die er so sehr liebte.

Ich blicke mit Beruhigung, wie auf Schleifers so auch auf Lenaus Grab, denn ich habe meine Pflicht gegen beide redlich erfüllt. – Gottbefohlen! Hochachtungsvoll Ihr unabänderlicher Freund Schurz.[10]

Anmerkungen

1 Auszug aus: Emma Niendorf: Lenau in Schwaben. Aus den letzten Jahrzehnten seines Lebens. Leipzig: Friedrich Ludwig Herbig 1853, 217–253. Eigentlich: Emma Freifrau von Suckow, geb. Gräfin von Pappenheim-Calatin (1807–1876), Schriftstellerin und Journalistin in Stuttgart, u. a. mit Justinus Kerner und Lenau befreundet. Veröffentlichte eine Serie mit privaten Aufzeichnungen aus Weinsberg in den Monaten September und Oktober 1838. In: „Morgenblatt für gebildete Stände" Nummern 66 bis 75.
2 Am 20. September 1844 traf Lenau, aus Wien kommend, wieder in Stuttgart ein. Am 29. September 1844 bekam Lenau – beim Frühstück sitzend – den ersten Insult. Am folgenden Tag ließ man den im Umgang mit Lenau bereits bestens bewährten Arzt Karl Eberhard von Schelling, einen Bruder des Philosophen, kommen. Der verordnete „ihm ein Zugpflästerchen hinters Ohr und eine nervenberuhigende Arznei". (Adolf Wilhelm Ernst: Lenaus Frauengestalten, a.a.O., 188).
3 Georg Gottlieb Sigismund von Reinbeck (1766–1849), Schriftsteller und Professor für deutsche Sprache am Oberen Gymnasium in Stuttgart, und dessen Frau, Emilie von Reinbeck (1794–1846), geb. von Hartmann. In deren Haus in Stuttgart hielt man ständig ein Zimmer für Lenau bereit.
4 Sophie von Löwenthal, geb. Kleyle, Max von Löwenthals Frau.
5 Marie Behrends (1811–1889), Lenaus Verlobte in Frankfurt am Main. Anna Behrends, geb. Wetzel (gest. 1864), Mutter von Marie B. Johann Conrad B. Stadtsyndikus in Frankfurt (1776–1843), Vater von Marie B.
6 Julie von Hartmann (1795–1869), Luise Mariette von Hartmann (1802–1874), Georg Zöppritz' Frau. Beides Schwestern von Emilie von Hartmann (1794–1846), verehelicht mit Georg Gottlieb Sigismund von Reinbeck, Schriftsteller. Die Schwestern Hartmann hatten Gästezimmer im Parterre des Reinbeckschen Hauses zu ihrer Verfügung.
7 Gustav Pfizer (1807–1890), Schriftsteller, Theologe, Redakteur (Tübingen, Stuttgart), Freund Lenaus.
8 NL: „Eitel nichts", LHKG, Bd. II, 425; Berichte von Justinus Kerner sowie Emilie und Georg von Reinbeck Seite 868 ff.
9 Aus der Sammlung: Ludwig August Frankl: Zur Biographie Nikolaus Lenau's, Wien/Pest/Leipzig: A. Hartleben's Verlag 1885², 111 ff.
10 Anton Xaver Schurz an Sophie von Löwenthal, Weidling, den 25. August 1850, in: LHKG, Bd. VI/2, 584 ff.

Verzeichnisse

a) Herkunft der Bilder

ADAU = Archiv des Autors.
CAST = Eduard Castle: Nikolaus Lenau, Leipzig: Max Hesse's Verlag 1902, 28 ff.
CAS2 = Castle: Lenau und die Familie Löwenthal.
GRAU = 17 Xylographien von G. Rau (Stuttgart) nach diversen Zeichnungen und Photographien der Zeit, in: NL: Sämtliche Werke. Zweite, illustrierte Ausgabe, Stuttgart: Verlag der Cotta'schen Buchhandlung 1881.
HMSW = Historisches Museum der Stadt Wien.
HNHP = Historic New Harmony Photo, Internet.
LEAL = Lenau-Almanach.
NIED = Nikolaus Britz: Lenau in Niederösterreich, Wien: Braumüller-Verlag 1974. Nach einem Gemälde im Stadtarchiv Retz.
ÖNAB = Bildarchiv der Österreichischen Nationalbibliothek.
SÄWE = Eduard Castle: Nikolaus Lenaus Sämtliche Werke, Band 5, 270 ff.
SNMM = Schiller-Nationalmuseum zu Marbach.

b) Verzeichnis der wichtigsten Abkürzungen

BILL = Heinrich Bischoff: Nikolaus Lenaus Lyrik, ihre Geschichte, Chronologie und Textkritik, Berlin: Weidmannsche Buchhandlung 1920, 2 Bde.
LFLC = Lenau und die Familie Löwenthal. Briefe und Gespräche, Gedichte und Entwürfe, Leipzig: Max Hesses Verlag 1906, 2 Bde.
LHKG = Nikolaus Lenau Werke und Briefe. Historisch kritische Gesamtausgabe, 1989 ff.
LSWC = Nikolaus Lenaus sämtliche Werke und Briefe in 6 Bänden, hrsg. von Eduard Castle, Leipzig: Insel Verlag 1910–1923.
SLLC = Anton Xaver Schurz: Lenaus Leben. Erneut und erweitert von Eduard Castle, in: Schriften des Literarischen Vereins in Wien, Bd. XVIII, Wien: Verl. D. Lit. Vereins 1913.
SXLL = Anton Xaver Schurz: Großentheils aus des Dichters eigenen Briefen, Stuttgart und Augsburg: J. W. Cotta'scher Verlag 1855, 2 Bde.

c) Nikolaus Lenaus Werke und Briefe

Nicolaus Lenau: Gedichte (Dem Dichter Gustav Schwab, meinem Freunde), Stuttgart/Tübingen: J.G. Cotta'sche Buchhandlung 1832.
– Gedichte. Zweite vermehrte Auflage, Stuttgart/Tübingen: J.G. Cotta'sche Buchhandlung 1834.
– (Hrsg.): Frühlingsalmanach (Lenau: Faust, ein Fragment; lyrische Beiträge: Karl Mayer, Justinus Kerner, Friedrich Rückert, Gustav Pfizer), Stuttgart: F. Brodhag'sche Buchhandlung 1835.
– (Hrsg.): Frühlingsalmanach (Gedichte: Friedrich Rückert, Karl Mayer, Nikolaus Lenau, Friedrich und Joseph Notter, Anton Xaver Schurz, Gustav Pfizer, Anastasius Grün, neue Spaziergänge eines Wiener Poeten), Stuttgart: bei Brodhag 1836.
– Faust. Ein Gedicht, Stuttgart/Tübingen: J.G. Cotta'sche Buchhandlung 1836.
– Savonarola. Ein Gedicht (Herrn Dr. Johannes Martensen in Kopenhagen gewidmet), Stuttgart/Tübingen: J.G. Cotta'sche Buchhandlung 1837.
– Gedichte. Dritte Auflage, Stuttgart und Tübingen: J.G. Cotta'sche Buchhandlung 1837.
– Neuere Gedichte (Nic. Niembsch von Strehlenau), Stuttgart: Hallberger'sche Verlagshandlung 1838.
– Faust. Ein Gedicht, zweite, ausgeführtere Auflage, Stuttgart/Tübingen: J.G. Cotta'scher Verlag 1840.
– Gedichte, erster Band: fünfte Auflage, zweiter Band: dritte Auflage, Stuttgart/Tübingen: J.G. Cotta'scher Verlag 1841.
– Die Albigenser. Freie Dichtungen, Stuttgart/Tübingen: J.G. Cotta'scher Verlag 1842.
– Savonarola. Ein Gedicht, zweite, durchgesehene Auflage (ohne Widmung), Stuttgart/Tübingen: J.G. Cotta'scher Verlag 1844.
– Die Albigenser. Freie Dichtungen, zweite Auflage, Stuttgart/Tübingen: J.G. Cotta'scher Verlag 1846.
– Savonarola. Ein Gedicht, dritte Auflage, Stuttgart/Tübingen: J.G. Cotta'scher Verlag 1849.
– Dichterischer Nachlaß, herausgegeben von Anastasius Grün, Stuttgart/Tübingen: J.G. Cotta'scher Verlag 1851.
– Leben großenteils aus des Dichters eigenen Briefen. Von seinem Schwestermanne Anton Xaver Schurz, 2 Bde., Stuttgart/Augsburg: J.G. Cotta'scher Verlag 1855.
– Sämmtliche Werke, herausgegeben von Anastasius Grün, Stuttgart/Augsburg: J.G. Cotta'scher Verlag 1855: Band 1: Vorwort des Herausgebers, Gedichte 1. Buch; Band 2: Gedichte 2. Buch, größere lyrisch-epische Dichtungen; Band 3: Faust, Savonarola; Band 4: Die Albigenser, Dichterischer Nachlaß, Lyrische Nachlese.

- und Sophie Löwenthal. Tagebuch und Briefe des Dichters nebst Jugendgedichten und Briefen an Fritz Kleyle, Ludwig August Frankl (Hrsg.), Stuttgart: Verlag der J.G. Cotta'-schen Buchhandlung 1891.
- Briefe an Emilie von Reinbeck und deren Gatten Georg von Reinbeck, nebst Reinbecks Aufzeichnungen über Lenaus Erkrankung 1844–1846 nach den großenteils ungedruckten Originalen (Anton Schlossar Hrsg.), Stuttgart 1896.
- und die Familie Löwenthal. Briefe und Gespräche, Gedichte und Entwürfe, 2 Bde., mit Bewilligung des Freiherrn Arthur von Löwenthal † vollständiger Abdruck nach den Handschriften hrsg. und eingel. von Eduard Castle, Leipzig: Max Hesses Verlag 1906.
- Sämtliche Werke und Briefe, 6 Bde. Mit 12 Bildbeigaben (Band 1: Gedichte; Band 2: Episch-dramatische Dichtungen; Band 3: Briefe 1812–3/1836; Band 4: Liebesklänge 1834–1844, Briefe 4/1836–9/1840; Band 5: Briefe 10/1840–5/1845, Aktenstücke zu Lenaus Lebensgeschichte, Quellennachweis; Band 6: Nachträge, Lesarten und Anmerkungen, Register), hrsg. v. Eduard Castle, Leipzig: Im Insel-Verlag 1910–1923.
- Werke und Briefe. Historisch-kritische Gesamtausgabe, hrsg. im Auftrag der Internationalen Lenau-Gesellschaft: Band 1: Gedichte bis 1834, Wien: Deuticke/Klett-Cotta 1995; Band 2: Neuere Gedichte und lyrische Nachlese, wie oben; Band 3: Faust. Ein Gedicht, wie oben 1997; Band 5/1: Briefe 1812–1837, (Text), Wien: ÖBV/Klett-Cotta 1989; Band 5/2: Briefe 1812–1837 (Kommentar), Wien: Deuticke/Klett-Cotta 1992; Band 6/1: Briefe 1838–1847 (Text), Wien: ÖBV/Klett-Cotta 1990; Band 6/2: Briefe 1838–1847 (Kommentar), Wien: Deuticke/Klett-Cotta 1992; Band 7: Aufzeichnungen und Vermischte Schriften, Wien: Deuticke/Klett-Cotta 1993.

d) Sekundärliteratur

ALBUM österreichischer Dichter, Wien: Verlag von Pfautsch und Voß 1850. (Beiträge von: Nikolaus Lenau, Anastasius Grün, Franz Grillparzer, Friedrich Halm, Eduard von Bauernfeld, Ignaz F. Castelli, Ludwig A. Frankl, Adolf von Tschabuschnigg, Johann G. Seidl, Karl Ferdinand Dräxler-Manfred, Johann N. Vogl, Heinrich von Levitschnigg).
- österreichischer Dichter, Wien: Verlag von Pfautsch und Voß 1858. (Beiträge von: Joseph Christian v. Zedlitz, Johann L. Deinhardstein, Betty Paoli, W. Constant, Karl Egon Ebert, Salomon Hermann von Mosenthal, Otto Prechtler, Carl Gottfried von Leitner, Rudolf Hirsch, Karl Beck, Alfred Meißner, Moritz Gottlieb Saphir).

ALEXANDER Wilhelm: Die Entwicklungslinien der Weltanschauung Nikolaus Lenaus, Inaug. Diss. D. Phil. Fak. D. Univ. Greifswald, Greifswald: Julius Abel 1914.

AMANN Klaus/LENGAUER Hubert/WAGNER Karl (Hrsg.): Literarisches Leben in Österreich (1848–1890), Wien/Köln/Weimar: Böhlau Verlag 2000

ARNDT Karl J. R.: The Effect of America on Lenau's Life and Work, in: The Germanic Review 33 (1958), 125–142.

– (Hrsg.): Economy on the Ohio 1826–1834, Worcester: Harmony Society Press 1984.

AUER Gerhard Josef: Die utopische Gemeinschaft der Harmonisten: Ihr Einfluß auf das Amerikaerlebnis und das Werk Nikolaus Lenaus, Pedagogical Academy A.M., University of Illinois, 1982, Urbana, Illinois 1989.

AUERBACH Berthold: Der letzte Sommer Nicolaus Lenau's, in: Deutsches Museum. Zeitschrift für Literatur, Kunst und öffentliches Leben (Hrsg. Robert Prutz und Wilhelm Wolfsohn), Leipzig: Verlag der J. C. Hinrichs'schen Buchhandlung 1851.

– Nicolaus Lenau. Erinnerung und Betrachtung, Vortrag, gehalten in Wien am 21. November 1876 zum Besten des Journalisten und Schriftstellervereins „Concordia", Wien: Druck und Verlag von Carl Gerold's Sohn 1876.

– Der Weltschmerz mit besonderer Beziehung auf Nicolaus Lenau; Vortrag, gehalten im wissenschaftlichen Verein der Sing-Akademie am 18. Jänner 1862, in: Deutsche Abende. Neue Folge, Stuttgart: Verlag d. J. G. Cotta'schen Buchhandlung 1867.

BAADER Franz Xaver von: Vorlesungen über spekulative Dogmatik, Stuttgart/München 1828–1835.

– Gesellschaftslehre. Ausgewählt, eingeleitet und mit Texthinweisen von Hans Grassl. München: Kösel Verlag 1957.

– Über eine bleibende und universelle Geistererscheinung hienieden. Aus einem Sendschreiben an die Frau Gräfin von Wielhorski, geborene Fürstin Birron von Kurland, 1833.

– Über den Paulinischen Begriff des Versehenseins des Menschen im Namen Jesu vor der Welt-Schöpfung. Zwei Sendschreiben an Molitor und Hoffmann, 1837.

BADSTÜBER H.: Matthias Leopold Schleifer und seine Beziehungen zu Nikolaus Lenau, in: Jahrbuch der Grillparzer-Gesellschaft, Jg. 19, Wien: Verlag von Carl Konegen 1910.

BAUERNFELD Eduard von: Tagebücher 1818–1848 (Carl Glossy Hrsg.), in: Jahrbuch der Grillparzer-Gesellschaft, Jg. 5, Wien: Verlag von Carl Konegen 1895, 1–217.

– Aus Alt- und Neuwien, in: E.v.B. Ausgewählte Werke, 4 Bde., Leipzig: Max Hesses Verlag 1905.

BAUMGARDT David: Franz von Baader und die Romantik, in: DVJS, Buchreihe, 10. Band, Halle: 1927.

BERGER Gottfried: Amerika im 19. Jahrhundert. Die Vereinigten Staaten im Spiegel zeitgenössischer deutschsprachiger Reiseliteratur, Wien: Molden Verlag 1999.

BERGOLD Albrecht/SALCHOW Jutta/SCHEFFLER Walter (Hrsg.): Kerner – Uhland – Mörike. Schwäbische Dichtung im 19. Jahrhundert, Marbach am Neckar: Deutsche Schillergesellschaft 1980, Marbacher Katalog 34/1980.

BERNLEITHNER Ernst: Geographisch-historische Gedanken zu den Lebensstationen Nikolaus Lenaus, in: Lenau-Almanach 1969/75, Wien/Stuttgart: Wilhelm Braumüller 1975, 11.

BISCHOFF Heinrich: Nikolaus Lenau in Amerika, in: Ungarische Rundschau für historische und soziale Wissenschaften, 4 (1915), 509–514.

– Nikolaus Lenaus Lyrik. Ihre Geschichte, Chronologie und Textkritik, 2 Bde., Berlin: Weidmannsche Buchhandlung 1920.

BÖHME Jacob: Morgenröte im Aufgang. Von den drei Prinzipien. Vom dreifachen Leben. Hrsg. und eingeleitet von Joseph Grabisch, München 1905.

BOHM Ewald: Lehrbuch der Rorschach-Psychodiagnostik. Für Psychologen, Ärzte und Pädagogen, Bern/Stuttgart: Verlag Hans Huber 1957 (zweite, neubearbeitete und erweiterte Auflage).

BORST Arno: Die Katharer. Mit einem Nachwort von Alexander Patschovsky, Freiburg/Basel/Wien: Herder 1991.

BRAUN Ernst Ludwig: Amerika und die moderne Völkerwanderung. Nebst einer Darstellung der gegenwärtig zu Economy am Ohio angesiedelten Harmoniegesellschaft (Kupfer von Georg Rapp vor dem Titelblatt), Potsdam: H. Vogeler 1833.

BRITZ Nikolaus: Lenau und Stockerau. Kleiner illustrierter Führer zu den Lenau-Gedenkstätten der Stadt, Wien: Internationale Lenau-Gesellschaft 1964.

– Lenau und Klosterneuburg. Literaturkundliches Lenau-Lesebuch der Stadt, Wien: Wilhelm Braumüller 1975.

– Aus Nikolaus Lenaus familiengeschichtlicher Vergangenheit. Ein altösterreichisches Kulturbild, Wien: Internationale Lenau-Gesellschaft 1982.

BRIX Emil/MANTL Wolfgang (Hrsg.): Liberalismus – Interpretationen und Perspektiven, Wien/Köln/Graz: Böhlau Verlag 1996.

BUCHHOLZ Margot/FROESCHLE Hartmut: Beiträge zur schwäbischen Literatur- und Geistesgeschichte, Bde. 1–6, Weinsberg: Verlag des Justinus-Kerner-Vereins 1981–1991.

CASTLE Eduard: Nikolaus Lenau. Zur Jahrhundertfeier seiner Geburt, Leipzig: Max Hesse's Verlag 1902.

– Aktenstücke zu Lenaus Lebensgeschichte, in: LSWC, Bd. V, 257.

– Amerikamüde. Lenau und Kürnberger, in: Jahrbuch der Grillparzer-Gesellschaft (Karl Glossy Hrsg.), Jg. 12, Wien: Verlag von Carl Konegen 1902, 15–42.

– NAGL J.W./ZEIDLER Jakob: Deutsch-Österreichische Literaturgeschichte, 4 Bde., Wien/Leipzig: Carl Fromme 1898–1937.

– Erneuerte und erweiterte Ausgabe von: Lenaus Leben von Anton X. Schurz. Schriften d. lit. Vereins i. Wien Bd. XVIII. Wien: Verl. d. lit. Vereins 1913.
CZIKANN I. I. H./GRÄFFER F.: Österreichische Nationalencyklopädie, oder alphabetische Darlegung der wissenswürdigsten Eigenthümlichkeiten des österr. Kaiserthumes. Im Geiste der Unbefangenheit bearbeitet, Wien: Friedr. Beck'sche Universitäts-Buchhandlung 1835–1837, 6 Bde + 1 Suppl.
DEGGAU Hans-Georg: Befreite Seelen. Die Katharer in Südfrankreich, Köln: DuMont 1995.
DEUTSCH Johannes: Zur Psychologie und Ästhetik der Lyrik. Untersuchungen an Lenau, Inaug. Diss. d. Phil. Fak. d. Univ. Greifswald, Greifswald: Julius Abel 1914.
DEUTSCH Otto Erich (Hrsg.): Franz Schubert. Briefe und Schriften, vierte, vermehrte und erläuterte Ausgabe. Mit den Briefen an Schubert und 18 Bildern, Wien: Verlag Brüder Hollinek 1954.
– Schubert. Die Dokumente seines Lebens, Kassel/Basel/ Paris/London/New York: Bärenreiter 1964.
– Schubert. Die Erinnerungen seiner Freunde, Leipzig: Breitkopf & Härtel 1957[4].
DÖLLINGER Ignaz von: Beiträge zur Sektengeschichte des Mittelalters, 2 Bde, Darmstadt: Wissenschaftliche Buchgesellschaft 1968.
DUDEN Gottfried: Bericht über eine Reise nach den westlichen Staaten Nordamerikas und einen mehrwöchigen Aufenthalt am Missouri in den Jahren 1824, 1825, 1826 und 1827 in Bezug auf Auswanderung und Übervölkerung, Elberfeld 1829.
DÜLMEN Richard van: Poesie des Lebens. Eine Kulturgeschichte der deutschen Romantik, Bd. 1, Köln/Weimar/Wien: Böhlau 2002.
EKE Norbert Otto/SKRODZKI Karl Jürgen (Bearbeiter): Lenau-Chronik 1802–1851, Wien: Deuticke/Klett-Cotta 1992.
ELIADE Mircea: Das Mysterium der Wiedergeburt. Initiationsriten, ihre kulturelle und religiöse Bedeutung, Zürich/Stuttgart: Rascher Verlag 1961.
ERNST Adolf Wilhelm: Lenaus Frauengestalten, Stuttgart: Verlag von Carl Krabbe 1902.
ERRANTE Vincenzo: Paraphrasen über Lenau. Eingeleitet von Paul Wertheimer, München: Verlag für Kulturpolitik 1924.
– Lenau. Geschichte eines Märtyrers der Poesie, mit einem Vorwort von Stefan Zweig, erste deutsche Auflage Mengen/Württ.: Heinrich Heine Verlag 1948.
FAULKNER Harold Underwood: Amerikanische Wirtschaftsgeschichte, Hrsg. Dr. Carl Hanns Pollog, mit einer Einleitung von Prof. Julius Hirsch, Dresden: Carl Reissner 1929, 2 Bde.
FISCHER Ernst: Rebell in dunkler Nacht, Berlin: Rütten & Loening 1952.

– Nikolaus Lenau, in: Ders.: Von Grillparzer zu Kafka, Sechs Essays, Frankfurt a. M.: 1975.
FISCHER Friedrich Carl: Die Nullpunkt-Existenz. Dargestellt an der Lebensform Søren Kierkegaards, München: C. H. Beck'sche Verlagsbuchhandlung 1933.
FLOTZINGER Rudolf (Hrsg.): Österreichisches Musiklexikon, Bde 1–5, Wien: Verlag der Österreichischen Akademie der Wissenschaften 2002 ff.
FRANKL Ludwig August: Zur Biographie Nicolaus Lenau's, 2. verm. Auflage m.d. Porträt d. Dichters, Wien/Pest/Leipzig: A. Hartleben's Verlag 1885.
– (Hrsg.): Lenau und Sophie Löwenthal. Tagebuch und Briefe des Dichters. Nebst Jugendgedichten und Briefen an Fritz Kleyle, Stuttgart: Verlag der J. G. Cotta'schen Buchhandlung 1891.
GIBSON Carl: Lenau. Leben – Werk – Wirkung, Beiträge zur neueren Literaturgeschichte, Dritte Folge, Band 100, Heidelberg: Carl Winter Universitätsverlag 1989.
GLOSSY Karl: Literarische Geheimberichte aus dem Vormärz, Bde. 1–3, in: Jahrbuch der Grillparzer-Gesellschaft, 21., 22., 23. Jahrgang, Wien: Verlag von Carl Konegen 1912.
GÖRNER Rüdiger: Annäherung an einen Denkartisten, Insel Taschenbuch 2610, Frankfurt am Main/Leipzig: Insel Verlag 2000.
GRAEDENER Hermann: Lenau. Ein Dichterbild aus Österreich, Wien/Leipzig: Adolf Luser Verlag 1938.
GRUNDMANN Herbert: Religiöse Bewegungen im Mittelalter. Untersuchungen über die geschichtlichen Zusammenhänge zwischen der Ketzerei, den Bettelorden und der religiösen Frauenbewegung im 12. und 13. Jahrhundert und über die geschichtlichen Grundlagen der deutschen Mystik, Darmstadt: Wissenschaftliche Buchgesellschaft 1970.
GRÜN Anastasius: Nikolaus Lenau. Lebensgeschichtliche Umrisse, in: Nikolaus Lenau: Sämtliche Werke (Anastasius Grün Hrsg.), Stuttgart und Augsburg: J. G. Cotta'scher Verlag 1855, Bd. I, XV–XCVI.
HÄCKL Ernst: Nikolaus Lenaus mütterliche Ahnen, in: Lenau-Almanach, hrsg. vom Kulturamt der Stadt Stockerau 1960, 3.
HEER Friedrich: Der Kampf um die österreichische Identität, Wien/Köln/Graz: Hermann Böhlaus Nachf. 1981.
HEGEL Georg Wilhelm Friedrich: Werke (hrsg. v. Ludwig Boumann, Friedrich Förster, Eduard Gans, Karl Hegel, Heinrich Gustav Hotho, Philipp Marheineke, Karl Rosenkranz u. a.), 18 Teile in 19 Bänden, Berlin: 1832–1840.
HEIDEGGER Martin: Schellings Abhandlung „Über das Wesen der menschlichen Freiheit" (1809), hrsg. von Hildegard Feick, Tübingen: Max Niemeyer 1971.
HEINE Heinrich: Sämtliche Werke. Unter Mitwirkung von Jonas Fränkel, Ludwig Krähe,

Albert Leitzmann und Julius Petersen herausgegeben von Oskar Walzel, Leipzig: Im Insel-Verlag 1911–1920.
HEPP Carl: Nikolaus Lenau, Biographie des Dichters sowie kritische Studien zu den episch-dramatischen Dichtungen, in: Lenaus Werke, 2 Bde., Leipzig/Wien: Bibliographisches Institut o.J.
HERMELINK Heinrich: Geschichte der evangelischen Kirche in Württemberg von der Reformation bis zur Gegenwart. Das Reich Gottes in Wirtemberg, Stuttgart/Tübingen: Rainer Wunderlich Verlag Hermann Leins 1949.
HEYDEMANN Klaus: Modifikationen eines Doppellebens. Sozio-ökonomische Aspekte der Schriftstellerexistenz Lenau, in: Lenau-Forum 15. Jahrgang 1989 Folge 1–4, 59.
HILMAR Ernst: Vertonungen von Nikolaus Lenaus Lyrik, in: Lenau-Almanach 1969/75. Namens der Internationalen Lenau-Gesellschaft herausgegeben von Prof. Dr. Nikolaus Britz, Wien/Stuttgart: Wilhelm Braumüller Universitäts-Verlagsbuchhandlung 1975, 51.
– Franz Schubert in seiner Zeit, Wien/Köln/Graz: Hermann Böhlaus Nachf. 1985.
INDIANER – Lexikon. Zur Geschichte und Gegenwart der Ureinwohner Nordamerikas. Hrsg.: Ulrich van der Heyden, Berlin: Dietz Verlag 1992.
– Nordamerikas. Schätze des Museum of the American Indian – Heye Foundation – New York, Ausstellung in der Kunsthalle zu Köln vom 1. Juli – 1. Oktober 1969.
– Die Entwicklung und Vernichtung eines Volkes, Verf.: Peter FARB, München: Nymphenburger Verlagshandlung 1988.
JENNINGS Lee B.: Kerner und der amerikanische Dämon, in: Buchholz Margot/Froeschle Hartmut: Beiträge zur Schwäbischen Literatur- und Geistesgeschichte, Bd. 1, Weinsberg: 1981.
KAINZ Friedrich: Lenaus Kunsttheorie in ihren Beziehungen zur zeitgenössischen Ästhetik, Diss. Masch., Wien: 1921.
KAISER Gerhard R.: Poesie des Aases. Überlegungen zur Ästhetik des Hässlichen in Lenaus *Albigensern,* in: Lenau-Forum 16. Jahrgang 1990, Folge 1–4, 53.
KANN Robert A.: Geschichte des Habsburgerreiches 1526–1918, Wien/Köln/Graz: Hermann Böhlaus Nachf. 1977.
KANT Immanuel: Versuch über die Krankheiten des Kopfes, in: Großherzog Wilhelm Ernst Ausgabe, Leipzig: Im Inselverlag, Bd. 1: Vermischte Schriften.
KERÉNYI Karl: Labyrinth-Studien, in: Humanistische Seelenforschung, Werke in Einzelausgaben, Bd. 1, München/Wien: Langen Müller 1978.
KERNER Justinus: Auswahl der Werke in sechs Teilen, hrsg. mit Einleitungen und Anmerkungen versehen von Raimund Pissin, Berlin/Leipzig/Wien/Stuttgart: Deutsches Verlagshaus Bong & Co. o.J.

KIERKEGAARD Søren: Die Tagebücher, 5 Bde., Düsseldorf/Köln: Eugen Diederichs Verlag 1962 f.
KNORTZ Karl: Die christlich-kommunistische Kolonie der Rappisten in Pennsylvanien, Leipzig: Ernst Wiest 1892.
KORR Anton: Lenaus Stellung zur Naturphilosophie, Inaug. Diss. d. Phil Fak. d. Univ. Münster, Münster: La Ruelle'sche Accidenzdruckerei 1914.
KRAUSS Rudolf: Schwäbische Literaturgeschichte, Leipzig und Tübingen: Verlag von J. C. Mohr (Paul Siebeck) 1897, 2 Bde.
KÜRNBERGER Ferdinand: Der Amerikamüde, in: Österreichische Bibliothek, Bd. 3, Wien: Böhlau-Verlag 1985.
KÜSPERT Erich: New Harmony. Ein historischer Vergleich zwischen zwei Lebensanschauungen, Nürnberg: Verlag der Hochschulbuchhandlung 1937.
LAMBERT Malcolm: Geschichte der Katharer. Aufstieg und Fall der großen Ketzerbewegung, Darmstadt: Wissenschaftliche Buchgesellschaft 2001.
LAUBE Heinrich: Reise durch das Biedermeier, mit Nachwort von Franz Heinrich Körber, Wien: Wilhelm Andermann Verlag 1946.
LERNER Max: Amerika, Wesen und Werden einer Kultur. Geist und Leben der Vereinigten Staaten von heute, Frankfurt am Main: Europäische Verlagsanstalt 1960.
LIEFMANN Robert: Die kommunistischen Gemeinden in Nordamerika, Jena: Verlag Gustav Fischer 1922.
LIST Friedrich: Grundlinien einer politischen Ökonomie und andere Beiträge der amerikanischen Zeit 1825–1832 (William Notz Hrsg.), Berlin: Reimar Hobbing 1931.
LUDEN Heinrich (Hrsg.): Reise Sr. Hoheit des Herzogs Bernhard zu Sachsen-Weimar-Eisenach durch Nordamerika in den Jahren 1825–1826, Weimar: W. Hoffmann 1828.
MÁDL Antal: Politische Dichtung in Österreich, Budapest: Akadémiai Kiadó 1969.
– Auf Lenaus Spuren. Beiträge zur österreichischen Literatur, Wien/Budapest: ÖBV/ Akadémiai Kiadó 1982.
– /SZÁSZ Ferenc: Nikolaus Lenau in Ungarn. Bibliographie, Band 5 der Budapester Beiträge zur Germanistik, Budapest: 1979.
MARSCHALK Peter: Deutsche Überseewanderung im 19. Jahrhundert, Stuttgart: Ernst Klett 1973.
MAYER Karl (Hrsg.): Nicolaus Lenau's Briefe an einen Freund. Erinnerungen an den Verstorbenen, Stuttgart: Verlagsbuchhandlung Carl Mäcken 1853.
MIKOLETZKY Hanns Leo: Österreich. Das entscheidende 19. Jahrhundert, Geschichte, Kultur, Wirtschaft, Wien: Österreichischer Bundesverlag für Unterricht, Wissenschaft und Kunst 1972.

MULFINGER George A.: Lenau in Amerika, in: Americana Germanica I (1897) H 2, 1–61 u. H 3, 1–46.

MYERS Gustavus: Geschichte der großen amerikanischen Vermögen, Berlin: S. Fischer Verlag 1916, 2 Bde.

NIENDORF Emma: Lenau in Schwaben. Aus dem letzten Jahrzehnt seines Lebens, Leipzig: Friedrich Ludwig Herbig 1853.

NYIRI J. C.: Am Rande Europas. Studien zur österreichisch-ungarischen Philosophiegeschichte, Wien/Köln/Graz: Böhlau Verlag 1988.

PAUKER Prof. Dr. Wolfgang: Lenaus Freundin Nanette Wolf in Gmunden, Wien/Leipzig: Dr. Strohmer Verlag 1923.

PFÄFFLIN Friedrich/OTT Ulrich (Hrsg.): Justinus Kerner. Dichter und Arzt 1786–1862, Marbach am Neckar: Deutsche Schillergesellschaft 1986, Marbacher Magazin 39/1986.

RAEITHEL Gert: Geschichte der nordamerikanischen Kultur 3 Bde., Weinheim: parkland 1992.

ROKYTA Hugo: Vinzenz Weintridt (1778–1849), der „österreichische Bolzano". Leben und Werk eines Repräsentanten des Vormärz in Österreich und Mähren, Wien: Edition Atelier 1998.

ROSSBACHER Karlheinz: Literatur und Liberalismus. Zur Kultur der Ringstraßenzeit in Wien, Wien: J&V Edition 1992.

RUMPLER Helmut: Eine Chance für Mitteleuropa. Bürgerliche Emanzipation und Staatsverfall in der Habsburgermonarchie, Wien: Überreuter 1997.

– (Hrsg.): Bernard Bolzano. Staat, Nation und Religion als Herausforderung für die Philosophie im Kontext von Spätaufklärung, Frühnationalismus und Restauration, Wien/Köln/Graz: Böhlau Verlag 2000.

SADGER Dr. J.: Aus dem Liebesleben Nikolaus Lenaus, in: Schriften zur angewandten Seelenkunde, hrsg. von Prof. S. Freud, Heft 6, Leipzig/Wien: Franz Deuticke 1909.

SCHEFFLER Walter: Lenau in Schwaben. Eine Dokumentation in Bildern für die Sonderausstellung des Dt. Literaturarchivs und des Schiller Nationalmuseums, Marbacher Magazin (Sonderheft), 5/1977.

SCHELLING Friedrich Wilhelm Joseph: Ideen zur Philosophie der Natur als Einleitung in das Studium dieser Wissenschaft, Landshut: Philipp Krüll 1803^2.

– Philosophische Untersuchungen über das Wesen der menschlichen Freyheit und die damit zusammenhängenden Gegenstände, in: Schellings philosophische Schriften, 1. Band, Landshut: Philipp Krüll 1809.

SCHEMPP Hermann: Gemeinschaftssiedlungen auf religiöser und weltanschaulicher Grundlage. Mit 36 Abbildungen, Tübingen: J. C. B. Mohr (Paul Siebeck) 1969.

SCHEUFFELEN Thomas (bearb.): Berthold Auerbach 1812–1882, Marbach am Neckar: Deutsche Schillergesellschaft 1986, Marbacher Magazin 36/1985 (Sonderheft).

SCHIER Rudolf: Die Amerika-Erfahrung Lenaus als Paradigma. Parallele Darstellungen bei Kürnberger, Chateaubriand, Dickens und Mark Twain, in: Lenau-Forum 15. Jahrgang 1989 Folge 1–4, 43.

SCHMIDt Adolf: Wien's Umgebungen auf zwanzig Stunden im Umkreise. Nach eigenen Wanderungen geschildert, Bd. 5 (Neudruck 2002), Wien: Carl Gerold 1838.

SCHMIDT-BERGMANN Hansgeorg: Ästhetismus und Negativität. Studien zum Werk Nikolaus Lenaus, Frankfurter Beiträge zur Germanistik Band 23, Heidelberg: Carl Winter Universitätsverlag 1984.

SCHUBERT Gotthilf Heinrich: Ansichten von der Nachtseite der Naturwissenschaft, Dresden: 1827.

– Geschichte der Seele, 2 Bde, Stuttgart: 1830.

SEBALD W. G.: Die Beschreibung des Unglücks. Zur österreichischen Literatur von Stifter bis Handke, Salzburg und Wien: Residenz-Verlag 1985.

SENGLE Friedrich: Nikolaus Niembsch von Strehlenau, Pseud. Nikolaus Lenau. Zur Korrektur der einseitigen Lenau-Bilder. Literaturgeographische Fragen, in: Ders.: Biedermeierzeit. Deutsche Literatur im Spannungsfeld zwischen Restauration und Revolution 1815–1848, 3. Band, Stuttgart: Metzler 1971 ff.

SIEGEL Carl: Lenaus Faust und sein Verhältnis zur Philosophie, in: Kant-Studien, Bd. 21, Bd. 14, 1973.

SRBIK Heinrich Ritter von: Metternich. Der Staatsmann und der Mensch, 2 Bde, München: Verlag F. Bruckmann A.-G. 1925.

– Deutsche Einheit. Idee und Wirklichkeit vom Heiligen Reich bis Königgrätz, Bde I–IV, München: F. Bruckmann KG 1940³.

STERNBERG Alexander von: Erinnerungsblätter aus der Biedermeierzeit, hrsg. und eingeleitet von Joachim Kühn, Potsdam/Berlin: Gustav Kiepenheuer Verlag 1919.

STÖSSINGER Felix: Lenaus Modernität, in: Die neue Rundschau. Jahrgang der freien Bühne XXIV, H. 11, Berlin: 1913.

SUCHY Viktor: Prolegomena zu einem Lenau-Forschungsbericht (1969–1989), 1. Teil, in: Lenau-Forum 15. Jahrgang 1989 Folge 1–4, 129; 2. Teil, in: Lenau-Forum 16. Jahrgang 1990 Folge 1–4, 139.

TOCQUEVILLE Alexis de: In der nordamerikanischen Wildnis. Eine Reiseschilderung aus dem Jahre 1831. Übertragen und mit einem Nachwort versehen von Hans Zbinden, Bern/Stuttgart: Verlag Hans Huber 1953.

— Über die Demokratie in Amerika, Band 1 und 2 der Werke und Briefe, Stuttgart: Deutsche Verlags-Anstalt 1959 ff.
VARDY Agnes Huszar: A Study in Austrian Romanticism: Hungarian Influences in Lenau's Poetry, Buffalo/New York: Hungarian Cultural Foundation 1974.
VETTER Walther: Der Klassiker Schubert, Bde. I–II, Leipzig: C. F. Peters 1953.
VIELHABER Ludwig Wilhelm: Der junge Lenau als Mensch und Dichter, Inaug. Diss. d. Phil Fak. Greifswald, Greifswald: F. W. Kunike 1907.
WEGE Liselotte: Lenau und Hegel, Diss., München: 1929.
WEHNER Johanna: Lenaus literarisches Verhältnis zu Fr. v. Matthisson. Diss., Münster: 1914.
WEILER Kurt: Gutachten über Lenaus Krankheit, in: Euphorion. Zeitschrift für Literaturgeschichte, Jg. 6, 1899.
WEIZMANN Ernst: Lenaus Beziehungen zur Musik, in: Lenau-Almanach, Wien: Verlag Carl Überreuter 1960, 34.
WIED Maximilian Prinz zu: Reise in das innere Nordamerika, 2 Bde., 1 Vignettenband, 1 Mappe mit Bildtafeln, Augsburg: Weltbild Verlag 1995.
WILDERMUTH Rosemarie (bearb.): „Zweimal ist kein Traum zu träumen". Die Weiber von Weinsberg und die Weibertreu, Marbach, Deutsche Schillergesellschaft 1990, Marbacher Magazin 53/1990 (Sonderheft).
WINTER Eduard: Tausend Jahre Geisteskampf im Sudetenraum, Salzburg/Leipzig: Otto Müller 1938.
— Der Bolzanoprozeß. Dokumente zur Geschichte der Prager Karlsuniversität im Vormärz, Brünn/München/Wien: Rudolf M. Rohrer Verlag 1944 (Prager Studien und Dokumente zur Geistes- und Gesinnungsgeschichte Ostmitteleuropas).
— Romantismus, Restauration und Frühliberalismus im österreichischen Vormärz, Wien: Europa Verlag 1968.
WOHLRAB Hertha: Nikolaus Lenau im zeitgenössischen Bildnis, in: Lenau-Almanach 1969/75, Wien/Stuttgart: Wilhelm Braumüller 1975, 27.
YATES Frances A.: Aufklärung im Zeichen des Rosenkreuzes, Stuttgart: Ernst Klett Verlag 1972.
ZEHNDER-WEIL Louise: Geläutert. Eine Erzählung für das deutsche Volk, mit einem Vorwort von Luise Pichler, München: Verlag von J. Schweitzer 1889.
ZWEIG Stefan: Die Welt von Gestern. Erinnerungen eines Europäers, Stockholm: Bermann-Fischer Verlag 1944.

Namenregister

A
Adami, Heinrich 331
Aigner, Joseph Matthias 362
Alexis, Willibald, eigentlich: Häring, Georg Wilhelm Heinrich 304
Antoniewicz, Mikołaj Bołoz von 97
Aristoteles 269, 298, 345
Arndt, Karl J. R. 211, 228, 263, 265
Arnim, Achim von 64, 74
Auer, Gerhard Josef 186f., 213, 262, 264f.
Auerbach, Berthold, eigentlich: Moses Baruch Auerbacher 350, 352, 363, 389

B
Baader, Franz Xaver von 17, 243, 312, 325, 382
Bach, Alexander Frh. v. 375f.
Bauer, Charlotte von 345
Bauernfeld, Eduard von 17, 60, 64–66, 69, 75f., 92, 104f., 190, 276f., 287, 298, 376, 381f.
Baumann, Alexander 93, 276
Becher, Alfred Julius 93
Becher, Gottlob Benjamin 258, 267
Becker, Katharine 212f., 215
Beethoven, Ludwig van 73, 99, 113, 122, 269, 287, 292, 346f., 371
Behrends, Marie (Lenaus Verlobte in Frankfurt) 354, 357, 361, 377
Bentham, Jeremy 177
Bertalanffy, Ludwig von 194, 262
Bischoff, Heinrich 129, 131, 134, 192, 262, 265, 298, 379
Bisinger, Gerald 19
Black Hawk 203
Bloch, Ernst 12
Blumenthal, Joseph von 71, 346
Böhme, Jakob 180f., 197
Bollnow, Otto Friedrich 252, 266

Bolza, Johann 92
Bolzano, Bernard 61–63, 67, 104f., 388
Bonnhorst, Charles (Karl) von 156f., 162, 166, 215
Brahms, Johannes 15
Braun von Braunthal, Karl Johann 93, 97
Brentano, Clemens 36
Brodhag, Johann Ludwig Friedrich 282f., 380
Bruchmann, Franz Seraph Ritter von 77f.
Buffon, Georges Louis Leclerc Graf von 195
Buonarroti, Filippo Michele 107
Buren, Martin van 234, 236, 238
Byron, George Gordon Noel Lord 115, 277f.

C
Carl August, Herzog von Sachsen-Weimar 25
Carlopago, recte Karl Ziegler 376
Castelli, Vinzenz Ignaz Franz 93, 381
Castle, Eduard 19, 27, 103, 106, 185f., 192, 202, 209f., 238, 263–266, 276, 298f., 341, 379, 381, 383
Chamisso, Adelbert von, eigentlich: Chamisso de Boncourt, Louis Charles Adélaïde 138, 282f.
Chateaubriand, François René Vicomt de 191, 262, 389
Christalnigg von und zu Gillitzstein, Alexander Graf 315f.
Clinton, de Witt 234
Cotta, Johann Friedrich Frh. v. 97, 111, 115, 169
Cotta, Johann Georg Frh. v. 297, 323f., 328, 341, 361
Creutzer, Ludwig 59
Cserny, Joseph 40, 346
Czernin zu Chudenitz, Rudolf Johann Graf 112

D

Danhauser, Joseph 93
Darwin, Charles Robert 177
Deinhardstein, Johann Ludwig (Ferdinand) 92, 285, 381
Delacroix, Eugène 219
Dilg, Maria Johanna Barbara 101
Doderer, Heimito von 21, 55
Donizetti, Gaetano 331
Dräxler-Manfred, Karl Ferdinand 92, 381
Duden, Gottfried 155, 186, 206, 228, 263, 265
Duller, Eduard 304, 340

E

Ehrlich, Paul 170
Eichendorff, Joseph Frh. von 36, 283
Eigel, Glycerius 52
Einstein, Albert 235
Errante, Vincenzo 147, 186
Erzherzog Karl 36, 270, 322, 361
Erzherzog Rudolf 56
Eskeles, Bernhard Frh. v. 323
Ettingshausen, Andreas v. 60f.
Evers, Carl Friedrich Gottfried 93, 347, 363

F

Felzmann, Fritz 144, 185, 253, 267
Ferstl, Leopold von 77
Festetics von Tolna, Helena Gräfin 136
Feuchtersleben, Ernst von 93, 276
Fick, Josef 76, 105
Fischhof, Joseph 93, 156
Fitzinger, Franz 93
Foglár, Ludwig 376
Francke, August Hermann 180
Frank, Gustav von 93
Frankl, Ludwig August, Ritter von Hochwart 59, 65, 89, 92f., 104, 106, 118, 133, 271, 276, 278, 298, 371, 375–377, 381
Franklin, Benjamin 235, 265

Freiligrath, Ferdinand 17
Freud, Sigmund 316, 339, 341f., 388
Frint, Jakob 62, 66

G

Garibaldi, Giuseppe 107
Gibson, Carl 20, 253, 264f., 267, 299, 363
Girgel, Hans 109
Gmelin, Charlotte Henriette 121, 124–127, 130, 169f., 253
Godenberg, Venachtius 40f.
Goethe, Johann Wolfgang von 11f., 20, 25, 55, 94, 97, 145f., 148, 184f., 195, 250–252, 277f., 282, 294, 297f., 325, 329, 340, 342
Görgen, Bruno 372
Görgen, Gustav 93, 372, 374
Götz von Berlichingen 11, 20
Greisinger, Wilhelmine 101
Grettler, Albin 27
Grillparzer, Franz Seraphikus 11, 76, 79, 92, 105, 112, 119, 133, 276, 278, 293f., 299, 325, 376, 381, 385
Gross, Carl 346
Grün, Anastasius, eigentlich: Auersperg, Anton Graf von , 14, 17–19, 64, 68, 97, 187, 276, 295–297, 299, 371, 376, 380f., 385
Guarnerius, Bartolomeo Giuseppe 344
Gutzkow, Karl Ferdinand 136, 184, 187, 284, 298

H

Häberle, Ludwig 137, 226
Hallberger, Ludwig, Wilhelm Friedrich 328
Halm, Friedrich 66, 325, 381
Hammer-Purgstall, Joseph Frh. von 276, 278, 375f.
Hampe, Josef 297
Handke, Peter 329, 389
Häring, Wilhelm 304, 340
Härtling, Peter 12, 20, 266
Hartmann, Charlotte von 274, 328

Hartmann, Emilie siehe Reinbeck, Emilie von
Hartmann, Johann Georg August von 260, 267, 274
Hartmann, Julie von 260, 274, 377
Hartmann, Luise Mariette von, Marietta von Hartmanns dritte Tochter, verehelichte Zöppritz 260, 274, 377
Hartmann, Marietta 260, 274
Hauer, Bertha 94, 270
Hegel, Georg Wilhelm Friedrich 17, 34, 42, 56, 148, 219f., 222, 224f., 232, 243–251, 264–266, 278, 297, 310–313, 323, 328–330, 334–336, 339, 341f., 344, 349, 351, 390
Hegel, Karl 328, 385
Heidegger, Martin 199, 225, 262, 341
Heine, Heinrich 136, 186, 195, 200, 207, 240, 262f., 284–287, 298f.
Heussenstamm, zu Heißenstein und Gräfenhausen, Theodor Graf von 303, 315
Helvétius, Claude Adrien 147
Herbart, Johann Friedrich 273
Herkomer, Sir Hubert von 240, 266
Hermann von Hermannsthal, Franz 376
Herz, Adolf Johann Karl Ritter von 90
Hesse, Hermann 12
Hock, Carl Ferdinand Frh. v. 93
Hoffmann, Ernst Theodor Amadeus 281, 346
Hofmannsthal, Hugo von 12, 280
Höllerer, Walter 19
Hölty, Ludwig Christoph Heinrich 94
Holz, Arno 321
Horn, Uffo Daniel 93
Huber, Christian Wilhelm 93, 274
Huber, Philipp 137, 153
Humboldt, Wilhelm Frh. von 277
Hünersdorff, Marie Amalie von 257, 260f., 267
Hurter, Friedrich Emanuel 301f., 340
Hutten, Ullrich Reichsritter von 301, 310

J
Jackson, Andrew 177f., 203, 216, 218, 227f., 236
Jacobi, Johann Georg 212
James, William 237
Jaspers, Karl 225
Jung, Carl Gustav 198

K
Kaltenbaeck, Johann Paul 93
Kaltenbrunner, Karl Adam 376
Kant, Immanuel 61, 88, 147, 185, 190, 220f., 264, 389
Karajan, Theodor Georg von 93
Karch, Joseph 100
Karch, Magdalena siehe Niembsch, Magdalena
Kaspar (Kaper), Anton 93
Keil, Johann Georg 12, 20, 186, 224, 264
Keiller, Anton 91
Kellersperg, Anna Katharina Theresia von, Ehefrau von Joseph Niembsch, Großmutter Lenaus 23
Kerner, Friederike 117f.
Kerner, Justinus Andreas Christian 11, 17, 37, 115–119, 129f., 133–138, 140, 146f., 156, 185f., 195, 215, 250f., 254, 258–260, 266, 284, 288, 318, 333, 337, 341, 365, 370, 377, 380, 383, 386, 388
Kerner, Theobald 115–118, 133f.
Keyserling, Eduard Graf von 304
Kielmeyer, Marie Charlotte 123
Kierkegaard, Søren 14, 20, 194, 225, 251, 262, 266, 314, 341, 385, 387
King, Alexander 155f.
Klages, Ludwig 12
Kleist, Heinrich von 36
Klemm, Joseph Ewald 85, 91, 176, 187, 214, 217f., 236, 262, 264f.
Kleyle, Caroline Friederike Wilhelmine von (Hofrätin) 271, 273
Kleyle, Franz Joachim Ritter von (Hofrat) 270f., 291, 321, 328, 341, 381, 385

Kleyle, Friedrich (Fritz), Freund Lenaus 88, 94f., 106, 270f., 274, 322
Kleyle, Henriette von, verehelicht mit Franz von Sommaruga 292
Kleyle, Rosalie von, verehelichte Frey von Schönstein 322, 324
Kleyle, Sophie von, verehelicht mit Max von Löwenthal, siehe Löwenthal, Sophie von
Klopstock, Friedrich Gottlieb 94
Kolb, Gustav Eduard 367
Köstlin, Christian Reinhold 124, 354
Kotzebue, August von 73, 75
Kövesdy, Joseph (József) von 48, 58f., 108
Kreutzer, Konradin 122, 320f., 344; „Kreutzer-Sonate" 347
Kriehuber, Josef 66, 283, 285, 315, 319
Kupelwieser, Leopold 62, 64, 75f.
Kürnberger, Ferdinand 19, 263f., 383, 387, 389

L

Lanckoroński-Brzezie, Kasimir Graf 64, 76
Laube, Heinrich Rudolf Constanz 210, 263, 285, 376
Laudon, Ernst Gideon Frh. von 292
Lerner, Max 177, 187, 263
Lessing, Gotthold Ephraim 66
Levitschnigg, Heinrich Ritter von 93, 293, 381
Lhotzky, Alphons 19, 63, 104
Liszt, Franz 12, 14f., 20, 327
Littrow, Joseph Johann 93
Locke, John 177
Löwe, Ludwig 93
Löwenthal, Arthur von 381
Löwenthal, Maximilian Frh. von 39, 48, 52, 55f., 93, 104, 145, 183, 185, 251f., 256, 266, 269, 271, 273–275, 278–280, 282, 286, 288f., 293, 298, 301f., 315, 318, 325f., 328, 333, 340f., 348, 350, 354, 358, 377, 379, 381

Löwenthal, Sophie von 24, 29, 52, 55f., 68f., 131, 256, 270f., 273f., 277–280, 291–293, 297f., 301, 314f., 318, 322, 324, 338, 340–343, 354, 363f., 373, 377, 379, 381, 385
Lubisics, Karl Emmerich 54, 57, 73
Ludwig, Wilhelm Friedrich 368
Luther, Martin 213, 302, 310

M

Mach, Ernst 235
Maigraber, Franz Xaver Gabriel (Onkel Lenaus) 27, 52
Maigraber, Therese (Mutter Lenaus) 21, 27f., 39, 55
Marcovics, Matthias von 27
Marcy, William 235, 265
Marie Friederike Alexandrine Charlotte Katharina, Gräfin von Württemberg, verehelichte Freiin von Taubenheim (Schwester Alexanders von Württemberg) 257f., 267
Martensen, Hans Lassen 311, 341, 380
Marx, Julius 289, 299
Matuszynski, Jan 136f.
Maximilian, Prinz zu Wied 234, 265
Mayer, Karl Friedrich Hartmann 37, 115, 117, 126, 129–131, 133–136, 138, 185, 284, 333, 370, 380
Mazzini, Giuseppe 107, 285
Meckel, Johann Friedrich 376
Meier, Friedrich Karl 126
Meier, Lucie 126, 133f.
Mendelssohn-Bartholdy, Jakob Ludwig Felix 12, 282, 357, 363
Menzel, Wolfgang 116, 253, 284f., 301
Metternich-Winneburg, Klemens Wenzel Lothar Fürst 60, 75, 113, 283, 288f., 389
Mikschik, Emanuel (mit einer Schwester Sophie von Löwenthals verh.) 280
Mill, John Stuart 177
Mohl, Gottlieb Heinrich Ludwig 141f.
Molinos, Miguel de 314

Müller, - (Arzt) 162
Müller, Bernhard 179
Müller, Wilhelm 81
Münch-Bellinghausen, Eligius Franz Joseph Frh. v.; Pseudonym: Friedrich Halm 303

N

Nell Frh. von Nellenburg-Damenacker, Franz Anton Maria 327
Neumann, Ludwig Gottfried 376
Neuner, Ignaz (Kaffeesieder), Geschäftsführer des Silbernen Kaffeehauses 91f., 278
Nicolai, Otto 93
Niembsch, Anna Katharina Theresia von, geb. von Kellersperg, (Lenaus Großmutter), Joseph Niembschs Frau (s. d.) 23
Niembsch, Franz von Strehlenau (Lenaus Vater) 21, 24, 29, 31–33, 35, 38f., 55
Niembsch, Joseph Maria von Strehlenau (Lenaus Großvater) 26f., 33f., 45, 53, 55, 57, 68, 70f.
Niembsch, Magdalena Franziska, vereh. Karch (Lenaus jüngere Schwester, die wiederholt mit dem Gesetz in Konflikt gekommen ist) 33, 54, 57, 73, 99–101, 106
Niembsch, Magdalena (Lenaus älteste, jedoch bereits früh verstorbene Schwester) 29f.
Niembsch, Maria Theresia Antonia, geb. Maigraber (Lenaus Mutter), Franz Niembschs Ehefrau, in zweiter Ehe mit Karl Vogel verheiratet
Niembsch, Nikolaus Franz von Strehlenau = Lenau, Nikolaus
Niembsch, Theresia Anna (Lenaus älteste Schwester), mit Anton Xaver Schurz verheiratet (s. d.)
Niembtz, Niemb, Nimbsch, Nimbtz: früher gebräuchliche Schreibweisen des Namens „Niembsch"

Niendorf, Emma, eigentlich Freifrau von Suckow, geb. Gräfin von Pappenheim-Calatin 106, 186, 286, 299, 332f., 362, 366, 377
Nietzsche, Friedrich 14, 225, 253, 352
Niewiarowicz, Aloizy (Emigrant aus Polen) 260

O

Owen, Robert 159, 172, 179

P

Pappenheim, Ferdinanda Elisabeth Wilhelmine, genannt Fernanda 333
Pappenheim-Calatin, Agnes Gräfin von 332
Pappenheim-Calatin, Emma siehe Niendorf, Emma
Peirce, Charles S. 237, 265
Pellico, Silvio 114
Pereira-Arnstein, Henriette (Judith) Freifrau von 291
Pfizer, Gustav 37, 110f., 117, 181, 184, 286, 299, 367–369, 377, 380
Pfizer, Paul Achatius 181
Pilat, Josef Anton von (ehem. Privatsekretär Metternichs) 112
Platen-Hallermünde, August Graf von 325
Plöch, Hans Michael 70f., 83, 86
Porbeck, Ludwig Wilhelm Viktor 369
Post, Ludwig von (Verwalter von Lenaus Landbesitz in Crawford County, Ohio) 241, 340
Postl, Karl Anton siehe Sealsfield, Charles
Prutz, Robert Eduard 323, 341, 363, 382
Puchelt, Friedrich August Benjamin 124

Q

Quadagny, Ignaz 84, 105

R

Raimund, Ferdinand 92
Raischach, Baron Hermann 367
Rapp, Johann Georg 156–164, 172, 179f., 182f., 189, 196, 199f., 212, 226, 230, 383
Raumer, Friedrich Ludwig Georg 302, 340
Rauscher, Joseph Othmar Ritter von 64, 76
Reinbeck, Emilie von, geb. von Hartmann, mit Reinbeck, Georg Gottlieb Sigismund verh. 37, 42, 56, 63, 106, 116, 122, 140, 158, 185f., 195, 200, 214, 253f., 256, 260, 262–264, 267, 273f., 276, 280, 295, 298f., 328, 340, 346f., 352, 363, 367, 370, 377, 381
Reinbeck, Georg Gottlieb Sigismund von, Ehemann von Emilie Reinbeck 140, 158, 185f., 195, 200, 214, 253f., 260, 262–265, 267, 280, 295f., 298f., 328, 363, 367, 370, 377, 381
Rembold, Leopold 60, 62, 67, 88, 189f.
Reynaud, L. 202, 263
Rilke, Rainer Maria 12, 270, 298
Rizy, Theobald 76
Rückert, Friedrich 17, 119, 282–284, 298, 380

S

Sadger, J. 24, 55, 65, 104–106, 388
Sand, Karl Ludwig 75
Saphir, Moritz Gottlieb 293, 381
Saurau, Franz Graf von 61
Sauter, Ferdinand 321
Schad, Magdalena 27
Schelling, Friedrich Wilhelm Joseph von 135, 148, 199, 215, 220, 232, 243, 262, 264, 283, 312, 314, 341, 365, 368, 385, 388
Schelling, Karl Eberhard von 17, 365, 368, 377
Scherr, Johannes 96
Schiedmayer und Söhne, Klaviermacher 120
Schiller, Friedrich von 72, 252
Schlechta von Wschehrd, Franz Xaver Frh. (als Märzkämpfer 1848 wird sein Sohn zunächst zum Tod verurteilt, dann aber zur Festungshaft begnadigt) 376

Schlegel, Friedrich 64
Schlegel, Wilhelm 293
Schleifer, Matthias Leopold 98f., 102, 108–110, 115, 133, 376, 382
Schmerling, Anton Ritter von 375
Schmidl, Adolf 104, 291, 299, 363
Schmid, August 93
Schmidt, Herr (Geigenmacher) 344
Schober, Adolf Friedrich Franz von 93
Schönbach, Anton Emanuel 240, 266
Schönberg, Arnold 15, 20
Schönstein, Karl Freiherr von 332f.
Schreyvogel, Joseph 112
Schubert, Franz Peter 64, 75–82, 98f., 103, 105, 109, 129, 269, 315, 384, 386
Schubert, Gotthilf Heinrich von 11, 135, 145, 149, 168, 243
Schumacher, Andreas 93
Schumann, Robert 12
Schurz, Anton Xaver (Schwager Lenaus), mit Theresia Niembsch verheiratet 17, 23f., 33, 41, 55, 59, 70–73, 77, 87, 93–95, 97–99, 101f., 104–106, 109, 111, 125, 130, 133, 135, 138, 165, 170, 180, 185f., 214, 241, 254, 262–264, 266f., 271, 278f., 287f., 296, 298, 318, 341, 344, 358, 363, 373, 377, 379f., 384
Schurz, Eleonore, Mutter von A. X. Sch. 72
Schurz, Johann Paul, Vater von A. X. Sch. 72
Schurz, Paul, Bruder von A. X. Sch. 70, 72, 296
Schurz, Theresia Anna (älteste Schwester Lenaus, mit A. X. Sch. verheiratet) 39, 70, 72, 83, 87, 99, 100–102, 273, 279
Schwab, Gustav, Benjamin 17, 37, 93, 106, 110f., 114–117, 121–124, 126–131, 133, 169, 254f., 267, 283f., 380
Schwab, Sophie Karoline, geb. Gmelin 125–130, 133f., 254
Schwender, Karl 291
Schwind, Moritz von 17, 64, 66, 74–76, 79, 93, 190, 276, 325
Sealsfield, Charles (eigentlich: Carl Magnus Postl) 206, 263

Sedlnitzky, Joseph Graf 77, 93f., 112f.
Seidl, Johann Gabriel 104, 250, 276, 376, 381
Seneca, Lucius Annaeus 94
Senn, Johann Chrysostomus 64, 74, 77–81, 105, 287
Silesius, Eduard 93
Sokrates 62
Sommaruga, Franz Seraphinus Vinzenz Emanuel Freiherr von 292
Sommaruga, Henriette, geb. von Kleyle, Schwester Sophie Löwenthals, mit Franz Freiherrn von Sommaruga verheiratet 292
Sommaruga, Louise von, früh verstorbene einzige Tochter des Ehepaares Sommaruga 292, 295
Spaun, Josef Edler von 80, 105
Spencer, Herbert 177, 235
Spener, Philipp Jakob 180
Spinoza, Baruch de 243, 273
Srbik, Heinrich Ritter von 55, 104, 113, 133
Stadion-Warthausen, Franz Seraph 64, 66, 76
Stein, Anton Joseph 60, 76, 105
Stelzhamer, Peter Andreas Xaver Franz 93
Stifter, Adalbert 11, 389
Straube, Emanuel 93
Strauß, David Friedrich 17, 296, 323
Strauss, Richard 14
Stuhr, Peter Feddersen 301, 340
Suckow, Emma von siehe Niendorf, Emma

T
Thun-Hohenstein, Graf Leo 62, 104
Tieck, Ludwig 332
Tocqueville, Charles Alexis Henri Cléres de 176, 187, 194, 196, 201f., 207–209, 215, 262f.
Trotzki, Leo 220
Turner, Nat 247f.

U
Uhland, Johann Ludwig 17, 68, 115–117, 126, 383
Unger, Karoline 122, 315 – 321, 324, 329, 331–333, 342f., 345, 355
Ungern-Sternberg, Peter Alexander Freiherr von 254f., 267

V
Varnhagen von Ense, Karl August 117, 365
Verdi, Giuseppe 277
Veszely, Ladislaus (László) 89, 106
Vogel, Karl, Arzt in Tokaj, Lenaus Stiefvater 39f., 50, 52, 68, 84, 91
Vogel, Maria Theresia Antonia, geb. Maigraber, verw. Niembsch, mit Karl Vogel in zweiter Ehe verheiratet, Lenaus Mutter 54, 68, 84, 91, 97, 105f.
Vogl, Johann Michael, der Sänger der Schubertlieder 98
Vogl, Johann Nepomuk 92, 381
Volz, Charles, der amerikanische Volz, führt ein offenes Haus in Pittsburgh. Er nimmt auch Lenau gastlich bei sich auf und berät ihn in ökonomischen Fragen 156f., 166, 215
Volz, Friedrich, Verwalter des Monturdepots in Wien, Hauptmann 59, 83

W
Wagner, Richard 244, 285
Waldes, Petrus 306f.
Walthen, Leo von (Pseudonym von Maximilian von Löwenthal) 283
Weigl, Joseph Ferdinand 93, 376
Weintridt, Vinzenz 60–67, 76f., 87f., 104f., 189f., 237, 243, 373, 388
Weisser, Karl Friedrich 328
Werner, Zacharias 293
Wiest, Franz Anton 93
Witthauer, Friedrich 93, 156, 276
Wolf, Ferdinand Josef 93, 294, 301, 303, 358

Wolf, Johann Nepomuk (Schullehrer in Gmunden, Vater der Nanette Wolf 98f.
Wolf, Nanette (eigentlich: Anna Rosina = Schuberts Freundin) 106, 108, 133, 388
Württemberg, Alexander von 37, 68, 115–117, 136, 254, 256f., 261, 325, 328, 347

Z

Zechenter, Johann Ignaz 77
Zedlitz, Joseph Christian von 92, 276, 278, 283, 381
Zehnder-Weil, Louise 166, 168f., 171, 186f.
Zeller, Ernst Albert 359, 371f.
Zimmern, Adolph & David 253
Žižka, Jan 301, 310, 348
Zweig, Stefan 170f., 186, 384

Roman Roček
Die neun Leben des Alexander Lernet-Holenia
Biographie

1997. 17 x 24 cm.
416 S. 70 s/w-Abb. Gb.
EUR 39,80
ISBN 3-205-98713-6

Roček, der sich als Herausgeber von Lernet-Holenias lyrischem Werk große Verdienste erworben hat, verzichtet weitgehend auf eine literarische Interpretation des künstlerischen Oeuvres, er erörtert dafür die biografischen Fakten, geht den komplizierten Beziehungen zu anderen Literaten (z. B. Gottfried Benn) nach, vergegenwärtigt die nicht weniger heiklen Freundschaften zu diversen Damen, verfolgt bis zuletzt des Grandseigneurs Leben, "in dem immer schon die widersprüchlichsten, gegensätzlichsten Motive und Handlungen einander überlagerten", was sich auch in der widersprüchlichen Haltung dem Nationalsozialismus gegenüber im literarischen und gesellschaftlichen Nachkriegs-Österreich manifestierte. Immer wieder gewinnt man den Eindruck, dass sich Sein und Schein vermischen, dass es in Alexander Lernet-Holenias Leben zuging wie in seinen Romanen, dass diese mitgetragen werden von den Fakten seines Lebens - und es jedenfallls verdienen, wiedergelesen zu werden.
(Der kleine Bund, Bern)

Roman Roček
Glanz und Elend des P.E.N.
Biographie eines literarischen Clubs
2000. 17 x 24 cm.
636 S. 174 s/w-Abb. Gb.
EUR 54,90
ISBN 3-205-99122-2

War er ein Geselligkeitsverein oder die Sammelstelle „systemerhaltender Kräfte"? Schoben hier prominente Schriftsteller einander die Jobs zu oder förderte der P.E.N.-Club auch junge Autoren? Die Geschichte dieser typisch österreichischen Institution mit weltweitem Hintergrund in 130 Ländern ist so gut wie unbekannt. Wie das Clubleben tatsächlich ausgesehen hat, welche Schwerpunkte die damalige Clubleitung setzte, der immerhin Autoren wie Arthur Schnitzler, Hugo von Hofmannsthal, Sigmund Freud, Raoul Auernheimer und Felix Salten angehörten, war bisher weniger bekannt. Nach der Okkupation Österreichs durch Nazi-Deutschland wurde der Club aufgelöst, sein damals nicht unbeträchtliches Vermögen und das Archiv beschlagnahmt. Von London aus versuchten die Funktionäre des Internationalen P.E.N., die Schicksale der Emigranten zu lindern. Erstmals wird hier eine Zusammenschau jener Aktivitäten geboten, die Robert Neumann und seine Freunde im österreichischen Exil-P.E.N. in London entfaltet haben. Darüber hinaus ist es dem Autor gelungen, Teile des von den Nazis beschlagnahmten Archivs wieder aufzufinden und für seine Arbeit nutzbar zu machen.